高等学校交通运输与工程类专业规划教材
省级精品课程建设核心教材

公路工程造价编制与管理

（第三版）

刘　燕　涂忠仁　编著
李红镝　主审

人民交通出版社股份有限公司
China Communications Press Co.,Ltd.

内 容 提 要

本书主要介绍公路工程项目全生命期各阶段的造价编制和管理。全书共分八章，主要包括：绪论、公路工程造价的计价依据、公路工程基本建设项目前期造价编制、公路工程设计阶段的造价编制、公路工程招标投标阶段的造价编制、公路工程施工阶段的造价编制、公路工程养护阶段的造价编制、工程造价管理。内容涉及投资估算、概算、预算、招标控制价、报价、结算、决算等的编制和对工程造价的管理。

本书可作为工程造价专业、工程管理专业的教材或参考书，也可作为工程造价人员、工程管理人员的培训用书或参考书。

图书在版编目(CIP)数据

公路工程造价编制与管理／刘燕，涂忠仁编著. —3版. —北京：人民交通出版社股份有限公司，2014.7

ISBN 978-7-114-11511-0

Ⅰ.①公… Ⅱ.①刘… ②涂 Ⅲ.①道路工程—工程造价—编制②道路工程—建筑造价管理 Ⅳ.①U415.13

中国版本图书馆CIP数据核字(2014)第145000号

高等学校交通运输与工程类专业规划教材

省级精品课程建设核心教材

书　　名：公路工程造价编制与管理(第三版)

著 作 者：刘　燕　涂忠仁

责任编辑：孙　玺　郑蕉林　李　娜

出版发行：人民交通出版社股份有限公司

地　　址：(100011)北京市朝阳区安定门外外馆斜街3号

网　　址：http://www.ccpress.com.cn

销售电话：(010)59757973

总 经 销：人民交通出版社股份有限公司发行部

经　　销：各地新华书店

印　　刷：北京武英文博科技有限公司

开　　本：787×1092　1/16

印　　张：31

字　　数：759千

版　　次：2002年5月第1版　2009年7月第2版

　　　　　2014年8月第3版

印　　次：2020年1月　第3版　第5次印刷　总第12次印刷

书　　号：ISBN 978-7-114-11511-0

定　　价：52.00元

高等学校交通运输与工程(道路、桥梁、隧道与交通工程)教材建设委员会

第三版前言

随着社会主义市场经济体制改革的不断深入和公路基础设施的快速发展，一方面，建设项目招投标、建设项目法人制已全面实行，公路建设投融资已呈现多元化格局，当今社会经济环境复杂多变的特征更为明显；另一方面，新技术、新工艺、新材料及新结构等在公路建设中广泛采用。这些都使现行的公路工程造价计价依据在一定程度上表现出不适应性。针对这种情况，国家和行业有关管理部门对造价计价依据进行了不断修订，为建设项目相关主体确定和控制工程造价提供依据。

本教材作为工程造价专业和工程管理专业的专业课教材，力求准确地阐述工程造价基本理论，同时反映行业标准和规范的动态变化，紧密结合工程实践，满足社会需要的专业人才的培养需求。鉴于此，对教材第二版进行了修订。教材修订遵循的主要原则是：教材内容充分反映工程实践的需求；教材内容体系具备完整性和一致性，既要全面反映公路工程项目全生命期的造价管理需求，又要使公路工程项目全生命期不同阶段的造价在费用项目的划分、费用的构成、费用的计算方法等方面保持一致。

本书第三版除对原有内容的细节进行修改完善外，主要在以下几方面进行了修订和补充：

(1)根据新颁发的《公路工程基本建设项目投资估算编制办法》(JTG M20—2011)和《公路工程估算指标》(JTG/T M21—2011)对“第三章　公路工程建设前期的造价编制”进行了修订。

(2)根据现行建设项目招标工作中实际操作方式的变化，即招标中业主多编制招标控制价，因此删掉了第二版中“第五章　公路工程招投标阶段造价编制”的“第二节 标底的编制”，并参照《建设工程招标控制价编审规程》（CECA/GC 6—2011）编写了第三版“第五章 公路工程招投标阶段造价编制”的“第二节 招标控制价的编制”。

（3）公路工程养护阶段造价管理是公路工程项目全生命期造价管理不可或缺的组成部分，因此第三版中补充了“第七章　公路工程养护阶段的造价编制”，以使教材的内容体系更为完整。

本书由刘燕编写第一、二、三、四、五、七章，涂忠仁编写第六、八章。全书由刘燕统稿，李红镝主审。

在书中引用了其他作者的一些资料、数据，仅向原作者致谢！由于编者水平有限，书中难免有疏漏或不足，恳请读者赐教。

编　者

2013 年 9 月

第二版前言

公路建设项目建设技术复杂，耗资巨大。为了管好、用好公路建设投资资金，使公路建设投资资金发挥更大效能，就需要在工程建设的各个阶段科学、合理地确定工程造价。而有效控制工程造价，就需要认真做好工程建设各阶段的造价管理工作。

公路工程造价的确定，是以交通运输部（原交通部）颁发的、现行的一整套计价文件为依据的，这包括《公路工程估算指标》（交公路发〔1996〕611 号）、《公路基本建设工程投资估算编制办法》（交公路发〔1996〕611 号）、《公路工程概算定额》（JTG/T B06-01—2007）、《公路工程预算定额》（JTG/T B06-02—2007）、《公路工程基本建设项目概算预算编制办法》（JTG B06—2007）、《公路工程机械台班费用定额》（JTG/T B06-03—2007）等，对这些计价文件的正确理解和运用，是合理确定造价的基础。

公路工程的工程特点和计价特点使得确定公路工程造价的程序和方法复杂化；同一等级、相同设计标准的公路由于工程现场条件的差异，其单位里程的造价可能相差数倍；相同结构形式的桥梁由于地质条件的差异、施工方法的不同可能造价悬殊。这就需要造价人员结合有关计价文件，合理把握公路工程价格形成的动态因素的客观变化情况，科学、合理地确定工程造价。

目前由交通运输部颁发的计价文件确定的工程造价，实质上还带有计划价格的性质。在中国加入 WTO 后，建筑工程产品的逐步“市场化”，无疑将会使工程造价逐步“市场化”。在职能部门的“宏观指导”和“市场机制”的双重作用下，“定额量、市场价、竞争费”的工程造价确定原则，必将使工程造价更加合理、更加趋于与工程价值相符。

为了使学生和公路建设各阶段参与各方的造价编制、管理人员能够系统地、熟练地掌握公路工程建设项目的造价编制和管理的基本理论、原理、程序和方法，正确运用计价依据，有效进行造价控制和管理，我们编写了《公路工程造价编制与管理》一书。本书可作为工程造价、工程管理等专业的本科生教材或参考书，也可供从事造价编制和造价管理工作的人员参考。

本书由刘燕编写第一、二、三、四章，涂忠仁编写第五、六章，沈其明编写第七章。全书由刘燕统稿，李红镝主审。

在书中引用了其他作者的一些资料、数据，谨向原作者致谢！由于编者水平有限，书中难免有疏漏或不足，恳请读者赐教。

编　者

2009 年 5 月

第一版前言

改革开放以来,我国公路交通建设取得了重大进展,其建设规模、建设速度、工程质量、投资控制等方面都达到历史最好水平。路网结构日趋完善、道路等级全面提高、公路里程大幅增加。至2001年底,全国公路通车里程已超过140万公里,高速公路通车里程已达1.9万公里,二级以上公路里程占总里程的比重已达13.4%,公路密度达到每100平方公里14.6公里。近几年,国家每年用于公路建设项目的投资资金超过2000亿元人民币。为了管好、用好公路建设投资资金,使公路建设投资资金发挥更大效能,就需要在工程建设的各个阶段科学,合理地确定工程造价,有效控制工程造价;就需要认真作好工程建设各阶段的造价管理工作。

公路工程造价的确定,是以交通部颁发的、现行的一整套计价文件为依据的,其中包括《公路工程估算指标》、《公路工程概算定额》、《公路工程预算定额》、《公路工程机械台班费用定额》、《公路工程投资估算编制办法》、《公路工程基本建设项目概算预算编制办法》等,对这些计价文件的正确理解和运用,是合理确定造价的基础。

公路工程的工程特点和计价特点使得确定公路工程造价的程序和方法复杂化;同一等级、相同设计标准的公路,由于工程现场条件的差异,其单位里程的造价可能相差数倍;相同结构型式的桥梁由于地质条件的差异、施工方法的不同,可能造价悬殊。这就需要造价人员结合有关计价文件,合理把握公路工程价格形成的动态因素的客观变化情况,科学、合理地确定工程造价。

严格按交通部颁发的计价文件确定工程造价,实质上还带有计划价格的性质。在我国加入WTO后，建筑工程产品逐步“市场化”，无疑将会使工程造价逐步“市场化”；在职能部门的“宏观指导”和“市场机制”的双重作用下，“定额量、市场价、竞争费”的工程造价确定原则必将使工程造价更加合理、更加趋于与工程价值相符。

为了使参与公路工程建设各阶段（建设前期、勘测设计阶段、施工阶段、竣工交付阶段等）有关各方（建设单位、咨询单位、勘测设计单位、施工单位、监理单位等）的造价编制、管理人员能够系统地、熟练地掌握公路工程建设项目的造价编制和管理的基本理论、原理、程序和方法，正确运用计价依据，有效进行造价控制和管理，我们编写了《公路工程造价编制与管理》一书，供从事造价编制和造价管理工作的人员参考，也可作为培训造价人员的教材或参考书。

本书由刘燕编写第一、二、三、四、五章，沈其明编写第六、七章。全书由沈其明统稿，邹天一主审。

在书中引用了其他作者的一些资料、数据，仅向原作者致谢！由于编者水平有限，书中难免有疏漏或不足，恳请读者赐教。

编　者

2002年4月

目录
CONTENTS

第一章

绪　　论

【学习目的与要求】

通过本章的学习,掌握工程造价的概念及工程造价的计价特征;了解基本建设程序中各阶段的工程造价文件;掌握工程造价的计价原则,熟悉工程造价的计价依据;熟悉公路工程造价编制的一般流程。

第一节　工程造价概述

一、工程造价的含义及计价特征

(一)工程造价的含义、特征、职能及作用

1. 工程造价的含义

工程造价有两种含义,这两种含义都是以市场经济为前提的。

第一种含义:建设项目总投资

工程造价是指一个建设项目从立项开始到建成交付使用预期花费或实际花费的全部费用,即该建设项目有计划地进行固定资产再生产和形成相应的无形资产、递延资产和铺底流动

资金的一次性费用总和。这一含义是从投资者的角度来定义的。我国现行公路工程项目投资的构成如图 1-1 所示。

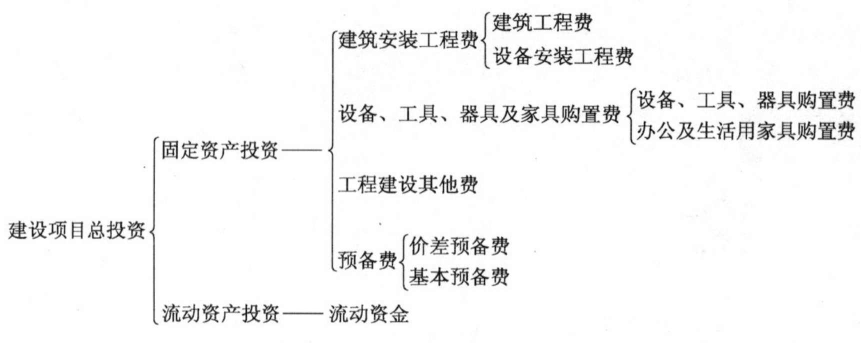

图 1-1　公路工程项目投资的构成

投资者选定一个投资项目，为了获得预期的效益，就要通过项目评估进行决策，然后进行设计招标、施工招标，直至竣工验收等一系列投资管理活动。根据以上理解，公路工程固定资产投资额由三部分组成：第一部分，建筑安装工程费用；第二部分，设备、工具、器具及家具购置费用；第三部分，工程建设其他费用。另外，为了对一些在开工前不可能预见而又必须增加的工程和费用，以及在建设期间由于物价变动和国家政策的调整等因素对工程造价的影响作准备，在以上三部分费用的基础上增列了预备费。

建筑安装工程费由建筑工程费和设备安装工程费两部分组成，即是指建筑物或构筑物的建造费用、需要安装设备的安置和装配费用以及相关的工程和费用（包括临时工程、设施和施工管理所发生的全部费用），也就是支付给施工企业的全部费用。在公路建设项目中，建筑工程费，包括路基工程、路面工程、桥涵工程、交叉工程、隧道工程、公路设施及预埋管线工程、绿化及环境保护工程、管理养护及服务房屋工程、临时工程的费用。设备安装工程费，包括高等级公路中需安装设施的费用，如收费站的收费设施安装、通信系统的设施安装、监控系统的设施安装、供电系统的设备安装，以及某些隧道的通风设备、供电设备的安装等费用。桥涵工程及其他混凝土工程中预制构件的安装，不属于设备安装工程，而是建筑工程中混凝土工程施工的一部分。

设备、工具、器具及家具购置费，包括设备购置费、工器具购置费、办公和生活用家具购置费。设备购置费是指为满足公路的运营、管理、养护需要而购置的，达到固定资产标准的设备，或虽然低于固定资产标准但属于设计明确列入设备清单的设备费用；工器具购置费是指建设项目交付使用后，为满足初期正常营运必须购置的第一套不构成固定资产的设备、仪器、仪表、器具、工作台（框、架、柜）等的费用；办公和生活用家具购置费是指为保证新建、改建项目初期正常生产、使用和管理所必须购置的办公和生活用家具、用具的费用。

工程建设其他费用是指除上述两项费用以外，建设项目必须支付的其他费用。它根据国家有关规定应在基本建设投资中支付，并构成工程造价的一个组成部分。其包括土地征用及拆迁补偿费、建设项目管理费、研究试验费、项目前期工作费、专项评价（估）费、施工机构迁移费、联合试运转费、生产人员培训费、建设期贷款利息等。

第二种含义：工程造价是指工程价格

工程造价指建成一项工程，预计或实际在土地市场、设备市场、技术劳务市场以及承包市场等交易活动中所形成的建筑安装工程的价格和建设工程总价格。工程造价的第二种含义是以市场经济为前提的,它以工程这种特定的商品形式作为交易对象,通过招投标、承发包或其他交易方式,在进行多次预估的基础上,最终由市场确定的价格。在这里,工程的范围和内涵,既可以是涵盖范围很大的一个建设项目,也可以是一个单项工程,甚至也可以是某个分部工程。

通常把工程造价的第二种含义只认定为工程承发包价格。承发包价格是工程造价中一种重要的,也是最典型的价格形式。它是在建筑市场通过招投标,由需求主体——投资者和供给主体——建筑商共同认可的价格。鉴于建筑安装工程价格在项目固定资产中占有较大的份额,是工程建设中最活跃的部分,而且建筑企业是建设工程的实施者,占有重要的市场主体地位,因此,工程承发包价格被界定为工程价格的第二种含义,很有现实意义。但是这样界定对工程造价的含义理解较狭窄。

工程造价的两种含义是从不同角度把握同一事物的本质。对建设工程的投资者来说,面对市场经济条件下的工程造价就是项目投资,是"购买"项目要付出的价格,同时也是投资者在作为市场供给主体时"出售"项目时订价的基础。对于承包人、供应商和规划、设计等机构来说,工程造价是他们作为市场供给主体出售商品和劳务的价格总和,或特指范围的工程造价,如建筑安装工程造价。

工程造价的两种含义是对造价客观存在的概括。它们既共生于一个统一体,相互间又有区别。其最主要的区别在于需求主体和供给主体在市场经济中追求的经济利益不同,因而管理的性质和目标不同。从管理性质方面看,前者属于投资管理范畴,后者属于价格管理范畴。但两者又互相交叉。从管理目标方面看,作为项目投资或投资费用,投资者在进行项目决策和项目实施中,首先追求的是决策的正确性。投资是一种为实现预期收益而垫付资金的经济行为,项目决策是重要一环。项目决策中投资数额的大小、功能和价格(成本)比是投资决策最重要的依据。其次,在项目实施中完善项目功能,提高工程质量,降低投资费用,按期或提前交付使用,是投资者始终关注的问题。因此,降低工程造价是投资者始终如一的追求。作为工程价格,承包人所关注的是利润,为此,他追求的是较高的工程造价。不同的管理目标,反映他们不同的经济利益,但他们都要受支配价格运动的那些经济规律的影响和调节。他们之间的矛盾正是市场的竞争机制和利益风险机制的必然反映。

区别工程造价的两种含义的理论意义在于,为投资者和以承包人为代表的供应商在工程建设领域的市场行为提供理论依据。当政府提出降低工程造价时,是站在投资者的角度充当着市场需求主体的角色;当承包人提出要提高工程造价、提高利润率并获得更多的实际利润时,他是要实现一个市场供给主体的管理目标。这是市场运行机制的必然。不同的利益主体绝不能混为一谈。区别两重含义的现实意义在于,为实现不同的管理目标,不断充实工程造价的管理内容,完善管理方法,更好地为实现各自的目标服务,从而推动经济增长。

2. 工程造价的特征

工程建设的特征,决定了工程造价具有以下特征。

(1)工程造价的大额性

建筑产品不仅实物形体庞大,而且其建设造价高昂。一个工程项目的造价少则数十万、数百万,多则数千万、数亿、数十亿,特大的工程项目造价可达百亿、千亿元人民币。工程造价的这种大额性,使它关系到有关各方面的重大经济利益,不管是投资者还是建设者,都无法承担由于项目失败而造成的巨大损失，同时工程造价的大额性也会对宏观经济产生重大影响。这就决定了工程造价的特殊地位，也说明了造价管理的重要性。

(2)工程造价的个别性、差异性

任何一项工程都有特定的用途、功能和规模，因此，对每一项工程的结构、造型、空间分割、设备配置等都有具体的要求，所以工程内容和实物形态都具有个别性、差异性。产品的差异性决定了工程造价的个别性差异，同时，建设工程所具有的位置固定性使其所处的自然环境和技术经济环境也不同，这样使工程造价的个别性差异更加显著。

(3)工程造价的动态性

任一项工程从决策到竣工交付使用，少则几年，多则十几年。在这样一个较长的时间内，存在许多影响工程造价的不确定因素，如工程变更，设备材料价格、工资标准以及费率、利率、汇率等发生变化，这种变化必然会影响造价的变动。所以，工程造价在整个建设期中处于不确定状态，直至竣工决算后才能最终确定工程的实际造价。

(4)工程造价的层次性

工程造价的层次性取决于工程项目的层次性。工程项目的层次性如图1-2所示。与此相适应，工程造价有多个层次：建设项目总造价—单项工程造价—单位工程造价—分部工程造价—分项工程造价。从造价的计算和工程管理的角度看，工程造价的层次性是非常突出的。

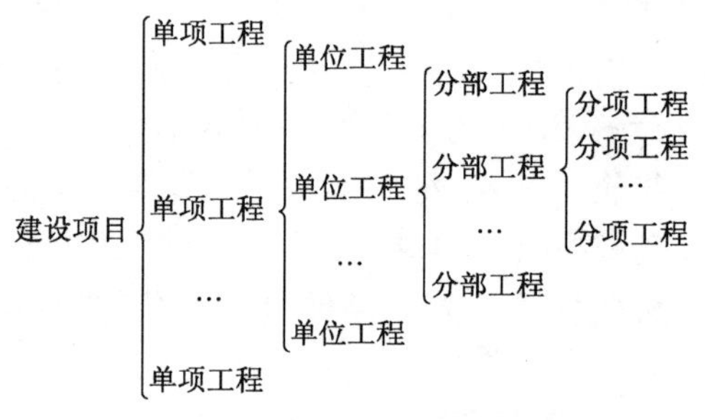

图1-2 工程项目的层次性

(5)工程造价的兼容性

工程造价的兼容性，首先表现在它具有两种含义，其次表现在造价构成因素的广泛性和复杂性。在工程造价中，其成本因素非常复杂，其中为获得建设工程用地支出的费用、项目可行性研究和规划设计费用、与政府一定时期政策（特别是产业政策和税收政策）相关的费用占有相当的份额；再者，盈利的构成也较为复杂，资金成本较大。

3. 工程造价的职能

工程造价的职能，既是价格职能的反映，也是价格职能在这一领域的特殊表现。工程造价除具有一般商品价格职能以外，还具有自己特殊的职能。

(1)预测职能

工程造价的大额性和多变性，无论使投资者还是建筑商都要对拟建工程进行预先测算。投资者预先测算工程造价，不仅作为项目决策依据，同时也是筹集资金、控制造价的依据。承包人对工程造价的测算，既为投标决策提供依据，也为投标报价和成本管理提供依据。

(2)控制和调控职能

工程造价的控制职能，表现在两方面：一方面是它对投资的控制，即在投资的各个阶段，根据对造价的多次性预估，对造价进行全过程多层次的控制；另一方面，是对以承包人为代表的商品和劳务供应企业的成本控制。在价格一定的条件下，企业实际成本开支决定企业的盈利水平，成本越高，盈利越低，成本高于价格就危及企业的生存。所以企业要利用工程造价提供的信息资料作为控制成本的依据。

工程建设直接关系到经济增长，也直接关系到国家重要资源分配和资金流向，对国计民生都产生重大影响。所以国家对投资规模、投资结构进行宏观调控是在任何条件下都不可缺少的,对政府投资项目进行直接调控和管理也是非常必要的。这些都要用工程造价作为经济杠杆,对工程建设中的物质消耗水平、建设规模、投资方向等进行调控和管理。

(3)评价职能

工程造价是评价总投资和分项投资合理性及投资效益的主要依据之一。在评价土地价格、建筑安装工程产品和设备价格的合理性时,就必须利用工程造价资料;在评价建设项目偿贷能力、获利能力和宏观效益时,也可依据工程造价。工程造价还是评价建筑安装企业管理水平和经营成果的重要依据。

工程造价所有上述职能,是由建设工程自身特点决定的,但在不同的经济体制下,这些职能的实现情况有很大相同。在单一计划经济的体制下,工程造价的职能很难得到实现;只有市场经济体制,才为工程造价职能的充分发挥提供极大的可能。这是因为,在单一计划体制和产品经济的模式下,工程造价的表价职能受到削弱,表现为价格大大低于价值,价值在交换中得不到完全实现。在这种情况下,工程造价的其他职能也不能得到正常发挥。例如,当政府作为工程项目的投资主体,投资来源基本上是单一财政投资时,价格宏观导向的着眼点,必然是降低项目的投资费用,由于体制的原因,价格管理的重点必然放在如何降低建筑安装工程费用上。在这种情况下,政府的宏观调控,实质上不过是政府作为投资者对工程建设成本的单向调节和控制,它既不能实现建设工程价格的表价职能,也不能顺利和正常地实现其调节职能,在实现核算职能时也不能真实地反映出工程建设中劳动的投入和产出,在实现预测和评价职能时,反映出来的结果也只能是一种不真实的扭曲的现象。由此,也说明了认识工程造价两种含义的重要性。

工程造价职能实现的条件,最主要的是市场竞争机制的形成。在现代市场经济中,要求市场主体要有自身独立的经济利益,并能根据市场信息和利益取向来决定其经济行为。无论是购买者还是出售者,在市场上都处于平等竞争的地位,他们都不可能单独地影响市场价格,更没有能力单方面决定价格。价格是按市场供需变化和价值规律运动的:需求大于供给,价格上扬;供给大于需求,价格下跌。作为买方的投资者和作为卖方的建筑安装企业,以及其他商品和劳务的提供者,是在市场竞争中根据价格变动,根据自己对市场走向的判断来调节自己的经济活动。这种不断调节使价格总是趋向价值基础,形成价格围绕价值上下波动的基本运动形态。也只有在这种条件下,价格才能实现它的基本职能和其他各项职能。

4. 工程造价的作用

工程造价涉及国民经济各部门、各行业,涉及社会再生产中的各个环节,也直接关系到人民群众的生活,所以它的作用范围和影响程度很大。其作用主要有以下几点。

(1)工程造价是项目决策的工具

建设工程投资大、生产和使用周期长等特点决定了项目决策的重要性。任何一个独立的投资主体为达到预期的目的,都会从项目的角度进行财务评价,即投资者在现行的财税制度和价格体系下,根据项目的一次性投资费用、年经营使用费、年收益等一些基本预测数据,对项目的盈利能力、清偿能力等进行评价。如果项目投资的效果达不到预期目标,他会自动放弃拟建的工程;如果建设工程造价超过投资者的支付能力,也会迫使他放弃拟建的项目。因此,在项目决策阶段,建设工程造价就成为项目财务分析和经济评价的重要依据。

(2)工程造价是制订投资计划和控制投资的有效工具

投资计划是按照建设工期、工程进度和建设工程价格等逐年分月加以制订的。正确的投资计划有助于合理和有效地使用资金。

工程造价在控制投资方面的作用非常明显。工程造价是通过多次性预估，最终通过竣工决算确定下来的。每一次预估的过程就是对造价的控制过程；而每一次估算是对下一次估算的严格控制，具体来说，后一次估算不能超过前一次估算的一定幅度。这种控制是在投资者财务能力的限度内，为取得既定的投资效益所必需的。建设工程造价对投资的控制也表现在利用制定各类定额、标准和参数，对建设工程造价的计算依据进行控制。在市场经济利益风险机制的作用下，造价对投资控制作用成为投资的内部约束机制。

(3)工程造价是筹集建设资金的依据

项目的投资者必须有很强的筹资能力，以保证工程建设有充足的资金供应。工程造价基本决定了建设资金的需要量，从而为筹集资金提供了比较准确的依据。当建设资金来源于金融机构的贷款时，金融机构在对项目的偿贷能力进行评估的基础上，也需要依据工程造价来确定给予投资者的贷款数额。

(4)工程造价是合理分配利益和调节产业结构的手段

工程造价的高低，涉及国民经济各部门和企业间的利益分配。在计划经济体制下，政府为了用有限的财政资金建成更多的工程项目，总是趋向于压低建设工程造价，使建设中的劳动消耗得不到完全补偿，价值不能得到完全实现。而未被实现的部分价值则被重新分配到各个投资部门，为项目投资者所占有。这种利益的再分配，有利于各产业部门按照政府的投资导向加速发展，也有利于按宏观经济的要求调整产业结构，但是也会严重损害建筑企业等相关主体的利益，造成建筑业萎缩和建筑企业长期亏损的后果，从而使建筑业的发展长期处于落后状态，和整个国民经济发展不相适应。在市场经济中，工程造价也无例外地受供求状况的影响，并在围绕价值的波动中实现对建设规模、产业结构和利益分配的调节。加上政府正确的宏观调控和价格政策导向，工程造价在这方面的作用会充分发挥出来。

(5)工程造价是评价投资效果的重要指标

工程造价是一个包含着多层次工程造价的体系，就一个工程项目来说，它既是建设项目的总造价，又包含单项工程的造价和单位工程的造价，同时也包含单位生产能力的造价、每公里的造价或每平方米建筑面积的造价等等。所有这些，使工程造价自身形成了一个指标体系。所以它能够为评价投资效果提供多种评价指标，并能够形成新的价格信息，为今后类似项目的投资提供参照系。

(二)工程造价的计价特征

工程造价的特点，决定了工程造价的计价特征。了解这些特征，对工程造价的确定与控制是非常必要的。

1. 单件性计价特征

产品的个体差别性决定了每项工程都必须单独计算造价。建设工程都有其指定的专门用途，也就有不同的形态和结构，如公路的用途是供汽车行驶，因而其形态和结构就不同于厂房、住宅、港口等。建设工程都是固定在一定地点的，其结构、造型必须适应工程所在地的气候、地质、水文等自然客观条件，因而在形态上千差万别。在建设这些不同实物形态的工程时，必须采取不同的工艺、设备和建筑材料，因而所消耗物化劳动和活劳动也必定不同，再加上不同地区的社会经济发展水平不同，致使构成价格和费用的各种价值要素有差异，最终导致工程造价各不相同。因此，可以说，任何两个建设项目其工程造价不可能是完全相同的，所以对建设工程就不能像对工业产品那样，按品种、规格、质量成批量生产和订价，只能是单件性计价。也就是说，只能根据建设工程项目的具体设计方案和工程所在地的实际自然环境和经济条件单独计算工程造价。

2. 多次性计价特征

建设工程一般规模大、建设期长、技术复杂、受建设所在地的自然条件影响大，消耗的人力、物力和资金巨大，一旦决策失误，将造成巨大的损失。为了满足建设各阶段的不同需要，适应造价控制和管理的要求，在建设全过程进行多次计价。公路建设项目多次计价过程如图1-3所示。

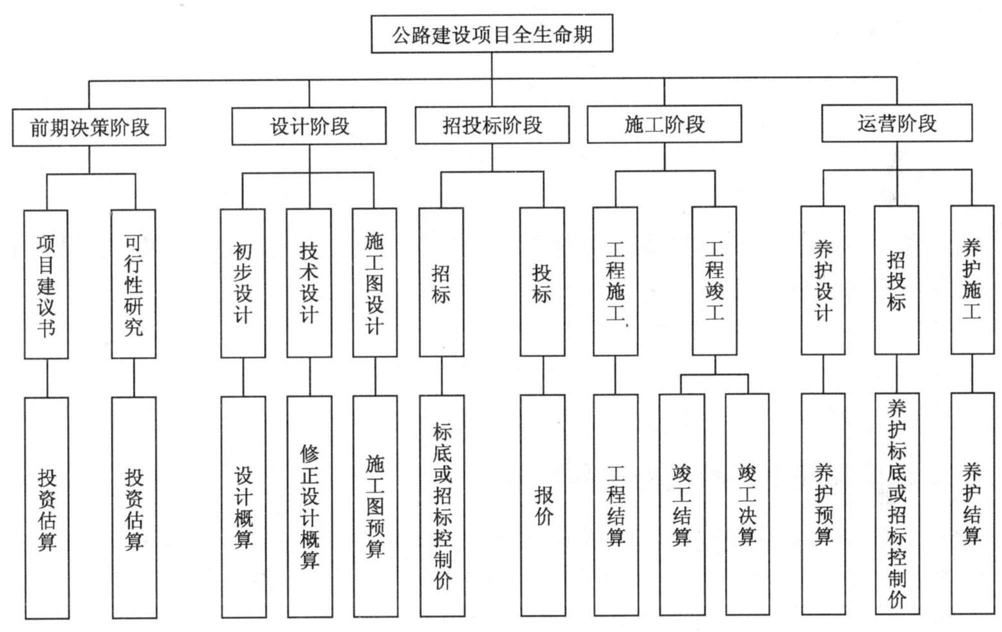

图1-3 公路建设项目多次计价过程

3. 组合性特征

这一特征和建设项目的组合性有关。一个建设项目是一个工程综合体，可以分解为多个单项工程，单项工程可分解为多个单位工程，单位工程可分解为多个分部工程，分部工程可分解为多个分项工程，从计价和工程管理的角度，分部分项工程还可以分解，直至对计量和计价都相对准确的程度。由上可以看出，建设项目的这种组合性决定了计价的过程是一个逐步组合的过程。这一特征在计算概算造价和预算造价时尤为明显，所以也反映到合同价和结算价上。其计算过程和计算顺序是：分部分项工程造价—单位工程造价—单项工程造价—建设项目总造价。

如将公路建设项目分解为路基工程、路面工程、桥梁工程等，对路基工程再分解为土方工程、石方工程、防护工程等，对土方工程再分解为挖方工程、填方工程等，对挖方工程再分解为机械挖、人力挖，机械挖再分解为挖掘机挖或推土机推挖等，如确定采用推土机推挖，就可以通过推土机推挖土方的工效定额得到推挖 $1m^3$ 土方所需推土机的台班消耗量，再按推土机的每台班单价计算出所需的费用。各项工程都可以这样分解，然后再将各部分的费用加以组合，就可确定工程项目全部工程所需要的费用。任何规模庞大、技术复杂的工程，都可以采用这种方法计算其全部造价。

4. 方法的多样性特征

由于多次计价有各自不相同的计价依据，且对多次计价的精确度要求不同，因而计价方法有多样性特征。计算和确定概、预算造价有两种基本方法，即单价法和实物量法。计算和确定投资估算的方法有设备系数法、生产能力指数估算法等。不同的方法各有利弊，适应条件也不同，计价时要加以选择。

5. 依据的复杂性特征

影响造价的因素多，计价依据复杂、种类繁多，主要可分为七类：

(1)计算设备和工程量依据，包括项目建议书、可行性研究报告、设计文件等。

(2)计算人工、材料、机械等实物消耗量依据，包括投资估算指标、概算定额、预算定额等。

(3)计算工程单价的价格依据，包括人工单价、材料价格、材料运杂费、机械台班费等。

(4)计算设备购置费的依据，包括设备原价、设备运杂费、进口设备关税等。

(5)计算其他工程费、间接费和工程建设其他费用依据，主要是相关的费用定额和指标。

(6)政府规定的税、费。

(7)物价指数和工程造价指数。

计价依据的复杂性不仅使计算过程复杂，而且要求计价人员熟悉各类依据，并加以正确应用。

二、基本建设程序各阶段的工程造价

公路工程造价包括建设程序各阶段所编制的各种造价文件。由于建设各阶段的工作深度不同，因而各阶段所编制的造价文件的准确性和作用也有所不同，所使用的主要计价依据之一的工程定额也不相同。基本建设程序各阶段的工程造价如图 1-4 所示。

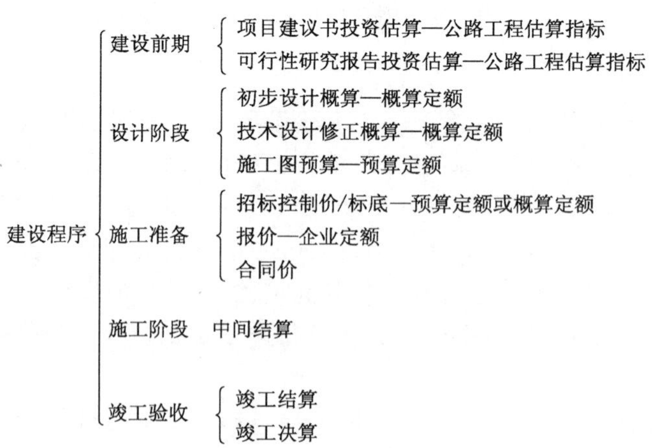

图 1-4　基本建设程序各阶段的工程造价

1. 投资估算

投资估算是指在项目建议书和可行性研究阶段对拟建项目所需投资，通过编制估算文件预先测算和确定的过程。在编制项目建议书和可行性研究报告阶段，对投资需要量进行估算是一项不可缺少的组成内容。投资估算是决策、筹资和控制造价的主要依据。

2. 概算造价

概算造价是在初步设计阶段，根据设计意图，通过编制工程概算文件预先测算和确定的工程造价。概算造价较投资估算造价准确性有所提高，但它受估算造价的控制。按两阶段设计的建设项目，概算经批准后是确定建设项目投资的额度，是签订建设项目总承包合同的依据。在初步设计批准后即进行招标的工程，其概算的建筑安装工程费用，是编制招标控制价/标底的控制依据。

3. 修正概算造价

修正概算造价是在采用三阶段设计的技术设计阶段，根据技术设计的要求，通过编制修正概算文件预先测算和确定的工程造价。它是对初步设计概算进行修正调整，比概算造价更准确，但受概算造价控制。按三阶段设计的建设项目，修正概算经批准后是确定建设项目投资的额度，是签订建设项目总承包合同的依据。在技术设计批准后，即进行招标的工程，其修正概算的建筑安装工程费用，是编制招标控制价/标底的控制依据。

4. 预算造价

预算造价是在施工图设计阶段，根据施工图纸，通过编制施工图预算文件，预先测算和确定的工程造价。它比概算造价或修正概算造价更为详尽和准确，但同样要受前一阶段所确定的工程造价的控制。施工图预算经批准后，是签订建筑安装工程承包合同、办理工程价款结算的依据，也是实行建筑安装工程造价包干的依据。实行招标的工程，其建筑安装工程费用是编制招标控制价/标底的基础。

5. 标底、招标控制价、报价

标底是招标人对建筑产品在建筑市场交易中的一种价格预期，其编制过程是招标人对招标项目所需工程费用的自我测算过程。招标控制价是招标人根据国家以及当地有关规定的计价依据和计价办法、招标文件、市场行情，并按照工程项目设计施工图纸等具体条件调整编制的、对招标工程项目限定的最高工程造价，也称为拦标价、预算控制价或最高报价等。报价是投标者根据本企业的成本核算情况，在本项目成本预测的基础上，考虑适当利润及相应的投资策略确定出来的。

6. 合同价

合同价是在工程招投标阶段通过签订总承包合同、建筑安装工程承包合同、设备材料采购合同，以及技术和咨询服务合同等确定的价格。合同价具有市场价格的性质，它是由承发包双方，即商品和劳务买卖双方根据市场行情共同议定和认可的成交价格，但它并不等同于实际工程造价。按计价方法不同，建设工程合同有许多类型，不同类型合同的合同价内涵也有所不同。常见有以下三种合同价形式：固定合同价、可调合同价和工程成本加酬金合同价。

7. 结算价

结算价是指在合同实施阶段，在工程结算时按合同调价范围和调价方法，对实际发生的工程量增减、设备和材料价差等进行调整后计算和确定的价格。结算价是该结算工程的实际价格。

8.竣工决算

竣工决算指工程完工后，将设计变更和施工变化等方面因素考虑进去，对施工图预算进行最后调整补充的编制过程，它是确定新增固定资产价值，全面反映建设成果的文件，是竣工验收和移交固定资产的依据。

以上的估算、概算、预算、招标控制价/标底、报价是在不同阶段对建设项目作出的预期工程造价，结算价和竣工决算才是工程的实际造价。其中，结算价是该结算工程的实际价格，竣工决算价是建设单位在各分部分项工程结算价的基础上编制的，它才是整个建设项目的实际造价。

总之，一个建设项目各个阶段的计价是相互衔接，由粗到细，由浅到深，由预期到实际，前者制约后者，后者修正和补充前者的发展过程。

由以上可知，公路工程造价的编制泛指估算、概算、预算、招标控制价/标底、报价、工程结算和竣工决算等造价文件的编审工作。工程建设不论其投资来源和隶属关系如何，都必须按基本建设程序办事，进行工程建设各阶段的工程造价文件的编制。

三、工程造价的计价原则

在建设的各阶段要合理确定其造价，应遵循以下原则。

1.符合国家的有关规定

由于工程建设投资巨大，涉及国民经济的方方面面，因此，国家对投资规模、投资方向、投资结构等必须进行宏观调控。在造价编制过程中，就应贯彻国家在工程建设方面的有关法规，使国家的宏观调控政策得以实施。

2.应保证计价依据的准确性

合理确定工程造价是工程造价管理的重要内容，而造价编制基础资料的准确性，则是合理确定造价的保证。为确保计价依据的准确性，应注意以下几个方面。

(1)正确摘取工程量，合理确定工、料、机单价，正确选用工程定额

由于公路工程造价是按实物量法进行编制的，如直接工程费按如下公式计算：

直接工程费 = $\sum$(分部分项工程量 × 定额工、料、机消耗量 × 当时当地的工、料、机单价)

因此，工程量和工、料、机单价及定额/指标消耗量的工、料、机消耗量的合理准确与否，直接影响造价中最为重要、最为基本的直接工程费的准确性。

(2)合理使用费用定额

公路工程造价编制中，除直接工程费以外的其他多项费用，均按《公路工程基本建设项目投资估算编制办法》或《公路工程基本建设项目概算预算编制办法》中规定的计算方法及费率进行计算。各项费率应根据工程的实际情况取定。如行车干扰工程施工增加费，一般只有改建工程才有，它与公路改建时保持通车的昼夜交通量有关，但计算时应考虑自然分流的影响，否则这项费用会比实际发生的费用大，若在直接工程费中考虑了一些临时工程，如修一个临时桥梁或临时道路分流，则行车干扰费应减少，甚至不计。

(3)保证计价依据的时效性

计价依据是一定时期社会生产力的反映，而生产力是不断向前发展的，计价依据会与已经

发展了的社会生产力不相适应，因而，计价依据在具有稳定性的同时，也具有时效性。在编制造价时，应注意不要使用过时或作废的计价依据，以保证造价的准确合理性。

3. 技术与经济相结合

完成同一项工程，可有多个设计方案，多个施工方案。不同方案消耗的资源不同，因而其造价也不相同。编制造价时，在考虑技术可行的同时，应考虑各可行方案的经济合理性，通过技术比较、经济分析和效果评价，选择方案，确定造价。

四、工程造价的计价依据

1. 有关工程造价的政策、法规

有关工程造价的政策、法规有：与建安工程造价相关的国家规定的建筑安装工程营业税率、城市建设税率、教育费附加费率；与进口设备价格相关的设备进口关税率、增值税率；与其他基建费中土地补偿相关的国家对征用各类土地所规定的各项补偿费标准等。

2. 设计图纸资料

设计图纸资料在编制造价时其作用主要表现在两个方面：一是提供计价的主要工程量，这部分工程量一般是从设计图纸中直接摘取；二是根据设计图纸提出合理的施工组织方案，确定造价编制中有关费用的基础数据，计算相应的辅助工程和辅助设施的费用。

3. 工程定额

工程定额是指在正常施工条件下，完成规定计量单位的符合国家技术标准、技术规范（包括设计、施工、验收等技术规范）和计量评定标准，并反映一定时间施工技术和工艺水平所必需的人工、材料、施工机械台班（时）消耗量的额定标准。在建筑材料、设计、施工及相关规范等没有突破性的变化之前，其消耗量具有相对的稳定性。工程定额包括了施工定额、预算定额、概算定额和估算指标等。

（1）施工定额

施工定额是施工企业组织生产和加强管理在企业内部使用的一种定额，其性质为企业生产定额。为了适应组织生产和管理的需要，施工定额的项目划分很细，是工程建设定额中分项最细、定额子目最多的一种定额，也是工程建设定额中的基础性定额。在预算定额的编制过程中，施工定额的劳动、材料、机械消耗的数量标准，是计算预算定额中劳动、材料、机械消耗数量标准的重要依据。

（2）预算定额

预算定额是在编制施工图预算时，计算工程造价和计算工程中劳动、机械台班、材料需要量使用的一种定额。预算定额是一种计价性的定额，在工程委托承包的情况下，它是确定工程造价的主要依据；在招标承包的情况下，它是计算招标控制价/标底的主要依据，也是确定报价的重要参考。所以，预算定额在工程建设定额中占有很重要的地位。从工程定额编制程序看，施工定额是预算定额的编制基础，而预算定额则是概算定额或估算指标的编制基础，可以说，预算定额在计价中是基础性定额。

（3）概算定额

概算定额是编制设计概算和修正设计概算时，计算和确定工程概算造价，计算劳动、机械台班、材料需要量所使用的定额。它的项目划分粗细，与初步设计的深度相适应。它是在预算定额基础上，对预算定额的综合扩大。概算定额是控制项目投资的重要依据，在工程建设的投资管理中有重要作用。

(4)投资估算指标

投资估算指标是在项目建议书和可行性研究阶段编制投资估算、计算投资需要量时使用的一种定额。它非常概略，它的概略程度与项目建议书和可行性研究相适应。它的主要作用是为项目决策和投资控制提供依据。投资估算指标往往根据历史的预、决算资料和价格变动等资料编制，但其编制基础仍然离不开预算定额、概算定额。

4. 费用定额

公路工程基本建设项目费用定额，是公路工程建设项目在编制工程造价中，除人工、材料、机械消耗以外的其他费用需要量计算的标准，即工程造价计价依据除工程定额以外各项费用计算的主要内容。公路工程基本建设项目费用定额，在公路工程计价依据体系中占有很重要的地位，是编制新建或改建项目投资估算、设计概算及施工图预算配套使用的一种定额，也是正确计算建筑安装工程费，确定工程总造价不可缺少的标准。根据交通主管部门规定，现行公路工程基本建设项目费用定额，包括其他工程费定额、间接费定额、设备工具器具购置费定额以及工程建设其他费定额等。

(1)其他工程费定额

其他工程费定额是工程定额以外，与建筑安装施工生产直接有关的各项费用开支标准。由于其费用发生的特点不同，只能独立于工程定额之外，它是编制施工图预算、设计概算、投资估算以及招标控制价/标底、报价的依据。列入其他工程费的项目，主要有冬季施工增加费、雨季施工增加费、夜间施工增加费、特殊地区施工增加费、行车干扰工程施工增加费、安全及文明施工措施费、临时设施费、施工辅助费、工地转移费等九项。

(2)间接费定额

间接费定额是指施工企业按法律、法规、规章、规程规定必须缴纳的费用及为组织施工生产和经营管理活动必需发生的各项费用开支的标准。间接费包括规费和企业管理费。由于间接费的发生和施工任务的大小没有直接关系，因此，通过间接费定额的管理，有效地控制间接费的发生是十分必要的。

(3)设备、工具、器具及家具购置费定额

设备、工具、器具及家具购置费定额包括设备购置费定额、工器具购置费定额、办公和生活用家具购置费定额。

(4)工程建设其他费用定额

工程建设其他费用定额是指独立于建筑安装工程、设备、工具、器具及家具购置之外的其他费用开支标准。工程建设其他费用，主要包括土地征用及拆迁补偿费、建设项目管理费等，这些费用的发生和整个项目的建设密切相关。工程建设其他费用定额是按各项独立费用分别制订的，以便合理控制这些费用的开支。

5. 基础单价

基础单价是指工程建设中所消耗的劳动力、材料、机械台班以及设备工器具等单位价格的总称。

(1)劳动力的单位价格，是指建筑安装生产工人日工资单价，由生产工人基本工资、工资性补贴、辅助工资、职工福利费等组成。

(2)材料单位价格,习惯称为材料的预算价格,是指材料(包括构件、成品、半成品、燃料、电等)从其来源地(或交货地点)到达施工工地仓库后的出库价格。

(3)施工机械台班单价,是各类施工机械使用台班的额定费用。

(4)设备费单价,是指各种进口设备、国产标准设备和国产非标准设备从其来源地(或交货地点)到达施工工地仓库后的出库价格。

6. 施工组织设计

施工组织设计是对工程施工的时间、空间、资源所作的全面规划和统筹安排,它包括施工方案的确定、施工进度的安排、施工资源的计划和施工平面的布置等内容。以上这些内容均涉及造价编制中有关费用的计算,如,对同一施工任务可采用不同的施工方法,因而其工程费用会不相同;资源供应计划不同,施工现场的临时生产和生活设施就不会相同,因而相应的费用也不会相同;施工平面布置中,堆场、拌和场的位置不同,则材料运距不同,因而其运费也不相同等。由以上可知,施工组织设计是造价编制中不可忽略的重要计价依据之一。

7. 工程量计算规则

工程量计算规则是计量工作的法规,它规定了工程量的计算方法和计算范围。在公路工程中,工程量计算规则都是放在工程定额的说明中。公路工程设计文件中均列有各分部分项工程的工程量,在编制造价时,对设计文件中提供的工程量进行复核,检查是否符合工程量计算规则,否则应按工程量计算规则进行调整。

8. 其他资料

在编制造价时,还会用到其他的一些资料,如某种规格钢筋的每米质量,土地平整中土体体积计算时的棱台公式,标准构件的尺寸等,这些资料应从一些工具书、标准图集中查阅。

第二节　公路工程造价编制的一般工作步骤

公路建设项目是由路基、路面、桥涵等不同功能结构的工程所组成的,而每一项工程又包含有众多的分部工程和分项工程,同时,项目建设还要受建设环境和市场行情的影响。所以,对其造价的编制是一项十分繁琐而又细致的工作。为确保工程造价的编制质量,达到经济合理的目的,学习和研究工程造价的编制步骤是十分必要的。

工程造价的编制步骤和工作内容,概括起来有:拟订工作方案,确定编制原则;在熟悉设计图表资料和施工现场的基础上,根据计价定额/指标,正确摘取工程量;了解施工方案和施工计划中的内容,确定先进合理、安全可靠的施工方法;进行工程造价的各种价格、费用的分析和累计计算,复核及审核,最后编写编制说明和出版等。上述各项工作内容,一部分属于工程造价编制前的准备工作,它是编制工程造价的基础,一部分属于工程造价具体编制运作环节。只有做好了准备工作,有了可靠的基础资料,才能编制好工程造价。所以,重视做好工程造价编制前的各项资料的收集和准备,是按质、按期完成工程造价编制工作的重要前提和必要条件。

工程造价编制流程,见图1-5。其具体内容对不同阶段的造价有所不同,将在以后各章节中详细介绍。

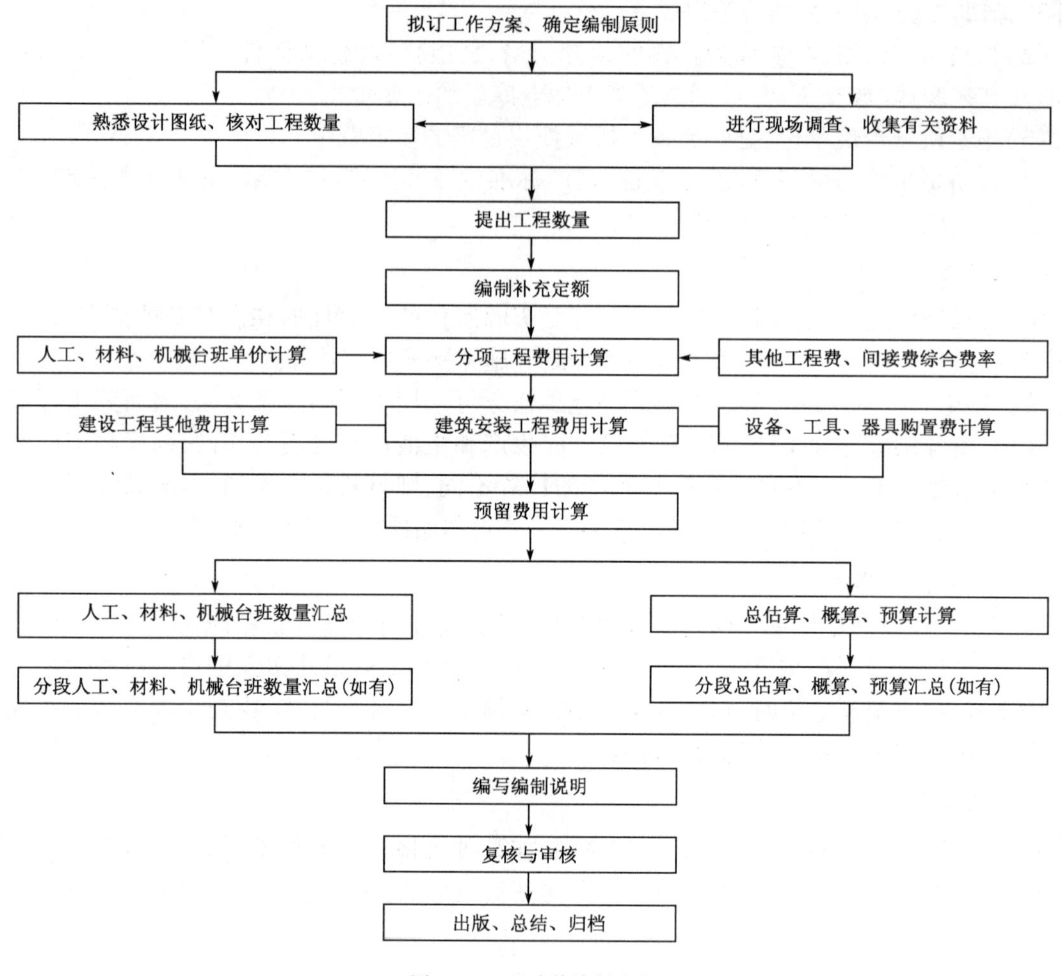

图1-5　工程造价编制流程

【复习思考题】

1. 在市场经济条件下，工程造价的含义有哪两种？

2. 工程造价有哪些特征？工程造价的计价有哪些特征？请分析工程造价特征对工程造价计价的影响。

3. 基本建设程序各阶段都应编制造价文件，请分析不同阶段造价文件之间的相互关系。

第二章
公路工程造价的计价依据

【学习目的与要求】

通过本章的学习，掌握定额的概念、性质，熟悉公路工程定额体系的结构；掌握施工定额的性质，熟悉公路工程施工定额的内容及表现形式；熟悉现行《公路工程预算定额》、《公路工程概算定额》、《公路工程估算指标》的组成、结构并掌握其使用方法；熟悉现行公路工程费用定额的组成、结构并掌握其使用方法。

第一节　定额概述

一、定额的概念

在现代社会经济生活中，定额几乎无处不在。它们存在于生产、流通、分配与消费领域，也存在于技术领域乃至日常的社会生活之中，如生产和流通领域的工时定额，原材料消耗定额，原材料和成品、流动资金定额等以及分配和消费领域的工资标准、供给十分短缺情况下生活消费品的配给定额等。这些名目繁多、性质繁杂的定额的存在和发展，从根本上说，是协调现代社会化大生产和现代社会生活的必需，是发展社会生产力和提高社会经济效益的必需。人们借助它去达到既定的目标。定额不论其表现形式如何，其基本性质是一种规定的额度，是一种对人、对事、对物、对资金、对时间、空间在质和量上的规定。

本课程涉及的定额是工程建设领域内的定额。工程建设定额是指在正常施工条件下，完成规定计量单位的符合国家技术标准、技术规范（包括设计、施工、验收等技术规范）和检验评定标准，并反映一定时间施工技术和工艺水平所必需的人工、材料、施工机械台班（时）、资金等消耗量的额定标准。在理解定额的概念时，应注意以下两点：第一，定额中的人工、材料、施工机械消耗量是指在正常施工条件下的消耗量，即对工作地点进行合理组织、合理拟定工作组成、合理拟定施工人员编制条件下的工、料、机消耗量；第二，定额中的人工、材料、施工机械消耗量是指在符合国家技术标准、技术规范、检验评定标准质量要求下的工、料、机消耗量。

二、定额的性质

在社会主义市场经济条件下，工程建设定额具有以下特点。

1. 科学性

工程建设定额的科学性是由现代社会化大生产的客观要求决定的。工程建设定额的科学性包括两重含义：一重含义是指工程建设定额必须和生产力发展水平相适应，反映出工程建设中生产消耗的客观规律，否则它就难以作为国民经济中计划、调节、组织、预测、控制工程建设的可靠依据，难以实现它在管理中的作用；另一重含义，是指工程建设定额管理在理论、方法和手段上必须科学化，以适应现代科学技术和信息社会发展的需要。

工程建设定额的科学性，首先表现在用科学的态度制定定额，尊重客观实际，力排主观臆断，力求定额水平合理；其次表现在制定定额的技术方法上，利用现代科学管理的成就，形成一套系统的、完整的、在实践中行之有效的方法；第三，表现在定额制定和贯彻的一体化。制定是为了提供贯彻的依据，贯彻是为了实现管理的目标，也是对定额的信息反馈。

2. 系统性

工程建设定额是相对独立的系统，它是由多种定额结合而成的有机的整体。它的结构复杂，有鲜明的层次，有明确的目标。

工程建设定额的系统性是由工程建设的特点决定的。按照系统论的观点，工程建设本身就是一个庞大的实体系统，工程建设定额是为这个实体系统服务的，因而工程建设本身的多种类、多层次就决定了以它为服务对象的工程建设定额的多种类、多层次。

3. 统一性

工程建设定额的统一性，主要是由国家对经济发展的有计划的宏观调控职能决定的。为了使国民经济按照既定的目标发展，就需要借助于某些标准、定额、参数等，对工程建设进行规划、组织、调节、控制。而这些标准、定额、参数，必须在一定范围内有统一的尺度，才能实现上述职能，才能利用它对项目的决策、设计方案、投标报价、成本控制进行比选和评价。

按定额的主编单位和执行范围的不同，定额可分为全国统一定额（如全国统一的安装工程预算定额），各专业的定额（如公路工程定额、铁路工程定额、市政工程定额、建筑工程定额等专业工程定额），各地区的定额（例如各省、自治区、直辖市编制的适于本地区的建筑工程预算定额），各企业的定额即各企业的施工定额。无论全国、部，还是地区、企业的定额，均有统一的程序、统一的原则、统一的要求和统一的用途。

4. 权威性

主管部门通过一定程序审批颁发的工程建设定额，具有很大的权威性。这种权威性在一些情况下具有经济法规性质。权威性反映统一的意志和统一的要求，也反映信誉和信赖程度。

工程建设定额的权威性的客观基础是定额的科学性，只有科学的定额才具有权威。但是在社会主义市场经济条件下，它必然涉及各有关方面的经济关系和利益关系，赋予工程建设定额以一定的强制性，就意味着在规定的范围内，对于定额的使用者和执行者来说，不论主观上愿意不愿意，都必须按定额的规定执行。

应该指出的是，在社会主义市场经济条件下，对定额的权威性不应绝对化。定额的权威性虽有其客观基础，但定额毕竟是主观对客观的反映，定额的科学性会受到人们认识的局限，与此相关，定额的权威性也就会受到削弱。更为重要的是，在社会主义市场经济条件下，随着投资体制的改革和投资主体多元化格局的形成，随着企业经营机制的转换，他们都可以根据市场的变化和自身的情况，自主地调整自己的决策行为，因此，一些与经营决策有关的工程建设定额的权威性特征，自然也就弱化了。

5. 稳定性和时效性

任何一种工程建设定额都是一定时期技术发展和管理的反映，因而在一段时期内都表现出稳定的状况。但是工程建设定额的稳定性是相对的。任何一种工程建设定额都只能反映一定时期的生产力水平，当生产力向前发展了，定额就会与已经发展了的生产力不相适应。这样，它原有的作用就会逐步减弱以致消失，甚至产生负效应。所以，工程建设定额在具有稳定性特点的同时，也具有显著的时效性。当定额不再能起到促进生产发展的作用时，工程建设定额就要重新编制或修订了。因此，从一段时期看，定额是稳定的；从长期看，定额是变动的。

三、定额的分类

工程建设定额是一个综合概念，是工程建设中各类定额的总称，它包括许多种类的定额，可按不同的原则和方法进行分类。

1. 按定额反映的物质消耗内容分类

按定额反映的物质消耗内容分类，可分为劳动消耗定额、机械消耗定额和材料消耗定额三种。

(1) 劳动消耗定额

劳动消耗定额简称劳动定额，是指活劳动的消耗。在施工定额、预算定额、概算定额、估算指标等多种定额、指标中，劳动消耗定额都是其中重要的组成部分。劳动消耗定额是完成一定的合格产品（工程实体或劳务）规定活劳动消耗的数量标准。为了便于综合和核算，劳动定额大多采用工作时间消耗量来计算劳动消耗的数量，所以劳动定额主要表现形式是时间定额，但同时也表现为产量定额。

(2) 机械消耗定额

机械消耗定额简称机械定额，由于我国机械消耗定额是以一台机械一个工作班为计量单位，所以又称为机械台班定额。和劳动消耗定额一样，在施工定额、预算定额、概算定额、估算指标等多种定额、指标中，机械消耗定额都是其中的组成部分。机械消耗定额是指为完成一定合格产品（工程实体或劳务）所规定的施工机械消耗的数量标准。机械消耗定额的主要表现形式是机械时间定额，但同时也以机械产量定额表现。

过去由于我国建筑业技术装备水平较低，所以机械消耗在工程建设的全部生产消耗中占的比重不大。但是随着生产技术的进一步发展，建筑业的机械化程度不断提高，如在高等级公路施工中，路基、路面的机械化程度达到90%以上，使机械消耗定额成为更加重要的定额。

(3)材料消耗定额

材料消耗定额简称材料定额，是指完成一定合格产品所需消耗材料的数量标准。这里的材料是指工程建设中使用的原材料、成品、半成品、构配件、燃料以及水、电等动力资源的统称。材料作为劳动对象是构成工程的实体物资，需用数量很大、种类繁多，所以材料消耗量多少及消耗合理与否，不仅关系到资源的有效利用，影响市场供求状况，而且对建设工程的投资、建筑产品的成本控制都有决定性影响。

2. 按照定额的编制程序和用途来分类

按定额编制程序和用途分类，可以把工程建设定额分为施工定额、预算定额、概算定额、投资估算指标、万元指标和工期定额六种。

(1)施工定额

施工定额是施工企业（建筑安装企业）组织生产和加强管理在企业内部使用的一种定额。其性质属于企业生产定额。它由劳动定额、机械定额和材料定额三个相对独立的部分组成。为了适应组织生产和管理的需要，施工定额的项目划分很细，是工程建设定额中分项最细、定额子目最多的一种定额，也是工程建设定额中的基础性定额。在预算定额的编制过程中，施工定额的劳动、机械、材料消耗的数量标准，是计算预算定额中劳动、机械、材料消耗数量标准的重要依据。

(2)预算定额

预算定额是在编制施工图预算时，计算工程造价和计算工程中劳动、机械台班、材料需要量使用的一种定额。预算定额是一种计价性的定额。

(3)概算定额

概算定额是编制设计概算时，计算和确定工程概算造价，计算劳动、机械台班、材料需要量所使用的定额。它的项目划分粗细，与初步设计的深度相适应。它一般是在预算定额基础上编制的，是预算定额的综合扩大。

(4)投资估算指标

投资估算指标是在项目建议书和可行性研究阶段编制投资估算、计算投资需要量时使用的一种定额。它非常概略，往往是以独立的单项工程或完整的工程项目为对象而编制的。

(5)万元指标

万元指标是以万元建筑安装工作量为单位制订的人工、材料和机械台班消耗数量的标准，以实物量指标表示。万元指标是一种计划定额，主要是为国家综合部门、主管部门和地方政府部门提供编制长期计划和年度计划的依据。在编制计划时，按照计划期的建筑安装工作量用万元指标来计算人工工日、主要材料和主要机械（台班）的需要量，以便做好资源的平衡和分配。

(6)工期定额

工期定额是为各类工程规定的施工期限的额定天数，包括建设工期定额和施工工期定额两个层次。

建设工期是指建设项目或独立的单项工程从开工建设时起，到全部建成投产或交付使用时止所经历的时间，一般以月数或天数表示。施工工期一般是指单项工程或单位工程从正式开工起至完成工程全部设计内容并达到国家验收标准的全部有效天数，施工工期是建设工期中的一部分。

工期定额中考虑了季节性施工因素、地区性特点、工程结构和规模、工程用途以及施工技术与管理水平等对工期的影响。因此，工期定额是评价工程建设速度、编制施工计划、签订承包合同、评价全优工程的依据之一。

3.按照投资的费用性质分类

按投资费用性质分类，可以把工程建设定额分为直接工程费定额，其他工程费定额，间接费定额，设备、工具、器具及家具购置费定额，工程建设其他费用定额等。

(1)直接工程费定额

直接工程费定额是指施工过程中耗费的构成工程实体和有助于工程形成的人工费、材料费、施工机械使用费。直接工程费定额包括：确定工、料、机费的施工定额，预算定额，概算定额和估算指标等工程定额。

(2)其他工程费定额

其他工程费定额是与建筑安装施工生产直接有关的各项费用开支标准，由于其费用发生的特点不同，只能独立于工程定额分项内容之外。

(3)间接费定额

间接费定额是指施工企业按法律、法规、规章、规程规定，必须缴纳的费用及为组织施工生产和经营管理活动所必须发生的各项费用开支的标准。间接费包括规费和企业管理费。费用项目主要有职工养老保险费、失业保险费、医疗保险费、住房公积金、工伤保险费、管理人员工资、办公费、职工教育经费、企业财产保险费、工会经费，以及其他费用等。

(4)设备、工具、器具及家具购置费定额

设备、工具、器具及家具购置费包括：设备购置费定额、工器具购置费定额、办公和生活用家具购置费定额。设备购置费定额是指为满足公路的运营、管理、养护需要而购置的，达到固定资产标准的设备，或虽低于固定资产标准但属于设计明确列入设备清单的设备的数量标准。工器具及生产家具(简称工器具)购置费定额是指建设项目交付使用后，为满足初期正常营运必须购置的第一套不构成固定资产的设备、仪器、仪表、工卡模具、器具、工作台(框、架、柜)等的数量标准。办公和生活用家具购置费定额是指为保证新建、改建项目初期正常生产、使用和管理所必须购置的办公和生活用家具、用具的数量标准。

(5)工程建设其他费用定额

工程建设其他费用定额是指独立于建筑安装工程、设备、工具、器具及家具购置之外的其他费用开支标准。工程建设的其他费用主要包括：土地征用及拆迁补偿费、建设项目管理费等，这些费用的发生和整个项目的建设密切相关。其他费用定额是按各项独立费用分别制订的，以便合理控制这些费用的开支。

4.按主编单位和管理权限分类

按主编单位和管理权限，工程建设定额可分为全国统一定额、行业统一定额、地区统一定额、企业定额和补充定额五种。

(1)全国统一定额是由国家建设行政主管部门,综合全国工程建设中技术和施工组织管理的情况编制,并在全国范围内执行的定额,如全国统一安装工程定额。

全国统一定额,反映一定时期社会生产力水平的一般状况,作为编制地区单位估价表,确定工程造价,编制招标工程标底的基础,亦可作为制订企业定额和投标报价的基础。

(2)行业统一定额,是考虑到各行业部门专业工程技术特点,以及施工生产和管理水平编制的,一般只在本行业和相同专业性质的范围内使用,如矿井建设工程定额、公路工程定额等。

(3)地区统一定额,包括省、自治区、直辖市定额。地区统一定额主要是考虑地区性特点和全国统一定额水平做适当调整补充编制的。由于各地区气候条件、经济技术条件、物质资源条件和交通运输条件等的差异,构成对定额项目、内容和水平的影响,是地区统一定额存在的客观依据。

(4)企业定额,是指由施工企业考虑本企业具体情况,参照国家、部门或地区定额的水平制订的定额。企业定额只在企业内部使用,是企业素质的一个标志。企业定额水平一般应高于国家、行业定额,才能满足生产技术发展、企业管理和市场竞争的需要。

(5)补充定额,是指随着设计、施工技术的发展,现行定额不能满足需要的情况下,为了补充缺项所编制的定额。补充定额只能在指定的范围内使用,可以作为以后修订定额的基础。

以上各类定额之间相互联系、相互区别、相互交叉、相互补充,从而形成一个与建设程序各阶段工作深度相适应的、层次分明、分工有序的庞大的工程建设定额体系,如图2-1所示。

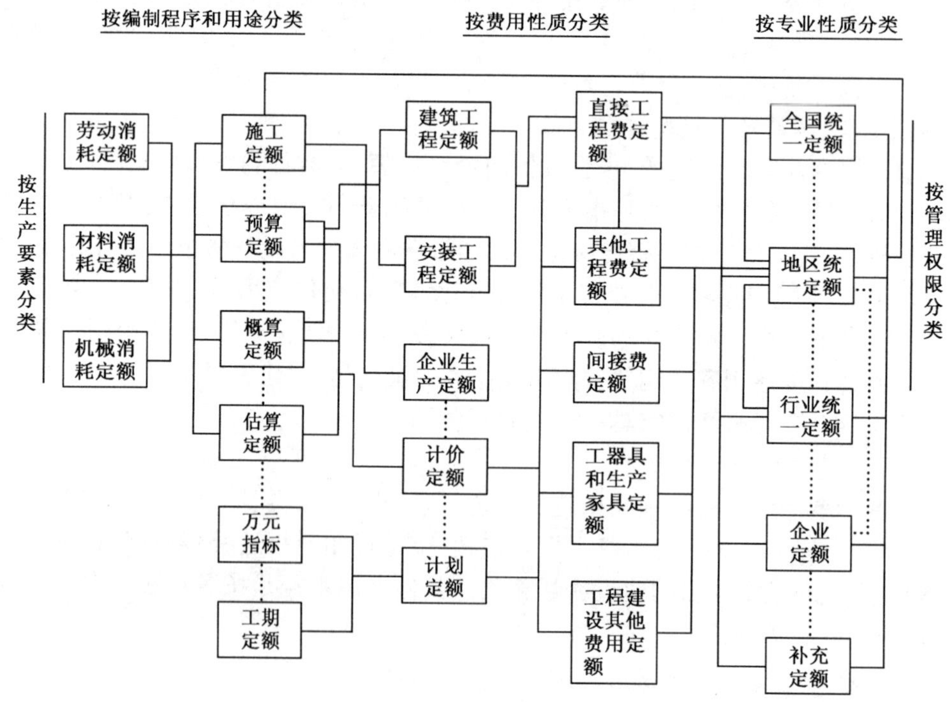

图2-1 定额体系示意图

第二节　公路工程定额及其使用

公路工程定额分两大类:工程定额、指标和费用定额,如图2-2所示。

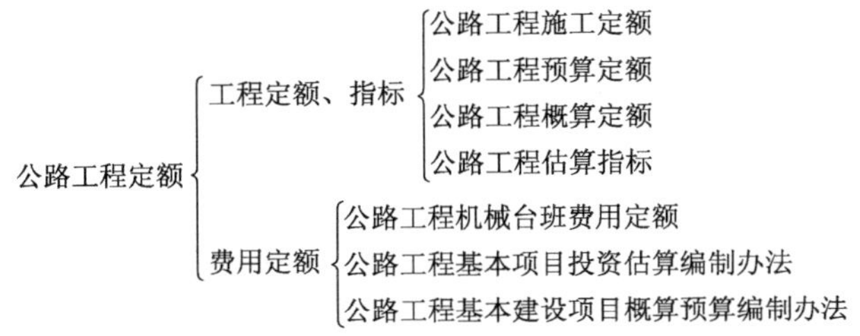

图2-2　公路工程定额分类

一、公路工程施工定额

(一)施工定额的性质

施工定额是在正常施工条件下,为完成单位合格产品所需劳动、机械、材料消耗的数量标准,它应反映企业的施工水平、装备水平和管理水平,作为考核建筑安装企业劳动生产率水平、管理水平的标尺和确定工程成本、投标报价的依据。因此,施工定额是建筑安装企业内部管理的定额,属于企业定额的性质。

施工定额的这种企业定额性质,要求明确地赋予企业以施工定额的管理权限(包括编制和颁发施工定额的权限)。企业可以根据本企业的具体条件和可能挖掘的潜力,根据市场的需求和竞争环境,根据国家有关政策、法律和规范、制度,自己编制定额,自行决定定额的水平。允许同类企业和同一地区的企业之间存在施工定额水平的差距,甚至允许企业就施工定额的水平对外作为商业秘密进行保密,这样在市场上才能具有竞争能力。

施工定额的性质,决定了施工定额水平应该是平均先进水平。平均先进水平高于平均水平,低于先进水平,是在正常施工条件下大多数施工队、组合大多数生产者经过努力可以达到和超过的水平,这种水平肯定了先进、促进了中间、带动了后进,因此,有利于企业劳动生产率的提高,促进施工企业整体生产力的发展。

(二)施工定额的作用

施工定额的作用主要体现在以下两个方面。

1.施工定额是企业计划管理工作的基础

施工定额在企业管理中的基础作用,主要表现在:施工定额是计划管理的依据,是组织和指挥施工生产的有效工具,是计算工人劳动报酬的依据,是企业激励工人的标准,是编制施工预算、加强企业成本管理和经济核算的基础。

2.施工定额是工程建设定额体系的基础

施工定额在工程建设定额体系中的基础作用,主要表现在:施工定额水平是确定概、预算定额和估算指标的基础，对预算定额来说，它是直接基础，对其他各类定额则是间接基础。

（三）施工定额的内容

施工定额的内容，一般包括劳动定额、机械消耗定额、材料消耗定额三部分。汇编成册的施工定额包括以下内容。

1. 文字说明部分

文字说明，又分为总说明和分章说明。

（1）总说明

施工定额总说明的基本内容包括：

①定额中所包括的工种；

②定额的编制依据和编制原则；

③劳动消耗的计算方法，如产量定额与时间定额的计算方法及其相互关系；

④材料消耗的计算方法，如材料总用量、净用量与损耗率之间的关系和计算，系数的利用方法以及其他计算方法等；

⑤其他。

（2）分章说明

分章说明的基本内容包括：

①每章包括的定额项目和工作内容；

②施工方法；

③有关规定和计算方法的说明，如材料运输运距计算方法的说明、土方工程中土的类别的规定、运土超运距增加人工的计算方法、材料消耗定额的计算方法等；

④质量要求。

2. 定额表部分

定额表，包括定额项目的名称、工作内容、定额单位、定额表和附注。

定额表是定额中的核心部分，它包括劳动定额表、机械定额表与材料定额表。劳动定额表中，同时以产量定额和时间定额表示，并往往列有小组成员，以便下达任务书时参考。材料消耗定额有两种表示方法：一种是规定操作过程中的全部材料消耗量；另一种是主要材料与规定材料的损耗。

附注列于定额表的下面，主要是根据施工条件变更的情况，规定劳动和材料消耗的增减变化。附注是对定额表的补充。在某些情况下，附注也限制定额使用范围。

3. 附录部分

一般列于定额最后，作为使用定额的参考。其主要内容包括：

（1）有关的名词解释；

（2）先进经验及先进工具的介绍；

（3）材料用量计算、材料质量、材料损耗率等参考资料。

虽然定额表部分是整个定额册的核心，但在使用时，必须同时了解其他部分内容，才能正确使用定额。

(四)施工定额的表现形式

1. 劳动定额的表现形式

劳动定额在施工定额中往往形成一个独立的部分,这是由劳动定额在企业管理中的特殊作用所决定的。劳动定额是劳动消耗定额的简称,也称人工定额,有两种表现形式,即时间定额和产量定额。

(1)时间定额

时间定额是指工人在正常施工条件下,为完成单位合格产品或工作任务所消耗的必要劳动时间。时间定额以工日为单位,按现行制度公路工程每个工日工作时间按8h计(潜水作业按6h、隧道洞内作业按7h计)。其计算方法如下:

$$\text{单位产品的时间定额(工日)} = \frac{1}{\text{每工产量}}$$

或

$$\text{单位产品的时间定额(工日)} = \frac{\text{班组成员工日数总和}}{\text{班组完成产品数量总和}}$$

(2)产量定额

产量定额是指在正常施工条件下,在单位时间(工日)内所应完成合格产品的数量。其计算方法如下:

$$\text{产量定额} = \frac{1}{\text{单位产品时间定额(工日)}}$$

或

$$\text{产量定额} = \frac{\text{班组完成产品数量总和}}{\text{班组成员工日数总和}}$$

时间定额与产量定额互为倒数。

2. 机械定额的表现形式

机械定额是机械台班使用定额的简称。机械定额也有两种表现形式,即时间定额和产量定额。它是在正常施工条件下,使用施工机械生产单位合格产品所必需的机械工作时间(即时间定额),或在单位时间内完成合格产品的数量(即产量定额)。其计算方法如下:

$$\text{时间定额(工日)} = \frac{1}{\text{每台班产量}}$$

$$\text{产量定额} = \frac{1}{\text{单位产品时间定额(台班)}}$$

例2-1:某公路的路面施工中,拟采用120kW以内的平地机摊铺混合料,摊铺面积为80 000m^2,试根据施工定额确定人工和机械消耗量。

解:以交通运输部定额站的《公路工程施工定额》(2009)为例,介绍施工定额的使用。《公路工程施工定额》(2009)是原交通部2007年公布的《公路工程预算定额》(JTG/T B06-02—2007)(以下简称《预算定额》)劳动、机械定额水平确定的依据,是在原交通部1997年公布的《公路工程施工定额》基础上,通过调查研究及综合分析各省、自治区、直辖市交通厅(局、委员会)及部分大型施工企业提供的公路工程施工定额资料,并参照其他有关部门的劳动定额编制。各施工企业的施工定额的使用与本例相同。

根据题意,选择《公路工程施工定额》“3-5 平地机铺料”的第二个子目,见表2-1。

3-5 平地机铺料 表2-1

工作内容 铺料,找平,人工跟及找补修整边缘。

每1 000m² 的劳动、机械定额

项 目	平地机功率(kW)			序 号
	80以内	120以内	150以内	
劳动定额	$\frac{0.576}{1.736}$	$\frac{0.464}{2.155}$	$\frac{0.404}{2.475}$	一
机械定额	$\frac{0.288}{3.472}$	$\frac{0.232}{4.31}$	$\frac{0.202}{4.95}$	二
编号	1	2	3	

现行的施工定额多采用复式表,即:

$$\frac{\text{时间定额(工日)}}{\text{每工产量}}$$

或

$$\frac{\text{时间定额(台班)}}{\text{每工产量}}$$

从表2-1中可知,120kW以内的平地机每1 000m² 人工消耗量为0.464工日,每1 000m² 的机械消耗量为0.232台班,则完成80 000m² 需:

$$\text{人工消耗量} = 80 \times 0.464 = 37.12\ \text{工日}$$

$$\text{机械消耗量} = 80 \times 0.232 = 18.56\ \text{台班}$$

二、公路工程预算定额

(一)《预算定额》简介

预算定额是规定消耗在单位的分项工程和结构构件上的劳动力、材料和机械的数量标准,是在施工图设计阶段计算建筑安装产品价格的基础。预算定额是一种具有广泛用途的计价定额,其作用主要表现在:是编制施工图预算、确定建设项目工程造价、控制项目投资的基础,是对设计方案进行技术经济分析和比较的依据,是编制施工组织设计的依据,是工程结算的依据,是施工企业进行经济活动分析的依据,是编制概算定额和估算指标的基础,是合理编制招标控制价/标底和投标报价的基础。

现行《预算定额》共分九章,主要内容包括:总说明、章说明、节说明、定额表及表下附注和附录。

1. 定额说明

定额说明包括:总说明、章说明和节说明。总说明的内容:主要包括:预算定额的适用范围、目的、作用、编制原则、主要依据、对各章节都适用的统一规定、定额采用的标准及允许抽换定额的原则、定额包括的内容及未包括的内容,需编制补充定额的规定等。章(节)说明则规定各章(节)包括的内容、各章(节)工程项目的统一规定、各章(节)工程项目综合的内容及允许抽换的规定、各章(节)工程项目的工程量计算规则等。

以上各项说明是为了正确使用定额而做出的规定和解释,是正确运用定额所应遵循的条件和保证。因此,编制施工图预算时,首先应阅读预算定额的总说明、章说明、节说明,对定额的编制依据、适用范围、包含的主要工程内容,以及其他有关问题的说明和使用方法等应熟记、通晓,同时,对常用的子项、人工、材料、机械的计量单位等,都应有一个全面的了解,从而达到正确、快速使用定额编制预算文件的目的。

2. 定额项目表

现行《预算定额》分为路基工程、路面工程、隧道工程、桥涵工程、防护工程、交通工程及沿线设施、临时工程、材料采集及加工、材料运输等九章,以定额项目表的形式给出相应的工、料、机消耗的额定标准。预算定额项目表的主要内容如下。

(1)工程项目名称及定额单位

如《预算定额》"2-2-11"的定额项目名称为沥青混凝土混合料拌和,定额单位为1 000m^3路面实体,见表2-2。

2-2-11 沥青混凝土混合料拌和 表2-2

工作内容 1)沥青加热、保温、输送;2)装载机铲运料、上料,配运料;3)矿料加热烘干;4)拌和,出料。

Ⅰ.粗 粒 式 单位:1 000m^3 路面实体

顺序号	项 目	单位	代号	沥青混合料拌和设备生产能力(t/h)					
				30以内	60以内	120以内	160以内	240以内	320以内
				1	2	3	4	5	6
1	人工	工日	1	156.7	65.7	47.3	36.8	31.5	26.3
2	沥青混凝土混合料	m^3	—	(1 020.00)	(1 020.00)	(1 020.00)	(1 020.00)	(1 020.00)	(1 020.00)
3	石油沥青	t	851	105.857	105.857	105.857	105.857	105.857	105.857
4	砂	m^3	897	296.66	296.66	296.66	296.66	296.66	296.66
5	矿粉	t	949	96.104	96.104	96.104	96.104	96.104	96.104
6	石屑	m^3	961	168.13	168.13	168.13	168.13	168.13	168.13
7	路面用碎石(1.5cm)	m^3	965	259.89	259.89	259.89	259.89	259.89	259.89
8	路面用碎石(2.5cm)	m^3	966	299.07	299.07	299.07	299.07	299.07	299.07
9	路面用碎石(3.5cm)	m^3	967	469.28	469.28	469.28	469.28	469.28	469.28
10	其他材料费	元	996	191.7	191.7	191.7	191.7	191.7	191.7
11	设备摊销费	元	997	5 988.3	3 467.9	2 992.6	2 677.1	2 612.6	2 499.3
12	1m^3以内轮胎式装载机	台班	1048	15.53	—	—	—	—	—
13	2m^3以内轮胎式装载机	台班	1050	—	9.78	7.04	6.21	4.99	—

(2)工程项目包括的工程内容

如沥青混凝土混合料拌和定额项目的工作内容为:"1)沥青加热、保温、输送;2)装载机铲运料、上料,配运料;3)矿料加热烘干;4)拌和,出料。"

(3)完成定额单位工程的人工、单位、代号、数量

如,粗粒式沥青混凝土混合料拌和定额项目(沥青混合料拌和设备生产能力为30t/h以

内），完成定额单位为 1 000m^3 路面实体的人工消耗量为 156.7 工日，其数量中包括施工定额综合为预算定额项目的人工幅度差，还包括材料工地小搬运的人工工日。

（4）完成定额单位工程的材料名称、单位、代号、数量

①主要材料以实际使用量或周转使用量的消耗数量表示。如粗粒式沥青混凝土混合料拌和定额项目（沥青混合料拌和设备生产能力为 30t/h 以内），完成定额单位为 1 000m^3 路面实体需消耗石油沥青 105.857t，砂 296.66m^3，矿粉 96.104t，……。材料消耗量包括施工过程中的场内运输及操作损耗。

②次要材料及消耗量很少的材料以其他材料费的形式表示。为避免定额表中材料项目过多引起的定额成果表量大和造价计算复杂，因此将占费用比重很少的材料均列入其他材料费。如粗粒式沥青混凝土混合料拌和定额项目（沥青混合料拌和设备生产能力为 30t/h 以内），就将本子目中量少价低的材料不在定额成果表中逐一列出其名称、规格和消耗量，而将其价值统一列入其他材料费，共计 191.7 元。

③不以材料数量表示，而以使用时间来进行折旧的金属构件，以设备摊销费的形式表示。如粗粒式沥青混凝土混合料拌和定额项目（沥青混合料拌和设备生产能力为 30t/h 以内）1 000m^3 路面实体的设备摊销费共计 5 988.3 元。

（5）完成定额单位工程的机械名称、单位、代号、数量

①主要机械以实际使用台班数量表示，如粗粒式沥青混凝土混合料拌和定额项目（沥青混合料拌和设备生产能力为 30t/h 以内），完成定额单位为 1 000m^3 路面实体需 1m^3 以内轮胎式装载机为 15.53 台班，30t/h 以内沥青拌和设备为 16.56 台班，5t 以内的自卸汽车 7.78 台班。定额的台班数量包括由施工定额综合为预算定额项目的机械幅度差。

②次要机械及消耗量很少的机械以小型机具使用费的形式表示，如手动葫芦、滑车、电钻等。

（6）定额基价

定额基价是指该工程细目的工程价格，即定额人工费、材料费、机械使用费的合计价值，其中人工费、材料费是按《预算定额》附录四中所取定的人工、材料的预算价格计算的，机械使用费是按《公路工程机械台班费用定额》（JTG/T B06-02—2007）计算的。如粗粒式沥青混凝土混合料拌和定额项目（沥青混合料拌和设备生产能力为 30t/h 以内）的定额基价为 595 730元。

（7）其他

有些定额项目下还列有在章、节说明中没有包括的，仅供本定额项目使用的注释。如路基工程洒水汽车洒水项目中注明，若水需计费时，水费另行计算。

3. 定额附录

定额附录是配合定额使用不可缺少的一个重要组成部分。现行《预算定额》附录包括“路面材料计算基础数据”、“基本定额”、“材料的周转及摊销”、“定额基价人工、材料单位质量、单价表”、“本定额用词说明”。定额附录的主要作用有：

（1）了解定额编制时采用的各种统一规定，如每 10m^2 接触面积模板所需的人工、机械及材料的周转使用量。

（2）供抽换定额中混凝土强度等级、砂浆强度等级时使用的混凝土、砂浆配合比表。

（3）编制补充预算定额所需的统一规定，如材料的周转次数、规格、单位质量、代号、

单价等。

(4)便于使用单位经过施工实践核定定额水平，并对定额水平提出意见，作为修订定额的重要资料。

(二)《预算定额》的应用

《预算定额》的应用可分为直接套用和换算两种情况。

在应用定额编制预算文件时，直接套用定额的情况占绝大多数。当设计要求、结构形式、施工工艺、施工机械、材料品种规格等与定额条件完全相符合时，可直接套用定额。套用定额时，应根据设计图纸的要求、做法说明，从工程内容、技术特征、施工方法、材料品种规格等方面一一仔细核对，正确选择相应的套用项目，这是正确使用定额的关键。

当设计要求与定额条件不完全相符时，则不可直接套用定额，应根据定额的规定进行换算。预算定额的换算包括乘系数换算、砂浆和混凝土强度等级的换算及定额规定的其他换算。

例 2-2：某平原微丘区二级公路，其中一段的路基工程全部采用借土填方，填方量计 130 000m^3，借方平均运距为 3km，试确定定额消耗量指标。

解：①施工方法的选择：根据题意，在施工中拟采用推土机集土，装载机配合自卸载重汽车运输，光轮压路机压实。

②借土方按普通土考虑，同时，在计算时还应考虑压实方与天然方的换算系数以及超运距的费用。

③定额的套用及定额指标的计算。

《预算定额》第一章“路基工程”的第一节“路基土、石方工程”中说明规定：“除定额中另有说明外，土方挖方按天然密实体积计算，填方按压(夯)实后的体积计算。当以填方压实体积为工程量，采用以天然密实方为计量单位的定额时，所采用的定额应乘以压实方与天然方的换算系数。”从表 2-3 中可知，二级公路普通土压实方与天然方的换算系数为 1.16。《预算定额》第一章第一节说明还规定：自卸汽车运输土方的运输定额应在表 2-4 的基础上增加 0.03 的土方运输损耗，但弃方运输不应计算运输损耗。同时第 1-1-10“装载机装土、石方”定额表的附注(1)规定：装载机装土方如需推土机推松、集土时，其人工、推土机台班的数量按“推土机推运土方”第一个 20m 定额乘以 0.8 的系数计算。因此，推土机集土时，如采用装载机装土，则应乘以 0.8 的系数。

压实方与天然方的换算系数 表 2-3

公路等级 \ 土类	土方			石方
	松土	普通土	硬土	
二级及二级以上公路	1.23	1.16	1.09	0.92
三、四级公路	1.11	1.05	1.00	0.84

(1)推土机集土

根据借方数量，拟采用 105kW 推土机进行集土。

查定额 1-1-12，采用定额 1-1-12-10(即第一章第一节的第 12 个定额项目的第 10 个细目“105kW 以内推土机第一个 20m 普通土”，用 1-1-12-10 表示，其表示方法为：章的编号-节的编号-定额项目的编号-定额细目的编号)，定额单位 1 000m^3，则工程量为：130 000/1 000 = 130 个定额单位。

人工：　　　　　　　　$4.5\times130\times1.16\times0.8=542.88$ 工日

105kW 以内履带式推土机：　　　$2.08\times130\times1.16\times0.8=250.93$ 台班

（2）装载机装土

拟采用 $2m^3$ 装载机装土方，选用定额 1-1-10-2。

$2m^3$ 以内轮式装载机：　　$1.42\times130\times1.16=214.14$ 台班

（3）载重汽车运输土方

选用 10t 以内的自卸载重汽车运输土方。查定额 1-1-11-13（10t 以内自卸汽车配合装载机运输土方第一个 1km）、1-1-11-14（10t 以内自卸汽车运土方每增运 0.5km）。此时的增运距为 2km，则 2/0.5 =4 个定额单位；同时还应考虑土方运输时的换算系数 1.19（即在 1.16 基础上增加 0.03）。

10t 以内自卸汽车：$(7.58+1.02\times4)\times130\times1.19=1\,803.802$ 台班

（4）填方压实

拟采用平地机推平土方，采用定额 1-1-18-6（12 ~ 15t 光轮压路机碾压二级公路路基）。

人工：　　　　　　　　$3.0\times130=390$ 工日

120kW 以内自行式平地机：　$1.63\times130=211.9$ 台班

6 ~ 8t 光轮压路机：　　　$1.24\times130=161.2$ 台班

12 ~ 15t 光轮压路机：　　$4.01\times130=521.3$ 台班

定额基价：　　　　　　$3592\times130=466\,960$ 元

例 2-3：某高速公路路基土、石方工程数量，如表 2-4 所示（表中挖方和利用方均为天然密实方，填方为压实方）。

路基土、石方工程数量　　　　表 2-4

项　　目		松土	普通土	硬土	石方	合计
工程量	挖方（m^3）	500 000	1 500 000	1 000 000	1 000 000	4 000 000
	利用方（m^3）	300 000	1 000 000	500 000	300 000	2 100 000
	填方（m^3）	4 000 000				

试进行如下计算：

①将利用方的数量换算为压实方数量；

②计算借方数量；

③当计算借方的开挖费用时，其工程数量应为多少？

④当计算借方的运输费用时，其工程数量应为多少？

解：在进行路基土、石方调配时，不应简单地按断面方量进行计算，而应充分考虑天然密实方与压实方的换算系数。《预算定额》中挖方数量按天然密实体积计算，填方数量按压（夯）实后的体积计算。因此，当以填方压实体积为工程量，采用以天然密实方为计量单位的定额时，所采用的定额应乘规定的换算系数。压实方与天然方的换算系数见表 2-3。对于借方而言，采用定额中的项目计算其挖装费用时，其人工、机械消耗完全可以把包括损耗部分在内的土、石方数量完成；但对于运输来说，借方运输与利用方运输没有太大的差别，应考虑途中损耗的因素，增加其人工、机械台班的数量，以保证把实际需要的土、石方运至规定的地点。因此，运

输损耗系数仅用于运输定额，挖装定额不考虑运输损耗系数。

①将利用方的数量换算为压实方数量（考虑运输损耗）

预算定额第一章第一节说明规定：自卸汽车运输土方的运输定额应在表2-4的基础上增加0.03的土方运输损耗，但弃方运输不应计算运输损耗。则利用方的数量换算为压实方数量如下。

松土：$300\ 000 \div (1.23+0.03)=238\ 095\text{m}^3$

普通土：$1\ 000\ 000 \div (1.16+0.03)=840\ 336\text{m}^3$

硬土：$500\ 000 \div (1.09+0.03)=446\ 429\text{m}^3$

石方：$300\ 000 \div 0.92=326\ 087\text{m}^3$

利用方数量（压实方）合计：$238\ 095+840\ 336+446\ 429+326\ 087=1\ 850\ 947\text{m}^3$

②计算借方数量

$$4\ 000\ 000-1\ 850\ 947=2\ 149\ 053\text{m}^3$$

③计算借方开挖费用时的工程数量

假定为普通土，借方的工程数量：

$$2\ 149\ 053\times 1.16=2\ 492\ 901\text{m}^3$$

④计算借方运输费用时的工程数量

假定借方为普通土，借方的工程数量应为：

$$2\ 149\ 053\times(1.16+0.03)=2\ 557\ 373\text{m}^3$$

在套用土石方定额时，除要注意其定额单位外，还要注意计价内容，见表2-5。

土石方工程量计算 表2-5

工程内容	计价内容	定额单位	备注
挖方	挖方费用	天然密实方	按土质类别分别套用相应定额
填方	填方费用	压实方	套用相应的压实定额
本桩利用方	不参与费用的计算，其挖已在“挖方”内计算，其填已在“填方”内计算		
远运利用方	只计算其调配运输费用，其挖已在其他断面的“挖方”内计算，其填已在“填方”内计算		
借方	计算其挖、装、运的费用，其填已在“填方”内计算		
弃方	只计算其运输费用，其挖已在“挖方”内计算		

例2-4：某工程采用2.0m^3挖掘机挖装土方，75kW推土机清理余土。土方工程量为$20\ 100\text{m}^3$，其中，部分机械达不到需由人工完成，其工程量为100m^3。土质为普通土。试计算工、料、机用量。

解：《预算定额》第一章“路基工程”第一节“路基土、石方工程”说明第三条规定：“机械施工土、石方，挖方部分机械达不到需由人工完成的工程量由施工组织设计确定。其中人工操作部分，按相应定额乘以1.15系数”。根据定额说明计算如下。

①机械完成部分的工、料、机用量

$$\text{工程量}=20\ 100-100=20\ 000\text{m}^3$$

查定额1-1-9，采用定额1-1-9-8，见表2-6，知每$1\ 000\text{m}^3$天然密实土的工、料、机消耗指标如下。

人工:4.5 工日

75kW 以内履带式推土机:0.25 台班

$2m^3$ 以内单斗挖掘机:1.15 台班

1-1-9　挖掘机挖装土、石方　　表 2-6

工作内容　安设挖掘机,开辟工作面,挖土或爆破后石方,装车,移位,清理工作面。

单位:1 000m^3 天然密实方

顺序号	项　目	单位	代号	挖装土方								
				斗容量(m^3)								
				0.6 以内			1.0 以内			2.0 以内		
				松土	普通土	硬土	松土	普通土	硬土	松土	普通土	硬土
				1	2	3	4	5	6	7	8	9
1	人工	工日	1	4.0	4.5	5.0	4.0	4.5	5.0	4.0	4.5	5.0
2	75kW 以内履带式推土机	台班	1003	0.62	0.72	0.83	0.40	0.46	0.53	0.22	0.25	0.28
3	0.6m^3 以内履带式单斗挖掘机	台班	1027	2.88	3.37	3.88	—	—	—	—	—	—
4	1.0m^3 以内履带式单斗挖掘机	台班	1035	—	—	—	1.85	2.15	2.46	—	—	—
5	2.0m^3 以内履带式单斗挖掘机	台班	1037	—	—	—	—	—	—	1.01	1.15	1.29
6	基价	元	1999	2 017	2 348	2 695	1 970	2 279	2 602	1 751	1 991	2 231

②人工完成部分的工、料、机用量

$$工程量 = 100m^3$$

查定额 1-1-6,采用定额 1-1-6-2,见表 2-7,知每 1 000m^3 天然密实土的工、料、机消耗指标如下。

人工:　181.1 工日

$100m^3$ 需要人工:　181.1 ×100/1 000 =18.11 工日

乘以 1.15 的系数:　18.11 ×1.15 =20.83 工日

③20 100m^3 土方的工、料、机用量

人工:　20 ×4.5 +20.83 =110.83 工日

75kW 以内履带式推土机:　20 ×0.25 台班 =5 台班

$2m^3$ 以内单斗挖掘机:　20 ×1.15 台班 =23 台班

1-1-6　人工挖运土方　　表 2-7

工作内容　1)挖松;2)装土;3)运送;4)卸除;5)空回。

单位:1 000m^3 天然密实方

顺序号	项　目	单位	代号	第一个 20m 挖运			每增运 10m	
				松土	普通土	硬土	人工挑抬	手推车
				1	2	3	4	5
1	人工	工日	1	122.6	181.1	258.5	18.2	7.3
2	基价	元	1999	6 032	8 910	12 718	895	359

例2-5：某高速公路中某段，全长36km，其路基工程按设计断面计算的填缺为8 980 000m^3，无利用方，平均填土高度为6.0m，平均边坡长度为12m，路基平均占地宽45m，路基占地及取土坑均为耕地，普通土。采用2m^3以内单斗挖掘机挖装土方，平均挖深2.0m，填前以12t压路机压实耕地。试问：填前压实增加土方量为多少？路基宽填增加土方量为多少？总计计价土方量（压实方）为多少？

解：《预算定额》第一章"路基工程"第一节"路基土、石方工程"说明第七条中规定："下列数量应由施工组织设计提出，并入路基填方数量内计算：（1）清除表土或零填方地段的基底压实、耕地填前压实后，回填至原地面高程所需要的土、石方数量；（2）因路基沉陷需增加填筑的土、石方数量；（3）为保证路基边缘的压实度须加宽填筑时，所需的土、石方数量。"

清除表土是指为保证路堤在日后不形成滑动面或产生较大沉陷，当施工地段地表有树根、草皮、腐殖土或地表土不符合路基填料要求时，在施工之前必须将其清除。对于不同的现场情况是否清除表土以及表土清除的厚度是不同的，在设计时应根据不同情况提出数量，这部分数量应计入计价方数量内。

对零填及耕地填前压实地段，地面碾压后会产生下沉，其回填至原地面高程的数量亦应由设计人员提出。可根据实践经验或经验公式确定其下沉量，再乘以碾压面积即为增加的数量，这部分数量应计入计价方数量内。可按式（2-1）和式（2-2）计算：

$$h = \frac{p}{c} \tag{2-1}$$

式中：h——天然土因压实而产生的沉降量（cm）；

p——单位面积有效作用力（N/m^2），一般按12～15t压路机的有效作用力$p=6.475\times10^5N/m^2$计算；

c——土的抗沉陷系数（N/m^3），其值见表2-8。

各种原状土的c值参考表　　　　表2-8

原状土名称	$c(10^6N/m^3)$
1. 沼泽土	0.98～1.47
2. 凝滞土、细粒砂	1.77～2.45
3. 松砂、松湿黏土、耕土	2.45～3.43
4. 大块胶结的砂、潮湿黏土	3.43～5.89
5. 坚实的黏土	9.81～12.26
6. 泥灰石	12.75～17.66

$$Q = F\times h \tag{2-2}$$

式中：Q——因碾压增加的填方数量；

F——填前压（夯）实的天然土的地面面积（m^2）；

h——沉降量（m）。

路基沉陷是指路基表面在垂直方向产生的不均匀变形。一般路堤高度越高，路基沉陷就越明显，对于软弱地基处的路基尤其如此。路基沉陷可分为两种情况：一是路基本身的压缩沉降；二是地基承载能力不足，在路基自重的作用下引起沉陷或向两侧挤出。因此，要求填土必须考虑一定的沉降量,这一数量由设计者根据沉降理论计算或根据地区经验取定,并计入计价方数量内。

为保证路基边缘的压实度,施工时一般采取加宽填筑的方式,这样就增加了土方用量。采用机械碾压时,其每边加宽的宽度通常为20~50cm,需由设计根据具体情况确定,并计算加宽填筑数量。需填宽的土方量一般可用式(2-3)计算:

$$宽填土方量 = 填方区边缘全长 \times 边坡平均坡长 \times 宽填厚度 \tag{2-3}$$

(1)因宽填路基而增加的土方量

如果每边加宽的宽度为20cm,则:

$$宽填天然密实方 = 36\,000 \times 12 \times 0.2 \times 2 = 172\,800\text{m}^3$$

由表2-3查得普通土压实方与天然方的换算系数为1.16,则:

$$宽填所需借方(压实方) = 172\,800 \div 1.16 = 148\,966\text{m}^3$$

(2)因填前压实耕地增加的土方量

由表2-8查得 $c = 3.43 \times 10^6 \text{N/m}^3$,12t光面压路机的有效作用力 $p = 6.475 \times 10^5 \text{N/m}^2$。

由式(2-1)算得:$h = 64.75 \times 10^4 \text{N/m}^2 \div 3.43 \times 10^6 \text{N/m}^2 = 0.1886\text{m}$

$$平均路基底面积 = 45 \times 36\,000 = 1\,620\,000\text{m}^2$$

$$填前压实所增加土方量(压实方) = 1\,620\,000 \times 0.188\,6 = 305\,532\text{m}^3(借方)$$

(3)总计计价土方量(压实方)

$$总计计价土方量 = 8\,980\,000 + 148\,966 + 305\,532 = 9\,434\,498\text{m}^3$$

例2-6:某高速公路某路段有土方250 000m³,平均运距10.2km,选用20t以内的自卸汽车运输;有石方12 000m³,平均运距3.3km,选用6t以内的自卸汽车运输。试确定完成以上运输任务的自卸汽车台班数量。

解:查定额1-1-11,见表2-9。

①土方运输

采用20t以内的自卸汽车运输,采用定额1-1-11-25和1-1-11-28。《预算定额》第一章"路基工程"第一节"路基土、石方工程"说明第五条中规定:"自卸汽车运输路基土、石方定额项目和洒水汽车洒水定额项目,仅适用于平均运距在15km内的土、石方运输或水的运输,当平均运距超过15km时,应按社会运输有关规定计算其运输费用。当运距超过第一个定额运距单位时,其运距尾数不足一个增运定额单位的半数时不计,等于或超过半数时按一个增运定额运距单位计算。"本例土方平均运距为10.2km,套用第一个1km和运距15km以内增运定额18个单位后尾数为0.2km,不足一个增运定额单位0.5km的半数0.25km,因此不计,则:

20t以内的自卸汽车运输土方台班数量 = 4.27 + 0.46 × 18 = 12.55台班

②石方运输

采用6t以内的自卸汽车运输,采用定额1-1-11-33和1-1-11-34。石方平均运距为3.3km,套用第一个1km和运距5km以内增运定额4个单位后尾数为0.3km,已超过一个增运定额单位0.5km的半数0.25km,因此应计,增运单位则合计为5个,故:

6t以内的自卸汽车运输石方台班数量 = 20.38 + 2.88 × 5 = 34.78台班

1-1-11 自卸汽车运土、石方

表 2-9

工作内容 1)等待装、运、卸;2)空回。

单位:1 000m³ 天然密实方

顺序号	项目	单位	代号	土方				石方							
				自卸汽车装载质量(t)											
				20 以内				3 以内				6 以内			
				第一个 1km	每增运 0.5km 平均运距(km)			第一个 1km	每增运 0.5km 平均运距(km)			第一个 1km	每增运 0.5km 平均运距(km)		
					5 以内	10 以内	15 以内		5 以内	10 以内	15 以内		5 以内	10 以内	15 以内
				25	26	27	28	29	30	31	32	33	34	35	36
1	3t 以内自卸汽车	台班	1382	—	—	—	—	29.04	4.62	4.15	3.96	—	—	—	—
2	6t 以内自卸汽车	台班	1384	—	—	—	—	—	—	—	—	20.38	2.88	2.61	2.51
3	8t 以内自卸汽车	台班	1385	—	—	—	—	—	—	—	—	—	—	—	—
4	10t 以内自卸汽车	台班	1386	—	—	—	—	—	—	—	—	—	—	—	—
5	12t 以内自卸汽车	台班	1387	—	—	—	—	—	—	—	—	—	—	—	—
6	15t 以内自卸汽车	台班	1388	—	—	—	—	—	—	—	—	—	—	—	—
7	20t 以内自卸汽车	台班	1390	4.27	0.54	0.48	0.46	—	—	—	—	—	—	—	—
8	基价	元	1999	3 580	453	402	386	8 569	1 363	1 225	1 169	8 218	1 161	1 052	1 012

使用增运定额时除要按定额规定正确确定增运定额单位外,同时还要注意两点:(1)平均运距不扣减第一个 1km;(2)平均运距为整个距离内直接套用,不是分段套用。如平均运距为 10.2km,增运定额应直接套用 15km 内的增运定额,而不是分段套用 5km 以内、10km 以内、15km 以内的定额。以上计算方法同样适用于路面及桥涵的运距规定。

例 2-7:某条公路采用石灰粉煤灰稳定碎石基层,设计配合比为:石灰:粉煤灰:碎石 = 4:11:85,设计压实厚度为 16cm。试计算生石灰、粉煤灰、碎石的数量。

解:各类稳定土基层定额中的材料消耗系按一定配合比编制的,定额考虑各地水文、地质、气候等情况差异大,建设工程的技术要求不同,其配合比可能不同。因此,定额规定了材料消耗量的换算公式,故在计算工程量时要注意设计配合比是否与定额规定一致,以便进行调整。当设计配合比与定额标明的配合比不同时,有关材料可按下式进行换算:

$$C_i = [C_d + B_d \times (H_d - H_0)] \times \frac{L_i}{L_d} \tag{2-4}$$

式中:C_i——按设计配合比换算的材料数量;

C_d——定额中基本压实厚度的材料数量;

B_d——定额中压实厚度增减 1cm 的材料数量;

H_0——定额的基本压实厚度;

H_d——设计的压实厚度;

L_d——定额标明的材料百分率;

L_i——设计配合比的材料百分率。

查定额 2-1-4,见表 2-10,可知定额配合比为:石灰:粉煤灰:碎石 = 5:15:80,基本压实厚度

为 15cm。根据式(2-4)，各种材料调整后的数量如下。

生石灰：　[15.829 + 1.055 × (16 − 15)] × 4/5 = 13.507t

粉煤灰：　[63.31 + 4.22 × (16 − 15)] × 11/15 = 49.52m^3

碎石：　[164.89 + 10.99 × (16 − 15)] × 85/80 = 186.87m^3

2-1-4　路拌法石灰、粉煤灰稳定土基层　　表 2-10

工作内容　1)清扫整理下承层;2)消解石灰;3)铺料,铺灰,洒水,拌和;4)整形,碾压,找补;5)初期养护。

Ⅱ.拖拉机带铧犁拌和　　单位:1 000m^2

顺序号	项　目	单位	代号	石灰粉煤灰碎石		石灰粉煤灰矿渣		石灰粉煤灰煤矸石	
				石灰:粉煤灰:碎石 5:15:80		石灰:粉煤灰:矿渣 6:14:80		石灰:粉煤灰:煤矸石 6:14:80	
				压实厚度 15cm	每增减 1cm	压实厚度 15cm	每增减 1cm	压实厚度 15cm	每增减 1cm
				21	22	23	24	25	26
1	人工	工日	1	22.3	1.2	21.9	1.1	19.7	1.0
2	生石灰	t	891	15.829	1.055	15.296	1.020	13.133	0.876
3	土	m^3	895	—	—	—	—	—	—
4	砂	m^3	897	—	—	—	—	—	—
5	砂砾	m^3	902	—	—	—	—	—	—
6	煤矸石	m^3	936	—	—	—	—	148.63	9.91
7	矿渣	m^3	938	—	—	168.30	11.22	—	—
8	粉煤灰	m^3	945	63.31	4.22	47.59	3.17	52.53	3.50
9	碎石	m^3	958	164.89	10.99	—	—	—	—
10	设备摊销费	元	997	1.6	0.1	1.6	0.1	1.6	0.1
11	120kW 以内自行式平地机	台班	1057	0.51	—	0.51	—	0.51	—
12	75kW 以内履带式拖拉机	台班	1063	0.21	—	0.21	—	0.21	—
13	6～8t 光轮压路机	台班	1075	0.41	—	0.41	—	0.41	—
14	12～15t 光轮压路机	台班	1078	1.27	—	1.27	—	1.27	—
15	6 000L 以内洒水汽车	台班	1405	0.92	0.04	1.05	0.05	1.04	0.05
16	基价	元	1999	10 297	581	8 117	433	7 565	399

例 2-8：某公路路面采用泥灰结碎石基层，其宽度为 8.5m，铺筑长度为 10km，压实厚度为 15cm，采用机械摊铺，试确定其工、料、机的消耗量。

解：查定额 2-1-11，见表 2-11，知定额表中给出了泥灰结碎石基层压实厚度为 8cm 时的定额消耗量及每增加 1cm 时的定额消耗量。本例的基层压实厚度为 15cm，同时根据施工时摊铺的方式，此时选用定额 2-1-11-3(机械摊铺，压实厚度 8cm)和 2-1-11-4(机械摊铺，压实厚度每增加 1cm)。

2-1-11 泥灰结碎石基层 表 2-11

工作内容 1)清扫整理下承层;2)消解石灰;3)铺料、整平;4)调浆、灌浆;5)撒铺嵌缝料、整形、洒水、碾压、找补。

单位:1 000m^2

顺序号	项目	单位	代号	人工摊铺		机械摊铺	
				压实厚度 8cm	每增加 1cm	压实厚度 8cm	每增加 1cm
				1	2	3	4
1	人工	工日	1	29.5	3.3	17.2	2.0
2	水	m^3	866	19	2	—	—
3	生石灰	t	891	3.461	0.433	3.461	0.433
4	黏土	m^3	911	19.15	2.39	19.15	2.39
5	石屑	m^3	961	9.52	1.19	9.52	1.19
6	路面用碎石(3.5cm)	m^3	967	8.45	1.06	8.45	1.06
7	路面用碎石(6cm)	m^3	969	77.74	9.72	77.74	9.72
8	120kW 以内自行式平地机	台班	1057	—	—	0.37	—
9	6~8t 光轮压路机	台班	1075	0.27	—	0.27	—
10	12~15t 光轮压路机	台班	1078	0.73	—	0.73	—
11	6 000L 以内洒水汽车	台班	1405	—	—	0.43	0.05
12	基价	元	1999	7 621	888	7 564	849

查定额知,定额单位为 1 000m^2,工程量为:8.5 ×10 000/1 000 = 85 个定额单位。

人工: (17.2 +7 ×2.0) ×85 = 2 652 工日

生石灰: (3.461 +7 ×0.433) ×85 = 551.82t

黏土: (19.15 +7 ×2.39) ×85 = 3 049.8m^3

石屑: (9.52 +7 ×1.19) ×85 = 1 517.25m^3

路面用碎石(3.5cm): (8.45 +7 ×1.06) ×85 = 1 348.95m^3

路面用碎石(6cm): (77.74 +7 ×9.72) ×85 = 12 391.3m^3

120kW 以内自行式平地机: (0.37 +7 ×0.00) ×85 = 31.45 台班

6~8t 光轮压路机: (0.27 +7 ×0.00) ×85 = 22.95 台班

12~15t 光轮压路机: (0.73 +7 ×0.00) ×85 = 62.05 台班

6 000L 以内洒水汽车: (0.43 +7 ×0.05) ×85 = 66.3 台班

例 2-9:某二级公路的热拌沥青碎石路面施工,路面宽度为 9m,路线长度为 15km,拌和场距工地平均运距 10km,拌和设备的拌和能力为 100t/h。试确定路面下面层 5cm 粗粒式沥青碎石的工料机消耗量。

解:查沥青混合料路面定额 2-2-10、2-2-13、2-2-14,知定额的单位无论是混合料的拌和、运输,还是摊铺,均为 1 000m^3 路面实体。

在全长范围内路面的总工程量为:9 ×15 000 ×0.05 = 6 750m^3。故工程量为 6 750/1 000 =

6.75 个定额单位。

①混合料的拌和

因拌和设备的拌和能力为 100t/h，则选用定额 2-2-10-3，见表 2-12，混合料拌和时的工、料、机消耗量如下。

人工：　45.7 ×6.75 =308.475 工日

石油沥青：　77.521 ×6.75 =523.267t

砂：　154.74 ×6.75 =1 044.5m^3

矿粉：　44.563 ×6.75 =300.80m^3

石屑：　112.52 ×6.75 =759.51m^3

路面用碎石(1.5cm)：　264.30 ×6.75 =1 784.03m^3

路面用碎石(2.5cm)：　249.49 ×6.75 =1 684.06m^3

路面用碎石(3.5cm)：　347.72 ×6.75 =2 347.11m^3

路面用碎石(5cm)：　356.78 ×6.75 =2 408.27m^3

其他材料费：　164.3 ×6.75 =1 109.0 元

设备摊销费：　2 191.5 ×6.75 =14 792.63 元

2m^3 以内轮胎式装载机：　6.80 ×6.75 =45.9 台班

2-2-10　沥青碎石混合料拌和　　表 2-12

工作内容　1）沥青加热、保温、输送；2）装载机铲运料、上料，配运料；3）矿料加热烘干；4）拌和，出料。

Ⅰ.特　粗　式　　单位：1 000m^3 路面实体

顺序号	项　目	单位	代号	沥青混合料拌和设备生产能力(t/h)					
				30 以内	60 以内	120 以内	160 以内	240 以内	320 以内
				1	2	3	4	5	6
1	人工	工日	1	151.3	63.4	45.7	35.5	30.4	25.4
2	沥青碎石混合料	m^3	—	(1 020.00)	(1 020.00)	(1 020.00)	(1 020.00)	(1 020.00)	(1 020.00)
3	石油沥青	t	851	77.521	77.521	77.521	77.521	77.521	77.521
4	砂	m^3	897	154.74	154.74	154.74	154.74	154.74	154.74
5	矿粉	t	949	44.563	44.563	44.563	44.563	44.563	44.563
6	石屑	m^3	961	112.52	112.52	112.52	112.52	112.52	112.52
7	路面用碎石(1.5cm)	m^3	965	264.30	264.30	264.30	264.30	264.30	264.30
8	路面用碎石(2.5cm)	m^3	966	249.49	249.49	249.49	249.49	249.49	249.49
9	路面用碎石(3.5cm)	m^3	967	347.72	347.72	347.72	347.72	347.72	347.72
10	路面用碎石(5cm)	m^3	968	356.78	356.78	356.78	356.78	356.78	356.78
11	其他材料费	元	996	164.3	164.3	164.3	164.3	164.3	164.3
12	设备摊销费	元	997	4 385.4	2 539.6	2 191.5	1 960.5	1 913.2	1 830.3
13	1m^3 以内轮胎式装载机	台班	1048	14.99	—	—	—	—	—
14	2m^3 以内轮胎式装载机	台班	1050	—	9.44	6.80	5.99	4.82	—
15	3m^3 以内轮胎式装载机	台班	1051	—	—	—	—	—	2.45

②混合料运输

采用定额 2-2-13-9（8t 以内自卸汽车运输混合料第一个 1km）和 2-2-13-11（8t 以内自卸汽车运输混合料每增运 0.5km），见表 2-13，得混合料运输的工、料、机消耗量如下。

8t 以内自卸汽车：　(14.67 +18 ×1.34) ×6.75 =261.833 台班

2-2-13 沥青混合料运输

表 2-13

工作内容 等待装、运、卸、空回。

单位：1 000m³ 路面实体

顺序号	项目	单位	代号	自卸汽车装载质量(t)											
				3 以内				6 以内				8 以内			
				第一个1km	每增运 0.5km 平均运距(km)			第一个1km	每增运 0.5km 平均运距(km)			第一个1km	每增运 0.5km 平均运距(km)		
					5 以内	10 以内	15 以内		5 以内	10 以内	15 以内		5 以内	10 以内	15 以内
				1	2	3	4	5	6	7	8	9	10	11	12
1	3t 以内自卸汽车	台班	1382	27.98	3.23	2.88	2.74	—	—	—	—	—	—	—	—
2	6t 以内自卸汽车	台班	1384	—	—	—	—	19.68	2.21	1.96	1.86	—	—	—	—
3	8t 以内自卸汽车	台班	1385	—	—	—	—	—	—	—	—	14.67	1.49	1.34	1.27
4	10t 以内自卸汽车	台班	1386	—	—	—	—	—	—	—	—	—	—	—	—
5	12t 以内自卸汽车	台班	1387	—	—	—	—	—	—	—	—	—	—	—	—
6	15t 以内自卸汽车	台班	1388	—	—	—	—	—	—	—	—	—	—	—	—
7	20t 以内自卸汽车	台班	1390	—	—	—	—	—	—	—	—	—	—	—	—
8	基价	元	1999	8 256	953	850	809	7 935	891	790	750	7 136	725	652	618

③混合料摊铺

采用定额 2-2-14-15，见表 2-14，得混合料摊铺的工、料、机消耗量如下。

人工：　39.4 ×6.75 =266 工日

6 ~8t 光轮压路机：　7.68 ×6.75 =51.84 台班

12 ~15t 光轮压路机：　5.76 ×6.75 =38.88 台班

6m 以内沥青混合料摊铺机：　3.90 ×6.75 =26.33 台班

9 ~16t 轮胎式压路机：　3.74 ×6.75 =25.25 台班

④工、料、机消耗量及基价汇总

人工：308 +266 =574 工日

石油沥青：523.267t

砂：1 044.50m³

矿粉：300.8m³

石屑：759.51m³

路面用碎石(1.5cm)：1 784.03m³

路面用碎石(2.5cm)：1 684.06m³

路面用碎石(3.5cm)：2 347.11m³

路面用碎石(5cm)：2 408.27m³

其他材料费：1 109.0 元

设备摊销费：14 792.63 元

2-2-14　沥青混合料路面铺筑　　表 2-14

工作内容　1)清扫整理下承层;2)人工或机械摊铺沥青混合料;3)找平,碾压;4)初期养护。

单位:1 000m^3 路面实体

顺序号	项　目	单位	代号	机械摊铺沥青碎石混合料											
				沥青混合料拌和设备生产能力(t/h)											
				60 以内				120 以内				160 以内			
				特粗式	粗粒式	中粒式	细粒式	特粗式	粗粒式	中粒式	细粒式	特粗式	粗粒式	中粒式	细粒式
				10	11	12	13	14	15	16	17	18	19	20	21
1	人工	工日	1	55.2	55.5	56.4	58.5	39.1	39.4	40.0	41.9	31.6	31.9	32.4	34.2
2	6～8t 光轮压路机	台班	1075	7.10	7.10	7.20	7.28	7.68	7.68	7.79	7.88	5.42	5.42	5.49	5.56
3	12～15t 光轮压路机	台班	1078	7.10	7.10	7.20	7.28	5.76	5.76	5.84	5.91	5.42	5.42	5.49	5.56
4	4.5m 以内沥青混合料摊铺机	台班	1210	—	—	—	—	—	—	—	—	—	—	—	—
5	4.5m 以内沥青混合料摊铺机	台班	1211	7.22	7.22	7.32	7.40	—	—	—	—	—	—	—	—
6	6.0m 以内沥青混合料摊铺机	台班	1212	—	—	—	—	3.90	3.90	3.96	4.00	—	—	—	—
7	8.5m 以内沥青混合料摊铺机	台班	1213	—	—	—	—	—	—	—	—	2.76	2.76	2.79	2.83
8	12.5m 以内沥青混合料摊铺机	台班	1214	—	—	—	—	—	—	—	—	—	—	—	—
9	15t 以内振动压路机	台班	1220	—	—	—	—	—	—	—	—	—	—	—	—
10	9～16t 轮胎压路机	台班	1223	6.92	6.92	7.02	7.10	3.74	3.74	3.80	3.84	2.64	2.64	2.68	2.71
11	16～20t 轮胎压路机	台班	1224	—	—	—	—	—	—	—	—	—	—	—	—
12	20～25t 轮胎压路机	台班	1225	—	—	—	—	—	—	—	—	—	—	—	—
13	基价	元	1999	19 200	19 215	19 491	19 779	14 742	14 757	14 980	15 213	12 648	12 663	12 822	13 061

2m^3 以内轮式装载机:45.9 台班

6～8t 光轮压路机:51.84 台班

12～15t 光轮压路机:38.88 台班

120t/h 以内沥青拌和设备:24.50 台班

6m 以内沥青混合料摊铺机:26.33 台班

9～16t 轮胎式压路机:25.25 台班

5t 以内自卸汽车:25.45 台班

8t 以内自卸汽车:261.833 台班

例 2-10:某土质隧道内路面基层采用 20cm 厚的二灰碎石,数量为 12 000m²,试确定其工、料、机消耗量。

解:《预算定额》第三章"隧道工程"中没有洞内路面的相关定额,章说明第 8 条规定:"洞内工程若采用其他章节的有关项目时,所采用定额的人工工日、机械台班数量及小型机具使用费应乘以 1.26 的系数"。因此,洞内的路面工程可以按此办理。

根据《预算定额》第二章第一节"路面基层及垫层"的说明规定:二灰碎石的压实厚度为 15cm,超过 15cm 的进行分层拌和、碾压时,拖拉机、平地机和压路机的台班消耗按定额数量加倍计算,每 1 000m² 增加 3.0 个工日。则选用定额 2-1-4-21(机械沿路拌和石灰、粉煤灰碎石基层压实厚度 15cm)、2-1-4-22(机械沿路拌和石灰、粉煤灰碎石基层压实厚度每增减 1cm),见表 2-15,定额的单位为 1 000m²,由此计算结果如下。

人工: $(22.3+5\times1.2+3)\times1.26\times12=473.26$ 工日

生石灰: $(15.829+5\times1.055)\times12=253.248$t

粉煤灰: $(63.31+5\times4.22)\times12=1\,012.92\text{m}^3$

碎石: $(164.89+5\times10.99)\times12=2\,638.08\text{m}^3$

设备摊销费: $(1.6+5\times0.1)\times12=25.20$ 元

120kW 以内自行式平地机: $(0.51+0.51)\times1.26\times12=15.42$ 台班

75kW 以内履带式拖拉机: $(0.21+0.21)\times1.26\times12=6.35$ 台班

6～8t 光轮压路机: $(0.41+0.41)\times1.26\times12=12.40$ 台班

12～15t 光轮压路机: $(1.27+1.27)\times1.26\times12=38.41$ 台班

6 000L 以内洒水汽车: $(0.92+5\times0.04)\times1.26\times12=16.93$ 台班

2-1-4 路拌法石灰、粉煤灰稳定土基层 表 2-15

工作内容 1)清扫整理下承层;2)消解石灰;3)铺料,铺灰,洒水,拌和;4)整形,碾压,找补;5)初期养护。

Ⅱ.拖拉机带铧犁拌和 单位:1 000m²

顺序号	项目	单位	代号	石灰粉煤灰碎石		石灰粉煤灰矿渣		石灰粉煤灰煤矸石	
				石灰:粉煤灰:碎石 5:15:80		石灰:粉煤灰:矿渣 6:14:80		石灰:粉煤灰:煤矸石 6:14:80	
				压实厚度 15cm	每增减 1cm	压实厚度 15cm	每增减 1cm	压实厚度 15cm	每增减 1cm
				21	22	23	24	25	26
1	人工	工日	1	22.3	1.2	21.9	1.1	19.7	1.0
2	生石灰	t	891	15.829	1.055	15.296	1.020	13.133	0.876
3	土	m³	895	—	—	—	—	—	—

续上表

顺序号	项　目	单位	代号	石灰粉煤灰碎石		石灰粉煤灰矿渣		石灰粉煤灰煤矸石	
				石灰:粉煤灰:碎石 5:15:80		石灰:粉煤灰:矿渣 6:14:80		石灰:粉煤灰:煤矸石 6:14:80	
				压实厚度 15cm	每增减 1cm	压实厚度 15cm	每增减 1cm	压实厚度 15cm	每增减 1cm
				21	22	23	24	25	26
4	砂	m^3	897	—	—	—	—	—	—
5	砂砾	m^3	902	—	—	—	—	—	—
6	煤矸石	m^3	936	—	—	—	—	148.63	9.91
7	矿渣	m^3	938	—	—	168.30	11.22	—	—
8	粉煤灰	m^3	945	63.31	4.22	47.59	3.17	52.53	3.50
9	碎石	m^3	958	164.89	10.99	—	—	—	—
10	设备摊销费	元	997	1.6	0.1	1.6	0.1	1.6	0.1
11	120kW 以内自行式平地机	台班	1057	0.51	—	0.51	—	0.51	—
12	75kW 以内履带式拖拉机	台班	1063	0.21	—	0.21	—	0.21	—
13	6～8t 光轮压路机	台班	1075	0.41	—	0.41	—	0.41	—
14	12～15t 光轮压路机	台班	1078	1.27	—	1.27	—	1.27	—
15	6 000L 以内洒水汽车	台班	1405	0.92	0.04	1.05	0.05	1.04	0.05
16	基价	元	1999	10 297	581	8 117	433	7 565	399

例 2-11：某公路隧道单洞长度为 7km。通过斜井开挖正洞的长度为 1 500m，围岩级Ⅰ～Ⅲ级，通过正洞出渣土石方为 550 000m^3，通过斜井出渣土石方为 150 000m^3，计算该隧道出渣计价工程量及套用的定额表号。

解：现行定额正洞内开挖、出渣运输、通风管线路等与隧道相关的项目，按隧长≤1 000、≤2 000、≤3 000、≤4 000 编制。《预算定额》第三章“隧道工程”第一节“洞身工程”说明第 7 条规定：正洞出渣运输，(1)通过隧道进出口开挖正洞，以换算隧长套用相应的出渣定额。换算隧长计算公式为：换算隧长 = 全隧道长度 − 通过辅助坑道开挖正洞的长度。当换算隧长 >4 000m 时，以隧长≤4 000m 定额为基础，与隧长 4 000m 以上每增加 1 000m 定额叠加使用。(2)通过斜井开挖正洞，出渣运输按正洞和斜井两段分别计算，二者叠加使用。正洞内运输，当开挖长度≤1 000m 时，套用隧道长度 1 000m 以内的出渣定额，当开挖长度 >1 000m 时，以换算隧长套用相应的出渣定额。换算隧长计算公式为：换算隧长 =2 × 通过辅助坑道开挖正洞的长度。查定额 3-1-3，见表 2-16，可确定该隧道出渣计价工程量及套用的定额表号，见表 2-17。

3-1-3　正洞机械开挖自卸汽车运输　　　　表 2-16

工程内容　开挖：量测、画线、打眼、装药、爆破、找顶、修整，脚手架、踏步安拆，一般排水。

出渣：洞渣装、运、卸及道路养护。

Ⅱ. 出　渣　　　　单位：$100m^3$ 自然密实土、石

顺序号	项　目	单位	代号	隧道长度 1 000m 以内			隧道长度 2 000m 以内			隧道长度 3 000m 以内			隧道长度 4 000m 以内		
				围岩级别											
				Ⅰ-Ⅲ级	Ⅳ-Ⅴ级	Ⅵ级	Ⅰ-Ⅲ级	Ⅳ-Ⅴ级	Ⅵ级	Ⅰ-Ⅲ级	Ⅳ-Ⅴ级	Ⅵ级	Ⅰ-Ⅲ级	Ⅳ-Ⅴ级	Ⅵ级
				37	38	39	40	41	42	43	44	45	46	47	48
1	人工	工日	1	3.9	7.5	9.9	4.1	7.9	10.4	4.2	8.2	10.7	4.3	8.5	10.9
2	$2.0m^3$ 以内轮胎式装载机	台班	1050	0.45	0.35	0.23	0.45	0.35	0.23	0.45	0.35	0.23	0.45	0.35	0.23
3	12t 以内自卸汽车	台班	1387	1.21	0.93	0.73	1.44	1.10	0.88	1.65	1.27	1.02	1.83	1.41	1.13
4	基价	元	1999	1 263	1 195	1 104	1 416	1 321	1 222	1 552	1 441	1 324	1 669	1 543	1 402

顺序号	项目	单位	代号	隧道长度 4 000m 以上，每增加 1 000m			通过斜井出渣		
				围岩级别					
				Ⅰ-Ⅲ级	Ⅳ-Ⅴ级	Ⅵ级	Ⅰ-Ⅲ级	Ⅳ-Ⅴ级	Ⅵ级
				49	50	51	52	53	54
1	人工	工日	1	0.3	0.7	0.9	3.9	7.6	9.9
2	$2.0m^3$ 以内轮胎式装载机	台班	1050	—	—	—	0.45	0.35	0.23
3	12t 以内自卸汽车	台班	1387	0.19	0.14	0.12	1.41	1.11	0.92
4	基价	元	1999	133	122	119	1 387	1 312	1 222

工程量及套用的定额表号　　　　表 2-17

内　容		开挖长度(km)	换算隧长(km)	定　额　号	计价工程量
通过隧道进出口出渣		5.5	5.5	3-1-3-46	5 500
				3-1-3-49	2×5 500
通过斜井出渣	正洞段	1.5	3.0	3-1-3-43	1 500
	斜井段			3-1-3-52	1 500

例 2-12：某跨径 20m 以内石拱桥，其浆砌块石拱圈工程量为 $300m^3$，设计采用 M7.5 水泥砂浆砌筑，试确定编制预算时的工、料、机消耗量。

解：查《预算定额》第四章“桥涵工程”，定额号 4-5-3，如表 2-18 所示。

定额表中砌筑砂浆为 M7.5，设计与定额相同，故可直接套用定额。

因定额单位为 $10m^3$，则 $300 \div 10 = 30$ 个定额单位，$300m^3$ 浆砌块石拱圈工、料、机消耗量如下。

人工：　　$19.3 \times 30 = 579$ 工日

原木：　　$0.012 \times 30 = 0.36m^3$

锯材：　　$0.016 \times 30 = 0.48m^3$

铁钉： $0.1 \times 30 = 3kg$

8～20 号铁丝： $1.5 \times 30 = 45kg$

32.5 级水泥： $0.751 \times 30 = 22.53t$

水： $15 \times 30 = 450m^3$

中(粗)砂： $3.06 \times 30 = 91.8m^3$

块石： $10.5 \times 30 = 315m^3$

其他材料费： $4.5 \times 30 = 135$ 元

4-5-3 浆砌块石 表 2-18

工程内容 1)选、修、洗石料;2)搭、拆、脚手架、踏步或井字架;3)配、拌、运砂浆;4)砌筑;5)勾缝;6)养生。

单位:$10m^3$

顺序号	项目	单位	代号	拱圈		锥坡、沟、槽、池	填腹石			
				跨径(m)			实体式墩		实体式台、墙	
							高度(m)			
				20 以内	50 以内		10 以内	20 以内	10 以内	20 以内
				8	9	10	11	12	13	14
1	人工	工日	1	19.3	21.1	16.2	15.2	16.9	12.4	13.7
2	M5 水泥砂浆	m^3	—	—	—	(2.70)	—	—	(2.70)	(2.70)
3	M7.5 水泥砂浆	m^3	—	(2.70)	(2.70)	—	(2.70)	(2.70)	—	—
4	M10 水泥砂浆	m^3	—	(0.11)	(0.07)	(0.17)	—	—	—	—
5	原木	m^3	101	0.012	0.025	—	0.011	0.010	0.003	0.003
6	锯材	m^3	102	0.016	0.019	—	0.049	0.009	0.016	0.003
7	铁钉	kg	653	0.1	0.1	—	0.3	0.1	0.1	—
8	8～12 号铁丝	kg	655	1.5	2.4	—	1.8	0.3	0.6	0.1
9	32.5 级水泥	t	832	0.751	0.741	0.643	0.718	0.718	0.589	0.589
10	水	m^3	866	15	14	18	7	7	7	7
11	中(粗)砂	m^3	899	3.06	3.02	3.21	2.94	2.94	3.02	3.02
12	块石	m^3	981	10.50	10.50	10.50	10.50	10.50	10.50	10.50
13	其他材料费	元	996	4.5	4.5	1.2	5.6	7.0	2.8	3.1
14	30kN 以内单筒慢速卷扬机	台班	1 499	—	—	—	—	0.90	—	0.90
15	基价	元	1 999	2 328	2 435	2 104	2 214	2 306	1 936	2 051

根据《预算定额》总说明的规定:"如设计采用的混凝土、砂浆强度等级或水泥强度等级与定额所列强度等级不同时,可按配合比表进行换算"。砂浆配合比表见表 2-19。

当设计采用 M10 砂浆砌筑拱圈时,与定额不符,故需要抽换定额。

由拱圈定额(4-5-3-8)查得:每 $10m^3$ 砌体需用 M7.5 砌筑砂浆 $2.7m^3$,则:

每 $10m^3$ 砌体调整水泥(32.5 级)用量 = $2.7 \times (311 - 266) = 121.5kg$

$$每10m^3砌体调整中(粗)砂用量 = 2.7 \times (1.07 - 1.09) = -0.054m^3$$

由于砂浆强度等级的改变只对水泥和中(粗)砂用量有影响,故:

$$水泥(32.5级)用量 = 0.751 + 0.1215 = 0.8725t$$

$$中(粗)砂用量 = 3.06 - 0.054 = 3.006m^3$$

而其他消耗指标不变。

砂浆配合比表 表2-19

单位:1m³ 砂浆

序 号	项 目	单 位	水泥砂浆强度等级	
			M7.5	M10
1	32.5级水泥	kg	266	311
2	中(粗)砂	m³	1.09	1.07

三、公路工程概算定额

(一)概算定额简介

概算定额是为编制初步设计概算和技术设计修正概算而制定的,是完成一定计量单位的工程扩大结构消耗人工、材料和机械台班的数量标准。它的项目划分粗细与初步设计或技术设计的深度相适应。概算定额是在预算定额基础上编制的,是预算定额的综合和扩大。

概算定额的作用,主要表现在:概算定额是初步设计阶段编制概算和技术设计阶段编制修正概算的主要依据;概算定额是编制建设项目投资估算指标的基础;概算定额可在多种设计方案中选择出经济有效的设计方案,在满足建设项目功能和技术性能要求的条件下,达到降低造价和人工、材料、机械消耗量的目的;在不具备施工图预算的情况下,概算定额还可以作为制订工程标底的基础;在实行建设项目投资包干时,其项目包干费通常也以概算定额为计算依据。

现行《公路工程概算定额》(JTG/T B06-01—2001)(以下简称《概算定额》),包括总说明、章说明、节说明和定额表。

总说明的内容是对整册定额所做的全面性的规定和解释。章(节)说明则规定各章(节)包括的内容、各章(节)工程项目的统一规定、各章(节)工程项目综合的内容及允许抽换的规定、各章(节)工程项目的工程量计算规则等。以上各项说明是为了正确使用定额而做出的规定和解释,是正确运用定额所应遵循的条件和保证。

现行《公路工程概算定额》分为路基工程、路面工程、隧道工程、涵洞工程、桥梁工程、交通工程及沿线设施、临时工程等七章,以定额项目表的形式给出相应各部分的工、料、机消耗的额定标准。概算定额项目表的主要内容包括:定额项目的名称,定额项目包括的工作内容,定额单位,完成定额单位工程的人工、材料,机械的名称、单位、代号、数量,定额基价,有些定额项目表下还列有在总说明、章(节)说明中没有包括,仅供本子目使用的注释。

(二)《概算定额》应用

例2-13:某路基土方90m³,土质为松土,平均运距35m,手推车运输,试确定编制概算和预算时挖运土方的定额消耗量。

解：(1)编制概算时，使用《概算定额》。土方量为 $90m^3$，考虑采用人工挖运，查《概算定额》路基工程人工挖运土方，选用1-1-2-1(第一个40m)，见表2-20。

人工：　　(148.1 工日/1 000m^3 ×90m^3) =13.3 工日

基价：　　(7 287 元/1 000m^3 ×90m^3) =655.83 元

1-1-2　人工挖运土方　　表2-20

工程内容　1)挖松;2)装土;3)运送;4)卸除;5)空回。

单位:1 000m^3 天然密实土

顺序号	项　目	单位	代号	第一个40m			每增运10m
				松土	普通土	硬土	
				1	2	3	4
1	人工	工日	1	148.1	206.6	284.0	12.8
2	基价	元	1999	7 287	10 165	13 973	630

注:1. 当采用人工挖、装，机动翻斗车运输时，其挖、装所需的人工按第一个40m挖运定额减去72工日计算。

2. 当采用人工挖、装、卸，手扶拖拉机运输时，其挖、装卸所需的人工按第一个40m挖运定额减去42工日计算。

3. 如遇升降坡时，除按水平距离计算运距外，并按下表另加运距：

升降坡度	高度差	
	每升高1m	每降低1m
0% ~5%	15m	不增加
6% ~10%		5m
10%以上	25m	8m

(2)编制预算时，采用《预算定额》。同样考虑人工运输。

查《预算定额》，路基工程人工挖运土方(表2-7)选用1-1-6-1(第一个20m挖运)和1-1-6-5(手推车每增运10m)。因平均运距为35m，所以应增加的定额单位数 =(35 -20)/10 =1.5，《预算定额》第一节说明中规定：当运距超过第一个定额运距单位时，其运距尾数不足一个增运定额单位的半数时不计，等于或超过半数时按一个增运定额运距单位计算。所以增运工程量等于2。

人工：122.6 工日/1 000m^3 ×90m^3 +7.3 工日/1 000m^3 ×90m^3 ×2 =12.35 工日

基价：　　6 032 元/1 000m^3 ×90m^3 +359 元/1 000m^3 ×90m^3 ×2 =607.5 元

可见，概、预算定额中，虽然人工挖运土方的工程内容相同，但第一个运距的规定却不相同(分别为40m和20m)，在编制概预算汇总计算增运土石方数量时要注意这一问题。

例2-14：某平微区三级公路路基工程总长25km，路基宽度8.5m，路面面积为19 2500m^2，人工挖土质台阶(普通土)5 000m^2，人工挖截水沟600m^3、路基盲沟(碎石料，断面尺寸40cm ×40cm)75m，填前压实60 000m^2，人工挖淤泥1 200m^3，平均运距22m。试列出所采用的概、预算定额并计算人工总劳动量。

解：(1)概算

根据《概算定额》第一章、第一节“路基土、石方工程”说明第8条的规定，这些工程项目均属于“路基零星工程”，编制概算时不应单独列项。由“1-1-17 路基零星工程”定额表(表2-21)，查得人工定额为314.6 工日/km，则该工程项目所需人工总劳动量为:25 ×314.6 =7 865 工日。

1-1-17 路基零星工程

表 2-21

工程内容 1)整修路拱;2)整修边坡;3)挖截水沟;4)挖土质台阶;5)填前压实;6)零星回填土方。

单位:1km

项目	单位	代号	高速、一级公路		二级公路		三、四级公路	
			平原微丘区	山岭重丘区	平原微丘区	山岭重丘区	平原微丘区	山岭重丘区
			1	2	3	4	5	6
人工	工日	1	568.2	721.1	534.3	630.2	314.6	342.8
钢钎	kg	211	0.2	4.6	0.4	4.8	—	1.6
硝铵炸药	kg	841	1.7	38.2	3.7	39.7	0.8	13.2
导火线	m	842	10	230	22	239	5	80
普通雷管	个	845	8	166	16	172	3	57
煤	t	864	0.001	0.030	0.003	0.031	—	0.010
其他材料费	元	996	0.2	4.7	0.5	4.9	0.8	1.6
120kW 以内自行式平地机	台班	1057	3.14	2.36	1.09	0.77	—	—
75kW 以内履带式拖拉机	台班	1063	—	—	—	—	0.04	—
8~10t 光轮压路机	台班	1076	4.88	3.68	1.70	1.20	—	—
12~15t 光轮压路机	台班	1078	1.08	—	0.75	—	—	—
蛙式夯土机	台班	1094	23.71	—	15.8	—	7.9	—
基价	元	1999	33 089	39 223	28 412	32 632	15 658	17 062

(2)预算

《预算定额》中,以上这些工程项目均单独列项。

①人工挖土质台阶选用定额 1-1-4-2。

人工: 40.9 工日$/1\ 000m^2 \times 5\ 000m^2 = 204.5$ 工日

②人工挖截水沟选用定额 1-2-1-2。

人工: 234 工日$/1\ 000m^3 \times 600m^3 = 140.4$ 工日

③路基盲沟选用定额 1-2-2-3。

人工: 2.5 工日$/10m \times 75m = 18.8$ 工日

④填前压实选用定额 1-1-5-2。

人工: 2.8 工日$/1\ 000m^2 \times 60\ 000m^2 = 168$ 工日

⑤整修路拱选用定额 1-1-20-2(人工整修路拱)。

人工: 11.2 工日$/1\ 000m^2 \times 192\ 500m^2 = 2\ 156$ 工日

⑥整修边坡选用定额 1-1-20-4。

人工: 158.8 工日$/km \times 25km = 3\ 970$ 工日

⑦人工挖淤泥选用定额 1-1-2-1 和 1-1-2-4。

人工: $(547.0 + 28.6)$工日$/1\ 000m^3 \times 1\ 200m^3 = 690.7$ 工日

⑧总人工合计:

$$204.5 + 140.4 + 18.8 + 168 + 2156 + 3970 + 690.7 = 7\ 348.4 \text{ 工日}$$

四、公路工程估算指标

（一）估算指标简介

估算指标是以独立的建设项目、单项工程或单位工程为对象，综合项目全过程投资和建设中各类成本和费用，它既是定额的一种表现形式，但又不同于其他的计价定额。估算指标作为项目前期服务的一种扩大的技术经济指标，具有较强的综合性、概括性。估算指标在编制项目建议书和可行性研究报告中，是多方案比选、优化设计方案、正确编制投资估算、合理确定项目投资的重要基础；在建设项目评价、决策过程中，是评价建设项目投资可行性、分析投资效益的重要经济指标；在实施阶段，是限额设计和工程造价确定与控制的依据。

现行《公路工程估算指标》（JTG/T M21—2011）（以下简称《估算指标》）是交通运输部根据公路建设项目建议书和可行性研究报告的工作深度要求，以公路工程行业标准、规范的规定，以及近年来公路建设项目的设计和竣工资料为依据而制定，适用于公路基本建设的新建和改建工程。对《估算指标》中缺少的项目可以编制补充指标。补充指标应按照现行《估算指标》的编制原则、编制方法进行编制，由各省、自治区、直辖市交通运输主管部门编制执行，抄交通运输部公路局备案。

与《概算定额》一样，《估算指标》列出了指标子目的人工消耗量、材料名称及消耗量、机械名称及消耗量，这种表现形式更符合现代公路项目的特点和实际情况。

现行《估算指标》包括说明、指标项目表及附录三个部分。

1. 说明

《估算指标》的说明包括总说明和章说明。

总说明是对整册指标所做的全面性的规定和解释。章说明则规定各章包括的内容、各章工程项目的统一规定、各章工程项目综合的内容及允许抽换的规定、各章工程项目的工程量计算规则等。以上各项说明是为了正确使用指标而做出的规定和解释，是正确运用指标所应遵循的条件和保证。

2. 指标项目表

现行《估算指标》的指标表根据公路工程项目的组成分为路基工程、路面工程、隧道工程、涵洞工程、桥梁工程、交叉工程、交通工程及沿线设施、临时工程等八章，以指标项目表的形式给出相应各部分的工、料、机消耗的额定标准。估算指标项目表的主要内容包括：指标项目的名称，指标项目包括的工作内容，指标单位，完成指标单位工程的人工、材料、机械的名称、单位、代号、数量、指标基价，有些估算指标项目表下还列有在总说明、章说明中没有包括、仅供本估算指标表使用的注释。

3. 附录

为满足现代公路工程项目投资估算编制的需要，现行《估算指标》的最后列有附录：附录一为设备购置费参考值，附录二为新增材料名称及基价，附录三为新增机械台班费用定额。

（二）《估算指标》应用

例 2-15：四川省境某库区公路有软弱路基路段，设计文件要求根据不同情况可采用换填、抛石挤淤等处治措施。该软弱路基路段的软基处理工程量见表2-22,试确定完成该软基处理的工料机消耗。

软弱路基路段处理工程量

表2-22

序号	起讫桩号或中心桩号	地质说明	长度(m)	平均宽度(m)	处治深度(m)	处治措施	处理面积(m^2)	换填	
								挖土(m^3)	换填碎砾石土(m^3)
1	2	3	4	5	6	7	8	9	10
环库主线A段(K0+000~K1+800,K3+300~K3+920)									
1	K0+160~K0+230	软土路基	70	68	1	换填碎石土	4 780	5 258	5 258
2	K0+580~K0+610	软土路基	30	48	0.8	换填碎石土	1 449	1 275	1 275
3	K0+630~K0+800	软土路基	170	13	0.8	换填碎石土	2 274	2 001	2 001
4	K0+920~K1+070	软土路基	150	16	1	换填碎石土	2 392	2 631	2 631
5	K1+080~K1+100	软土路基	20	24	2	换填碎石土	483	1 063	1 063
6	K1+200~K1+220	软土路基	20	13	0.8	换填碎石土	264	232	232
7	K1+260~K1+340	软土路基	80	33	1	换填碎石土	2 653	2 918	2 918
8	K1+360~K1+410	软土路基	50	30	1	换填碎石土	1 524	1 676	1 676
合计			590				15 819	17 054	17 054
环库主线B段(K1+180~K3+300,K3+920~K5+766)									
9	K1+940~K2+020	软土路基	80	18	1	换填碎石土	1 460	1 606	1 606
10	K2+150~K2+230	软土路基	80	10	0.8	换填碎石土	827	728	728
11	K2+360~K2+400	软土路基	40	21	0.8	换填碎石土	823	724	724
12	K2+520~K2+570	软土路基	50	30	1	换填碎石土	1 477	1 625	1 625
13	K2+740~K2+850	软土路基	110	6	0.8	换填碎石土	665	585	585
14	K4+460~K4+500	软土路基	40	43	1	换填碎石土	1 709	1 880	1 880
15	K4+660~K4+780	软土路基	120	11	1	换填碎石土	1 340	1 474	1 474
16	K5+060~K5+100	软土路基	40	31	1	换填碎石土	1 241	1 365	1 365
17	K5+450~K5+485	软土路基	35	71	1	换填碎石土	2 497	2 747	2 747
合计		595				12 039	12 734	12 734	

解:目前,在公路建设项目中软基处理形式较多,且一段路并不是全幅需要处理,所以现行《估算指标》按处治面积计算,并分4个子目:①处理深度在3m以内:指标Ⅰ综合清淤和一般砂砾换填,指标Ⅱ综合清淤换填、砂砾回填、抛石挤淤和土工合成材料等处治方法。②处理深度为3~12m,指标综合袋装砂井、塑料排水板、粉喷桩、堆载及真空预压和土工合成材料等处治方法。③处理深度为12~20m,指标综合各类粒料桩、加固土桩、CFG桩、垫层和土工合成材料等处治方法。④软基处理深度超过20m,按概算定额单独计算。

从本工程软基处理工程量表中可知,软基处理深度$h \leqslant 3$m。查《估算指标》,根据该路段软基处理深度,选用的指标代号为1-10-1,见表2-23。

1-10　路基软基处理

表 2-23

工程内容　清淤换填、砂沟换填、抛石挤淤、袋装砂井、塑料排水板、堆载及真空预压、各种粒料桩、加固土搅拌桩、CFG 桩、垫层、土工合成材料等工程的全部工作。

单位：1 000m^2 处治面积

顺序号	项　目	单位	代号	处治深度 h(m)		
				$h \leq 3$		$3 < h \leq 12$
				Ⅰ	Ⅱ	
				1	2	3
1	人工	工日	1	191.0	401.9	605.9
2	型钢	t	182	—	—	0.087
3	铁件	kg	651	—	—	5.6
4	铁钉	kg	653	—	7.4	8.1
5	土工布	m^2	770	—	1 493.1	1 632.0
6	土工格栅	m^2	772	—	2 259.3	2 469.4
7	U 形锚钉	kg	775	—	66.9	73.1
8	塑料排水板	m	811	—	—	12 914.46
9	塑料编织袋	m	812	—	—	3 276.85
10	草袋	个	819	—	—	45
11	砂	m^3	897	763.36	656.49	183.30
12	中(粗)砂	m^3	899	—	—	13.75
13	砂砾	m^3	902	409.50	352.17	183.30
14	片石	m^3	931	—	189.20	—
15	大卵石	m^3	935	—	3.05	3.34
16	石渣	m^3	939	—	120.48	56.40
17	碎石	m^3	958	—	325.08	169.20
18	其他材料费	元	996	—	128.8	4720.0
19	75kW 以内履带式推土机	台班	1003	1.84	3.23	32.10
20	0.6m^3 以内履带式单斗挖掘机	台班	1027	2.96	4.78	—
21	6～8t 光轮压路机	台班	1075	1.15	0.99	0.36
22	12～15t 光轮压路机	台班	1078	—	1.19	0.62
23	15t 以内振动压路机	台班	1088	—	0.03	—
24	4t 以内载货汽车	台班	1372	—	—	0.07
25	15t 以内履带式起重机	台班	1432	—	—	17.30
26	袋装砂井机	台班	1626	—	—	18.81

续上表

顺序号	项目	单位	代号	处治深度 h(m)		
				$h \leqslant 3$		$3 < h \leqslant 12$
				Ⅰ	Ⅱ	
				1	2	3
27	ϕ100mm 电动单级离心水泵	台班	1652	—	—	78.76
28	204m^3/h 以内真空泵	台班	1689	—	—	78.76
29	小型机具使用费	元	1998	—	—	16.1
30	基价	元	1999	65 697	129 314	181 324

从工程量表可知，本工程软基处理面积 = 15 819 + 12 039 = 27 858m^2，指标单位为 1 000m^2 处治面积，则换算为指标工程量为：27 858m^2/1 000m^2 = 27.858 指标单位，则完成本工程的软基处理其工料机消耗如下。

人工：　27.858 × 191.0 = 5 320.88 工日

砂：　27.858 × 763.36 = 21 265.68m^3

砂砾：　27.858 × 409.5 = 11 407.85m^3/km

75kW 以内履带式推土机：　27.858 × 1.84 = 51.26 台班

0.6m^3 以内履带式单斗挖掘机：27.858 × 2.96 = 82.46 台班

1.0m^3 以内轮胎式装载机：　27.858 × 1.15 = 32.04 台班

基价：　27.858 × 65 697 = 1 830 187.03 元

例 2-16：某公路路面工程量见表 2-24。

(1) 试根据该表按照《估算指标》摘取工程量并确定其使用的指标号；

(2) 试确定水泥稳定碎石基层的工料机消耗。

某公路路面工程量　　表 2-24

编号	起讫桩号	行车道路面工程数量										路肩	
		细粒式沥青混凝土 AC-13C		中粒式沥青混凝土 AC-20C		透层油		5% 水泥稳定碎石基层		级配碎石（天然砂砾）底基层		M7.5 浆砌 MU30 片石	
		厚度 (cm)	数量 (m^2)	厚度 (cm)	数量 (m^2)	厚度 (cm)	数量 (m^2)	厚度 (cm)	数量 (m^2)	厚度 (cm)	数量 (m^2)	厚度 (cm)	数量 (m^3)
1	2	3	4	5	6	7	8	9	10	11	12	13	14
1	K1 + 800 ~ K3 + 300.000	4	9 325	5	9 325		9 325	20	9 325	15	9 325	45	473
2	路面加宽	4	1 338.82	5	1 338.82		1 338.82	20	1 338.82	15	1 338.82		
3	K3 + 920 ~ K5 + 766.950	4	11 081.7	5	11 081.7		11 081.7	20	11 081.7	15	11 081.7	45	406.33
4	路面加宽	4	1 648.48	5	1 648.48		1 648.48	20	1 648.48	15	1 648.48		
合计			23 394		23 394		23 394		23 394		23 394		879.33

解：（1）摘取工程量，并确定其使用的指标号

现行《估算指标》中，路面按不同基层的类型以其顶层面积计算。路面基层按稳定土基层和其他路面基层分别编制。其中，稳定土基层按照不同基层类型以水泥砂砾基层、水泥碎石基层、水泥石屑基层等划分子目编制；其他路面基层按照不同基层类型、以泥灰结碎石基层、泥结碎石基层、级配碎石基层划分子目编制。根据以上指标子目的划分情况，在摘取工程量时应分不同类型的基层分别摘取。因此，本工程应按水泥稳定碎石基层、级配碎石基层分别摘取其面积，并分别套用指标 2-2-3、2-2-4 和 2-3-5、2-3-6，见表 2-25 和表 2-26。

2-2 稳定土基层

表 2-25

工程内容 挖路槽、培路肩、消解石灰、混合料拌和、运输、铺筑等全部工作，初期养护。

单位：1 000m³

顺序号	项目	单位	代号	水泥砂砾基层		水泥碎石基层		水泥石屑基层	
				压实厚度15cm	每增减1cm	压实厚度15cm	每增减1cm	压实厚度15cm	每增减1cm
				1	2	3	4	5	6
1	人工	工日	1	16.3	0.5	16.4	0.5	16.2	0.5
2	铁件	kg	651	0.2	—	0.2	—	0.2	—
3	32.5 级水泥	t	832	16.721	1.095	17.044	1.117	16.036	1.050
4	水	m³	866	23	1	24	1	29	2
5	中(粗)砂	m³	899	0.96	—	0.96	—	0.96	—
6	砂砾	m³	902	203.32	13.28	4.15	—	4.15	—
7	片石	m³	931	0.75	—	0.75	—	0.75	—
8	碎石(4cm)	m³	952	0.21	—	0.21	—	0.21	—
9	碎石	m³	958	—	—	220.32	14.69	—	—
10	石屑	m³	961	—	—	—	—	205.85	13.72
11	块石	m³	981	0.68	—	0.68	—	0.68	—
12	其他材料费	元	996	2.0	—	2.0	—	2.0	—
13	75kW 以内履带式推土机	台班	1003	0.01	—	0.01	—	0.01	—
14	105kW 以内履带式推土机	台班	1005	0.03	—	0.03	—	0.03	—
15	0.6m³ 以内履带式单斗挖掘机	台班	1027	0.01	—	0.01	—	0.01	—
16	3.0m³ 以内轮胎式装载机	台班	1051	0.48	0.03	0.49	0.03	0.46	0.03
17	6～8t 光轮压路机	台班	1075	0.15	—	0.15	—	0.15	—
18	8～10t 光轮压路机	台班	1076	0.01	—	0.01	—	0.01	—
19	12～15t 光轮压路机	台班	1078	1.34	—	1.34	—	1.34	—
20	0.6t 以内手扶式振动碾	台班	1083	0.39	0.02	0.39	0.02	0.39	0.02
21	300t/h 以内稳定土厂拌设备	台班	1160	0.24	0.02	0.24	0.02	0.23	0.02
22	9.5m 以内稳定土摊铺机	台班	1165	0.24	—	0.24	—	0.24	—
23	250L 以内混凝土搅拌机	台班	1272	0.01	—	0.01	—	0.01	—

续上表

顺序号	项　目	单位	代号	水泥砂砾基层		水泥碎石基层		水泥石屑基层	
				压实厚度 15cm	每增减 1cm	压实厚度 15cm	每增减 1cm	压实厚度 15cm	每增减 1cm
				1	2	3	4	5	6
24	12t 以内自卸汽车	台班	1387	2.23	0.15	2.23	0.15	2.23	0.15
25	20t 以内平板拖车组	台班	1393	0.02	—	0.02	—	0.02	—
26	6 000L 以内洒水汽车	台班	1405	0.32	—	0.32	—	0.32	—
27	1t 以内机动翻斗车	台班	1408	0.20	0.01	0.20	0.01	0.20	0.01
28	40t 以内汽车式起重机	台班	1456	0.03	—	0.03	—	0.03	—
29	75t 以内汽车式起重机	台班	1458	0.03	—	0.03	—	0.03	—
30	小型机具使用费	元	1998	4.5	—	4.5	—	4.5	
31	基价	元	1999	16 373	937	16 377	936	23 329	1 403

2-3　其他路面基层

表 2-26

工程内容　挖路槽、培路肩、消解石灰、调浆、灌浆、拌和、铺筑、洒水等工作。

单位:1 000m^2

顺序号	项　目	单位	代号	泥灰结碎石基层		泥灰碎石基层		级配碎石基层	
				压实厚度 10cm	每增减 1cm	压实厚度 10cm	每增减 1cm	压实厚度 10cm	每增减 1cm
				1	2	3	4	5	6
1	人工	工日	1	29.1	2.6	25.6	2.1	10.3	0.6
2	生石灰	t	891	4.327	0.433	—	—	—	—
3	土	m^3	895	—	—	—	—	—	—
4	砂	m^3	897	—	—	—	—	—	—
5	黏土	m^3	911	23.93	2.39	28.28	2.83	—	—
6	砾石(2cm)	m^3	921	—	—	—	—	—	—
7	砾石(4cm)	m^3	922	—	—	—	—	—	—
8	石屑	m^3	961	11.90	1.19	11.03	1.10	52.92	5.29
9	路面用碎石(1.5cm)	m^3	965	—	—	—	—	38.02	3.80
10	路面用碎石(2.5cm)	m^3	966	—	—	—	—	33.47	3.35
11	路面用碎石(3.5cm)	m^3	967	10.57	1.06	11.10	1.11	27.38	2.74
12	路面用碎石(5cm)	m^3	968	—	—	—	—	—	—
13	路面用碎石(6cm)	m^3	969	97.18	9.72	100.34	10.03	—	—
14	120kW 以内自行式平地机	台班	1057	0.38	—	0.17	—	0.62	—
15	6 ~ 8t 光轮压路机	台班	1075	0.28	—	0.28	—	0.14	—
16	12 ~ 15t 光轮压路机	台班	1078	0.78	—	0.78	—	1.34	—
17	0.6t 以内手扶式振动碾	台班	1083	0.61	0.03	0.61	0.03	0.61	0.03

续上表

顺序号	项　目	单位	代号	泥灰结碎石基层		泥灰碎石基层		级配碎石基层	
				压实厚度10cm	每增减1cm	压实厚度10cm	每增减1cm	压实厚度10cm	每增减1cm
				1	2	3	4	5	6
18	15t以内振动压路机	台班	1088	—	—	—	—	—	—
19	石屑撒布机	台班	1183	—	—	—	—	—	—
20	6 000L以内洒水汽车	台班	1405	0.54	0.05	0.59	0.06	0.24	0.02
21	1t以内机动翻斗车	台班	1408	0.21	0.02	0.21	0.02	0.21	0.02
22	小型机具使用费	元	1998	—	—	—	—	—	—
23	基价	元	1999	10 163	918	9 505	864	11 818	1 035

对于沥青路面，由于现行《估算指标》分不同路面形式、按不同路面层进行编制，并按路面实体计算其工程量，见表2-27。因此，本工程应分别计算细粒式和中粒式的路面实体厚度，并分别套用指标2-4-6和2-4-7。

2-4　沥青路面　　表2-27

工程内容　沥青混合料路面：拌和，运输，铺筑，洒透层、黏层油，碾压成型，拌和设备安拆，初期养护等全部工作。

其他沥青路面：熬、运油，洒透层油，铺筑，碾压成型，熬油设备安拆，初期养护等全部工作。

单位：1 000m³ 路面实体

顺序号	项　目	单位	代号	石油沥青			
				粗粒式	中粒式	细粒式	砂砾式
				5	6	7	8
1	人工	工日	1	187.0	187.3	188.8	196.6
2	型钢	t	182	0.002	0.002	0.002	0.002
3	组合钢模板	t	272	0.004	0.004	0.004	0.004
4	铁件	kg	651	3.1	3.1	3.1	3.1
5	32.5级水泥	t	832	8.235	8.235	8.235	8.235
6	石油沥青	t	851	115.727	123.716	133.241	151.545
7	煤	t	864	0.889	0.889	0.889	0.889
8	水	m³	866	82	82	82	82
9	砂	m³	897	296.66	389.79	471.22	893.59
10	中(粗)砂	m³	899	28.46	28.46	28.46	28.46
11	砂砾	m³	902	73.06	73.06	73.06	73.06
12	片石	m³	931	23.28	23.28	23.28	23.28
13	矿粉	t	949	96.104	117.720	128.404	161.629
14	碎石(4cm)	m³	952	3.74	3.74	3.74	3.74
15	石屑	m³	961	182.30	226.75	261.18	537.84
16	路面用碎石(1.5cm)	m³	965	259.89	334.74	723.22	—
17	路面用碎石(2.5cm)	m³	966	299.07	520.05	—	—
18	路面用碎石(3.5cm)	m³	967	469.28	—	—	—

续上表

顺序号	项　　目	单位	代号	石油沥青			
				粗粒式	中粒式	细粒式	砂砾式
				5	6	7	8
19	块石	m^3	981	31.89	31.89	31.89	31.89
20	其他材料费	元	996	329.3	431.5	489.0	968.2
21	设备摊销费	元	997	3 795.0	3 987.4	4 216.8	4 657.7
22	75kW 以内履带式推土机	台班	1003	0.49	0.49	0.49	0.49
23	105kW 以内履带式推土机	台班	1005	0.50	0.50	0.50	0.50
24	0.6m^3 以内履带式单斗挖掘机	台班	1027	0.65	0.65	0.65	0.65
25	2.0m^3 以内轮胎式装载机	台班	1050	6.33	6.31	6.29	6.29
26	6～8t 光轮压路机	台班	1075	6.53	5.90	5.94	5.94
27	8～10t 光轮压路机	台班	1076	0.22	0.22	0.22	0.22
28	12～15t 光轮压路机	台班	1078	6.05	6.09	6.13	6.13
29	4000L 以内沥青洒布车	台班	1193	0.39	0.33	0.33	0.33
30	160t/h 以内沥青混合料拌和设备	台班	1025	2.70	2.69	2.68	2.68
31	9.0m 以内沥青混合料摊铺机	台班	1213	2.91	2.93	2.95	2.95
32	16～20t 轮胎式压路机	台班	1224	1.12	1.12	1.13	1.13
33	20～25t 轮胎式压路机	台班	1225	1.67	1.69	1.70	1.69
34	250L 以内混凝土搅拌机	台班	1272	0.19	0.19	0.19	0.19
35	5t 以内自卸汽车	台班	1383	2.66	2.65	2.64	2.64
36	12t 以内自卸汽车	台班	1387	19.28	19.28	19.28	19.28
37	20t 以内平板拖车组	台班	1393	0.35	0.35	0.35	0.35
38	12t 以内汽车式起重机	台班	1451	0.09	0.09	0.09	0.09
39	20t 以内汽车式起重机	台班	1453	0.70	0.70	0.70	0.70
40	75t 以内汽车式起重机	台班	1458	0.70	0.70	0.70	0.70
41	小型机具使用费	元	1998	52.2	52.7	52.7	52.7
42	基价	元	1999	658 237	688 500	724 040	791 240

对于培路肩、透层等已综合在指标中，在摘取工程量时不予考虑。

综上，本工程的计价工程量及其使用的指标号见表 2-28。

计算工程量及其使用指标号 表 2-28

序　　号	工程内容	指标单位	工　程　量	指　标　号
1	水泥稳定碎石基层	1 000m^2	23.394	2-2-3
2	水泥稳定碎石基层	1 000m^2	23.394 ×5	2-2-4
3	级配碎石基层	1 000m^2	23.394	2-3-5
4	级配碎石基层	1 000m^2	23.394 ×5	2-3-6
5	细粒式沥青混凝土	1 000m^3 路面实体	0.936	2-4-7
6	中粒式沥青混凝土	1 000m^3 路面实体	1.17	2-4-6

(2) 确定水泥稳定碎石基层的工料机消耗

根据上面确定的本工程的计价工程量及套用指标，得本工程水泥稳定碎石基层的工料机消耗见表 2-29。

本工水泥稳定碎石基层的工料机消耗量计算表 表 2-29

顺序号	项　目	单位	定额消耗量		工程量		工料机消耗合计
			压实厚度 5cm	每增减 1cm	压实厚度 15cm	每增减 1cm	
(1)	(2)	(3)	(4)	(5)	(6)	(7)	(8) = (4) × (6) + (5) × (7)
1	人工	工日	16.4	0.5	23.394	23.394 ×5	442.1
2	铁件	kg	0.2	—	23.394	23.394 ×5	4.7
3	32.5 级水泥	t	17.044	1.117	23.394	23.394 ×5	529.4
4	水	m^3	24	1	23.394	23.394 ×5	678.4
5	中(粗)砂	m^3	0.96	—	23.394	23.394 ×5	22.5
6	砂砾	m^3	4.15	—	23.394	23.394 ×5	97.1
7	片石	m^3	0.75	—	23.394	23.394 ×5	17.5
8	碎石(4cm)	m^3	0.21	—	23.394	23.394 ×5	4.9
9	碎石	m^3	220.32	14.69	23.394	23.394 ×5	6 872.46
10	石屑	m^3	—	—	23.394	23.394 ×5	0.0
11	块石	m^3	0.68	—	23.394	23.394 ×5	15.9
…	…	…	…	…	…	…	…

例 2-17：某公路涵洞工程量见表 2-30 和表 2-31。

(1)试按照《估算指标》摘取工程量，并确定其使用的指标号；

(2)试确定本工程盖板涵的工料机消耗量。

涵洞洞身工程数量表 表 2-30

序号	中心桩号	孔数及孔径	涵长	结构类型	工程数量							
					洞身							
					圆管			基础	套管			铺底
					R235钢筋	R335钢筋	C25混凝土	C10混凝土	R235钢筋	C25	M10	M7.5砂浆砌MU30
		孔-m	m		kg	kg	m^3	m^3	kg	m^3	kg	m^3
1	K0 +360.00	1-1.50	10	圆管涵	132.5		1.3	5.7	85	0.8	0.3	
2	K0 +600.00	1-3.0 ×2.50	16	盖板涵	25.2	144.5	2	12.2	8.9		3.4	0.9
3	K0 +880.00	1-2.0 ×1.50	12	盖板涵	25.2	144.5	2	12.2	8.9		3.4	0.9
4	K1 +090.00	1-1.50	10	圆管涵	132.5		1.3	5.7	85	0.8	0.3	
5	K1 +390.00	1-2.0 ×1.50	10	盖板涵	25.2	144.5	2	12.2	8.9		3.4	0.9
6	K1 +530.00	1-1.50	10	圆管涵	132.5		1.3	5.7	85	0.8	0.3	
7	K3 +460.00	1-1.50	10	圆管涵	50.4	289	4	24.4	17.8	0	6.8	1.8
8	K3 +890.00	1-2.0 ×1.50	10	盖板涵	25.2	144.5	2	12.2	8.9		3.4	0.9
合计			88		548.7	867	15.9	90.3	308.4		21.3	5.4

涵洞洞口及其他工程数量表　　表 2-31

序号	中心桩号	孔数及孔径	涵长	结构类型	工程量							
					洞口						其他	
					帽石	墙身	基础	铺底及隔水墙	跌水井	急流槽	挖基	
					M7.5砂浆砌MU30	M7.5砂浆砌MU30	M7.5砂浆砌MU30	M7.5砂浆砌MU30	M7.5砂浆砌MU30	M7.5砂浆砌MU30	土	石
		孔-m	m		m^3	m^3	m^3	m^3	m^3	m^3	m^3	m^3
1	K0 +360.00	1-1.50	10	圆管涵		7	2.1	1.5			27.5	110
2	K0 +600.00	1-3.0 ×2.50	16	盖板涵	1.5	1.9		2.7		3	56.5	24.2
3	K0 +880.00	1-2.0 ×1.50	12	盖板涵	1.5	1.9		2.7		3	56.5	24.2
4	K1 +090.00	1-1.50	10	圆管涵		7	2.1	1.5			27.5	110
5	K1 +390.00	1-2.0 ×1.50	10	盖板涵	1.5	1.9		2.7		3	56.5	24.2
6	K1 +530.00	1-1.50	10	圆管涵		7	2.1	1.5			27.5	110
7	K3 +460.00	1-1.50	10	圆管涵	3	3.8	0	5.4		6	113	48.4
8	K3 +890.00	1-2.0 ×1.50	10	盖板涵	1.5	1.9		2.7		3	56.5	24.2
合计			88		9	32.4		20.7		18	421.5	475.2

解：(1)工程量的摘取和涵洞估算指标号的确定

现行《估算指标》中的涵洞工程分盖板涵、圆管涵、拱涵和箱涵等指标项目，按涵身和洞口划分子目编制，其中盖板涵、拱涵和箱涵还按跨径 3m 以内和 5m 以内划分子目。涵身按涵洞长度计算工程量。洞口按道数计算；一道涵洞按两座洞口计算，如涵洞只有一座洞口，则按0.5道计算。因此，本工程应按涵身和洞口分别摘取工程量。

根据题意可知，本工程有盖板涵和圆管涵两种。盖板涵采用《估算指标》中的“4-1 盖板涵”，见表 2-32。圆管涵采用《估算指标》中的“4-2 钢筋混凝土圆管涵”。

4-1　盖　板　涵　　表 2-32

工程内容　挖基、垫层、基础、洞身、洞口及洞口铺砌、圬工和钢筋、支架、拱盔、排水设施等工程的全部工作。

单位：表列单位

顺序号	项　目	单位	代号	路径 3m 以内		路径 5m 以内	
				涵身	洞口	涵身	洞口
				10 延米	1 道	10 延米	1 道
				1	2	3	4
1	人工	工日	1	307.7	34.3	843.1	101.0
2	原木	m^3	101	1.566	0.006	4.130	0.059
3	锯材	m^3	102	0.329	0.013	0.867	0.069
4	光圆钢筋	t	111	0.226	—	0.584	—
5	带肋钢筋	t	112	0.616	—	1.596	—
6	型钢	t	182	0.062	0.001	0.176	0.012

续上表

顺序号	项　目	单位	代号	路径 3m 以内		路径 5m 以内	
				涵身	洞口	涵身	洞口
				10 延米	1 道	10 延米	1 道
				1	2	3	4
7	钢管	t	191	0.029	—	0.072	0.006
8	钢丝绳	t	221	0.061	—	0.155	—
9	电焊条	kg	231	0.3	—	1.1	—
10	组合钢模板	t	272	0.123	0.003	0.351	0.028
11	铁件	kg	651	79.8	1.5	222.0	15.0
12	铁钉	kg	653	—	—	—	0.1
13	8～12 号铁丝	kg	655	7.3	0.2	15.1	0.6
14	20～22 号铁丝	kg	656	3.2	—	8.3	—
15	油毛毡	m^2	825	19.3	—	50.0	—
16	32.5 级水泥	t	832	19.842	0.984	52.682	4.337
17	硝铵炸药	kg	841	2.3	0.9	5.9	2.2
18	导火线	m	842	—	2	—	4
19	水	m^3	866	100	7	251	24
20	中(粗)砂	m^3	899	41.32	3.39	105.77	11.68
21	砂砾	m^3	902	—	3.27	—	7.13
22	片石	m^3	931	17.44	14.91	45.24	34.36
23	碎石(4cm)	m^3	952	27.62	0.57	80.61	5.50
24	碎石(8cm)	m^3	954	14.65	0.23	36.49	2.19
25	块石	m^3	981	32.92	5.68	65.79	12.58
26	粗料石	m^3	984	—	0.19	—	0.42
27	其他材料费	元	996	389.8	22.2	1064.5	80.0
28	250L 以内混凝土搅拌机	台班	1272	1.52	0.05	5.22	0.51
29	6t 以内载货汽车	台班	1374	0.36	—	0.95	—
30	1t 以内机动翻斗车	台班	1408	1.23	0.03	4.04	0.34
31	5t 以内汽车式起重机	台班	1449	0.32	—	0.83	—
32	12t 以内汽车式起重机	台班	1451	0.72	0.02	2.20	0.23
33	20t 以内汽车式起重机	台班	1453	0.51	—	1.21	—
34	30kN 以内单筒慢动卷扬机	台班	1499	4.13	—	10.71	—
35	ϕ150mm 电动单级离心水泵	台班	1653	8.87	—	23.18	—
36	32kV · A 以内交流电弧焊机	台班	1726	0.19	—	0.48	—
37	小型机具使用费	元	1998	99.3	6.2	256.2	21.0
38	基价	元	1999	44 552	3 934	118 183	12 173

本工程盖板涵 4 道，共计长度为：

盖板涵长度 = 16 + 12 + 10 + 10 = 48m

本工程圆管涵4道,共计长度为:

圆管涵长度 = 10 + 10 + 10 + 10 = 40m

综上,本工程的涵洞计价工程量及其使用的指标号见表2-33。

计价工程及其使用指标号 表2-33

序号	工程内容		指标单位	工程量	指标号
1	盖板涵	涵身	10延米	4.8	4-1-1
2		洞口	1道	4	4-1-2
3	圆管涵	涵身	10延米	4.0	4-2-1
4		洞口	1道	4	4-2-2

(2)确定本工程盖板涵的工料机消耗量

根据指标"4-1 盖板涵"及本工程盖板涵工程量,计算其工料机消耗如表2-34。

本工程盖板涵的工料机消耗量计算表 表2-34

顺序号	项目	单位	代号	涵身		洞口		工料机消耗合计
				定额消耗量	工程实际消耗量	定额消耗量	工程实际消耗量	
				(1)	(2) = (1) ×4.8	(3)	(4) = (3) ×4	(5) = (2) + (4)
1	人工	工日	1	307.7	1 476.96	34.3	137.2	1 614.16
2	原木	m^3	101	1.566	7.516 8	0.006	0.024	7.540 8
3	锯材	m^3	102	0.329	1.579 2	0.013	0.052	1.631 2
4	光圆钢筋	t	111	0.226	1.084 8	—		1.084 8
5	带肋钢筋	t	112	0.616	2.956 8	—		2.956 8
6	型钢	t	182	0.062	0.297 6	0.001	0.004	0.301 6
7	钢管	t	191	0.029	0.139 2	—		0.139 2
8	钢丝绳	t	221	0.061	0.292 8	—		0.292 8
9	电焊条	kg	231	0.3	1.44	—		1.44
10	组合钢模板	t	272	0.123	0.590 4	0.003	0.012	0.602 4
11	铁件	kg	651	79.8	383.04	1.5	6	389.04
…	…	…	…	…	…	…	…	—

例2-18:某段公路有四座桥,其基本情况见表2-35。试按照《估算指标》摘取工程量,并确定其使用的指标号。

桥梁工程数量表　　表 2-35

序号	桥　　名	桥宽 (m)	孔数×跨径 (m)	桥梁长度 (m)	基础水深 (m)	结构类型		
						上部结构	下部结构	
							桥墩及基础	桥台及基础
1	三叉河大桥	7	7×20	150	4.5	预应力混凝土空心板	柱式墩，钻孔桩基础	重力式 U 台，扩大基础
2	杨家中桥	7	4×16	74	2	预应力混凝土空心板	柱式墩，钻孔桩基础	重力式 U 台，扩大基础
3	廖家大桥	6	5×20	110	3	预应力混凝土空心板	柱式墩，钻孔桩基础	重力式 U 台，扩大基础
4	刘家嘴中桥	2.5	3×16	35	干处	预应力混凝土空心板	柱式墩，钻孔桩基础	桩接盖梁桥台，钻孔桩基础

解：现行《估算指标》中，桥梁工程指标分标准跨径小于 16m 的桥梁和标准跨径大于或等于 16m 的桥梁两项，其中，标准跨径大于或等于 16m 的桥梁分为一般结构桥梁和技术复杂结构桥梁。

本工程所有桥梁跨径均大于或等于 16m。标准跨径大于或等于 16m 桥梁指标按不同结构类型编制，指标均包括基础、下部、上部、桥台锥坡、桥头搭板等工程，其指标单位为 $100m^2$ 桥面。本工程所有桥梁均为预应力混凝土空心板桥，查阅《估算指标》，选用“5-2 预应力混凝土空心桥板”，见表 2-36。

5-2　预应力混凝土空心桥板　　表 2-36

工程内容　挖基、围堰、基础、下部、上部、桥面系、桥头搭板等工程的全部工作。

单位：$100m^2$ 桥面

顺序号	项　　目	单位	代号	基　　础		
				干处	水深(m)	
					3 以内	5 以内
				1	2	3
1	人工	工日	1	695.8	999.2	701.1
2	原木	m^3	101	0.244	0.244	0.274
3	锯材	m^3	102	1.184	1.184	1.471
4	枕木	m^3	103	0.329	0.329	0.436
5	光圆钢筋	t	111	4.087	4.087	3.637
6	带肋钢筋	t	112	12.911	12.911	13.727
7	钢绞线	t	125	1.318	1.318	1.318
8	波纹管钢带	t	151	0.137	0.137	0.137
9	型钢	t	182	0.247	0.247	0.311
10	钢板	t	183	0.154	0.154	0.181
11	钢管	t	191	0.483	0.483	0.590
12	铁丝绳	t	221	0.023	0.023	0.029

续上表

顺序号	项　目	单位	代号	基　础		
				干处	水深(m)	
					3 以内	5 以内
				1	2	3
13	钢纤维	t	225	—	—	0.001
14	电焊条	kg	231	74.9	74.9	80.9
15	钢管桩	t	262	—	—	0.001
16	钢护筒	t	263	0.054	0.054	2.619
17	钢套箱	t	264	—	—	0.233
18	钢模板	t	271	0.067	0.067	0.073
19	组合钢模板	t	272	0.094	0.094	0.063
20	门式钢支架	t	273	0.007	0.007	0.008
21	四氟板式橡胶组合支座	dm^3	401	5.1	5.1	6.0
22	板式橡胶支座	dm^3	402	18.8	18.8	18.9
23	模数式伸缩缝	t	541	0.187	0.187	0.219
…	…	…	…	…	…	…

从指标表中可见，预应力混凝土空心板桥按基础水深划分为干处、水深 3m 以内、水深 5m 以内等子目，因此工程量应根据基础水深分别摘取，即：

基础为干处的桥梁，其桥面面积 $=2.5\times35=87.5m^2$

基础水深 3m 以内的桥梁，其桥面面积 $=7\times74+6\times110=1\ 178m^2$

基础水深 5m 以内的桥梁，其桥面面积 $=7\times150=1\ 050m^2$

综上，本工程的桥梁计价工程量及其使用的指标号见表 2-37。

计价工程量及其使用指标号　　表 2-37

序　号	工 程 内 容	指标单位	工 程 量	指 标 号
1	基础为干处的桥梁	$100m^2$ 桥面	0.875	5-2-1
2	基础水深 3m 以内的桥梁	$100m^2$ 桥面	11.78	5-2-2
3	基础水深 5m 以内的桥梁	$100m^2$ 桥面	10.5	5-2-3

五、公路工程机械台班费用定额

现行《公路工程机械台班费用定额》(JTG/T B06-03—2007)(简称《机械台班费用定额》)是依据目前国家有关经济技术政策，充分考虑公路基本建设工程的特点以及近几年来高等级公路和施工机械技术发展情况而制定的。其主要作用是计算机械台班单价，同时也可计算台班消耗的人工、燃料等实物量，供编制施工组织方案(特别是机械化施工方案)、进行经济比较之用，有时还可利用《机械台班费用定额》中的基价作为概、预算台班单价。

《机械台班费用定额》编列了在公路基本建设工程中常用的土石方工程机械，路面工程机械，混凝土及灰浆机械，水平运输机械，起重及垂直运输机械，打桩机械，钻孔机械，泵类机械，金属木、石料加工机械，动力机械，工程船舶，其他机械等，共计 11 类 427 个子目。

《机械台班费用定额》的主要内容包括定额说明和机械台班费用定额表两大部分。

机械台班费用定额表是《机械台班费用定额》的主要组成部分。定额的费用项目划分为不变费用和可变费用。不变费用包括折旧费、大修理费、经常修理费、安装拆卸及辅助设施费，以金额形式给出，该费用除青海、新疆、西藏等边远地区外，其他地区应直接采用，不得调整；可变费用包括人工费、动力燃料费、养路费及车船使用税，其中人工费、动力燃料费以人工消耗量、动力燃料消耗量的形式给出，其费用以定额消耗量乘以工程所在地的人工、动力、燃料预算价格。

在定额表前面，用文字对编制《机械台班费用定额》的作用、机械分类、费用组成、依据和相关规定作了说明。

例 2-19：四川省境内某公路路基土石方工程中，用推土机集土，根据工程量和预算定额计算，需 105kW 以内履带式推土机 218.36 台班。已知该地区人工单价为 50 元/工日，柴油 5.0 元/kg。试确定推土机的台班单价及完成该工程的机械使用费。

解：(1)根据《机械台班费用定额》确定机械台班单价

机械的台班单价 = 不变费用 + 可变费用

查《机械台班费用定额》中土石方工程机械，105kW 推土机(表 2-38)得：

不变费用 = 折旧费 + 大修理费 + 经常修理费 + 安装拆卸及辅助设施费

= 136.68 + 53.55 + 139.23 + 0.95

= 330.41 元

因该工程地处四川省境内，故不变费用直接采用，不予调整。

可变费用 = 人工费 + 燃料动力费

= 2 工日 × 50 元/工日 + 76.52kg × 5 元/kg

= 482.6 元

故 105kW 推土机的台班单价 = 330.41 + 482.6 = 831.01 元/台班

(2)完成该工程的机械使用费

机械使用费台班消耗量 × 台班单价

= 218.36 台班 × 831.01 元/台班

= 177 528.9 元

六、公路工程费用定额

公路工程费用定额是在编制工程造价中除人工、材料、机械消耗以外的其他费用需要量的计算标准，即是工程造价计价依据除工程定额(工程指标)以外各项费用的计算标准。《公路工程基本建设项目投资估算编制办法》(JTG M20—2011)(简称《投资估算编制办法》)和《公路工程基本建设项目概算预算编制办法》(JTG B06—2007)(简称《概算预算编制办法》)中规定的费用指标和一系列费用的费率，都属于费用定额的范围，因此，从这个角度来看，《投资估算编制办法》和《概算预算编制办法》就是费用定额，其主要内容包括造价编制的方法和规定、各种费用的取费标准和计算方法及有关附录。具体使用见第三章、第四章相关内容。

表 2-38

土石方工程机械

序号	代号	机械名称				主机型号	不变费用					可变费用		定额基价
							折旧费	大修理费	经常修理费	安拆及辅助设施费	小计	人工	柴油	
							元					工日	kg	元
1	1002	推土机	履带式	功率（kW）	60 以内	T80	54.4	21.53	55.98	0.59	132.5	2	43.68	444.93
2	1003				75 以内	TY100	101.41	39.73	103.3	0.7	245.14	2	54.97	612.89
3	1004				90 以内	T120A	128.75	50.44	131.14	0.81	311.14	2	65.37	729.85
4	1005				105 以内	T140-1 带松土器	136.68	53.55	139.23	0.95	330.41	2	76.52	803.76
5	1006				135 以内	T180 带松土器	250.44	98.11	255.09	1.05	604.69	2	98.06	1 183.58
6	1007				165 以内	T220 带松土器	287.91	112.79	293.25	1.18	695.13	2	120.35	1 383.25
7	1008				240 以内	SH320 带松土器	450.61	176.53	354.83	1.29	983.26	2	174.57	1 937.05
8	1009				320 以内	带松土器	498.5	195.29	361.29	1.34	1 056.42	2	237.72	2 319.65
9	1010		湿地式		105 以内	TS140	152.11	50.81	124.99	0.95	328.86	2	76.52	802.21
10	1011				135 以内	TS180	250.98	83.83	206.22	1.05	542.08	2	98.06	1 120.97
11	1012				165 以内	TS220	300.7	100.44	247.08	1.18	649.4	2	120.35	1 337.52
12	1013		轮胎式		135 以内	TL180A	201.39	63.53	174.71	1.05	440.68	2	98.06	1 019.57
13	1014				160 以内	TL210A	245	77.29	212.55	1.18	536.02	2	114.4	1 104.98

七、公路工程定额运用总结

(一)定额运用步骤

本节对如何正确使用公路工程定额作了简单介绍,运用定额的步骤可归纳如下。

第一,根据运用定额的目的,确定所用定额的种类。如要编制施工图预算,则选择《预算定额》,若要编制可行性研究报告投资估算,则应选择《估算指标》。

第二,根据估算、概算、预算项目表,依次按目、节、细目确定欲查定额的项目名称,再据以在定额或指标目录中找到其所在页次,并找到所需定额表。

第三,查到定额表后再进行:

(1)核查定额的工作内容、作业方式是否与施工组织设计有出入;若无出入,则可在表中找到相应的细目,并进一步确定子目(栏号)。

(2)检查定额表的计量单位与工程项目取定的计量单位是否一致、是否符合规定的工程量计算规则。

(3)查核定额的总说明、章说明、节说明以及表下的注释是否与所选用的定额子目的查定有关;若有关,则按说明的规定执行。

(4)根据设计图纸和施工组织设计检查子目中有无需要抽换的定额,是否允许抽换;若应抽换,则进行具体抽换计算。

(5)依子目各序号确定各项定额值,可直接引用的就直接抄录,需计算的则在计算后抄录。

第四,重复上述步骤并复核。

第五,该项目的本细目定额查完后,再查定该项目另外细目的定额,依次完成后,再查另一项目的定额。

(二)定额运用注意事项

在使用定额时,还应注意以下事项:

(1)计量单位应做到表与项目之间一致,特别是在抽换、增量计算时更应注意。如表列单位为 $10m^3$,实际工程量为 $2\,500m^3$,则工程量应为 250 个定额单位。

(2)当查定额时,首先要鉴别工程项目是属于哪类工程,以免盲目随意确定而在表中找不到相应栏目而无法计算或错误引用定额。如“汽车运土”与“汽车运输”,前者为路基工程,而后者为桥梁工程的构件运输。

(3)定额表中对某些物品规定按成品价格编制预算,如“交通工程及沿线设施”中的钢板网、铝合金标志等,查定额时要注意。

第三节　补充定额的编制

一、补充定额编制的条件

当设计图纸上某项工程采用新材料、新结构、新工艺、新设备,而现行的定额又无近似的可利用定额来编制这类工程造价时,可以编制补充定额作为工程造价计价的依据。这是编制补充定额必须遵守的一条基本原则。凡有近似定额可以套用的,均不允许编制补充定额,但也不能随意套用工程内容不同和差异较大的定额作为计价依据。

二、编制补充定额的方法和原则

(1)补充定额的内容和表现形式,必须与现行的同类定额标准一致,如定额的计量单位、工程内容等。

(2)编制补充定额,要做到科学合理,严谨准确,简明适用,便于摘取工程量进行计价。同时要符合技术规范、施工安全操作规程和有关规定。

(3)要根据设计图纸按施工工序计算出全部工序的工程细目数量,以便折算成定额单位的工程含量,进而计算工料机消耗量。如无图纸资料,必须自行绘制草图,作为计算工程数量的依据。总之,要有依有据。

(4)人工、材料、施工机械的基本消耗定额资料,可参照《预算定额》附录中的各种计算基础资料、基本定额、材料的周转及摊销等,作为计算分析的依据。当没有资料可利用参考时,应在合理确定劳动组合、施工方法和充分利用工时的原则下,通过必要的调查研究确定各种消耗水平,作为编制定额的依据。

(5)在编制公路工程概预算时,若施工机械台班费用定额缺项,可以编制补充定额。但必须参照制订同类型号施工机械台班费用所采用的基础数据资料,作为计算编制依据,包括使用总台班、年工作台班、时间利用系数、大修理费和经常修理费标准、油燃料消耗以及人员配备等,不得随意提高或降低标准。同时,要确定相应的产量定额,以便与台班费用定额配套使用。至于购置新的或进口同类型施工机械设备的补充定额,其编制原则和方法应按照国家的统一规定,取定各项计算数据。

(6)要按照制订概预算定额的方法和要求,编制人工、机械台班数量计算表,材料消耗数量计算表,其他材料费、小型机具使用费、设备摊销费计算表,基价及质量计算表,最后提出定额成果表并写出定额编制说明。同时,应抄送当地公路(交通)工程造价管理部门备查。若有普遍使用和推广价值的,造价管理部门可以作为工程价格信息进行交流。

三、补充定额的编制步骤

编制一个补充定额,一般要经过以下步骤:

(1)确定补充定额的子目名称;

(2)确定补充定额的计量单位;

(3)确定补充定额项目的工作内容;

(4)根据子目划分原则和综合误差率进行子目平衡;

(5)按典型设计图纸和资料,根据工程量计算规则计算补充定额项目的工程数量;

(6)计算补充定额项目的人工、机械台班消耗数量;

(7)计算补充定额项目的材料消耗数量;

(8)计算其他材料费、小型机具使用费、设备摊销费;

(9)计算定额基价及材料总质量;

(10)整理出补充定额成果表并写出编制说明。

四、补充定额的编制示例

例 2-20：已知某桥梁结构物花岗岩贴面工程的定额测定资料如下。

（1）完成 $1m^2$ 花岗岩贴面消耗的基本工作时间为 240min，辅助工作时间占工作班连续时间的 2%，准备与结束工作时间占工作班连续时间的 2%，不可避免的中断时间占工作班连续时间的 1%，休息时间占工作班连续时间的 15%。

（2）每贴面 $100m^2$ 花岗岩需消耗 M7.5 水泥砂浆 $5.55m^3$，花岗岩板 $102m^2$，白水泥 15kg，铁件 34.87kg，塑料薄膜 $28.05m^2$，水 $1.53m^3$（注：材料消耗量中均已包含场内运输及操作损耗量）。

（3）水泥砂浆用 200L 灰浆搅拌机拌和，劳动组合为 25 个生产工人/班组。

（4）人工幅度差系数为 1.1，机械幅度差系数为 1.05。

（5）计算定额基价的人工、材料、机械单价（即《预算定额》附录四中所取定的人工、材料的预算价格）如下：

①人工工资单价：49.20 元/工日；

②花岗岩板预算价格：400.00 元/m^2；

③白水泥预算价格：550.00 元/t；32.5 级普通硅酸盐水泥预算价格：320.00 元/t；

④铁件预算价格：4.40 元/kg；

⑤塑料薄膜预算价格：1.00 元/m^2；

⑥水预算价格：0.50 元/m^3；

⑦电预算价格：0.55 元/kW · h；

⑧中（粗）砂预算价格：65.00 元/m^3；

⑨200L 砂浆搅拌机的台班价格为 64.43 元/台班。

试根据以上已知条件：

（1）计算完成 $1m^2$ 花岗岩贴面的劳动定额。

（2）编制花岗岩贴面的补充预算定额（定额计量单位为 $100m^2$）。

解：（1）完成 $1m^2$ 花岗岩贴面的劳动定额

假定花岗岩贴面的工作班连续时间为 x，则：

x = 基本工作时间 + 辅助工作时间 + 准备与结束工作时间 + 中断时间 + 休息时间

$x = 240 + 2\%x + 2\%x + 1\%x + 15\%x$

$x = 240 \div [1 - (2\% + 2\% + 1\% + 15\%)] = 300\text{min}/m^2$

桥涵工程每工日按 8h 计算，完成 $1m^2$ 花岗岩贴面需要的时间定额和产量定额为：

$$\text{时间定额} = 300(\text{min}) \div 60 \div 8 = 0.625\ \text{工日}/m^2$$

$$\text{产量定额} = 1 \div 0.625 = 1.6m^2/\text{工日}$$

（2）编制花岗岩贴面的补充预算定额（计量单位为 $100m^2$）

预算定额由人工、主要材料和施工机械的消耗量构成。对该例题来说，人工消耗量由施工定额中劳动定额乘以人工幅度差系数确定；主要材料消耗量根据测定的数量确定；施工机械消耗量由施工定额中的机械定额乘以机械幅度差系数确定。

①人工消耗量：由题意可知，由施工定额综合为预算定额的人工幅度差为 1.1，则：

$$\text{人工数量} = 0.625 \times 1.1 \times 100 = 68.75\ \text{工日}/100m^2$$

②材料消耗如下。

铁件数量： $34.87\times1=34.87\text{kg}/100\text{m}^2$

白水泥数量： $0.015\times1=0.015\text{t}/100\text{m}^2$

32.5 级水泥数量： $0.266\times5.55=1.4763\text{t}/100\text{m}^2$

水数量： $1.53\times1=1.53\text{m}^3/100\text{m}^2$

花岗岩板数量： $102\times1=102\text{m}^2/100\text{m}^2$

中(粗)砂数量： $1.09\times5.55=6.0495\text{m}^3/100\text{m}^2$

塑料薄膜数量： $28.05\times1=28.05\text{m}^2/100\text{m}^2$

③机械消耗：由题意可知，由施工定额综合为预算定额的机械幅度差系数为 1.05，则：

200L 砂浆搅拌机数量 $=0.625\times100\div25\times1.05=2.63$ 台班/100m^2

④基价：

$$
\begin{aligned}
\text{基价} &= \sum(\text{工、料、机消耗量}\times\text{统一的工、料、机的价格})\\
&=69.75\times49.2+34.87\times4.40+0.015\times550+1.449\times320+1.53\times\\
&\quad 0.5+102\times400+6.05\times65+28.05\times1+2.63\times64.43\\
&=45\,449\ \text{元}
\end{aligned}
$$

【复习思考题】

1. 分析施工定额的性质对施工定额作用的影响。
2. 什么是时间定额？什么是产量定额？分析时间定额和产量定额的关系。
3. 预算定额的作用主要体现在哪些方面？分析现行《预算定额》的组成结构。
4. 《预算定额》中的总说明、章说明、节说明的作用分别是什么？
5. 题表 2-1 为现行《预算定额》中人工铺筑路面垫层的预算定额表。请从定额单位、定额所包含的工程内容、完成定额单位工程的工料机消耗等方面分析人工铺筑砂砾垫层 的定额应用。

2-1-1 路面垫层 题表 2-1

工程内容 铺筑，整平，洒水，碾压。

单位：1 000m²

顺序号	项目	单位	代号	人工铺料									
				压实厚度 15cm					每增减 1cm				
				粗砂	砂砾	煤渣	矿渣	碎石	粗砂	砂砾	煤渣	矿渣	碎石
				1	2	3	4	5	6	7	8	9	10
1	人工	工日	1	26.7	29.3	34.0	30.6	28.3	1.5	1.7	2.1	1.8	1.7
2	水	m³	866	20	19	26	21	17	1	1	2	1	1
3	砂	m³	897	196.56	—	—	—	—	13.10	—	—	—	—

续上表

顺序号	项目	单位	代号	人工铺料									
				压实厚度15cm					每增减1cm				
				粗砂	砂砾	煤渣	矿渣	碎石	粗砂	砂砾	煤渣	矿渣	碎石
				1	2	3	4	5	6	7	8	9	10
4	砂砾	m^3	902	—	191.25	—	—	—	—	12.75	—	—	—
5	煤渣	m^3	937	—	—	252.45	—	—	—	—	16.83	—	—
6	矿渣	m^3	938	—	—	—	198.90	—	—	—	—	13.26	—
7	碎石	m^3	958	—	—	—	—	186.66	—	—	—	—	12.44
8	120kW以内自行式平地机	台班	1057	—	—	—	—	—	—	—	—	—	—
9	6~8t光轮压路机	台班	1075	0.51	0.25	0.25	0.13	0.25	—	—	—	—	—
10	12~15t光轮压路机	台班	1078	—	0.50	0.66	0.66	0.66	—	—	—	—	—
11	6 000L以内洒水汽车	台班	1405	—	—	—	—	—	—	—	—	—	—
12	基价	元	1999	11 280	7 649	6 060	5 003	6 869	729	479	374	301	426

6. 概算定额的作用主要体现在哪些方面？分析现行《概算定额》的组成结构。

7. 估算指标的作用主要体现在哪些方面？分析现行《估算指标》的组成结构。

8. 机械台班费用定额的作用主要体现在哪些方面？分析现行《机械台班费用定额》的组成结构。

9. 编制补充定额应满足哪些条件？补充定额怎样编制？

第三章

公路工程基本建设项目前期造价编制

【学习目的与要求】

通过本章的学习，了解基本建设项目投资估算的作用；熟悉公路工程基本建设项目投资估算编制原则、编制要求、编制依据；掌握公路工程基本建设项目投资估算费用组成及计算方法；掌握公路工程基本建设项目投资估算文件的编制方法。

第一节　公路工程基本建设项目投资估算概述

建设前期主要进行两项工作，即编制项目建议书和可行性研究报告，相应的造价文件即项目建议书投资估算和可行性研究报告投资估算。

投资估算是项目建议书和工程可行性研究报告的重要组成部分，是建设项目经济评价中支出费用的关键部分。

一、公路工程基本建设项目投资估算的作用

投资估算是指在整个投资决策过程中，依据现有资料和一定方法，对建设项目投资额进行

的估计。投资估算总额是指从筹建、施工直至建成投产的全部建设费用，其包括的内容应视项目的性质和范围而定。

投资估算贯穿于整个建设项目投资决策过程中。项目前期通常分为项目建设书阶段和可行性研究阶段，因此投资估算工作也分为建设书投资估算和可行性研究投资估算。不同阶段所具备的条件和掌握的资料不同，对投资估算的要求也各不相同，因而投资估算的准确程度在不同阶段也不同，每个阶段投资估算所起的作用也不同。

1. 项目建设书投资估算的作用

项目建议书，是选择项目和进行可行性研究报告编制的依据，是公路基本建设程序中前期准备工作阶段的第一个工作环节，有着极其重要的作用。这一阶段主要是选择有利的投资机会，明确投资方向，提出概略的项目投资建议，并编制项目建议书。投资估算是在投资决策过程中，对建设项目投资数额进行的估计，它具有以下几方面的作用：

（1）是拟建项目是否继续进行可行性研究的依据之一；

（2）是项目主管部门审批项目建议书的依据；

（3）是审批建设项目可行性研究报告的依据；

（4）是国家编制中长期规划和保持合理投资结构及决定国民经济计划中基建比例的依据；

（5）是制定资金筹措计划，控制投资限额的依据。

2. 可行性研究投资估算的作用

可行性研究报告投资估算是可行性研究报告的重要组成部分。根据公路基本建设程序的有关规定和要求，为科学地组织建设项目的实施，减少失误，根据长期的建设实践经验，可行性研究报告投资估算在项目建设中具有多方面的作用。

（1）可行性研究报告投资估算是计算、分析项目投资经济效果的重要条件，也是项目建设投资决策的重要依据。

（2）可行性研究报告投资估算是编制初步设计概算或施工图预算（采用一阶段设计时）的主要限制条件。

（3）可行性研究报告投资估算是资金筹措的依据。

（4）可行性研究报告投资估算是编制年度建设投资计划的依据。

二、公路工程基本建设项目投资估算编制原则

投资估算质量决定着投资决策的正确性。在编制投资估算时应遵循下列原则。

1. 科学性原则

估算的编制应有科学合理的依据。投资估算编制必须严格执行国家的方针、政策和有关规定，并应符合相关行业标准、规范和规定。未经科学验证和国家主管部门认可的指标不得在投资估算文件中使用。

2. 客观性原则

投资估算必须实事求是地反映工程项目投资额，不可为了地方利益，片面追求快上项目、上大项目而增大或缩小估算额。在编制投资估算时，要保证投资估算的客观、准确，要充分考虑工程项目的投资回收效果，从而确保工程可行性研究成果的可信、可行、可靠。

3. 系统性原则

任何一个工程项目都不是孤立存在的。一个工程项目的投资估算应该站在全局的立场上,对该项目的所有费用都要进行系统的计算,不可偏向任何一个局部利益而使估算费用失真。

4. 公平性原则

投资估算是站在全局的利益上,用统一指标和办法,公平决定投资额的高低。投资估算的公平性原则建立在科学性及客观性原则的基础上,优先保证效益高、见效快、影响大的工程项目大上快上。

三、公路工程基本建设项目投资估算编制要求

1. 质量要求

投资估算文件应达到的质量要求是:符合规定、结合实际、经济合理、提交及时、不重不漏、计算正确、字迹清晰、装订整齐完善。

从估算精度来看,投资估算精度应能满足控制初步设计概算的要求。

2. 编制依据的要求

投资估算编制必须严格执行国家的方针、政策和有关规定,并应符合行业标准、规范和规定。

当选用指标与具体工程之间存在标准或条件差异时,应进行必要的换算或调整。

3. 编制主体的要求

投资估算应由具有相应资质的设计、工程(造价)咨询单位负责编制。编制、审核人员必须持有工程造价人员执业资格证书,并对工程造价文件的编制质量负责。

当一个建设项目由两个以上设计(咨询)单位共同承担设计时,各设计(咨询)单位应负责编制所承担设计的单项或单位工程投资估算,主体设计(咨询)单位应负责编制原则和依据、工程设备与材料价格,取费标准等的协调与统一,汇编总估算,并对全部估算的编制质量负责。

公路工程造价人员应不断提高专业素质,掌握设计、施工情况,做好建设方案的经济比较,使技术工作和经济工作结合起来,全面、有效地提高前期工作质量,合理确定工程造价。

四、公路工程基本建设项目投资估算编制依据

1. 项目建议书投资估算编制的依据

项目建议书的投资估算,是建设项目初步经济评价中计算费用的原始资料,也是立项决策的重要依据。所以项目建议书投资估算的编制,除应遵照国家的方针、政策和有关工程造价管理的规定和制度外,还要坚持实事求是的原则,避免受外界因素的干扰。其编制依据主要有:

(1)建设规模和技术标准。通过踏勘和调查后,提出的路线或桥型方案设想,取定的不同地形的路段长度和主要工程数量、征用土地的数量、加工整理好的外业调查资料以及项目建议书文字说明。

(2)建设项目总体实施规划与要求的意见。

(3)现行的《估算指标》及指标中规定的工程量计算规则。

(4)现行的《投资估算编制办法》中规定的计算表格，以及有关费用的费率。

(5)当地公路(交通)造价管理部门发布的人工费单价、材料供应价格信息。

(6)当地交通运输主管部门颁布的运输和装卸价格，但应考虑运输市场的影响因素，合理取定运价。

(7)当地人民政府颁布的征地、拆迁赔偿标准和有关的各项规定。

(8)编制项目建议书的委托书、合同或协议的有关规定和要求。

(9)经研究商定或批准的设备和大型专用机械设备购置计划清单。

(10)建设项目的主管部门或建设单位对建设项目的有关通知与要求。

(11)历史造价资料。由于项目建议书投资估算的可塑性大，为提高估算的可靠性，应充分利用并参考造价历史资料进行必要的分析。

2. 可行性研究报告投资估算编制依据

可行性投资估算是可行性研究报告的重要组成部分，是建设项目国民经济评价中计算支出费用的基础资料，具有限制建设项目投资限额的重要作用。故编制可行性研究报告投资估算必须严格执行国家有关的公路基本建设工程的方针、政策和公路工程造价管理制度。其编制依据有如下各项内容。

(1)经批准的项目建议书及投资估算文件。

了解落实批准的项目建议书的筹资方式、贷款数额、年度贷款计划是否有变动或新的意图，以便确定建设期贷款利息。进一步了解对项目建议书中的总体实施规划有无需要进行调整和补充的。

(2)通过踏勘调查和必要的测量、地质钻探等确定的路线方案，提出的路基土石方、排水与防护工程、路面、桥梁涵洞等主要工程数量，以及对一些典型路段和有代表性的大型构造物作出的典型布置图资料，都是编制可行性研究报告投资估算的基本依据。

(3)工程所在地的自然、技术、经济条件等资料及建设项目施工组织规划设计的意见。

施工组织规划设计是编制可行性研究报告投资估算的主要基础资料，现场施工平面规划设计中确定的取土场、弃土场的位置涉及土石方运量的计算；构件预制场地、路面混合料拌和场、材料堆放场涉及材料平均运距的计算；分年度完成的投资计划和贷款使用计划涉及建设期贷款利息和工程造价预留费的计算年限；标段划分涉及施工单位所需的临时生产、生活用地数量的取定等。可以看出以上费用的计算都是以施工组织规划设计的内容为依据的。所以，施工组织规划的合理与否会对投资估算的编制产生重要的影响。

(4)现行《估算指标》及其相应的有关各项工程量计算方法的规定。

调查掌握公路沿线的水文地质、地形地貌情况，以便正确摘取工程数量套用分项指标。了解《估算指标》的内容、项目划分及其工程量的计算规则是正确摘取工程量的前提。如果了解不清，情况不明，就难以正确摘取工程数量、选用指标，也就不能保证投资估算的编制质量。

(5)现行《投资估算编制办法》中规定的计算表格，以及投资估算项目表的序列及内容的规定。

(6)当设计深度达到初步设计深度时，《概算定额》、《预算定额》、《机械台班费用定额》及《项目投资概算预算估算编制办法》等也是可行性研究报告投资估算编制依据。

(7)当地公路(交通)工程定额(造价管理)站发布的人工费单价、材料供应价格信息、有关规定及材料价格的有关资料。

项目建议书与可行性研究报告的投资估算，是在不同的时期编制的，故既要了解掌握作为编制项目建议书投资估算的工资标准和材料供应价格情况，又要了解当地公路（交通）造价管理部门是否发布了新的价格信息。如果有的话，一则应以此作为编制可行性研究报告投资估算的依据，二则可与项目建议书投资估算所采用的价格水平相比较，以了解其价格的变化情况，从而掌握对可行性研究报告投资估算可能产生的影响程度。

调查落实公路沿线砂石材料的产供情况和市场销售价格，施工单位自行开采的可能性与开采条件，材料的规格品种、质量、数量，以及在今后实施阶段可能产生的变化和问题，都应着重予以调查落实，凡对投资估算可能产生的影响因素，均应作必要的考虑，检查与原项目建议书所采用的数据有无差异，并绘制出筑路材料运距示意图，提出筑路材料调查表，作为计算材料预算价格的原始依据。

（8）当地交通运输主管部门颁布的运价和有关规定，以及收取过路费、过桥费的标准。考虑运输市场的影响因素，合理取定运价。

调查落实建设项目所在地各种外购材料的供应地点、供应渠道，并据以核查原项目建议书投资估算所取定的经济合理的运输方式和计算的平均运距，以及计算的过路费、过桥费和运费标准有无变化，除应以调查落实的资料作为计算材料运费的依据外，还应对存在的差异作必要的分析，掌握其变化规律，以不断提高投资估算的编制水平。

（9）当地人民政府颁布的征地、拆迁赔偿标准和有关规定。

调查建设项目占用土地和应予拆迁的建筑物、构筑物的种类和数量，人均占有耕地等资料，以及当地人民政府颁布的征用土地赔偿标准、耕地占用税等有关规定，并提出拆迁及土地占用量表，作为计算土地、青苗等补偿费和安置补助费的依据。

（10）编制可行性研究报告的委托书、合同或协议的有关规定和要求。

（11）建设项目的主管部门或建设单位，对拟建项目投资估算有关的通知和要求。

（12）收集当地工程造价历史资料供编制投资估算参考，是进行投资估算时的一个极为重要的工作手段。

第二节　公路工程基本建设项目投资估算费用及计算

一、公路工程基本建设项目投资估算费用组成

1. 公路工程基本建设项目投资估算总金额组成

公路工程基本建设项目投资估算总金额包括：

（1）建筑安装工程费；

（2）设备工具器具及家具购置费；

（3）工程建设其他费；

（4）预备费。

2. 建筑安装工程费组成

建筑安装工程费是直接用于形成工程实体所发生的费用，包括直接费、间接费、利润及税金。根据《投资估算编制方法》的规定，建筑安装工程费组成如图 3-1 所示。

- 建筑安装工程费
  - 直接费
    - 直接工程费
      - 人工费
      - 材料费
      - 施工机械使用费
    - 其他工程费
      - 冬季施工增加费
      - 雨季施工增加费
      - 夜间施工增加费
      - 特殊地区施工增加费
      - 行车干扰工程施工费
      - 施工标准化与安全措施费
      - 临时设施费
      - 施工辅助费
      - 工地转移费
  - 间接费
    - 规费
      - 养老保险费
      - 失业保险费
      - 医疗保险费
      - 住房公积金
      - 工伤保险费
    - 企业管理费
      - 基本费用
      - 主副食运费补贴
      - 职工探亲路费
      - 职工取暖补贴
      - 财务费用
  - 利润
  - 税金

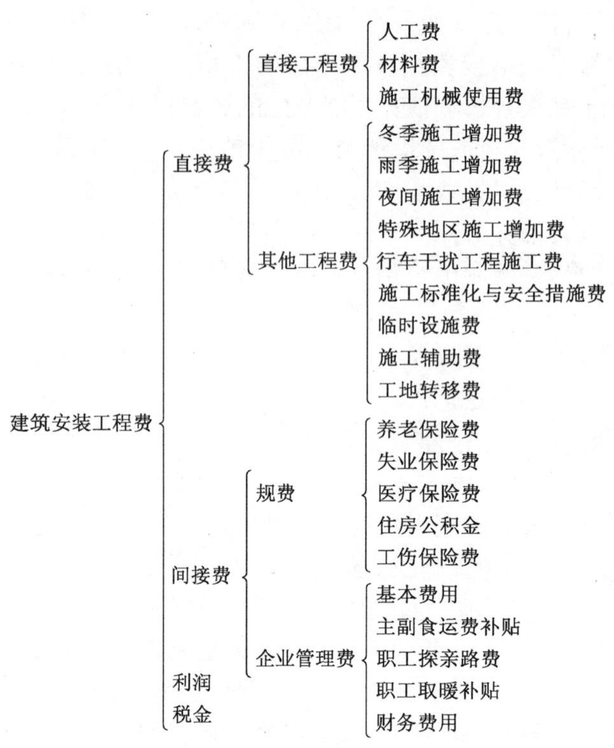

图 3-1　建筑安装工程费组成

3. 设备、工具、器具及家具购置费组成

该项费用由设备购置费、工具、器具及生产家具(简称工器具)购置费以及办公和生活用家具购置费组成,如图 3-2 所示。

- 设备、工具、器具及家具购置费
  - 设备、工具、器具购置费
  - 办公及生活用夹具购置费

图 3-2　设备、工具、器具及家具购置费组成

- 工程建设其他费用
  - 土地征用及拆迁补偿费
  - 建设项目管理费
  - 研究试验费
  - 前期工作费
  - 专项评价(估)费
  - 施工机构迁移费
  - 供电贴费
  - 联合试运转费
  - 生产人员培训费
  - 固定资产投资方向调节税
  - 建设期贷款利息

图 3-3　工程建设其他费用组成

4. 工程建设其他费组成

该项费用由土地征用及拆迁补偿费、建设项目管理费、研究试验费、前期工作费、专项评价(估)费、施工机构迁移费、供电贴费(目前暂停收取)、联合试运转费、生产人员培训费、固定资产投资方向调节税(目前暂停收取)以及建设期贷款利息组成,如图 3-3 所示。

5. 预备费组成

预备费包括价差预备费和基本预备费,如图 3-4 所示。

二、公路工程基本建设项目投资估算费用计算

可行性阶段投资估算的"建筑安装工程费"、"设备工具器具购置费"、"工程建设其他费用"及"预备费"的计算方法同概算、预算的计算方法一致。教材将在第四章中详细介绍概算、预算费用的计算,这里不再赘述。

预备费 { 价差预备费 / 基本预备费 }

图 3-4 预备费组成

建议书投资估算的"建筑安装工程费"与概算、预算的计算方法一致,其土地征用费按《公路工程项目建设用地指标》中规定的数量乘以工程所在地的征地单价计算。设备购置费、拆迁赔偿费、研究试验费、前期工作费、专项评价(估)费以第一部分建筑安装工程费总额为基数,参照《投资估算编制办法》附录八提供的费率计算。

例 3-1:四川某高速公路地处平微区,其建筑安装工程费总额为 29.7 亿元,试估算其设备购置费、拆迁赔偿费、研究试验费、前期工作费、专项评价(估)费。

解:根据《投资估算编制办法》,设备购置费、拆迁赔偿费、研究试验费、前期工作费、专项评价(估)费均按照编办附录八规定的费率计算。附录八对以上费用按不同公路等级、不同地形以行政区域划分子目。该工程地处四川省、平微区,查附录八的费率表如表 3-1 所示。

Ⅰ. 路线工程　　　　公路等级:高速公路　　　　地形:平原微丘区　　　　表 3-1

工程项目		单位	湖北	河南	广东	广西	海南	重庆	四川	云南
			17	18	19	20	21	22	23	24
1	设备购置费	%	1.726	1.726	1.726	1.726	1.726	1.726	1.726	1.726
2	拆迁补偿费	%	5.752	5.375	5.801	5.776	5.786	5.587	5.587	5.597
3	研究试验费	%	0.328	0.328	0.328	0.328	0.328	0.328	0.328	0.328
4	建设项目前期工作费	%	2.979	2.979	2.979	2.979	2.979	2.979	2.979	2.979
5	专项评价(估)费	%	0.197	0.197	0.197	0.197	0.197	0.197	0.197	0.197

则各项费用为:

设备购置费 = 2 970 000 000 × 1.726% = 51 262 200 元

拆迁赔偿费 = 2 970 000 000 × 5.587% = 165 933 900 元

研究试验费 = 2 970 000 000 × 0.328% = 9 741 600 元

前期工作费 = 2 970 000 000 × 2.979% = 88 476 300 元

专项评价(估)费 = 2 970 000 000 × 0.197% = 5 850 900 元

第三节 公路工程基本建设项目投资估算编制方法

一、公路工程基本建设项目投资估算文件组成

投资估算文件由封面、扉页及目录、投资估算编制说明及全部投资估算计算表格组成。

1. 封面及目录

估算文件的封面和扉页按《公路工程基本建设项目设计文件编制办法》的规定制作。扉

页应有建设项目名称，编制单位，编制、复核人员姓名并加盖执业（从业）资格印章，编制日期及第几册共几册等内容。目录应按估算表的表号顺序编排。

2. 估算编制说明

估算编制完成后，应写出编制说明，文字力求简明扼要。应叙述的内容一般有：

（1）项目建议书或可行性研究报告的依据及有关文号、依据的资料及比选方案等。

（2）采用的估算指标、费用标准及人工、材料单价，机械台班单价的依据或来源，补充指标及编制依据的详细说明。

（3）与估算有关的委托书、协议书、会谈纪要的主要内容（或将抄件附后）。

（4）总估算金额，人工、钢材、水泥、木料、沥青的总需要量情况，各建设方案的经济比较以及编制中存在的问题。

（5）其他与估算有关但不能在表格中反映的事项。

3. 估算表格

投资估算应按统一的投资估算表格计算。详见《投资估算编制办法》。各表格的计算顺序见图3-5。

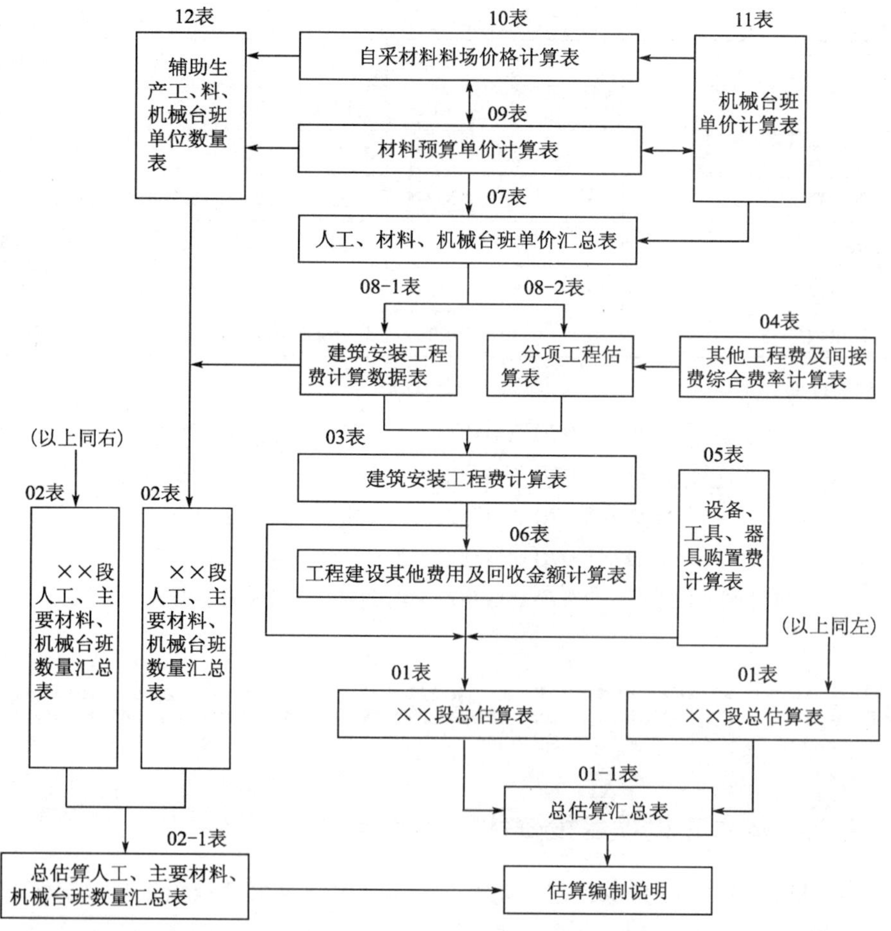

图3-5 投资估算各种表格的计算顺序和相互关系

4. 估算文件

估算文件是设计文件的组成部分，按不同的需要分为甲、乙两组文件。甲组文件为各项费用计算表，乙组文件为建筑安装工程费各项基础数据计算表，仅供审批使用。甲、乙组文件应按《公路建设项目可行性研究报告编制办法》关于文件报送份数的规定报送。报送乙组文件时，还应提供“建筑安装工程费计算数据表”（08-1 表）的电子文档和编制补充定额的详细资料。

乙组文件中的“建筑安装工程费计算数据表”（08-1 表）和“分项工程估算表”（08-2 表）应根据审批部门或建设项目业主单位的要求全部提供或仅提供其中的一种。

估算应按一个建设项目如一条路线或一座独立大（中）桥、隧道进行编制。当一个建设项目需要分段或分部编制时，应根据需要分别编制，但必须汇总编制“总估算汇总表”（01-1 表）。甲、乙组文件包括的内容组成如图 3-6 所示。

甲组文件
- 编制说明
- 总估算汇总表(01-1表)
- 总估算人工、主要材料、机械台班数量汇总表(02-1表)
- ××段总估算表(01表)
- ××段人工、主要材料、机械台班数量汇总表(02表)
- 建筑安装工程费计算表(03表)
- 其他工程费及间接费综合费率计算表(04表)
- 设备、工具、器具购置费计算表(05表)
- 工程建设其他费用及回收余额计算表(06表)
- 人工、材料、机械台班单价汇总表(07表)

乙组文件
- 建筑安装工程费计算数据表(08-1表)
- 分项工程估算表(08-2表)
- 材料预算单价计算表(09表)
- 自采材料料场价格计算表(10表)
- 机械台班单价计算表(11表)
- 辅助生产工、料、机械台班单位数量表(12表)

图 3-6 投资估算甲、乙组文件 组成

二、公路工程基本建设项目投资估算项目

为了使公路工程估算编制规范化，在《投资估算编制方法》中对工程项目和费用项目的名称、层次做了统一的规定，从而可以防止列项时出现混乱、漏列、错列等现象。估算项目应按项目表的序列及内容编制，“估算项目表”的形式和内容见表 3-2。

估 算 项 目 表

表 3-2

项	目	节	细目	工程或费用名称	单 位	备 注
				第一部分 建筑安装工程费	公路公里	建设项目路线总长度(主线长度)
一				临时工程	公路公里	
	1			临时道路	km	新建便道与利用原有道路的总长
		1		临时便道的修建与维护	km	新疆便道长度
		2		原有道路的维护与恢复	km	利用原有道路长度

续上表

项	目	节	细目	工程或费用名称	单　位	备　注
				…		
	2			临时便桥	m/座	指汽车便桥长度及座数
	3			临时码头	座	按不同的形式划分节或细目
	4			其他临时工程	公路公里	
二				路基工程	km	扣除桥梁、隧道和互通立交的主线长度，独立桥梁或隧道为引道或接线长度
	1			场地清理	km	
		1		挖除旧路面	m^2	按不同的路面类型划分细目
			1	挖除水泥混凝土路面	m^2	
			2	挖除沥青混凝土路面	m^2	
			3	挖除碎（砾）石路面	m^2	
				…		
		2		拆除旧建筑物、构筑物	m^3	按不同的构筑材料划分细目
			1	拆除钢筋混凝土结构	m^3	
			2	拆除混凝土结构	m^3	
			3	拆除砖石及其他砌体	m^3	
				…		
	2			挖方	m^3	
		1		路基挖方	m^3	按不同的地质划分细目
			1	挖土方	m^3	
			2	挖石方	m^3	
			3	挖非适用材料	m^3	
				…		
	3			填方	m^3	
		1		路基填方	m^3	按不同的填筑材料划分细目
			1	填土方	m^3	
			2	填石方	m^3	
			3	借土填方	m^3	
			4	填砂路基	m^3	
			5	粉煤灰路基	m^3	
			6	利用隧道弃渣填筑	m^3	
				…		
	4			特殊路基处理	km	按需要处理的特殊路基长度
		1		软土处理	km	按不同的处治方式划分细目
				…		
		2		滑坡处理	处	按不同的处治方式划分细目

续上表

项	目	节	细目	工程或费用名称	单　位	备　注
				…		
		3		岩溶洞处理	m^3	按不同的回填材料划分细目
				…		
		4		膨胀土处理	km	按不同的处理方式划分细目
				…		
		5		黄土处理	m^3	按黄土的不同特性划分细目
				…		
		6		处理盐渍土	m^2	按不同的厚度划分细目
				…		
	5			排水工程	km	指路基长度
		1		砌石圬工	m^3	
		2		混凝土圬工	m^3	
		3		其他排水工程	km	指路基长度
	6			防护与加固工程	km	指路基长度
		1		一般路基防护与加固	m^3	
			1	砌石圬工	m^3	
			2	片石混凝土圬工	m^3	
			3	混凝土圬工	m^3	
		2		其他路基防护与加固	km	指路基长度
			1	植草护坡	m^2	指植草护坡面积
			2	骨架护坡	m^2	指骨架护坡面积
			3	坡面喷浆防护	m^2	指坡面喷浆护坡面积
			4	预应力锚索防护	m	指锚索长度
			5	锚杆防护	m	指锚杆长度
			6	挡土墙	m^3/m	
			7	抗滑桩	m^3	
			8	冲刷防护	m^3	
			9	…		
		3		…		
三				路面工程	km	同路基长度
	1			路面垫层	m^2	按不同的材料划分节
		1		碎石垫层	m^2	按不同的厚度划分细目
		2		砂砾垫层	m^2	按不同的厚度划分细目
				…		
	2			路面底基层	m^2	按不同的材料划分节
		1		石灰稳定类底基层	m^2	按不同的厚度划分细目

续上表

项	目	节	细目	工程或费用名称	单位	备注
		2		水泥稳定类底基层	m^2	按不同的厚度划分细目
		3		石灰粉煤灰稳定类底基层	m^2	按不同的厚度划分细目
		4		级配碎(砾)石底基层	m^2	按不同的厚度划分细目
				…		
	3			路面基层	m^2	按不同的材料划分节
		1		石灰稳定类基层	m^2	按不同的厚度划分细目
		2		水泥稳定类基层	m^2	按不同的厚度划分细目
		3		石灰粉煤灰稳定类基层	m^2	按不同的厚度划分细目
		4		级配碎(砾)石基层	m^2	按不同的厚度划分细目
		5		水泥混凝土基层	m^2	按不同的厚度划分细目
		6		沥青碎石混合料基层	m^2	按不同的厚度划分细目
				…		
	4			沥青混凝土面层	m^2	指上面层面积
		1		粗粒式沥青混凝土面层	m^2	按不同的厚度划分细目
		2		中粒式沥青混凝土面层	m^2	按不同的厚度划分细目
		3		细粒式沥青混凝土面层	m^2	按不同的厚度划分细目
		4		改性沥青混凝土面层	m^2	按不同的厚度划分细目
		5		沥青玛蹄脂碎石混合料面层	m^2	按不同的厚度划分细目
		6		橡胶沥青混凝土面层	m^2	按不同的厚度划分细目
				…		
	5			水泥混凝土面层	m^2	按不同的材料划分节
		1		普通水泥混凝土面层	m^2	按不同的厚度划分细目
		2		钢纤维水泥混凝土面层	m^2	按不同的厚度划分细目
				…		
	6			其他面层	m^2	按不同的类型划分节
		1		泥结碎石面层	m^2	按不同的厚度划分细目
		2		级配碎(砾)石面层	m^2	按不同的厚度划分细目
		3		天然砂砾面层	m^2	按不同的厚度划分细目
				…		
	7			沥青路面镶边及路缘石	km	同路基长度
		1		沥青路面镶边	km	
		2		路缘石	km	
四				桥梁涵洞工程	km	指扣除互通立交主线桥梁后的桥梁长度
	1			涵洞工程	m/道	指涵洞长度和道数.按不同的结构类型分节
		1		钢筋混凝土圆管涵	m/道	
		2		拱涵	m/道	按不同的涵径划分细目

续上表

项	目	节	细目	工程或费用名称	单位	备注
			1	涵径 3m 以内	m/道	
			2	涵径 5m 以内	m/道	
		3		盖板涵	m/道	按不同的涵径划分细目
			1	涵径 3m 以内	m/道	
			2	涵径 5m 以内	m/道	
		4		箱涵	m/道	按不同的涵径划分细目
			1	涵径 3m 以内	m/道	
			2	涵径 5m 以内	m/道	
	2			小桥工程	m/座	按小桥长度和座数
	3			中桥工程	m/座	按不同的结构类型或桥名划分节
		1		预应力混凝土空心板桥	m/座	
		2		预应力混凝土 T 形梁	m/座	
		3		预应力混凝土小箱梁	m/座	
		4		预应力混凝土连续箱梁	m/座	
		5		钢筋混凝土斜腿刚构桥	m/座	
		6		拱桥	m/座	
			1	石拱桥	m/座	
			2	钢筋混凝土桁架拱桥	m/座	
			3	钢筋混凝土箱型拱桥	m/座	
			4	钢管拱	m/座	
		7		钢索吊桥	m/座	
	4			大桥工程	m/座	按桥名或不同的工程部位分节
		1		×××大桥	m^2/m	按不同的工程部位划分细目
			1	基础	m^3	指基础圬工体积
			2	下部构造	m^3	指下部构造圬工体积
			3	上部构造	m^3/m^2	指上部构造圬工体积和桥梁面积,注明上部构造跨径组成及结构形式
			4	调治构造物	m^3	
			5	…		
		2		…		
	5			×××特大桥	m^2/m	按桥名分目,按不同的工程部位分节
		1		基础	m^3	指基础圬工体积,按不同的类型划分细目
			1	桩基础	m^3	指基础圬工体积
			2	沉井基础	m^3	指基础圬工体积
			3	钢管桩	根	指钢管桩数量
			4	承台	m^3	指圬工体积

续上表

项	目	节	细目	工程或费用名称	单　位	备　注
			5	地下连续墙	m^3	指圬工体积
			6	锚碇	m^3	指锚碇体积
				…		
		2		下部构造	m^3	按不同的形式划分细目
			1	桥台	m^3	
			2	桥墩	m^3	
			3	…		
		3		上部构造	m^2	按不同的形式划分细目，并注明其跨径组成
			1	预应力混凝土梁	m^2	
			2	斜拉索	t	
			3	主缆	t	
			4	钢箱梁	t	
				…		
		4		调治构造物	m^2	
		5		…		
	6			…		
五				交叉工程	处	按不同交叉形式划分目
	1			平面交叉	处	
	2			通道	m/处	按结构类型划分节
		1		涵式通道	m/处	
		2		桥式通道	m/处	
	3			人行天桥	m/处	按结构类型划分节
		1		预应力混凝土人行天桥	m/处	
		2		钢结构人行天桥	m/处	
	4			渡槽	m/处	
	5			分离式立体交叉	处	
		1		跨线桥	m/座	按不同结构类型划分细目
		2		箱涵	m/道	
		3		被交道	km	指被交道长度之和
		4		…		
	6			×××互通式立体交叉	处	按互通名称分目（注明其类型），按不同的分部工程分节
		1		主线长度	km	指互通内主线长度
		2		主线桥	km	指互通内主线桥梁长度
		3		匝道	km	指匝道路基长度之和

续上表

项	目	节	细目	工程或费用名称	单位	备注
		4		匝道桥	m/座	按不同结构类型划分细目
		5		被交道	km	指被交道长度之和
		6		…		
	7			…		
六				隧道工程	km/座	按隧道名称分节,并注明其形式
	1			×××隧道(××式)	m	指隧道长度
		1		洞身、洞门、洞口等工程		按不同工程部位划分细目
			1	明洞	m	
			2	洞门	座	
			3	管棚	m	
			4	洞身	m	
			5	斜井	m/个	按斜井长度和个数
			6	竖井	m/个	按竖井长度和个数
			7	…		
		2		隧道机电设施	m	指隧道长度
			1	监控系统设施	m	
			2	通风系统设施	m	
			3	消防系统设施	m	
			4	供配电及照明系统设施	m	
			5	预留预埋件	m	
			6	…		
	2			×××隧道(××式)	m	指隧道长度
				…		
七				公路设施及预埋管线工程	公路公里	
	1			安全设施	公路公里	
	2			管理、养护设施	公路公里	
		1		监控系统设施	km	指扣除隧道后的路线长度
		2		通信系统设施	公路公里	
		3		收费系统设施	公路公里	
		4		供电、照明系统设施	km	指扣除隧道后的路线长度
		5		养护工区设施	处	
		6		…		
	3			其他工程	公路公里	
		1		改河、改渠、改路	m/处	
		2		辅道工程	km	

续上表

项	目	节	细目	工程或费用名称	单　位	备　注
		3		支线工程	km	
		4		…		
八				绿化及环境保护工程	公路公里	
				…		
九				管理、养护及服务房屋	m^2	指房屋建筑面积
	1			管理房屋	m^2	
		1		收费站	m^2	
		2		管理站	m^2	
		3		…		
	2			养护房屋	m^2	按房屋名称分节
				…		
	3			服务房屋	m^2	按房屋名称分节
				…		
				第二部分　设备及工具、器具购置费	公路公里	
一				设备购置费	公路公里	
	1			路线机电设备	km	扣除隧道后的路线长度
		1		需安装的设备	km	
			1	监控系统设备	km	
			2	通信系统设备	km	
			3	收费系统设备	km	
			4	供电照明系统设备	km	
		2		不需安装的设备	km	
			1	监控系统设备	km	
			2	通信系统设备	km	
			3	收费系统设备	km	
			4	供电照明系统设备	km	
	2			隧道机电设备	km	指隧道的长度
		1		需安装的设备	km	
			1	监控系统设备	km	
			2	通信系统设备	km	
			3	收费系统设备	km	
			4	供电照明系统设备	km	
		2		不需安装的设备	km	
			1	监控系统设备	km	
			2	通信系统设备	km	

续上表

项	目	节	细目	工程或费用名称	单　位	备　注
			3	收费系统设备	km	
			4	供电照明系统设备	km	
	3			养护设备	公路公里	
二				工具、器具购置费	公路公里	
三				办公及生活用家具购置费	公路公里	
				第三部分　工程建设其他费用	公路公里	
一				土地征用及拆迁补偿费	公路公里	
	1			土地征用费	公路公里	
	2			青苗等补偿和安置补助费	公路公里	
	3			……		
二				建设项目管理费	公路公里	
	1			建设单位(业主)管理费	公路公里	
	2			工程监理费	公路公里	
	3			设计文件审查费	公路公里	
	4			竣(交)工验收试验检测费	公路公里	
三				研究试验费	公路公里	
四				建设项目前期工作费	公路公里	
五				专项评价(估)费	公路公里	
六				施工机构迁移费	公路公里	
七				供电贴费	公路公里	
八				联合试运转费	公路公里	
九				生产人员培训费	公路公里	
十				固定资产投资方向调节税	公路公里	
十一				建设期贷款利息	公路公里	
				第一、二、三部分　费用合计	公路公里	
				预备费	元	
				1. 价差预备费	元	
				2. 基本预备费	元	
				投资估算总金额	元	
				其中:回收金额	元	
				公路基本造价	公路公里	

熟悉项目表,对于估算编制是十分重要的。编制估算时,原则上应按项目表规定的项目序列编制,但当实际出现的工程和费用项目与项目表的内容不完全相符时,应按下列规定办理:

(1)"部分"和"项"的序号保留不变。例如,第二部分的"设备及工具、器具购置费"在该项工程中不发生时,第三部分的"工程建设其他费用"仍为第三部分。又如,路线工程第一部分第六项为"隧道工程",第七项为"公路设施及预埋管线工程",若路线中无隧道工程项目,则其序号“六”仍保留，而“公路设施及预埋管线工程”则仍为第七项。

（2）“目”、“节”和“细目”可随需要增减，并按项目表的顺序，以实际出现的“目”、“节”、“细目”依次排列，不保留缺少的“目”、“节”、“细目”序号，即依次递补，改变序号。例如，临时工程中，1 目为临时道路、2 目为临时便桥、3 目为临时码头，若工程项目中没有临时便桥，则临时码头设应为 2 目。

三、投资估算编制中工程量的计取

投资估算编制中工程量的计取，必须熟悉估算指标的项目划分和估算指标综合的情况，按照投资估算项目表的序列和内容进行。

1. 路基工程

现行《估算指标》第一章“路基工程”包括路基土方，路基石方，粉煤灰路堤，排水与防护，其他路基防护、软基处理等项目。

（1）路基土石方工程量的摘取

路基土方分为挖方、填方、借方挖装等项目编制。其中，挖土方分平原微丘区和山岭重丘区编制指标，伐树、挖根、砍挖灌木林、挖方地段的零星工程已综合到挖土方指标内，计算工程量时不另行计算；填土方指标按公路等级划分子目，指标中不包括路基掺灰，掺灰应按公路工程概算定额另行计算；借土方挖、装指标仅适合集中取土，不适用于路基断面处土方的挖、装。

路基石方的开炸石方分平原微丘区和山岭重丘区分项编制，路堤填方中填石路堤分不同公路等级分项编制，并给出了宕渣为外购材料时的指标消耗。

自卸汽车运土、石方指标适用于利用方、借方、弃方的运输。自卸汽车运输路基土、石方定额项目，仅适用于平均运距在 15km 以内的土、石方运输，当平均运距超过 15km 时，应按社会运输的有关规定计算其运输费用。当运距超过第一个指标运距单位时，其运距尾数不足一个增运指标单位的半数时不计，等于或超过半数时按一个增运指标运距单位计算。

关于路基土石方体积的计算，除指标另有说明者外，土方挖方按天然密实体积计算，填方、借方挖装等子目按压（夯）实后的体积计算；开炸石方按天然密实体积计算；自卸汽车运土、石方按自然方计算，指标已综合各种土质的压实系数及运输损耗，使用指标时不应再计算压实系数和运输损耗系数。

清除表土或零填方地段的基底压实、耕地填前夯（压）实后回填至原地面高程所需的土、石方数量，因路基沉陷需增加填筑的土、石方数量和为保证路基边缘压实度需加宽填筑所需的土、石方数量，以上数量未综合在指标内，应由设计提出，并入填方数量内计算。

（2）排水与防护工程量的摘取

现行《估算指标》中排水与防护工程划分为砌石圬工、片石混凝土圬工、混凝土圬工、其他排水工程四个子目编制。其中，砌石、片石混凝土、混凝土圬工按实体数量计算；其他排水工程按不同公路等级分项编制，其工程量按路基长度计算，且该指标已包括路面排水工程。

（3）其他路基防护工程量的摘取

其他路基防护包括植草护坡防护、骨架护坡防护、喷射混凝土防护、锚杆框架梁防护等。其他路基防护指标均已包括圬工，圬工不得另计费用。

其他路基防护指标工程量计算分以下三类。

①按面积计算：

植草护坡按植草面积计算;骨架护坡按骨架护坡面积计算。

②按圬工实体数量计算:

喷射混凝土按喷射混凝土设计体积计算;抗滑桩按桩身混凝土实体数量计算;加筋土挡土墙按平、凹面板混凝土圬工实体数量计算;板桩式挡土墙按现浇、预制混凝土圬工实体数量计算;锚杆挡土墙按现浇、预制混凝土圬工实体数量计算。

③按长度计算:

锚杆框架梁分普通锚杆和预应力锚杆,按锚杆长度计算;预应力锚索按锚索长度计算;防风固沙按防风固沙路基长度计算。

(4)软基处理工程量的摘取

现行《估算指标》中的软基处理指标的编制,考虑到目前软基处理形式较多,且一段路并不是全幅需要处理,所以按处治面积计算。根据处治深度不同,指标采取的软基处治方法不同

①处治深度3m以内:指标Ⅰ综合清淤和一般砂砾换填,指标Ⅱ综合抛石挤淤和土工合成材料等处治方法。

②处治深度3~12m:指标综合袋装砂井、塑料排水板、粉喷桩、堆载及真空预压等处治方法。

③处治深度12~20m:指标综合各类粒料桩、加固土桩、CFG桩等处治方法。

④处治深度超过20m,按《概算定额》计算。

2.路面工程

现行《估算指标》在路面工程这一章里,其指标分路面垫层、稳定土基层、其他路面基层、沥青路面、水泥混凝土路面、其他路面、沥青路面镶边及路缘石等项目。

(1)路面垫层、基层工程量的摘取

路面垫层、基层按顶层面积计算。路面基层按稳定土基层和其他路面基层分别编制。其中稳定土基层按照水泥砂砾基层、水泥碎石基层、水泥石屑基层、水泥石灰土基层、水泥石灰砂砾基层、水泥石灰碎石基层、水泥石灰砂砾土基层、水泥石灰碎石土基层等划分子目编制;其他路面基层按照泥灰结碎石基层、泥结碎石基层、级配碎石基层划分子目编制。在摘取工程量时,应分不同类型的基层分别摘取工程量。

(2)沥青路面和水泥混凝土路面工程量的摘取

沥青路面和水泥混凝土路面按路面实体计算其工程量。沥青路面分沥青碎石、石油沥青、改性沥青、沥青玛蹄脂等不同路面形式并按不同分层进行编制,因此其工程量应分别按不同路面形式及不同分层摘取。

沥青路面指标系按一定的油石比编制的,当设计采用的油石比与定额不同时,可按设计油石比调整定额中的沥青用量。

(3)沥青路面镶边和路缘石工程量的摘取

沥青路面镶边和路缘石工程量以路基长度计算其工程量。

(4)挖路槽,培路肩,稳定土拌和站安拆,稳定土拌和料的拌和及运输,沥青混合料拌和站安拆,沥青混合料的拌和及运输、铺筑、压实,透层、封层、磨耗层、保护层,水泥混凝土的拌和及运输,水泥混凝土搅拌站安拆,路肩加固等已综合在指标中。在摘取工程量时不考虑以上内容。

路面排水综合到其他排水工程中。

3. 隧道工程

现行《估算指标》中隧道工程分为洞身、明洞、洞门、斜井、竖井、管棚等指标项目。隧道工程指标均指隧道洞内工程，即隧道进出口洞门端墙墙面间的工程。洞门墙以外的工程应按有关指标另行计算。

(1)洞身工程量摘取

洞身指标对高速公路、一级公路按分离式、连拱、小净距分项编制，其中，分离式隧道洞身按隧长≤1 000m、≤3 000m、≤4 000m 编制。当隧长 >4 000m 时，以隧长≤4 000m 定额为基础，与隧道长度 4 000m 以上每增加 1 000m 指标叠加使用。

洞身指标对二级及以下公路综合了分离式、连拱、小净距等不同形式直接编制了二级及以下公路洞身消耗指标。

洞身指标均以 $100m^2$ 洞身面积为指标单位，因此洞身工程量摘取应根据公路不同等级、洞身不同形式、不同隧长分别计算其面积。面积按隧道正洞、人行横洞、车行横洞、紧急停车带面积之和计算。

隧道正洞面积 = 隧道长度 × 隧道宽度

隧道长度不包括明洞和洞门的长度，隧道宽度指行车道加侧向宽度加人行道或检修道的宽度。分离式及小净距隧道工程量按单洞洞身长度计算；连拱隧道工程量按双洞洞身长度计算。

若设计能提出隧道的围岩等级时，根据不同围岩等级可对洞身指标乘以《估算指标》中规定的系数进行调整。同时洞身指标已综合复合式路面结构，使用指标时不得调整。

(2)明洞工程量摘取

明洞工程指标按分离式和连拱分别编制，并进一步按行车道数划分子目。明洞工程指标以明洞面积按 $100m^2$ 为指标单位。因此明洞工程量为明洞面积：

明洞面积 = 明洞长度 × 明洞设计宽度

其中，明洞宽度指行车道加侧向宽度加人行道或检修道的宽度。

(3)洞门工程量摘取

洞门指标单位为每端洞门，高速、一级公路一座隧道的工程量按两端洞门计算；二级及以下公路一座隧道的工程量按一端洞门计算。

(4)斜井、竖井工程量摘取

为满足长大隧道施工和营运管理的需要，现行《估算指标》列出了辅助坑道中斜井和竖井项目。斜井工程量按斜井长度与斜井设计宽度的乘积以面积计算，指标中已综合联络道(风道)。竖井工程量按竖井深度计算，竖井指标适用于直径 8m 以内的竖井，指标中也已综合联络道(风道)。

(5)管棚工程量摘取

管棚按不同车道数划分子目，其工程量按单排管棚的设计长度计算，因此管棚工程量摘取应以不同车道数的长度计算工程量。

(6)隧道工程指标中未包括的内容

①未包括地震、坍塌、溶洞、采空区、超前地质预报及大量地下水处理，以及其他特殊情况所需的费用，需要时可根据设计另行计算。

②未包括小导管、洞内施工排水、斜井洞内施工排水等项目，需要时按《概算定额》进行计算。

③未包括隧道的监控、通风、消防、供配电及照明、预留预埋等项目，应根据《估算指标》中

第七章“交通工程及沿线设施”的有关项目计算。

4. 涵洞工程

《估算指标》中的涵洞工程分盖板涵、圆管涵、拱涵和箱涵等指标项目，按涵身和洞口划分子目编制。其中，盖板涵、拱涵和箱涵还按跨径 3m 以内和 5m 以内划分子目。当涵洞跨径超过 5m 时按《估算指标》中第五章“标准跨径小于 16m 的桥梁”指标进行计算；对于跨径小于 0.5m的灌溉涵已综合在指标中，因此不计灌溉涵工程量。

（1）涵身工程量摘取

涵身按涵洞长度计算工程量。

（2）洞口工程量摘取

洞口按道数计算。一道涵洞按两座洞口计算，如涵洞只有一座洞口，则按 0.5 道计算。

《估算指标》中，涵洞洞口按一般常用的标准洞口计算，如有特殊洞口，可根据实体圬工量，套用《概算定额》计算。

若有双孔涵洞时，可按单孔指标乘以下列双孔系数：盖板涵双孔系数为 1.6，钢筋混凝土圆管涵双孔系数为 1.8，拱涵双孔系数为 1.5。

5. 桥梁工程

《估算指标》中，桥梁工程指标分标准跨径小于 16m 的桥梁和标准跨径大于或等于 16m 的桥梁两项。其中，标准跨径大于或等于 16m 的桥梁分为一般结构桥梁（如预应力空心板、预应力 T 形梁、预应力混凝土箱梁等）和技术复杂结构桥梁（如连续刚构、连续梁、斜拉桥、悬索桥、钢管拱等）两部分。桥梁工程指标项目划分示意图见图 3-7。

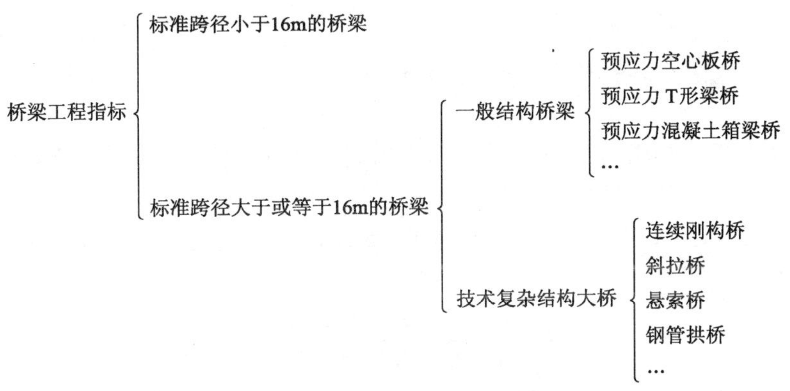

图 3-7 桥梁工程指标项目划分示意图

（1）标准跨径小于 16m 桥梁的工程量摘取

根据目前公路建设情况，指标中综合考虑了各种基础形式（如桩基、扩大基础）、桥台形式（如轻型台、重力台）、结构类型而编制，指标均包括基础、下部、上部、桥台锥坡、桥头搭板等工程，使用时不得调整指标。其指标单位为 $100m^2$ 桥面。因此，标准跨径小于 16m 桥梁的工程量即为桥面面积：

$$桥面面积 = 桥梁长度 \times 桥面宽度$$

桥梁全长——有桥台的桥梁为两岸桥台侧墙或八字墙尾端间的距离；无桥台的桥梁为桥面系行车道的长度。

桥面宽度——行车道加人行道或安全带加桥梁护栏的宽度并计算至外缘。

(2)标准跨径大于或等于16m桥梁的工程量摘取

标准跨径大于或等于16m的桥梁,公路工程估算指标按不同结构类型编制,指标均包括基础、下部、上部、桥台锥坡、桥头搭板等工程内容。其指标单位为$100m^2$桥面。

预应力T梁和小箱梁按不同的跨径、墩高和水深划分子目,因此对预应力T梁和小箱梁应根据桥梁的不同跨径、墩高和水深分别计算其桥面面积。

标准跨径100m以内的箱形拱和钢管拱,指标综合了基础、下部和上部,直接以其桥面面积套用指标"5-7 拱桥"中箱形拱、钢管拱相关子目,不另计算工程量;标准跨径100m以上的箱形拱和钢管拱,其基础、下部和上部则应按技术复杂大桥相关指标进行计算。

(3)如工程可行性研究设计能提出技术复杂大桥上部构造用高强钢丝(钢绞线)和基础工程用的钢壳沉井或双壁钢围堰以及上部构造、下部构造、基础等各部位用的光圆钢筋、带肋钢筋的数量,可按设计提供的数量调整指标中相应的数量。

(4)指标除特殊说明外,均包括桥面铺装,使用时不得调整指标。

(5)指标中均已综合混凝土集中拌和、混凝土运输及拌和站安拆,临时轨道、混凝土构件蒸气养生及蒸气养生室建筑等项目。

(6)当设置导流坝、丁坝等调治构造物时,其圬工及土石方等工程应分别按第一章"路基工程的防护"工程指标及路基土石方指标另行计算。

6. 交叉工程

现行《估算指标》中,交叉工程指标划分为互通式立体交叉、分离式立体交叉、平面交叉、通道、人行天桥及渡槽等项目。

(1)互通式立体交叉工程量的摘取

互通式立体交叉工程包括匝道、匝道桥和被交道。

①匝道

匝道分平原微丘区和山岭重丘区并根据匝道宽度划分子目,指标包括路基、路面、构造物以及其他附属设施等全部工程内容。匝道工程量按设计长度计算。

匝道指标是按注明的匝道路基宽度编制的,如设计匝道宽度与指标注明宽度值不同,可按如下系数调整指标:

$$K=\frac{(W_1-W_0)\times 0.8}{W_0}+1 \tag{3-1}$$

式中:K——指标调整系数;

W_1——设计匝道路基宽度(m);

W_0——匝道指标中所注明的匝道路基宽度(m)。

平原微丘区匝道若为借土填方,借方运距在3km以内时,指标不另增加费用;借方运距在3km以上时,则需按路基工程中土石方运输指标另计借方运输费用。

②匝道桥

匝道桥按不同结构类型划分子目,其工程量按桥面面积计算,桥面面积为桥梁长度乘以桥面宽度。

③被交道

被交道按主线上跨和主线下穿、路况好和路况差、被交道的等级划分子目。其工程量按设计整修长度计算。本指标仅指被交道的整修工程，如被交道属改线或为规划路、等级提高（改建）等情况，应根据设计数量套用相应的指标另行计算。

（2）分离式立体交叉工程量的摘取

分离式立体交叉的桥梁工程按《估算指标》中第五章“桥梁工程”指标进行计算。

顶进箱涵的工程量为箱涵外缘宽度与箱涵长度的乘积，指标包括顶进设施、箱涵预制、顶进、铁路线加固、防护网等全部工程内容。

被交道按主线上跨和主线下穿以及被交道的等级划分子目。其工程量按设计整修长度计算，指标包括路基、路面、构造物以及其他附属设施等全部工程内容。指标仅指被交道的整修工程，如被交道属改线或为规划路、等级提高（改建）等情况，应根据设计数量套用相应的指标另行计算。

（3）平面交叉工程量的摘取

平面交叉指标按被交道的公路等级划分子目，其工程量按需要设置的交叉处数计算。指标包括路基、路面、构造物以及其他附属设施等全部工程内容。

公路与机耕道、大车道平面交叉按被交道等级为四级的指标进行计算。

（4）通道工程量的摘取

通道指标仅适用于跨径为5m以内的涵式通道，指标包括通道本身、通道内路面等全部工程内容。通道指标按洞身和洞口划分子目而编制。

通道洞身工程量按需要设置的总长度计算。

洞口按需要设置的洞口数量计算。指标中通道洞口按一般常用的标准洞口计算，如有特殊洞口，可根据实体圬工量套用《概算定额》计算。

若有双孔通道时，按照单孔指标乘以《估算指标》中第四章“涵洞工程”说明中盖板涵的双孔系数计算。

如果为桥式通道，宜采用《估算指标》中第五章“桥梁工程”的指标计算。

（5）人行天桥和渡槽工程量的摘取

人行天桥和渡槽工程量按桥梁（渡槽）两端桥台台尾之间的水平距离（全桥长）乘以桥梁梁板或槽口外缘的宽度，以面积计算。

人行天桥及渡槽仅适用于混凝土结构，不适用于钢结构。

7. 交通工程及沿线设施

《估算指标》中，交通工程及沿线设施指标包括安全设施、监控系统、通信系统、收费系统、隧道工程机电设施、独立大桥工程机电设施、服务房屋等项目。

（1）安全设施工程量的摘取

安全设施指标分不同公路等级，按平原微丘区和山岭重丘区划分子目编制。指标已综合匝道的安全设施。其指标单位为公路公里，因此其工程量按建设项目路线总长度计算。

若本建设项目有连接线，连接线的安全设施则应根据道路等级另行计算。

（2）监控系统工程量的摘取

监控系统指标分一般监控和路段全程监控划分子目编制。监控系统指标单位为公里，因此其工程量按建设项目路线总长度扣除隧道（双洞）的长度计算。

（3）通信系统工程量的摘取

通信系统按通信系统和通信管道划分子目编制指标。通信系统指标单位为公路公里，其工程量按建设项目路线总长度计算。

(4)收费系统工程量的摘取

收费系统指标综合了收费岛土建、机电、广场照明及收费亭(棚)等工程的全部工作，指标单位为每条收费车道，其工程量按建设项目主线和匝道收费所需的收费车道(包括进与出)数目之和计算。

(5)机电设施工程量的摘取

《估算指标》中，机电设施指标包括隧道工程机电设施指标和独立大桥工程机电设施指标。

隧道工程机电设施指标分为监控系统、通风系统、消防系统、供配电及照明、预留预埋件等子目编制。隧道工程机电设施指标单位为公里，工程量以隧道双洞长度计算；若隧道为单洞，则需将指标乘以 0.5 的系数。

独立大桥工程机电设施指标仅适用于跨江、跨海的特大型桥梁工程，不适用于路线项目中一般桥梁工程。独立大桥工程机电设施指标单位为 10 桥长米，其工程量按新建独立大桥长度进行计算。

(6)服务房屋工程量的摘取

服务房屋综合了建设项目所需的服务区、停车工区、养护工区、养护管理所等房屋。服务房屋工程量按项目所需的房屋建筑面积之和计算，但不应包括收费天棚的建筑面积，收费天棚的费用含在收费系统内。

8. 临时工程

临时工程指标分为临时便道、临时便桥、临时码头及其他临时工程四个指标项目。

(1)临时便道工程量的摘取

临时便道分简易便道和复杂便道，按不同路基宽度及平原微丘区和山岭重丘区划分子目编制。临时便道综合了路基、路面、构造物及养护等全部工程，指标单位为 1km，其工程量按便道的长度计算。

(2)临时便桥工程量的摘取

临时便桥综合了基础、上部构造全部工作，其指标分钢便桥上部和墩。对钢便桥上部，指标以 10m 为单位，其工程量以临时便桥长度计算。墩在《估算指标》中按桩长以 10m 以内和 20m 以内划分子目，其指标以 1 座为单位，因此其工程量以墩设置的座数计量。

临时便桥指标仅为一般性便桥，对特殊的便桥应按公路工程概算定额单独计算。

(3)临时码头工程量的摘取

临时码头综合了临时码头的全部工作，其指标单位为座，工程量按需要设置的座数进行计算。

(4)其他临时工程的工程量摘取

其他临时工程指标包括公路交工前养护、临时电力线路、临时通信线路、其他零星工程等，指标单位为公路公里，其工程量按建设项目路线总长度计算。

临时工程指标中不包括拆除旧建筑物、构造物、三改工程(改河、改沟、改路)，如果需要应根据《概算定额》另行计算。

四、公路工程基本建设项目投资估算编制程序

1. 项目建议书投资估算编制的程序

在编制项目建议书投资估算时，首先应当熟悉所需的基础资料和投资估算指标；其次对拟建项目的总体实施规划进行必要的分析研究，尽可能做到合理可靠；然后按照下列程序和方法进行项目建议书投资估算的编制工作。

编制项目建议书投资估算的一般步骤和程序，概括起来就是：熟悉设计意图，整理外业调查资料，确定人工、材料价格，进行计算汇总，写出编制说明并装订签章，其顺序如下。

(1)熟悉拟建项目的建设规模、技术标准，了解路线或桥型方案设想意图和工程全貌，掌握建设项目现场的有关实际情况。

(2)对踏勘调查所涉及的有关投资估算的基础资料进行分析整理，去伪存真，做到合理可靠。

(3)取定工资标准、材料供应价格和运输方案，计算材料的预算价格。

(4)结合建设项目的实际情况，正确取定其他工程费、间接费等费率标准，并进行汇总。

(5)根据公路工程基本建设项目投资估算项目表，按照《估算指标》的指标项目划分、子目划分、指标单位及工程量计算规则等确定工程量并套用指标，计算建安工程费。

(6)编制设备、工具、器具购置费和工程建设其他费用。

(7)编制总估算及统计汇总人工和主要材料数量。

(8)若系分段编制投资估算的，再汇编总估算。

(9)写出编制说明，进行复核与审核。

(10)出版、盖章、上报。

2. 编制可行性研究报告投资估算的程序

一般情况下编制可行性研究报告投资估算的程序如下：

(1)熟悉设计方案和各种图表资料，对各项主要工程数量进行必要的核对和计算，若发现与估算指标的计算口径和要求不一致时，要提请设计人员查实，或在外业调查时予以解决。然后按估算指标的内容要求，正确摘取各种计价工程数量，为编制投资估算提供可靠的基础资料。

(2)按照编制可行性研究报告投资估算的要求，整理分析好涉及投资估算的各种外业调查资料，如进行材料综合供应价格的分析取定，计算各种材料的平均运距并确定合理的运输方案等。

(3)研究建设实施方案的内容和要求是否合理可行，核查被批准的项目建议书投资估算文件与规定是否相符。如有变动，则要分析其合理性，做到切合实际，合理可靠。

(4)取定人工费单价和材料供应价格，按照运距示意图确定的运输方案和平均运距，计算材料的预算价格。

(5)根据确定的总体实施方案要求，结合建设项目的实际情况，正确取定其他工程费、间接费等费率标准，并进行汇总。

(6)根据摘取的主要工程数量和选用的并经调整好的估算指标，计算出人工和材料的实物量。

(7)根据确定的人工、材料的预算价格和各种费率标准，计算出各项费用，并进行累

计汇总。

(8)编制设备、工具、器具购置费和工程建设其他费用。

(9)编制总估算及统计汇总人工和主要材料数量。

(10)若系分段编制投资估算的,再汇编总估算。

(11)写出编制说明,进行复核与审核。

(12)出版、盖章、上报。

投资估算计算程序示意图见图3-8。

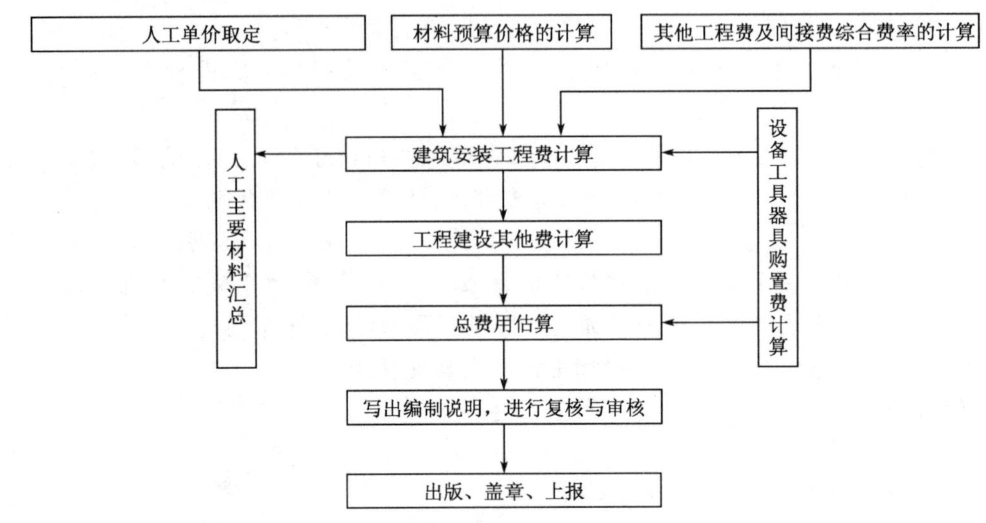

图3-8　投资估算计算程序示意图

五、公路工程基本建设项目投资估算编制方法

现行《投资估算编制办法》对投资估算文件规定了12种计算表格,加上封面和编制说明,就构成了投资估算文件的全部内容。为保证编制质量,必须严格按照《投资估算编制办法》规定的统一计算表格的内容与要求进行投资估算的编制工作。

(1)编制建筑安装工程费的方法。建筑安装工程费是投资估算的主要部分,是通过计算表格采用实物法进行编制的。

①取定人工费单价。

②根据外业调查资料取定的材料供应价格,计算的平均运距、运价和运输方式,通过“材料预算价格计算表”(08表)计算出各种材料的预算价格。对于由施工单位自行开采加工的砂石材料的供应价格,即料场价格,则可按《预算定额》及《概算预算编制办法》的有关规定分析计算取定,并完成“自采材料料场价格计算表”(10表)。

③根据《投资估算编制办法》所规定的其他工程费、间接费取费标准,结合拟建项目的实际情况,编制“其他工程直接费和间接费综合费率计算表”(04表)。该表实际上是一种综合汇总表,是为计算建筑安装工程费提供的一项基础数据资料。

④根据经过核对和外业调查而摘取的主要工程数量和拟选用的各种估算指标,以及经过计算取定的人工、材料预算价格,综合汇总后的其他工程、间接费综合费率,分别取定填入“分项工程估算表”(08-2表)中的各行各栏内,然后计算出人工和材料的实物量,并逐项计算各种费用。

同时,在该表上将构成建筑安装工程费的计划利润和税金一并计算,并按照《投资估算编制办法》所规定的估算项目表序列及内容进行累计,完成"建筑安装工程费计算表"(03 表)。

当可行性研究报告的工作深度已达到初步设计的深度时,也可采用《概算定额》编制可行性研究报告投资估算中的建筑安装工程费用。

⑤在各项主要工程的建筑安装工程费编制完成之后,应以收集和掌握的当地建设工程造价历史资料为参考依据,进行必要的造价分析。进行比较时,要考虑消除其人工和材料等的价格影响因素,同时,也应了解掌握各种主要工程和分项工程之间的估算构成情况,注意有无明显不合适之处。若有悬殊过大的工程项目,除通过造价分析找出原因外,还应在按照造价分析的方法扣除人工和材料等价格影响后,对估算作必要合理的调整。这是提高投资估算合理性和可靠性的有效手段,不可忽视。

(2)编制设备、工具、器具购置费的方法。

结合外业调查收集的市场供应价格资料,通过编制"设备、工具、器具购置费计算表"(05 表),逐项列式计算出设备购置费、办公和生活家具购置费等的各项费用。

①设备购置费。

项目可行性研究阶段投资估算设备购置费应由设计单位列出计划购置清单(包括设备的规格、型号、数量),以设备原价加综合业务费和运杂费按下式计算:

设备购置费 = 设备原价 + 运杂费(运输费 + 装卸费 + 搬运费) + 运输保险费 + 采购及保管费

需要安装的设备,应在第一部分建筑安装工程费的有关项目内加计安装工程费用。

项目建议书阶段投资估算其设备购置费参照《投资估算编制办法》附录八提供的费率,以第一部分建筑安装工程费总额为基数计算。

②工器具及生产家具(简称工器具)购置费。

项目建议书阶段投资估算其工器具及生产家具(简称工器具)购置费参照《投资估算编制办法》附录八提供的费率,以第一部分建筑安装工程费总额为基数计算。

项目可行性研究阶段投资估算其工器具及生产家具(简称工器具)购置费按照现行《估算指标》附录一计算。附录一见表 3-3。

③办公和生活用家具购置费。

办公和生活用家具购置费按表 3-4 的规定计算。改建工程按表列数 80% 计。

(3)编制工程建设其他费用的方法。这部分费用包括的内容比较多,是为完成拟建项目必不可少的有关费用,该项费用有土地征用及拆迁补偿费、建设项目管理费、研究试验费、前期工作费、专项评价(估)费、施工机构迁移费、联合试运转费、生产人员培训费以及建设期贷款利息等。要求根据整理好的外业调查资料,结合拟建项目的实际情况,按照《投资估算编制办法》的相应规定与要求,通过编制"工程建设其他费用及回收余额计算表"(06 表),逐项计算确定。

①土地征用及拆迁补偿费。

项目建议书阶段投资估算其土地征用费按《公路工程项目建设用地指标》中规定的数量乘以工程所在地的征地单价计算。拆迁补偿费按照《投资估算编制办法》附录八提供的费率,以第一部分建筑安装工程费总额为基数进行计算。

项目可行性研究阶段投资估算其土地征用及拆迁补偿费应根据工程可行性报告编制的建设工程用地和临时用地面积及其附着物的情况,以及实际发生的费用项目,按国家有关规定及工程所在地的省(自治区、直辖市)人民政府颁发的有关规定和标准计算。

设备购置费参考值 表 3-3

<table>
<tr><th>顺序号</th><th colspan="3">项 目 名 称</th><th>单 位</th><th>金额(元)</th><th>备 注</th></tr>
<tr><td>1</td><td rowspan="2">监控系统</td><td colspan="2">一般监控</td><td>公路公里</td><td>50 000</td><td></td></tr>
<tr><td>2</td><td colspan="2">重点路段监控</td><td>公路公里</td><td>80 000</td><td></td></tr>
<tr><td>3</td><td colspan="3">通信系统</td><td>公路公里</td><td>150 000</td><td></td></tr>
<tr><td>4</td><td colspan="3" rowspan="2">收费系统</td><td rowspan="2">每车道数</td><td rowspan="2">273 917</td><td>若为计重收费，另增加 16 万元/收费车道</td></tr>
<tr><td>5</td><td>若为 ETC 收费，另增加 40 万元/收费车道</td></tr>
<tr><td>6</td><td rowspan="5">隧道</td><td colspan="2">监控</td><td>km</td><td>1 819 369</td><td rowspan="5">工程量以隧道双洞长度计算；若隧道为单洞，则需将参考值乘以 0.5 的系数</td></tr>
<tr><td>7</td><td rowspan="2">通风</td><td>4 000 以内</td><td>km</td><td>1 625 384</td></tr>
<tr><td>8</td><td>4 000 以上</td><td>km</td><td>3 951 416</td></tr>
<tr><td>9</td><td colspan="2">消防</td><td>km</td><td>281 722</td></tr>
<tr><td>10</td><td colspan="2">供配电及照明</td><td>km</td><td>2 219 969</td></tr>
<tr><td>11</td><td colspan="3">服务房屋</td><td>m^2</td><td>396</td><td>按建筑面积计算</td></tr>
<tr><td>12</td><td colspan="3">除湿系统</td><td>套</td><td>500 000</td><td></td></tr>
<tr><td>13</td><td colspan="3">索塔内维修电梯</td><td>台</td><td>1 000 000</td><td></td></tr>
<tr><td>14</td><td colspan="3">桥区 VTS 系统</td><td>套</td><td>2 000 000</td><td></td></tr>
</table>

注：1. 本指标适用于高速公路和一级公路。
2. 工程量应按本指标中的相关规定进行计算。

办公和生活用家具购置费标准表 表 3-4

<table>
<tr><th rowspan="2">工程所在地</th><th colspan="4">路线(元/km)</th><th colspan="2">有看桥房的独立大桥(元/座)</th></tr>
<tr><th>高速公路</th><th>一级公路</th><th>二级公路</th><th>三、四级公路</th><th>一般大桥</th><th>技术复杂大桥</th></tr>
<tr><td>内蒙古、黑龙江、青海、新疆、西藏</td><td>21 500</td><td>15 600</td><td>7 800</td><td>4 000</td><td>24 000</td><td>60 000</td></tr>
<tr><td>其他省、自治区、直辖市</td><td>17 500</td><td>14 600</td><td>5 800</td><td>2 900</td><td>19 800</td><td>49 000</td></tr>
</table>

②建设项目管理费。

建设项目管理费包括建设单位(业主)管理费、工程监理费、设计文件审查费和竣(交)工验收试验检测费。建设单位(业主)管理费以建筑安装工程费总额为基数，按规定的费率以累进办法计算。工程监理费、设计文件审查费以建筑安装工程费总额为基数，按规定的费率计算。竣(交)工验收试验检测费按表 3-5 的规定计算。

竣(交)工验收试验检测费标准表 表 3-5

项目	路线(元/公路公里)				独立大桥(元/座)	
	高速公路	一级公路	二级公路	三、四公路	一般大桥	技术复杂大桥
试验检测费	15 000	12 000	10 000	5 000	30 000	100 000

③研究试验费。

项目建议书投资估算的研究试验费可按《投资估算编制办法》附录八规定的费率,以第一部分建筑安装工程费总额为基数计算。

工程可行性研究报告投资估算的研究试验费按照设计提出的研究试验内容和要求进行编制,不需要验证设计基础资料的不计本项费用。

④建设项目前期工作费。

项目建议书投资估算前期工作费可按《投资估算编制办法》附录八规定的费率,以第一部分建筑安装工程费总额为基数计算。

工程可行性研究报告投资估算前期工作费依据委托合同,或按国家颁发的收费标准和有关规定进行编制。

⑤专项评价(估)费。

项目建议书投资估算的专项评价(估)费可按《投资估算编制办法》附录八规定的费率,以第一部分建筑安装工程费总额为基数计算。

工程可行性研究报告投资估算的专项评价(估)费按依据委托合同计列,或按国家颁发的收费标准和有关规定进行编制。

⑥施工机构迁移费。

施工机构迁移费应经建设项目的主管部门同意按实计算。但计算施工机构迁移费后,如迁移地点至新工地地点(如独立大桥),则其他工程费内的工地转移费应不再计算;如施工机构迁移地点至新工地地点尚有部分距离,则工地转移费的距离,应以施工机构新地点为计算起点。

⑦联合试运转费。

联合试运转费以建筑安装工程费总额为基数,独立特大型桥梁按 0.075%,其他工程按 0.05% 计算。

⑧生产人员培训费。

生产人员培训费按设计定员和 2 000 元/人的标准计算。

⑨建设期贷款利息。

建设期贷款利息根据不同的资金来源按需付息的分年度投资计算式(3-2)计算。

建设期贷款利息 = Σ(上年末付息贷款本息累计 + 本年度付息贷款额 ÷2) × 年利率

即:

$$S = \sum_{n=1}^{N}(F_{n-1} + b_n \div 2) \times i \quad (3\text{-}2)$$

式中:S——建设期贷款利息(元);

N——项目建设期(年);

n——施工年度;

F_{n-1}——建设期第($n-1$)年末需付息贷款本息累计(元);

b_n——建设期第 n 年度付息贷款额(元)；

i——建设期贷款年利率(%)。

(4)在上述第一、二、三部分费用计算完成之后,进行必要的造价分析后,就可根据《投资估算编制办法》中规定的投资估算项目表序列及内容的要求,按照路基、路面、桥梁涵洞等逐项节录其数量和金额填入"××段总估算表"(01 表)的相应栏内,并进行汇总。同时,计算出工程造价增长预留费、预备费及技术经济指标和各项费用比重(%)。

(5)若采用分段编制投资估算时,应编制"××段总估算汇表"(01-1 表)。经汇总后,计算出整个建设项目的技术经济指标和各项费用比重(%)。

(6)根据"分项工程估算表"(08-2 表)计算的人工、主要材料数量进行统计汇总。同时,将以费率形式计入投资估算的其他工程所需的人工和主要材料数量,以及冬雨季、夜间施工的人工数汇总编制"××段人工、主要材料、机械台班数量汇总表"(02 表)。若采用分段编制投资估算时,应编制"总估算人工、主要材料、机械台班数量汇总表"(02-1 表)。

(7)写出编制说明。

在估算编制完成之后,应按规定要求的内容编写编制说明。

六、投资估算编制示例

例 3-2:某二级公路地处平原微丘区,路线全长 20.8km,设计车速 40km/h,全线的主要工程数量如下。

(1)路基工程

挖土方(天然密实体积):160 955m^3;挖石方:144 780m^3。

填土方(压实后体积):123 900m^3;填石方:110 780m^3。

借土方(压实后体积):6 900m^3;借方运距 4.3km。

路基排水及防护采用浆砌片石,圬工体积为 41 932m^3。

路基软基处理采用抛石挤淤的方法,处治深度 3m 以内,处治面积为 3 720m^2。

(2)路面工程

20cm 厚的(5%)水泥稳定碎石基层 228 400 m^2。

25cm 厚的 C25 水泥混凝土面层 248 400 m^2。

(3)桥梁涵洞

钢筋混凝土圆管涵 26 道,涵身 367m。

钢筋混凝土盖板涵 29 道,涵身 404m。

跨径小于 16m 的预应力混凝土空心板桥 6 座,基础水深 3m 以内,桥面面积为4 678m^2。

跨径大于 16m 的预应力混凝土空心板桥 3 座,基础水深 4~5m 以内,桥面面积为3 278m^2。

跨径大于 16m 的钢筋混凝土 T 形梁桥 4 座,基础水深 4~5m 以内,桥面面积为4 668m^2。

(4)沿线设施

安全设施按里程 20.8km 计。

试根据以上条件编制可行性研究报告投资估算文件。

解:编制情况说明如下。

(1)投资估算文件编制的主要依据

①通过踏勘调查和测量地质钻探等提出的路基土石方、排水与防护工程、路面、桥梁涵洞

等主要工程数量。

② 现行《估算指标》及其相应的有关各项工程量的计算方法及规定。

③ 现行《投资估算编制办法》中规定的计算表格，以及投资估算项目表的序列及内容的规定。

④当地公路（交通）造价管理部门发布的人工费单价、材料供应价格信息。

⑤当地人民政府颁布的征地、拆迁赔偿标准和有关规定。

（2）估算总金额及人工、主要材料消耗

① 全线估算总金额:220 717 749 元，平均每 10 611 430 元/km。

②人工工日:595 936 工日。

③主要材料消耗：

木材（原木）275 m^3；

32.5 级水泥 12 3061t；42.5 级水泥 1 817t；

光圆钢筋 620t；带肋钢筋 3 708t；

石油沥青 214t。

（3）本项目估算的工程量及采用的指标号（表 3-6）

本项目估算的工程量及采用的指标号 表 3-6

序号	工程内容	指标单位	工程量	指标号
1	挖土方（平原微丘）	1 000m^3 天然密实方	160.955	1-1-1
2	开炸石方（平原微丘）	1 000m^3 天然密实方	144.780	1-5-1
3	填土方（二级公路）	1 000m^3 压实方	123.900	1-2-2
4	填石路堤（二级公路）	1 000m^3 压实方	110.780	1-6-2
5	借土方挖、装	1 000m^3 压实方	6.900	1-3-1
6	自卸汽车运土、石方（借方运土 4.3km）	1 000m^3 自然方	8.004	1-4-1 +（1-4-2）×7
7	自卸汽车运土方（5km）	1 000m^3 自然方	25.235	1-4-1 +（1-4-2）×8
8	自卸汽车运石方（5km）	1 000m^3 自然方	42.862 4	1-4-5 +（1-4-6）×8
9	片石混凝土圬工	1 000m^3	41.932	1-8-2
10	路基软基处理（处治深度 3m 以内，抛石挤淤）	1 000m^3 处治面积	3.72	1-10-2
11	稳定土基层（20cm 碎石）	1 000m^3	228.4	2-2-3 +（2-2-4）×5
12	水泥混凝土路面	1 000m^3 路面实体	248.4	2-6-3
13	盖板涵—涵身（跨径 3m 以内）	10 延米	40.4	4-1-1
14	盖板涵—洞口（跨径 3m 以内）	1 道	29	4-1-2
15	圆管涵—涵身	10 延米	36.7	4-2-1
16	圆管涵—洞口	1 道	26	4-2-2
17	标准跨径小于 16m 的桥梁	100m^2 桥面	46.78	5-1-1
18	预应力混凝土空心板桥	100m^2 桥面	32.78	5-2-3
19	钢筋混凝土 T 形梁桥	100m^2 桥面	46.68	5-3-3
20	安全设施	1 公路公里	20.8	7-1-5

（4）计算成果

总估算表见表 3-7，建筑安装工程费计算表见表 3-8，分项工程估算表（部分）见表 3-9，其他表略。

表 3-7

总估算表

建设项目名称：某二级公路项目

编制范围：某二级公路项目

第 1 页　　共 4 页　　01 表

项	目	节	细目	工程或费用名称	单　位	数　量	估算金额(元)	技术经济指标	各项费用比例(%)	备　注
				第一部分　建筑安装工程费	公路公里		198 887 754		90.11	
一				临时工程	公路公里					
二				路基工程	km		32 907 657		14.91	
	2			挖方	m^3		4 518 278		2.05	
		1		路基挖方	m^3		4 518 278		2.05	
			1	挖土方	m^3	160 955.000	1 273 338	7.91	0.58	
			2	挖石方	m^3	144 780.000	3 244 940	22.41	1.47	
	3			填方	m^3		2 026 494		0.92	
		1		路基填方	m^3		2 026 494		0.92	
			1	填土方	m^3	123 900.000	853 654	6.89	0.39	
			2	填石方	m^3	110 780.000	1 143 898	10.33	0.52	
			3	借土填方	m^3	6 900.000	28 942	4.19	0.01	
	4			自卸汽车运土、石方			1 109 523		0.50	
				借土运土	m^3	8 004.000	89 528	11.19	0.04	
				弃土运土	m^3	25 235.000	301 828	11.96	0.14	
				弃石运石	m^3	42 862.000	718 167	16.76	0.33	
	5			特殊路基处理	km		599 139		0.27	
		1		软土处理	km		599 139		0.27	
			1	抛石挤淤	m^2	3 720.000	599 139	161.06	0.27	
	6			排水工程	km		24 654 223		11.17	
		2		混凝土圬工(片石)	m^3	41 932.000	24 654 223	587.96	11.17	

续上表

建设项目名称:某二级公路项目

编制范围:某二级公路项目 第2页 共4页 01表

项	目	节	细目	工程或费用名称	单　位	数　量	估算金额(元)	技术经济指标	各项费用比例(%)	备　注
三				路面工程	km		118 761 600		53.81	
	3			路面基层	m^2		5 734 712		2.60	
		2		水泥稳定类基层	m^2	228 400.000	5 734 712	25.11	2.60	
	5			水泥混凝土面层	m^2		113 026 888		51.21	
		1		普通水泥混凝土面层	m^2	248400.000	113 026 888	455.02	51.21	
四				桥梁涵洞工程	km		46 071 944		20.87	
	1			涵洞工程	m/道		3 703 390		1.68	
		1		钢筋混凝土管涵	m/道	393.000/26.000	1 092 740	2780.51/42028.46	0.50	
		3		盖板涵	m/道		2 610 650		1.18	
			1	涵径3m以内	m/道	433.000/29.000	2 610 650	6 029.21/90 022.41	1.18	
	2			小桥工程	m^2	4 678.000	13 191 421	2 819.88	5.98	
	3			中桥工程	m^2		29 177 133		13.22	
		1		预应力混凝土空心板桥	m^2	3 278.000	11 287 335	3 443.36	5.11	
		2		预应力混凝土T形梁	m^2	4 668.000	17 889 798	3 832.43	8.11	
五				交叉工程	处					
六				隧道工程	km/座					
七				公路设施及预埋管线工程	公路公里		1 146 553		0.52	
	1			安全设施	公路公里	20.800	1 146 553	55 122.74	0.52	
八				绿化及环境保护工程	公路公里					

续上表

建设项目名称:某二级公路项目

编制范围:某二级公路项目

第3页　共4页　01表

项	目	节	细目	工程或费用名称	单　位	数　量	估算金额(元)	技术经济指标	各项费用比例(%)	备　注
九				管理、养护及服务房屋	m^2					
				第二部分　设备及工具、器具购置费	公路公里					
				第三部分　工程建设其他费用	公路公里		3 605 594		1.63	
一				土地征用及拆迁补偿费	公路公里					
	1			土地征用费	公路公里					
	2			青苗等补偿和安置补助费	公路公里					
二				建设项目管理费	公路公里		3 605 594		1.63	
	1			建设单位（业主）管理费	公路公里	1.000	3 605 594	3 605 594.00	1.63	3 605 594
	2			工程监理费	公路公里					
	3			设计文件审查费	公路公里					
	4			竣(交)工验收试验检测费	公路公里					
三				研究试验费	公路公里					
四				建设项目前期工作费	公路公里					
五				专项评价(估)费	公路公里					
六				施工机构迁移费	公路公里					

续上表

建设项目名称:某二级公路项目

编制范围:某二级公路项目　　　　第4页　共4页　01表

项	目	节	细目	工程或费用名称	单　位	数　量	估算金额(元)	技术经济指标	各项费用比例(%)	备　注
七				供电贴费	公路公里					
八				联合试运转费	公路公里					
九				生产人员培训费	公路公里					
十				固定资产投资方向调节税	公路公里					
十一				建设期贷款利息	公路公里					
				第一、二、三部分 费用合计	公路公里	1.000	202 493 348	202 493 343.00	91.74	198 887 754 +0 +3 605 594
				预备费	元		18 224 401		8.26	
				1. 价差预备费	元	1.000				
				2. 基本预备费	元	1.000	18 224 401	18 224 401.00	8.26	(202 493 348 −0 −0) ×9%
				新增加费用项目(不作预备费基数)	元					
				＊请在此输入费用项目						
				投资估算总金额	元	1.000	220 717 749	220 717 749.00	100.00	202 493 348 +1 822 4401 +0
				其中:回收金额	元					
				公路基本造价	公路公里	1.000	220 717 749	220 717 749.00	100.00	220 717 749 −0

编制：×××　　　　复核：×××

表 3-8

建筑安装工程费计算表

建设项目名称:某二级公路项目

编制范围:某二级公路项目　　　　第 1 页　　共 1 页　　03 表

序号	工程名称	单位	工程量	直接费（元）						间接费（元）	利润(元)费率	税金(元)综合税率	建筑安装工程费	
				直接工程费				其他工程费	合计		7%	3.48%	合计(元)	单价(元)
				人工费	材料费	机械使用费	合计							
1	2	3	4	5	6	7	8	9	10	11	12	13	14	15
1	挖土方	m^3	160 955.000	456 710	64	487 806	944 580	29 660	974 240	187 786	68 490	42 822	1273 338	7.91
2	挖石方	m^3	144 780.000	974 550	297 968	1189 927	2462 445	91 357	2553 802	402 495	179 517	109 126	3 244 940	22.41
3	填土方	m^3	123 900.000	111510	719	59 1631	703860	22101	725 961	47 949	51 036	28 708	853654	6.89
4	填石方	m^3	110 780.000	432 734		403 147	835881	31011	866 892	177 600	60 937	38 469	1143 898	10.33
5	借土填方	m^3	6 900.000	7935		14 422	22 357	702	23 059	3 289	1621	973	28942	4.19
6	借土运土	m^3	8 004.000			79220	79220	1355	80575	282	5 660	3011	89 528	11.19
7	弃土运土	m^3	25 235.000			267078	267078	4567	271 645	951	19 082	10 150	301828	11.96
8	弃石运石	m^3	42 862.000			635 483	635 483	10867	646 350	2 262	45 403	24 152	718 167	16.76
9	抛石挤淤	m^2	3 720.000	93 442	368 517	19 994	481 953	21736	503 689	39 881	35 420	20 149	599 139	161.06
10	混凝土圬工(片石)	m^3	41 932.000	8 580 336	8 573 662	786 218	17 940 216	977 742	18 917 958	3 574 154	1 332 997	829 114	24 654 223	587.96
11	水泥稳定类基层	m^2	228 400.000	269 798	3567251	999510	4836559	218129	5054688	131711	355 456	192 857	5734712	25.11
12	普通水泥混凝土面层	m^2	248 400.000	18 156 488	60 031 737	12509518	90 697 743	4 172 096	94 869 839	7 687 874	6 668 116	3 801 059	113 026 888	455.02
13	钢筋混凝土管涵	m/道	393.000	365 232	351 126	84134	800492	43 626	844 118	152 394	59 479	36 749	1 092 740	2780.51
14	涵径 3m 以内	m/道	433.000	839 112	934 290	150 885	1924287	104 874	2 029 161	350 715	142 979	87 795	2 610 650	6029.21
15	小桥工程	m^2	4 678.000	3 087 480	5 677 717	1 245 439	10 010 636	672 715	10 683 351	1 311 677	752 770	443623	13 191 421	2819.88
16	预应力混凝土空心板桥	m^2	3 278.000	1 436 379	5 419 726	2 131 155	8 987 260	603 944	9 591 204	640 726	675815	379 590	11 287 335	3 443.36
17	预应力混凝土 T 形梁	m^2	4 668.000	2 341 586	8 485 810	3 394 176	14 221 572	955 690	15 177 262	1 041 488	1 069 420	601 628	17 889 798	3 832.43
18	安全设施	公路公里	20.800	92 690	803 991	46 064	942 745	51 380	994 125	43 822	70 048	38 558	1 146 553	55 122.74
各项费用合计				37 245 982	94 512 578	25 035 807	156 794 367	8 013 552	164 807 919	15 797 056	11 594 246	6 688 533	198 887 754	0

编制：× × ×　　　　复核：× × ×

分项工程估算表

表 3-9

编制范围:某二级公路项目

分项工程名称:挖土方　　　　第 1 页　　共 2 页　　08-2 表

编号	工程项目			挖土方									合计	
	工程细目			平原微丘区										
	定额单位			1 000m³ 天然密实方										
	工程数量			160.955										
	定额表号			估 1～1～1										
	工、料、机名称	单位	单价(元)	定额	数量	金额(元)	定额	数量	金额(元)	定额	数量	金额(元)	数量	金额(元)
1	人工	工日	62.50	45.400	7 307.36	456 710							7 307.36	456 710
2	其他材料费	元	1.00	0.400	64.38	64							64.38	64
3	75kW 以内履带式推土机	台班	639.49	0.210	33.80	21 615							33.80	21 615
4	135kW 以内履带式推土机	台班	1 210.18	1.240	199.58	241 533							199.58	241 533
5	2.0m³ 履带式单斗挖掘机	台班	1 432.11	0.950	152.91	218 980							152.91	218 980
6	120kW 以内平地机	台班	935.49	0.020	3.22	3 011							3.22	3 011
7	8～10t 光轮压路机	台班	293.68	0.030	4、83	1 418							4.83	1 418
8	200～620N · m 蛙式夯土机	台班	18.62	0.250	40.24	749							40.24	749
9	小型机具使用费	元	1.00	3.100	498.96	499							498.96	499
10	基价	元	1.00	5 804.000	934 182.82	934 183							934 182.82	934 183
	直接工程费	元				944 580								944 580
	其他工程费 I	元		3.140%		29 660								29 660
	其他工程费 Ⅱ	元												
	间接费 规费	元		40.200%		183 597								183 597
	间接费 企业管理费	元		0.430%		4 189								4 189
	利润及税金	元		7%/3.48%		111 312								111 312
	建筑安装工程费	元				1 273 338								1 273 338

编制：×××　　　　复核：×××

续上表

编制范围:某二级公路项目

分项工程名称:挖石方　　　　第 2 页　　　　共 2 页　　　　08-2 表

编号	工程项目			开炸石方									合计	
	工程细目			平原微丘区										
	定额单位			1 000m³ 天然密实方										
	工程数量			144.780										
	定额表号			估 1 ~ 5 ~ 1										
	工、料、机名称	单位	单价(元)	定额	数量	金额(元)	定额	数量	金额(元)	定额	数量	金额(元)	数量	金额(元)
1	人工	工日	62.50	107.700	15 592.81	974 550							15 592.81	974 550
2	原木	m³	1 120.00	0.005	0.72	811							0.72	811
3	钢钎	kg	5.62	1.000	144.78	814							144.78	814
4	空心钢钎	kg	7.00	11.600	1 679.45	11 756							1 679.45	11 756
5	φ50mm 以内合金钻头	个	27.21	18.800	2 721.86	74 062							2 721.86	74 062
6	硝铵炸药	kg	6.00	151.500	21 934.17	131 605							21 934.17	131 605
7	导火线	m	0.80	384.000	55 595.52	44 476							55 595.52	44 476
8	砂包线	m	0.45	1.000	144.78	65							144.78	65
9	普通雷管	个	0.70	305.000	44 157.90	30 911							44 157.90	30 911
10	煤	t	265.00	0.007	1.01	269							1.01	269
11	其他材料费	元	1.00	22.100	3 199.64	3200							3 199.64	3 200
12	135kW 以内履带式推土机	台班	1 210.18	2.440	353.26	427 512							353.26	427 512
13	2.0m³ 轮胎式装载机	台班	717.95	2.310	334.44	240 112							334.44	240 112
14	9m³/min 以内机动空压机	台班	561.23	5.820	842.62	472 903							842.62	472 903
15	小型机具使用费	元	1.00	341.200	49 398.94	49 399							49 398.94	49 399
16	基价	元	1.00	16 835.000	2 437 371.30	2 437 371							2 437 371.30	2 437 371

编制：× × ×　　　　复核：× × ×

【复习思考题】

1. 公路工程基本建设项目投资估算的作用有哪些?

2. 公路工程基本建设项目投资估算编制应遵循哪些原则?

3. 公路工程基本建设项目投资估算的编制要求有哪些?

4. 公路工程基本建设项目投资估算的编制依据有哪些?

5. 公路工程基本建设项目投资估算由哪些费用组成?

6. 分析公路工程基本建设项目投资估算由哪些文件组成?

7. 分析公路工程基本建设项目投资估算文件中投资估算各种表格的计算顺序和相互关系。

8. 重庆拟复建一条公路,该地处水库淹没地区,路基宽5m,建设项目总里程为3.659km。该复建公路的具体工程数量表及材料单价表如题表3-1及题表3-2所示,其他计价依据见《公路基本建设项目投资估算编制方法》。

试计算:(1)该复建公路投资估算的建筑安装工程费。

(2)该复建公路的建设项目投资估算总金额。

复建公路的具体工程数量表 题表3-1

工 程 数 量 表		
工 程 名 称	单 位	数 量
挖土方	m^3	18 032.000
挖石方	m^3	12 021.000
填土方	m^3	25 931.000
借土方挖、装	m^3	25 931.000
自卸汽车运土、石方	m^3	29 805.000
路基软基处理	m2	3 720.000
砌石圬工	m^3	1 174.000
混凝土圬工	m^3	400.000
其他路面基层	m2	19 211.000
泥结碎石面层	m2	15 551.000
钢筋混凝土管涵涵身	m	108.000
钢筋混凝土管涵洞口	m/道	12.000
涵径3m以内涵身	m	201.000
涵径3m以内洞口	m/道	11.000

复建公路的主要材料单价表 题表3-2

工、料、机名称	单 位	单 价
人工	工日	62.50
机械工	工日	49.20
原木	m^3	1 210.00
钢管	t	6 350.00
钢钎	kg	8.5
带肋钢筋	t	5 444.55

续上表

工、料、机名称	单　位	单　价
光圆钢筋	t	5 444.55
中(粗)砂	m^3	106.47
黏土	m^3	11.20
石油沥青	t	4 300.00
32.5 级水泥	t	388.33
碎石	m^3	100.33
汽油	kg	9.03
柴油	kg	8.25

第四章

公路工程设计阶段的造价编制

【学习目的与要求】

通过本章的学习，了解公路工程设计阶段的造价文件的组成；掌握公路工程概、预算费用组成；掌握公路工程概、预算费用的计算方法；掌握公路工程设计概算、修正设计概算、施工图预算的作用，文件组成，编制依据，编制程序和方法。

设计阶段造价文件的编制包括初步设计阶段编制的设计概算，技术设计阶段编制的修正设计概算及施工图设计阶段编制的施工图预算。

第一节　设计阶段造价编制概述

一、概、预算文件组成

概、预算文件是设计文件的组成部分，它由封面、目录、编制说明及全部概、预算计算表格组成。

1. 封面及目录

概、预算文件的封面和扉页应按《公路工程基本建设项目设计文件编制办法》（以下简称

《设计文件编制办法》）中的规定制作，扉页的次页应有建设项目名称，编制单位，编制、复核人员姓名并加盖执业（从业）资格印章，编制日期及第几册共几册等内容。目录应按概、预算表的表号顺序编排。

2. 概、预算编制说明

概、预算表格编制完成后，应写出编制说明，文字力求简明扼要。应叙述的内容一般有：

（1）工程概况及其建设规模和范围。

（2）建设项目设计资料的依据及有关文号，如建设项目可行性研究报告批准文号、初步设计和概算批准文号（编修正概算及预算时），以及根据何时的测设资料及比选方案进行编制的等。

（3）采用的定额、费用标准，人工、材料、机械台班单价的依据或来源，补充定额及编制依据的详细说明。

（4）与概、预算有关的委托书、协议书、会谈纪要的主要内容（或将抄件附后）。

（5）总概、预算金额，人工、钢材、水泥、木材、沥青的总需要量情况，各设计方案的经济比较，以及编制中存在的问题。

（6）其他与概、预算有关但不能在表格中反映的事项。

3. 概、预算表格

公路工程概、预算应按统一的概、预算表格计算，概算表格与预算表格的式样相同，只是在印制表格时，应将概算表格和预算表格的表头分别印制即可。概、预算的人工、材料、机械台班单价，及其他各项费用计算都应通过规定的表格反映，在完成这些表格时，应以《概算定额》、《预算定额》为依据，按《公路工程基本建设项目概算预算编制办法》（以下简称《概预算编制办法》）的各项规定计算各项费用。各种表格的计算顺序和相互关系如图 4-1 所示。

4. 甲组文件与乙组文件

概、预算文件是设计文件的组成部分，按不同的需要分为两组，甲组文件为各项费用计算表，乙组文件为建筑安装工程费各项基础数据计算表，只供审批使用。甲、乙组文件应按《设计文件编制办法》关于设计文件报送份数，随设计文件一并报送。报送乙组文件时，还应提供“建筑安装工程费各项基础数据计算表”的电子文档和编制补充定额的详细资料，并随同概、预算文件一并报送。

乙组文件中的“建筑安装工程费计算数据表”（08-1 表）和“分项工程概（预）算表”（08-2 表）应根据审批部门或建设项目业主单位的要求全部提供或仅提供其中的一种。

概、预算应按一个建设项目如一条路线或一座独立大（中）桥、隧道进行编制。当一个建设项目需要分段或分部编制时，应根据需要分别编制，但必须汇总编制“总概（预）算汇总表”。甲、乙组文件包括的内容组成如图 4-2 所示。

二、概、预算项目

为了使公路工程概、预算编制规范化，在《概预算编制办法》中对工程项目和费用项目的名称、层次做了统一规定，从而可以防止列项时出现混乱、漏列、错列的现象。概、预算项目应按项目表的序列及内容编制，“概、预算项目表”的形式和详细内容见表 4-1。

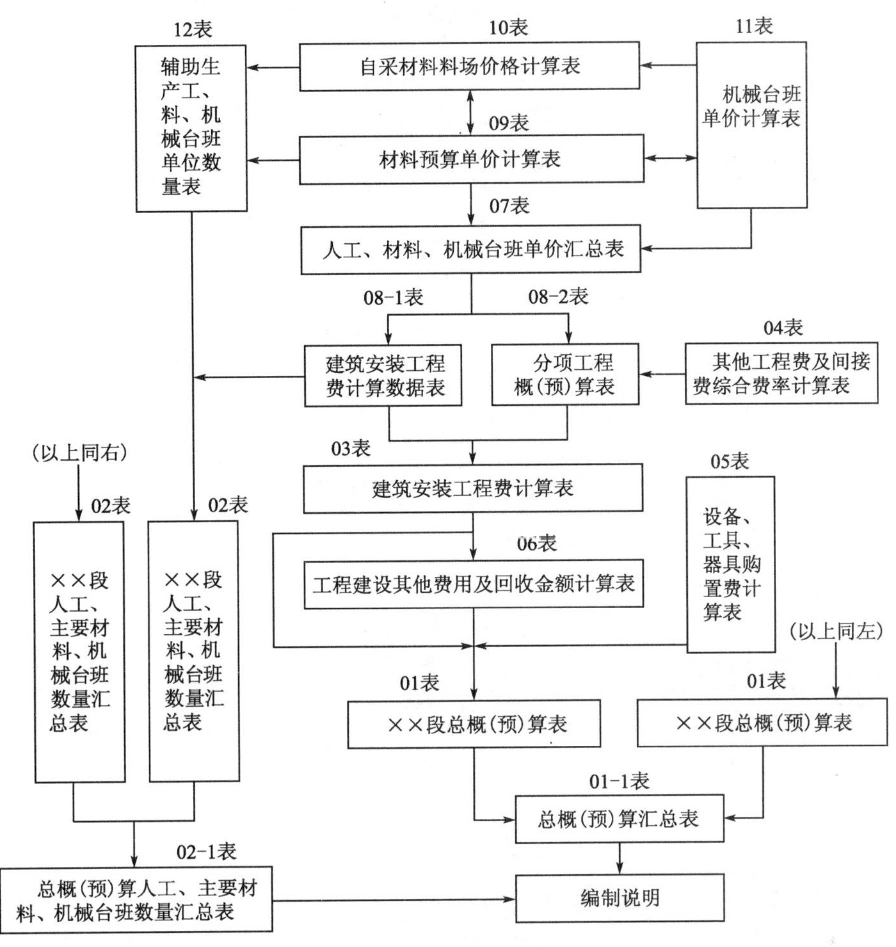

图 4-1　各种表格的计算顺序和相互关系

甲组文件：
- 编制说明
- 总概(预)算汇总表（01-1表）
- 总概(预)算人工、主要材料、机械台班数量汇总表(02-1表)
- ××段总概(预)算表(01表)
- ××段人工、主要材料、机械台班数量汇总表(02表)
- 建筑安装工程费计算表(03表)
- 其他工程费及间接费综合费率计算表(04表)
- 设备、工具、器具购置费计算表(05表)
- 工程建设其他费用及回收金额计算表(06表)
- 人工、材料、机械台班单价汇总表(07表)

乙组文件：
- 建筑安装工程费计算数据表(08-1表)
- 分项工程概(预)算表(08-2表)
- 材料预算单价计算表(09表)
- 自采材料料场价格计算表(10表)
- 机械台班单价计算表(11表)
- 辅助生产工、料、机械台班单位数量表(12表)

图 4-2　甲、乙组文件组成

概、预算项目表

表 4-1

项	目	节	细目	工程或费用名称	单 位	备 注
				第一部分 建筑安装工程费	公路公里	建设项目路线总长度(主线长度)
一				临时工程	公路公里	
	1			临时道路	km	新建便道与利用原有道路的总长
			1	临时便道的修建与维护	km	新建便道长度
			2	原有道路的维护与恢复	km	利用原有的道路长度
				…		
	2			临时便桥	m/座	指汽车便桥
	3			临时轨道铺设	km	
	4			临时电力线路	km	
	5			临时电信线路	km	不包括广播线
	6			临时码头	座	按不同的形式划分节或细目
二				路基工程	km	扣除桥梁、隧道和互通立交的主线长度，独立桥梁或隧道为引道或接线长度
	1			场地清理	km	
		1		清理与掘除	m^2	按清除内容的不同划分细目
			1	清除表土	m^3	
			2	伐树、挖根、除草	m^2	
				…		
		2		挖除旧路面	m^2	按不同的路面类型和厚度划分细目
			1	挖除水泥混凝土路面	m^2	
			2	挖除沥青混凝土路面	m^2	
			3	挖除碎(砾)石路面	m^2	
				…		
		3		拆除旧的建筑物、构筑物	m^3	按不同的构筑材料划分细目
			1	拆除钢筋混凝土结构	m^3	
			2	拆除混凝土结构	m^3	
			3	拆除砖石及其他砌体	m^3	
				…		
	2			挖方	m^3	
		1		挖土方	m^3	按不同的地点划分细目
			1	挖路基土方	m^3	
			2	挖改路、改河、改渠土方	m^3	
				…		
		2		挖石方	m^3	按不同的地点划分细目
			1	挖路基石方	m^3	
			2	挖改路、改河、改渠石方	m^3	

续上表

项	目	节	细目	工程或费用名称	单　位	备　注
				…		
		3		挖非适用材料	m^3	
		4		弃方运输	m^3	
	3			填方	m^3	
		1		路基填方	m^3	按不同的填筑材料划分细目
			1	换填土	m^3	
			2	利用土方填筑	m^3	
			3	借土方填筑	m^3	
			4	利用石方填筑	m^3	
			5	填砂路基	m^3	
			6	粉煤灰及填石路基	m^3	
				…		
		2		改路、改河、改渠填方	m^3	按不同的填筑材料划分细目
			1	利用土方填筑	m^3	
			2	借土方填筑	m^3	
			3	利用石方填筑	m^3	
				…	m^3	
		3		结构物台背回填	m^3	按不同的填筑材料划分细目
			1	填碎石	m^3	
				…	m^3	
	4			特殊路基处理	km	指需要处理的软弱路基长度
		1		软土处理	km	按不同的处治方法划分细目
			1	抛石挤淤	m^3	
			2	砂、砂砾垫层	m^3	
			3	灰土垫层	m^3	
			4	预压与超载预压	m^2	
			5	袋装砂井	m	
			6	塑料排水板	m	
			7	粉喷桩与旋喷桩	m	
			8	碎石桩	m	
			9	砂桩	m	
			10	土工布	m^2	
			11	土工格栅	m^2	
			12	土工格室	m^2	
				…		
		2		滑坡处理	处	按不同的处理方式划分细目

续上表

项	目	节	细目	工程或费用名称	单　位	备　注
			1	卸载土石方	m^3	
			2	抗滑桩	m^3	
			3	预应力锚索	m	
				…		
		3		岩溶洞回填	m^3	按不同回填材料划分细目
			1	混凝土	m^3	
				…		
		4		膨胀土处理	km	按不同的处理方式划分细目
			1	改良土	m^3	
				…		
		5		黄土处理	m^3	按黄土的不同特性划分细目
			1	陷穴	m^3	
			2	湿陷性黄土	m^2	
				…		
		6		盐渍土处理	m^2	按不同的厚度划分细目
				…		
	5			排水工程	km	按不同结构类型分节
		1		边沟	m^3/m	按不同的材料、尺寸划分细目
			1	现浇混凝土边沟	m^3/m	
			2	浆砌混凝土预制块边沟	m^3/m	
			3	浆砌片石边沟	m^3/m	
			4	浆砌块石边沟	m^3/m	
				…		
		2		排水沟	处	按不同的材料、尺寸划分细目
			1	现浇混凝土排水沟	m^3/m	
			2	浆砌混凝土预制块排水沟	m^3/m	
			3	浆砌片石排水沟	m^3/m	
			4	浆砌块石排水沟	m^3/m	
				…		
		3		截水沟	m^3/m	按不同材料、尺寸划分细目
			1	浆砌混凝土预制块截水沟	m^3/m	
			2	浆砌片石截水沟	m^3/m	
				…		
		4		急流槽	m^3/m	按不同的材料、尺寸划分细目
			1	现浇混凝土急流槽	m^3/m	
			2	浆砌片石急流槽	m^3/m	

续上表

项	目	节	细目	工程或费用名称	单 位	备 注
				…		
		5		暗沟	m^3	按不同的材料、尺寸划分细目
				…		
		6		渗(盲)沟	m^3/m	按不同的材料、尺寸划分细目
				…		
		7		排水管	m	按不同的材料、尺寸划分细目
				…		
		8		集水井	m^3/个	按不同的材料、尺寸划分细目
				…		
		9		泄水槽	m^3/个	按不同的材料、尺寸划分细目
				…		
	6			防护与加固工程	km	按不同的结构类型分节
		1		坡面植物防护	m^2	按不同的材料划分细目
			1	播种草籽	m^2	
			2	铺(植)草皮	m^2	
			3	土工织物植草	m^2	
			4	植生袋植草	m^2	
			5	液压喷播植草	m^2	
			6	客土喷播植草	m^2	
			7	喷混植草	m^2	
				…		
		2		坡面圬工防护		按不同的材料和形式划分细目
			1	现浇混凝土防护坡	m^3/ m^2	
			2	预制块混凝土防护坡	m^3/ m^2	
			3	浆砌片石护坡	m^3/ m^2	
			4	浆砌块石护坡	m^3/ m^2	
			5	浆砌片石骨架护坡	m^3/ m^2	
			6	浆砌片石护面墙	m^3/ m^2	
			7	浆砌块石护面墙	m^3/ m^2	
				…		
		3		坡面喷浆防护	m^2	按不同的材料划分细目
			1	抹面、捶面护坡	m^2	
			2	喷浆护坡	m^2	
			3	喷射混凝土护坡	m^3/ m^2	
				…		
		4		坡面加固	m^2	按不同的材料划分细目

续上表

项	目	节	细目	工程或费用名称	单　位	备　注
			1	预应力锚索	t/ m	
			2	锚杆、锚钉	t/ m	
			3	锚固板	m^3	
				…		
		5		挡土墙	m^3/ m	按不同材料和形式划分细目
			1	现浇混凝土挡土墙	m^3/ m	
			2	锚杆挡土墙	m^3/ m	
			3	锚碇板挡土墙	m^3/ m	
			4	加筋土挡土墙	m^3/ m	
			5	扶壁式、悬臂式挡土墙	m^3/ m	
			6	桩板墙	m^3/ m	
			7	浆砌片石挡土墙	m^3/ m	
			8	浆砌块石挡土墙	m^3/ m	
			9	浆砌护肩墙	m^3/ m	
			10	浆砌（干砌）护脚	m^3/ m	
				…		
		6		抗滑桩	m^3	按不同的规格划分细目
				…		
		7		冲刷防护	m^3	按不同的材料和形式划分细目
			1	浆砌片石河床铺砌	m^3	
			2	导流坝	m^3/ 处	
			3	驳岸	m^3/ m	
			4	石笼	m^3/ 处	
				…		
		8		其他工程	km	根据具体情况划分细目
				…		
三				路面工程	km	
	1			路面垫层	m^2	按不同的材料分节
		1		碎石垫层	m^2	按不同的厚度划分细目
		2		砂砾垫层	m^2	按不同的厚度划分细目
				…		
	2			路面底基层	m^2	按不同的材料分节
		1		石灰稳定类底基层	m^2	按不同的厚度划分细目
		2		水泥稳定类底基层	m^2	按不同的厚度划分细目
		3		石灰粉煤灰稳定类底基层	m^2	按不同的厚度划分细目
		4		级配碎（砾）石底基层	m^2	按不同的厚度划分细目

续上表

项	目	节	细目	工程或费用名称	单　位	备　注
				…		
	3			路面基层	m^2	按不同的材料分节
		1		石灰稳定类基层	m^2	按不同的厚度划分细目
		2		水泥稳定类基层	m^2	按不同的厚度划分细目
		3		石灰粉煤灰稳定类基层	m^2	按不同的厚度划分细目
		4		级配碎(砾)石基层	m^2	按不同的厚度划分细目
		5		水泥混凝土基层	m^2	按不同的厚度划分细目
		6		沥青碎石混合料基层	m^2	按不同的厚度划分细目
				…		
	4			透层、黏层、封层	m^2	按不同的形式划分
		1		透层	m^2	
		2		黏层	m^2	
		3		封层	m^2	按不同的材料划分细目
			1	沥青表处封层	m^2	
			2	稀浆封层	m^2	
				…		
		4		单面烧毛纤维土工布	m^2	
		5		玻璃纤维格栅	m^2m	
				…		
	5			沥青混凝土面层	m^2	指上面层面积
			1	粗粒式沥青混凝土面层	m^2	按不同的厚度划分细目
			2	中粒式沥青混凝土面层	m^2	按不同的厚度划分细目
			3	细粒式沥青混凝土面层	m^2	按不同的厚度划分细目
			4	改性沥青混凝土面层	m^2	按不同的厚度划分细目
			5	沥青马蹄脂碎石混合料面层	m^2	按不同的厚度划分细目
				…		
	6			水泥混凝土面层	m^2	按不同的材料分节
			1	水泥混凝土面层	m^2	按不同的厚度划分细目
			2	连续配筋混凝土面层	m^2	按不同的厚度划分细目
			3	钢筋	t	
	7			其他面层	m^2	按不同的类型分节
		1		沥青表面处治面层	m^2	按不同的厚度划分细目
		2		沥青贯入式面层	m^2	按不同的厚度划分细目
		3		沥青上拌下贯式面层	m^2	按不同的厚度划分细目
		4		泥结碎石面层	m^2	按不同的厚度划分细目
		5		级配碎(砾)石面层	m^2	按不同的厚度划分细目

续上表

项	目	节	细目	工程或费用名称	单　位	备　注
		6		天然砂砾面层	m^2	按不同的厚度划分细目
				…		
	8			路槽、路肩及中央分隔带	km	
		1		挖路槽	m^2	按不同的土质划分细目
			1	土质路槽	m^2	
			2	石质路槽	m^2	
		2		培路肩	m^2	按不同的厚度划分细目
		3		土路肩加固	m^2	按不同的加固方式划分细目
			1	现浇混凝土	m^2	
			2	铺砌混凝土预制块	m^2	
			3	浆砌片石	m^2	
				…		
		4		中央分隔带回填土	m^3	
		5		路缘石	m^3	按现浇和预制安装划分细目
				…		
	9			路面排水	km	按不同的类型分节
		1		拦水带	m	按不同的材料划分细目
			1	沥青混凝土	m	
			2	水泥混凝土	m	
		2		排水沟	m	按不同的类型划分细目
			1	路肩排水沟	m	
			2	中央分隔带排水沟	m	
				…		
		3		排水管	m	按不同类型划分细目
			1	纵向排水管	m	
			2	横向排水管	m/道	
				…		
		4		集水井	m^3/个	按不同规格划分细目
				…		
四				桥梁涵洞工程	km	指桥梁长度
	1			漫水工程	m/处	
		1		过水路面	m/处	
		2		混合式过水路面	m/处	
	2			涵洞工程	m/道	按不同的结构类型分节
		1		钢筋混凝土管涵	m/道	按管径和单、双孔划分细目
			1	1-ϕ1.0m 圆管涵	m/道	

续上表

项	目	节	细目	工程或费用名称	单 位	备 注
			2	1-ϕ1.5m 圆管涵	m/道	
			3	倒虹吸管	m/道	
				…		
		2		盖板涵	m/道	按不同材料和涵径划分细目
			1	2.0m×2.0m 石盖板涵	m/道	
			2	2.0m×2.0m 钢筋混凝土盖板涵	m/道	
				…		
		3		箱涵	m/道	按不同涵径划分细目
			1	4.0m×4.0m 钢筋混凝土箱涵	m/道	
				…		
		4		拱涵	m/道	按不同的材料和涵径划分细目
			1	4.0m×4.0m 石拱涵	m/道	
			2	4.0m×4.0m 钢筋混凝土拱涵	m/道	
				…		
	3			小桥工程	m/座	按不同结构类型分节
		1		石拱桥	m/座	按不同的跨径划分细目
		2		钢筋混凝土矩形板桥	m/座	按不同的跨径划分细目
		3		钢筋混凝土空心板桥	m/座	按不同的跨径划分细目
		4		钢筋混凝土 T 形梁桥	m/座	按不同的跨径划分细目
		5		预应力混凝土空心板桥	m/座	按不同的跨径划分细目
				…		
	4			中桥工程	m/座	按不同的结构类型或桥名分节
			1	钢筋混凝土空心板桥	m/座	按不同的跨径或工程部位划分细目
			2	钢筋混凝土 T 形梁桥	m/座	按不同的跨径或工程部位划分细目
			3	钢筋混凝土拱桥	m/座	按不同的跨径或工程部位划分细目
			4	预应力混凝土空心板桥	m/座	按不同的跨径或工程部位划分细目
				…		
	5			大桥工程	m/座	按桥名或不同的工程部位分节
		1		××大桥	m/座	按不同的工程部位划分细目
			1	天然基础	m^3/m	
			2	桩基础	m^3	
			3	沉井基础	m^3	
			4	桥台	m^3	
			5	桥墩	m^3	

续上表

项	目	节	细目	工程或费用名称	单　位	备　注
			6	上部构造	m^3	注明上部构造跨径组成及结构形式
				…		
			2	…	m^2/m	
	6			××特大桥工程	m^2/ m	按桥名分目，按不同的工程部位分节
		1		基础	m^3/座	按不同的形式划分细目
			1	天然基础	m^3	
			2	桩基础	m^3	
			3	沉井基础	m^3	
			4	承台	m^3	
				…		
		2		下部构造	m^3/ 座	按不同的形式划分细目
			1	桥台	m^3	
			2	桥墩	m^3	
			3	索塔	m^3	
				…		
		3		上部构造	m^3	按不同形式划分细目，并注明其跨径组成
			1	预应力混凝土空心板	m^3	
			2	预应力混凝土 T 形板	m^3	
			3	预应力混凝土连续板	m^3	
			4	预应力混凝土连续刚构	m^3	
			5	钢管拱桥	m^3	
			6	钢箱梁	m^3	
			7	斜拉索	t	
			8	主缆	t	
			9	预应力钢材	t	
				…		
		4		桥梁支座	个	按不同规格划分细目
			1	矩形板式橡胶支座	dm^3	
			2	圆形板式橡胶支座	dm^3	
			3	矩形四氟板式橡胶支座	dm^3	
			4	圆形四氟板式橡胶支座	dm^3	
			5	盆式橡胶支座	个	
				…		
		5		桥梁伸缩缝	m	指伸缩缝长度、按不同的规格划分细目
			1	橡胶伸缩装置	m	
			2	模数式伸缩装置	m	

续上表

项	目	节	细目	工程或费用名称	单　位	备　注
			3	填充式伸缩装置	m	
				…		
		6		桥面铺装	m^3	按不同材料划分细目
			1	沥青混凝土桥面铺装	m^3	
			2	水泥混凝土桥面铺装	m^3	
			3	水泥混凝土垫平层	m^3	
			3	防水层	m^3	
				…		
		7		人行道系	m	指桥梁长度,按不同的类型划分细目
			1	人行道及栏杆	m^3/m	
			2	桥梁钢防撞护栏	m	
			3	桥梁波形梁护栏	m	
			4	桥梁水泥混凝土防撞墙	m	
			4	桥梁防护网	m	
				…		
		8		其他工程	m	指桥梁长度,按不同类型划分细目
			1	看桥房及岗亭	座	
			2	砌筑工程	m^3	
			3	混凝土构件装饰	m^2	
				…		
五				交叉工程	处	按不同的交叉形式划分
	1			平面交叉道	处	按不同的类型分节
		1		公路与铁路平面交叉	处	
		2		公路与公路平面交叉	处	
		3		公路与大车道平面交叉	处	
				…		
	2			通道	m/处	按结构类型分节
		1		钢筋混凝土箱式通道	m/处	
		2		钢筋混凝土板式通道	m/处	
				…		
	3			人行天桥	m/处	
		1		钢结构人行天桥	m/处	
		2		钢筋混凝土结构人行天桥	m/处	
	4			渡槽	m/处	按结构类型分节
		1		钢筋混凝土渡槽	m/处	
		2		…		

续上表

项	目	节	细目	工程或费用名称	单　位	备　注
	5			分离式立体交叉	处	按交叉名称分节
		1		××分离式立体交叉	处	按不同的工程内容划分细目
			1	路基土石方	m^3	
			2	路基排水防护	m^3	
			3	特殊路基处理	km	
			4	路面	m^2	
			5	涵洞及通道	m^3/m	
			6	桥梁	m^2/m	
				…		
		2		…		
	6			××互通式立体交叉	处	按互通名称分目(注明其类型),按不同的分部工程分节
		1		路基土石方	m^3/km	
			1	清理与掘除	m^2	
			2	挖土方	m^3	
			3	挖石方	m^3	
			4	挖非适用材料	m^3	
			5	弃方运输	m^3	
			6	换填土	m^3	
			7	利用土方填筑	m^3	
			8	借十方填筑	m^3	
			9	利用石方填筑	m^3	
			10	结构物台背回填	m^3	
		2		特殊路基处理	km	
			1	特殊路基垫层	m^3	
			2	预压与超载预压	m^2	
			3	袋装砂井	m	
			4	塑料排水板	m	
			5	粉喷桩与旋喷桩	m	
			6	碎石桩	m	
			7	砂桩	m	
			8	土工布	m^2	
			9	土工格栅	m^2	
			10	土工格室	m^2	
				…		
		3		排水工程	m^3	

续上表

项	目	节	细目	工程或费用名称	单　位	备　注
			1	混凝土边沟、排水工程	m^3/m	
			2	砌石边沟、排水沟	m^3/m	
			3	现浇混凝土急流槽	m^3/m	
			4	浆砌片石急流槽	m^3/m	
			5	暗沟	m^3	
			6	渗(盲)沟	m^3/m	
			7	拦水带	m	
			8	排水管	m	
			9	集水井	m^3/个	
				…		
		4		防护工程	m^3	
			1	播种草籽	m^2	
			2	铺(植)草皮	m^2	
			3	土工织物植草	m^2	
			4	植生袋植草	m^2	
			5	液压喷播植草	m^2	
			6	客土喷播植草	m^2	
			7	喷混植草	m^2	
			8	现浇混凝土护坡	m^3/m^2	
			9	预制块混凝土护坡	m^3/m^2	
			10	浆砌片石护坡	m^3/m^2	
			11	浆砌块石护坡	m^3/m^2	
			12	浆砌片石骨架护坡	m^3/m^2	
			13	浆砌片石护面墙	m^3/m^2	
			14	浆砌块石护面墙	m^3/m^2	
			15	喷射混凝土护坡	m^3/m^2	
			16	现浇混凝土挡土墙	m^3/m	
			17	加筋土挡土墙	m^3/m	
			18	浆砌片石挡土墙	m^3/m	
			19	浆砌块石挡土墙	m^3/m	
				…		
		5		路面工程	m^2	
			1	碎石垫层	m^2	
			2	砂砾垫层	m^2	
			3	石灰稳定类底基层	m^2	
			4	水泥稳定类底基层	m^2	

续上表

项	目	节	细目	工程或费用名称	单　位	备　注
			5	石灰粉煤灰稳定类底基层	m^2	
			6	级配碎（砾）石底基层	m^2	
			7	石灰稳定类基层	m^2	
			8	水泥稳定类基层	m^2	
			9	石灰粉煤灰稳定类基层	m^2	
			10	级配碎（砾）石基层	m^2	
			11	水泥混凝土基层	m^2	
			12	透层、黏层、封层	m^2	
			13	沥青混凝土面层	m^2	
			14	改性沥青混凝土面层	m^2	
			15	沥青玛蹄脂碎石混合料面层	m^2	
			16	水泥混凝土面层	m^2	
			17	中央分隔带回填土	m^3	
			18	路缘石	m^3	
				…		
		6		涵洞工程	m/道	
			1	钢筋混凝土管涵	m/道	
			2	倒虹吸管	m/道	
			3	盖板涵	m/道	
			4	箱涵	m/道	
			5	拱涵	m/道	
		7		桥梁工程	m^2/m	
			1	天然基础	m^3	
			2	桩基础	m^3	
			3	沉井基础	m^3	
			4	桥台	m^3	
			5	桥墩	m^3	
			6	上部构造	m^3	
				…		
		8		通道	m/处	
六				隧道工程	km/座	按隧道名称分目，并注明其形式
	1			××隧道	m	按明洞、洞门、洞身开挖、衬砌等分节
		1		洞门及明洞开挖	m^3	
			1	挖土方	m^3	
			2	挖石方	m^3	
				…		

续上表

项	目	节	细目	工程或费用名称	单　位	备　注
		2		洞门及明洞修筑	m^3	
			1	洞门建筑	m^3/座	
			2	明洞衬砌	m^3/m	
			3	遮光棚(板)	m^3/m	
			4	洞口坡面防护	m^3	
			5	明洞回填	m^3	
				…		
		3		洞身开挖	m^3/m	
			1	挖土石方	m^3	
			2	注浆小导管	m	
			3	管棚	m	
			4	锚杆	m	
			5	钢拱架(支撑)	t/榀	
			6	喷射混凝土	m^3	
			7	钢筋网	t	
				…		
		4		洞身衬砌	m^3	
			1	现浇混凝土	m^3	
			2	仰拱混凝土	m^3	
			3	管、沟混凝土	m^3	
				…		
		5		防水与排水	m^3	
			1	防水板	m^2	
			2	止水带、条	m	
			3	压浆	m^3	
			4	排水管	m	
				…		
		6		洞内路面	m^2	按不同的路面结构和厚度划分细目
			1	水泥混凝土路面	m^2	
			2	沥青混凝土路面	m^2	
				…		
		7		通风设施	m	按不同的设施划分细目
			1	通风机安装	台	
			2	风机启动柜洞门	个	
				…		
		8		消防设施	m	按不同的设施划分细目

续上表

项	目	节	细目	工程或费用名称	单 位	备 注
			1	消防室洞门	个	
			2	通道防火闸门	个	
			3	蓄(集)水池	座	
			4	喷防火涂料	m^2	
				…		
		9		照明设施	m	按不同的设施划分细目
			1	照明灯具	m	
				…		
		10		供电设施	m	按不同的设施划分细目
		11		其他工程	m	按不同的内容划分细目
			1	卷帘门	个	
			2	检修门	个	
			3	洞身及洞门装饰	m^2	
				…		
	2			××隧道	m	
七				公路设施及预埋管线工程	公路公里	
	1			安全设施	公路公里	按不同设施分节
		1		石砌护栏	m^3/m	
		2		钢筋混凝土防撞护栏	m^3/m	
		3		波形钢板护栏	m	按不同的形式划分细目
		4		隔离栅	km	按不同的材料划分细目
		5		防护网	km	
		6		公路标线	km	
		7		轮廓标	根	
		8		防眩板	m	
		9		钢筋混凝土护柱	根/m	
		10		里程碑、百米桩、公路界碑	块	
		11		各类标志牌	块	按不同的规格和材料划分细目
		12		…		
	2			服务设施	公路公里	按不同的设施分节
		1		服务区	处	按不同的内容划分细目
		2		停车区	处	按不同的内容划分细目
		3		公共汽车停靠站	处	按不同的内容划分细目
	3			管理、养护设施	公路公里	按不同的设施分节
		1		收费系统设施	处	按不同的内容划分细目
			1	设备安装	公路公里	

续上表

项	目	节	细目	工程或费用名称	单　位	备　注
			2	收费亭	个	
			3	收费天棚	m^2	
			4	收费岛	个	
			5	通道	m/道	
			6	预埋管线	m	
			7	架设管线	m	
				…		
		2		通信系统设施	公路公里	按不同的内容划分细目
			1	设备安装	公路公里	
			2	管道工程	m	
			3	人(手)孔	个	
			4	紧急电话平台	个	
				…		
		3		监控系统设施	公路公里	按不同内容划分细目
			1	设备安装	公路公里	
			2	光(电)缆敷设	km	
				…		
		4		供电、照明系统设施	公路公里	按不同内容划分细目
			1	设备安装	公路公里	
				…		
		5		养护工区	处	按不同内容划分细目
			1	区内道路	km	
				…		
		4		其他工程	公路公里	
			1	悬出路台	m/处	
			2	渡口码头	处	
			3	辅道工程	km	
			4	支线工程	km	
			5	公路交工前养护费	km	按附录一计算
八				绿化及环境保护工程	公路公里	
	1			撒播草种和铺植草皮	m^2	按不同内容分节
		1		撒播草种	m^2	按不同内容划分细目
		2		铺植草皮	m^2	按不同的内容划分细目
		3		绿地喷灌管道	m	按不同的内容划分细目
	2			种植乔、灌木	株	按不同的内容分节
		1		种植乔木	株	按不同的树种划分细目

续上表

项	目	节	细目	工程或费用名称	单　位	备　注
			1	高山榕	株	
			2	美人蕉	株	
				…		
		2		种植灌木	株	按不同的树种划分细目
			1	夹竹桃	株	
			2	月季	株	
				…		
		3		种植攀缘植物	株	
			1	爬山虎	株	
			2	葛藤	株	
				…		
		4		种植竹类植物	株	按不同的内容划分细目
		5		种植棕榈类植物	株	按不同的内容划分细目
		6		栽植绿篱	m	
		7		栽植绿色带	m^2	
	3			声屏障	m	按不同的内容划分
		1		消声板声屏障	m	
		2		吸音砖声屏障	m^3	
		3		砖墙声屏障	m^3	
				…		
	4			污水处理	处	按不同的内容分节
	5			取、弃土场防护	m^3	按不同的内容分节
				…		
九				管理、养护及服务房屋	m^2	
	1			管理房屋	m^2	
		1		收费站	m^2	
		2		管理站	m^2	
		3		…		
	2			养护房屋	m^2	按房屋名称分节
		1		…		
	3			服务房屋	m^2	按房屋名称分节
		1		…		
				第二部分　设备及工具、器具购置费	公路公里	
一				设备购置	公路公里	
	1			需安装的设备	公路公里	

续上表

项	目	节	细目	工程或费用名称	单　位	备　注
		1		监控系统设备	公路公里	按不同的设备分别计算
		2		通信系统设备	公路公里	按不同的设备分别计算
		3		收费系统设备	公路公里	按不同的设备分别计算
		4		供电照明系统设备	公路公里	按不同的设备分别计算
	2			不需安装的设备	公路公里	
		1		监控系统设备	公路公里	按不同的设备分别计算
		2		通信系统设备	公路公里	按不同的设备分别计算
		3		收费系统设备	公路公里	按不同的设备分别计算
		4		供电照明系统设备	公路公里	按不同的设备分别计算
		5		养护设备	公路公里	按不同的设备分别计算
二				工具、器具购置	公路公里	
三				办公及生活用家具购置	公路公里	
				第三部分　工程建设其他费用	公路公里	
一				土地征用及拆迁补偿费	公路公里	
二				建设项目管理费	公路公里	
	1			建设单位(业主)管理费	公路公里	
	2			工程质量监督费	公路公里	
	3			工程监理费	公路公里	
	4			工程定额测定费	公路公里	
	5			设计文件审查费	公路公里	
	6			竣(交)工验收试验监测费	公路公里	
三				研究试验费	公路公里	
四				建设项目前期工作费	公路公里	
五				专项评价(估)费	公路公里	
六				施工机构迁移费	公路公里	
七				供电贴费	公路公里	
八				联合试运转费	公路公里	
九				生产人员培训费	公路公里	
十				固定资产投资方向调节税	公路公里	
十一				建设期贷款利息	公路公里	
				第一、二、三部分　费用合计	公路公里	
				预备费用	元	
				1. 价差预备费	元	
				2. 基本预备费	元	预算实行包干时列系数包干费
				概(预)算总金额	元	
				其中:回收金额	元	
				公路基本造价	公路公里	

概(预)算总金额
建筑安装工程费
直接费
直接工程费
人工费
材料费
施工机械使用费
其他工程费
冬季施工增加费
雨季施工增加费
夜间施工增加费
特殊地区施工增加费
行车干扰工程施工增加费
施工标准化与措施费
临时设施费
施工辅助费
工地转移费
间接费
规费
养老保险费
失业保险费
医疗保险费
住房公积金
工伤保险费
企业管理费
基本费用
主副食运费补贴
职工探亲路费
职工取暖补贴
财务费用
利润
税金
设备、工具、器具及家具购置费
设备、工具、器具购置费
办公及生活用家具购置费
工程建设其他费
土地征用及拆迁补偿费
建设项目管理费
研究试验费
建设项目前期工作费
专项评价(估)费
施工机构迁移费
供电贴费
联合试运转费
生产人员培训费
固定资产投资方向调节税
建设期贷款利息
预备费
价差预备费
基本预备费

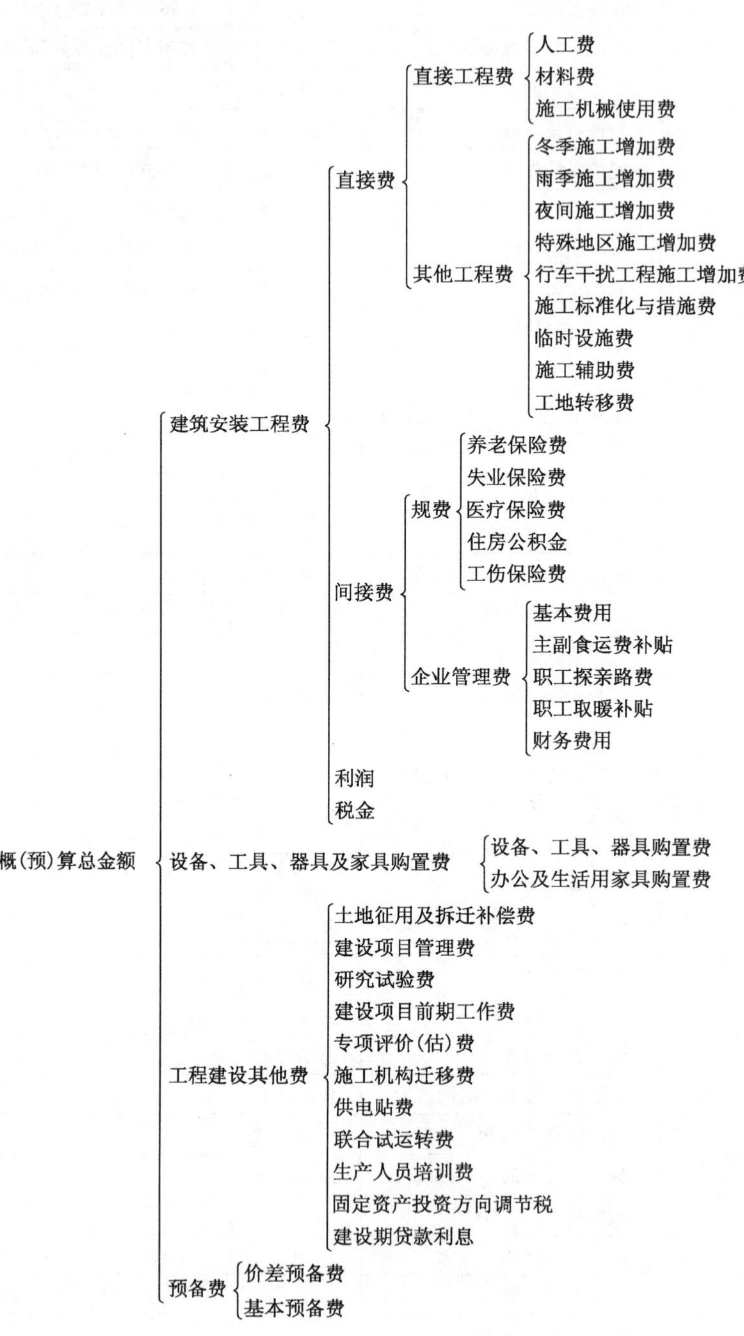

图4-3　概、预算费用组成

熟悉项目表,对于概、预算编制来讲是十分重要的。编制概、预算时,原则上应按项目表规定的项目序列编制,但当实际出现的工程和费用项目与项目表的内容不完全相符时,“部分”和“项”的序号保留不变,“目”、“节”和“细目”可随需要增减,并按项目表的顺序,以实际出现“目”、“节”、“细目”依次排列,不保留缺少“目”、“节”、“细目”的序号。路线建设项目中的互通式立体交叉、辅道、支线工程,如工程规模较大时,也可按概、预算表单独编制建筑安装工程费,然后将其概、预算建筑安装工程总额列入路线总概、预算表中相应的项目内。

三、概、预算费用组成

公路工程项目全部建设费用,以其基本造价表示。而公路或桥梁基本造价则由概(预)算总金额和回收金额构成。其中,概、预算总金额是由各种概、预算费用所组成。根据《概预算编制办法》的规定,公路基本建设工程概、预算费用组成如图 4-3 所示。

第二节 概、预算费用的计算

一、建筑安装工程费的计算

建筑安装工程费是直接用于形成工程实体所发生的费用,包括直接费、间接费、利润及税金。下面分别介绍各项费用的计算。

(一)直接费的计算

直接费由直接工程费、其他工程费组成。

1. 直接工程费

直接工程费是指施工过程中耗费的构成工程实体和有助于工程形成的各项费用,包括人工费、材料费、施工机械使用费。

1)人工费

人工费系指列入概、预算定额的,直接从事建筑安装工程施工的生产工人开支的各项费用,以概、预定额人工工日数和每工日人工费计算。

即:

$$人工费 = \sum(实物工程数量 \times 定额人工工日数 \times 人工费单价)$$

人工费中包括生产工人的基本工资、工资性津贴、辅助工资、职工福利费等。

(1)基本工资系指发放生产工人的基本工资、流动施工津贴和生产工人劳动保护费,以及为职工缴纳的养老、失业、医疗保险费和住房公积金等。生产工人劳动保护费系指按国家有关部门规定标准发放的劳动保护用品的购置费及修理费、徒工服装补贴、防暑降温费、在有碍身体健康环境中施工的保健费用等。

(2)工资性津贴系指按规定标准发放的物价补贴,煤、燃气补贴,交通费补贴,地区津贴等。地区生活补贴和工资性津贴系由各省、自治区、直辖市公路(交通)工程定额(造价管理)站根据当地人民政府的有关规定核定后公布执行,并抄送部公路工程定额站备案。

(3)生产工人辅助工资系指生产工人年有效施工天数以外非作业天数的工资,包括开会和执行必要的社会义务时间的工资,职工学习、培训期间的工资,调动工作、探亲、休假期间的工资，因气候影响停工期间的工资，女工哺乳时间的工资，病假在六个月以内的工资及产、婚、丧假期的工资。

（4）职工福利费系指按国家规定标准计提的职工福利费。

人工费标准按照本地区公路建设项目的人工工资统计情况并结合工种组成、定额消耗、最低工资标准以及公路建设劳务市场情况进行综合分析确定，由各省、自治区、直辖市交通运输厅（局、委）审批并公布。

人工费单价仅作为编制概、预算的依据，不作为施工企业实发工资的依据。

2）材料费

材料费是指施工过程中耗用的构成工程实体的原材料、辅助材料、构（配）件、零件和半成品、成品的用量以及周转材料的摊销量，按工程所在地的材料预算价格计算的费用。

即：

材料费 = ∑{实物工程数量 ×（定额材料用量 × 材料预算价格 + 其他材料费 + 设备摊销费）}

材料预算价格系指材料从来源地或交货地到达工地仓库或施工地点堆放材料地后的综合平均价格，因此，由材料的原价、运杂费、场外运输损耗、采购及仓库保管费四部分所组成。由于建筑材料的品种规格多、来源渠道多、工程种类多、施工分散点多，故根据公路建设工程的实践和以上的特点，不论用于哪类工程的材料，对构成材料预算价格的各个因素，一般均以一个建设项目为对象，作为综合计算的依据。这样有利于规范各类工程及其分部分项工程材料费的计算。材料预算价格的计算公式如下：

材料预算价格 =（材料原价 + 运杂费）×（1 + 场外运输损耗率）×（1 + 采购及仓库保管费率）－ 包装品的回收价值

（1）材料原价。公路建设工程所耗用的各种建筑材料，可分为外购材料、地方性材料和自采材料三部分，其材料原价可按下列要求计算。

①外购材料。外购材料主要是国家或地方的工业产品，如水泥、钢材、木材、沥青、油燃料、化工产品、民用爆破器材、五金及构配件等，应按工业产品出厂价格或供销部门的供应价格计算，若一种材料有多个价格，应取加权平均价，并根据实际情况加计供销部门手续费和包装费。

材料供销部门手续费是指材料不能向生产厂家直接采购订货供应，必须经过物资部门或供销部门供应时，按规定支付给物资部门或供销部门的附加手续费。供销部门手续费标准，应按国家规定计算。其计算式为：

供销部门手续费 = 原价 × 供销部门手续费率

或：

供销部门手续费 = 材料净重 × 供销部门手续费（元/t）

包装费是指为便于材料的运输或为保护材料免受损坏而进行包装所需要的费用，包括包装材料的折旧摊销及水运、陆运中的支撑、篷布摊销等费用。

凡由生产厂家负责包装者，其包装费已计入材料原价内的，不再另行计算包装材料费，并应扣回包装器材的回收价值。

如用户自备周转使用包装容器的，按下列公式计算包装费：

$$包装费 = \frac{包装材料原价 \times (1 - 回收率 \times 回收残值率) + 使用期维修费}{周转使用次数 \times 包装器材标准容量}$$

②地方性材料。地方性材料主要是当地乡镇等企业统一开采加工出售的石灰、砂、石等建筑材料，按实际调查价格或当地主管部门规定的预算价格计算。若品种规格与设计要求不符，

需要加工改制时，可参照《预算定额》中“材料采集及加工”的规定，增加其改制加工的费用，作为供应价格。

③自采材料。自采材料主要是由施工单位自行开采加工的砂、石、土及黏土等材料。根据建设工程沿线开采条件，按定额中开采单价加辅助生产间接费和矿产资源税(如有)计算。若开采的料场需开挖盖山土石方时，可将其综合分摊在料场价格内，以简化计算工作。至于发生的料场征地赔偿费和复耕费应计入征地补偿费中。

(2)运杂费。运杂费是指材料自供应点或产地至工地仓库或施工现场堆放材料的地点的一切费用，包括装卸费、运费，如有发生，还应计囤存费及其他杂费(如过磅、标签、支撑加固路桥通行等费用)。材料的运输流程可表示为图4-4。

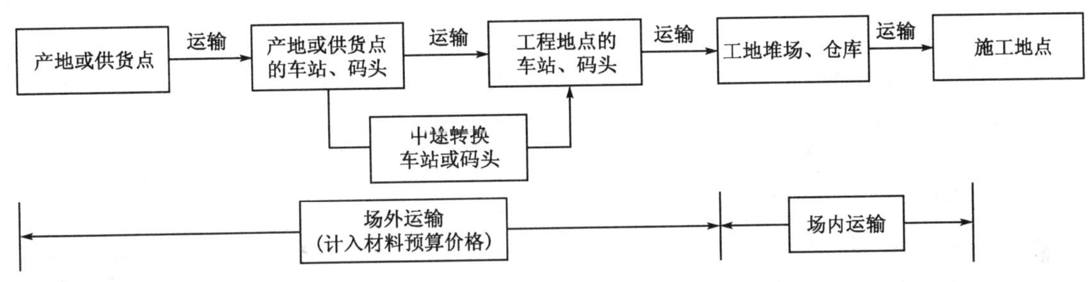

图4-4 材料的运输流程

运杂费的计算中，运距和运价的确定是关键。

运距的确定：从材料的运输流程图可见，运距应从材料来源地算到工地堆放地点，因此运距的确定其实关键是运距终点的取定。一般情况下，运距终点可根据施工组织设计中的施工平面规划来确定，如果施工组织设计不能提供工地仓库和堆料场位置时，路线工程材料终点里程为路线中心点里程桩号，大中桥或独立桥梁工程材料终点里程为桥梁中心桩号。

运价的确定：分社会运输和自办运输两种情况。社会运输即通过公路、铁路、水运等部门运输，按铁路、航运和当地交通部门规定的运价计算运费。自办运输是在施工企业根据公路建设项目所在地交通不便，社会运力缺乏的情况下，结合本企业运输能力而组织材料运输的一种运输方式。自办运输运费的确定应按概预算编制办法的规定进行。

①单程运距15km以上的长途汽车运输，按当地交通部门规定的统一运价计算运费。

②5～15km以内的汽车运输，按当地交通部门规定的统一运价计算运费。

③单程运距5km及以内的汽车运输以及人力场外运输，按预算定额计算运费，其中人力装卸和运输另按人工费加计辅助生产间接费。

④当工程所在地交通不便、社会运输力量缺乏时，如边远地区和某些山岭区，允许按当地交通部门规定的统一运价加50%计算运费。

注意事项：

第一，凡有容器或包装材料及长大轻浮材料，应按表4-2规定的毛重计算运杂费。桶装沥青、汽油、柴油按每吨摊销一个旧汽油桶计算包装费(不计回收)。

第二，一种建筑材料若有两个以上的供应点时，都应根据不同的运距、运量、运价采用加权平均法计算运杂费。但通常都先计算出加权平均运距，然后再计算费用，这样量价分离有利于规范材料运杂费的计算行为。若分标段编制工程造价文件时，则应以各标段作为计算加权平均运距的依据。同时，在按上述要求计算加权平均运距时，不得在工地仓库或堆料场之外，再加场内运输运距或二次倒运的运距，因为定额中已计入“工地小搬运”项目。

材料毛重系数及单位毛量表

表4-2

材料名称	单位	毛重系数	单位毛重
爆破材料	t	1.35	–
水泥、块状沥青	t	1.01	–
铁钉、铁件、焊条	t	1.10	–
液体沥青、液体燃料、水	t	桶装1.17，油罐车装1.00	–
木料	m^3	–	1.000t
草袋	个	–	0.004t

第三，由于公路运输的运价标准大都是按路况分等级制定的，当采用汽车运输时，要注意了解道路的路况，以便按道路等级分别计算运杂费。

第四，在各个运输环节中，过路、过桥、过闸（船舶）费，调车和驳船费，专用车辆运输增加费等，均应视同运费一并计算。至于装卸费要考虑不同的装卸方法、环节、次数以及物品的单件重量、危险物品等的不同计算规定。如钢筋一般都成捆以吊车进行装车，其装卸费就应按吊车装吊价格计算。

第五，砂、石材料的运输，无论是施工单位自办运输还是社会运输，原则上均应按当地交通运输部门规定的运价计算，其装卸费则应按《预算定额》中“材料运输”的相应装卸定额计算，采用人工装卸的应加计辅助生产间接费。若采用汽车台班定额计算时，应按相应规定执行，如长短途的界定等。

第六，在不能采用各种运输工具运输建筑材料的条件下，可按人工运输定额计算并加计辅助生产间接费。

运杂费的计算比较复杂繁琐，因为存在运输里程、运输方法、运价标准和计费方式的不同，而一般建筑材料又有多个运输环节，所以除应正确选择材料来源地以缩短运距外，还应综合考虑其他因素，如运输方式、运输条件是否方便等，这对降低材料预算价格有着特别重要的现实意义。

（3）场外运输损耗是指有些材料在正常的运输过程中会发生损耗，这部分损耗应摊入材料单价内。材料场外运输操作损耗率见表4-3。

材料场外运输操作损耗率表（%）

表4-3

材料名称		场外运输（包括一次装卸）	每增加一次装卸
块状沥青		0.5	0.2
石屑、碎砾石、砂砾、煤渣、工业废渣、煤		1.0	0.4
砖、瓦、桶装沥青、石灰、黏土		3.0	1.0
草皮		7.0	3.0
水泥（袋装、散装）		1.0	0.4
砂	一般地区	2.5	1.0
	多风地区	5.0	2.0

注：汽车运水泥如运距超过500km时，应增加损耗率，袋装为0.5%。

(4)材料采购及仓库保管费是指材料供应部门(包括工地仓库以及各处材料管理部门)在组织采购、供应和保管材料的过程中,所需的各项费用及工地仓库材料储存损耗。以材料原价与运杂费及场外运输损耗之和为基数,乘以采购保管费率计算。材料的采购及保管费费率为2.5%。

外购的构件、成品及半成品的预算价格,其计算方法与材料相同,但构件(如外购的钢桁梁、钢筋混凝土构件及加工钢材等半成品)的采购保管费率为1%。

商品混凝土预算价格的计算方法与材料相同,但其采购保管费率为0。

(5)包装品的回收价值。如主管部门有规定者,应按规定计算包装品的回收价值。例如公路工程概预算编制办法规定:桶装沥青、汽油、柴油按每吨摊销一个旧汽油桶计算包装费(不计回收)。如无规定时,可参考下列数据计算:

①用木材制品包装者,以70%的回收量,按包装材料原价的20%计算。

②用铁桶、铁皮、铁丝制品包装者,铁桶以95%,铁皮以50%,铁丝以20%的回收量,按包装材料原价的50%计算。

③用纸皮、纤维品包装者,以60%的回收量,按包装材料原价的50%计算。

④用草绳、草袋制品包装者,不计算回收价值。

包装费已计入材料原价的,其包装材料回收值应从材料价格中扣除。包装器材残值回收计算公式为:

$$包装器材残值回收费=\frac{包装器材原值\times 回收率\times 回收残值率}{包装器材标准容量}$$

3)施工机械使用费

施工机械使用费是指列入概、预算定额的施工机械台班数量,按相应机械台班费用定额计算的施工机械使用费和小型机具使用费,即:

$$机械使用费=\sum\{实物工程量\times(定额机械台班数量\times 机械台班预算价格+小型机具使用费)\}$$

施工机械台班预算价格,应按《机械台班费用定额》计算,不变费用包括折旧费、大修理费、经常修理费、安装拆卸及辅助设施费等;可变费用包括机上人员人工费、动力燃料费、养路费及车船使用税。可变费用中的人工工日数及动力燃料消耗量,应以机械台班费用定额中的数值为准。台班人工费工日单价同生产工人人工费单价。动力燃料费用则按材料费的计算规定计算。

在计算施工机械台班预算价格时,要注意以下几个问题:

(1)当工程用电为自发电时,电动机械每度(kW·h)电的预算价格,应按《机械台班费用定额》计算所选定的发电机组的台班预算价格,然后按下列近似公式进行换算确定。

$$A=0.24K/N$$

式中:A——每度(kW·h)电单价(元);

K——发电机组的台班单价(元);

N——发电机组的总功率(kW)。

若采用多台发电机组联合发电时,应将其价格和功率分别汇总,作为计算依据。

(2)当工程用电采用电网供电时,则应计算电能损耗。如从施工主降压、变压器的高压侧按电表计量收费时,要计算变配设备和配电线路的损耗,一般为6%~10%。线路质量好、供电距离短、用电负荷比较均匀时，采用低限值，反之则取高限值。若从电网供电变电站出线侧计量收费时，则还应计算主变压器高压侧的高压线路（指 35kV · A 及以上的电压等级）的损耗，一般为 4% ~6%；当两者都要计算时，其综合电能损耗应按 17% 计算。同时，要按国家对供电工程收取贴费的规定，计算施工临时用电贴费。此项费用可理解为供电价格的特殊附加收费，故可考虑将其综合分摊到每度（kW · h）电价内，这样更能如实反映各项工程的造价。

（3）当同时使用自发电和电网供电时，可按各自供电的电动机械的总功率所占的比重计算综合电价，也可按各自供电时间的长短作为计算综合电价的依据。

（4）运输机械的养路费、车船使用税和保险费，应按当地政府规定的征收范围和标准计算，其计算公式如下。

台班养路费、车船使用税和保险费 = [养路费（元/月 · t）× 吨位 × 12 + 车船使用税（元/年）× 吨位 + 保险费（元/年）] ÷ 年工作台班

年工作台班按《机械台班费用定额》计算。

在编制各设计阶段公路工程造价文件的过程中，除投资估算不需计算施工机械台班的预算价格外，其余都要分别编制人工、材料、施工机械台班的预算价格。其计算的原则、方法和表现形式都是一样的。其中，材料和施工机械台班的预算价格，是采用表格化的形式计算确定的。因此，特设置了三大计算表，即材料预算单价计算表、自采材料料场价格计算表、机械台班单价计算表，是工程造价文件的组成部分，在运作过程中，不得随意修改表格的形式和内容。人工、材料、施工机械台班预算价格，不论是编制哪个阶段的造价文件，都要取两位小数。

例 4-1：在编制某公路工程材料预算单价时，地方性材料考虑为施工企业自采加工。已知工程所在地政府主管部门发布的最低工资标准为 480 元/月，工资性津贴 55 元/人月，地区生活补贴不计。该地区公路工程造价站公布的几种常用建筑材料的预算价格如表 4-4 所示。根据施工组织设计，石料场至工地平均运距 100m，采用手推车运输，试计算片石的预算单价。

建筑材料预算单价表 表 4-4

材料规格或名称	单　位	预算单价（元）
汽油	kg	5.5
柴油	kg	5.0
空心钢钎	kg	7.0
合金钻头	个	30
硝铵炸药	kg	6
导火线	m	1
普通雷管	个	0.8
煤	t	265

解：据题意可知，片石采用施工企业自行开采的方式，因此片石预算价格中的供应价格应是料场价格（本例不计矿产资源税）。

即：　　片石原价 = 料场价格 = 定额开采价 + 辅助生产间接费

辅助生产间接费 = 开采人工费 × 5%

定额开采价应根据《预算定额》第八章“材料采集及加工”确定，查《预算定额》第八章“材

料采集及加工”,选定额 8-1-6 见表 4-6,可见除人工单价和空压机的台班预算单价应通过计算确定外,其他的材料单价题中已给出,因此先计算人工单价和空压机的台班预算单价,然后再计算定额开采价和片石的预算单价。

①计算人工单价:

人工预算单价(元/工日)=[基本工资(元/日)+地区生活补助(元/工日)+工资性津贴(元/月)]×(1+14%)×12(月)÷240(工日)

则人工单价=(480×1.2+55)×(1+14%)×12÷240=35.97 元/工日

②计算 $9\text{m}^3/\text{min}$ 机动空压机的台班预算单价:

查《机械台班费用定额》动力机械部分,见表 4-5,得 $9\text{m}^3/\text{min}$ 机动空压机的定额代号为 1 842,其台班费用如下。

不变费用:203.06 元/台班;

可变费用:人工 1 工日;

柴油 :60.34kg。

则:$9\text{m}^3/\text{min}$ 机动空压机台班单价=203.06+1×35.97+60.34×5.0=540.73(元/台班)

动 力 机 械 表 4-5

序 号			622	623	624	625	626
代号			1841	1842	1843	1844	1845
费用项目		单位	空气压缩机				
			机动				
			排气量(m^3/min)				
			6 以内	9 以内	12 以内	17 以内	40 以内
不变费用	折旧费	元	49.56	65.44	69.97	77.11	215.84
	大修理费	元	23.13	30.54	32.65	32.13	89.01
	经常修理费	元	80.72	106.58	113.95	112.13	275.93
	安拆及辅助费	元	0.45	0.50	0.75	3.08	4.63
	小计	元	153.86	203.06	217.32	224.45	585.41
可变费用	工人	工日	1	1	1	1	1
	汽油	kg					
	柴油	kg	43.89	60.34	70.63	96.00	226.29
	煤	kg					
	电	kW·h					
	水	t					
	木柴	kg					
	养路费及车船税	元					
基价		元	418.12	547.93	612.61	744.05	1 743.43

③计算片石料场单价:

片石采用机械开采,查《预算定额》第八章“材料采集及加工”,选定额 8-1-6-2,见表 4-6。

$$人工费=(39.2\times35.97)\div100=14.10\ 元/m^3$$

$$辅助生产间接费=人工费\times5\%=14.10\times5\%=0.71\ 元$$

$$材料费=\sum材料消耗指标\times材料预算单价$$
$$=(2.1\times7.0+3.0\times30+20.4\times6+52\times1+49\times0.8)\div100$$
$$=3.18\ 元/m^3$$

$$机械费=\sum机械台班消耗指标\times机械台班单价$$
$$=(1.31\times540.73+54.9)\div100$$
$$=7.63\ 元/m^3$$

$$片石料场单价=人工费+材料费+机械费+辅助生产间接费$$
$$=14.10+3.18+7.63+0.71$$
$$=25.62\ 元/m^3$$

8-1-6　开采片石、块石 表 4-6

工程内容　片石开采:打眼、爆破、撬石、锲开、解小、码方。　　捡清:撬石、解小、码方。

块石开采:打眼、爆破、楔开、劈石、铅筒、码方。　　捡清:选石、劈石、粗清、码方。

单位:$100m^3$ 码方

顺序号	项　目	单位	代号	片　石			块　石		
				人工开采	机械开采	捡清	人工开采	机械开采	捡清
				1	2	3	4	5	6
1	人工	工日	1	68.5	39.2	27.7	202.5	118.4	101.0
2	钢钎	kg	211	3.5	—	—	3.0	—	—
3	空心钢钎	kg	212	—	2.1	—	—	0.9	—
4	合金钻头	个	213	—	3.0	—	—	3.0	—
5	硝铵炸药	kg	841	20.4	20.4	—	11.9	11.9	—
6	导火线	m	842	52	52	—	36	36	—
7	普通雷管	个	845	49	49	—	35	35	—
8	煤	t	864	0.024	—	—	0.018	—	—
9	$9m^3/min$ 空压机	台班	1842	—	1.31	—	—	3.95	—
10	小型机具使用费	元	1998	—	54.9	—	—	165.3	—
11	基　价	元	1999	3 596	2 996	1 363	10 109	8 368	4 969

④计算片石预算单价:

片石原价即为料场单价:25.62 元/m^3。

运杂费计算如下:

查《预算定额》第九章“材料运输”选定额 9-1-2-7(表 4-7),片石装卸定额为 9-1-2-7,片石推运定额为 9-1-2-8。

9-1-2　手推车运输　　表 4-7

工程内容　1)装料;2)推运;3)卸料;4)空回。　　单位:100m³

顺序号	项目	单位	代号	土、砂、石屑		黏土		砂砾、碎(砾)石、碎(砾)石土		片石、大卵石	
				100m³							
				装卸	推运 10m	装卸	推运 10m	装卸	推运 10m	装卸	推运 10m
				1	2	3	4	5	6	7	8
1	人工	工日	1	9.1	0.7	11.2	0.7	13.1	0.8	17.3	1.0
2	基价	元	1999	448	34	551	34	645	39	851	49

则:　运杂费 = (17.3 × 35.97 + 1.0 × 10 × 35.97) ÷ 100 = 9.82 元/m³

$$\text{辅助生产间接费} = 9.82 \times 5\% = 0.49 \text{ 元}$$

$$\text{单位运杂费} = 9.82 + 0.49 = 10.31 \text{ 元/m}^3$$

$$\text{原价运杂费合计} = 25.62 + 10.31 = 35.93 \text{ 元/m}^3$$

片石场外运输损耗率为零,采保费率为 2.5%。

$$\text{采保费} = 35.93 \times 2.5\% = 0.90 \text{ 元}$$

则:　片石预算单价 = 35.93 + 0.90 = 36.83 元/m³

2. 其他工程费的计算

其他工程费系指直接工程费以外施工过程中发生的直接用于工程的费用,内容包括冬季施工增加费、雨季施工增加费、夜间施工增加费、特殊地区施工增加费、行车干扰工程施工增加费、施工标准化与安全措施费、临时设施费、施工辅助费、工地转移费等 9 项。公路工程中的水、电费及因场地狭小等特殊情况而发生的材料二次搬运等其他工程费已包括在概、预算定额中,不再另计。

由于其他工程费和间接费是根据规定的费用基数乘以规定的费率计算的,而工程项目内容千差万别,无法个别地按各具体工程项目来制定费率标准。因此,只能将性质相近的工程项目合并成若干类别来制定费率。

《概预算编制办法》规定,其他工程费、间接费取费标准的工程类别,可划分为如下 13 类。

(1)人工土方:指人工施工的路基、改河等土方工程,以及人工施工的砍树、挖根、除草、平整场地、挖盖山土等工程项目,并适用于无路面的便道工程。

(2)机械土方:指机械施工的路基、改河等土方工程,以及机械施工的砍树、挖根、除草等工程项目。

(3)汽车运输:指汽车、拖拉机、机动翻斗车等运送的路基、改河土(石)方、路面基层和面料混合料、水泥混凝土及预制构件、绿化苗木等。购买路基填料的费用不作为其他工程费和间接费的计算基数。

(4)人工石方:指人工施工的路基、改河等石方工程,以及人工施工的挖盖山石项目。

(5)机械石方:指机械施工的路基、改河等石方工程(机械打眼即属机械施工)。

(6)高级路面:指沥青混凝土路面、厂拌沥青碎石路面和水泥混凝土路面的面层。

(7)其他路面:指除高级路面以外的其他路面的面层,各等级路面的基层、底基层、垫层、透层、黏层、封层,采用结合料稳定的路基和软土等特殊路基处理等工程,以及有路面的便道工程。

(8)构造物Ⅰ:指无夜间施工的桥梁、涵洞、防护(包括绿化)及其他工程,交通工程及沿线设施工程(设备安装及金属标志牌、防撞钢护栏、防眩板(网)、隔离栅、防护网除外),以及临时工程中的便桥、电力电信线路、轨道铺设等工程项目。

(9)构造物Ⅱ:指有夜间施工的桥梁工程。

(10)构造物Ⅲ:指商品混凝土(包括沥青混凝土和水泥混凝土)的浇筑和外购构件及设备的安装工程。商品混凝土和外购构件及设备的费用不作为其他工程费和其他工程费和间接费的计算基数。

(11)技术复杂大桥:指单孔跨径在120m以上(含120m)和基础水深在10m以上(含10m)的大桥主桥部分的基础、下部和上部工程。

(12) 隧道:指隧道工程的洞门及洞内土建工程。

(13)钢材及钢结构:指钢桥及钢索吊桥的上部构造,钢沉井、钢围堰、钢套箱及钢护筒等基础工程,钢索塔,钢锚箱,钢筋及预应力钢材,模数式及橡胶板式伸缩缝,钢盆式橡胶支座,四氟板式橡胶支座,金属标志牌、防撞钢护栏、防眩板(网)、隔离栅、防护网等工程项目。

购买路基填料的费用不作为其他工程费和间接费的计算基数。

其他工程费和间接费费用定额适用于交通运输部直属公路施工企业和各省、自治区、直辖市直属公路施工企业。地区(州)、市、县所属公路施工企业的其他工程费和间接费费用定额,由各省、自治区、直辖市交通厅(局)根据本地区具体情况自行制定,但费用内容应与本定额一致,且不得高于本定额的费率。

1)冬季施工增加费

(1)冬季施工增加费的含义与气温划分

冬季施工增加费系指按照《公路施工及验收规范》所规定的冬季施工要求,为保证工程质量和安全生产所需采取的防寒保温设施、工效降低和机械作业率降低以及技术操作过程的改变等所增加的有关费用。

冬季施工增加费的内容包括:

①因冬季施工所需增加的一切人工、机械与材料的支出。

②施工机具所需修建的暖棚(包括拆、移),增加油脂及其他保温设备费用。

③因施工组织设计确定,需增加的一切保温、加温及照明等有关支出。

④与冬季施工有关的其他各项费用,如清除工作地点的冰雪等费用。

冬季施工增加费与工程所在地区有关。在《概预算编制办法》附录七中列有“全国冬季施工气温区划分表”,气温区划分为冬一区(包括Ⅰ、Ⅱ副区)、冬二区(包括Ⅰ、Ⅱ副区)、冬三区、冬四区、冬五区、冬六区、准一区、准二区。只要知道工程所在的省和县名,即可在附录八中查得工程所属的气温区。若当地气温资料与附录七中划定的冬季气温区划分有较大出入时,可按当地气温资料以及《概预算编制办法》的划分标准来确定工程所在地的冬季气温区。

冬季气温区的划分是根据气象部门提供的满15年以上的气温资料确定的。每年秋冬第一次连续5d出现室外日平均温度在5℃以下,日最低温度在-3℃以下的第一天算起,至第二年春夏最后一次连续5d出现同样温度的最末一天为冬季期。冬季期内平均气温在-1℃以上者为冬一区,-1~-4℃者为冬二区,-4~-7℃者为冬三区,-7~-10℃者为冬四区,-10~-14℃者为冬五区,-14℃以下为冬六区。冬一区内平均气温低于0℃的连续天数在70d以内的为Ⅰ副区,70d以上的为Ⅱ副区,冬二区内平均气温低于0℃的连续天数在100d以内的为Ⅰ副区,100d以上的为Ⅱ副区。

气温高于冬一区,但砖石混凝土工程施工须采取一定措施的地区为准冬季区,准冬季区分两个副区,简称准一区、准二区。凡一年内日最低气温在0℃以下的天数多于20d的,日平均气温在0℃以下的天数少于15d的为准一区,多于15d的为准二区。

(2)费率与计算

冬季施工增加费,对于一个建设项目来说,是以各类工程的直接工程费之和为基数,按工程所在地的气温区选用表4-8所列费率计算。

冬季施工增加费费率表 表4-8

工程类别 \ 气温	冬季期平均温度(℃)								准一区	准二区
	-1以上		-1~-4		-4~-7	-7~-10	-10~-14	-14~以下		
	冬一区		冬二区		冬三区	冬四区	冬五区	冬六区		
	Ⅰ	Ⅱ	Ⅰ	Ⅱ						
人工土方	0.28	0.44	0.59	0.76	1.44	2.05	3.07	4.61	—	—
机械土方	0.43	0.67	0.93	1.17	2.21	3.14	4.71	7.07	—	—
汽车运输	0.08	0.12	0.17	0.21	0.40	0.56	0.84	1.27	—	—
人工石方	0.06	0.10	0.13	0.15	0.30	0.44	0.65	0.98	—	—
机械石方	0.08	0.13	0.18	0.21	0.42	0.61	0.91	1.37	—	—
高级路面	0.37	0.52	0.72	0.81	1.48	2.00	3.00	4.50	0.06	0.16
其他路面	0.11	0.20	0.29	0.37	0.62	0.80	1.20	1.80	—	—
构造物Ⅰ	0.34	0.49	0.66	0.75	1.36	1.84	2.76	4.14	0.06	0.15
构造物Ⅱ	0.42	0.60	0.81	0.92	1.67	2.27	3.40	5.10	0.08	0.19
构造物Ⅲ	0.83	1.18	1.60	1.81	3.29	4.46	6.69	10.03	0.15	0.37
技术复杂大桥	0.48	0.68	0.93	1.05	1.91	2.58	3.87	5.81	0.08	0.21
隧道	0.10	0.19	0.27	0.35	0.58	0.75	1.12	1.69	—	—
钢材及钢结构	0.02	0.05	0.07	0.09	0.15	0.19	0.29	0.43	—	—

编制概、预算时要注意:

①建设项目不论是否在冬季施工,均按规定标准计列冬季施工增加费,采用全年平均摊销的方法。

②一条路线工程,在穿过两个以上气温区时,可分段计算或按各区的工程量比例求得全线的平均增加率,计算冬季施工增加费。

③冬季施工增加费在概、预算表格中不直接出现,而是将其费率纳入另外几项其他工程费费率,组成“其他工程费综合费率Ⅰ”,然后再将“其他工程费综合费率Ⅰ”乘以直接工程费来形成其他工程费Ⅰ(其他工程费中各项费用的计算基数有两种,因此,把其他工程费的综合费率分为综合费率Ⅰ和综合费率Ⅱ,以直接工程费分别乘以综合费率Ⅰ和综合费率Ⅱ,形成其他工程费Ⅰ和其他工程费Ⅱ,其他工程费为其他工程费Ⅰ与其他工程费Ⅱ之和)。

在编制概、预算时,首先根据取费工程分类,将各类工程的冬季施工增加费率均列入04表,形成“综合费率”中的一种;其次在08-2表中将根据工程类别选取的“其他工程费综合费率Ⅰ”乘以工程细目的直接工程费,则可形成工程细目的其他工程费Ⅰ;最后将各工程细目的其他工程费累计起来就形成了项目的其他工程费,这其中就包含了冬季施工增加费。

2)雨季施工增加费

(1)雨季施工增加费的含义和雨量区、雨季期的划分

雨季施工增加费系指雨季期间施工为保证工程质量和安全生产所需采取的防雨、排水、防潮和防护措施，工效降低和机械作业率降低以及技术作业过程的改变等，所需增加的有关费用。

雨季施工增加的内容包括：

①因雨季施工所需增加的工、料、机费用的支出，包括工作效率的降低及易被雨水冲毁的工程所增加的工作内容等(如基坑坍塌和排水沟等堵塞的清理、路基边坡冲沟的填补等)。

②路基土方工程的开挖和运输，因雨季施工(非土壤中水影响)而引起的黏附工具，降低工效所增加的费用。

③因防止雨水必须采取防护措施的费用，如挖临时排水沟、防止基坑坍塌所需的支撑、挡板等费用。

④材料因受潮、受湿的损耗费用。

⑤增加防雨、防潮设备的费用。

⑥其他有关雨季施工所需增加的费用，如因河水高涨致使工作困难而增加的费用等。

在《概预算编制办法》附录八中列有“全国雨季施工雨量区及雨季期划分表”。该表是根据气象部门满15年以上的降雨资料确定的。雨量区划分为Ⅰ区、Ⅱ区两类，凡月平均降雨天数在10d以上，月平均日降雨量在3.5～5mm之间者为Ⅰ区，月平均日降雨量在5mm以上者为Ⅱ区。若当地气象资料与附录八所划定的雨量区、雨季期出入较大者，可按当地气象资料及《概预算编制办法》所述划分标准，确定工程所在地的雨量区、雨季期。

(2)费率和计算

雨季施工增加费，以各类工程的直接工程费之和为基数，按工程所在地的雨量区、雨季期选用表4-9所列费率计算。

编制概、预算时要注意：

(1)不论工程是否在雨季期施工，均应计列雨季施工增加费。

(2)一条路线通过几个雨量区或雨季期时，应分别计算雨季施工增加费，或按工程量比例求得平均增加率来计算全线雨季施工增加费。

(3)其费率纳入“综合费率Ⅰ”，然后以综合费率乘以直接工程费之和，与另外几种其他工程费一起共同形成工程细目的其他工程费Ⅰ。其计算方法与冬季施工增加费相同。室内管道及设备安装工程不计雨季施工增加费。

3)夜间施工增加费

(1)夜间施工增加费的含义

夜间施工增加费系根据设计、施工的技术要求和合理的施工进度要求，必须在夜间连续施工而发生的工效降低、夜班津贴以及有关照明设施(包括所需照明设施的安拆、摊销、维修及油燃料、电)等增加的费用。

(2)费率及计算

夜间施工增加费按夜间施工工程项目(如桥梁工程项目包括上、下部构造全部工程)的直接工程费之和为基数，乘以表4-10所列费率计算。

雨季施工增加费费率表

表 4-9

工程类别 \ 雨量区 \ 雨季期月数(月)	1	1.5	2		2.5		3		3.5		4		4.5		5		6		7	8
	Ⅰ	Ⅰ	Ⅰ	Ⅱ	Ⅰ	Ⅱ	Ⅰ	Ⅱ	Ⅰ	Ⅱ	Ⅰ	Ⅱ	Ⅰ	Ⅱ	Ⅰ	Ⅱ	Ⅰ	Ⅱ	Ⅱ	Ⅱ
人工土方	0.04	0.05	0.07	0.11	0.09	0.13	0.11	0.15	0.13	0.17	0.15	0.20	0.17	0.23	0.19	0.26	0.21	0.31	0.36	0.42
机械石方	0.04	0.05	0.07	0.11	0.09	0.13	0.11	0.15	0.13	0.17	0.15	0.20	0.17	0.23	0.19	0.27	0.22	0.32	0.37	0.43
汽车运输	0.04	0.05	0.07	0.11	0.09	0.13	0.11	0.16	0.13	0.19	0.15	0.22	0.17	0.25	0.19	0.27	0.22	0.32	0.37	0.43
人工石方	0.02	0.03	0.05	0.07	0.06	0.09	0.07	0.11	0.08	0.13	0.09	0.15	0.10	0.17	0.12	0.19	0.15	0.23	0.27	0.32
机械石方	0.03	0.04	0.06	0.10	0.08	0.12	0.10	0.14	0.12	0.16	0.14	0.19	0.16	0.22	0.18	0.25	0.2	0.29	0.34	0.39
高级路面	0.03	0.04	0.06	0.10	0.08	0.13	0.10	0.15	0.12	0.17	0.14	0.19	0.16	0.22	0.18	0.25	0.2	0.29	0.34	0.39
其他路面	0.03	0.04	0.06	0.09	0.08	0.12	0.09	0.14	0.10	0.16	0.12	0.18	0.14	0.21	0.16	0.24	0.19	0.28	0.32	0.37
构造物Ⅰ	0.03	0.04	0.05	0.08	0.06	0.09	0.07	0.11	0.08	0.13	0.10	0.15	0.12	0.17	0.14	0.19	0.16	0.23	0.27	0.31
构造物Ⅱ	0.03	0.04	0.05	0.08	0.07	0.10	0.08	0.12	0.09	0.14	0.11	0.16	0.13	0.18	0.15	0.21	0.17	0.25	0.30	0.34
构造物Ⅲ	0.06	0.08	0.11	0.17	0.14	0.21	0.17	0.25	0.20	0.30	0.23	0.35	0.27	0.40	0.31	0.45	0.35	0.52	0.60	0.69
技术复杂大桥	0.03	0.05	0.07	0.10	0.08	0.12	0.10	0.14	0.12	0.16	0.14	0.19	0.16	0.22	0.18	0.25	0.2	0.29	0.34	0.39
隧道	—	—	—	—	—	—	—	—	—	—	—	—	—	—	—	—	—	—	—	—
钢材及钢结构	—	—	—	—	—	—	—	—	—	—	—	—	—	—	—	—	—	—	—	—

夜间施工增加费费率表(%)　　表 4-10

工程类别	费率	工程类别	费率
构造物Ⅱ	0.35	技术复杂大桥	0.35
构造物Ⅲ	0.70	钢材及钢结构	0.35

注:设备安装工程及金属标志牌、防撞钢护栏、防眩板(网)、隔离栅、防护网等不计夜间施工增加费。

编制概、预算时,夜间施工增加费也是通过 04 表和 08-2 表联合计算出来的,也是与其他各种其他工程费一起综合反映在“其他工程费”中。

4)特殊地区施工增加费

特殊地区施工增加费包括高原地区施工增加费、风沙地区施工增加费和沿海地区施工增加费三项。

(1)高原地区施工增加费

①高原地区施工增加费的含义

高原地区施工增加费,系指在海拔 1 500m 以上地区施工,由于受气候、气压影响,致使人工、机械效率降低而增加的费用。

②费率及计算方法

高原地区施工增加费,以各类工程人工费和机械使用费之和为基数,按表 4-11 所列费率计算。

高原地区施工增加费费率表　　表 4-11

工程类别	海拔高度(m)							
	1 501 ~ 2 000	2 001 ~ 2 500	2 501 ~ 3 000	3 001 ~ 3 500	3 501 ~ 4 000	4 001 ~ 4 500	4 501 ~ 5 000	5 000 以上
人工土方	7.00	13.25	19.75	29.75	43.25	60.00	80.00	110.00
机械土方	6.56	12.60	18.66	25.60	36.05	49.08	64.72	83.80
汽车运输	6.50	12.50	18.50	25.00	35.00	47.5	62.5	80.00
人工石方	7.00	13.25	19.75	29.75	43.25	60.00	80.00	110.00
机械石方	6.71	12.82	19.03	27.01	38.50	52.80	69.92	92.72
高级路面	6.58	12.61	18.69	25.72	36.26	49.41	65.17	84.58
其他路面	6.73	12.84	19.07	27.15	38.74	53.17	70.44	93.60
构造物Ⅰ	6.87	13.06	19.44	28.56	41.18	56.86	75.61	102.47
构造物Ⅱ	6.77	12.90	19.17	27.54	39.41	54.18	71.85	96.03
构造物Ⅲ	6.73	12.85	19.08	27.19	38.81	53.27	70.57	93.84
技术复杂大桥	6.70	12.81	19.01	26.94	38.37	52.61	69.65	92.27
隧道	6.76	12.9	19.16	27.50	39.35	54.09	71.72	95.81
钢材及钢结构	6.78	12.92	19.20	27.66	39.62	54.50	72.30	96.80

在编制概、预算时,要注意工程项目所在地的海拔高度是否在 1 500m 以上,切勿漏列;对工程细目的工程类别,也要正确选定。

(2)风沙地区施工增加费

①风沙地区施工增加费的含义

风沙地区施工增加费系指在沙漠地区施工时，由于受风沙影响，按照施工及验收规范的要求，为保证工程质量和安全生产而增加的有关费用。内容包括防风、防沙及气候影响的措施费，材料费，人工、机械效率降低增加的费用，以及积沙、风蚀的清理修复等费用。

风沙地区的划分，根据《公路自然区划标准》、“沙漠地区公路建设成套技术研究报告”的公路自然区划和沙漠公路区别，结合风沙地区的气候状况将风沙地区分为三区九类，半干旱、半湿润沙地为风沙一区，干旱、极干旱寒冷沙漠地区为风沙二区，极干旱炎热沙漠地区为风沙三区；根据覆盖度（沙漠中植被、戈壁等覆盖度）又将每区分为固定沙漠（覆盖度>50%）、半固定沙漠（覆盖度10%~50%）、流动沙漠（覆盖度<10%）三类，覆盖度由工程勘察设计人员在公路工程勘察设计时确定。

编制概、预算时要注意：

a. 全国风沙地区公路施工区划分见《概预算编制办法》附录九。若当地气象资料及自然特征与《概预算编制办法》附录九中的风沙地区划分有较大出入时，由工程所在省、自治区、直辖市公路（交通）工程造价（定额）管理站按当地气象资料和自然特征及上述划分标准确定工程所在地的风沙区划，并抄送交通运输部公路司备案。

b. 一条路线穿过两个以上（含两个）不同风沙区时，按路线长度经过不同的风沙区加权计算项目全线风沙地区施工增加费。

②费率及计算方法

风沙地区施工增加费以各类工程的人工费和机械使用费之和为基数，根据工程所在地的风沙区划及类别，按表4-12所列费率计算。

风沙地区施工增加费费率表（%） 表4-12

工程类别 \ 风沙区划	风沙一区			风沙二区			风沙三区		
	沙漠类型								
	固定	半固定	流动	固定	半固定	流动	固定	半固定	流动
人工土方	6.00	11.00	18.00	7.00	17.00	26.00	11.00	24.00	37.00
机械石方	4.00	7.00	12.00	5.00	11.00	17.00	7.00	15.00	24.00
汽车运输	4.00	8.00	13.00	5.00	12.00	18.00	8.00	17.00	26.00
人工石方	—	—	—	—	—	—	—	—	—
机械石方	—	—	—	—	—	—	—	—	—
高级路面	0.50	1.00	2.00	1.00	2.00	3.00	2.00	3.00	5.00
其他路面	2.00	4.00	7.00	3.00	7.00	10.00	4.00	10.00	15.00
构造物Ⅰ	4.00	7.00	12.00	5.00	11.00	17.00	7.00	16.00	24.00
构造物Ⅱ	—	—	—	—	—	—	—	—	—
构造物Ⅲ	—	—	—	—	—	—	—	—	—
技术复杂大桥	—	—	—	—	—	—	—	—	—
隧道	—	—	—	—	—	—	—	—	—
钢材及钢结构	1.00	2.00	4.00	1.00	3.00	5.00	2.00	5.00	7.00

（3）沿海地区工程施工增加费

沿海地区工程施工增加费系指工程项目在沿海地区施工，受海风、海浪和潮汐的影响，致使人工、机械效率降低等所需增加的费用。本项费用由沿海各省、自治区、直辖市交通厅(局)制定具体的适用范围(地区),并抄送部公路工程定额站备案。

沿海地区工程施工增加费,以各类工程的直接工程费之和为基数,按表4-13所列费率计算。

沿海地区工程施工增加费费率表(%) 表4-13

工程类别	费率	工程类别	费率
构造物Ⅱ	0.15	技术复杂大桥	0.15
构造物Ⅲ	0.15	钢材及钢结构	0.15

5)行车干扰工程施工增加费

(1)行车干扰工程施工增加费的含义

行车干扰工程施工增加费,指由于边施工边维持通车,受行车干扰的影响,致使人工、机械效率降低而增加的费用。

(2)计算方法及费率表

行车干扰工程施工增加费,以受行车影响部分工程项目的人工费和机械使用费之和为基数,按表4-14所列费率计算。

行车干扰工程施工增加费费率表(%) 表4-14

工程类别	施工期间平均每昼夜双向行车次数(汽车、兽力车合计)							
	51~100	101~500	501~1 000	1 001~2 000	2 001~3 000	3 001~4 000	4 001~5 000	5 000以上
人工土方	1.64	2.46	3.28	4.10	4.76	5.29	5.86	6.44
机械土方	1.39	2.19	3.00	3.89	4.51	5.02	5.56	6.11
汽车运输	1.36	2.09	2.85	3.75	4.35	4.84	5.36	5.89
人工石方	1.66	2.40	3.33	4.06	4.71	5.24	5.81	6.37
机械石方	1.16	1.71	2.38	3.19	3.70	4.12	4.56	5.01
高级路面	1.24	1.87	2.50	3.11	3.61	4.01	4.45	4.88
其他路面	1.17	1.77	2.36	2.94	3.41	3.79	4.20	4.62
构造物Ⅰ	0.94	1.41	1.89	2.36	2.74	3.04	3.37	3.71
构造物Ⅱ	0.95	1.43	1.90	2.37	2.75	3.06	3.39	3.72
构造物Ⅲ	0.95	1.42	1.90	2.37	2.75	3.05	3.38	3.72
技术复杂大桥	—	—	—	—	—	—	—	—
隧道	—	—	—	—	—	—	—	—
钢材及钢结构	—	—	—	—	—	—	—	—

由于该增加费用以受行车影响部分工程项目的人工费和机械使用费之和为计算基数,所以如何区分受行车影响部分的工程,是正确计算该费用的核心。特别是对于不设便道的半幅施工半幅通车的工程、在原路线一侧加宽改建扩建工程等,均应作具体分析,以确定是否可以按局部工程计列该增加费用。另外,还应考虑交通流量的分流导致交通流量的降低,这也是在取定费率时应考虑的。

6)安全及文明施工措施费

(1)安全及文明施工措施费系指工程施工期间为满足安全生产、施工标准化、规范化、精细化所发生的费用。该费用不包括施工期间为保证交通安全而设置的临时安全设施和标志、标牌的费用,需要时,应根据设计要求计算。该费用也不包括预制场、拌和站、临时便道、临时便桥的施工标准化费用,应根据施工组织标准化要求单独计算。

(2)费率及计算方法

安全及文明施工措施费以各类工程的直接工程费之和为基数,按表4-15所列费率计算。

安全及文明施工措施费费率表(%) 表4-15

工程类别	费率	工程类别	费率
人工土方	0.7	构造物Ⅰ	0.85
机械土方	0.7	构造物Ⅱ	0.92
汽车运输	0.25	构造物Ⅲ	1.85
人工石方	0.7	技术复杂大桥	1.01
机械石方	0.7	隧道	0.86
高级路面	1.18	钢材及钢结构	0.63
其他路面	1.20		

7)临时设施费

(1)临时设施费的含义

临时设施费系指施工企业为进行建筑安装工程施工所必需的生活和生产用的临时建筑物、构筑物和其他临时设施及其标准化的费用等,但不包括概、预算定额中的临时工程在内。

临时设施包括:临时生活及居住房屋(包括职工家属房屋及探亲房屋)、文化福利及公用房屋(如广播室、文体活动室等)和生产、办公房屋(如原材料、半成品、成品存放场及库房、加工厂、钢筋加工场、发电站、变电站、空压机站、停机棚等),工地范围内的各种临时工作便道(包括汽车、畜力车、人力车道)、人行便道,工地临时用水、用电的水管支线和电线支线,临时构筑物(如水井、水塔等)以及其他小型临时设施。

临时设施费用内容包括:临时设施的搭设、维修、拆除费或摊销费。

(2)临时设施费计算方法及费率

临时设施费以各类工程的直接工程费之和为基数,按表4-16所列费率计算。

临时设施费费率表(%) 表4-16

工程类别	费率	工程类别	费率
人工土方	1.73	构造物Ⅰ	2.92
机械土方	1.56	构造物Ⅱ	3.45
汽车运输	1.01	构造物Ⅲ	6.39
人工石方	1.76	技术复杂大桥	3.21
机械石方	2.17	隧道	2.83
高级路面	2.11	钢桥钢材及钢结构	2.73
其他路面	2.06		

(3)临时设施用工数量

为进行建安工程的施工必须具有临时设施,临时设施所需费用在“临时设施费”中已计算，临时设施的搭设、维修、拆除等所需的人工数量也应反映在概、预算文件中。

临时设施用工指标在表4-17中列出，其计算办法为：

路线工程用工数量 = 路线长度(km) × 用工指标

独立大中桥工程用工数量 = 桥面面积($100m^2$) × 用工指标

式中：路线长度——设计路线总里程(km)；

桥面面积——按每座桥全桥面积计。

临时设施用工指标表 表4-17

项　目	路　线　(1km)					独立大中桥($100m^2$桥面)
	公路等级					
	高速公路	一级公路	二级公路	三级公路	四级公路	
工日	2 340	1 160	340	160	100	60

根据上述计算办法求出的用工数不另计入预算单价，而是供统计人工工数等用。临时用工数量，可在02表中填入计算结果，不必在辅助表格中计算。

8）施工辅助费

(1)定义

施工辅助费，指生产工具用具使用费、检验试验费和工程定位复测、工程点交、场地清理等费用。了解各费用内容对于施工中会计核算和编制竣工决算很有必要。

生产工具用具使用费，是指施工所需不属于固定资产的生产工具、检验用具、试验用具等的购置、摊销和维修费，以及支付给工人自备工具的补贴费。检验试验费，是指对建筑材料、构件和建筑安装工程进行一般鉴定、检查所发生的费用，包括自设试验室进行试验所耗用的材料和化学药品的费用，以及技术革新和研究试验费，但不包括新结构、新材料的试验费和建设单位要求对具有出厂合格证明的材料进行检验、对构件破坏性试验及其他特殊要求检验的费用。

(2)费率表和计算方法

施工辅助费以各类工程的直接工程费之和为基数，按表4-18所列费率计算。

该增加费也是通过04表和08-2表联合计算出来的，与前述的各种其他工程费的计算方式一样。

施工辅助费费率表(%) 表4-18

工程类别	费率	工程类别	费率	工程类别	费率
人工土方	0.89	高级路面	0.80	技术复杂大桥	1.68
机械土方	0.49	其他路面	0.74	隧　道	1.23
汽车运输	0.16	构造物Ⅰ	1.30	钢材及钢结构	0.56
人工石方	0.85	构造物Ⅱ	1.56		
机械石方	0.46	构造物Ⅲ	3.03		

9）工地转移费

(1)定义

工地转移费系指施工企业根据建设任务的需要，由已竣工的工地或后方基地迁至新工地的搬迁费用。其内容包括：

①施工单位全体职工及随职工迁移的家属向新工地转移的车费、家具行李运费、途中住宿费、行程补助费、杂费及工资与工资附加费等。

②公物、工具、施工设备器材、施工机械的运杂费，以及外租机械的往返费及本工程内部各工地之间施工机械、设备、公物、工具的转移费等。

③非固定工人进退场及一条路线中各工地转移的费用。

(2)费率表和计算方法

工地转移费以各类工程的直接工程费之和为基数，按表4-19所列费率计算。

工地转移费费率表(%) 表4-19

工程类别	工地转移距离(km)					
	50	100	300	500	1 000	每增加100
人工土方	0.15	0.21	0.32	0.43	0.56	0.03
机械土方	0.50	0.67	1.05	1.37	1.82	0.08
汽车运输	0.31	0.40	0.62	0.82	1.07	0.05
人工石方	0.16	0.22	0.33	0.45	0.58	0.03
机械石方	0.36	0.43	0.74	0.97	1.28	0.06
高级路面	0.61	0.83	1.30	1.70	2.27	0.12
其他路面	0.56	0.75	1.18	1.54	2.06	0.10
构造物Ⅰ	0.56	0.75	1.18	1.54	2.06	0.11
构造物Ⅱ	0.66	0.89	1.40	1.83	2.45	0.13
构造物Ⅲ	1.31	1.77	2.77	3.62	4.85	0.25
技术复杂大桥	0.75	1.01	1.58	2.06	2.76	0.14
隧道	0.52	0.71	1.11	1.45	1.94	0.10
钢材及钢结构	0.72	0.97	1.51	1.97	2.64	0.13

转移距离以工程承包单位(如工程处、工程公司等)转移前后驻地距离或两路线中点的距离为准；编制概、预算时，如施工单位不明确时，高速、一级公路及独立大桥、隧道按省会(自治区首府)至工地的里程，二级及以下公路按地区(市、盟)至工地的里程计算工地转移费；工地转移里程数在表列里程之间时，费率可内插计算。工地转移距离在50km以内的工程不计取本项目费用。

以上介绍了九种其他直接工程费的费用标准和计算方法，但必须指出，与冬季、雨季、夜间施工增加费相应的增加工数，也必须在概、预算中反映出来，下面就介绍这个问题。

10)冬季、雨季及夜间施工增加工数的计算

在概、预算的其他直接工程费计算出费用之后，还必须计算冬季、雨季及夜间施工所增加的人工数。

(1)冬季施工增加工数

冬季施工增加的人工数量以概、预算工数之和乘以表4-20所列冬季施工增工百分率。

冬雨季施工增工百分率表(%) 表4-20

项 目	雨季施工（雨量区）		冬季施工							
			冬一区		冬二区		冬三区	冬四区	冬五区	冬六区
	Ⅰ	Ⅱ	Ⅰ	Ⅱ	Ⅰ	Ⅱ				
路线	0.30	0.45	0.70	1.00	1.40	1.80	2.40	3.00	4.50	6.75
独立大中桥	0.30	0.45	0.30	0.40	0.50	0.60	0.80	1.00	1.50	2.25

注：冬雨季施工增加工数以各类工程概、预算工数之和为依据，表中雨季施工增工百分率为每个雨季月的增加率，如雨季期（不是施工期）为两个半月时，表列数值乘2.5，余类推。夜间施工增加工按夜间施工工程项目概、预算工数的4%计算。

（2）雨季施工增加工数

雨季施工增加的人工数量，以概、预算工数之和乘以表4-20中雨季施工增工百分率再乘以雨季期的月数，即：

$$雨季施工增加工数 = 工数之和 \times 费率 \times 雨季期月数$$

（3）夜间施工增加工数

夜间施工增加的人工数，按概、预算夜间施工的工程项目的工数乘以4%计算。由以上介绍可得出：

$$直接费 = 直接工程费 + 其他工程费$$

（二）间接费的计算

间接费由规费和企业管理费组成。

1）规费

规费系指法律、法规、规章、规程规定施工企业必须缴纳的费用（简称规费），包括：

（1）养老保险费，是指施工企业按规定标准为职工缴纳的基本养老保险费。

（2）失业保险费，是指施工企业按国家规定标准为职工缴纳的失业保险费。

（3）医疗保险费，是指施工企业按规定标准为职工缴纳的基本医疗保险费和生育保险费。

（4）住房公积金，是指施工企业按规定标准为职工缴纳的住房公积金。

（5）工伤保险费，是指施工企业按规定标准为职工缴纳的工伤保险费。

各项规费以各类工程的人工费之和为基数，按国家或工程所在地法律、法规、规章、规程规定的标准计算。

2）企业管理费

企业管理费由基本费、主副食运费补贴、职工探亲路费、职工取暖补贴和财务费用五项。

（1）基本费用

企业管理费基本费用是指施工企业为组织施工生产和经营管理所需的费用，内容包括：

①管理人员的工资，是指管理人员的基本工资、工资性补贴、职工福利费、劳动保护费以及缴纳的养老、失业、医疗、生育、工伤保险费和住房公积金等。

②办公费，是指企业办公用的文具、纸张、账表、印刷、邮电、书报、会议、水、电、烧水和集体取暖（包括现场临时宿舍取暖）用煤（气）等费用。

③差旅交通费，是指职工因公出差和工作调动（包括随行家属的旅费）的差旅费、住勤补助费、市内交通费、误餐补助费、职工探亲路费、劳动力招募费、职工离退休、退职一次性路费、

工伤人员就医路费以及管理部门使用的交通工具的油料、燃料、养路费及牌照费。

④固定资产使用费，是指管理和试验部门及附属单位使用的属于固定资产的房屋、设备、仪器等的折旧、大修理、维修费或租赁费等。

⑤工具用具使用费，是指管理使用的不属于固定资产的工具、器具、家具、交通工具和检验、试验、测绘、消防用具等的购置、维修和摊销费。

⑥劳动保险费，是指企业支付离退休职工的异地安家补助费、职工退休金、六个月以上的病假人员工资、职工死亡丧葬补助费、抚恤费、按规定支付给离退休干部的各项经费。

⑦工会经费，是指企业按职工工资总额计提的工会经费。

⑧职工教育经费，是指企业为职工学习先进技术和提高文化水平。按职工工资总额计提的费用。

⑨保险费，是指企业财产保险、管理用车辆等保险费用。

⑩工程保修费，是指工程竣工交付使用后，在规定保修期以内的修理费用。

⑪工程排污费，是指施工现场按规定交纳的排污费用。

⑫税金，是指企业按规定缴纳的房产税、车船使用税、土地使用税、印花税等。

⑬其他，是指上述项目以外的其他必要的费用支出，包括技术转让费、技术开发费、业务招待费、绿化费、广告费、投标费、公证费、定额测定费、法律顾问费、审计费、咨询费等。

基本费用以各类工程的直接费之和为基数，按表4-21所列费率计算。

基本费用费率表（%） 表4-21

工程类别	费率	工程类别	费率
人工土方	3.36	构造物Ⅰ	4.44
机械土方	3.26	构造物Ⅱ	5.53
汽车运输	1.44	构造物Ⅲ	9.79
人工石方	3.45	技术复杂大桥	4.72
机械石方	3.28	隧道	4.22
高级路面	1.91	钢桥上部	2.42
其他路面	3.28		

（2）主副食运费补贴

主副食费补贴是指施工企业在远离城镇及乡村的野外施工购买生活必需品所需的费用。该费用以各类工程的直接费之和为基数，按表4-22所列费率计算。

主副食运费补贴费费率表（%） 表4-22

工程类别	综合里程（km）											
	1	3	5	8	10	15	20	25	30	40	50	每增加10
人工土方	0.17	0.25	0.31	0.39	0.45	0.56	0.67	0.76	0.89	1.06	1.22	0.16
机械土方	0.13	0.19	0.24	0.30	0.35	0.43	0.52	0.59	0.69	0.81	0.95	0.13
汽车运输	0.14	0.20	0.25	0.32	0.37	0.45	0.55	0.62	0.73	0.86	1.00	0.14
人工石方	0.13	0.19	0.24	0.30	0.34	0.42	0.51	0.58	0.67	0.80	0.92	0.12
机械石方	0.12	0.18	0.22	0.28	0.33	0.41	0.49	0.55	0.65	0.76	0.89	0.12
高级路面	0.08	0.12	0.15	0.20	0.22	0.28	0.33	0.38	0.44	0.52	0.60	0.08

续上表

工程类别	综合里程(km)											
	1	3	5	8	10	15	20	25	30	40	50	每增加 10
其他路面	0.09	0.12	0.15	0.20	0.22	0.28	0.33	0.38	0.44	0.52	0.61	0.09
构造物Ⅰ	0.13	0.18	0.23	0.28	0.32	0.40	0.49	0.55	0.65	0.76	0.89	0.12
构造物Ⅱ	0.14	0.20	0.25	0.30	0.35	0.43	0.52	0.60	0.70	0.83	0.96	0.13
构造物Ⅲ	0.25	0.36	0.45	0.55	0.64	0.79	0.96	1.09	1.28	1.51	1.76	0.24
技术复杂大桥	0.11	0.16	0.20	0.25	0.29	0.36	0.43	0.49	0.57	0.68	0.79	0.11
隧道	0.11	0.16	0.19	0.24	0.28	0.34	0.42	0.48	0.56	0.66	0.77	0.10
钢材及钢结构	0.11	0.16	0.20	0.26	0.30	0.37	0.44	0.50	0.59	0.69	0.80	0.11

注:1. 综合里程 = 粮食运距 ×0.06 + 燃料运距 ×0.09 + 蔬菜运距 ×0.15 + 水运距 ×0.70;粮食、燃料、蔬菜、水的运距均为全线平均运距。

2. 综合里程数在表列里程之间时,费率可内插。

3. 综合里程在 1km 以内的工程不计取本项费用。

(3)职工探亲路费

职工探亲路费是指按照有关规定施工企业在探亲期间发生的往返车船费、市内交通费和途中住宿费等费用。该费用以各类工程的直接费之和为基数,按表 4-23 所列费率计算。

职工探亲路费费率表(%) 表 4-23

工程类别	费率	工程类别	费率
人工土石	0.10	构造物Ⅰ	0.29
机械土方	0.22	构造物Ⅱ	0.34
汽车运输	0.14	构造物Ⅲ	0.55
人工石方	0.10	技术复杂大桥	0.20
机械石方	0.22	隧道	0.27
高级路面	0.14	钢材及钢结构	0.16
其他路面	0.16		

(4)职工取暖补贴

职工取暖补贴是指按规定发放给职工的冬季取暖费或在施工现场设置的临时取暖设施的费用。该费用以各类工程的直接费之和为基数,按工程所在地的气温区(见《概预算编制办法》附录七)选用表 4-24 所列费率计算。

职工取暖补贴费费率表(%) 表 4-24

工程类别	气温区						
	准二区	冬一区	冬二区	冬三区	冬四区	冬五区	冬六区
人工土方	0.03	0.06	0.10	0.15	0.17	0.26	0.31
机械土方	0.06	0.13	0.22	0.33	0.44	0.55	0.66
汽车运输	0.06	0.12	0.21	0.31	0.41	0.51	0.62
人工石方	0.03	0.06	0.10	0.15	0.17	0.25	0.31
机械石方	0.05	0.11	0.17	0.26	0.35	0.44	0.53

续上表

工程类别	气温区						
	准二区	冬一区	冬二区	冬三区	冬四区	冬五区	冬六区
高级路面	0.04	0.07	0.13	0.19	0.25	0.31	0.38
其他路面	0.04	0.07	0.12	0.18	0.24	0.30	0.36
构造物Ⅰ	0.06	0.12	0.19	0.28	0.36	0.46	0.56
构造物Ⅱ	0.06	0.13	0.20	0.30	0.41	0.51	0.62
构造物Ⅲ	0.11	0.23	0.37	0.56	0.74	0.93	1.13
技术复杂大桥	0.05	0.10	0.17	0.26	0.34	0.42	0.51
隧道	0.04	0.08	0.14	0.22	0.28	0.36	0.43
钢材及钢结构	0.04	0.07	0.12	0.19	0.25	0.31	0.37

(5)财务费用

财务费用是指施工企业为筹集资金而发生的各项费用,包括企业经营期间发生的短期贷款利息净支出、汇兑净损失、调剂外汇手续费、金融机构手续费,以及企业筹集资金发生的其他财务费用。财务费用以各类工程的直接费之和为基数,按表4-25所列费率计算。

财务费用费率表(%) 表4-25

工程类别	费率	工程类别	费率
人工土方	0.23	构造物Ⅰ	0.37
机械土方	0.21	构造物Ⅱ	0.40
汽车运输	0.21	构造物Ⅲ	0.82
人工石方	0.22	技术复杂大桥	0.46
机械石方	0.20	隧道	0.39
高级路面	0.27	钢材及钢结构	0.48
其他路面	0.30		

3)辅助生产间接费

(1)辅助生产间接费的内容

辅助生产间接费是指由施工单位自行开采加工的砂、石等自采材料及施工单位自办的人工装卸和运输的间接费。辅助生产间接费不直接出现在概、预算中,而是将其并入材料预算单价之内构成材料费。

(2)辅助生产间接费计算

辅助生产间接费,按辅助生产人工费的5%计列。高原地区施工单位的辅助生产,可按其他工程费中高原地区施工增加费费率,以直接工程费为基数计算高原地区施工增加费(其中:人工采集、加工材料、人工装卸、运输材料按人工土方费率计算;机械采集、加工材料按机械石方费率计算;机械装、运输材料按汽车运输费率计算)。辅助生产高原地区施工增加费不作为辅助生产间接费的计算基数。

（三）利润、税金

1. 利润

利润是指施工企业完成所承包工程应取得的盈利，利润按直接费与间接费之和扣除规费的7%计算。

2. 税金

税金是指按国家税法规定应计入建筑安装工程造价内的营业税，城市维护建设税及教育费附加。

计算公式：

$$综合税金额=(直接费+间接费+利润)\times 综合税率$$

（1）纳税地点在市区的企业，综合税率为：

$$综合税率(\%)=\left(\frac{1}{1-3\%-3\%\times 7\%-3\%\times 3\%}-1\right)\times 100=3.41\%$$

（2）纳税地点在县城、乡城的企业，综合税率为：

$$综合税率(\%)=\left(\frac{1}{1-3\%-3\%\times 5\%-3\%\times 3\%}-1\right)\times 100=3.35\%$$

（3）纳税地点不在市区、县城、乡镇的企业，综合税率为：

$$综合税率(\%)=\left(\frac{1}{1-3\%-3\%\times 1\%-3\%\times 3\%}-1\right)\times 100=3.22\%$$

（四）公路交工前养护费和绿化工程费

在《概预算编制办法》的概、预算项目表中第一部分第七项 4 目 5 细目和第八项，列有公路交工前养护费和绿化及环境工程两个工程项目，这两个项目虽然也属于建安费中的工程项目，但其计算方法却比较特殊。

1. 公路交工前养护费

公路交工前养护费，是指对路线工程陆续完工的路段，在路段交工初验时止，以路面为主包括路基、构造物在内的养护费用。

1）养护费指标

公路交工前养护费指标，按工程的全线里程及平均养护月数，以下列标准计算：

（1）三、四级公路养护费按 60 工日/（月 · km）计算。

（2）二级及以上公路养护费按 30 工日/（月 · km）计算。

2）养护费用计算

按路面工程类别，以其人工费为基数计算其他工程费和间接费。

本项费用应在 08-2 表立项计算，然后转入 03 表计算其建安费。

3）养护用工计算

公路交工前养护用工，也需要在概、预算中反映，但不再计入单价。公路交工前养护用工数量，按上述指标标准，以路线里程及平均养护月数之乘积计算。公路交工前养护用工数量应在 02 表中单列分项计算。

2. 绿化工程费

绿化工程，是属于建安费的工程项目。凡新建、改建路线工程，应计绿化工程费。绿化工程应由施工单位负责在适宜的气候条件下完成。绿化工程费是按路线总里程，以下列绿化补助费指标计算（注：本指标仅适用于无绿色设计的二级以下等级公路建设项目）：

（1）平原微丘区为 5 000 元/km。

（2）山岭重丘区为 1 000 元/km。

若为改建公路，按上列指标的 80% 计。

由于以上指标内已包括其他工程费和间接费，故编制概、预算时，不再计列。绿化工程费，先在 08-2 表中计算，再转入 03 表计算建安费。

（五）建筑安装工程费的计算程序和方法

公路工程建筑安装工程费的编制，是按照实物量法的计价方法进行的，是由单个到总体，即按照分项工程、分部工程、工程项目，逐项计算，层层汇总，可以用下述一系列的公式来表达。

（1）分项工程（又称工程细目）建筑安装工程费。如路基土方，要按人工挖运松土、普通土、硬土，或推土机推运松土、普通土、硬土等，分别逐项进行计算，其计算式为：

①直接工程费（即工、料、机费）= 分项工程量 × 工、料、机定额消耗 × 相应的预算价格

②其他工程费 = 直接工程费 × 其他工程费综合费率

或　　其他工程费 = 人工费和机械费之和 × 其他工程费综合费率

③直接费 = 直接工程费 + 其他工程费

④间接费 = 人工费 × 规费综合费率 + 直接费 × 企业管理费综合费率

⑤利润 =（直接费 + 间接费 − 规费）× 利润率

⑥税金 =（直接费 + 间接费 + 利润）× 综合税率

⑦建筑安装工程费 = 直接费 + 间接费 + 利润 + 税金

（2）分部工程的建筑安装工程费，是指将上述人工挖松土、普通土、硬土综合为人工土方一项。不过这种综合，要根据项目表的规定和要求与建设工程的实际情况来确定，其综合的内容，就是将各分项工程的各种材料和机械台班数量及其各项金额分别进行汇总。

（3）工程项目的建筑安装工程费，是指将各分部工程的建筑安装工程费进一步汇总，如将人工土方和机械土方综合为土方一项，其汇总的内容，亦要包括各种实物量（工、料、机）和各种金额。

（4）最后将各工程项目的金额进行汇总，就是建筑安装工程费。建筑安装工程费的编制工作至此就算全部完成。

从以上所述可以看出，建筑安装工程费的编制，是一个比较细致而繁琐的计算过程。因此，为了科学而有序地进行这一计算工作，特设置了以实物量法为表现形式的计算表格，表头为编制范围、工程名称及页数，留有填写位置；表内横向为填写有关分项工程的名称、单位、数量等资料，并分为定额、数量、金额三栏；纵向则填列人工、各种材料和施工机械，以及各项费用等数据资料。在概、预算文件中为“分项工程概（预）算表”（08-2 表）。为了便于汇总各项费用和了解费用的构成情况，以积累造价资料，在概预算文件中，还规定了一种“建筑安装工程费计算表”（03 表），除将各项费用列出外，还要计算其价格，如果是实行概预算承包，其价格就是工程结算价。表内各项数据资料，基本上是由“分项工程概（预）算表”转抄过来的，故该

表实际上是一种费用汇总表。上述表式详见《概预算编制办法》。计算建筑安装工程费时，人工、各种材料和机械台班的数量，应取一位小数，金额以元为单位可取整数。

二、设备、工具、器具及家具购置费的计算

（一）设备购置费

1. 费用内容

设备购置费，是指为满足公路的营运、管理、养护需要购置的达到固定资产标准的设备和虽低于固定资产标准但属于设计明确列入设备清单的设备费用，包括渡口设备，隧道照明、消防、通风的动力设备，高等级公路的收费、监控、通信、供电设备，养护用的机械、设备和工具、器具等的购置费用。

2. 计算办法

设备购置费应由设计单位列出计划购置清单（包括设备的规格、型号、数量），以设备原价加综合业务费和运杂费按下式计算：

设备购置费 = 设备原价 + 运杂费（运输费 + 装卸费 + 搬运费）+ 运输保险费 + 采购及保管费

需要安装的设备，应在第一部分建筑安装工程费的有关项目内加计安装工程费用。

设备与材料的划分标准见《概预算编制办法》附录六。

（1）国产设备原价的构成及计算

国产设备的原价一般是指设备制造厂的交货价，即出厂价或订货合同价。它一般根据生产厂或供应商的询价、报价、合同价确定，或采用一定的方法计算确定。原价包括出厂价、按专业标准规定在运输过程中不受损失的一般包装费、手续费，及按产品设计规定配带的工具、附件和易损件的费用，即：

设备原价 = 出厂价（或供货地点价）+ 包装费 + 手续费

（2）进口设备原价的构成及计算

进口设备的原价是指进口设备的抵岸价，即抵达买方边镜港口或边境车站，且交完关税为止形成的价格，即：

进口设备原价 = 货价 + 国际运费 + 运输保险费 + 银行财务费 + 外贸手续费 + 关税 + 增值税 + 消费税 + 商检费 + 检疫费 + 车辆购置附加费

①货价：一般指装运港船上交货价（FOB，习惯称离岸价）。设备货价分为原币货价和人民币货价，原币货价一律折算为美元表示，人民币货价按原币货价乘以外汇市场美元兑换人民币的中间价确定。进口设备货价按有关生产厂商询价、报价、订货合同价计算。

②国际运费，即从装运港（站）到达我国抵达港（站）的运费，即：

国际运费 = 原币货价（FOB 价）× 运费费率

我国进口设备大多采用海洋运输，小部分采用铁路运输，个别采用航空运输。运费费率参照有关部门或进出口公司的规定执行，海运费费率一般为 6%。

③运输保险费。对外贸易货物运输保险是由保险人（保险公司）与被保险人（出口人或进口人）订立保险契约，在被保险人交付议定的保险费后，保险人根据保险契约的规定对货物在

运输过程中发生的承保责任范围内的损失给予经济上的补偿。这是一种财产保险。计算公式为：

运输保险费 = [原币货价(FOB 价) + 国际运费] ÷ (1 - 保险费费率) × 保险费费率

保险费费率是按保险公司规定的进口货物保险费费率计算，一般为 0.35%。

④银行财务费，一般指中国银行手续费，可按下式简化计算：

银行财务费 = 人民币货价(FOB 价) × 银行财务费费率

银行财务费费率一般为 0.4% ~0.5%。

⑤外贸手续费，指按规定计取的外贸手续费，计算公式为：

外贸手续费 = [人民币货价(FOB 价) + 国际运费 + 运输保险费] × 外贸手续费费率

外贸手续费费率一般为 1% ~1.5%。

⑥关税，指海关对进出国境或关境的货物和物品征收的一种税，计算公式为：

关税 = [人民币货价(FOB 价) + 国际运费 + 运输保险费] × 进口关税税率

进口关税税率按我国海关总署发布的进口关税税率计算。

⑦增值税，是对从事进口贸易的单位和个人，在进口商品报关进口后征收的税种。按《中华人民共和国增值税条例》的规定，进口应税产品均按组成计税价格和增值税税率直接计算应纳税额，即：

增值税 = [人民币货价(FOB 价) + 国际运费 + 运输保险费 + 关税 + 消费税] × 增值税税率

增值税税率根据规定的税率计算，目前进口设备适用的税率为 17%。

⑧消费税，对部分进口设备(如轿车、摩托车等)征收，一般计算公式为：

应纳消费税额 = [人民币货价(FOB 价) + 国际运费 + 运输保险费 + 关税] ÷ (1 - 消费税税率) × 消耗费税率

消耗税税率根据规定的税率计算。

⑨商检费，指进口设备按规定付给商品检查部门和进口设备检验鉴定费，其计算公式为：

商检费 = [人民币货价(FOB 价) + 国际运费 + 运输保险费] × 商检费费率

商检费费率一般为 0.8%。

⑩检疫费，指进口设备按规定付给商品检疫部门的进口设备检验鉴定费，其计算公式为：

检疫费 = [人民币货价(FOB 价) + 国际运费 + 运输保险费] × 检疫费费率

检疫费费率一般为 0.17%。

⑪车辆购置附加费，指进口车辆需缴纳的进口车辆购置附加费，计算公式为：

进口车辆购置附加费 = [人民币货价(FOB 价) + 国际运费 + 运输保险费 + 关税 + 消费税 + 增值税] × 进口车辆购置附加费费率

在计算进口设备原价时，应注意工程项目的性质，有无按国家有关规定减免进口环节税的可能。

(3)设备运杂费的构成及计算

国产设备运杂费指由设备制造厂交货地点起至工地仓库(或施工组织设计指定的需要安装设备的堆放地点)止所发生的运费和装卸费；进口设备运杂费指由我国到岸港口或边境车站起至工地仓库(或施工组织设计指定的需要安装设备的堆放地点)止所发生的运费和装卸费，其计算公式为：

运杂费 = 设备原价 × 运杂费费率

设备运杂费费率见表4-26。

设备运杂费费率 表4-26

运输里程(km)	100以内	101~200	201~300	301~400	401~500	501~750	751~1 000	1 001~1 250	1 251~1 500	1 501~1 750	1 751~2 000	2 000以上每增250
费率(%)	0.8	0.9	1.0	1.1	1.2	1.5	1.7	2.0	2.2	2.4	2.6	0.2

(4)设备运输保险费的构成及计算

设备运输保险费指国内运输保险费,其计算公式为:

运输保险费 = 设备原价 × 保险费费率

设备运输保险费费率一般为1%。

(5)设备采购及保管费的构成及计算

设备采购及保管费指采购、验收、保管和收发设备所发生的各种费用,包括设备采购人员、保管人员和管理人员的工资、工资附加费、办公费、差旅交通费,设备部门办公和仓库所占固定资产使用费、工具用具使用费、劳动保护费、检验试验费等,其计算公式为:

采购及保管费 = 设备原价 × 采购及保管费费率

需要安装的设备的采购保管费费率为2.4%,不需要安装的设备的采购保管费费率为1.2%。

(二)工器具及生产家具(简称工器具)购置费

工器具购置费指建设项目交付使用后为满足初期正常营运必须购置的第一套不构成固定资产的设备、仪器、仪表、工卡模具、器具、工作台(框、架、柜)等的费用。不包括构成固定资产的设备、工器具和备品、备件,已列入设备购置费中的专用工具和备品、备件。

(三)办公及生活用家具购置费

办公及生活用家具购置费指为保证新建、改建项目初期正常生产、使用和管理所必须购置的办公和生活用家具、用具的费用。

其具体范围包括:行政、生产部门的办公室、会议室、资料档案室、阅览室、单身宿舍及生活福利设施等的家具、用具。办公和生活用家具购置费按表4-27的规定计算。

办公和生活用家具购置费标准表 表4-27

工程所在地	路线(元/km)				有看桥房的独立大桥(元/座)	
	高速公路	一级公路	二级公路	三、四级公路	一般大桥	技术复杂大桥
内蒙古、黑龙江、青海、新疆、西藏	21 500	15 600	7 800	4 000	24 000	60 000
其他省、自治区、直辖市	17 500	14 600	5 800	2 900	198 00	49 000

注:改建工程按表列数80%计。

三、工程建设其他费用的计算

(一)土地征用及拆迁补偿费

土地征用及拆迁补偿费系指按照《中华人民共和国土地管理法》及其《实施条例》、《中华人民共和国基本农田保护条例》等法律、法规的规定，为进行公路建设需征用土地所支付的土地征用及拆迁补偿费等费用。

1. 费用内容

(1)土地补偿费

指被征用土地地上、地下附着物及青苗补偿费，征用城市郊区的菜地等缴纳的菜地开发建设基金，租用土地费，耕地占用税，用地图编制费及勘界费，征地管理费等。

(2)征用耕地安置补助费

指征用耕地需要安置农业人口的补助费。

(3)拆迁补偿费

指被征用或占用土地上的房屋及附属构筑物、城市公用设施等拆除、迁建补偿费，拆迁管理费等。

(4)复耕费

指临时占用的耕地、鱼塘等，待工程竣工后将其恢复到原有标准所发生的费用。

(5)耕地开垦费

指公路建设项目占用耕地的，应由建设项目法人(业主)负责补充耕地所发生的费用；没有条件开垦或者开垦的耕地不符合要求的，按规定缴纳的耕地开费。

(6)森林植被恢复费

指公路建设项目需要占用、征用或者临时占用林地的，经县级以上林业主管部门审核同意或批准，建设项目法人(业主)单位按照有关规定向县级以上林业主管部门预缴的森林植被恢复费。

2. 计算方法

土地征用及拆迁补偿费应根据审批单位批准的建设工程用地和临时用地面积及其附着物的情况，以及实际发生的费用项目，按国家有关规定及工程所在地的省(自治区、直辖市)人民政府颁发的有关规定和标准计算。

森林植被恢复费应根据审批单位批准的建设工程占用林地的类型及面积，按国家有关规定及工程所在地的省(自治区、直辖市)人民政府颁发的有关规定和标准计算。

当与原有的电力电信设施、水利工程、铁路及铁路设施互相干扰时，应与有关部门联系，商定合理的解决方案和赔偿金额，也可由这些部门按规定编制费用以确定赔偿金赔偿金额。

(二)建设项目管理费

建设项目管理费包括建设单位(业主)管理费、工程监理费、设计文件审查费和竣(交)工验收试验检验费。

1. 建设单位(业主)管理费

1)费用内容

建设单位(业主)管理费是指建设单位(业主)为建设项目的立项、筹建、建设、竣(交)工验收、总结等工作所发生的管理费用，不包括应计入设备、材料预算价格的建设单位采购及保管设备、材料所需的费用。

费用内容包括：工作人员的工资、工资性补贴、施工现场津贴、社会保障费用(基本养老、基本医疗、失业、工伤保险）、住房公积金、职工福利费、工会经费、劳动保护费、办公费、差旅交通费、固定资产使用费（包括办公及生活房屋折旧、维修或租赁费、车辆折旧、维修、使用或租赁费，通信设备购置、使用费、测量、试验设备仪器折旧、维修或租赁费、其他设备折旧、维修或租赁费等）、零星固定资产购置费、招募生产工人费；技术图书资料费、职工教育经费、工程招标费（不含招标文件及招标控制价/标底或造价控制值编制费）；合同契约公证费、法律顾问费、咨询费、建设单位的临时设施费、完工清理费、竣（交）工验收费（含其他行业或部门要求的竣工验收费用）、各种税费（包括房产税、使船使用税、印花税）、建设项目审计费、境内外融资费用（不含建设期贷款利息）、业务招待费和其他管理费性开支。

由施工企业代替建设单位（业主）办理“土地、青苗等补偿费”的工作人员所发生的费用，应在建设单位（业主）管理费项目中支付。当建设单位（业主）委托有资质的单位代理招标时，其代理费应在建设单位（业主）管理费中支出。

2）计算办法

建设单位（业主）管理费以建筑安装工程费总额为基数，按表4-28所列费率，以累进办法计算。

（1）水深＞15m、跨度≥400m的斜拉桥和跨度≥800m的悬索桥等独立特大型桥梁工程的建设单位（业主）管理费按表4-28所列的费率乘以1.0～1.2的系数计算。

（2）海上工程（指由于风浪影响，工程施工期（不包括封冻期）全年月平均工作日少于15d的工程）的建设单位（业主）管理费按表4-28所列费率乘以1.0～1.3的系数计算。

建设单管理费费率表　　表4-28

第一部分　建筑安装工程费（万元）	费率（%）	算例（万元）	
		建筑安装工程费	建设单位（业主）管理费
500以下	3.48	500	500×3.48%＝17.4
501～1 000	2.73	1 000	17.4＋500×2.73%＝31.05
1 001～5 000	2.18	5 000	31.05＋4 000×2.18%＝118.25
5 001～10 000	1.84	10 000	118.25＋5 000×1.84%＝210.25
10 001～30 000	1.52	30 000	210.25＋20 000×1.52%＝514.25
30 001～50 000	1.27	50 000	514.25＋20 000×1.27%＝768.25
50 001～100 000	0.94	100 000	768.25＋50 000×0.94%＝1 238.25
100 001～150 000	0.76	150 000	1238.25＋50 000×0.76%＝1 618.25
150 001～200 000	0.59	200 000	1618.25＋50 000×0.59%＝1 913.25
200 001～300 000	0.43	300 000	1913.25＋100 000×0.43%＝2 343.25
300 000以上	0.32	310 000	2 343.25＋10 000×0.32%＝2 375.25

2. 工程监理费

工程监理费系指建设单位（业主）委托具有公路工程监理资格证书的单位，按施工监理办法进行全面的监督与管理所发生的费用。

费用内容包括：工作人员的基本工资、工资性津贴、社会保障费用（基本养老、基本医疗、失业、工伤保险）、住房公积金、职工福利费、工会经费、劳动保护费；办公费、会议费、差旅交通费、固定资产使用费(包括办公及生活房屋折旧、维修或租赁费,车辆折旧、维修、使用或租赁费,通信设备购置、使用费,测量、试验、检测设备仪器折旧、维修或租赁费、其他设备折旧、维修或租赁费等)、零星固定资产购置费、招募生产工人费;技术图书资料费、职工教育经费、投标费用;合同契约公证费、咨询费、业务招待费;财务费用、监理单位的临时设施费、各种税费和其他管理性开支。

工程监理费以定额建设安装工程费总额为基数,按表4-29所列费率计算。

工程监理费费率表 表4-29

工程类别	高速公路	一级及二级公路	三级及四级公路	桥梁及隧道
费率(%)	2.0	2.5	3.0	2.5

表4-29中的桥梁指水深>15m的斜拉桥和悬索桥等独立特大型桥梁工程;隧道指水下隧道工程。

建设单位(业主)管理费和工程监理费均为实施建设项目管理费用,执行时可根据建设单位(业主)和施工监理单位所实际承担的工作内容和工作量统筹使用。

3.设计文件审查费

设计文件审查费指国家和省级交通主管部门在项目审批前,为保证勘察设计工作的质量,组织有关专家或委托有资质的单位,对设计单位提交的建设项目可行性研究报告和勘察设计文件以及对设计变更、调整概算进行审查所需要的相关费用。

设计文件审查费以建筑安装工程费总额为基数,按0.1%计算。

4.竣(交)工验收试验检测费

竣(交)工验收试验检测费指在公路建设项目交工验收和竣工验收前,由建设单位(业主)或工程质量监督机构委托有资质的公路工程质量检测单位按照有关规定对建设项目的工程质量进行检测,并出具检测意见所需要的相关费用。

竣(交)工验收试验检测费按表4-30的规定计算。

竣(交)工验收试验检测费标准表 表4-30

项目	路线(元/公路公里)				独立大桥(元/座)	
	高速公路	一级公路	二级公路	三、四公路	一般大桥	技术复杂大桥
试验检测费	15 000	12 000	10 000	5 000	30 000	100 000

竣(交)工验收试验检测费高速公路、一级公路按四车道计算,二级及以下等级公路按两车道计算,每增加一条车道,按表4-30的费用增加10%。

(三)研究试验费

1.费用内容

研究试验费指为本建设项目提供或验证设计数据、资料进行必要的研究试验和按照设计规定在施工过程中必须进行试验所需的费用,以及支付科技果、先进技术的一次性技术转让费,不包括:

(1)应由科技三项费用(即新产品试制费、中间试验费和重要科学研究补助费)开支的项目。

(2)应由施工辅助费开支的施工企业对建筑材料、构件和建筑物进行一般鉴定、检查所发的费用及技术革新研究试验费。

(3)应由勘察设计费或建筑安装工程费用中开支的项目。

2. 计算方法

按照设计提出的研究试验内容和要求进行编制,不需验证设计基础资料的不计本项费用。

(四)建设项目前期工作费

1. 费用内容

建设项目前期工作费指委托勘察设计、咨询单位对建设项目进行可行性研究、工程勘察设计,以及设计、监理、施工招标文件及招标标底或造价控制值文件编制时,按规定应支付的费用,包括:

(1)编制项目建议书(或预可行性研究报告)、可行性研究报告、投资估算,以及相应的勘察、设计、专题研究等所需的费用。

(2)初步设计和施工图设计的勘察费(包括测量、水文调查、地质勘探等)、设计费、概(预)算及调整概算编制费等。

(3)设计、监理、施工招标文件及招标控制价/标底(或造价控制值或清单预算)文件编制费等。

2. 计算方法

依据委托合同计列,或按国家颁发的收费标准和有关规定进行编制。

(五)专项评价(估)费

专项评价(估)费指依据国家法律、法规规定须进行评价(评估)、咨询,按规定应支付的费用。包括环境影响评价费、水土保持评估费、地震安全性评价费、地质灾害危险性评价费、压覆重要矿床评估费、文物勘察费、通航认证费、行洪认证(评估)费、使用林地可行性研究报告编制费、用地预审报告编制费等费用。

计算方法:按国家颁发的收费标准和有关规定进行编制。

(六)施工机构迁移费

1. 费用内容

施工机构迁移费指施工机构根据建设任务的需要,经有关部门决定成建制地(指工程处等)由原驻地迁移到另一地区所发生的一次性搬迁费用,不包括:

(1)应由施工企业自行负担的,在规定距离范围内调动施工力量以及内部平衡施工力量所发生的迁移费用。

(2)由于违反基建程序,盲目调迁队伍所发生的迁移费。

(3)因中标而引起施工机构迁移所发生的迁移费。

费用内容包括:职工及随同家属的差旅费,调迁期间的工资,施工机械、设备、工具、用具和周转性材料的搬运费。

2. 计算方法

施工机构迁移费应经建设项目的主管部门同意按实计算。但计算施工机构迁移费后,如迁移地点即新工地地点(如独立大桥),则其他工程费内工地转移费应不再计算;如施工机构迁移地点至新工地地点尚有部分距离,则工地转移费的距离,应以施工机构新地点为计算起点。

施工机构迁移费是一项计量出入比较大,甲乙双方易发生争议的费用,所以计算难度较大。计算该费用时,必须经建设单位主管部门同意,并签订协议或纪要之后,设计单位可根据有关规定和标准,公正地按实计算。

(七)供电贴费

1. 费用内容

供电贴费,是指按国家规定,建设项目应交付的供电工程贴费、施工临时用电贴费。

2. 费用计算

按国家有关规定计列(目前停止征收)。

(八)联合试运转费

1. 费用内容

联合试运转费指新建、改(扩)建工程项目,在竣工验收前按照设计规定的工程质量标准,进行动(静)载荷载试验所需的费用,或进行整套设备带负荷联合试运转期间所需的全部费用抵扣试车期间收入的差额;不包括应由设备安装工程项下开支的调试费的费用。

费用内容包括:联合试运转期间所需的材料、油燃料和动力的消耗,机械和检测设备使用费,工具用具和低值易耗品费,参加联合试运转人员工资及其他费用等。

2. 费用计算

联合试运转费以建筑安装工程费总额为基数,独立特大型桥梁按0.075%、其他工程按0.05%计算。

(九)生产人员培训费

生产人员培训费指新建、改(扩)建公路工程项目,为保证生产的正常运行,在工程竣工验收交付使用前对运营部门生产人员和管理人员进行培训所必需的费用。

费用内容包括:培训人员的工资、工资性补贴、职工福利费、差旅交通费、劳动保护费、培训及教学实习费等。

生产人员培训费按设计定员和2 000元/人的标准计算。

(十)固定资产投资方向调节税

固定资产投资方向调节税指为了贯彻国家产业政策,控制投资规模,引导投资方向,调整投资结构,加强重点建设,促进国民经济持续稳定协调发展,依照《中华人民共和国固定资产投资方向调节税暂行条例》规定,公路建设项目应缴纳的固定资产投资方向调节税。按国家有关规定计算(目前暂停征收)。

（十一）建设期贷款利息

1. 费用内容

建设期贷款利息是指建设项目中分年度使用国内贷款或国外贷款部分，在建设期内应归还的贷款利息。内容包括各种金融机构贷款、企业集资、建设债券和外汇贷款等利息。

2. 计算方法

根据不同的资金来源按需付息的分年度投资计算。计算公式如下：

建设期贷款利息 = ∑（上年末付息贷款本息累计 + 本年度付息贷款额 ÷2）× 年利率

即：

$$S=\sum_{n=1}^{N}(F_{n-1}+b_n\div 2)\times i$$

式中：S——建设期贷款利息（元）；

N——项目建设期（年）；

n——施工年度；

F_{n-1}——建设期第 $n-1$ 年末需付息贷款本息累计（元）；

b_n——建设期第 n 年度付息贷款额（元）；

i——建设期贷款年利率（%）。

四、预备费

预备费由价差预备费及基本预备费两部分组成。在公路工程建设期限内，凡需动用预备费时，属于公路交通部门投资的项目，需经建设单位提出，按建设项目隶属关系，报交通运输部或交通厅（局、委）基建主管部门核定批准。属于其他部门投资的建设项目，按其隶属关系报有关部门核定批准。

1. 价差预备费

价差预备费指设计文件编制年至工程竣工年期间，第一部分费用的人工费、材料费、机械使用费、其他工程费、间接费等以及第二、三部分费用由于政策、价格变化可能发生上浮而预留的费用及外资贷款汇率变动部分的费用。

价差预备费以概（预）算或修正概算第一部分建筑安装工程费总额为基数，按设计文件编制年始至建设项目工程竣工年终的年数和年工程造价增涨率计算。其计算公式如下：

$$价差预备费=P\times[(1+i)^{n-1}-1]$$

式中：P——建筑安装工程费总额（元）；

i——年工程造价增长率（%）；

n——设计文件编制年至建设项目开工年 + 建设项目建设期限（年）。

当设计文件编制至工程完工在一年以内的工程，不计列此项费用。年工程造价增涨率按有关部门公布的工程投资价格指数计算，或由设计单位会同建设单位根据该工程人工费、材料费、施工机械使用费、其他工程费、间接费以及第二、三部分费用可能发生的上浮因素，以第一部分建安费为基数进行综合分析预测。

2. 基本预备费

（1）费用内容

基本预备费是指经初步设计和概算中难以预料的工程和费用，其用途如下：

①在进行技术设计、施工图设计和施工过程中，在批准的初步设计和概算的范围内所增加的工程费用。

②在设备订货时，由于规格、型号改变的价差；材料货源变更、运输距离或方式的改变，以及因规格不同而代换使用等原因而发生的价差。

③由于一般自然灾害所造成的损失和为预防自然灾害采取措施而发生的费用。

④在项目主管部门组织竣（交）工验收时，验收委员会（或小组）为鉴定工程质量必须开挖和修复隐蔽工程的费用。

⑤投保的工程根据工程特点和保险合同发生的工程保险费用。

（2）计算方法

预备费以第一、二、三部分费用之和（扣除固定资产投资方向调节税和建设期贷款利息两项）为基数，按规定费率计算：

设计概算按5%计列；

修正概算按4%计列；

施工图预算按3%计列。

采用施工图预算加系数包干承包的工程，包干系数为施工图预算中直接费与间接费之和的3%。施工图预算包干费用由施工单位包干使用。

该包干费用的内容为：

①在施工过程中，设计单位对分部分项工程修改设计而增加的费用。但不包括因水文地质条件变化造成的基础变更、结构变更、标准提高、工程规模改变而增加的费用。

②预算审定后，施工单位负责采购的材料由于货源变更、运输距离或方式的改变以及因规格不同而代换使用等原因发生的价差。

③由于一般自然灾害所造成的损失和为预防自然灾害采取措施而发生的费用（例如一般防台风、防洪的费用）等。

五、回收金额

概、预算定额所列材料一般不计回收，只对按全部材料计价的一些临时工程项目和由于工程规模或工期限制达不到规定周转次数的拱盔、支架及施工金属设备的材料计算回收金额。材料回收率见表4-31。

材 料 回 收 率 表4-31

回收项目	使用年数或周转次数				计算基数
	一年或一次	二年或二次	三年或三次	四年或四次	
临时电力、电信线路	50%	30%	10%	—	材料原价
拱盔、支架	60%	45%	30%	15%	
施工金属设备	65%	65%	50%	30%	

注：施工金属设备指钢壳沉井、钢护筒等。

六、概预算各项费用的计算程序及计算方式

公路工程建设各项费用的计算程序及计算方式见表4-32。

各项费用的计算程序及计算方法　　表4-32

代号	项　目	说明及计算式
(一)	直接工程费(即工、料、机费)	按编制年工程所在地的预算价格计算
(二)	其他工程费	(一)×其他工程费综合费率或各类工程人工费和机械费之和×其他工程费综合费率
(三)	直接费	(一)+(二)
(四)	间接费	各类工程人工费×规费综合费率+(三)×企业管理费综合费率
(五)	利润	[(三)+(四)-规费]×利润率
(六)	税金	[(三)+(四)+(五)]×综合税率
(七)	建筑安装工程费	(三)+(四)+(五)+(六)
(八)	设备、工具、器具购置费(包括备品备件) 办公和生活用家具购置费	∑(设备、工具、器具购置数量×单价+运杂费)×(1+采购保管费率) 按有关定额计算
(九)	工程建设其他费用 土地征用及拆迁补偿费 建设单位(业主)管理费 工程监理费 设计文件审查费 竣(交)工验收试验检测费 研究试验费 前期工作费 专项评价(估)费 施工机构迁移费 供电贴费 联合试运转费 生产人员培训费 固定资产投资方向调节税 建设期贷款利息 预备费 价差预备费	 按有关规定计算 (七)×费率 (七)×费率 (七)×费率 按有关定额计算 按批准的计划编制 按有关规定计算 按有关规定计算 按实计算 按有关规定计算 (七)×费率 按有关规定计算 按有关规定计算 按有关规定计算 包括价差预备费和基本预备费两项 按规定的公式计算
(十)	基本预备费	[(七)+(八)+(九)-固定资产投资方向调节税-建设期贷款利息]×费率
	预备费中施工图预算包干系数	[(三)+(四)]×费率
(十一)	建设项目总费用	(七)+(八)+(九)+(十)

第三节　编制概算、预算文件的准备工作

造价文件的编制工作内容可分为两部分:一部分属于工程造价编制前的准备工作,它是编制工程造价的基础;一部分属于工程造价具体编制运作环节。只有做好准备工作,有了可靠的

基础资料，才能编好工程造价。所以，重视工程造价编制前各项资料的收集和准备工作，是按质、按期完成工程造价编制工作的重要前提和必要条件。

一、拟定编制方案

工程造价的编制是一项烦琐细致的工作，编前制定出可行的工作方案，是保证编制质量，提高编制效率的首要基础工作之一。编制方案的拟定，一般应包括如下内容：

(1)熟悉了解工程的有关基本情况。如公路建设项目的等级、技术标准，对勘察设计和建设期限的要求，了解投资来源、项目的实施方法、勘察设计合同、委托书以及经批准的前期设计等。

(2)制定出控制工程造价的有效措施。通过参与勘察设计过程中的各种技术、业务研讨会和工作任务安排，了解掌握有关设计意图，以及新技术、新结构、新材料的应用情况，并开展造价分析和技术经济论证活动，注意配合设计人员做好限额设计，加强工程造价的有效控制。

(3)拟定现场调查提纲。现场调查是确保造价编制准确合理的关键。通过调查可收集到工程所在地的政治、经济、历史等社会资料，地形、地质水文、气象等自然资料，以及材料供应、社会运力、市场行情、当地政府颁发的经济法规等技术经济资料。而这些资料涉及施工方案的确定及有关费用、价格的计算，因而应有目的、有计划地做好这项工作。

(4)拟定工作进度计划表。对造价编制中的各项主要工作，应根据工程的实际情况和工作经验作出具体的具有指导意义的时间计划，并以此为目标开展工作。

(5)确定编制人员，建立岗位责任制，明确分工，以保证工程造价编制质量和提高业务水平。

二、确定编制原则

在建立和完善社会主义市场经济体制的要求下，由于多渠道筹集公路建设资金和商品化公路的发展，建设项目的决策、投资的审批、工程计价依据、项目的实施方法等，与计划经济管理时期的工程造价有很多不同之处，受各种因素影响更多，涉及面也更广。因此，公路工程造价的编制，应从建设项目的实际情况出发，遵循下列原则：

(1)要遵循价值规律的客观要求，结合建设项目的实际情况与市场行情，从实际出发，采用先进合理的施工方法，要把投资打足，但不要宽打窄用，或有意扩大风险因素，以免造成建设资金的积压或浪费等不良现象。

(2)要严格遵守国家的方针、政策、有关制度及行业规定，尤其是对工程造价管理的各项规定和要求。

(3)造价编制要始终做到有依有据，讲求经济效益。要根据国家、行业、地区的有关规定，根据建设资金的筹资方式、项目的实施方法、施工单位的资质要求等，合理采用工程计价依据。同时应客观公正地完成造价编制工作，维护建设各方的合法经济权益。

(4) 要认真做好造价分析。自始至终与设计人员配合，开展限额设计和优化设计，坚持技术上的先进和经济上的合理，使设计更加经济合理，从而有效地进行工程造价的控制。

工程造价编制原则的确定，不仅关系到工程造价编制的质量，而且还会影响它的编制速度，如实施方案中的标段划分不当而要重新进行调整时，则工程造价的编制就要重新进行，除了造成人力、物力的浪费外，对建设工程还会产生不利的影响。所以，确定工程造价编制原则，是完成工程造价编制工作的重要手段。同时，编制原则的确定，应征得建设主管部门和建设单位的认可，但违背国家有关规定和不合理的要求，应坚决予以回绝。

三、熟悉设计图纸资料，核对工程量

由于公路建设工程有其特殊的技术经济特征和设计文件编制的特殊方法，从而决定了核对工程量是工程造价编制的一个关键环节。全面熟悉了解设计图纸资料，是准、快、全地编制工程造价的前提条件。在公路工程中，计价基础资料的各种工程量，在设计资料中基本上都反映在图表上，有些又是隐含在图纸内，如混凝土和砂浆的强度等级，石砌工程的规格种类，以及施工要求等，凡难以在图纸上表示的项目内容，往往多在文字说明中加以规定。通常用图形表现的设计图纸和用文字叙述的工程说明书，确定工程的数量和施工方法。因此熟悉设计图纸资料和文字说明内容，直接影响工程造价的编制质量。

作为编制工程造价的各种设计工程量，如构造物的挖基防水、排水、拱盔、支架、灌注桩的地表高度，施工方法以及机具的选型配套等，有些需要由造价工程师结合建设工程的实际情况进行计算取定，而其他绝大部分的设计工程量，已由设计人员按照一般工程量计算规则计算并载列于图表上。因此，为了使所提供的和搜集的工程计价基础数据合理可靠，以确保工程造价的编制质量，在编制公路工程造价之前，应熟悉设计图纸资料和文字说明，了解设计意图和工程全貌，核对工程量。核对工程量时应注意以下事项：

(1)检查图纸资料是否齐全。公路建设工程技术日趋复杂，新材料、新结构、新工艺日益被广泛应用，而作为指导建设项目实施的各种设计图纸资料也越来越多，所以要按照《设计文件编制办法》规定的建设项目必有的图表资料，进行清点，确定图纸是否齐全；如有短缺，要查明落实，以免漏项。

(2)检查图纸有无错误。核对各种图纸相互之间、图纸与其文字说明之间是否有矛盾和错误，图与表所反映的工程量是否一致，散、总是否相符，各部分尺寸、高程等是否有不对口，文字说明是否有含糊不清，凡影响计价的内容都要核对清楚，并提请设计人员予以纠正、澄清。

(3)应根据采用的计价定额摘取工程量。各种设计工程量的分部分项工程名称、计量单位、工程量的计算方法和范围，应符合采用的计价定额的要求；若不相符时，要进行调整、修正。

(4)对工程造价影响较大的关键部位或量大价高的工程量，应重新进行复核计算，以保证计价基础资料的准确性。

(5)造价人员不应被动地反映工程造价，而应主动地影响、控制造价。在熟悉设计图纸资料和核对工程量的过程中，要结合工程造价历史资料、兴建工程的实际情况及工作经验，重点分析施工的可能性和经济的合理性，据以向设计人员提出建议，使设计更加经济合理。

(6)当个别工程量超出一般常规情况时，如预制矩形板，一般每混凝土含钢筋量在90kg/m^3左右，若图表上所反映的数字出入较大或在工程质量上超出国家施工技术规范规定的要求时，都应进行分析研究，并将情况反馈给设计人员，予以确认或处理。

(7)对国家颁发的各种设计图集，也要进行必要的熟悉。标准图集中的一些规定，在具体的设计图纸不一定能全部表示出来，而他往往又是计价的依据，因而，参考标准图集，便于发现问题。

四、现场调查与资料搜集

在编制工程造价之前，必须进行现场调查，搜集有关资料。实践证明，现场调查时，往往能发现降低工程费用的更佳施工方法和更切合实际的技术组织措施，这是编好工程造价的又一个重要工作环节和必要手段。

应注意的是，熟悉设计图纸资料与现场调查不是截然分开的，并不是在前者完成之后才进行后者，而是互相交错进行的。一般情况下，除在勘察期间造价人员应随同勘察队调查各种必需基础资料外，还应在熟悉设计内容的基础上，检验现场实施的可能性和经济的合理性，对有关编制工程造价所需的各种基础资料应密切结合设计内容开展调查工作。因此，根据编制公路工程造价的要求，应进行如下各项现场调查并搜集相关的资料。

1. 社会条件

指建设工程所在地的政治、历史、风俗以及社会、经济的发展情况，对此应进行必要的调查了解，它对建设工程的顺利实施有着极其重要的影响。

2. 自然条件

包括沿线地形、地质、水文、气候等，是直接影响建设工程实施可能性的重要因素，必须进行充分细致的调查研究。凡遗漏或不全的，均应加以补充和完善，使所搜集的资料真实可靠。

(1)地形情况，包括地貌、河流、交通及附近建筑物、构筑物等情况。公路是一种线性型建筑工程，往往要穿越各种各样的地带，如城镇居民地区，地形起伏不定，河流纵横交错的复杂地区；沙漠、草原、原始森林或地质不良的地区等；此外，在实施过程中或建成后，可能遭遇到山洪、冰川、雪崩和塌陷等自然灾害的影响，通过深入调查研究，就能从实际出发，确定合理可靠的设计方案和工程造价，从而避免建设资金的浪费和对人们的生产、生活产生不利的影响。

(2)土壤地质情况。如土壤的性质和类别，不良地质地区的特征，泥石流、滑坡以及地震级别等。其中土石的类别等，是计价的信息资料，如果不准确，就会使工程造价脱离实际，影响工程的顺利实施。

(3)水文资料。包括河流的流量、流速、漂浮物情况，水质、最高洪水位、枯水期水位以及地下水等，这些都是确定编制工程造价及安排施工计划的客观依据。

(4)气象资料。向沿线气象部门调查搜集所需的资料，如气温、季节风、雨量、积雪、冰冻深度等情况，以及雨季和冬季的期限。若与概预算编制办法中有关冬雨季的规定要求有较大出入时，可作为调整计算冬雨季费用的依据。

3. 技术经济条件

诸如技术物资、生活资料、劳务、社会运力、市场行情以及当地政府颁布的经济法规等多方面的经济信息，是工程计价极其重要的信息资料。应做到资料准确，某些资料还应取得书面协议。

(1)运输情况的调查。了解工程所在地可能提供的运输方式、能力、转运情况，过路费、过桥费、各种装卸费等运杂费标准，养路费和车船使用税征收标准。工程施工时，沿线可利用的场地、运输道路和桥梁及在使用前和使用过程中必要的改建加固和维修所需支付的补偿费等。

(2)建筑材料。工程所在地各种建筑材料的供应能力、流通渠道、供应地点，规格、质量是否符合工程设计要求，砂石材料若能自行开采则应探明储存量和开采条件，当地工业废料利用的可能性以及数量、质量、价格等。这些都应调查了解清楚，一般应绘制运距示意图，并作必要的文字说明。

为了建立和完善工程价格信息资料的管理机制，规范工程计价行为，加强宏观调控，近年来，各省、自治区、直辖市的公路（交通）工程定额（造价管理）站，根据国家赋予造价管理的行政职能，都定期发布建筑材料价格信息，故在进行建筑材料价格的调查时，原则上应以此为依据，结合所搜集的建设工程所在地的价格信息资料，征询建设单位的意见，进行必要的分析研究，合理取定。

（3）劳务。一是要调查建设工程所在地可资利用的社会劳动力资源的情况，诸如数量、技术水平、分包的可能性；二是要搜集工人工资的资料。人工费的单价也同上述材料价格一样，是由各地的公路（交通）工程定额（造价管理）站统一发布的，但是有些特殊的规定，如地区生活补贴、特殊津贴等，是否已包括在统一的单价内，要注意调查了解有关这些方面的情况和规定，以免遗漏。

（4）用水、用电及通信调查。调查了解当地供水、供电能力和管线设施情况、收费标准以及提供通信的可能程度。若不能满足施工要求，应采取相应措施，如自发电，设置相应的取水设施等，这些对工程造价有较大的影响，应尽可能做好相关各项资料的搜集。

（5）生活资料。如主副食、日用生活品的可供情况，以及医疗卫生、文化教育、消防治安等社会服务机构的支援能力，并调查主副食的供应地点、供应量及运距，以提供计算主副食运费补贴综合里程的依据。

（6）市场行情。要通过对市场情况的调查，了解其发展趋势，进行综合预测，确定年工程造价增涨率，以便计算工程造价增涨预留费。

（7）筹资方式。应向工程建设主管部门或建设单位了解兴建工程筹集建设资金的方式，若系贷款项目，则应明确所需贷款总额、资金来源、年利率、建设年限、当年是否计息，以及年度贷款的分配比例等，以便计算建设期的贷款利息。

（8）实施方法。要向工程建设主管部门或建设单位了解建设项目选择施工单位的方法，初步选定施工单位的意向，对施工单位应具备的资质等级的要求，以及施工方案、标段的划分和机械化程度等。这些不仅是确定工地转移费用的依据，也是取定其他各项有关计价依据的重要条件。

（9）征地、拆迁。要向沿线当地人民政府的土地管理部门调查了解工程建设征用和租用的土地，被征用土地上青苗的铲除，经济林木的砍伐，房屋、水井等建筑物的拆除等，应予支付补偿的标准以及土地征收管理费、耕地占用税的有关规定。同时，要搜集近三年各种农作物的平均年产量、人均占有耕地亩数、农作物的市场价格等资料。

此外，因确定公路征用土地的面积，都是按照横断面双边需占地的宽度加上规定的预留宽度来计算的，往往产生一些田边、地角等不在计算范围内的情况，即一整块耕地被征用之后，尚剩下一个小角落不在被征用范围内，而客观上已无法再作为耕地使用，所以，在实际执行过程中，一般都一并计入征用补偿范围，在现场调查时，不可忽略这些情况。

至于电力、电信设施的迁移，以及与水利工程、铁路及铁路设施互相干扰时，应与有关部门联系，商定合理的解决方案和赔偿标准。

（10）其他。除上述各项现场调查内容外，还有临时工程、研究试验、大型专用机械设备购置等。除研究试验和大型专用机械设备购置应向工程建设主管部门或建设单位了解并商定其内容、数量和费用外，临时工程应调查其设置地点、规格标准、单位和数量等，临时占用土地如需恢复耕种的，要了解分析复耕所需的费用，并计入工程造价。

在现场调查和搜集资料过程中，凡涉及下列事项时，应取得书面协议文件，作为设计和造价文件的必要附件。

(1)与地方政府就砂石料场的开采使用、运输以及取土场、弃土堆的意向协议；

(2)拆迁建筑物、构筑物与物主协商的处理方案；

(3)与原有的电力、电信设施、水利工程、铁路及铁路设施互相干扰的处理方案；

(4)施工中利用电网供电的协议；

(5)当地环境保护对公路建设工程的特殊要求。

五、了解施工方案

施工方案，是指按照科学和经济合理的原则，正确地确定工程项目的施工顺序和施工方法，并选择适用的施工机械，结合建设条件，对标段划分、施工期限作出合乎实际的安排。

选择施工方案的基本要求是：切实可行，施工期限满足业主要求；确保工程质量和施工安全；经济合理，工料消耗和施工费用最低。

施工方案包括的内容很多，概括起来主要有四项：施工方法的确定、施工机具的选择、施工顺序的安排、流水施工的组织。这些都是编制概、预算不可缺少的基础资料，它直接影响着工程进度、工程质量、施工安全和建设工程的成本。因此，应结合现场客观情况，实事求是地编制施工方案，不仅可以保证工期、质量，而且还能使工程造价更加经济、合理。

第四节 初步设计概算的编制

设计概算是初步设计文件的重要组成部分，是工程造价管理工作的重要环节。熟悉掌握设计概算编制的原则、方法以及国家有关规定，对提高设计概算编制质量，节约建设资金，适应市场经济要求，加强宏观调控，充分发挥投资效益，具有十分重要的现实意义。

一、初步设计概算的作用

根据国家规定，初步设计必须要有概算，由设计部门负责编制，并对其编制质量负责。设计概算的作用主要体现在以下几方面：

(1)设计概算是确定建设项目总投资的依据。设计概算是建设项目从筹建到竣工交付使用所需的全部费用的文件，设计概算一经批准，就是建设项目投资的最高限额，并具有一定的约束力，必须严格控制，认真执行，以确保建设项目的顺利实施。

(2)设计概算是编制基本建设计划的依据。国家确定基本建设计划的投资规模和投资方向，对国民经济各部门进行投资分配，都是以设计概算为依据的，没有批准的概算，就不得列入年度基本建设计划。

(3)设计概算是签订建设项目总包合同、实行建设项目包干、订购主要材料和设备、安排重大科研项目、联系征用土地、拆迁等建设前期准备工作的依据。实践证明，做好建设前期的各项准备工作，是保证建设工程顺利实施的重要条件。

(4)设计概算是分析比较设计方案和考核设计经济合理的依据。衡量建设项目设计方案的经济合理性，必须以设计概算为依据，因为设计只有实物量指标，由于工程的千差万别，根据实物量指标是无法进行比较的，必须根据以货币表现的设计概算及其价格，即概算文件反映的各项技术经济指标，与同类工程或各种设计方案进行对比分析，评定其经济合理性。

(5)设计概算是考核建设工程成本的依据。在建设工程竣工后，通过设计概算与竣工决算的“两算”对比，检查分析建设工程成本的执行情况，总结经验教训，不断提高投资效益和管理水平。

(6)设计概算是编制修正设计概算或施工图预算的依据。当采用两阶段设计时，是施工图预算的编制依据；当采用三阶段设计时，则是编制修正概算的依据。

(7)它也是编制招标控制价/标底的依据。若以初步设计进行施工招标，它还是编制招标控制价/标底的依据。招标控制价/标底必须控制在概算的范围内，所以，它又是加强投资控制和搞好项目管理的基础。

二、编制设计概算的依据

编制初步设计概算的依据，概括起来，主要有以下几项内容：

(1)初步设计图表资料和文字说明。根据设计图纸上所表示的结构形式和尺寸计算的工程数量，以及它反映的设计、施工的基本内容是编制设计概算的基础资料，是决定建设工程造价大小的主要因素。

(2)施工方案。根据《设计文件编制办法》规定，编制施工方案应提出兴建工程项目年和季度的概略工程进度安排，以及临时工程和临时用地的需要数量，而这些都是与计价有关的主要因素，对设计概算有极其重要的影响。

(3)公路工程概算定额。概算定额是编制设计概算的基础资料，是国家统一制订颁发的具有指令性的指标。在编制设计概算时，无论是划分项目、确定计量单位、还是计算工程量，都必须以概算定额作为标准和依据，才能做到不重不漏，符合规定。

(4)补充定额。随着一些新技术、新工艺、新材料在工程建设中的使用，可能使现行的概算定额缺项。当定额缺项时，应根据概算定额的编制原则和方法编制补充概算定额，作为编制设计概算的依据。

(5)人工、材料、施工机械台班预算价格。人工、材料、施工机械台班预算价格是按建设工程所在地的实际价格确定的，是计算直接工程费的基础资料。其工资标准和材料的供应价格，应以当地公路(交通)造价管理部门发布的价格信息为依据。

(6)其他工程费、间接费等各项取费标准。这些取费标准是交通运输部及各省、自治区、直辖市的交通主管部门，根据国家有关基本建设的方针政策以及公路建设的工程施工和生产管理的具体情况，制订的以费率形式表现的费用标准，是计算除直接工程费以外的各种费用的依据，也是国家加强设计概算管理的工具之一，在工程造价管理中有着重要的作用。

(7)设计概算编制办法及其计算表格。它是交通运输部统一颁发的编制设计概算文件的重要依据，是规范人们编制设计概算行为的准则。按统一的计算表格编制设计概算，可使设计概算的编制工作更加科学化和规范化。

(8)工程量计算规则。公路工程概算定额中的章、节文字说明，对编制设计概算时，如何选用定额及计算计价工程量做了明确而具体的规定，是必须严格遵守的重要规则。

(9)国家颁发的建设征用土地补偿标准，工程勘察设计收费标准，以及其他应计入建设项目投资中的费用项目的标准等,也是编制设计概算的依据。

(10)可行性研究报告投资估算文件,是控制设计概算的依据,国家要求在批准的投资估算允许幅度范围之内做好限额设计,不断提高设计概算的编制质量。

(11)国家有关公路建设工程的方针、政策以及工程造价管理的有关规定,也是编制设计概算的重要依据。

三、设计概算编制中工程量的计取

由于我国公路建设工程设计图纸的编制方法不同于一般房屋建筑工程,作为编制工程造价基础资料的工程量,通常是设计人员在完成设计图纸的同时已进行计算,在编制工程造价之前,造价工程师又经过了熟悉设计图纸资料和工程量的核对工作,所以关键就是如何正确地从设计图表中去摘取计价工程量。

公路建设是分阶段进行的,而每个阶段的深度和要求各不相同。为了在各阶段准确、方便地编制造价文件,根据各阶段的深度和要求编制了估算指标、概算定额、预算定额等计价定额、指标,即项目建议书要按公路工程综合估算指标编制投资估算;可行性研究报告要按分项估算指标编制投资估算;初步设计要按概算定额编制设计概算;技术设计要按概算定额编制修正设计概算;施工图设计要按预算定额编制施工图预算。而估算指标,概、预算定额是由粗到细的,其定额单位所包含的工程内容是各不相同的,为了正确地使用定额、指标,在各种定额、指标中,对于工程内容和工程量计算规则都作了十分明确和具体的规定,以及在什么条件下允许抽换调整定额、指标和编制补充定额、指标等。所以,造价人员首要的是熟悉了解各种定额、指标的适用范围和定额、指标中章节说明的各项规定,这样方能正确摘取工程量,做到不重不漏,确保编制质量。

至于定额、指标中的工程量计算规则,是指按分部分项工程界定的定额、指标标准单位所包含的施工工艺内容,更确切地说,是从设计图表资料上去摘取工程量的规则。如概算定额路基工程的人工开挖松土,是以天然实体为计量单位,包括挖、装、卸以及40m范围内的运输(预算定额为20m范围内的运输)的全部工序;桥涵工程的墩台石砌圬工,是以砌体为计量单位,包括砌石、拌和砂浆、砌体勾缝以及各种材料的场内搬运、砌体养生等工序,故预算定额手册中虽有砌体的勾缝定额,也不需摘取砌体勾缝面积而另行计算勾缝费用,这是应予以注意的。

综上所述,从某种意义上来讲,摘取计价工程量的方法是由定额项目决定的。所以,熟悉概算定额并掌握施工生产知识,是设计概算编制中正确摘取工程量的基础。

(一)熟悉概算定额的项目划分

概算定额的项目主要根据初步设计或技术设计所能提供的工程量的深度加以划分。由于初步设计或技术设计的深度与施工图设计的深度不同,所以概算定额的项目划分与预算定额的项目划分有很大不同。概算定额只编列了初步设计或技术设计所能提供的主要工程项目,在主要工程项目中综合了在初步设计或技术设计中难以提供的次要工程项目和施工现场设施,以避免漏项。考虑概算要控制投资的要求,对某些定额项目应适当加深,以提高概算的准确性。对这些在初步设计阶段或技术设计阶段一般难以提供工程量的项目,在定额中尽可能在章、节说明或附注中按常用量列出,供编制概算时参考。现将各章、节中的部分项目划分和综合情况加以说明。

1. 路基工程

现行的《概算定额》中路基工程按路基土石方工程、路基排水工程、路基防护工程和软基处理分四节编制。

路基土石方工程包括土石方开挖、填筑、运输等众多定额项目。由于各等级公路的填挖方比例、压实度、机械化施工程度以及零星工程的含量等差距较大，现行概算定额分别按人工和机械、填方和挖方、不同机械施工以及零星工程，划分土石类别、机械规格、公路等级编制了定额。其中，零星工程已根据公路工程施工的一般含量综合为一个项目，以简化计算工作。这些零星工程包括：整修路拱、整修边坡、挖截水沟、挖土质台阶、修筑盲沟、挖淤泥、填前压实、零星回填土方等，编制概算时，不得因具体工程的含量不同而抽换定额。

路基排水工程包括：路基盲沟，石砌及混凝土边沟、排水沟、截水沟、急流槽，混凝土排水管铺设，雨水井、检查井，中央分隔带排水，轻型井点降水等定额项目。

路基防护工程包括：铺草皮护坡，编篱及铁丝笼填石护坡，灰浆抹面护坡，喷射混凝土护坡，预应力锚索护坡；混凝土防护工程，砌石防护工程，抛石防护；防风固沙，防雪、防沙设施；现浇混凝土挡土墙，加筋土挡土墙，现浇钢筋混凝土锚碇板式挡土墙，预制、安装钢筋混凝土锚碇板式挡土墙，钢筋混凝土桩板式挡土墙，锚杆挡土墙，钢筋混凝土扶壁式、悬臂式挡土墙；挡土墙防渗层、泄水层及填内芯；抗滑桩等定额项目。

软基处理按软基处理的不同方法划分定额项目，项目包括袋装砂井、塑料排水板处理软土地基；石灰砂桩、振冲碎石桩、挤密砂桩处理软土地基；粉体喷射搅拌桩、高压旋喷桩处理软土地基；CFG 桩处理软土地基；土工合成材料处理软土地基；强夯处理软土地基；抛石挤淤；软土地基垫层；堆载及真空预压；路基填土掺灰等定额项目。

2. 路面工程

现行的《概算定额》路面工程按路面基层及垫层、路面面层、路面附属工程分三节编制。在路面工程中主要按施工方法、路面结构类别划分定额项目。在沥青混合料路面项目中，由于拌和设备和运输机械的种类很多，压实厚度的档次也很多，为了简化计算，将拌和及铺筑与运输分开编制定额，同时考虑沥青混合料的种类较多，按沥青混合料的种类划分定额项目，并将定额的计量单位确定为 1 000m^3 路面实体，这样使用起来很方便。

3. 隧道工程

现行的《概算定额》隧道工程按洞身工程、洞门工程、辅助坑道、通风及消防设施安装分四节编制。

(1)隧道洞身工程

①人工开挖、机械开挖轻轨斗车运输项目是按上导洞、扩大、马口开挖编制的，也综合了下导洞扇形扩大开挖方法，并综合了木支撑和出渣、通风及临时管线的工料机消耗。

②正洞机械开挖自卸汽车运输定额不分工程部位（即拱部、边墙、仰拱、底板、沟槽、洞室）均使用本定额。定额中综合了出渣、施工通风及高压风水管和照明电线路的工料机消耗。

③连拱隧道中导洞、侧导洞开挖和中隔墙衬砌是按连拱隧道施工方法编制的，除此以外的其他部位的开挖、衬砌、支护可套用本节其他定额。

④格栅钢架和型钢钢架均按永久性支护编制，如作为临时支护使用时，应按规定计取回收。定额中已综合连接钢筋的数量。

⑤喷射混凝土定额中已综合考虑混凝土的回弹量;钢纤维混凝土中钢纤维掺入量按喷射混凝土质量的3%掺入,当设计采用的钢纤维掺入量与本定额不同或采用其他材料时,可进行抽换。

⑥洞身衬砌项目按现浇混凝土衬砌,石料、混凝土预制块衬砌分别编制,不分工程部位(即拱部、边墙、仰拱、底板、沟槽、洞室)均使用本定额。定额中已综合考虑超挖回填因素,定额中均包括拱顶、边墙衬砌、混凝土或浆砌片石回填、洞内管沟及盖板等工程内容。

⑦定额中凡是按不同隧道长度编制的项目,均只编制到隧道长度在4 000m以内。当隧道长度超过4 000m时,以隧道长度4 000m以内定额为基础,与隧道长度4 000m以上每增加1 000m定额叠加使用。

⑧混凝土运输定额仅适用于洞内混凝土运输,洞外运输应按桥涵工程有关定额计算。

⑨照明设施为隧道营运所需的洞内永久性设施。定额中的洞口段包括引入段、适应段、过渡段和出口段,其他段均为基本段。本定额中不包括洞外线路,需要时应另行计算。属于设备的变压器、发电设备等,其购置费用应列入预算第二部分"设备及工具、器具购置费"中。

(2)洞门工程

适用于隧道和明洞洞门。洞门墙工程量为主墙和翼墙等圬工体积之和,仰坡、截水沟等应按有关定额另行计算。洞门工程按洞门墙砌筑、现浇混凝土洞门墙、洞门墙装修分别编制定额。

(3)辅助坑道

辅助坑道按斜井开挖、斜井衬砌、竖井开挖、竖井支护与衬砌分别编制定额。

①斜井、竖井项目定额中已综合了出渣、通风及管线路。

②斜井相关定额项目是按斜井长度800m以内综合编制的。

③斜井支护按正洞相关定额计算。

④开挖工程量按设计断面数量(成洞断面加衬砌断面)计算,定额中已考虑超挖因素,不得将超挖数量计入工程量。

(4)通风及消防设施安装

①本节定额中不含通风机、消火栓、消防水泵接合器、水流指示器、电气信号装置、气压水罐、泡沫比例混合器、自动报警系统装置、防火门等的购置费用,应按规定列入第二部分"设备及工具、器具购置费"中。

②洞内预埋件工程量按设计预埋件的敷设长度计算,定额中已综合了预留导线的数量。

4. 涵洞工程

《设计文件编制办法》中,规定在初步设计阶段只要求列出涵洞类型、道数和涵长,但由于地形、地质及公路等级的不同,涵洞的涵台高度、基础类型,特别是进出口的铺筑长度等的工程量差别很大。为了合理确定造价,将定额计量单位改用以涵洞的圬工数量为计量单位,这样就加深了对设计工程量的要求。对这种要求,涵洞主要工程可通过查阅涵洞标准图取得涵洞主要工程量,次要工程量要在外业测量时注意调查和收集资料予以补充。

(1)定额按常用的结构分为石盖板涵、石拱涵、钢筋混凝土圆管涵、钢筋混凝土盖板涵、钢筋混凝土箱涵五类,并适用于同类型的通道工程。如为其他类型,可参照有关定额进行编制。

(2)定额中均未包括混凝土的拌和和运输,应根据施工组织按桥涵工程的相关定额进行计算。

(3)为了满足不同情况的需要,定额中除按涵洞洞身、洞口编制分项定额外,还编制了扩大定额。一般公路应尽量使用分项定额编制,厂矿、林业道路不能提供具体工程数量时,考虑到这些配套的公路工程在整个建设项目投资中占的比重很小,一般设计达不到公路专业部门的深度,可使用扩大定额编制。

(4)各类涵洞定额中均不包括涵洞顶上及台背填土、涵上路面等工程内容,这部分工程量应包括在路基、路面工程数量中。

(5)涵洞洞身定额中已按不同结构分别计入了拱盔、支架和安装设备以及其他附属设施等。为了计算方便,并已将涵洞基础开挖需要的全部水泵台班计入洞身定额中,洞口工程不得另行计算。

(6)定额中涵洞洞口按一般标准洞口计算,遇有特殊洞口时,可根据圬工实体数量,套用石砌洞口定额计算。

(7)定额中圆管涵的管径为外径。

5. 桥梁工程

现行的《概算定额》中,桥梁工程按基础工程,下部构造,上部构造,钢筋及预应力钢筋、钢丝束、钢绞线分四节编制。桥梁工程主体工程中的基础工程、下部构造、上部构造、人行道的定额区分如下。

(1)基础工程:天然地基上的基础为基础顶面以下;打桩和灌注桩基础为横系梁底面以下或承台顶面以下;沉井基础为井盖顶面以下的全部工程。

(2)下部构造。

桥台:指基础顶面或承台顶面以上的全部工程,但不包括桥台上的路面、人行道、栏杆,如U形桥台有两层帽缘石者,第二层以下属桥台,以上属人行道。

桥墩:指基础顶面或承台顶面(柱式墩台为系梁底面)以上、墩帽或盖梁(拱桥为拱座)顶面以下的全部工程。

索塔:塔墩固结的为基础顶面或承台顶面以上至塔顶的全部工程;塔墩分离的为桥面顶部以上至塔顶的全部工程,桥面顶部以下部分按桥墩定额计算。

(3)上部构造:梁、板桥指墩台帽或盖梁顶面以上,拱桥指拱座顶以上两桥背墙前缘之间、人行道梁底面以下(无人行道梁时为第二层缘石顶面以下)的全部工程,但不包括桥面铺装。

(4)人行道及安全带:人行道梁或安全带底面以上(无人行道梁时为第一层缘石底面以上)的全部工程。

桥梁基础工程中将灌注桩钻孔与灌注桩工作平台单列项目,是由于近年来大型工程水上施工平台的类型多、规模大,如综合在钻孔项目中将大量增加定额子目,且使用并不方便。

在桥梁工程中将预制、安装和安装用的吊装设备都综合在预制安装上部构造中,并选择常用的安装方法划分子目,以适应初步设计或技术设计的深度,这样的综合还有一个目的是出于控制造价的考虑。概算定额是在许多施工方法中,选择公路施工单位广泛采用且较经济的方法和合理的工期进行编制的。

桥梁工程中单列了钢筋及预应力钢筋、钢丝束、钢绞线项目,是考虑到目前桥梁设计多样化,钢筋含量差别较大,综合在混凝土中经常需要调整,很不方便。针对在初步设计或技术设计时不能提供钢筋数量的情况,定额说明中列出了各种结构的钢筋含量供参考。

6. 交通工程及沿线设施

现行的《概算定额》第六章为交通工程及沿线设施，该章定额包括交通安全设施、服务设施和管理设施等项目，按安全设施，监控、收费系统，通信系统，供电、照明系统，光缆、电缆敷设，配管、配线及接地工程，绿化工程分七节编制。定额中只列工程所需的主要材料用量，对次要、零星材料和小型施工机具均未一一列出，分别列入“其他材料费”和“小型机具使用费”内。

(1)安全设施

定额包括柱式护栏，墙式护栏，波形钢板护栏，隔离栅，中间带，车道分离块，标志牌，轮廓标，路面标线，机械铺筑拦水带，里程碑、百米桩、界碑，公共汽车停靠站防雨篷等项目。

(2)监控、收费系统

定额包括监控、收费系统中管理站、分中心、中心(计算机及网络设备，视频控制设备安装，附属配套设备)，收费车道设备，外场管理设备(车辆检测设备安装、调试，环境检测设备安装、调试，信息显示设备安装、调试，视频监控与传输设备安装、调试)，系统互联与调试，系统试运行，收费岛和人(手)孔等项目。

本节定额不包括以下工作内容：①设备本身的功能性故障排除。②制作缺件、配件。③在特殊环境条件下的设备加固、防护。④与计算机系统以外的外系统联试、校验或统调。⑤设备基础和隐蔽管线施工。⑥外场主干通信电缆和信号控制电缆的敷设施工及试运行。⑦接地装置、避雷装置的制作与安装，安装调试设备必需的技术改造和修复施工。

收费岛上涂刷反光标志漆和粘贴反光膜的数量，已综合在收费岛混凝土定额中，使用定额时，均不得另行计算。防撞栏杆的预埋钢套管的数量已综合在定额中，使用定额时，不得另行计算。防撞立柱的预埋钢套管及立柱填充水泥混凝土、立柱与预埋钢套管之间灌填水泥砂浆的数量，均已综合在定额中，使用定额时，不得另行计算。设备基础混凝土定额中综合了预埋钢筋、地脚螺母、底座法兰盘等的数量，使用定额时，不得另行计算。敷设电线钢套管定额中综合了螺栓、螺母、镀锌管接头、钢管用塑料护口、醇酸防锈漆、裸铜线、钢锯条、溶剂汽油等的数量，使用定额时，不得另行计算。

(3)通信系统

本节定额适用于通信系统工程，内容包括光电传输设备安装，程控交换设备安装、调试，有线广播设备安装，会议专用设备安装，微波通信系统的安装、调试，无线通信系统的安装、调试，电源安装、通信管道敷设和包封等项目。

(4)供电、照明系统

本节定额包括干式变压器安装，电力变压器干燥，杆上、埋地变压器安装，组合型成套箱式变电站安装，控制、继电、模拟及配电屏安装，电力系统调整试验，柴油发电机组及其附属设备安装，排气系统安装，其他配电设备安装，灯架安装，立灯杆，杆座安装，高杆灯具安装，照明灯具安装，标志、诱导装饰灯具安装，其他灯具安装等项目。

变压器油是按设备自带考虑的，但施工中变压器油的过滤损耗及操作损耗已包括在定额中。变压器安装过程中放注油、油过滤所使用的油罐，已摊入油过滤定额中。

高压成套配电柜中断路器安装定额系综合考虑的，不分容量大小，也不包括母线配制及设备干燥。

(5)光缆、电缆敷设

本节定额包括：室内光缆穿放和连接、安装测试光缆终端盒、室外敷设管道光缆、光缆接续、光纤测试、塑料子管、穿放或布放电话线、敷设双绞线缆、跳线架和配线架安装、布放同轴电缆、敷设多芯电缆、安装线槽、开槽、电缆沟铺砂盖板、揭盖板、顶管、铜芯电缆敷设、热缩式电缆终端头或中间头制作安装、控制电缆头制作安装、桥架或支架安装等项目。

本节定额均包括:准备工作、施工安全防护、搬运、开箱、检查、定位、安装、清理、接电源、接口正确性检查和调试、清理现场和办理交验手续等工作内容。

本节定额不包括:设备本身的功能性故障排除,制作缺件、配件,在特殊环境下的设备加固、防护等工作内容。

(6)配管、配线及接地工程

本节定额包括镀锌钢管、给水管道、钢管地埋敷设、钢管砖、混凝土结构、钢管钢结构支架配管、PVC 阻燃塑料管、母线、母线槽、落地式控制箱、成套配电箱、接线箱、接线盒的安装、接地装置安装、避雷针及引下线安装、防雷装置安装、防雷接地装置测试等项目。

(7)绿化工程

本节定额适用于公路沿线及管理服务区的绿化和公路交叉处(互通立交、平交)的美化绿化工程。苗木及地被植物的场内运输已在定额中综合考虑;死苗补植在栽植子目中已包含,使用定额时不得更改。

7. 临时工程

现行的《概算定额》第七章为临时工程,该章定额包括汽车便道,临时便桥,临时码头,轨道铺设,架设输电、电信线路,人工夯打小圆木桩共六个项目。

汽车便道按路基宽度为 7.0m 和 4.5m 分别编制,便道路面宽度按 6.0m 和 3.5m 分别编制,路基宽度 4.5m 的定额中已包括错车道的设置。汽车便道项目中未包括便道使用期内养护所需的工、料、机数量,如便道使用期内需要养护,可按定额规定增加数量。

(二)熟悉概算项目表

公路建设工程从筹建至竣工验收、交付使用的全过程中需要的建设费用由建筑安装工程费,设备、工具及器具购置费和工程建设其他费用三部分组成。其中,设备、工具和器具一般为工业部门生产的产品,购置活动属于价值转移性质;而工程建设其他费用多为费用性质的支付。这两部分费用可分别按国家或地方规定的有关费用标准和相应的产品价格直接计算,较易确定。但是,建筑安装工程费则不同,要从基本的分项工程的各项消耗开始逐步扩大计算,其中包括直接、间接的消耗和建安工人为社会所创造的价值,因此,公路工程概算价值的主要组成部分是建筑安装工程的概算价值。在一定意义上讲,编制公路工程概算,主要是编制建筑安装工程概算,它是编制公路工程概算的关键。

建筑安装工程是由相当数量的分项工程组成的庞大复杂的综合体,直接计算出它的全部人工、材料和机械台班的消耗量及价值,是一项极为困难的工作。为了准确计算和合理确定建筑安装工程的造价,必须对公路基本建设工程项目进行科学分析与分解,使之有利于公路工程概算的编审,以及公路基本建设的计划、统计、会计和基建拨款贷款等各方面的工作,同时,也有利于同类工程之间进行比较和对不同分项工程进行技术经济分析,使编制概算项目时不重不漏,保证质量。因此,必须对概算项目的划分、排列顺序及内容作出统一规定,这就形成了公路工程概算项目表。

公路工程概算项目应按项目表的序列及内容编制。如实际出现的工程和费用与项目表的内容不完全相同时，一、二、三部分和“项”的序号应保留不变，“目”、“节”、“细目”可随需要增减，并按项目表的顺序以实际出现的“目”、“节”、“细目”依次排列，不保留缺少的“目”、“节”、“细目”的序号。如第二部分设备、工具、器具购置费在该项工程中不发生时，第三部分工程建设其他费用仍为第三部分。同样，路线工程第一部分第五项为隧道工程，第六项为其他工程及沿线设施，若路线中无隧道工程项目，但其序号仍保留，其他工程及沿线设施仍为第六项。但如“目”或“节”、“细目”发生这样的情况时，可依次递补改变序号。路线建设项目中的互通式立体交叉、辅道、支线，如工程规模较大时，也可按概算项目表单独编制建筑安装工程，然后将其概算建安工程总金额列入路线的总概算表中相应的项目内。

工程概算应按一个建设项目进行编制。当一个建设项目需要分段或分部编制时，应根据需要分别编制，但必须汇总编制“总概算汇总表”。

（三）工程量的摘取

工程量是影响造价准确性的重要因素，应有序、科学地进行工程量摘取，做到不重不漏，现扼要叙述如下。

1. 路基工程

根据公路工程概算定额章节划分的范围，路基工程包括众多的工程项目内容。按设计图表资料进行工程量计算时，需要进行多方面的统计分析和汇总工作，要查对路基土石方数量计算表，核对设计断面以外的填方计算是否齐全等，因此相对而言，计算工程量是比较烦琐的，耗用的时间也是比较多的，然而这项工作又是必不可少的。为了做好工程造价编制前的这一基础工作，应注意如下有关事项。

(1)路基土石方的开挖工作，是按工作难易程度，将土和岩石分为松土、普通土、硬土、软石、次坚石、坚石六类，而土石方的运输和压实则只分为土方和石方两项，并均以 1 000m^3 为计量单位。所以，应注意按土石类别或土方和石方分别计算工程量，以便套用定额进行计价。概算定额把耕地填前压实、清除淤泥、挖土质台阶及截水沟、整修路拱及边坡、修筑盲沟等项的工程量，按不同公路等级将其综合扩大为“路基零星工程”一项，采用 km 为计量单位，是以修建的公路长度核减路线内的桥梁、隧道的长度作为计价依据。

(2)路基土石方的开挖、装卸、运输是按天然密实体积计算，填方则是按压(夯)实的体积计算。当移挖作填或借土填筑路堤时，应考虑定额中所规定的换算系数。

(3)按不同运距统计土石方数量，并根据运距选择运输机械。由于不同施工机具具有不同的经济运距，机械不在经济运距范围内工作就不经济。如推土机推移土石方的经济距离，中型推土机一般为 50 ~ 100m，超过经济运距就不经济，而汽车的运距若小于 500m，也难以发挥其运输优势。所以，为了合理确定路基土石方的运输费用，应根据土石方运距选择机械类型。编制概算时，从路基土石方数量计算表上按不同运距计算其数量和运量，进行统计汇总并计算出平均运距，以此作为土石方运输计价的依据。

(4)路基排水及防护工程，是构成路基工程费用的一个项目，概算定额综合了挖基、排水等工程内容，以圬工实体作为计价依据，其中石砌挡土墙，不分基础和墙身、片石和块石。

(5)软土地基处理，当采用砂或碎石等材料作为垫层时，要核查设计图表资料是否已扣减相应的路基填方数量，以免重复计价。

(6)在取定填方数量时，要根据建设工程的实际情况，如填土最佳含水率要求，在干旱季节施工的方量等,确定需要洒水的数量。

(7)在公路建设中,通常在计算路基土石方数量时,是不扣除涵洞和通道所占路基土石方的体积的,而高等级公路一般修建这类工程较多,相对而言,就显得突出,故应结合建设工程的实际情况,适当扣减路基填方数量。

(8)下列各项数量,设计图表资料是不反映的,应根据施工组织设计的要求予以取定,并入路基填方数量内计价。

①清除表土或零星填方地段的基底压实、耕地填前夯(压)实后,回填至原地面高程所需的土、石方数量。

②因路基沉陷需增加填筑的土、石方数量。

③为保证路基边缘的压实度须加宽填筑时,所需的土、石方数量。若加宽填筑部分需清除,废方需远运处理时,需按实计算工程量并按相应定额进行计价。

2.路面工程

路面计价的工程量除沥青混合料路面以路面实体 m^3 为计量单位外,其余均以 m^2 计算。其中有些计价工程量要根据建设工程的实际情况和施工组织设计的要求来取定,它们在设计图表资料上是不反映的。所以在计取工程量时,应注意以下有关问题。

(1)要了解开挖路槽的废方,在计算路基土石方数量时是否作了综合平衡调配。原则上不应在某一地段一面进行借土填筑路堤,一面又产生大量废方需远运处理的不合理现象。若路槽废方确需远运处理时,则应确定弃土场的地点及其平均运距。其次应根据路基横断面和沿线路基土石方成分确定挖路槽的土石体积,不应以路基土石方的比例作为划分的依据。

(2)根据概算定额的规定,各类稳定土基层、级配碎石、级配砾石基层的压实厚度在 15cm 以内,填隙碎石一层的压实厚度在 12cm 以内,垫层、其他种类的基层和底基层压实厚度在 20cm 以内,拖拉机、平地机和压路机的台班消耗按定额数量计算。如超过上述压实厚度进行分层拌和、碾压时,拖拉机、平地机和压路机的台班消耗按定额数量加倍计算,每 1 000m^2 增加 3 个工日。编制概算时要按实际情况根据上述要求分别进行统计汇总,以利使用定额。但当在上述界定的厚度之上或之下的各类结构形式有多个不同的设计厚度时,则应分别统计汇总并计算其加权平均厚度,最少应取一位小数,这样,可减少定额子目个数,节省篇幅。

(3)要根据施工组织设计或标段的划分,结合该地区现有拌和设备的生产能力,综合考虑临时用地、材料和混合料的运输费用等,合理确定拌和场的地点和面积、需要安拆的拌和设备型号,并据此计算出混合料的平均运距。

(4)根据设计要求,泥结碎石及级配碎、砾石路面,应加铺磨耗层及保护层,概算定额已综合在内,就不再另行计算。

(5)概算定额中的水泥、石灰稳定类基层定额,其水泥或石灰与其他材料系按某一标准的配合比编制的,但考虑到各地水文、地质、气候等情况差异大,建设工程的技术要求不同,其配合比就可能不同。因此,特规定了材料消耗量的换算公式,故在计算工程量时要注意设计配合比是否与定额规定一致,以便进行调整。可按以下公式换算:

$$C_i = [C_d + B_d \times (H_d - H_0)] \times \frac{L_i}{L_d}$$

式中:C_i——按设计配合比换算的材料数量;

C_d——定额中基本压实厚度的材料数量；

B_d——定额中压实厚度增减 1cm 的材料数量；

H_0——定额的基本压实厚度；

H_d——设计的压实厚度；

L_d——定额标明的材料百分率；

L_i——设计配合比的材料百分率。

(6)在概算定额中，有透层、黏层定额。一般是在完工的基层上洒布透层油，再进行沥青混合料的铺筑工程，但在旧沥青路面上或水泥混凝土路面上则应洒布黏层油，在计算工程量时，不要漏计这些工程内容。

(7)要了解桥梁、涵洞、通道、隧道等工程，凡已计列了桥面铺装的，是否已扣除了桥梁等所占的长度和面积，以免重复计价。

3. 隧道工程

编制隧道工程的概算工程量与预算有较大的差异，在计取工程量时应特别注意以下几个方面。

(1)洞身开挖定额中综合了出渣、施工通风及高压风水管和照明电线路的工料机消耗。

(2)衬砌定额中均包括拱顶、边墙衬砌，混凝土或浆砌片石回填，洞内管沟及盖板等工程内容。当设计采用的混凝土强度等级与本定额不符或采用特殊混凝土时，可根据具体情况对混凝土配合比进行抽换。

(3)斜井、竖井开挖项目中综合了出渣、通风及管线路。

(4)斜井的相关定额项目系按斜井长度 800m 以内综合编制，已含斜井建成后，通过斜井进行正洞作业时，斜井内通风及管线路的摊销部分。

(5)定额中凡是按不同隧道长度编制的项目，均只编制到隧道长度在 4 000m 以内。当隧道长度超过 4 000m 时，应按以下规定计算。

①洞身开挖：以隧道长度 4 000m 以内定额为基础，与隧道长度 4 000m 以上每增加1 000m 定额叠加使用。

②正洞出渣运输：通过隧道进出口开挖正洞，以换算隧道长度套用相应的出渣定额计算。换算隧道长度计算公式为：

换算隧道长度 = 全隧长度—通过辅助坑道开挖正洞的长度

当换算隧道长度超过 4 000m 时，以隧道长度 4 000m 以内定额为基础，与隧道长度4 000m 以上每增加 1 000m 定额叠加使用。

通过斜井开挖正洞，出渣运输按正洞和斜井两段分别计算，二者叠加使用。

③通风、管线路定额，按正洞隧道长度综合编制，当隧道长度超过 4 000m 时，以隧道长度 4 000m 以内定额为基础，与隧道长度 4 000m 以上每增加 1 000m 定额叠加使用。

4. 涵洞工程

涵洞工程的概算定额，是按常用的结构分为石盖板涵、石拱涵、钢筋混凝土圆管涵、钢筋混凝土盖板涵和钢筋混凝土箱涵五类，并分别按其洞身、洞口的各种设计圬工体积以 m^3 作为计量单位。挖基、排水、钢筋、拱盔支架和安装设备以及其他附属设施等的工料消耗均已综合在定额内，不得另行计算。由此可知，编制概算时，只需从设计图表上分别按洞身和洞口摘取工程量进行计价，涵洞上的路面则应在路面工程内计算。

（1）现行的《概算定额》中，涵洞洞身、洞口及倒虹吸管洞口的定额单位均为 $10m^3$ 实体，其工程数量包括的项目见表 4-33。

涵洞洞身、洞口及倒虹吸管洞口工程内容 表 4-33

定额名称		工程量包括的项目
洞身	石盖板涵	基础、墩台身、盖板、洞身涵底铺砌
	石拱涵	基础、墩台身、拱圈、护拱、洞身涵底铺砌、栏杆柱及扶手（台背排水及放水层作为附属工程摊入定额）
	钢筋混凝土盖板涵	基础、墩台身、墩台帽、盖板、洞身涵底铺砌、支撑梁、混凝土桥面铺装、栏杆柱
	钢筋混凝土圆管涵	圆管涵身、端节基底
	钢筋混凝土箱涵	涵身基础、箱涵身、混凝土桥面铺装、栏杆柱及扶手
涵洞洞口		基础、翼墙、侧墙、帽石、锥坡铺砌、洞口两侧路基边坡加固铺砌、洞口河底铺砌、隔水墙、特殊洞口的蓄水井、急流槽、防滑墙、消力池、跌水井、挑坎等圬工实体
倒虹吸管洞口		竖井、留泥井、水槽

（2）涵洞扩大定额按每道单孔和取定涵长计算，如涵长与定额中涵长不同时，可用每增减 1m 定额进行调整；如为双孔时，可按调整好的单孔定额乘以表 4-34 中相应的系数。

双孔涵洞扩大定额系数 表 4-34

结构类型	石盖板涵	钢筋混凝土圆管涵	石拱涵	钢筋混凝土盖板涵
双孔系数	1.6	1.8	1.5	1.6

5. 桥梁工程

根据桥梁工程施工技术的特点，其概算计价的基础资料包括两个方面的内容，一是主体工程，即构成桥梁工程实体的基础、下部和上部工程，它们一旦在哪里建成，就以固定不变的形态永远在哪里发挥作用，一般设计图表上都反映了这些资料，故按照定额的要求，就可确定其计价的各项工程量；二是辅助工程，它们只是有助于主体工程的形成，为完成主体工程所必须采取的措施，工程完工后，也就随之拆除或消失，其情况就比较复杂。如属于基础工程的，有挖基、围堰、排水、工作平台、护筒、泥浆船及其循环系统等；属于上下部工程的，有拱盔、支架、吊装设备、提升模架，施工电梯等，还有与基础和上下部工程都有关联的，如混凝土和构件运输、预制场及其他设施（如大型预制构件底座、张拉台座、门架等）、拌和站（船）、蒸气养生设施等。这些辅助工程的计价数量，除挖基外，都要根据建设项目的实际情况和施工组织设计的要求，并参考以往的成功经验来取定，设计图纸上是不反映的，它要受到建设环境和人们对客观事物认识水平的影响，其可塑性比较大，而对工程概算又有极其重要的影响。因此，正确取定各项计价工程量，就有着十分重要的现实意义。

桥涵工程计价的项目比较多，工程量的计算工作难度也大，如果按照通常的施工顺序计取工程量，一般是比较准确而迅速的。即从挖基开始计取工程量，然后按照基础、下部和上部，以及相应的辅助工程顺序进行，这样漏项或重复的错误就可避免了。

（1）开挖基坑。基坑的开挖工作，应按土方、石方、深度、干处或湿处等不同情况分别统计其数量，并结合施工期内河床水位高低，合理确定围堰的类别、数量以及必须采取的技术安全措施等。如挖基废方需要远运处理，原有地形地貌需要修复等，应将所需费用计入工程概算内。

此外,基坑排水台班已综合在定额内,不需再另行计算。

(2)基础工程。基础工程有砌石、混凝土、沉井、打桩和灌注桩等多种结构形式。

基础砌石和混凝土圬工,常称为天然地基上的基础。砌石和混凝土圬工均不分砂浆强度等级和混凝土强度等级统计其圬工体积。砌石基础应按片石、块石分别进行统计汇总。若设计图表上只有砌体总数时,考虑基础外缘和分层砌筑等因素,可分别按80%的片石、20%的块石计算。

钻孔灌注桩基础的施工工艺比较复杂,有些工程量的计算,要结合建设工程的实际情况和施工组织设计的要求,通过多方分析论证,才能取得有关计价资料。故在计算工程量时,应注意以下有关要求。

①要根据工程的地质情况,选定钻孔机具的型号,以适应定额需要和确定相应的辅助工程量。

②当在水中采用围堰筑岛填心进行钻孔施工时,可按灌注桩外缘3.0m宽左右确定围堰及筑岛填心的工程量。计算埋设护筒数量时,则应视同为"干处"计价。

③在干处埋设护筒,一般可按每个护筒长2.0m或按设计数量计算;水中埋设护筒可按设计数量计算。若系钢护筒,应根据设计规定的回收量按规定计算回收金额。

④若在水中进行钻孔时,应计列灌注桩工作平台、泥浆船及其循环系统(如需要)。

⑤一座墩台的灌注桩基础,若只设两根桩时,一般不设置承台,而设计为系梁。这种系梁工程,应按墩台定额计价。当在陆地(或采用围堰筑岛填心钻孔)进行承台或系梁施工时,应按实计算挖基数量及其排水和废方的远运处理。

(3)下部工程。桥梁的下部构造工程,有砌石、现浇混凝土和预制安装混凝土构件等不同结构形式。墩台的计价工程量为墩台身及翼墙、墩台帽、拱座、盖梁及耳背墙、桥台第二层以下的帽石(有人行道时为第一层以下的帽石)的工程量之和,既不分片石、块石,也不分砂浆和混凝土强度等级不同,只有墩和台两个计价定额。而桥台的锥形护坡则更加简单,是以座计。台背及锥坡内的填土夯实也综合在定额内,都不需再另计。桥台上的路面应归入路面工程内计算。

(4)上部工程。桥梁的上部构造工程,通常将其划分为行车道系、桥面铺装和人行道系三个部分,有砌石、现浇混凝土、预制安装混凝土构件、钢桁架和钢索吊桥等不同结构形式。概算定额除钢桁架和钢索吊桥是将上述三个部分扩大为一个定额外,其余结构形式的桥梁都是将行车道、桥面铺装和人行道分开编制定额的,编制概算时,应单列项目计算。行车道系和桥面铺装都是以m^3为计量单位,人行道系则以桥长米作为计量单位。在计算工程量时,应按行车道系、桥面铺装和人行道系的顺序进行,以免重复和遗漏。

①梁桥上部构造工程,近年来多采用预制安装混凝土结构,不仅可加快施工进度,还可降低工程成本,有利于保证工程质量和施工安全。编制概算时,梁板桥的行车道系预制与安装是合并在一起以构件的设计实体和现浇接缝混凝土之和作为计价依据。泄水管、支座、伸缩缝(预应力连续梁、连续刚构、斜拉桥除外)、预制场及其设施、吊装设备、构件运输等工程,因已将工料消耗综合在定额内,均不得另行计算。

为进一步了解编制梁板桥上部构造工程概算应计取的各项工程量的内容,现以预制安装30m预应力T形梁为例说明如下。

一是行车道系。编制概算时,只需计取T形梁构件的设计体积和现浇接缝混凝土之和、钢筋、钢绞线或高强钢丝三项作为计价工程量。

二是桥面铺装。按混凝土、沥青混凝土和钢筋分别进行计价。

三是人行道系。编制概算时,按不同人行道宽度的桥长米和钢筋两项,分别计算工程量。

②拱桥上部构造工程,有砌石、现浇混凝土和预制安装混凝土构件等不同结构形式。编制概算时,其行车道系都以拱上全部圬工实体作为计价工程量。至于拱上填料和防水层等,因已将其工料消耗综合在定额内,就不得再计算其工程量。

③石拱桥和现浇混凝土梁、板、拱桥所需的拱盔、支架工程要根据工程的实际情况计算取定,若周转次数达不到定额规定时,可以进行调整。支架地梁下的基础工程,要根据河床的地质情况,确定各项计价工程量,如挖基、排水、砌石、打桩等,若对河道有影响,应考虑完工后的清除费用。

6. 交通工程及沿线设施

交通工程及沿线设施主要包括监控系统、通信系统、收费系统、供电照明系统、服务设施及房屋建筑、养护及管理设备、安全设施等。

安全设施一般包括标志、标线、护栏、隔离设施、防眩设施及其他安全设施等;监控、收费系统一般包括外场设备、监控中心设备、计算机及闭路电视系统、收费车道控制设备等;通信系统一般包括光缆传输工程、程控交换工程、紧急电话工程、通信电源工程、设备安装、通信管道工程等;供电照明系统一般包括变配电系统和照明工程;服务设施及房屋建筑一般包括房屋建筑主体工程、给排水系统、场区道路及绿化工程、场地平整工程及其他附属设施等。

随着高等级公路的建设,交通工程的造价在整个公路工程造价中的比例越来越大,现行的概预算定额和编制办法中,把监控系统、通信系统、收费系统、供电照明系统、服务设施及房屋建筑、养护及管理设备、安全设施等单项工程的工料机消耗和费用定额纳入其中,不再像以前编制交通工程概预算主要采用有关专业部门和工程所在地的地区统一直接费定额和相应的间接费定额。当然,当交通工程概(预)算编制遇到现行定额缺项时,仍然可采用的其他部委的计价依据如下:监控系统和收费系统可采用《电子工程建设预算定额》;通信系统采用《通信建设工程预算定额》;供电照明系统、服务设施及房屋建筑可采用工程所在地的地区统一《建设工程概算定额》、《建设工程预算定额》等。但应注意的是,其他部委的定额中可能不包括主材的消耗(其在取费上有所不同),是单独计算的。

现行《概算定额》中,交通工程及沿线设施的定额项目划分和综合情况如下:

(1)钢筋混凝土防撞护栏中,铸铁柱与钢管栏杆按柱与栏杆的总质量计算,预埋螺栓、螺母及垫圈等附件已综合在定额内,使用定额时,不得另行计算。

(2)波形钢板护栏中,钢管柱、型钢柱按柱的成品质量计算;波形钢板按波形钢板、端头板(包括端部稳定的锚碇板、夹具、挡板)与撑架的总质量计算,柱帽、固定螺栓、连接螺栓、钢丝绳、螺母及垫圈等附件已综合在定额内,使用定额时,不得另行计算。

(3)隔离栅中钢管柱按钢管与网框型钢的总质量计算,型钢立柱按柱与斜撑的总质量计算,钢管柱定额中已综合了螺栓、螺母、垫圈及柱帽钢板的数量,型钢立柱定额中已综合了各种连接件及地锚钢筋的数量,使用定额时,不得另行计算。钢板网面积按各网框外边缘所包围的净面积之和计算。

(4)收费岛上涂刷反光标志漆和粘贴反光膜的数量,已综合收费岛混凝土定额中,使用定额时,均不得另行计算。

(5)防撞栏杆的预埋钢套管的数量已综合在定额中,使用定额时,不得另行计算。

(6)防撞立柱的预埋钢套管及立柱填充水泥混凝土、立柱与预埋钢套管之间灌填水泥砂浆的数量,均已综合在定额中,使用定额时,不得另行计算。

(7)安装电缆走线架定额中,不包括通过沉降(伸缩)缝和要做特殊处理的内容,需要时按有关定额另行计算。

(8)通信铁塔的安装是按在正常的气象条件下施工确定的,定额中不包括铁塔基础施工、预埋件埋设及防雷接地工程等内容,需要时按有关定额另行计算。

(9)通信管道定额中不包括管道过桥时的托架和管箱等工程内容,应按相关定额另行计算;挖管沟本定额也未包括,应按"路基工程"项目人工挖运土方定额计算。

(10)镀锌钢管敷设定额中已综合接口处套管的切割、焊接、防锈处理等内容,使用定额时,不得另行计算。

(11)电缆敷设按单根延长米计算(如一个架上敷设3根各长100m的电缆,工程量应按300m计算,以此类推)。电缆附加及预留的长度是电缆敷设长度的组成部分,应计入电缆工程量之内。电缆进入建筑物预留长度按2m计算,电缆进入沟内或吊架预留长度按1.5m计算,电缆中间接头盒预留长度两端各按2m计算。

(12)给水管道:室内外界线以建筑物外墙皮1.5m为界,入口处设阀门者以阀门为界;与市政管道界线以水表井为界,无水表井者,以与市政管道碰头点为界。

7. 临时工程

临时工程包括汽车便道、临时便桥、临时码头、轨道铺设、架设输电、电信线路、人工夯打小圆木桩共六个项目。

(1)汽车便道按路基宽度为7.0m和4.5m分别编制,便道路面宽度按6.0m和3.5m分别编制,路基宽度4.5m的定额中已包括错车道的设置。汽车便道项目中未包括便道使用期内养护所需的工、料、机数量,如便道使用期内需要养护,编制预算时,可根据施工期按表4-35增加数量。

汽车便道使用期内养护所需的工、料、机数量表 表4-35

单位:km · 月

序 号	项 目	单 位	代 号	汽车便道路基宽度(m)	
				7.0	4.5
1	人工	工日	1	3.0	2.0
2	天然级配	m^3	908	18.00	20.80
3	6~8t光轮压路机	台班	1075	2.20	1.32

(2)临时汽车便桥按桥面净宽4m、单孔跨径21m编制。

(3)重力式砌石码头定额中不包括拆除的工程内容,需要时可按"桥涵工程"项目的"拆除旧建筑物"定额另行计算。

(4)轨道铺设定额中,轻轨(11kg/m,15kg/m)部分未考虑道渣,轨距为75cm,枕距为

80cm，枕长为1.2m；重轨(32kg/m)部分轨距为1.435m，枕距为80cm，枕长为2.5m，岔枕长为3.35m，并考虑了道渣铺筑。

(5)人工夯打小圆木桩的土质划分及桩入土深度的计算方法与打桩工程相同。圆木桩的体积，根据设计桩长和梢径(小头直径)，按木材材积表计算。

(6)本章定额中便桥，输电、电信线路的木料、电线的材料消耗均按一次使用量计列，编制预算时应按规定计算回收；其他各项定额分别不同情况，按其周转次数摊入材料数量。

四、设计概算的编制程序与方法

编制设计概算应以初步设计图纸和说明书，施工方案和测设合同、协议，以及建设单位的要求等为依据来进行，并应严格贯彻执行国家有关公路建设的方针、政策和工程造价管理的各项规定。

(一)设计概算的编制程序

编制设计概算，通常要求按如下先后次序进行有关的准备和编制工作。

(1)熟悉设计图纸资料，了解设计意图。对设计说明书及各类工程的设计图纸资料，要深入熟悉和研究，掌握和了解设计意图。当一些工程的施工有特殊要求时，要事先研究妥善的解决办法。当有新结构、新材料、新设备、新工艺而又无定额可适用时，则可按编制定额的原则和方法，编制补充定额。

(2)整理外业调查资料，根据现场条件，提出合理的施工组织方案。

(3)核对主要工程量，按照概算定额的要求，正确计取计价工程量。

(4)按编制工程造价的有关规定及工程的实际情况，计算和填写人工、材料、施工机械台班预算价格的各种计算表和汇总表，以及其他工程费、间接费综合费率计算表。

(5)根据计取的工程量套用概算定额，编制分项工程概算表及建筑安装工程费计算表。

(6)编制设备、工具、器具购置费计算表和工程建设其他费用计算表。

(7)编制汇总工程概算表和分段汇总表，以及人工、主要材料、机械台班数量汇总表。

(8)写出编制说明，经复核、审核后出版。

(二)设计概算的编制方法

设计概算由第一、二、三部分费用和预留费用组成。其中，第一部分建筑安装工程费，是以概算定额为依据，采用工、料、机分析的方法来进行编制的，常称为实物法。现就设计概算的编制方法扼要叙述如下。

1.建筑安装工程费的编制

首先是在“分项工程概算表”中按建设工程所在地实际价格计算和累计汇总得到工、料、机费用，即直接工程费，然后再分别计入其他工程费、间接费、利润和税金等以费率计算的各项费用，汇总后得到建筑安装工程费。

(1)确定工、料、机价格和其他工程费、间接费综合费率。在编制分项工程概算表之前，先要计算出人工、材料、施工机械台班的预算价格和其他工程费、间接费综合费率等基础数据资料。

①人工费单价。按部、省、自治区、直辖市公路(交通)工程定额(造价管理)站发布的价格

信息资料，结合建设工程的实际情况取定，并注意是否需要增计地区生活补贴等人工费用内容。

②材料预算价格。材料的规格品种多，而影响价格的因素又是多方面的，在计算时要注意以下有关事项，做到合理可靠。

a. 按经济合理、方便运输的原则，确定材料的供应地点和运输方式，并计算出平均运距及比重。

b. 凡施工单位自采加工的砂石材料，应按“自采材料料场价格计算表”（10 表）的要求根据《预算定额》第八章“材料采集及加工”进行计算确定。

c. 最后通过“材料预算单价计算表”（09 表）计算出各种材料的预算价格。

③按选用的施工机械种类通过“机械台班单价计算表”（11 表）计算其价格。

④编制“人工、材料、机械单价汇总表”（07 表）。

⑤根据建设工程的实际情况，合理确定其他工程费、间接费的各项费率标准，并进行综合，编制“其他工程费及间接费综合费率计算表”（04 表），以此作为计算其费用的依据。

⑥编制“辅助生产工、料、机械台班单位数量表”（12 表），该表是对自采加工材料和自办运输工作根据预算定额计算的工、料、机械台班数量的汇总，作为计算建设项目人工、材料、机械台班总需要量的依据之一。

（2）编制“分项工程概算表”（08 表）和“建筑安装工程费用计算表”（03 表）。应按照“概算项目表”规定的项目序列要求，从路基土方开始到房屋为止，逐项分析计算，并按“目”、“节”的内容进行汇总。

①根据计取的工程量、采用的施工方法及选用的概算定额，将有关的各种资料分别摘录于计算表内。其中，人工、材料、机械台班的预算价格、其他工程经费、间接费的综合费率则是分别从上述相关的计算表上节录转到“分项工程概算表”内。

分项工程概算表内的“定额表号”是按概算定额的章节来编写的，从左到右，第一位数为章次号，第 2 ~ 3 位数为项目号，第 4 ~ 6 位数为子目号。如 109008 表示第一章路基工程第 9 个项目推土机推土的第 8 个子目每增运 10m 的定额号，109008 ×2，系表示推土机增运的距离为 20m，故定额相应乘以 2 的系数，当然其工程数量乘以 2 亦是可行的。也有使用“章编号—节编号—子目编号”的形式，如以上的定额号也可表示为“1-9-8”。

②在完成分项工程概算表中各项数字的计算并累计后，将其转录到建筑安装工程费计算表内，再分别计算利润和税金，然后逐项汇总并计算出单价。这样，建筑安装费就全部计算完成。

上述各种计算表详见《概预算编制办法》。

2. 设备、工具、器具购置费的编制及完成（05 表）

这是设计概算的第二部分费用，除办公和生活用家具购置费可按规定的费额计算外，需要购置的机械设备，由于公路工程的实际情况不同，差异较大，尚无统一的规定标准，应根据建设主管部门或建设单位认定的数量，按市场价格计算，并应计列运杂费和采购保管费，当设备来源不明时，可按设备供应价的 7% 计算运杂费。

3. 工程建设其他费用的编制及完成（06 表）

这是设计概算的第三部分费用，包括土地征用及拆迁补偿费、建设项目管理费、研究试验费、建设项目前期工作费、专项评价(估)费、施工机构迁移费、联合试运转费、生产人员培训费、建设期贷款利息等多项费用。应根据整理的外业调查资料和国家规定的有关标准,在“工程建设其他费用及回收金额建设表”(06 表)中逐项罗列公式进行计算。除工程建设其他费外的一些费用,如建筑安装工程费中的绿化工程补助费,以及预留费、大型专用机械设备购置费等,也要利用该表来完成其计算。

4. 总概算的编制

总概算是根据所编制的建设工程项目的建筑安装工程费,设备、工具、器具购置费,工程建设其他费用等概算文件资料,按照概算项目表组成的内容和如下方法来进行编制的,实际上只是一个节录和汇总的工作环节。

(1)按工程或费用名称,依次将单位、工程数量、概算金额分别摘取填入“总概算表”(01 表)的相应的各栏内。

(2)按“目”、“项”,第一、二、三部分及其合计,概算总金额、公路(桥梁)基本造价,依次求出各项工程或费用的小计、合计及总计。

(3)计算技术经济指标和各项费用的比例(%)。以各项工程的概算金额分别除以相应的工程数量,所得的商即为技术经济指标,也就是各项工程的分部工程单价;而以概算总金额分别去除各项概算金额,即为相应的各项费用所占的比例。

(4)将建设项目需要的人工、主要材料、机械台班数量,按工程项目分别进行汇总,即完成“人工、材料、机械台班数量汇总表”(02 表)。凡规定可计列场外运输操作损耗的材料要计入其相应损耗数量。

(5)当一个建设项目按分段编制概算时,应将各分段的工程数量、概算总金额,以及人工、主要材料、机械台班数量,分别编制成汇总表,即完成“总概算汇总表”(01-1 表)和“总概算人工、材料、机械台班数量汇总表”(02-1 表)。

5. 写出编制说明

当工程概算汇总完成之后,应如实、全面地说明编制过程中的有关情况,以利决策机关了解掌握,从而作出正确的决策。同时,工程建成后,这些资料就成为宝贵的工程概算的历史资料。如果没有必要的说明,就无法进行造价资料的积累。所以,应认真做好概算编制说明的编写工作。设计概算的编制说明,应着重说明以下有关内容。

(1)采用的各种计价依据,要说明颁发的机关、文号、日期或来源等。因为有些规定是经常变动的,编制人员因没有及时掌握这方面的信息,而使用了作废的规定,详细说明就是为了便于在审查时发现此类错误。材料的供应价格,各地公路(交通)工程定额(造价管理)站按年或季发布价格信息,如不说明其来源,也无法使审核或使用者了解所采用的计价依据的可靠性。

(2)按路基、路面、桥梁涵洞、交叉工程、隧道、其他工程及沿线设施、临时工程、管理、养护及服务房屋的顺序,分别说明其工程量计算时所采用资料的依据,以及采用的施工方法,如土石方施工的机械化程度、路面混合料的拌和方式、桥梁的预制安装方法等。

(3)施工总体部署和必须采用的施工技术安全措施,以及计划工期等。

(4)对前期工程估算文件批复意见执行情况的说明。

(5)概算与估算对比资料的说明,以利了解设计阶段对造价的控制情况。

第五节　修正设计概算的编制

《设计文件编制办法》规定,公路工程基本建设项目一般采用两阶段设计,即初步设计和施工图设计。当技术复杂、基础资料缺乏和不足的建设项目或建设项目中的特大桥、互通式立体交叉、隧道、高速公路和一级公路的交通工程及沿线设施的机电设备等,必要时可采用三阶段设计,即初步设计、技术设计和施工图设计。技术设计必须要有修正概算文件,它是技术设计文件的重要组成部分。

由此可知,技术设计并不是公路建设项目必经的设计阶段,而是在某种特殊条件下,根据初步设计批复的意见,对建设工程项目中重大、复杂的技术问题,通过科学试验、专题研究,加深勘探调查及分析比较,解决初步设计中未解决的问题,进一步落实技术方案和施工方案,并据以编制相应的修正概算文件。

编制技术设计修正概算,是在批准的初步设计概算文件的基础上进行的,对初步设计所定的技术方案和施工方案进一步研究修改,并补充必要的水文、地质资料,修正后的工程量是编制修正概算的依据。实际上是对原设计概算的修正与补充,使之更符合建设工程的实际情况,以提高其准确性。所以,修正概算的作用以及编制依据、程序和方法与设计概算基本上是一样的,因此不再论述。但初步设计和技术设计毕竟是两个不同的设计阶段,由于客观条件的不同和时间上的差异,必然有其不同的具体情况,故编制修正概算时,除应参考前述初步设计概算的编制内容与要求外,应结合建设工程的实际情况,按下列要求做好修正概算的编制工作。

(1)熟悉了解原初步设计方案修改的范围和深度、施工工期是否有调整、需要修正的各项基础资料及有关内容,做到心中有数。

(2)做好收集、整理和补充外业调查资料的工作。它包括两方面的内容,一是对与修改的工程结构部分有关的外业资料的调查;二是对初步设计概算的外业调查资料进行分析整理,找出影响修正概算的因素。如建设工程项目用地范围内,是否增加了新的建筑物、构筑物,耕地种植情况有无改变,技术物资供应情况有无变化等,这是在以往建设工程中经常发生的情况,故不应忽视。

(3)根据技术设计图表资料,按照概算定额内容的要求,正确计算各项工程数量,并提出与原设计概算工程量的比较表,用来进行修正概算的编制和经济分析。

(4)各个设计阶段工程造价文件的编制,按规定都应以工程所在地当时的实际价格作为计算依据。编制修正概算一般不可能在编制初步设计概算的同一年度内进行,在市场经济的条件下,各种价格变化的因素较多,因此,应了解在这期间,人工工资标准、材料供应价格有无变动,国家对工程造价的计价依据和办法有无修改,建设单位有无新的要求,以此作为编制修正概算的依据。

(5)当技术设计修改的内容仅影响局部工程量的增减,人工、材料、机械台班的预算价格拟不做调整,仍按原设计概算资料作为计算依据时,则可采用修正总概算表的办法编制修正概算。修正总概算表中有关变动部分的工程数量,然后以原概算的技术经济指标,即分部工程的核算单价分别乘以相应变动部分的工程数量,并按规定对总概算内有关费用进行修正。同时,修正变动部分工程的人工、材料、机械台班的需要数量,最后修正相关的汇总表。

(6)当有新增工程内容，或人工、材料、机械台班的预算价格都发生了很大变化时，则应按照编制设计概算的程序和方法，对新增加的工程内容进行工、料、机分析，编制分项工程概算表，同时修正人工、材料、机械台班的预算价格，重新计算建筑安装工程费，并据以修正总概算表的各项有关费用，编制修正总概算文件。

(7)修正概算编制完成后，要对照检查对初步设计批复意见的执行情况，有无不符合要求之处，若修正的总概算超出批准的设计概算时，要分析超出原因，提出解决的办法或意见，供建设主管部门或建设单位决策时参考，并应补办报批手续，待原设计概算审批单位批准后，即成为建设项目投资的最高限额。

(8) 无论采用哪种方法来编制修正概算，均应对编制说明加以修正，并按规定出版修正概算文件。

第六节　施工图预算的编制

施工图预算是根据施工图设计文件资料和施工组织设计，以及国家颁布的《预算定额》、取费标准和预算编制办法，并按当地、当时的人工、材料、机械台班的实际价格来进行编制的。它是反映工程建设项目所需人力、物力、财力及全部费用的文件，是施工图设计文件的重要组成部分。

一、施工图预算的作用

(一)当施工图预算作为承包施工任务依据时的作用

1. 施工图预算是施工单位组织施工的依据

编制施工图预算的主要目的，是指导建设项目的施工。施工单位在组织施工时，应根据施工图预算计算出来的各项工程的工程量编制计划组织施工，预算中提供的材料、半成品，各种构件的用量、品种、规格以及质量标准，是施工单位组织采购、加工、供应的依据。预算中提供的人工、机械台班用量也是安排施工计划的依据。

2. 施工图预算是施工单位统计完成工程量的依据

施工单位在掌握工程进度时，除了要有工程量和形象进度外，还要有以货币表现的工作量，它是根据施工期内实际完成的各种工程量乘以相应的预算单价来计算的，是考核工程进度和完成计划的一个综合指标。

3. 施工图预算是施工企业进行经济核算的依据

施工图预算计算出来的单项、单位工程技术经济指标，是建筑安装工程产品的计划价格，施工企业为了取得较好的经济效益，必须在预算提供产品价格的范围内，通过加强经济核算，努力提高劳动生产率，降低人力、物力、财力的消耗，以达到降低成本的目的，为企业提供更多的积累和盈利。

4. 施工图预算是施工单位和建设单位进行工程结算的依据

经审定的施工图预算是建设单位与施工单位进行工程结算的依据。单位工程竣工后或根据施工进度安排完成部分工程量后，应以施工图预算中所确定的价格进行结算。

5. 施工图预算是进行工程拨款的依据

建筑安装工程的拨款，是以施工图预算和建设单位与施工单位结算的工作量为依据，并以施工图预算对合同甲、乙双方实施财政监督，促使建设单位合理地使用建设资金。

6. 施工图预算也是工程决算的依据

工程竣工后应根据所完成的工程量和施工图预算所确定的价格进行决算，最后形成总的新增固定资产价值。

7. 施工图预算也是审计工作的依据

建设项目需要由审计单位进行审计时，施工图预算是审计工作的依据。

（二）当建设项目实行施工招标时，审定的施工图预算也可以作为编制工程招标控制价/标底的依据

建设项目如果是在审定后的施工图预算的基础上组织招标时，施工图预算提供的工程量、人工、材料、机械台班用量是编制工程招标控制价/标底的依据。施工招标的招标控制价/标底价格，不但要反映价值，还要反映供求关系，它是建筑工程的商品价格和市场价格，它可以根据建筑业市场上的供求关系进行浮动，所以它不完全是按照预算的编制模式一统到底的，与施工图预算是有区别的，但工程招标控制价/标底的制定仍然是以预算为依据，按照编制施工图预算的原则和方法，结合市场行情和招标工程的实际情况来编制的。

（三）施工图预算是衡量设计方案是否经济合理的依据

施工图预算提供的总预算造价指标和各分项工程的造价指标与以往的技术经济指标进行比较，进一步论证初步设计或技术设计所确定的设计方案是否经济合理。同时还应和初步设计概算或技术设计修正概算中的各项技术指标进行对比，以检查概算编制的质量和水平，这对于不断地总结经验，提高设计的技术水平是非常重要的。

二、编制施工图预算的依据

编制施工图预算的依据多是由国家有关主管部门批准颁发的，具有法律约束力。人们从事工程造价经济活动时，必须严格遵守，认真贯彻执行。施工图预算的编制必须遵循以下各项依据。

(1)就公路工程的不同设计阶段而言，一阶段设计中的可行性研究报告投资估算，两阶段设计中的初步设计概算，三阶段设计中的技术设计修正概算，是编制施工图预算的主要依据之一。经批准的投资额，是进行施工图限额设计的主要依据，施工图预算不得随意突破批准的投资额。

(2)施工设计图纸和说明。这些资料具体地规定了兴建工程的形式、内容、地质情况、结构尺寸、施工技术要求等，不仅是指导施工的指令性技术文件，而且也是编制施工图预算，计算工程数量的主要依据。

(3)施工组织设计资料。施工组织设计对施工期限、施工方法、机械化程度以及大型构件预制场、路面混合料拌和场、材料堆放地点、临时工程的位置和临时占用土地数量等，都作出明

确而具体的规定，而这些资料是计算辅助工程数量、临时工程数量、套用预算定额和计算有关费用的重要依据。

(4)《预算定额》。《预算定额》不仅是计算建设项目的人工、材料、机械台班消耗量的主要依据和标准，还是计算和确定工程量的主要依据。

(5)人工、材料、机械台班预算价格，以及据以计算这些价格的工资标准、材料供应价、运价、机械台班费用定额、养路费等，都是编制施工图预算的基础资料。

(6)其他工程费、间接费等各项取费标准。结合我国的国情和建设实践，构成建设工程造价的其他工程费、间接费、利润、税金，以及建设项目管理费等，均是以费率作为计算施工图预算费用的依据。

(7)工程量计算规则和预算编制办法。工程量计算规则包括两方面的含意，一是根据施工设计图纸资料如何计算工程量；二是按预算定额的内容要求如何正确计取工程量，两者都是编制施工图预算时必须严格遵守的规则。预算编制办法除规定了各种费率标准外，还对组成预算文件的各种计算表格的内容、填表程序和方法，都作出了十分明确的规定，并不得随意修改，所以这些也是编制施工图预算的依据。

(8)勘察设计合同、协议以及建设项目主管部门或建设单位的有关规定。

(9)当采用新结构、新材料、新工艺、新设备而定额缺项时，按规定编制的补充预算定额，也是编制施工图预算的依据。

(10)有关的文件和规定。凡与编制预算有关的中央和地方的有关文件和规定，以及在外业调查中所签订的各种协议和合同都是编制预算的重要依据。

(11)其他资料：如工具书、标准图集等。

三、施工组织设计与预算的编制

施工组织设计和施工图预算是相互依存、相互影响的。确切地说，施工图预算的编制过程也是施工组织设计的过程，施工组织设计决定着施工图预算，反过来，施工图预算又制约着施工组织设计，两者是辩证统一的关系，是相辅相成的。

预算费用中与施工组织设计关系最大的是建筑安装工程费，而建筑安装工程费又是由直接费、间接费、利润和税金组成。就费用的计算过程来看，直接费的高低基本决定了建筑安装工程费的高低，只要降低了建筑安装工程的直接费，就能降低整个工程费用。

施工组织设计对预算的影响是多方面的，但主要是对直接工程费的影响。现就影响较大的主要因素进行分析。

(一)施工现场平面布置对预算的影响

施工现场平面布置是施工组织设计在空间上的综合描述，是施工组织设计的重要组成部分之一。它是在基础资料调查的基础上，结合建设工程的实际情况，按照一定的布置原则和方法，对建设工程在施工过程中的材料供应和运输路线、供电、供水、临时工程、工地仓库、生活设施、管理机械设施、服务区、加油站、道班房、预制场、拌和场以及大型机械设备工作面的布置和安排。平面布置的确定，也就决定了预算中相应的直接工程费，如场内运输的价格、临时工程的费用以及租用土地费、平整场地费用等。在施工组织设计中应考虑技术上的可行性和经济上的合理性，规划平面布置一般应遵循以下原则：

(1)凡是永久性占用土地或临时性租用土地的工程,应结合地形、地貌,在满足施工的前提下,尽可能选择利用荒山、荒地及场地平整工程量小的地点,并尽量少占农田。

(2)合理确定工地仓库和自采材料堆放点。预制场、拌和站的选择,应避免材料的二次倒运和减短材料的场内运距。

(3)施工平面布置应与施工进度、施工方法等相适应,同时应重视保护生态环境和安全生产。

(4)材料在公路工程建设中占的比重很大,因此,合理选择材料、确定经济运距和运输方案是控制预算造价的重要手段。

(二)施工工期对预算的影响

在质量一定的条件下,费用与工期的关系可用图4-5表示,可见任何一个建筑产品,都有一定的合理生产周期。合理地确定施工工期,对工程质量和预算造价都会产生极大的影响,公路工程也不例外。在施工组织设计中应按合理的工期进行劳动力安排、材料的供应和机械设备的配置。

(三)施工方法的选择对预算的影响

在公路工程设计和施工中,施工方法的选择是至关重要的,必须依据工程条件和经济合理的原则进行多方面的比较。随着施工工艺、施工技术的不断发展和更新,完成一个项目其施工方法是多种多样的,而每种施工方法又有其自身的特点和不足,这就要求设计人员根据工程的条件,选择既经济,又适用的施工方法。

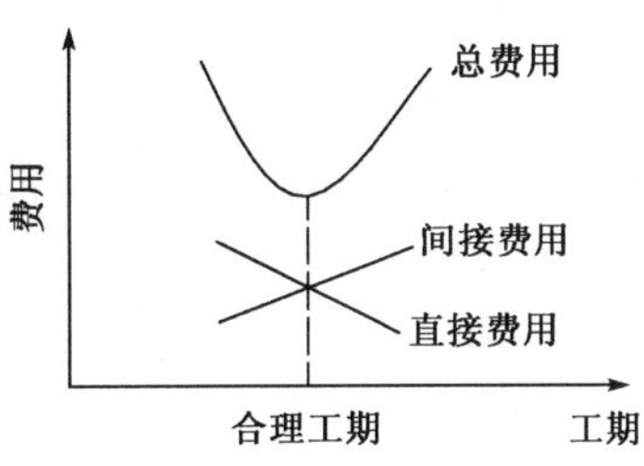

图4-5 费用与工期的关系

1.路基施工方法的选择

路基工程中,土石方施工的工程量是施工组织设计中控制预算造价的主要因素,施工方法的选择,对土石方施工中的工日消耗、机械台班消耗有很大的影响。目前,公路路基工程施工中,为了满足施工质量,高等级公路一般都采用机械化施工,低等级公路一般采用人工、机械组合进行施工。如采用机械化施工,其施工方法的选择其实就是施工机械的选择,应根据施工的作业种类及运输距离合理选择机械。如土石方的运距小于100m时,选择推土机完成其运输作业就比较经济;土石方的运距大于500m时,再选择推土机完成其运输作业就很不经济,这时应选择自卸汽车才经济;这是在编制施工组织设计和预算时应注意的。

2.路面施工方法的选择

路面基层施工方法主要分路拌和厂拌,面层施工主要有热拌、冷拌、贯入、厂拌等方法。各种施工方法的工程成本消耗各不相同,应结合公路等级要求、路面工程规模和工期要求进行综合分析确定施工方法。

3.构造物施工方法的选择

在公路建设工程中,通常将除路基土石方和路面工程以外的桥梁、涵洞、防护等各项工程,统称为构造物。由于其种类多,结构各异,又各有不同的技术经济特征和施工工艺要求,所以其施工方法也各不相同。从某种意义上来讲，构造物施工方法的选择，是既简单，又复杂。说它简单，主要是施工方法的选择余地小，如石砌圬工是以人工施工为主，混凝土工程不是采用木模就是钢模，没有更多的施工方法可供优选；而所谓复杂，因为有些构造物各有特殊专业的施工方法，这在工程设计时就已确定了，如T形梁的安装，一般都采用导梁作为安装工具，箱形拱桥则要采用缆索来进行吊装，悬臂拼装就要配用悬臂吊机等，这是从长期建设实践经验中积累完善起来的施工方法，有定型配套的安装工具。但是，在建设项目中的桥涵工程，数量比较多，在进行桥型结构设计时，要尽可能采用标准设计，避免结构形式上的多样化，这不仅有利于施工，而且还可减少辅助工程费用。

进行施工组织设计时，则应尽可能按流水作业的原则安排施工进度计划，如某建设项目中有三座同跨径的石拱桥，砌筑拱圈的工作，应在总的控制工期内实行流水作业，确定各桥拱圈施工的时间顺序。这样，就可提高拱盔支架的周转次数，达到降低工程造价的目的。另外，在混凝土构件的预制与安装工作中，也存在类似情况。所以，在编制施工组织设计时，充分重视这些因素，是有效控制工程造价的一个关键环节。

（四）运输组织计划对预算的影响

运输组织计划是施工组织设计中的一个重要内容，它不仅直接影响施工进度，而且在很大程度上也影响了工程造价，为了确保施工进度计划的执行，并力求最大限度降低工程造价，一般要求运输组织计划应达到下列要求：

（1）运距最短，运输量最小。

（2）减少运转次数，力求直达工地。

（3）装卸迅速和运转方便。

（4）尽量利用原有交通条件，减少临时运输设施的投资。

（5）充分发挥运输工具的载运条件。

四、施工图预算编制中工程量的计取

公路工程概算、预算的作用和要求虽然不同，但其编制程序和方法基本上是相同的，且作为计价的概算定额只是在预算定额的基础上，有所综合和扩大，所以，作为计价基础资料的工程量的计算方法是类似的。

（一）熟悉预算定额的项目划分

按定额的编制程序，概算定额是在预算定额基础上编制的，是预算定额的综合扩大。因此，预算定额的项目划分比概算定额的项目划分更为详细。预算定额的项目划分主要是根据工程类别、施工图的工程构件或部位、材料类别、施工措施，以及对工程造价的影响等因素予以划分，例如：路基土石方工程按土石类别、施工方法划分项目；路面工程按工程部位、材料类别、施工方法等因素划分项目；隧道工程按开挖的土质类别、结构部位、衬砌材料类别、施工方法等因素划分项目；桥涵工程根据工程类别、结构部位、施工方法等因素划分项目。

预算定额中还列有“材料采集及加工”、“材料运输”两章，这是公路定额特有的，主要是为在边远地区施工单位自行开采、加工施工材料和自办材料运输编制的。

(二)熟悉预算项目表

预算项目表与概算项目表相同,请参见第一节。

(三)工程数量的计取

工程量的计算方法,主要是由各项预算定额所决定的,因此一定要先了解定额中各章节说明以及定额所规定包含的工程内容。为了使我们有个全面了解,以利有序、科学地进行工程量计算,做到不重不漏,现将编制施工图预算时,工程数量的计算与编制初步设计概算的不同之处扼要叙述如下。

1.路基工程

(1)概算和预算中路基土石方的开挖、运输、压实的划分标准和深度基本上是一致的,只是在编制预算时,应根据设计图表资料分别整理和计取耕地填前压实、清除淤泥、挖土质台阶及截水沟、整修路拱及边坡、修筑盲沟等项的工程量,而概算则是按不同公路等级将其综合扩大为“路基零星工程”一项,采用“km”为计量单位,是以修建的公路长度核减路线内的桥梁、隧道的长度作为计价依据。

(2)伐树及挖根,砍挖灌木林,除草。其中,伐树及挖根,概算以“m^2”为计量单位,而预算则以棵计,两者作为计价工作量的表现形式是不同的。另外,土石方的开挖第一个运距概算是40m,预算为20m。这是在汇总增运的土石方数量时要注意的一个问题。

(3)路基排水及防护工程,是构成路基工程费用的一个项目,但其计价定额,概算定额是编在路基工程章节内,而预算定额则为专章,定名为防护工程。概算定额综合了挖基、排水等工程内容,以圬工实体作为计价依据,其中,石砌挡土墙不分基础与墙身、片石与块石。预算定额不仅挖基、排水应按实计价,而且还要按不同结构形式和部位进行计价。如石砌挡土墙除分为片石、块石外,还分为基础、墙身等不同部位,当砌筑砂浆设计强度等级与定额规定不同时,允许进行抽换。故在编制概预算时,要特别注意两者之间存在的差异,以利正确计算工程量。

2.路面工程

(1)根据预算定额的规定,各类稳定土基层、级配碎石、级配砾石基层的压实厚度在15cm以内,填隙碎石一层的压实厚度在12cm以内,垫层和其他种类的基层和底基层的压实厚度在20cm以内,面层的压实厚度在15cm以内,拖拉机、平地机和压路机台班按定额数量计算。如超过以上压实厚度进行分层拌和、碾压时,拖拉机、平地机和压路机台班按定额数量加倍,每1 000m^2增加3.0工日,而概算定额则增加3.2工日。

(2)自卸汽车运输稳定土混合料、沥青混合料和水泥混凝土定额项目,仅适用于平均运距在15km以内的混合料运输,当平均运距超过15km时,应按社会运输的有关规定计算其运输费用,当运距超过第一个定额运距单位时,其运距尾数不足一个增运定额单位的半数时不计,等于或超过半数时按一个增运定额运距单位计算。

(3)路面面层的碾压面积按该面层的顶面面积计算。

3.隧道工程

编制隧道工程的概算和预算的工程量有较大的差异,在计算工程量时应特别注意以下几个方面:

（1）预算定额中正洞机械开挖自卸汽车运输定额系按开挖、出渣运输分别编制，不分工程部位（即拱部、边墙、仰拱、底板、沟槽、洞室）均使用本定额，施工通风及高压风水管和照明电线路单独编制定额项目；而概算定额中正洞机械开挖自卸汽车运输定额综合了出渣、施工通风及高压风水管和照明电线路的工料机消耗。

（2）石料、混凝土预制块衬砌项目中，概算定额不分工程部位，而预算定额则分拱顶、边墙分别编制定额。

（3）概算定额中不包括半隧道开挖、洞内施工排水、斜井洞内施工排水项目，需要时采用预算定额中的有关项目。

（4）预算定额的斜井项目按开挖、出渣、通风及管线路分别编制，竖井项目定额中综合了出渣、通风及管线路；而概算定额的斜井项目、竖井项目定额中均已综合了出渣、通风及管线路。

4. 桥涵工程

在编制概、预算的工作中，桥涵工程的计价是比较烦琐的，而且又占概预算文件篇幅最多，加之近年来桥梁的设计、施工技术的不断发展，新结构、新工艺、新材料日新月异，更增加了概预算计价的难度。但是就其计价的基础资料的计量单位而言，概、预算都是以“m^3”、“m^2”和“t”作为计算依据的。这样就有了一个统一计量的尺度，只是其综合扩大的工程内容各有所不同而已。如石砌圬工，都是以“m^3”为计量单位，而概算的墩台是将片石、块石综合为一个定额，也不分砂浆强度等级；预算不仅片石、块石要分别计价，若砂浆强度等级设计与定额规定不同时，还应进行抽换。混凝土圬工也是这样，概算是不分混凝土强度等级的，编制预算时，若设计强度等级与定额规定不同，也要进行抽换。

（1）桥梁的下部构造工程，有砌石、现浇混凝土和预制安装混凝土构件等不同结构形式。编制概算和预算的工程量，虽然都是以“m^3”为计量单位，但两者的工程内容存在很大的差异：

①编制概算时，墩台的计价工程量为墩台身及翼墙、墩台帽、拱座、盖梁及耳背墙、桥台第二层以下的帽石（有人行道时为第一层以下的帽石）工程量之和，既不分片石、块石，也不分砂浆和混凝土强度等级，只有墩和台两个计价定额，而桥台的锥形护坡则更加简单，是以座计。台背及锥坡内的填土夯实也综合在定额内，都不需再另计。至于编制预算时，则要按照上述分部分项工程逐一计算工程量，分别进行计价。

②墩台砌石工程量的数量，若施工设计图纸上未具体划分片石、块石时，台身可按75%的片石、25%的块石，墩身可按60%的片石、40%的块石，取定其工程量，作为编制预算的计价依据。

③凡墩、台、墩镶面、拱石、帽石、栏杆等采用浆砌混凝土预制块编制预算时，预制块的预制数量以设计砌体乘以0.92的系数作为预制块的预制数量。

④桥台上的路面应归入路面工程内计算。

（2）桥梁的上部构造工程，通常将其划分为行车道系、桥面铺装和人行道系三个部分，有砌石、现浇混凝土、预制安装混凝土构件、钢桁架和钢索吊桥等不同结构形式。行车道系和桥面铺装都是以m^3为计量单位，人行道系则以桥长米作为计量单位。在计算工程量时，应按行车道系、桥面铺装和人行道系的顺序进行，以免重复和遗漏。

①梁桥上部构造工程，近年来多采用预制安装混凝土结构，不仅可加快施工进度，还可降

低工程成本,有利于保证工程质量和施工安全。编制概算时,如梁板桥的行车道系预制与安装是合并在一起以构件的设计实体和现浇接缝混凝土之和作为计价依据,泄水管、支座、伸缩缝(预应力连续梁、连续刚构、斜拉桥除外)、预制场及其设施、吊装设备、构件运输等工程,因已将工料消耗综合在定额内,均不得另行计算。至于编制预算时,则应按照上述各分项工程和辅助工程,分别取定其工程量进行计价;若吊装设备的使用期限超过定额规定的时间,可按施工计划期调整设备的摊销费。设备的计划使用期,应包括由设备库至施工现场的往返运输和安装前的试拼与完工拆除后清理、修整、油漆所需的全部时间;预制人行道、缘石、栏杆柱及栏杆扶手等小型构件的工程量,应按设计构件的体积增计场内运输和操作损耗 1%。

为了进一步熟悉编制预算时梁板桥上部构造工程的工程量摘取,现将预制安装 30m 预应力 T 形梁举例说明如下。

一是行车道系。编制概算时,只需计取 T 形梁构件的设计体积和现浇接缝混凝土之和,钢筋、钢绞线或高强钢丝三项作为计价工程量。编制预算时,应计取的工程量有预制、安装、构件出坑和运输,该四项均以构件的设计体积为准,至于构件的平均运距应根据施工组织设计确定;钢筋、钢绞线或高强钢丝,现浇接缝混凝土、泄水管、支座、伸缩缝(按行车道宽度以米计),均以施工图设计资料为准;预制场的平整面积应根据建设工程规模的大小来确定,并应考虑按设计需要铺设的碎石垫层;大型预制构件平面底座的个数,应根据施工进度计划可能周转使用的次数取定;双导梁吊装设备可参考定额附注中重量,预制厂的门架设备一般可按施工组织设计作为计价依据,设备的使用期可根据计划使用期调整设备的摊销费。由此可知,编制行车道系的预算,其主体工程均以设计图表资料为准,其相应的各项辅助工程数量,则是以施工组织设计的要求,结合工程的实际情况来确定。

二是桥面铺装。按混凝土、沥青混凝土和钢筋分别进行计价。

三是人行道系。编制概算时,按不同人行道宽度的桥长米和钢筋两项,分别计算工程量。编制预算时,则要分别计算人行道构件和栏杆柱及栏杆扶手两项的预制、安装、构件出坑和运输及其钢筋的数量,作为计价依据。

此外,预制场的轨道铺设,因为概预算项目表将其列为临时工程的一个项目,所以不能计算在桥梁的上部工程预算内。

②拱桥上部构造工程,有砌石、现浇混凝土和预制安装混凝土构件等不同结构形式。编制概算时,其行车道系都是以拱上全部圬工实体作为计价工程量。至于拱上填料和防水层等,因已将其工料消耗综合在定额内,就不得再计算其工程量。当编制预算时,则与上述梁、板桥一样,要按主体工程和辅助工程的各分项工程确定工程量进行计价,其中箱形拱桥的开口箱盖板的预制工作,应按小型构件计价,而盖板的安装工作,因已将其工料消耗综合在安装主拱圈的定额中,就不得再计算其工程量。

③石拱桥和现浇混凝土梁、板、拱桥所需的拱盔、支架工程,要根据工程的实际情况计算取定,若周转次数达不到定额规定时,可以进行调整。支架地梁下的基础工程,要根据河床的地质情况,确定各项计价工程量,如挖基、排水、砌石、打桩等,若对河道有影响,应考虑完工后的清除费用。

④预算定额中制定了多种吊装构件的施工方法和配套吊装设备,但各有其适用范围,在编制预算时,既不要漏计,也不能随意采用。如采用人字扒杆安装矩形板,则每座桥计列一个人字扒杆,如缆索吊装设备是安装箱形拱桥等的配套吊装工具,就不得采用缆索吊装设备来安装

T 形梁。同时，在某一项预算中已计列了缆索吊装设备，就不应计列运输索道设施，应考虑利用缆索作为运输材料之用，这些在计取工程量时应特别注意。

（3）涵洞工程。涵洞工程的概算定额，是按常用的结构分为石盖板涵、石拱涵、钢筋混凝土圆管涵、钢筋混凝土盖板涵和钢筋混凝土箱涵五类，并分别按其洞身、洞口的各种设计圬工体积 m^3 作为计量单位，挖基、排水、钢筋、拱盔支架和安装设备以及其他附属设施等的工料消耗均已综合在定额内，均不得另行计算。因此，编制概算时，只需从设计图表上分别按洞身和洞口计取工程量进行计算，涵洞上的路面则应在路面工程内计算。至于编制预算时，则与编制桥梁工程的预算一样，要分别按挖基、基础和上下部工程，以及相应的辅助工程计取或确定其计价的工程量。挖基废方是否需要处理，也要综合考虑，按实计入工程造价。涵洞工程的钢筋，编制概预算时，除概算定额中的涵洞工程已将其钢筋工程的工料消耗综合在定额内之外，其余的钢筋工程都是与混凝土分开的，其计量单位是 t。

5. 其他工程

公路建设项目，除上述工程外，还有交通工程及沿线、临时工程等，应计取的工程量各有不同的要求，其内容与概算基本相同。

现行公路工程概预算定额中交通工程及沿线设施包括安全设施，监控、收费系统，通信系统，供电、照明系统，光缆、电缆敷设，配管、配线及接地工程，绿化工程等内容。现行公路工程概预算定额初次将其纳入公路工程专业定额。对交通工程及沿线设施概算定额基本没有对预算定额进行综合，仅有部分项目将预算定额的设备安装和设备调试进行了综合。

路基防护工程，概算定额是编在路基工程章节内，而预算定额则为专章，定名为防护工程。概算定额综合了挖基、排水等工程内容。

综上所述，计算工程量的工作依据，应包括设计图纸、预算定额资料，施工组织设计，以及计算工程量的程序和方法，这些组成部分是互相联系的，应充分理解和认识它们之间的相互关系，确保工程预算的编制质量。

五、编制施工图预算的程序与方法

施工图预算的编制程序与方法，主要是由预算编制办法和《预算定额》决定的。同时，预算编制人员不但要懂设计，还要懂施工，通晓有关的施工机械设备、施工方法、工艺过程，这对正确套用定额和编制预算非常重要。

（一）施工图预算的编制程序

在编制施工图预算的工作中，应当根据施工设计图纸，在熟悉和掌握必备基础资料的前提下，按照如下程序进行。

（1）熟悉施工设计图纸，收集并整理外业调查资料。编制施工图预算文件前，首先应对施工图设计图纸清点、整理、阅读和核对，然后拟定调查提纲进行调查，收集资料并对外业调查资料进行分析；若还有不明确或不全的部分，应另行调查，以保证预算的准确和合理。

（2）研究分析施工组织设计。施工组织设计是建设项目实施的指导性文件，分析研究其对工程造价的影响是施工图预算编制程序中的一个关键环节。

（3）正确计取工程量。

（4）编制人工、材料、机械台班预算价格。应按预算编制办法所规定的计算表格的内容和要求，完成下列各项计算工作。

①人工费单价的分析取定。

②自采材料料场单价计算。

③材料预算单价计算。

④机械台班单价计算。

⑤工、材料、机械台班单价汇总。

⑥辅助生产人工、材料、机械台班单位数量计算。

(5)确定各种费率的取费标准，进行其他工程费、间接费综合费率计算。

(6)进行工、料、机分析。根据计取的工程量与预算定额等资料进行如下两项计算工作。

①分项工程直接工程费和间接费的计算。

②建筑安装工程费计算。

(7)计算设备、工具、器具购置费。

(8)计算工程建设其他费用及回收金额。

(9)编制总预算。包括以下各项计算工作内容。

①总预算计算(分段)。

②总预算汇总计算。

③辅助生产所需人工、材料、机械台班数量计算。

④临时设施所需人工、材料及冬季、雨季和夜间施工增加工计算。

⑤分段人工、主要材料、机械台班数量统计汇总。

⑥总预算人工、主要材料、机械台班数量统计汇总。

(10)编写预算编制说明书。

(11)进行复核、审核和出版。

综上所述，我们将概、预算编制程序以框图的形式表示如图 4-6 所示。

(二)施工图预算的编制方法

施工图预算的编制方法与概算的不同之处，主要表现在构成施工图预算第一部分建筑安装工程费的编制依据之一的工程定额，前者是预算定额，而后者是概算定额。至于第二、三部分费用的编制方法，则基本上是一样的。所以，充分了解概、预算编制之间的这种内在关系，对于做好施工图预算的编制工作，是十分重要的。

1. 建筑安装工程费的编制方法

施工图预算的第一部分建筑安装工程费的编制，是以预算定额为依据进行工料机实物量分析入手的。编制施工图预算时，在不降低精确度的前提下，尽可能利用、参考批准的概算文件中有关数据和工程造价历史资料，这样既能节省时间，减少计算工作，还能起到有效控制施工图预算的作用。编制建筑安装工程费，应遵循下列工作方法和要求进行。

(1)工、料、机价格的计算。根据整理好的外业调查资料，按编制概算中的计算原则和方法，计算出人工、材料、机械台班的预算价格。同时，为了有效控制工程造价，在计算这些预算价格时，应以批准的概算文件为基础，结合整理的外业调查资料，以及国家对人工、材料、机械台班价格信息的修改变更等情况，综合分析取定，使所确定的价格信息真实可靠。并应对原概算文件资料进行必要的分析比较，以便了解掌握概、预算之间可能发生的变化和对预算产生的

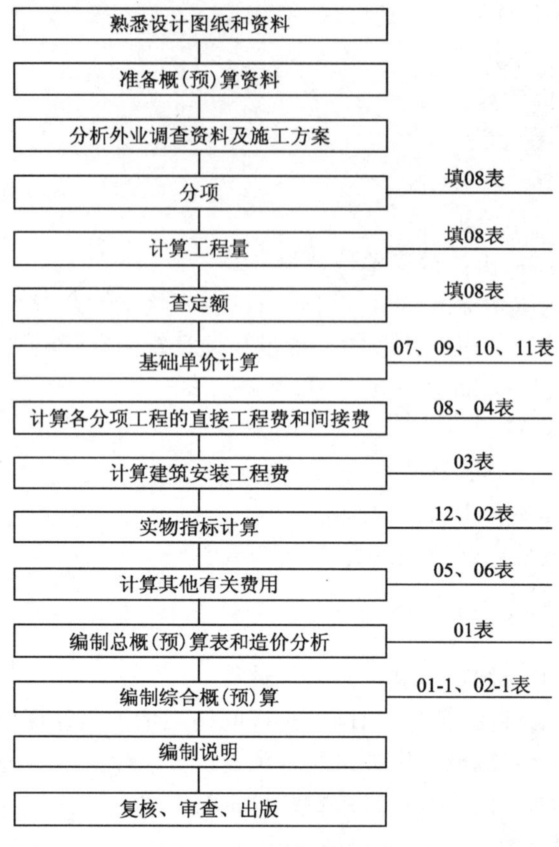

图 4-6　概、预算编制程序

影响程度。

在计算人工、材料、机械台班的预算价格时，应按要求编制以下几种计算表格。

①材料预算单价计算表(09 表)。

②机械台班单价计算表(11 表)。

③自采材料料场单价计算表(10 表)。

④人工、材料、机械台班单价汇总表(07 表)。

⑤辅助生产工、料、机械台班单位数量表(12 表)，它是为提供计算辅助生产所需的人工、材料、机械台班数量之用，包括材料的开采、加工、装卸、运输等工作内容，是一项综合定额资料。

(2)合理取定其他工程费、间接费的各项费率标准。根据建设项目的实际情况和批准的概算文件，以及国家有关规定，合理取定其他工程费、间接费的各项费率标准，并编制“其他工程费及间接费综合费率计算表”(04 表)，同时，应与原批准的概算文件资料进行必要的分析比较，便于发现差错及时纠正。

以上两项计算建筑安装工程费的基础资料，是计算各项费用之前必不可少的，也是确保编制质量的重要条件。其计算原则和方法、定额标准，无论是编制投资估算，还是设计概算、修正概算和施工图预算，都是一样的。

(3)根据摘取的各种主体工程量和辅助工程量，结合施工组织设计的要求，正确套用预算定额，按照预算项目表所规定的序列内容，编制“分项工程预算表”(08 表)和“建筑安装工程费计算表”(03 表)。现就路基、路面的预算编制方法,摘要说明如下。

①路基工程。按照预算项目表所规定的序列顺序编制,并计算出数量和金额的合计,以便转入建筑安装工程费计算表和总预算表进行汇总。属于路基土石方工程的其他零星工程,如人工挖土质台阶,耕地填前夯(压)实及填前挖松,整修路拱和边坡,零填及挖方路基碾压以及路基盲沟,挖除淤泥等多项工程,概算定额是将其综合扩大为路基零星工程一项,而预算则是要逐项进行计算。一般情况下,可将人工挖土质台阶,耕地填前夯(压)实及填前挖松,零填及挖方路基碾压的费用综合在路基填方压实内,整修路拱边坡的费用分别计入路基土石方;或者将这些工程项目综合为路基其他一项,而以公里为计算单位,亦是可行的。至于路基盲沟,实际上是一种构造物工程,应单独列项反映,可以“m”或换算成“m^3”计,列入施工图预算。还有挖除淤泥工作,一般除挖出后将淤泥远运处理外,还要取土回填压实,或者采用砂石料进行回填至原地面高程。所以,也应单独列项,不宜将其综合在路基土石方内。

编制路基土石方预算时,要根据摘取的工程量,结合施工组织设计所安排的进度计划、施工方法、机械的选型配套资料进行分析,确定有关计算数据,如人工、机械施工的数量及各种不同的增运距等,分别套用定额进行计算。

②路面工程。一般要求按挖路槽、培路肩、不同结构形式的垫层、基层、面层等作为划分项目的依据,按顺序进行计算。其中,挖路槽要考虑废方远运处理费用,既可单列项目,也可将其综合在垫层内。但应注意某些公路建设项目招标文件技术规范中的计量支付规定,路基挖方项目的工程量包括挖路槽。为了便于施工图预算同招标控制价/标底对比,施工图预算也可将挖路槽(主要山重区工程)的工程量,列入路基挖方数量内。由于路基挖方和挖路槽采用的定额不同,可将挖路槽的预算价计算后综合在路基挖方单价内,同时在预算编制说明内加以叙述。至于路面混合料的运输费用和拌和设备的安拆费用,则应综合在相应的路面结构内,都不单独反映这些费用项目。

(4)在完成了工料机分析之后,即可根据计算确定的人工、材料、机械台班预算价格和其他工程费、间接费综合费率,分别计算出各项费用,然后按预算项目表序列内容要求,节录转入建筑安装工程费计算表内,并接着进行利润和税金的计算,逐项汇总并求出金额,这样建筑安装工程费的编制就告完成。

2. 设备、工具、器具购置费的编制方法

编制施工图预算中第二部分设备、工具、器具购置费时,原则上应以批准的概算文件为准,但因编制期的不同,其设备的供应价格难免不发生变化,故除设备等价格可按当时的实际情况进行调整外,其规格品种和数量是不能随意修改的。

3. 工程建设其他费用的编制方法

工程建设其他费用中各项费用的性质各不相同,应按下列原则和方法分别进行编制。

(1)土地补偿费和安置补助费。按国家规定对被征用的土地及附着物将给物主以经济补偿。而在施工图设计阶段所提出的这些资料,已是据以实际支付赔偿的原始凭证,所以,要求根据施工图设计中用地图计算的用地数量,并结合整理的外业调查资料,如实进行计算。若有差错或与实际不符,就会造成建设单位具体执行上的困难,从而影响工程建设。同时,应做好与原批准的概算文件资料的分析比较工作,以掌握其变化情况,也有利于经验总结,提高今后工程造价编制水平。

(2)研究试验费。应以批准的概算文件资料为准,原则上不得进行调整。

(3)建设期贷款利息。除国家对利率作了调整外,也是不应修改的,应以批准的概算数列入预算。

(4)建设项目管理费、施工机构迁移费等应结合建设工程的实际情况,按有关规定进行计算。

4. 预备费、回收金额的编制方法

这是构成施工图预算的第一、二、三部分费用之外的费用,应按下列要求进行计算。

(1)预备费。应结合建设工程的实际情况,按有关规定计算。

(2)回收金额。为满足施工需要凡达不到规定周转次数而增加定额外材料消耗量的定额项目如拱盔、支架等,以及按一次材料使用量计入的临时电力、电信线路等,均应按规定对旧料计算回收金额,并单独列项反映。

5. 编制总预算表

当上述各项费用编制完成后,便可编制总预算表,即按预算项目表的序列,依次将各项工程或费用单位、数量、金额节录转入,除按项和第一、二、三部分求出合计、总计外,还应计算技术经济指标和各项费用比例(%)。若分标段编制施工图预算,应再次将各标段进行汇总,计算出整个建设项目的技术经济指标和各项费用比例(%)。同时,将建设项目和分标段所需的人工、主要材料、机械台次数量进行统计,据以编制汇总表。

6. 写出编制说明

在施工图预算编制完成之后,除应按规定要求的内容编写编制说明外,应进行工作总结,对预算与概算文件,作必要的“两算”对比分析,若预算超出批准的概算限额,要找出原因,提出解决的办法和意见,为建设工程的主管部门或建设单位进行决策提供依据。当有多个设计单位共同承担施工图设计任务时,主管部门应指定某一单位负责,汇编总预算。

例 4-2:某地区有一山岭重丘区高速公路,路基土方挖方土质为普通土,平均运距 30m 的有 1 000 000m^3,平均运距 50m 的有 1 000 000m^3,平均运距 200m 的有 1 000 000m^3,平均运距 3 000m的有 1 000 000m^3。要求:

(1)计算挖土方的平均运距;

(2)提出全部合理的机械化施工方式;

(3)提出不同机械施工方式的预算定额工程细目名称、定额表号;

(4) 计算推土机施工、铲运机施工、装载机配合自卸汽车运土的定额消耗。

解:本例主要涉及土、石方工程机械的经济运距以及机械规格型号的选择。一般来讲,工程量较大的土、石方施工应选择大功率或大吨位的施工机械,工程量小的土、石方施工应选择小功率或小吨位的施工机械。因此,本例推土机选 135 ~ 240kW,铲运机选 10 ~ 12m^3,自卸汽车选 12 ~ 15t,装载机选 2 ~ 3m^3 均可。

(1)挖土方平均运距

按不同运距的土方量占总土方量的比例为权重,计算加权平均运距:

$$(30 \times 1\,000\,000 + 50 \times 1\,000\,000 + 200 \times 1\,000\,000 + 3\,000 \times 1\,000\,000) \div 4\,000\,000 = 820\text{m}$$

（2）合理的机械化施工方式

因短距离范围内采用推土机完成运输作业是较经济的，因此平均运距 30m 和 50m 的采用推土机施工。

因短中等运距范围内采用铲运机完成运输作业是较经济的，因此，平均运距 200m 的采用铲运机施工。

当运距超过 500m 时，运输机械应采用自卸汽车。平均运距 3 000m，土质为普通土，考虑采用推土机集土、装载机装土、自卸汽车运输施工。

（3）不同施工方式的预算定额工程细目名称、定额表号见表 4-36。

工程细目名称及定额表号 表 4-36

施工方式	预算定额细目名称		定额表号	数量（1 000m^3）	定额基价（元）	调整系数
推土机施工	165kW 以内	第一个 20m	1-1-12-18	2 000	1 715	—
	推土机推土	每增运 10m	1-1-12-20	1 000	484	4
铲运机施工	10m^3 以内铲运机铲运土方	第一个 100m	1-1-13-6	1 000	2 839	—
		每增运 50m	1-1-13-8	1 000	423	2
装载机配合自卸汽车运土	165kW 以内推土机推松集土		1-1-12-18	1 000	1 715	0.8
	3m^3 以内装载机装土		1-1-10-3	1 000	985	—
	15t 以内自卸汽车运土	第一个 1km	1-1-11-21	1 000	3 816	—
		5km 以内每增运 0.5km	1-1-11-22	1 000	480	4

注：1. 表中推土机的调整系数“4”表示：

“1-1-12-18”为推土机运输第一个 20m 的定额，则平均运距 30m 的 1 000 000m^3 土方增加运距 10m，平均运距 50m 的 1 000 000m^3 土方增加运距 30m，而“1-1-12-20”为增加运距 10m 的定额，因而 40m/10m = 4 个增运定额单位。

2. 铲运机的调整系数“2”表示：

1 000 000m^3 土方平均运距为 200m，除第一个运距 100m 外，还有运距 100m，定额中列有每增运 50m 的定额消耗，则 100m/50m = 2 个增运定额单位。

同样可以计算得到自卸汽车运土的调整系数为“4”。

3. 表中“0.8”表示：

根据预算定额 1-12 的附注（1）：“装载机装土方如需推土机配合推松、集土时，其人工、推土机台班的数量按‘推土机推运土方’第 1 个 20m 定额乘以 0.8 系数计算”。因此，此处的 0.8 为定额调整时的人工和机械台班数量乘系数。

4. 定额消耗 = 工程数量 × 定额单位工料机 × 调整系数。

如推土机施工的定额消耗 = 2 000 ×【1-1-12-18】+ 1 000 ×【1-1-12-20】× 4

即定额【1-1-12-18】表示 165kW 以内推土机施工第一个 20m，消耗人工 4.5 工日/1 000m^3，需 165kW 以内推土机 1.08 台班/1 000m^3；定额【1-1-12-20】表示推土机推土每增运 10m，需增加 165kW 以内推土机 0.35 台班/1 000m^3。因此，推土机施工消耗人工为：2 000 × 4.5 工日，消耗 165kW 以内推土机为：（2 000 × 1.08 + 1 000 × 0.35 × 4）台班。其他依此类推。

例 4-3：某预应力混凝土 I 型梁桥，设计荷载为汽—超 20，挂—120，桥长 79.50m，桥面净宽 9.0m。上部采用 2 孔 30m 预应力混凝土 I 型组合梁。下部为柱式墩。桩基础，U 形桥台。根据该桥的初步设计文件、《概算定额》、《预算定额》等编制依据，确定全桥主要工程数量及采用定额，如表 4-37 所示。试确定该桥的概算造价。

工程数量及采用定额　　表4-37

序号	定额代号	工程内容	单位	数量
1		预应力混凝土工形组合梁桥	m/座	79.5/1
2	5103001	人工挖基坑干处土方	1 000m^3	0.92
3	5103004	人工挖地下水湿处土方	1 000m^3	0.20
4	5103005	人工挖基坑石方	1 000m^3	0.76
5	5117006	埋设钢护筒干处	1t	2.60
6	5112002	ϕ150cm内孔深20m内黏土	10m	1.95
7	5112006	ϕ150cm内孔深20m内软石	10m	6.61
8	5112007	ϕ150cm内孔深20m内次坚石	10m	3.85
9	5116007	冲击成孔卷扬机配吊斗混凝土	10m^3	16.42
10	5401003	现浇灌注桩钢筋	1t	12.56
11	5104002	实体式墩台片石混凝土基础	10m^3	26.46
12	5201002	梁板桥U形砌石桥台	10m^3	28.92
13	5401006	现浇墩台钢筋	1t	1.46
14	5313010	现浇桥头搭板混凝土	10m^3	2.32
15	5401011	搭板钢筋	1t	3.46
16	5205018	圆柱墩(高10m内非泵送)	10m^3	8.38
17	5401006	现浇墩台钢筋	1t	14.31
18	5304005	制安预应力混凝土I梁(非泵送)	10m^3	17.69
19	5401017	预制梁钢筋	1t	41.6
20	5402029	钢绞线束长40m内7孔3.82束/t	1t	13.73
21	5313002	水泥混凝土面层非泵送	10m^3	15.15
22	41104005(预算定额)	涂沥青防水层	10m^2	70.84
23	2212005	石油沥青层黏层	1 000m^2	0.72
24	5313007	沥青混凝土	10m^3	6.46
25	6101003	钢筋混凝土墙式护栏	100m	1.62
26	5332001	混凝土搅拌机拌和(250L内)	10m^3	86.42
27	41101003(预算定额)	推土机平整场地	1 000m^2	3.0
28	2102005	人工铺碎石垫层厚15cm	1 000m^2	2.5

解:该桥的概算文件编制依据主要有:《概预算编制办法》、《概算定额》、《预算定额》、《机械台班费用定额》、该中桥的初步设计文件。

人工工资标准按工程所在地基本工资、地区生活补贴、工资性津贴等计算，为49.2元/工日。材料单价根据市场调查,按《概预算编制办法》规定经计算取定。

其计算见表4-38～表4-46。

总 概 算 表

表 4-38

建设项目名称:梁桥工程 > Ⅰ型梁桥　　打印时间：　年　月　日

编制范围:K0 + 000 ~ K0 + 79.5　　第 1 页　共 2 页　01 表

项	目	节	细目	工程或费用名称	单位	数量	概算金额(元)	技术经济指标	各项费用比例(%)	备注
				第一部分　建筑安装工程费	公路公里		1 588 430		85.39	
四				桥梁涵洞工程	km		1 588 430		85.39	
	1			中桥工程	m/座	79.5/1	1 588 430			
		1		Ⅰ型梁桥	m/座	79.5/1	1 588 430	19 980.25		
				第二部分　设备及工具、器具购置费	公路公里					
				第三部分　工程建设其他费用	公路公里	0.080	162 515	2 031 437.50	8.63	
一				土地征用及拆迁补偿费	公路公里	0.080	3 200	40 251.57	0.17	
二				建设项目管理费	公路公里	0.080	92 923	1 168 842.77	4.90	
	1			建设单位管理费	公路公里	0.080	55 277	695 308.18		
	2			工程质量监督费	公路公里	0.080	2 383	29 974.84		
	3			工程监理费	公路公里	0.080	31 769	399 610.06		
	4			工程定额测定费	公路公里	0.080	1 906	23 974.84		
	5			设计文件审查费	公路公里	0.080	1 588	19 974.84		
	6			竣(交)工验收试验检测费	公路公里	0.080				
三				研究试验费	公路公里	0.080	1 896	23 849.06	0.10	
四				建设项目前期工作费	公路公里	0.080	6 696	84 226.42	0.36	
十一				建设期贷款利息	公路公里	0.080	57 800	727 044.03	3.10	
				第一、二、三部分费用合计	公路公里		1 750 945		94.02	
				预备费	元		111 422		5.98	

续上表

建设项目名称：梁桥工程 > Ⅰ型梁桥　　　　打印时间：　年　月　日

编制范围：K0 + 000 ~ K0 + 79.5　　　　第 2 页　共 2 页　01 表

项	目	节	细目	工程或费用名称	单位	数量	概算金额(元)	技术经济指标	各项费用比例(%)	备注
一				1. 价差预备费	元		32 000		1.72	
二				2. 基本预备费	元		79 422		4.26	
				新增加费用项目(不作预备费基数)	公路公里					
				概算总金额	元		1 862 367		100.00	
				其中：回收金额	元					
				公路基本造价	公路公里		1 862 367		100.00	

编制：×××　　　　复核：×××

人工、主要材料、机械台班数量汇总表

表 4-39

建设项目名称:梁桥工程 > Ⅰ型梁桥　　打印时间:　年　月　日

编制范围:K0 +000 ~ K0 +79.5　　第 1 页　共 2 页　02 表

序号	规格名称	单位	代号	总数量	序号	规格名称	单位	代号	总数量
1	人工	工日	1	7 255	24	20 ~ 22 号铁丝	kg	656	285
2	机械工	工日	2	742	25	铸铁管	kg	682	88
3	原木	m^3	101	1	26	油漆	kg	732	15
4	锯材	m^3	102	4	27	32.5 级水泥	t	832	348
5	光圆钢筋	t	111	16	28	42.5 级水泥	t	833	95
6	带肋钢筋	t	112	64	29	硝铵炸药	kg	841	114
7	钢绞线普通,无松弛	t	125	14	30	导火线	m	842	277
8	波纹管钢带	t	151	1	31	普通雷管	个	845	219
9	型钢	t	182	1	32	石油沥青	t	851	11
10	钢板	t	183	1	33	重油	kg	861	928
11	钢管	t	191	2	34	汽油	kg	862	209
12	钢钎	kg	211	19	35	柴油	kg	863	2 068
13	钢丝绳	t	221	0	36	煤	t	864	0
14	电焊条	kg	231	410	37	电	kW · h	865	58 828
15	钢护筒	t	263	0	38	水	m^3	866	2 199
16	钢模板	t	271	1	39	砂	m^3	897	31
17	组合钢模板	t	272	1	40	中(粗)砂	m^3	899	576
18	门式钢支架	t	273	0	41	砂砾	m^3	902	659
19	铸铁	kg	561	1 232	42	黏土	m^3	911	366
20	钢绞线群锚(7 孔)	套	576	106	43	片石	m^3	931	333
21	铁件	kg	651	920	44	矿粉	t	949	9
22	铁钉	kg	653	1	45	碎石(2cm)	m^3	951	136
23	8 ~ 12 号铁丝	kg	655	23	46	碎石(4cm)	m^3	952	427

续上表

建设项目名称:梁桥工程 > I 型梁桥　　　　打印时间：　年　月　日

编制范围:K0 +000 ~ K0 +79.5　　　　第 2 页　共 2 页　02 表

序号	规格名称	单位	代号	总数量	序号	规格名称	单位	代号	总数量
47	碎石(8cm)	m^3	954	234	69	3t 以内自卸汽车	台班	1382	6
48	石屑	m^3	961	17	70	6 000L 以内洒水汽车	台班	1405	2
49	路面用碎石(1.5cm)	m^3	965	47	71	1.0t 以内机动翻斗车	台班	1408	17
50	块石	m^3	981	61	72	5t 以内汽车式起重机	台班	1449	0
51	草皮	m^2	995	62	73	12t 以内汽车式起重机	台班	1451	12
52	其他材料费	元	996	1 934	74	20t 汽车式起重机	台班	1453	11
53	设备摊销费	元	997	11 317	75	30kN 以内单筒慢动电动卷扬机	台班	1499	28
54	105kW 以内履带式推土机	台班	1 005	2	76	50kN 以内单筒慢动电动卷扬机	台班	1500	60
55	1.0m^3 轮胎式装载机	台班	1048	1	77	50kN 以内双筒快动电动卷扬机	台班	1523	405
56	120kW 以内平地机	台班	1057	1	78	150mm 以内电动单级离心清水泵	台班	1653	7
57	75kW 以内履带式拖拉机	台班	1063	1	79	32kV · A 交流电弧焊机	台班	1726	81
58	6 ~ 8t 光轮压路机	台班	1075	2	80	100kV · A 交流对焊机	台班	1746	4
59	8 ~ 10t 光轮压路机	台班	1076	1	81	小型机具使用费	元	1998	6 365
60	10 ~ 12t 光轮压路机	台班	1077	1					
61	12 ~ 15t 光轮压路机	台班	1078	4					
62	4 000L 以内沥青洒布车	台班	1193	0					
63	30t/h 以内沥青混合料拌和设备	台班	1201	1					
64	电动混凝土切缝机	台班	1245	13					
65	250L 以内强制式混凝土搅拌机	台班	1272	42					
66	油泵、千斤顶各 1 钢绞线拉伸设备	台班	1349	18					
67	含钢带点焊机波纹管卷制机	台班	1352	4					
68	10t 以内载货汽车	台班	1376	3					

编制:×××　　　　复核:×××

表4-40

建筑安装工程费计算表

建设项目名称:梁桥工程 > Ⅰ型梁桥　　打印时间:　年　月　日

编制范围:K0 +000 ~ K0 +79.5　　第1页　共1页　03表

序号	工程名称	单　位	工程量	直接费(元)						间接费(元)	利润(元)7.0%	税金(元)3.41%	建安工程费	
				直接工程费				其他工程费	合计				合计(元)	单价(元)
				人工费	材料费	机械使用费	合计							
1	2	3	4	5	6	7	8	9	10	11	12	13	14	15
1	Ⅰ型梁桥	m/座	79.50/1	339 913	769 331	140 661	1 249 904	55 342	1 305 247	138 853	91 950	52 379	1 588 429	19 980.24
	各项费用合计	公路公里	0.080	339 913	769 331	140 661	1 249 904	55 342	1 305 247	138 853	91 950	52 379	1 588 429	19 855 365.75

编制:×××　　复核:×××

其他工程费及间接费综合费率计算表

表 4-41

建设项目名称：梁桥工程 > Ⅰ型梁桥　　　　打印时间：　年　月　日

编制范围：K0 + 000 ~ K0 + 79.5　　　　第 1 页　共 1 页　04 表

序号	工程类别	其他工程费率（%）													间接费率（%）											
		冬季施工增加费	雨季施工增加费	夜间施工增加费	高原施工增加费	风沙地区施工增加费	沿海地区增加费	行车干扰增加费	安全及文明施工措施费	临时设施费	施工辅助费	工地转移费	综合费率		规费						企业管理费					
													Ⅰ	Ⅱ	养老保险费	失业保险费	医疗保险费	住房公积金	工伤保险费	综合费率	基本费用	主副食运费补贴	职工探亲路费	职工取暖补贴	财务费用	综合费率
1	人工土方		0.200						0.590	1.570	0.890		3.250		20.000	2.000	7.900	7.000	1.500	38.400			0.100		0.230	0.330
2	机械土方		0.200						0.590	1.420	0.490		2.700		20.000	2.000	7.900	7.000	1.500	38.400			0.220		0.210	0.430
3	汽车运输		0.220						0.210	0.920	0.160		1.510		20.000	2.000	7.900	7.000	1.500	38.400			0.140		0.210	0.350
4	人工石方		0.150						0.590	1.600	0.850		3.190		20.000	2.000	7.900	7.000	1.500	38.400			0.100		0.220	0.320
5	机械石方		0.190						0.590	1.970	0.460		3.210		20.000	2.000	7.900	7.000	1.500	38.400			0.220		0.200	0.420
6	高级路面		0.190						1.000	1.920	0.800		3.910		20.000	2.000	7.900	7.000	1.500	38.400			0.140		0.270	0.410
7	其他路面		0.180						1.020	1.870	0.740		3.810		20.000	2.000	7.900	7.000	1.500	38.400			0.160		0.300	0.460
8	构造物Ⅰ		0.150						0.720	2.650	1.300		4.820		20.000	2.000	7.900	7.000	1.500	38.400			0.290		0.370	0.660
9	构造物Ⅱ		0.160	0.350					0.780	3.140	1.560		5.990		20.000	2.000	7.900	7.000	1.500	38.400			0.340		0.400	0.740
10	构造物Ⅲ（一般）		0.350	0.700					1.570	5.810	3.030		11.460		20.000	2.000	7.900	7.000	1.500	38.400			0.550		0.820	1.370
11	技术复杂大桥		0.190	0.350					0.860	2.920	1.680		6.000		20.000	2.000	7.900	7.000	1.500	38.400			0.200		0.460	0.660
12	隧道								0.730	2.570	1.230		4.530		20.000	2.000	7.900	7.000	1.500	38.400			0.270		0.390	0.660
13	钢材及钢结构（一般）			0.350					0.530	2.480	0.560		3.920		20.000	2.000	7.900	7.000	1.500	38.400			0.160		0.480	0.640

编制：×××　　　　复核：×××

人工、材料、机械单价汇总表

表 4-42

建设项目名称:梁桥工程 > Ⅰ型梁桥　　打印时间:　年　月　日

编制范围:K0 +000 ~ K0 +79.5　　第1页　共1页　07表

序号	名称	单位	代号	预算单价(元)	序号	名称	单位	代号	预算单价(元)
1	人工	工日	1	49.20	40	中(粗)砂	m^3	899	60.00
2	机械工	工日	2	49.20	41	砂砾	m^3	902	31.00
3	原木	m^3	101	1 120.00	42	黏土	m^3	911	8.21
4	锯材	m^3	102	1 350.00	43	片石	m^3	931	34.00
5	光圆钢筋	t	111	3 300.00	44	矿粉	t	949	125.00
6	带肋钢筋	t	112	3 400.00	45	碎石(2cm)	m^3	951	55.00
7	钢绞线	t	125	6 500.00	46	碎石(4cm)	m^3	952	55.00
8	波纹管钢带	t	151	6 350.00	47	碎石(8cm)	m^3	954	49.00
9	型钢	t	182	3 700.00	48	石屑	m^3	961	65.00
10	钢板	t	183	4 450.00	49	路面用碎石(1.5cm)	m^3	965	65.00
11	钢管	t	191	5 610.00	50	块石	m^3	981	85.00
12	钢钎	kg	211	5.62	51	草皮	m^2	995	1.80
13	钢丝绳	t	221	5 853.00	52	其他材料费	元	996	1.00
14	电焊条	kg	231	4.90	53	设备摊销费	元	997	1.00
15	钢护筒	t	263	4 800.00	54	105kW 以内履带式推土机	台班	1005	803.76
16	钢模板	t	271	5 970.00	55	1.0m^3 轮胎式装载机	台班	1048	404.01
17	组合钢模板	t	272	5 710.00	56	120kW 以内平地机	台班	1057	912.98
18	门式钢支架	t	273	5 000.00	57	75kW 以内履带式拖拉机	台班	1063	525.55
19	铸铁	kg	561	2.19	58	6 ~8t 光轮压路机	台班	1075	251.49
20	钢绞线群锚(7 孔)	套	576	245.00	59	8 ~10t 光轮压路机	台班	1 076	280.38
21	铁件	kg	651	4.40	60	10 ~12t 光轮压路机	台班	1077	361.25
22	铁钉	kg	653	6.97	61	12 ~15t 光轮压路机	台班	1078	411.77
23	8 ~12 号铁丝	kg	655	6.10	62	4 000L 以内沥青洒布车	台班	1193	433.80
24	20 ~22 号铁丝	kg	656	6.40	63	30t/h 以内沥青混合料拌和设备	台班	1201	4 033.30
25	铸铁管	kg	682	2.00	64	电动混凝土切缝机	台班	1245	141.52
26	油漆	kg	732	13.04	65	250L 以内强制式混凝土搅拌机	台班	1272	96.79
27	32.5 级水泥	t	832	320.00	66	油泵、千斤顶各 1 钢绞线拉伸设备	台班	1349	135.49
28	42.5 级水泥	t	833	350.00	67	含钢带点焊机波纹管卷制机	台班	1352	230.57
29	硝铵炸药	kg	841	6.00	68	10t 以内载货汽车	台班	1376	555.01
30	导火线	m	842	0.80	69	3t 以内自卸汽车	台班	1382	323.37
31	普通雷管	个	845	0.70	70	6 000L 以内洒水汽车	台班	1405	545.58
32	石油沥青	t	851	3 800.00	71	1.0t 以内机动翻斗车	台班	1408	130.39
33	重油	kg	861	2.80	72	5t 以内汽车式起重机	台班	1449	422.80
34	汽油	kg	862	5.20	73	12t 以内汽车式起重机	台班	1451	787.37
35	柴油	kg	863	4.90	74	20t 汽车式起重机	台班	1453	1 168.18
36	煤	t	864	265.00	75	30kN 以内单筒慢动电动卷扬机	台班	1499	87.09
37	电	kw · h	865	0.55	76	50kN 以内单筒慢动电动卷扬机	台班	1500	99.59
38	水	m^3	866	0.50	77	50kN 以内双筒快动电动卷扬机	台班	1523	166.52
39	砂	m^3	897	50.00					

编制:×××　　复核:×××

建筑安装工程费计算数据表

表 4-43

建设项目名称：梁桥工程 > Ⅰ型梁桥　　编制范围：K0 +000 ~ K0 +79.5　　数据文件编号：110729　　打印时间：　年　月　日

公路等级：高速公路　　路线或桥梁长度(km)：0.08　　路基或桥梁宽度(m)：9.0　　第 1 页　共 2 页　08-1 表

项的代号	本项目数	目的代号	本目节数	节的代号	本节细目数	细目的代号	费率编号	定额个数	定额代号	项或目或节或定额的名称	单位	数量		定额调整情况
四	1									桥梁涵洞工程	km			
		4	1							中桥工程	m/座			
				1				27		Ⅰ型梁桥	m/座	79.500		
							08		5-1-3-1	人工开挖基坑土方干处	1 000m^3	0.920	920.000	
							08		5-1-3-4	人工开挖基坑土方湿处地下水	1 000m^3	0.200		
							08		5-1-3-5	人工开挖基坑石方	1 000m^3	0.760		
							08		5-1-17-6	钢护筒埋设干处	1t	2.600		
							08		5-1-12-6	桩径 150cm 以内孔深 20m 以内软石	10m	1.950		
							08		5-1-12-6	桩径 150cm 以内孔深 20m 以内软石	10m	6.610		
							08		5-1-12-7	桩径 150cm 以内孔深 20m 以内次坚石	10m	3.850		
							08		5-1-16-7	混凝土冲击成孔卷扬机配吊斗	10m^3 实体	16.420		
							13		5-4-1-3	基础工程灌注桩	1t 钢筋	12.560		
							08		5-1-4-2	混凝土基础实体式墩台片石混凝土	10m^3 实体	26.460		
							08		5-2-1-2	梁板桥 U 形	10m^3 实体	28.920		
							13		5-4-1-6	下部构造墩台	1t 钢筋	1.460		
							08		5-3-13-1	水泥混凝土垫层	10m^3 实体	2.320		
							13		5-4-1-11	桥面铺装水泥混凝土	1t 钢筋	3.460		
							08		5-2-5-18	圆柱墩非泵送高度 10m 以内	10m^3 实体	8.380		
							13		5-4-1-6	下部构造墩台	1t 钢筋	14.310		
							08		5-3-4-5	Ⅰ形梁预应力钢筋非泵送	10m^3 实体	17.690		

续上表

建设项目名称:梁桥工程 > Ⅰ型梁桥　　编制范围:K0 +000 ~ K0 +79.5　　数据文件编号:110729　　打印时间:　年　月　日

公路等级:高速公路　　路线或桥梁长度(km):0.08　　路基或桥梁宽度(m):9.0　　第2页　共2页　08-1表

项的代号	本项目数	目的代号	本目节数	节的代号	本节细目数	细目的代号	费率编号	定额个数	定额代号	项或目或节或定额的名称	单位	数量		定额调整情况
							13		5-4-1-17	上部结构梁	1t 钢筋	41.600		
							13		5-4-2-29	束长 40m 以内锚具型号 7 孔每 t3.82 束	1t 钢绞线	13.730		
							08		5-3-13-2	水泥混凝土面层非泵送	$10m^3$ 实体	15.150		
							08		预 4-11-4-5	涂沥青	$10m^2$	70.840		
							07		2-2-12-5	黏层沥青层石油沥青	$1\,000m^2$	0.720		
							08		5-3-13-7	沥青混凝土	$10m^3$ 实体	6.460		

编制:×××　　复核:×××

分项工程概算表

表 4-44

编制范围:K0 +000 ~ K0 +79.5　　打印日期:2007 年 08 月 03 日

工程名称:Ⅰ型梁桥　　第 1 页　共 17 页　08-2 表

序号	工程项目			人工开挖基坑			人工开挖基坑			人工开挖基坑			钢护筒		
	工程细目			人工开挖基坑土方干处			人工开挖基坑土方湿处地下水			人工开挖基坑石方			钢护筒埋设干处		
	定额单位			1 000m³			1 000m³			1 000m³			1t		
	工程数量			0.920			0.200			0.760			2.600		
	定额表号			5-1-3-1			5-1-3-4			5-1-3-5			5-1-17-6		
	工料机名称	单位	单价(元)	定额	数量	金额(元)	定额	数量	金额(元)	定额	数量	金额(元)	定额	数量	金额(元)
1	人工	工日	49.20	535.500	492.660	24 239	736.300	147.260	7 245	1 113.300	846.108	41 629	9.100	23.660	1 164
2	钢钎	kg	5.62							25.100	19.076	107			
3	钢护筒	t	4 800.00										0.100	0.260	1 248
4	硝铵炸药	kg	6.00							150.400	114.304	686			
5	导火线	m	0.80							365.000	277.400	222			
6	普通雷管	个	0.70							288.000	218.880	153			
7	煤	t	265.00							0.190	0.144	38			
8	黏土	m³	8.21										6.410	16.666	137
9	其他材料费	元	1.00							18.300	13.908	14			
10	5t 以内汽车式起重机	台班	422.80										0.160	0.416	176
11	150mm 以内电动单级离心清水泵	台班	157.24				35.300	7.060	1 110						
12	定额基价	元	1.00	26 347.000	24 239.000	24 239	41 777.000	8 355.000	8 355	56 380.000	42 849.000	42 849	1 042.000	2 709.000	2 709
	直接工程费	元				24 239			8 355			42 849			2 725
	其他工程费 Ⅰ	元		4.820		1 168	4.820		403	4.820		2 065	4.820		131
	其他工程费 Ⅱ	元													
	间接费 规费	元		38.400		9 308	38.400		2 782	38.400		15 985	38.400		447
	间接费 企业管理费	元		0.660		168	0.660		58	0.660		296	0.660		19
	利润及税金	元		10.410		3 041	10.410		1 034	10.410		5 359	10.410		321
	建筑安装工程费	元				37 923			12 632			66 555			3 643

编制:× × ×　　复核:× × ×

续上表

编制范围:K0 +000 ~ K0 +79.5　　　　打印日期:2007 年 08 月 03 日

工程名称: I 型梁桥　　　　第 2 页　共 17 页　08-2 表

序号	工程项目			卷扬机带冲击锥冲孔			卷扬机带冲击锥冲孔			卷扬机带冲击锥冲孔			灌注桩混凝土		
	工程细目			桩径 150cm 以内孔深 20m 以内软石			桩径 150cm 以内孔深 20m 以内软石			桩径 150cm 以内孔深 20m 以内次坚石			混凝土冲击成孔卷扬机配吊斗		
	定额单位			10m			10m			10m			$10m^3$ 实体		
	工程数量			1.950			6.610			3.850			16.420		
	定额表号			5-1-12-6			5-1-12-6			5-1-12-7			5-1-16-7		
	工料机名称	单位	单价(元)	定额	数量	金额(元)	定额	数量	金额(元)	定额	数量	金额(元)	定额	数量	金额(元)
1	人工	工日	49.20	114.100	222.495	10 947	114.100	754.201	37 107	155.200	597.520	29 398	19.700	323.474	15 915
2	锯材	m^3	1 350.00	0.009	0.018	24	0.009	0.059	80	0.009	0.035	47			
3	钢管	t	5 610.00										0.084	1.379	7 738
4	电焊条	kg	4.90	2.700	5.265	26	2.700	17.847	87	3.200	12.320	60	0.300	4.926	24
5	8 ~ 12 号铁丝	kg	6.10										0.100	1.642	10
6	32.5 级水泥	t	320.00										5.440	89.325	28 584
7	水	m^3	0.50	71.000	138.450	69	71.000	469.310	235	71.000	273.350	137	3.000	49.260	25
8	中(粗)砂	m^3	60.00										6.370	104.595	6 276
9	黏土	m^3	8.21	24.540	47.853	393	24.540	162.209	1 332	24.540	94.479	776			
10	碎石(4cm)	m^3	55.00										9.550	156.811	8 625
11	其他材料费	元	1.00	1.900	3.705	4	1.900	12.559	13	1.900	7.315	7	5.700	93.594	94
12	设备摊销费	元	1.00	124.400	242.580	243	124.400	822.284	822	135.000	519.750	520	47.800	784.876	785
13	10t 以内载货汽车	台班	555.01	0.210	0.409	227	0.210	1.388	770	0.210	0.808	449			
14	12t 以内汽车式起重机	台班	787.37	0.210	0.409	322	0.210	1.388	1093	0.210	0.808	637			
15	50kN 以内单筒慢动电动卷扬机	台班	99.59										1.000	16.420	1 635
16	50kN 以内双筒快动电动卷扬机	台班	166.52	29.080	56.706	9443	29.080	192.219	32 008	40.590	156.272	26 022			
17	32kV · A 交流电弧焊机	台班	104.64	0.310	0.605	63	0.310	2.049	214	0.360	1.386	145	0.090	1.478	155
18	小型机具使用费	元	1.00	155.100	302.445	302	155.100	1 025.211	1 025	216.200	832.370	832	4.600	75.532	76
19	定额基价	元	1.00	11 280.000	21 996.000	21 996	11 280.000	74 561.000	74 561	15 298.000	58 897.000	58 897	4 259.000	69 933.000	69 933

续上表

编制范围：K0+000 ~ K0+79.5　　打印日期：2007年08月03日

工程名称：Ⅰ型梁桥　　第3页　共17页　08-2表

序号	工程项目				卷扬机带冲击锥冲孔			卷扬机带冲击锥冲孔			卷扬机带冲击锥冲孔			灌注桩混凝土		
	工程细目				桩径150cm以内孔深20m以内软石			桩径150cm以内孔深20m以内软石			桩径150cm以内孔深20m以内次坚石			混凝土冲击成孔卷扬机配吊斗		
	定额单位				10m			10m			10m			$10m^3$ 实体		
	工程数量				1.950			6.610			3.850			16.420		
	定额表号				5-1-12-6			5-1-12-6			5-1-12-7			5-1-16-7		
	工料机名称		单位	单价（元）	定额	数量	金额（元）	定额	数量	金额（元）	定额	数量	金额（元）	定额	数量	金额（元）
	直接工程费		元				22 063			74 787			59 030			69 940
	其他工程费	Ⅰ	元		4.820		1 063	4.820		3 605	4.820		2 845	4.820		3 371
		Ⅱ	元													
	间接费	规费	元		38.400		4 204	38.400		14 249	38.400		11 289	38.400		6 111
		企业管理费	元		0.660		153	0.660		517	0.660	-	408	0.660		484
	利润及税金		元		10.410		2 622	10.410		8 889	10.410		7 017	10.410		8 067
	建筑安装工程费		元				30 105			102 047			80 589			87 972

编制：×××　　复核：×××

续上表

编制范围：K0 + 000 ~ K0 + 79.5　　　　打印时间：2007 年 08 月 03 日

工程名称：I 型梁桥　　　　第 4 页　共 17 页　08-2 表

序号	工程项目			现浇混凝土钢筋			天然地基上的混凝土、砌石基础			砌石桥台			现浇混凝土钢筋		
	工程细目			基础工程灌注桩			混凝土基础实体式墩台片石混凝土			梁板桥 U 形			下部构造墩台		
	定额单位			1t 钢筋			$10m^3$ 实体			$10m^3$ 实体			1t 钢筋		
	工程数量			12.560			26.460			28.920			1.460		
	定额表号			5-4-1-3			5-1-4-2			5-2-1-2			5-4-1-6		
	工料机名称	单位	单价(元)	定额	数量	金额(元)	定额	数量	金额(元)	定额	数量	金额(元)	定额	数量	金额(元)
1	人工	工日	49.20	5.100	64.056	3152	5.400	142.884	7 030	22.700	656.484	32 299	11.800	17.228	848
2	原木	m^3	1 120.00							0.004	0.116	130			
3	锯材	m^3	1 350.00				0.001	0.026	36	0.017	0.492	664			
4	光圆钢筋	t	3 300.00	0.112	1.407	4 642									
5	带肋钢筋	t	3 400.00	0.913	11.467	38 989							1.025	1.496	5 088
6	型钢	t	3 700.00				0.004	0.106	392						
7	钢管	t	5 610.00							0.004	0.116	649			
8	电焊条	kg	4.90	5.100	64.056	314							4.700	6.862	34
9	组合钢模板	t	5 710.00				0.008	0.212	1 209						
10	铁件	kg	4.40				2.900	76.734	338	1.300	37.596	165			
11	8 ~ 12 号铁丝	kg	6.10							0.600	17.352	106			
12	20 ~ 22 号铁丝	kg	6.40	2.200	27.632	177							3.300	4.818	31
13	32.5 级水泥	t	320.00				2.193	58.027	18 569	1.290	37.307	11 938			
14	水	m^3	0.50				12.000	317.520	159	8.000	231.360	116			
15	中(粗)砂	m^3	60.00				4.790	126.743	7605	3.540	102.377	6143			
16	黏土	m^3	8.21							1.180	34.126	280			
17	片石	m^3	34.00				2.190	57.947	1 970	9.210	266.353	9 056			
18	碎石(4cm)	m^3	55.00							0.250	7.230	398			
19	碎石(8cm)	m^3	49.00				7.240	191.570	9 387	1.280	37.018	1 814			
20	块石	m^3	85.00							2.100	60.732	5 162			

续上表

编制范围：K0 +000 ~ K0 +79.5　　　　打印时间：2007 年 08 月 03 日

工程名称：Ⅰ型梁桥　　　　第 5 页　共 17 页　08-2 表

序号	工程项目			现浇混凝土钢筋			天然地基上的混凝土、砌石基础			砌石桥台			现浇混凝土钢筋		
	工程细目			基础工程灌注桩			混凝土基础实体式墩台 片石混凝土			梁板桥 U 形			下部构造墩台		
	定额单位			1t 钢筋			$10m^3$ 实体			$10m^3$ 实体			1t 钢筋		
	工程数量			12.560			26.460			28.920			1.460		
	定额表号			5-4-1-3			5-1-4-2			5-2-1-2			5-4-1-6		
	工料机名称	单位	单价(元)	定额	数量	金额(元)	定额	数量	金额(元)	定额	数量	金额(元)	定额	数量	金额(元)
21	草皮	m^2	1.80							2.010	58.129	105			
22	其他材料费	元	1.00				9.300	246.078	246	12.100	349.932	350			
23	12t 以内汽车式起重机	台班	787.37	0.120	1.507	1 187	0.180	4.763	3 750						
24	20t 汽车式起重机	台班	1 168.18							0.030	0.868	1 014			
25	50kN 以内单筒慢动电动卷扬机	台班	99.59										0.430	0.628	63
26	32kV · A 交流电弧焊机	台班	104.64	0.870	10.927	1 143							1.030	1.504	157
27	小型机具使用费	元	1.00	15.500	194.680	195	6.800	179.928	180	8.400	242.928	243	30.300	44.238	44
28	定额基价	元	1.00	3 955.000	49 675.000	49 675	1 908.000	50 486.000	50 486	2 439.000	70 536.000	70 536	4 291.000	6 265.000	6 265
	直接工程费	元				49 798			50 869			70 630			6 264
	其他工程费 Ⅰ	元		3.920		1 952	4.820		2 452	4.820		3 404	3.920		246
	其他工程费 Ⅱ	元													
	间接费 规费	元		38.400		1 210	38.400		2 699	38.400		12 403	38.400		325
	间接费 企业管理费	元		0.640		331	0.660		352	0.660		489	0.640		42
	利润及税金	元		10.410		5 587	10.410		5 807	10.410		8 359	10.410		709
	建筑安装工程费	元				58 879			62 179			95 284			7 586

编制：×××　　　　复核：×××

续上表

编制范围:K0 + 000 ~ K0 + 79.5　　　　打印时间:2008 年 08 月 03 日

工程名称:I 型梁桥　　　　第 6 页　共 17 页　08-2 表

序号	工程项目			桥面铺装			现浇混凝土钢筋			梁板桥桥墩			现浇混凝土钢筋		
	工程细目			水泥混凝土垫层			桥面铺装水泥混凝土			圆柱墩非泵送高度 10m 以内			下部构造墩台		
	定额单位			$10m^3$ 实体			1t 钢筋			$10m^3$ 实体			1t 钢筋		
	工程数量			2.320			3.460			8.380			14.310		
	定额表号			5-3-13-1			5-4-1-11			5-2-5-18			5-4-1-6		
	工料机名称	单位	单价(元)	定额	数量	金额(元)	定额	数量	金额(元)	定额	数量	金额(元)	定额	数量	金额(元)
1	人工	工日	49.20	12.500	29.000	1 427	9.900	34.254	1 685	22.100	185.198	9 112	11.800	168.858	8 308
2	原木	m^3	1 120.00	0.001	0.002	3				0.020	0.168	188			
3	锯材	m^3	1 350.00							0.258	2.162	2 919			
4	光圆钢筋	t	3 300.00				1.025	3.546	11 703						
5	带肋钢筋	t	3 400.00										1.025	14.668	49 870
6	型钢	t	3 700.00	0.001	0.002	9				0.062	0.520	1 922			
7	钢管	t	5 610.00							0.002	0.017	94			
8	钢丝绳	t	5 853.00							0.001	0.008	49			
9	电焊条	kg	4.90				8.300	28.718	141				4.700	67.257	330
10	钢模板	t	5 970.00							0.016	0.134	800			
11	组合钢模板	t	5 710.00							0.013	0.109	622			
12	门式钢支架	t	5 000.00							0.004	0.034	168			
13	铁件	kg	4.40							25.600	214.528	944			
14	铁钉	kg	6.97							0.100	0.838	6			
15	20 ~ 22 号铁丝	kg	6.40				3.900	13.494	86				3.300	47.223	302
16	32.5 级水泥	t	320.00	3.845	8.920	2 855				3.845	32.221	10 311			
17	水	m^3	0.50	15.000	34.800	17				12.000	100.560	50			
18	中(粗)砂	m^3	60.00	4.690	10.881	653				4.690	39.302	2 358			
19	碎石(4cm)	m^3	55.00	8.470	19.650	1 081				8.470	70.979	3 904			
20	其他材料费	元	1.00	2.900	6.728	7				48.100	403.078	403			

编制:× × ×　　　　复核:× × ×

续上表

编制范围:K0 +000 ~ K0 +79.5　　　　打印时间:2007 年 08 月 03 日

工程名称: I 型梁桥　　　　第 7 页　共 17 页　08-2 表

序号	工程项目			桥面铺装			现浇混凝土钢筋			梁板桥桥墩			现浇混凝土钢筋		
	工程细目			水泥混凝土垫层			桥面铺装水泥混凝土			圆柱墩非泵送高度 10m 以内			下部构造墩台		
	定额单位			$10m^3$ 实体			1t 钢筋			$10m^3$ 实体			1t 钢筋		
	工程数量			2.320			3.460			8.380			14.310		
	定额表号			5-3-13-1			5-4-1-11			5-2-5-18			5-4-1-6		
	工料机名称	单位	单价(元)	定额	数量	金额(元)	定额	数量	金额(元)	定额	数量	金额(元)	定额	数量	金额(元)
21	1.0t 以内机动翻斗车	台班	130.39	0.880	2.042	266									
22	12t 以内汽车式起重机	台班	787.37							0.390	3.268	2 573			
23	20t 汽车式起重机	台班	1 168.18							0.460	3.855	4 503			
24	50kN 以内单筒慢动电动卷扬机	台班	99.59										0.430	6.153	613
25	32kV · A 交流电弧焊机	台班	104.64				1.630	5.640	590				1.030	14.739	1 542
26	小型机具使用费	元	1.00	13.600	31.552	32	25.700	88.922	89	7.800	65.364	65	30.300	433.593	434
27	定额基价	元	1.00	2 732.000	6 338.000	6 338	4 131.000	14 293.000	14 293	4 803.000	40 249.000	40 249	4 291.000	61 404.000	61 404
	直接工程费	元				6 348			14 295			40 991			61 399
	其他工程费 I	元		4.820		306	3.920		560	4.820		1976	3.920		2 407
	其他工程费 Ⅱ	元													
	间接费 规费	元		38.400		548	38.400		647	38.400		3499	38.400		3 190
	间接费 企业管理费	元		0.660		44	0.640		95	0.660		284	0.640		408
	利润及税金	元		10.410		732	10.410		1 614	10.410		4 725	10.410		6 947
	建筑安装工程费	元				7 978			17 212			51 475			74 351

编制: × × ×　　　　复核: × × ×

续上表

编制范围：K0 +000 ~ K0 +79.5　　　打印时间：2008 年 08 月 03 日

工程名称：I 型梁桥　　　第 8 页　共 17 页　08-2 表

序号	工程项目			预制、安装钢筋混凝土 T 形梁、I 形梁上部构造			预制混凝土钢筋			后张法：预应力钢绞线			桥面铺装		
	工程细目			I 形梁预应力钢筋非泵送			上部结构梁			束长 40m 以内锚具型号 7 孔每 t3.82 束			水泥混凝土面层非泵送		
	定额单位			$10m^3$ 实体			1t 钢筋			1t 钢绞线			$10m^3$ 实体		
	工程数量			17.690			41.600			13.730			15.150		
	定额表号			5-3-4-5			5-4-1-17			5-4-2-29			5-3-13-2		
	工料机名称	单位	单价（元）	定额	数量	金额（元）	定额	数量	金额（元）	定额	数量	金额（元）	定额	数量	金额（元）
1	人工	工日	49.20	45.500	804.895	39 601	10.000	416.000	2 0467	12.200	167.506	8 241	16.100	243.915	12 001
2	原木	m^3	1 120.00	0.011	0.195	218							0.001	0.015	17
3	锯材	m^3	1 350.00	0.053	0.938	1 266									
4	光圆钢筋	t	3 300.00	0.006	0.106	350	0.196	8.154	26 907	0.023	0.316	1 042			
5	带肋钢筋	t	3 400.00	0.128	2.264	7 699	0.829	34.486	117 254						
6	钢绞线	t	6 500.00							1.040	14.279	92 815			
7	波纹管钢带	t	6 350.00							0.072	0.989	6 277			
8	型钢	t	3 700.00	0.020	0.354	1 309							0.001	0.015	56
9	钢板	t	4 450.00	0.055	0.973	4 330									
10	钢管	t	5 610.00	0.001	0.018	99									
11	钢丝绳	t	5 853.00	0.002	0.035	207									
12	电焊条	kg	4.90	6.300	111.447	546	2.100	87.360	428	0.300	4.119	20			
13	钢模板	t	5 970.00	0.033	0.584	3 485									
14	组合钢模板	t	5 710.00	0.026	0.460	2 626									
15	门式钢支架	t	5 000.00	0.003	0.053	265									
16	钢绞线群锚	套	245.00							7.720	105.996	25 969			
17	铁件	kg	4.40	20.300	359.107	1 580									
18	8 ~ 12 号铁丝	kg	6.10	0.200	3.538	22									
19	20 ~ 22 号铁丝	kg	6.40				4.100	170.560	1 092	0.800	10.984	70			
20	铸铁管	kg	2.00	5.000	88.450	177									

续上表

编制范围:K0 + 000 ~ K0 + 79.5　　　　打印时间:2007 年 08 月 03 日

工程名称:I 型梁桥　　　　第 9 页　共 17 页　08-2 表

序号	工程项目			预制、安装钢筋混凝土 T 形梁、I 形梁上部构造			预制混凝土钢筋			后张法:预应力钢绞线			桥面铺装		
	工程细目			I 形梁预应力钢筋非泵送			上部结构梁			束长 40m 以内锚具 型号 7 孔每 t3.82 束			水泥混凝土面层非泵送		
	定额单位			10m³ 实体			1t 钢筋			1t 钢绞线			10m³ 实体		
	工程数量			17.690			41.600			13.730			15.150		
	定额表号			5-3-4-5			5-4-1-17			5-4-2-29			5-3-13-2		
	工料机名称	单位	单价(元)	定额	数量	金额(元)	定额	数量	金额(元)	定额	数量	金额(元)	定额	数量	金额(元)
21	32.5 级水泥	t	320.00	0.089	1.574	504				0.243	3.336	1 068	3.845	58.252	18 641
22	42.5 级水泥	t	350.00	5.321	94.128	32 945									
23	水	m^3	0.50	17.000	300.730	150							15.000	227.250	114
24	中(粗)砂	m^3	60.00	4.760	84.204	5 052							4.690	71.054	4 263
25	砂砾	m^3	31.00	8.990	159.033	4 930									
26	片石	m^3	34.00	0.480	8.491	289									
27	碎石(2cm)	m^3	55.00	7.620	134.798	7 414									
28	碎石(4cm)	m^3	55.00										8.470	128.321	7058
29	碎石(8cm)	m^3	49.00	0.190	3.361	165									
30	其他材料费	元	1.00	16.900	298.961	299				12.700	174.371	174	2.900	43.935	44
31	设备摊销费	元	1.00	478.800	8469.972	8 470									
32	6 ~ 8t 光轮压路机	台班	251.49	0.010	0.177	44									
33	8 ~ 10t 光轮压路机	台班	280.38	0.040	0.708	198									
34	12 ~ 15t 光轮压路机	台班	411.77	0.020	0.354	146									
35	电动混凝土切缝机	台班	141.52										0.870	13.181	1865
36	油泵、千斤顶各 1 钢绞线拉伸设备	台班	135.49							1.340	18.398	2 493			
37	含钢带点焊机波纹管卷制机	台班	230.57							0.290	3.982	918			
38	1.0t 以内机动翻斗车	台班	130.39										0.880	13.332	1 738
39	20t 汽车式起重机	台班	1 168.18	0.340	6.015	7 026									

续上表

编制范围:K0 +000 ~ K0 +79.5　　打印时间:2007 年 08 月 03 日

工程名称:I 型梁桥　　第 10 页　共 17 页　08-2 表

序号	工程项目			预制、安装钢筋混凝土T形梁、I形梁上部构造			预制混凝土钢筋			后张法:预应力钢绞线			桥面铺装		
	工程细目			I形梁预应力钢筋非泵送			上部结构梁			束长40m以内锚具型号7孔每t3.82束			水泥混凝土面层非泵送		
	定额单位			$10m^3$ 实体			1t 钢筋			1t 钢绞线			$10m^3$ 实体		
	工程数量			17.690			41.600			13.730			15.150		
	定额表号			5-3-4-5			5-4-1-17			5-4-2-29			5-3-13-2		
	工料机名称	单位	单价(元)	定额	数量	金额(元)	定额	数量	金额(元)	定额	数量	金额(元)	定额	数量	金额(元)
40	30kN以内单筒慢动电动卷扬机	台班	87.09	1.230	21.759	1 895	0.140	5.824	507						
41	50kN以内单筒慢动电动卷扬机	台班	99.59	2.080	36.795	3 664									
42	32kV·A交流电弧焊机	台班	104.64	1.180	20.874	2184	0.450	18.720	1 959	0.240	3.295	345			
43	100kV·A交流对焊机	台班	170.40				0.090	3.744	638						
44	小型机具使用费	元	1.00	35.600	629.764	630	24.500	1 019.200	1 019	63.300	869.109	869	16.900	256.035	256
45	定额基价	元	1.00	7 860.000	139 043.000	139 043	4 093.000	170 269.000	170 269	10 219.000	140 307.000	140 307	3 036.000	45 995.000	45 995
	直接工程费	元				139 786			170 271			140 302			46 052
	其他工程费 I	元		4.820		6 738	3.920		6 675	3.920		5 500	4.820		2 220
	其他工程费 II	元													
	间接费 规费	元		38.400		15 207	38.400		7 859	38.400		3 165	38.400		4 608
	间接费 企业管理费	元		0.660		967	0.640		1 132	0.640		933	0.660		319
	利润及税金	元		10.410		16 224	10.410		19 231	10.410		15 733	10.410		5 331
	建筑安装工程费	元				178 921			205 168			165 633			58 530

编制:×××　　复核:×××

续上表

编制范围:K0 +000 ~ K0 +79.5　　打印时间:2007 年 08 月 03 日

工程名称:I 型梁桥　　第 11 页　共 17 页　08-2 表

序号	工程项目			防水层			透层、黏层、封层			桥面铺装			柱式及墙式护栏		
	工程细目			涂沥青			黏层沥青层石油沥青			沥青混凝土			墙式护栏钢筋混凝土防撞护栏		
	定额单位			$10m^2$			$1\,000m^2$			$10m^3$ 实体			100m		
	工程数量			70.840			0.720			6.460			1.620		
	定额表号			08 预 4-11-4-5			2-2-12-5			5-3-13-7			6-1-1-3		
	工料机名称	单位	单价(元)	定额	数量	金额(元)	定额	数量	金额(元)	定额	数量	金额(元)	定额	数量	金额(元)
1	人工	工日	49.20	0.900	63.756	3 137	0.700	0.504	25	5.700	36.822	1812	114.400	185.328	9 118
2	原木	m^3	1 120.00										0.124	0.201	225
3	锯材	m^3	1 350.00										0.175	0.284	383
4	光圆钢筋	t	3 300.00										1.275	2.066	6 816
5	钢管	t	5 610.00										0.422	0.684	3 835
6	钢模板	t	5 970.00										0.290	0.470	2 805
7	铸铁	kg	2.19										760.200	1 231.524	2 697
8	铁件	kg	4.40										143.200	231.984	1 021
9	20 ~ 22 号铁丝	kg	6.40										6.300	10.206	65
10	油漆	kg	13.04										9.400	15.228	199
11	32.5 级水泥	t	320.00							0.014	0.090	29	9.824	15.915	5 093
12	石油沥青	t	3 800.00	0.039	2.763	10 498	0.412	0.297	1 127	1.225	7.914	30 071			
13	煤	t	265.00				0.080	0.058	15						
14	水	m^3	0.50										35.000	56.700	28
15	砂	m^3	50.00							4.710	30.427	1521			
16	中(粗)砂	m^3	60.00										14.090	22.826	1 370
17	矿粉	t	125.00							1.284	8.295	1 037			
18	碎石(4cm)	m^3	55.00										24.350	39.447	2 170
19	石屑	m^3	65.00							2.610	16.861	1 096			
20	路面用碎石(1.5cm)	m^3	65.00							7.230	46.706	3 036			

编制:× × ×　　复核:× × ×

续上表

编制范围:K0 +000 ~ K0 +79.5　　打印时间:2007 年 08 月 03 日

工程名称:I 型梁桥　　第 12 页　共 17 页　08-2 表

序号	工程项目			防水层			透层、黏层、封层			桥面铺装			柱式及墙式护栏		
	工程细目			涂沥青			黏层沥青层石油沥青			沥青混凝土			墙式护栏钢筋混凝土防撞护栏		
	定额单位			$10m^2$			$1\,000m^2$			$10m^3$ 实体			100m		
	工程数量			70.840			0.720			6.460			1.620		
	定额表号			08 预 4-11-4-5			2-2-12-5			5-3-13-7			6-1-1-3		
	工料机名称	单位	单价(元)	定额	数量	金额(元)	定额	数量	金额(元)	定额	数量	金额(元)	定额	数量	金额(元)
21	其他材料费	元	1.00	1.500	106.260	106	17.100	12.312	12	11.800	76.228	76	52.400	84.888	85
22	设备摊销费	元	1.00				5.100	3.672	4	72.700	469.642	470			
23	$1.0m^3$ 轮胎式装载机	台班	404.01							0.150	0.969	391			
24	6 ~ 8t 光轮压路机	台班	251.49							0.180	1.163	292			
25	10 ~ 12t 光轮压路机	台班	361.25							0.160	1.034	373			
26	4 000L 以内沥青洒布车	台班	433.80				0.030	0.022	9						
27	30t/h 以内沥青混合料拌和设备	台班	4033.30							0.160	1.034	4 169			
28	250L 以内强制式混凝土搅拌机	台班	96.79										1.170	1.895	183
29	3t 以内自卸汽车	台班	323.37							0.890	5.749	1 859			
30	1.0t 以内机动翻斗车	台班	130.39										1.060	1.717	224
31	小型机具使用费	元	1.00				1.200	0.864	1	3.500	22.610	23	31.200	50.544	51
32	定额基价	元	1.00	194.00	13 743.000	13 743	1 657.000	1 193.000	1 193	7 135.000	46 092.000	46 092	22 444.000	36 359.000	36 359
	直接工程费	元				13 742			1 194			46 256			36 367
	其他工程费 I	元		4.820		662	3.810		45	4.820		2 230	3.250		1 182
	其他工程费 Ⅱ	元													
	间接费 规费	元		38.400		1 205	38.400		10	38.400		696	38.400		3 501
	间接费 企业管理费	元		0.660		95	0.460		6	0.660		320	0.330		124
	利润及税金	元		10.410		1 585	10.410		133	10.410		5 221	10.410		4 131
	建筑安装工程费	元				17 289			1 387			54 722			45 305

编制:× × ×　　复核:× × ×

续上表

编制范围:K0 +000 ~ K0 +79.5　　打印时间:2007 年 08 月 03 日

工程名称:I 型梁桥　　第 13 页　共 17 页　08-2 表

序号	工程项目			混凝土搅拌机拌和			平整场地			拖拉机带铧犁拌和			合计		
	工程细目			拌和机容量 250L 以内			推土机平整场地			压实厚度 15cm 拖拉机带铧犁拌和水泥砂砾水泥剂量 5%					
	定额单位			10m³			1 000m²			1 000m²					
	工程数量			86.420			3.000			2.500					
	定额表号			5-3-32-1			08 预 4-11-1-3			2-1-2-5					
	工料机名称	单位	单价(元)	定额	数量	金额(元)	定额	数量	金额(元)	定额	数量	金额(元)	定额	数量	金额(元)
1	人工	工日	49.20	2.800	241.976	11 905	2.000	6.000	295	14.700	36.750	1 808		6 908.79	339 913
2	原木	m³	1 120.00											0.696	780
3	锯材	m³	1 350.00											4.013	5 417
4	光圆钢筋	t	3 300.00											15.594	51 461
5	带肋钢筋	t	3 400.00											64.382	218 900
6	钢绞线	t	6 500.00											14.279	92 815
7	波纹管钢带	t	6 350.00											0.989	6 277
8	型钢	t	3 700.00											0.997	3 688
9	钢板	t	4 450.00											0.973	4 330
10	钢管	t	5 610.00											2.213	12 415
11	钢钎	kg	5.62											19.076	107
12	钢丝绳	t	5 853.00											0.044	256
13	电焊条	kg	4.90											410.177	2 010
14	钢护筒	t	4 800.00											0.260	1 248
15	钢模板	t	5 970.00											1.188	7 090
16	组合钢模板	t	5 710.00											0.781	4 457
17	门式钢支架	t	5 000.00											0.087	433
18	铸铁	kg	2.19											1 231.52	2 697
19	钢绞线群锚(7 孔)	套	245.00											105.996	25 969
20	铁件	kg	4.40											919.949	4 048

续上表

编制范围:K0 +000 ~ K0 +79.5　　打印时间:2007 年 08 月 03 日

工程名称:I 型梁桥　　第 14 页　共 17 页　08-2 表

序号	工程项目			混凝土搅拌机拌和			平整场地			拖拉机带铧犁拌和			合计		
	工程细目			拌和机容量 250L 以内			推土机平整场地			压实厚度 15cm 拖拉机带铧犁拌和水泥砂砾水泥剂量 5%					
	定额单位			$10m^3$			$1\ 000m^2$			$1\ 000m^2$					
	工程数量			86.420			3.000			2.500					
	定额表号			5-3-32-1			08 预 4-11-1-3			2-1-2-5					
	工料机名称	单位	单价(元)	定额	数量	金额(元)	定额	数量	金额(元)	定额	数量	金额(元)	定额	数量	金额(元)
21	铁钉	kg	6.97											0.838	6
22	8 ~ 12 号铁丝	kg	6.10											22.532	137
23	20 ~ 22 号铁丝	kg	6.40											284.917	1 823
24	铸铁管	kg	2.00											88.450	177
25	油漆	kg	13.04											15.228	199
26	32.5 级水泥	t	320.00							15.950	39.875	12 760		344.843	110 350
27	42.5 级水泥	t	350.00											94.128	32 945
28	硝铵炸药	kg	6.00											114.304	686
29	导火线	m	0.80											277.400	222
30	普通雷管	个	0.70											218.880	153
31	石油沥青	t	3 800.00											10.973	41 697
32	煤	t	265.00											0.202	54
33	水	m^3	0.50											2 199.290	1 100
34	砂	m^3	50.00											30.427	1 521
35	中(粗)砂	m^3	60.00											561.982	33 719
36	砂砾	m^3	31.00							197.200	493.000	15 283		652.033	20 213
37	黏土	m^3	8.21											355.333	2 917
38	片石	m^3	34.00											332.792	11 315
39	矿粉	t	125.00											8.295	1 037
40	碎石(2cm)	m^3	55.00											134.798	7 414

续上表

编制范围:K0 +000 ~ K0 +79.5　　打印时间:2007 年 08 月 03 日

工程名称:I 型梁桥　　第 15 页　共 17 页　08-2 表

序号	工程项目			混凝土搅拌机拌和			平整场地			拖拉机带铧犁拌和			合计		
	工程细目			拌和机容量 250L 以内			推土机平整场地			压实厚度 15cm 拖拉机带铧犁拌和水泥砂砾水泥剂量 5%					
	定额单位			$10m^3$			$1\,000m^2$			$1\,000m^2$					
	工程数量			86.420			3.000			2.500					
	定额表号			5-3-32-1			08 预 4-11-1-3			2-1-2-5					
	工料机名称	单位	单价(元)	定额	数量	金额(元)	定额	数量	金额(元)	定额	数量	金额(元)	定额	数量	金额(元)
41	碎石(4cm)	m^3	55.00											422.438	23 234
42	碎石(8cm)	m^3	49.00											231.949	11 366
43	石屑	m^3	65.00											16.861	1 096
44	路面用碎石 1.5cm	m^3	65.00											46.706	3 036
45	块石	m^3	85.00											60.732	5 162
46	草皮	m^2	1.80											58.129	105
47	其他材料费	元	1.00											1 933.852	1 934
48	设备摊销费	元	1.00							1.600	4.000	4		11 316.776	11 317
49	105kW 以内履带式推土机	台班	803.76				0.640	1.920	1 543					1.920	1 543
50	$1.0m^3$ 轮胎式装载机	台班	404.01											0.969	391
51	120kW 以内平地机	台班	912.98							0.380	0.950	867		0.950	867
52	75kW 以内履带式拖拉机	台班	525.55							0.210	0.525	276		0.525	276
53	6 ~ 8t 光轮压路机	台班	251.49							0.280	0.700	176		2.040	513
54	8 ~ 10t 光轮压路机	台班	280.38				0.240	0.720	202					1.428	400
55	10 ~ 12t 光轮压路机	台班	361.25											1.034	373
56	12 ~ 15t 光轮压路机	台班	411.77							1.300	3.250	1 338		3.604	1 484
57	4 000L 以内沥青洒布车	台班	433.80											0.022	9
58	30t/h 以内沥青混合料拌和设备	台班	4 033.30											1.034	4 169
59	电动混凝土切缝机	台班	141.52											13.181	1 865

续上表

编制范围:K0 +000 ~ K0 +79.5　　打印时间:2007 年 08 月 03 日

工程名称:I 型梁桥　　第 16 页　共 17 页　08-2 表

序号	工程项目			混凝土搅拌机拌和			平整场地			拖拉机带铧犁拌和			合计		
	工程细目			拌和机容量 250L 以内			推土机平整场地			压实厚度 15cm 拖拉机带铧犁拌和水泥砂砾水泥剂量 5%					
	定额单位			$10m^3$			$1\,000m^2$			$1\,000m^2$					
	工程数量			86.420			3.000			2.500					
	定额表号			5-3-32-1			预 4-11-1-3			2-1-2-5					
	工料机名称	单位	单价(元)	定额	数量	金额(元)	定额	数量	金额(元)	定额	数量	金额(元)	定额	数量	金额(元)
60	250L 以内强制式混凝土搅拌机	台班	96.79	0.460	39.753	3848								41.649	4 031
61	油泵、千斤顶各 1 钢绞线拉伸设备	台班	135.49											18.398	2 493
62	含钢带点焊机波纹管卷制机	台班	230.57											3.982	918
63	10t 以内载货汽车	台班	555.01											2.606	1 446
64	3t 以内自卸汽车	台班	323.37											5.749	1 859
65	6 000L 以内洒水汽车	台班	545.58							0.770	1.925	1 050		1.925	1 050
66	1.0t 以内机动翻斗车	台班	130.39											17.091	2 228
67	5t 以内汽车式起重机	台班	422.80											0.416	176
68	12t 以内汽车式起重机	台班	787.37											12.144	9 562
69	20t 汽车式起重机	台班	1 168.18											10.737	12 543
70	30kN 以内单筒慢动电动卷扬机	台班	87.09											27.583	2 402
71	50kN 以内单筒慢动电动卷扬机	台班	99.59											59.996	5 975
72	50kN 以内双筒快动电动卷扬机	台班	166.52											405.196	67 473
73	150mm 以内电动单级离心清水泵	台班	157.24											7.060	1 110
74	32kV · A 交流电弧焊机	台班	104.64											81.217	8 499
75	100kV · A 交流对焊机	台班	170.40											3.744	638
76	小型机具使用费	元	1.00											6 364.889	6 365

续上表

编制范围：K0 +000 ~ K0 +79.5　　　　打印时间：2008 年 08 月 03 日

工程名称：I 型梁桥　　　　第 17 页　共 17 页　08-2 表

序号	工程项目			混凝土搅拌机拌和			平整场地			拖拉机带铧犁拌和			合计		
	工程细目			拌和机容量 250L 以内			推土机平整场地			压实厚度 15cm 拖拉机带铧犁拌和水泥砂砾水泥剂量 5%					
	定额单位			$10m^3$			$1\ 000m^2$			$1\ 000m^2$					
	工程数量			86.420			3.000			2.500					
	定额表号			5-3-32-1			预 4-11-1-3			2-1-2-5					
	工料机名称	单位	单价(元)	定额	数量	金额(元)	定额	数量	金额(元)	定额	数量	金额(元)	定额	数量	金额(元)
77	定额基价	元	1.00	182.000	15 728.000	15 728	680.000	2 040.000	2 040	13 400.000	33 500.000	33 500		1 247 054.00	1 247 056
	直接工程费	元				15 753			2 040			33 563			1 249 904
	其他工程费 I	元		4.820		759	4.820		98	3.810		1 279			55 342
	其他工程费 II	元													
	间接费 规费	元		38.400		4 572	38.400		113	38.400		694			130 526
	间接费 企业管理费	元		0.660		109	0.660		14	0.460		160			8 327
	利润及税金	元		10.410		1 926	10.410		233	10.410		3 751			144 329
	建筑安装工程费	元				23 119			2 499			39 447			1 588 429

编制：× × ×　　　　复核：× × ×

材料预算单价计算表

表 4-45

建设项目名称:梁桥工程 > Ⅰ型梁桥　　打印日期:　年　月　日

编制范围:K0 + 000 ~ K0 + 79.5　　第 1 页　共 2 页　09 表

序号	规格名称	单位	原价（元）	运杂费					原价运费合计（元）	场外运输损耗		采购及保管费		预算单价（元）
				供应地点	运输方式、比重及运距	毛重系数或单位毛重	运杂费构成说明或计算式	单位运费（元）		费率（%）	金额（元）	费率（%）	金额（元）	
1	原木	m^3	920	× ×	汽,48km,100	1	[0.8 × (1 + 0) × 48 + 6 × 1 + 9.6] × 1 × 1	54	974			2.5	24.35	998.35
2	锯材	m^3	1 120		汽,48km,100	1	[0.8 × (1 + 0) × 48 + 6 × 1 + 9.6] × 1 × 1	54	1 174			2.5	29.35	1 203.4
3	枕木	m^3	1 150		汽,48km,100	1	[0.8 × (1 + 0) × 48 + 6 × 1 + 9.6] × 1 × 1	54	1204			2.5	30.1	1 234.1
4	光圆钢筋	t	3 850		汽,120km,100	1	[0.8 × (1 + 0) × 120 + 6 × 1 + 24] × 1 × 1	126	3 976			2.5	99.4	4 075.4
5	带肋钢筋	t	3 950		汽,120km,100	1	[0.8 × (1 + 0) × 120 + 6 × 1 + 24] × 1 × 1	126	4 076			2.5	101.9	4 177.9
6	钢绞线	t	6 800		汽,120km,100	1	[0.8 × (1 + 0) × 120 + 6 × 1 + 24] × 1 × 1	126	6 926			2.5	173.15	7 099.2
7	波纹管钢带	t	6 200		汽,120km,100	1	[0.8 × (1 + 0) × 120 + 6 × 1 + 24] × 1 × 1	126	6 326			2.5	158.15	6 484.2
8	型钢	t	4 150		汽,120km,100	1	[0.8 × (1 + 0) × 120 + 6 × 1 + 24] × 1 × 1	126	4 276			2.5	106.9	4 382.9
9	钢板	t	4 950		汽,120km,100	1	[0.8 × (1 + 0) × 120 + 6 × 1 + 24] × 1 × 1	126	5 076			2.5	126.9	5 202.9

续上表

建设项目名称：梁桥工程 > Ⅰ型梁桥　　　　打印日期：　年　月　日

编制范围：K0 + 000 ~ K0 + 79.5　　　　第 2 页　共 2 页　09 表

序号	规格名称	单位	原价（元）	运杂费					原价运费合计（元）	场外运输损耗		采购及保管费		预算单价（元）
				供应地点	运输方式、比重及运距	毛重系数或单位毛重	运杂费构成说明或计算式	单位运费（元）		费率（%）	金额（元）	费率（%）	金额（元）	
10	圆钢	t	3 800		汽，120km，100	1	[0.8×(1+0)×120+6×1+24]×1×1	126	3 926			2.5	98.15	4 024.2
11	钢管	t	5 650		汽，120km，100	1	[0.8×(1+0)×120+6×1+24]×1×1	126	5776			2.5	144.4	5 920.4
12	钢钎	kg	5.7		汽，48km，100	0.001	[0.8×(1+0)×48+6×1+9.6]×0.001×1	0.05	5.75			2.5	0.14	5.9
13	钢丝绳	t	5 850		汽，48km，100	1	[0.8×(1+0)×48+6×1+9.6]×1×1	54	5 904			2.5	147.6	6 051.6
14	电焊条	kg	5.2		汽，48km，100	0.001 1	[0.8×(1+0)×48+6×1+9.6]×0.0011×1	0.06	5.26			2.5	0.13	5.39
15	钢护筒	t	5 150		汽，120km，100	1	[0.8×(1+0)×120+6×1+24]×1×1	126	5 276			1	52.76	5 328.8
16	钢模板	t	5 650		汽，48km，100	1	[0.8×(1+0)×48+6×1+9.6]×1×1	54	5 704			1	57.04	5 761
17	组合钢模板	t	5 250		汽，48km，100	1	[0.8×(1+0)×48+6×1+9.6]×1×1	54	5 304			1	53.04	5 357

编制：×××　　　　复核：×××

机械台班单价计算表

表 4-46

建设项目名称:梁桥工程 > Ⅰ型梁桥　　　　打印时间：　年　月　日

编制范围:K0 +000 ~ K0 +79.5　　　　第 1 页　共 3 页　11 表

序号	定额号	机械规格名称	台班单价（元）	不变费用		可变费用											
				调整系数		机械工		重油		汽油		柴油		电		养路费及车船税（元）	可变费用合计（元）
				1.0		49.2 元/工日		2.8 元/kg		5.2 元/kg		4.9 元/kg		0.55 元/kW · h			
				定额	调整	定额	费用	定额	费用	定额	费用	定额	费用	定额	费用		
1	1005	105kW 以内履带式推土机	803.76	330.410	330.41	2.000	98.40					76.520	374.95				473.35
2	1048	1.0m^3 轮胎式装载机	404.01	112.920	112.92	1.000	49.20					49.030	240.25			1.64	291.09
3	1057	120kW 以内平地机	912.98	408.050	408.05	2.000	98.40					82.130	402.44			4.09	504.93
4	1063	75kW 以内履带式拖拉机	525.55	161.230	161.23	2.000	98.40					54.270	265.92				364.32
5	1075	6 ~ 8t 光轮压路机	251.49	107.570	107.57	1.000	49.20					19.330	94.72				143.92
6	1076	8 ~ 10t 光轮压路机	280.38	117.500	117.50	1.000	49.20					23.200	113.68				162.88
7	1077	10 ~ 12t 光轮压路机	361.25	146.870	146.87	1.000	49.20					33.710	165.18				214.38
8	1078	12 ~ 15t 光轮压路机	411.77	164.320	164.32	1.000	49.20					40.460	198.25				247.45
9	1193	4 000L 以内沥青洒布车	433.80	179.140	179.14	1.000	49.20			34.280	178.26					27.20	254.66

续上表

建设项目名称：梁桥工程 > Ⅰ型梁桥　　打印时间：　年　月　日

编制范围：K0 + 000 ~ K0 + 79.5　　第 2 页　共 3 页　11 表

序号	定额号	机械规格名称	台班单价（元）	不变费用		可变费用											
				调整系数		机械工		重油		汽油		柴油		电		养路费及车船税（元）	可变费用合计（元）
				1.0		49.2 元/工日		2.8 元/kg		5.2 元/kg		4.9 元/kg		0.55 元/kW·h			
				定额	调整	定额	费用	定额	费用	定额	费用	定额	费用	定额	费用		
10	1201	30t/h 以内沥青混合料拌和设备	4033.30	940.690	940.69	5.000	246.00	897.600	2 513.28					606.060	333.33		3 092.61
11	1245	电动混凝土切缝机	141.52	81.230	81.23	1.000	49.20							20.160	11.09		60.29
12	1272	250L 以内强制式混凝土搅拌机	96.79	18.580	18.58	1.000	49.20							52.740	29.01		78.21
13	1349	油泵、千斤顶各 1 钢绞线拉伸设备	135.49	126.560	126.56									16.230	8.93		8.93
14	1352	含钢带点焊机波纹管卷制机	230.57	119.900	119.90	2.000	98.40							22.310	12.27		110.67
15	1376	10t 以内载货汽车	555.01	177.430	177.43	1.000	49.20					50.290	246.42			81.96	377.58
16	1382	3t 以内自卸汽车	323.37	67.620	67.62	1.000	49.20			34.280	178.26					28.29	255.75
17	1405	6 000L 以内洒水汽车	545.58	257.900	257.90	1.000	49.20					42.430	207.91			30.57	287.68
18	1408	1.0t 以内机动翻斗车	130.39	32.450	32.45	1.000	49.20					9.000	44.10			4.64	97.94
19	1449	5t 以内汽车式起重机	422.80	199.620	199.62	1.000	49.20			25.710	133.69					40.29	223.18
20	1451	12t 以内汽车式起重机	787.37	387.110	387.11	2.000	98.40					44.950	220.26			81.60	400.26

续上表

建设项目名称:梁桥工程 > Ⅰ型梁桥　　　　打印时间：　年　月　日

编制范围:K0 +000 ~ K0 +79.5　　　　第 3 页　共 3 页　11 表

序号	定额号	机械规格名称	台班单价（元）	不变费用		可变费用													
				调整系数		机械工		重油		汽油		柴油		电		养路费及车船税（元）	可变费用合计（元）
				1.0		49.2 元/工日		2.8 元/kg		5.2 元/kg		4.9 元/kg		0.55 元/kW · h			
				定额	调整	定额	费用	定额	费用	定额	费用	定额	费用	定额	费用		
21	1453	20t 汽车式起重机	1168.18	672.980	672.98	2.000	98.40					56.000	274.40			122.40	495.20
22	1499	30kN 以内单筒慢动电动卷扬机	87.09	17.220	17.22	1.000	49.20							37.580	20.67		69.87
23	1500	50kN 以内单筒慢动电动卷扬机	99.59	20.080	20.08	1.000	49.20							55.110	30.31		79.51
24	1523	50kN 以内双筒快动电动卷扬机	166.52	60.090	60.09	1.000	49.20							104.060	57.23		106.43
25	1653	150mm 以内电动单级离心清水泵	157.24	26.220	26.22	1.000	49.20							148.770	81.82		131.02
26	1726	32kV · A 交流电弧焊机	104.64	7.240	7.24	1.000	49.20							87.630	48.20		97.40
27	1746	100kV · A 交流对焊机	170.40	21.840	21.84	1.000	49.20							180.650	99.36		148.56

编制：× × ×　　　　复核：× × ×

【复习思考题】

1. 公路工程概、预算文件由哪些部分组成?

2. 公路工程概、预算项目表的作用是什么?分析公路工程概、预算项目表的组成、结构及使用方法。

3. 公路工程概、预算由哪些费用组成?

4. 某桥梁工程需原木,经调查有A、B两个供货地点,A地供应价为890元/m^3,可供量为60%;B地供应价为930元/m^3,可供量为40%。运输方式为汽车运输,运价为1.4元/ m^3·km,装卸费为5.5元/ m^3,A地离中心仓库25km,B地离中心仓库30km。不计场外运输损耗,采购保管费率为2.5%,试确定原木的预算价格。

5. 已知人工单价为50元/工日,柴油5.8元/kg,试计算斗容量为2m^3以内的单斗挖掘机的台班价格。土、石方工程机械台班费用定额见题表4-1。

土、石方工程机械费用定额 题表4-1

代号			430	432	435	436
费用项目		单位	单斗挖掘机		装载机	
			液压机械		履带式	
			斗容量(m^3)			
			1以内	2以内	1.5以内	3.2以内
不变费用	折旧费	元	216.03	377.90	152.77	302.03
	大修理费	元	51.23	85.71	55.32	96.90
	经常性修理费	元	135.76	227.13	132.77	232.56
	安装拆卸及辅助设施费	元	2.21	3.32		
	小计	元	405.23	694.06	340.86	631.49
可变费用	人工	工日	2	2	2	2
	汽油	kg				
	柴油	kg	66	95	60	87
	养路费及车船使用税	元				
定额基价		元	589.07	944.60	510.90	863.63
序号		25	26	27	28	

6. 某二级公路的路面设计采用煤渣垫层,设计厚度18cm、宽度20m。试求2*km*长度该煤渣垫层的工、料、机预算数量,并计算该分项预算的直接工程费。

已知:

(1)工料机预算单价:人工50元/工日,水1.5元/m^3,砂和砂砾30元/m^3,煤渣45元/m^3,6~8t光轮压路机199.2元/台班,12~15t光轮压路机279.89元/台班。

(2)各类稳定土基层、级配碎石、级配砾石基层的压实厚度在15cm以内,填隙碎石一层的压实厚度在12cm以内,垫层、其他种类的基层和底基层压实厚度在20cm以内,拖拉机、平地机和压路机的台班消耗按定额数量计算。如超过上述压实厚度进行分层拌和、碾压时,拖拉机、平地机和压路机的台班消耗按定额数量加倍计算,每1 000m^2增加3个工日。

(3)路面垫层的预算定额如题表 4-2 所示。

路面垫层的预算定额

题表 4-2

单位:1 000m^3

项目	单位	煤渣	矿渣	煤渣	矿渣
		压实厚度 15cm		每增减 1cm	
		1	2	3	4
人工	工日	56.4	47.8	3.7	3.0
水	m^3	26	22	2	2
煤渣	m^3	252.45		16.83	—
矿渣	m^3	—	198.9	—	13.26
6 ~ 8t 光轮压路机	台班	0.27	0.14	—	—
12 ~ 15t 光轮压路机	台班	0.86	0.86	—	—
基价	元	2397		153	156

7. 某跨径 20m 以内石拱桥,其浆砌块石拱圈工程量为 300m^3,设计采用 M10 水泥砂浆砌筑,试计算该工程的直接工程费。浆砌块石定额表及砂浆配合比如下题表 4-3、题表 4-4 所示。

4-5-3 浆 砌 块 石

题表 4-3

工程内容 1)选、修、洗石料;2)搭、拆、脚手架、踏步或井字架;3)配、拌、运砂浆;4)砌筑;5)勾缝;6)养生。

单位:10 m^3

顺序号	项目	单位	代号	拱圈		锥坡、沟、槽、池	填腹石			
				跨径(m)			实体式墩		实体式台、墙	
							高度(m)			
				20 以内	50 以内		10 以内	20 以内	10 以内	20 以内
				8	9	10	11	12	13	14
1	人工	工日	1	19.3	21.1	16.2	15.2	16.9	12.4	13.7
2	M5 水泥砂浆	m^3	—	—	—	(2.70)	—	—	(2.70)	(2.70)
3	M7.5 水泥砂浆	m^3	—	(2.70)	(2.70)	—	(2.70)	(2.70)	—	—
4	M10 水泥砂浆	m^3	—	(0.11)	(0.07)	(0.17)	—	—	—	—
5	原木	m^3	101	0.012	0.025	—	0.011	0.010	0.003	0.003
6	锯材	m^3	102	0.016	0.019	—	0.049	0.009	0.016	0.003
7	铁钉	kg	653	0.1	0.1	—	0.3	0.1	0.1	—
8	8 ~ 12 号铁丝	kg	655	1.5	2.4	—	1.8	0.3	0.6	0.1
9	32.5 级水泥	t	832	0.751	0.741	0.643	0.718	0.718	0.589	0.589

续上表

顺序号	项目	单位	代号	拱圈 跨径(m) 20以内	拱圈 跨径(m) 50以内	锥坡、沟、槽、池	填腹石 实体式墩 高度(m) 10以内	填腹石 实体式墩 高度(m) 20以内	填腹石 实体式台、墙 高度(m) 10以内	填腹石 实体式台、墙 高度(m) 20以内
				8	9	10	11	12	13	14
10	水	m^3	866	15	14	18	7	7	7	7
11	中(粗)砂	m^3	899	3.06	3.02	3.21	2.94	2.94	3.02	3.02
12	块石	m^3	981	10.50	10.50	10.50	10.50	10.50	10.50	10.50
13	其他材料费	元	996	4.5	4.5	1.2	5.6	7.0	2.8	3.1
14	30kN以内单筒慢速卷扬机	台班	1 499	—	—	—	—	0.90	—	0.90
15	基价	元	1 999	2 328	2 435	2 104	2 214	2 306	1 936	2 051

砂 浆 配 合 比 表

题表4-4

单位:1 m^3 砂浆

序 号	项 目	单 位	水泥砂浆标号 M7.5	水泥砂浆标号 M10
1	32.5水泥	kg	266	311
2	中(粗)砂	m^3	1.09	1.07

8. 某项目总投资4 000万元，项目建设期3年，第一年投资1 000万元，第二年投资2 000万元，第三年投资1 000万元，建设期内年利率为5 %，则建设期应付利息为多少？

9. 某桥梁工程中预制、安装预应力混凝土箱梁，已知其直接工程费为768 319元，其他工程费综合费率为5.45%，规费综合费率为42%，企业管理费综合费率为3.33%，计划利润率为7%，综合税率为3.41%，试计算其建筑安装工程费。

10. 设计概算有什么重要作用？

11. 公路工程设计概算的编制依据主要有哪些？

12. 施工图预算有什么重要作用？

13. 公路工程施工图预算的编制依据主要有哪些？

14. 公路工程概预算编制遵循怎样的程序？

第五章

公路工程招投标阶段的造价编制

【学习目的与要求】

通过本章的学习，理解招标文件与造价的关系；掌握招标控制价作用；掌握公路工程招标控制价编制要求、编制依据、编制程序、编制方法；了解公路工程招标控制价审查的方法和内容；熟悉公路工程投标报价的编制依据、编制步骤和编制方法；了解国际工程投标报价的编制。

招标投标是市场经济中的一种竞争方式，是建设市场的一种交易行为，是由唯一的买方设定标的，招请若干个卖方通过投标进行竞争，从中选择优胜者并与之签订合同的过程。招投标行为，本质上是一种法律行为。招投标的原则是鼓励竞争，防止垄断，因此在招投标工作中应坚持依法办事、平等互利、协商一致、诚实信用的原则，鼓励投标人以其技术水平、管理水平、社会信誉和合理报价等优势开展竞争，不受地区、部门的限制。

工程建设实行招标投标制是目前国际上广泛采用的分派建设任务的主要交易方式，因此，买方和卖方都要对标的给出预期价格，这就是招标控制价（或标底）和报价。本章主要介绍招标控制价和报价的编制。

第一节　招标文件及其与造价的关系

一、招标文件

招标文件是编制招标控制价、标底和投标报价的重要依据，也是招标人与中标人今后签订合同的基础，因此，它是对招投标乃至承发包均具有约束力的重要文件，其主要内容包括：

（一）招标公告或投标邀请书

招标公告（未进行资格预审）通常对以下内容进行公告：项目概况与招标范围、投标人资格要求、招标文件的获取、投标文件的递交及相关事宜、发布公告的媒介、联系方式等。

投标邀请书是招标人向投标人正式发出参加本项目投标的邀请，因此，也是投标人具有参加投标资格的证明。对于采用邀请招标方式的投标邀请书，其内容主要包括：项目概况与招标范围、投标人资格要求、招标文件的获取、投标文件的递交及相关事宜。对于采用投标邀请书代通过资格预审通知书方式的投标邀请书，一般要说明招标工程项目的名称、招标文件的发售时间和费用、踏勘现场时间、投标预备会时间、递交投标文件的截止时间、收到投标邀请书的确认和回复是否参与投标的时间和方式的规定、联系方式等。

（二）投标人须知

投标人须知亦称投标条件，是一份为让投标人了解招标项目及招标的基本情况和要求而准备的一份文件。投标人须知包括以下内容：

1. 总则

总则主要对项目概况、资金来源和落实情况、招标范围、计划工期和质量要求、投标人资格要求、费用承担、保密、语言文字、计量单位、踏勘现场、投标预备会、分包、偏离等内容进行说明。

2. 招标文件

招标文件主要说明招标文件的组成、招标文件的澄清、招标文件的修改等事项。

3. 投标文件

投标文件主要说明投标文件的组成、投标报价、投标有效期、投标保证金、资格审查资料、备选投标方案、投标文件的编制等事项。

4. 投标

投标主要说明投标文件的密封和标识、投标文件的递交、投标文件的修改与撤回等事项。

5. 开标

开标主要说明开标时间和地点、开标程序等事项。

6. 评标

评标主要说明评标委员会、评标原则、评标等事项。

7. 合同授予

合同授予主要说明定标方式、中标通知、履约担保、签订合同等事项。

8. 重新招标和不再招标

此项规定重新招标和不再招标的条件。

9. 纪律和监督

纪律和监督主要说明对招标人、投标人、评标委员会成员以及与评标活动有关的工作人员的纪律要求、投诉等事项。

10. 需要补充的其他内容

在投标人须知正文前,通常有投标人须知前附表。投标人须知前附表是投标人须知中适用于该项目的信息和数据的归纳与提示,是用于进一步明确投标人须知正文中的未尽事宜,由招标人根据招标项目具体特点和实际需要编制和填写的。投标人须知前附表是该项目招标文件的组成部分,同投标人须知正文具有同等的法律效力。

(三)评标办法

评标办法有综合评估法、合理低价法、经评审的最低投标价法三种。

综合评估法即《公路工程施工招标投标管理办法》中规定的"综合评估法"。招标人应根据项目具体情况确定各评分因素及评分因素权重分值,并对各评分进行细分(如有)、确定各评分因素细分项的分值。各评分因素权重分值合计应为100分,各评分因素(评标价除外)得分均不应低于其权重分值的60%,且各评分因素得分应以评标委员会各成员的打分平均值确定,该平均值以去掉一个最高和一个最低分后计算。综合评估法仅适用于技术特别复杂的特大桥梁和长大隧道工程。

合理低价法即《公路工程施工招标投标管理办法》中规定的"合理低价法"。合理低价法是综合评估法的评分因素中评标价得分为100分、其他评分因素分值为0分的特例。除技术特别复杂的特大桥和长大隧道工程外,公路工程施工招标评标一般应当使用合理低价法。

经评审的最低投标价法即《公路工程施工招标投标管理办法》中规定的"最低评标价法"。使用世界银行、亚洲开发银行等国际金融组织贷款的项目和工程规模较小、技术含量较低的工程采用经评审的最低投标价法。

评标办法的内容包括评标方法、评审标准(包括初步评审标准、分值构成与评分标准)、评标程序(包括初步评审、详细评审、投标文件的澄清和补正、评标结果)等内容。评标办法正文前有"评标办法前附表"。"评标办法前附表"用于明确评标的方法、因素、标准和程序。招标人应根据招标项目具体特点和实际需要,详细列明全部评审因素、标准,没有列明的因素和标准不得作为评标的依据。

(四)合同条款及格式

1. 合同条款

合同条款主要规定了合同履行中当事人的基本权利和义务以及合同履行中的工作程序等。合同条款通常分通用合同条款和专用合同条款两部分。

通用合同条款在整个项目中是相同的，一般直接采用有关权威机构或国家制定的范本。例如，我国的世行贷款项目通常采用FIDIC条款或财政部的《世界银行贷款项目招标采购文件范本》中的一般条款作通用合同条款；国内公路工程招标项目可采用《标准施工招标文件》中的通用合同条款。采用权威机构或国家制定的范本，既可保证合同条款的合法性、公平性、严谨性和可操作性，又可节省编制招标文件的时间和精力，同时还便于投标人阅读招标文件，研究和消化招标文件的内容。

专用合同条款应根据各项目的具体情况编写，它是将通用合同条款的某些条款具体化，也是对通用合同条款中某些条款作出特殊规定，此外还可以增加通用合同条款所未包括的某些特殊条款。专用合同条款需要专门拟订。

《公路工程标准施工招标文件》中将“专用合同条款”分为A、B两部分。A部分为公路工程专用合同条款，其内容包括：一般约定、招标人义务、监理人、承包人、材料和工程设备、施工设备和临时设施、交通运输、测量放线、施工安全、治安保卫和环境保护、进度计划、开工和交工、暂停施工、工程质量、试验和检验、变更、价格调整、计量与支付、交工验收、缺陷责任与保修责任、保险、不可抗力、违约、索赔、争议的解决等内容。B部分为项目专用合同条款。项目专用合同条款根据招标项目的具体特点和实际需要，对“通用合同条款”及“公路工程专用合同条款”进行补充和细化，除“通用合同条款”明确“专用合同条款”可作出不同约定以及“公路工程专用合同条款”明确“项目专用合同条款”可作出不同约定外，补充和细化的内容不得与“通用合同条款”及“公路工程专用合同条款”强制性规定相抵触。同时，补充、细化或约定的不同内容，不得违反法律、行政法规的强制性规定和平等、自愿、公平和诚实信用原则。项目专用合同条款的编号应与通用合同条款和公路工程专用合同条款一致。

项目专用合同条款可对下列内容进行补充和细化：

(1)“通用合同条款”中明确指出“专用合同条款”可对“通用合同条款”进行修改的内容(在“通用合同条款”中用“应按合同约定”、“应按专用合同条款约定”、“除合同另有约定外”、“除专用合同条款另有约定外”、“在专用合同条款中约定”等多种文字形式表达)。

(2)“公路工程专用合同条款”中明确指出“项目专用合同条款”可对“公路工程专用合同条款”进行修改的内容(在“公路工程专用合同条款”中用“除项目专用合同条款另有约定外”、“项目专用合同条款可能约定的”、“项目专用合同条款约定的其他情形”等多种文字形式表达)。

(3)其他需要补充、细化的内容。

在合同执行中，如果通用合同条款与专用合同条款不一致而产生矛盾时，应以专用合同条款为准。

2. 合同附件格式

合同附件格式包括合同协议书、廉政合同、安全生产合同、其他主要管理人员和技术人员最低要求、主要机械设备和试验检测设备最低要求、项目经理委任书、履约担保格式、预付款担保格式、工程资金监管协议格式等。

(五)工程量清单

工程量清单是招标文件的重要组成部分，其用途之一是为投标人报价提供依据，投标人根据合同条款、图纸、技术规范以及拟订的施工方案，根据本企业以往的经验或通过单价分析，对清单中各项目进行报价,并逐项汇总为各章和整个工程的投标报价。用途之二是在合同执行过程中进行中期支付和结算时,可按已实施项目的工程数量、工程量清单中的单价来计算应付给承包人的款项。

在招标文件中工程量清单包括说明和清单表两部分内容。工程量清单说明包括工程量清单说明、投标报价说明、计日工说明及其他说明;清单表包括工程量清单表、计日工表(包括计日工劳务表、计日工材料表、计日工施工机械表)、暂估价表(包括材料暂估价表、工程设备暂估价表和专业工程暂估价表)、投标报价汇总表、工程量清单单价分析表。

下面以《公路工程标准施工招标文件》为例,对工程量清单的相关内容进行说明。

1. 工程量清单说明

工程量清单说明通常应说明以下内容:

(1)工程量清单是根据招标文件中包括的、有合同约束力的图纸以及有关工程量清单的国家标准、行业标准、合同条款中约定的工程量计算规则编制。约定计量规则中没有的子目,其工程量按照有合同约束力的图纸所标示尺寸的理论净量计算。计量采用中华人民共和国法定计量单位。

(2)工程量清单应与招标文件中的投标人须知、通用合同条款、专用合同条款、技术规范及图纸等一起阅读和理解。

(3)工程量清单中所列工程数量是估算的或预计的数量,仅作为投标报价的共同基础,不能作为最终结算与支付的依据。实际支付应按实际完成的工程量,由承包人按技术规范规定的计量方法,以监理人认可的尺寸、断面计量,按本工程量清单的单价和总额价计算支付金额;或者,根据具体情况,按合同条款的规定,由监理人确定的单价或总额价计算支付额。

(4)工程量清单各章是按"技术规范"的相应章次编号的,因此,工程量清单中各章的工程子目的范围与计量等应与"技术规范"相应章节的范围、计量与支付条款结合起来理解或解释。

(5)对作业和材料的一般说明或规定,未重复写入工程量清单内,在给工程量清单各子目标价前,应参阅"技术规范"的有关内容。

(6)工程量清单中所列工程量的变动,丝毫不会降低或影响合同条款的效力,也不免除承包人按规定的标准进行施工和修复缺陷的责任。

(7)图纸中所列的工程数量表及数量汇总表仅是提供资料,当图纸与工程量清单所列数量不一致时,以工程量清单所列数量作为报价的依据。

2. 投标报价说明

投标报价说明应说明以下内容:

(1)工程量清单中的每一子目须填入单价或价格,且只允许有一个报价。

(2)除非合同另有规定,工程量清单中有标价的单价和总额价均已包括了为实施和完成合同工程所需的劳务、材料、机械、质检(自检)、安装、缺陷修复、管理、保险、税费、利润等费用以及合同明示或暗示的所有责任、义务和一般风险。

(3)工程量清单中投标人没有填入单价或价格的子目,其费用视为已分摊在工程量清单中其他相关子目的单价或价格之中。承包人必须按监理人指令完成工程量清单中未填入单价或价格的子目,但不能得到结算与支付。

(4)符合合同条款规定的全部费用应认为已被计入有标价的工程量清单所列各子目之中,

未列子目不予计量的工作,其费用应视为已分摊在本合同工程的有关子目的单价或总额价之中。

(5)承包人用于本合同工程的各类装备的提供、运输、维护、拆卸、拼装等支付的费用,已包括在工程量清单的单价与总额价之中。

(6)工程量清单中各项金额均以人民币(元)结算。

(7)暂列金额(不含计日工总额)的数量及拟用子目的说明:______________。

(8)暂估价的数量及拟用子目的说明:______________。

3. 计日工说明

计日工说明应说明以下内容:

(1)总则

①本说明应参照《标准施工招标文件》通用合同条款第 15.7 款一并理解。

②未经监理人书面指令,任何工程不得按计日工施工;接到监理人按计日工施工的书面指令,承包人也不得拒绝。

③投标人应在计日工单价表中填列计日工子目的基本单价或租价,该基本单价或租价适用于监理人指令的任何数量的计日工的结算与支付。计日工的劳务、材料和施工机械由招标人(或招标人)列出正常的估计数量,投标人报出单价,计算出计日工总额后列入工程量清单汇总表中并进入评标价。

④计日工不调价。

(2)计日工劳务

①在计算应付给承包人的计日工工资时,工时应从工人到达施工现场,并开始从事指定的工作算起,到返回原出发地点为止,扣去用餐和休息的时间。只有直接从事指定的工作,且能胜任该工作的工人才能计工,随同工人一起做工的班长应计算在内,但不包括领工(工长)和其他质检管理人员。

②承包人可以得到用于计日工劳务的全部工时的支付,此支付按承包人填报的"计日工劳务单价表"所列单价计算,该单价应包括基本单价及承包人的管理费、税费、利润等所有附加费,说明如下:

a. 劳务基本单价包括:承包人劳务的全部直接费用,如工资、加班费、津贴、福利费及劳动保护费等。

b. 承包人的利润、管理、质检、保险、税费;易耗品的使用,水电及照明费,工作台、脚手架、临时设施费,手动机具与工具的使用及维修以及上述各项伴随而来的费用。

(3)计日工材料

承包人可以得到计日工使用的材料费用(已计入劳务费内的材料费用除外)的支付,此费用按承包人"计日工材料单价表"中所填报的单价计算,该单价应包括基本单价及承包人的管理费、税费、利润等所有附加费,说明如下:

①材料基本单价按供货价加运杂费(到达承包人现场仓库)、保险费、仓库管理费以及运输损耗等计算。

②承包人的利润、管理、质检、保险、税费及其他附加费。

③从现场运至使用地点的人工费和施工机械使用费不包括在上述基本单价内。

(4)计日工施工机械

①承包人可以得到用于计日工作业的施工机械费用的支付,该费用按承包人填报的"计

日工施工机械单价表”中的租价计算。该租价应包括施工机械的折旧、利息、维修、保养、零配件、油燃料、保险和其他消耗品的费用以及全部有关使用这些机械的管理费、税费、利润和驾驶员与助手的劳务费等费用。

②在计日工作业中，承包人计算所用的施工机械费用时，应按实际工作小时支付。除非经监理人的同意，计算的工作小时才能将施工机械从现场某处运到监理人指令的计日工作业的另一现场往返运送时间包括在内。

4. 其他说明

说明其他需交代的内容。

5. 工程量清单

(1)工程量清单表

工程量清单表包括第 100 章总则、第 200 章路基、第 300 章路面、第 400 章桥梁涵洞、第 500章隧道、第 600 章安全设施及预埋管线、第 700 章绿化及环境保护设施。其中第 100 章总则是开办项目的工程量清单。开办项目是工程施工开工前就要发生或一开工就要发生或大部分发生的项目，如工程保险、临时工程费、承包人驻地建设费等。在工程量清单及技术规范中，这些项目单独列项，放在工程量清单第 100 章总则中，其特点是有关款项包干支付，按总额结算。具体格式如表 5-1 所示。

工 程 量 清 单　　表 5-1

清单　第 100 章　总则					
子 目 号	子 目 名 称	单位	数量	单价	合价
101-1	保险费				
-a	按合同条款规定，提供建筑工程一切险	总额			
-b	按合同条款规定，提供第三者责任险	总额			
102-1	竣工文件	总额			
102-2	施工环保费	总额			
102-3	安全生产费	总额			
102-4	工程管理软件(暂估价)	总额			
103-1	临时道路修建、养护与拆除(包括原道路的养护费)	总额			
103-2	临时占地	总额			
103-3	临时供电设施				
-a	设施架设、拆除	总额			
-b	设施维修	月			
103-4	电信设施的提供、维修与拆除	总额			
103-5	供水与排污设施	总额			
104-1	承包人驻地建设	总额			
清单 100 章合计　　人民币____________					

除第 100 章外，其他的第 200 章 ~700 章为永久工程项目的工程量清单。其内容包括路基、路面、桥梁涵洞、隧道、安全设施及预埋管线、绿化及环境保护设施等。其工程量应根据图纸中的工程量并按“技术规范”的规定确定。该工程量是暂估数量，实际的工程量要通过计量方式来确定。表 5-2 为第 200 章路基的清单格式，其他各章的格式相同。

工 程 量 清 单

表 5-2

清单 第200章 路 基					
子目号	子目名称	单位	数量	单价	合价
202-1	清理与掘除				
-a	清理现场	m^2			
-b	砍伐树木	棵			
-c	挖除树根	棵			
202-2	挖除旧路面				
-a	水泥混凝土路面	m^2			
-b	沥青混凝土路面	m^2			
-c	碎石路面	m^2			
202-3	拆除结构物				
-a	钢筋混凝土结构	m^3			
-b	混凝土结构	m^3			
-c	砖、石及其他砌体结构	m^3			
203-1	路基挖方				
-a	挖土方	m^3			
-b	挖石方	m^3			
-c	挖除非适用材料(不含淤泥)	m^3			
-d	挖淤泥	m^3			
203-2	改河、改渠、改路挖方				
-a	挖土方	m^3			
-b	挖石方	m^3			
…	…				
清单 200 章合计 人民币＿＿＿＿＿					

(2)计日工表

计日工也称散工或按日计工,在招标文件中一般列有计日工劳务、材料和施工机械单价表和计日工汇总表。计日工清单是用来处理一些临时性的或新增加项目(这些项目小到可以用计日工的形式来计价)计价用的,清单中计日工的数量是招标人虚拟的,通常称为“名义工程量”,投标者在填入计日工单价后,再乘以“名义工程量”,然后将汇总的计日工总价加入投标总报价中,以避免投标人投标时计日工的单价报得太高。若招标文件中缺少计日工的工程量清单,将会使合同管理很不方便。

①劳务:计日工劳务如表 5-3 所示。

劳 务

表 5-3

编 号	子 目 名 称	单位	暂 定 数 量	单 价	合 价
101	班长	h			
102	普通工	h			
103	焊工	h			
104	电工	h			

续上表

编　号	子目名称	单位	暂定数量	单　价	合　价
105	混凝土工	h			
106	木工	h			
107	钢筋工	h			
	…				
劳务小计金额：＿＿＿＿＿（计入“计日工汇总表”）					

②材料：计日工材料如表 5-4 所示。

材　料　　表 5-4

编　号	子目名称	单　位	暂定数量	单　价	合　价
201	水泥	t			
202	钢筋	t			
203	钢绞线	t			
204	沥青	t			
205	木材	m^3			
206	砂	m^3			
207	碎石	m^3			
208	片石	m^3			
	…				
材料小计金额：＿＿＿＿＿（计入“计日工汇总表”）					

③施工机械：计日工施工机械如表 5-5 所示。

施 工 机 械　　表 5-5

编　号	子目名称	单　位	暂定数量	单　价	合　价
301	装载机				
301-1	$1.5m^3$ 以下	h			
301-2	$1.5 \sim 2.5m^3$	h			
301-3	$2.5m^3$ 以上	h			
302	推土机				
302-1	90kW 以下	h			
302-2	90 ~ 180kW	h			
302-3	180kW 以上	h			
	…				
施工机械小计金额：＿＿＿＿＿（计入“计日工汇总表”）					

计日工汇总表如表 5-6 所示。

计 日 工 汇 总 表 表 5-6

名　　称	金　　额	备　　注
劳务		
材料		
施工机械		
计日工总计：________ （计入“投标报价汇总表”）		

(3)暂估价表

暂估价表包括材料暂估价表、工程设备暂估价表和专业工程暂估价表，其具体格式如表5-7～表5-9所示。

材 料 暂 估 价 表 表 5-7

序号	名称	单位	数量	单价	合价	备注

工程设备暂估价表 表 5-8

序号	名称	单位	数量	单价	合价	备注

专业工程暂估价表 表 5-9

序　　号	专业工程名称	工 程 内 容	金　　额

(4)投标报价汇总表

投标报价汇总表格式见表5-10。

投标报价汇总表 表 5-10

__________(项目名称)________标段

序　　号	章　　次	科 目 名 称	金额(元)
1	100	总则	
2	200	路基	
3	300	路面	
4	400	桥梁、涵洞	
5	500	隧道	
6	600	安全设施及预埋管线	
7	700	绿化及环境保护设施	
8	第100章～700章清单合计		
9	已包含在清单合计中的材料、工程设备、专业工程暂估价合计		

续上表

序号	章次	科目名称	金额(元)
10	清单合计减去材料、工程设备、专业工程暂估价合计(即 8 - 9) = 10		
11	计日工合计		
12	暂列金额(不含计日工总额)		总额
13	投标报价(8 + 11 + 12) = 13		

注:材料、工程设备、专业工程暂估价已包括在清单合计中,不应重复计入投标报价。

(5)工程量清单单价分析表

工程量清单单价分析表格式见表 5-11。

工程量清单单价分析表 表 5-11

序号	编码	子目名称	人工费			材料费						机械使用费	其他	管理费	税费	利润	综合单价
			工日	单价	金额	主材				辅材费	金额						
						主材耗量	单位	单价	主材费								

(六)图纸

图纸是招标文件和合同的重要组成部分,是投标人拟订施工组织方案,确定施工方法及提出替代方案,计算投标报价必不可少的资料。

(七)技术规范

技术规范是招标文件和合同文件中的一个非常重要的组成部分,是施工过程中承包人控制质量和监理工程师检查验收施工质量的主要依据,是投标人在投标时必不可少的资料,因此技术规范的拟定,既要符合国家颁布的规范要求,保证工程的施工质量,又不能认为技术要求越高越好或过于苛刻,因为太高的技术要求必然导致投标人提高投标报价。

《公路工程标准施工招标文件》中技术规范的第 100 章为总则,包括:工程介绍,工程范围,定义,工程所使用的技术标准、规范和图纸,承包人对工程施工包括临时性工程所应负的责任,为监理工程师提供的设施等。从第 200 章开始为专业技术规范,专业技术规范一般包含范围、材料、施工要求、质量检验、计量与支付等内容。专业技术规范一般按施工内容和性质分章,《公路工程标准施工招标文件》中的专业技术规范分为:路基、路面、桥梁涵洞、隧道、安全设施及预埋管线、绿化及环境保护设施等章。

(八)投标文件格式

招标文件中提供投标文件格式的目的,一是为了使各投标人递送的投标书具有统一的格式,二是提醒各投标人投标以后需要注意和遵守有关规定。

投标文件格式包括调价函格式(如有)、投标函及投标函附录、法定代表人身份证明及授权委托书、联合体协议书、投标保证金、已标价工程量清单、施工组织设计等。

二、招标文件与造价的关系

（一）投标人须知和工程造价的关系

投标须知和工程造价的关系一般有以下几个方面：

1. 投标人能享受一定幅度价格优惠的条件

对世界银行贷款项目土建工程国际竞争性招标，世界银行采购指南规定，在比较已经通过资格审查的借款国的土建工程投标人和外国投标人的投标时，世界银行作为一个开发性的国际金融机构，一个重要的宗旨是帮助发展中国家发展本国的制造业，对于人均国民生产总值低于规定水平的借款国投标人可给予7.5%幅度的价格优惠，享受价格优惠的承包人合格条件标准将在投标人须知中写明。其具体做法是，在计算评标价格时，在国外投标人的投标报价上加上7.5%的幅度，再同国内投标人的价格比较。此种价格优惠虽然对实际签订的合同价格没有任何影响，对中、外企业的投标价也没有任何变动，但在计算评标价时有效，有利于国内投标人中标，因此投标人在确定投标价时必然会考虑到这一因素。

2. 投标费用

投标费用包括招标文件购买费、投标人员差旅费、投标文件编制费等。

招标文件购买费在投标邀请书中已写明。投标人员差旅费包括到工程现场和周围环境进行现场考察，参加标前会议，去有关厂家和设备材料供应部门调查研究，递交投标文件及参加开标和澄清会等的费用。投标文件编制费包括组织各方面的技术人员编制投标文件和聘请咨询、顾问人员的费用、投标文件的打印、装订成册费用等。参加国际招标还有翻译费用。

投标费用一般规定由投标人自理，投标费用应考虑到报价中去的。

3. 投标保证金和投标有效期

投标人须知中规定了投标保证金金额和投标有效期。投标保证金可以用现款、保兑支票、银行汇票、政府发行的国库券、银行保函等。投标人一般都不愿意把现款作抵押，而宁愿委托银行开保函。银行开保函是有条件的，一是投标人在该银行有一定存款和信誉，二是要交一定的手续费。银行开保函的手续费和担保金额与担保时间有关，投标保证金、银行保函的有效期为投标有效期加上给予中标人提供履约保证金和签订合同的时间，一般为投标有效期后30天内有效。投标人也会将银行手续费等考虑在报价中。

4. 备选投标方案

在投标人须知中应告知投标人，招标人是否允许投标人递交备选投标方案。若允许投标人递交备选投标方案，则投标人需考虑有没有选择方案，其报价和招标文件中的方案比较是高还是低。

5. 其他附加的评标准则

投标人须知应将有关投标文件的编制与递交、开标、评标直至签订合同的信息全部给出，因此，除将常规的需要考虑的评标准则在投标人须知中分条款列出外，如有附加的评标准则，如施工借地的数量和其他优惠条件等，也应在这里列出。投标人应考虑据此对报价的影响。

（二）合同条款与工程造价的关系

合同条款包括"通用合同条款"和"专用合同条款"，牵涉到工程造价的以下一些方面在合同条款中是一定要有所体现的。

1. 履约保证金和有效期

承包人为履行合同须向招标人提供履约保证金，履约保证金金额一般为合同总价的10%，若采用银行保函加现金的形式，《公路工程标准施工招标文件》中规定其现金比例一般不超过签约合同价的5%。所以履约担保，一般均涉及银行保函，开保函牵涉到保函的有效期和银行收取的手续费，这些必然要反映到报价中去。

2. 保险

保险条款是施工合同条款中必不可少的内容。《公路工程标准施工招标文件》规定对工程一切险和第三者责任险应以承包人和招标人的共同名义投保。要投保势必要支付保险费，保险费按不同项目的危险程度、地理位置、工地环境、工期长短和免赔额高低等因素确定。除以上两项保险外，承包人应按照合同条款要求，为其履行合同所雇用的全部人员缴纳工伤保险费，在整个施工期间为其现场机构雇用的全部人员投保人身意外伤害险并为其施工设备办理保险，其费用由承包人负担。

3. 税收

承包人应根据《中华人民共和国税法》的规定和地方政府的规定缴纳有关税费。但合同价中是否包括税金，各地的做法不尽相同。有的条款规定承包人为建设承包工程需要运往施工现场的设备和材料的关税、增值税，承包人的营业税等，均由招标人负担。也有的条款规定哪些由招标人负担，哪些由承包人负担。

4. 招标人能为承包人提供的施工条件

施工现场的征地、拆迁和水、电、通信等设施，招标人提供到什么程度，施工现场征地拆迁工作什么时间完成，场地平整由谁负责，电力线路招标人负责到变压器装好还是什么都不管，施工用道路怎么办，这些与报价均有直接关系。

5. 招标人可能提供的材料和设备

工程建设所需材料、设备的采购供应办法必须在合同条款中予以明确。如果一部分的材料和设备由招标人采购供应，则应明确所供应材料、设备的具体规格和品种，是供应到工地现场还是承包人去提货，若承包人去提货，则提货地点在哪里，交接和验收办法如何，价款的结算办法怎样，均应在合同条款中写明。这些内容的具体处理方法不同，其报价也会不同。

6. 支付条款

合同条款中规定的支付条款应该合情合理，并且符合有关的商业惯例，一旦承包人履行了合同规定的义务，即应该支付其全部款项，这样的支付条款将会促使潜在的投标人提出较低的报价。支付条款对报价影响较大，支付条款主要涉及预付款支付、材料和设备预付款支付、质量保证金支付、暂列金额支付、工程进度付款等。

(1)预付款

支付预付款是为改善投标人的营运资金紧张状况以降低投标报价的一种做法。《公路工程标准施工招标文件》在“专用合同条款”中将预付款划分为开工预付款和材料、设备预付款。具体额度和预付办法如下：

①开工预付款的金额在“项目专用合同条款数据表”中约定。在承包人签订了合同协议书并提交了开工预付款保函后，监理人应在当期进度付款证书中向承包人支付开工预付款70%的价款；在承包人承诺的主要设备进场后，再支付预付款的30%。

②材料、设备预付款按“项目专用合同条款数据表”中所列主要材料、设备单据费用（进口的材料、设备为到岸价，国内采购的为出厂价或销售价，地方材料为堆场价）的百分比支付。如果承包人满足其预付条件则监理人应将此项金额作为材料、设备预付款计入下一次的进度付款证书中。在预计交工前3个月，将不再支付材料、设备预付款。

对于预付款保函，除“项目专用合同条款”另有约定外，承包人应在收到开工预付款前向招标人提交开工预付款保函，开工预付款保函的担保金额应与开工预付款金额相同，所需费用由承包人承担。担保金额可根据开工预付款扣回的金额相应递减。

关于预付款的扣回与还清，《公路工程标准施工招标文件》专用合同条款这样约定：

①开工预付款在进度付款证书的累计金额未达到签约合同价的30%之前不予扣回，在达到签约合同价30%之后，开始按工程进度以固定比例（即每完成签约合同价的1%，扣回开工预付款的2%）分期从各月的进度付款证书中扣回，全部金额在进度付款证书的累计金额达到签约合同价的80%时扣完。

②当材料、设备已用于或安装在永久工程之中时，材料、设备预付款应从进度付款证书中扣回，扣回期不超过3个月。

作为投标人来讲，应根据预付款数额、比例、支付和扣回的方式，考虑对自己投入营运资金多少和利息的影响，最终确定对报价的影响。

（2）质量保证金

《公路工程标准施工招标文件》规定，监理人应从第一个付款周期开始，在招标人的进度付款中，按“项目专用合同条款数据表”规定的百分比扣留质量保证金，直至扣留的质量保证金总额达到“项目专用合同条款数据表”规定的限额为止。质量保证金的计算额度不包括预付款的支付、扣回以及价格调整的金额。若交工验收时承包人具备被招标项目所在地省级交通主管部门评定的最高信用等级，招标人给予一定比例合同价格质量保证金的优惠，并在交工验收时向承包人返还质量保证金的优惠。作为投标人来讲，应考虑招标人扣留质量保证金对自己资金投入和利息的影响，进而确定对报价的影响。

（3）暂列金额

暂列金额是指包括在合同之内，并列入工程量清单中以此名称标明的、为了实施本工程任何一部分或为了供应货物、材料、设备或服务，或供不可预见费用的一项金额。除合同另有规定外，这项金额应由监理工程师报招标人批准后指令全部或部分地使用，或者根本不予动用。对于经招标人批准的每一笔暂列金额，监理人有权向承包人发出实施工程或提供材料、工程设备或服务的指令。这些指令应由承包人完成，监理人应根据约定的变更估价原则和《标准施工招标文件》第15.7款的规定，对合同价格进行相应调整。当监理人提出要求时，承包人应提供有关暂列金额支出的所有报价单、发票、凭证和账单或收据，除非该工作是根据已标价工程量清单列明的单价或总额价进行估价。

对于暂列金额，有的招标文件给一个固定的数量或百分比，有的则由投标人自己确定，究竟怎样,需在招标文件中明确,以便投标人报价。

(4)工程进度付款

工程进度款付款周期同计量周期,工程款的支付一般每月支付一次。承包人应在每个付款周期末,按监理人批准的格式和专用合同条款约定的份数,向监理人提交进度付款申请单,并附相应的支持性证明文件。除专用合同条款另有约定外,进度付款申请单应包括下列内容:截至本次付款周期末已实施工程的价款、应增加和扣减的变更金额、应增加和扣减的索赔金额、应支付的预付款和扣减的返还预付款、应扣减的质量保证金、应增加和扣减的其他金额。

我国《标准施工招标文件》规定,监理人应在收到承包人进度付款申请单以及相应的支持性证明文件后的 14 天内完成核查,提出招标人到期应支付给承包人的金额以及相应的支持性材料,经招标人审查同意后,由监理人向承包人出具经招标人签认的进度付款证书。监理人有权扣发承包人未能按照合同要求履行任何工作或义务的相应金额。招标人应在监理人收到进度付款申请单后的 28 天内,将进度应付款支付给承包人。招标人不按期支付的,按专用合同条款的约定支付逾期付款违约金。在对以往历次已签发的进度付款证书进行汇总和复核中发现错、漏或重复的,监理人有权予以修正,承包人也有权提出修正申请。经双方复核同意的修正,应在本次进度付款中支付或扣除。对招标人来讲,只要操作程序时间合适,又有资金,早付款对承包人和招标人都更有利,因为承包人贷款利息肯定比招标人将资金放在银行的利息高。

7. 工期的限定范围与提前完工的效益

投标人须知中规定了工期的限定范围和提前完工的效益。要提前完工,承包人一般要多投入施工资源,可能会增加费用,但早完工可给招标人带来超前收益,因此投标人须知规定了提前完工的效益,通常规定为每月或每天效益占投标价的百分比,评标时将每个投标人不同的提前完工的效益贴现为现值,计算到评标价中去,投标人就必须考虑是增加造价好还是缩短工期好,应权衡利弊。

8. 价格调整

价格调整与否是合同条款中最为重要的条款,也是承包人和招标人最为关注的一点。通常的做法是,对于工期在 12 个月内的短期合同,招标人通常不进行价格调整,采用固定价格,让投标人预测市场价格趋势,将合理的风险费用计入报价中;而对于工期在 18 个月以上的工程,为了不使投标人承担太大的风险和防止投标报价太高,则大多采用价格调整;对于工期在 12 ~ 18 个月的工程,则有的进行价格调整,有的不调。

(1)物价波动引起的价格调整

《公路工程标准施工招标文件》"专用合同条款"规定,除"项目专用合同条款"另有约定外,因物价波动引起的价格调整应按"项目专用合同条款数据表"的规定进行调整;或者采用由承包人自行承担由于人工、材料和设备价格的上涨而引起工程施工成本增加的风险,合同价格不会因此而调整。

调整方式可按照价格指数采用价格调整公式进行或采用造价信息调整价格差额。

当按照价格指数采用价格调整公式进行调价时,《公路工程标准施工招标文件》"专用合同条款"规定,价格调整公式中的各可调因子、定值权重以及基本价格指数及其来源,由招标人在投标函附录价格指数和权重表中约定。价格指数应首先采用国家或省、自治区、直辖市价格部门或统计部门提供的价格指数,缺乏上述价格指数时,可采用上述部门提供的价格代替。

价格调整公式中的变值权重，由招标人根据项目实际情况测算确定范围，并在投标函附录价格指数和权重表中约定范围；承包人在投标时在此范围内填写各可调因子的权重，合同实施期间将按此权重进行调价。

当采用造价信息调整价格差额时，《标准施工招标文件》"通用合同条款"规定，施工期内因人工、材料、设备和机械台班价格波动影响合同价格时，人工、机械使用费按照国家或省、自治区、直辖市建设行政管理部门、行业建设管理部门或其授权的工程造价管理机构发布的人工成本信息、机械台班单价或机械使用费系数进行调整；需要进行价格调整的材料，其单价和采购数应由监理人复核，监理人确认需调整的材料单价及数量，作为调整工程合同价格差额的依据。

(2)法律变化引起的价格调整

《标准施工招标文件》"通用合同条款"规定，在基准日后，因法律变化导致承包人在合同履行中所需要的工程费用发生除物价波动外引起的价格增减时，监理人应根据法律、国家或省、自治区、直辖市有关部门的规定，按《标准施工招标文件》"通用合同条款"第3.5款商定或确定需调整的合同价款。

9. 货币和兑换率

在国际竞争性招标中，要求投标人用一种货币来计算全部报价，同时容许投标人说明支付时各种货币在报价中所占的比例以及在换算时的兑换率，这些兑换率在合同执行期间将被冻结，以后招标人就按冻结的兑换率进行支付，这个规定保证了投标人在投标报价与合同支付所用的货币方面不承担任何汇率风险。但若币种选择不当，对投标人同样有风险，如在日本买一台钻机，用美元报价和日元报价就大不一样，在日元升值时，用美元报价，招标人只能给美元，到去买的时候，用美元肯定比日元贵许多，所以投标人在选择货币币种时也是值得推敲的。

10. 索赔条款

即合同条款中允许承包人提出索赔的一些规定。从形式上看，设立索赔条款会使招标人支付索赔费用，但实际上由于索赔条款设立后，承包人的风险责任大大地减小，将有利于降低投标报价，进而降低工程造价。

除了以上10个方面，诸如检验费用由谁负担、工期和缺陷责任期的长短等也都影响报价，作为一个精明的投标人，应在弄清楚合同条款的有关内容后，再决定报价的数额。

(三)技术规范中的计量与支付细则与工程造价的关系

技术规范中计量与支付是非常重要的，可以说没有计量与支付的规定，投标人就无法进行投标报价，施工中也无法进行计量与支付工作。计量与支付的规定不同，投标人的报价也会不同。计量与支付的规定中包括计量项目、计量单位、计量项目中的工作内容、计量方法以及支付规定等。

1. 工程量的计量

技术规范中计量与支付应和合同条款相呼应。如FIDIC"通用合同条款"规定："无论一般的和当地的习惯如何，工程的计量应以净值为准，除非合同中另有规定"。相应的在公路工程技术规范总则中应写上以下计量原则，如：凡超过了图纸所示或监理工程师指示的任何面积或体积，都不予计量与支付；钢筋计量时，应按图纸或有关资料标示的直径和净长计算；计算面积时，应按图纸所示净尺寸线或按监理人指示计量；结构物应按图纸所示净尺寸线，或按监理人指示修改的尺寸线计量；路基挖方和填方计量，应以图纸所示界线为限，并应在批准的横断面图上表明；用于填方的土方，应按压实后的纵断面高程和路床面为准计量，承包人报价时应考虑在挖方或运输过程中引起的体积差。对这些内容如果不写清楚，会给承包人报价和今后结算造成麻烦。

2. 税金和保险费

按招标文件技术规范的要求，凡需单独计量支付的项目，必须在技术规范中有计量支付项目，对税金和保险一时难以确定而需要单独计量时，就应在总则中有所体现。以税金来讲，大的方面有营业税和随营业税一起征收的城市建设维护税及教育费附加，有进口材料的关税和增值税，还有印花税等。营业税等三项税金和关税需和合同条款对应，如招标人一时定不下来是否能减免，则应在总则中列一个项目，让承包人报个价，并讲明凭单据按实结算，至于印花税等是固定的，应该分摊在管理费中，不必单独列项。对于保险如建筑工程一切险和第三者险，在 100 章中单独列，凭单据按实结算。至于承包人的财产和人身安全等的保险，发生时同样应摊入管理费中。

3. 工程管理费

《公路工程标准施工招标文件》“通用合同条款”规定，对于工程记录与竣工文件编制等相关费用、施工现场控制扬尘降低噪声等环境保护工作费用、施工安全生产相关费用、工程管理软件费用等都专门列项，便于投标人报价。

4. 临时工程和设施费用

临时工程和设施费用是指为保证永久性工程的顺利施工所必需的各项工程和设施，诸如便道、便桥、码头、堆场、供电、供水、电信、环境保护工程等。投标人根据技术规范总则中的基本要求和施工组织方案安排，列出工程细目，进行分项计算，以总额报价。

5. 承包人驻地建设费用

承包人驻地建设费用是指承包人为进行建筑安装工程施工所必需的生活和生产用的临时建筑物、构筑物和其他临时设施等临时设施费，应包括在报价内，如国际招标工程承包人（主要是外商）驻地建设费中需修建某些永久性房屋，则可在总则中单列项目计列，这些情况都应在招标文件技术规范总则中阐明，避免在报价编制中产生重复计算。

6. 为监理工程师提供的设施费用

监理工程师的办公、生活、交通等服务设施是承包人提供，还是招标人负责办理或监理工程师自理，在合同条款中应该明确。如由承包人提供，则在技术规范的总则中应详细列明提供到什么程度，有多少监理人员，办公和生活用房面积和标准，配备的仪器、家具、车辆等的数量和规格，服务的时间长短等，承包人才能按此报价，并说明工程竣工后的处理措施。

7. 质量标准（指标）与造价的关系

对于各专业工程来说，质量要求越高，其成品（指建成后的工程如路基、路面）质量也会越好，但往往质量高与造价低难以统一，这就涉及适度的问题。作为招标人，其技术规范定得恰如其分，就可既达到标准又省钱，而承包人只有对规范有充分的了解，才能正确报价。

第二节　招标控制价的编制

一、招标控制价的定义

我国的招标投标法规定:“招标人可根据项目特点决定是否编制标底。编制标底的,标底编制过程和标底必须保密。”由于标底的保密性及其在评标中作为评标的参考,由此滋生了招标过程中的腐败现象,影响了建筑承发包市场的有序竞争。2003 年推行工程量计价后,各地基本推行无标底招标,实行合理低标价中标。但在企业定额缺乏的情况下,根据什么标准来确定投标报价的合理性,一直是困扰发包人和评标委员会的主要问题。为防止投标人围标、串标、抬高造价,我国一些省市相继出台了控制最高限价的规定,要求在招标文件中公布控制最高限价,并规定若投标人的报价超过公布的最高限价,其投标将作为废标处理,但各地对控制最高限价的称谓各不相同,有的称为拦标价,也有的称为最高限价或预算控制价等。为解决上述无标底招标和有标底招标的弊端,也为促使我国不同省市关于控制最高限价规定的统一,2008 版《建设工程工程量清单计价规范》提出了招标控制价。

招标控制价是招标人根据国家以及当地有关规定的计价依据和计价办法、招标文件、市场行情,并按照工程项目设计施工图纸等具体条件编制的、对招标工程项目限定的最高工程造价,也称为拦标价、预算控制价或最高报价等。一个工程项目只能编制一个招标控制价。

从上述招标控制价的定义可以看出,招标控制价和标底虽然都是招标人在招标过程中自身对工程价格的一个测度,但两者还是存在一定的区别:

(1)招标控制价是工程的最高限价,投标人的投标报价高于招标控制价的,其投标应予以拒绝。而标底是招标人对工程确定的一个预期价格,通常不会是最高价格。因此投标人的报价不可能突破招标控制价,否则就是废标,而投标人的报价可能突破标底,通常越接近标底就越容易中标。

(2)招标控制价是事先公布的,而标底是保密的。

(3)在评标过程中,通常招标控制价在评标中不占权重,不参与评分,只是一个工程造价参考即最高限价,而标底在评标中参与评标。

二、招标控制价的作用

在我国工程招投标中,招标人招标过程中对工程投资的控制先后经历了使用标底、无标底和招标控制价的不同阶段。经过具体实践发现,设置标底和使用无标底招标都存在一定的弊端。

当采用设置标底的方式时,由于标底作为衡量投标人报价的基准,投标人极力迎合标底,其报价不能真实反映投标人的实力,易发生标底泄露及暗箱操作等问题,使招标失去公平公正性。

使用标底在招标实践中出现了所有投标人报价均高于招标人标底的情况。即使是最低价招标人也不能接受。由于缺乏相关制度规定,招标人如果不接受会产生招标合法性问题。为解决这种矛盾,一些地方相继推出了无标底招标,即在招标文件取消了中标价不得低于、高于标底一定范围的规定。随着无标底招标的推行,又出现了新问题。如评标时,招标人对投标人的报价没有参考依据和评判标准,易出现围标、串标现象,各投标人哄抬价格,给招标人带来投资控制的风险;也出现了中标后偷工减料、高额索赔等问题。针对无标底招标的众多弊端,各地又相继出台了制定最高限价的规定,即招投控制价。

在招投标中推行招标控制价,其作用主要体现在以下几个方面:

1. 保障了招标人的合法利益

正确设立招标控制价,利于引导投标方投标报价,避免投标方无标底情况下的无序竞争和有标底情况下的弄虚作假、暗箱操作等违规行为,有效防止恶性哄抬投标报价带来的投资风险,从而利于招标人有效控制项目投资。

2. 有利于投标人合理确定投标报价

招标控制价是衡量、评审投标人投标报价是否合理的尺度和依据。设立招标控制价,增进了投标人对工程价格的了解,不必与招标人进行心理较量、揣测或套取招标人的标底,只需根据自身企业的实力、工程的施工方案等进行报价。同时,由于不必花费人力、财力去套取招标人的标底,也降低了投标人的交易成本。

3. 提高了招投标成功的可能性

设立招标控制价,增强招标过程的透明度,避免了暗箱操作等违法活动的产生。招标控制价既能为招标人判断最低投标价是否低于成本提供参考依据,避免出现较大偏离,把工程投资控制在招标控制价范围内;也使投标人根据自身的生产水平、装备水平、管理水平等进行报价,不必揣测招标人的标底,提高了市场交易效率。最终有利于有实力的投标企业选择信誉高有资金实力的招标人,因此招标控制价无论从招标人还是投标人的角度来看都是有利的。

4. 有利于建筑承发包市场的健康发展

招标控制价可使投标人自主报价,公平竞争,减少了这一环节产生腐败行为的因素,符合市场规律,有利于建筑承发包市场的健康发展。

三、招标控制价的编制要求

1. 招标控制价编制范围要求

国有资金投资的工程建设项目应实行工程量清单招标,并应编制招标控制价,作为招标人能够接受的最高交易价格,以避免哄抬标价造成国有资产流失和客观、合理的评审投标报价。

2. 招标控制价编制人资格要求

招标控制价应由具有编制能力的招标人编制。当招标人不具有编制招标控制价的能力时,可委托具有相应资质的工程造价咨询人编制。所谓具有相应工程造价咨询资质的工程造价咨询人是指根据《工程造价咨询企业管理办法》(建设部令第 149 号)的规定,依法取得工程造价咨询企业资质,并在其资质许可的范围内接受招标人的委托,编制招标控制价的工程造价咨询企业。例如甲级工程造价咨询资质的咨询人可承担各类建设项目的招标控制价编制,取得乙级工程造价咨询资质的咨询人,则只能承担 5 000 万元以下的招标控制价的编制。另外,根据《招标代理服务收费管理暂行办法》规定,取得资质的招标代理机构可以从事编制招标控制价(标底)的工作。但工程造价咨询人不得同时接受招标人和投标人对同一工程的招标控制价和投标报价的编制。

工程造价咨询企业和工程造价专业人员在承担招标控制价的编审时，应遵循合法、独立、公平和诚实守信的原则，以招标文件和有关工程计价规定为编制依据，合理确定招标控制价，严禁抬高和压低招标控制价。工程造价咨询企业应在成果上签章，对成果质量或出具的报告承担相应的法律责任；注册造价工程师和造价人员应在各自完成的成果文件上签署执业（从业）印章，并承担相应责任。

3. 招标控制价编制质量要求

（1）招标控制价应遵循价值规律，尽可能反映市场价格。

招标控制价应反映建筑产品的价值，即在招标控制价编制过程中，应遵循价值规律，使招标控制价能发挥有效控制投资的作用。因此，招标控制价不宜过低，也不能过高。

招标控制价是最高上限价，因此在招标中公开招标控制价，投标人则有了报价目标。但招标控制价不宜过高。如果招标控制价过高，投标人相互串通，只要其报价不超过招标控制价，报价都是有效的，因此投标人可能围绕这个最高限价串标、围标，投标人不用考虑中标概率就能达到较高的预期利润。

同时，招标控制价亦不宜过低。如果招标控制价远远低于市场平均价，可能出现无人投标的情况，也可能出现恶性低价抢标，最终使中标人在中标后以变更、索赔等方式弥补成本，或提供低质量的豆腐渣工程。

（2）招标控制价应在批准的概算范围内。

我国对国有资金投资项目的投资控制实行的是投资概算控制制度，项目投资原则上不能超过批准的投资概算。因此，在工程招标发包时，如果招标控制价超过批准的概算，招标人应当将其上报原概算审批部门重新审核。

（3）招标控制价的编制应采用可靠合理的计价依据。

招标控制价的编制应依据招标文件和工程量清单，符合招标文件对工程价款确定和调整的基本要求。应正确、全面地使用有关国家标准、行业或地方的有关的工程计价定额等工程计价依据。工料机价格应参照工程所在地的工程造价管理机构发布的工程造价信息，如采用市场价格应通过调查、分析后确定。规费、税金和不可竞争的措施费按照国家有关规定编制，竞争性的施工措施费应根据工程的特点，结合施工条件和合理的施工方案，本着经济适用、先进合理高效的原则确定。

4. 招标控制价的使用要求

（1）招标控制价无需保密，应在招标文件中公布，不应上调或下浮，招标人应将招标控制价及有关资料报送工程所在地工程造价管理机构备查。

（2）招标人在招标文件中公布招标控制价时，应公布招标控制价各组成部分的详细内容，不得只公布招标控制价总价。

（3）因招标答疑等原因调整招标控制价的，应当将调整后的招标控制价对所有投标人公布并将相关资料报送工程造价管理机构备案。

（4）投标人的投标报价高于招标控制价的，其投标应予以拒绝。

（5）投标人经复核认为招标人公布的招标控制价未按照《建设工程工程量清单计价规范》（GB 50500—2013）的规定进行编制的，应在开标前5日向招投标监督机构或（和）工程造价管理机构投诉。

四、招标控制价的编制依据

招标控制价的编制依据指在编制招标控制价时需要进行工程量计量、价格确认、工程计价有关参数、费率的确定等工作时所需的基础性资料。

按照我国《建设工程招标控制价编审规程》(CECA/GC 6—2011)的规定,招标控制价编制依据主要包括:

(1)国家、行业和地方政府颁发的与工程建设相关的法律、法规及有关规定。

(2)现行国家标准《建设工程工程量清单计价规范》(GB 50500—2013)。

(3)国家、行业和地方建设主管部门颁发的计价定额和计价办法。

招标控制价编制使用的计价标准、计价办法应是国家、行业和地方建设主管部门颁布的计价定额和相关办法。国家、行业和地方建设主管部门对工程造价计价中费用或费用标准有规定的,应按规定执行。一些地区招投标管理部门和造价管理部门根据本地实际情况,定期或不定期测算发布“建设工程招标价调整系数幅度范围”,指导本地招标控制价的设立。

(4)国家、行业和地方有关技术标准和质量验收规范等。

(5)建设工程设计文件及相关资料。

(6)工程项目招标文件、工程量清单及有关要求。

(7)答疑文件、澄清和补充文件以及有关会议纪要。

(8)常规或类似工程的施工组织设计。

(9)本工程涉及的人工、材料、机械台班的价格信息。

招标控制价编制采用的材料价格应是工程造价管理机构发布的材料单价,未发布材料单价的材料,其材料价格应通过市场调查确定。

(10)施工期间的风险因素。

(11)其他相关资料。

五、招标控制价的编制程序

招标控制价编制通常经历三个阶段,即准备阶段、编制阶段和审核阶段。招标控制价的编制程序见图5-1。

六、招标控制价的编制方法

(一)招标控制价的文件组成

《建设工程招标控制价编审规程》(CECA/GC 6—2011)规定,招标控制价的文件组成应包括封面、签署页及目录、编制说明和有关表格。

1. 招标控制价封面、签署页

招标控制价封面、签署页应反映工程造价咨询企业、编制人、审核人、审定人、法定代表人或其授权人和编制时间等内容。

2. 招标控制价编制说明

招标控制价编制说明应包括工程概况、编制范围、编制依据、编制方法、有关材料、设备、参数和费用的说明以及其他有关问题的说明。

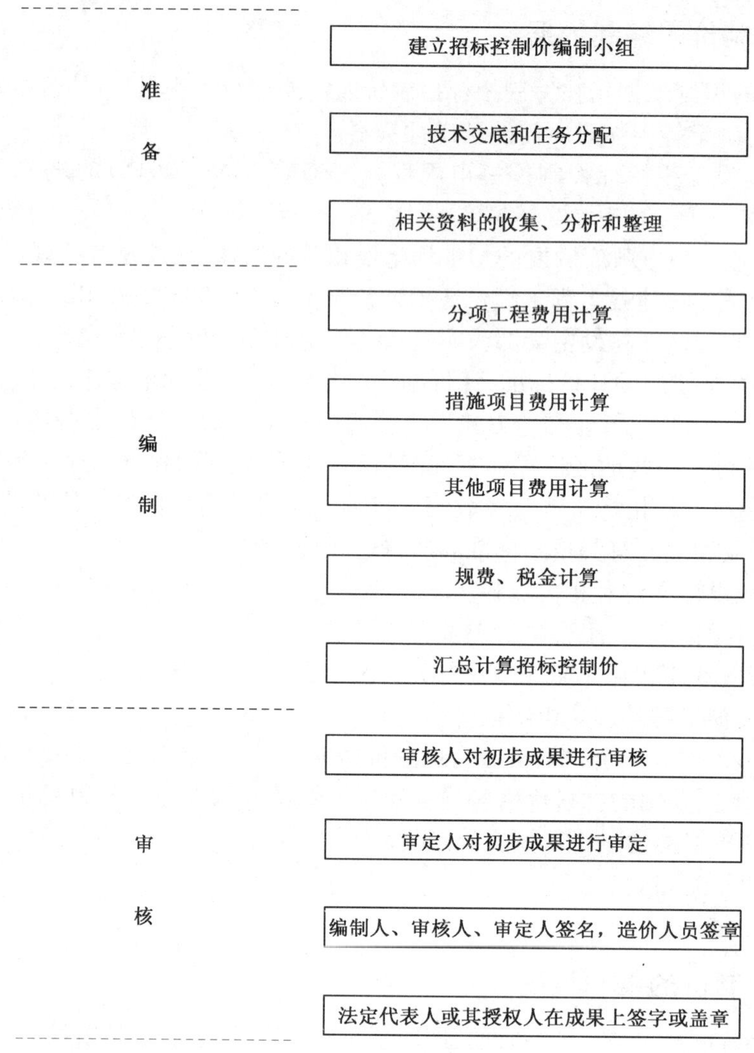

图 5-1　招标控制价编制程序

3. 招标控制价文件表格

招标控制价文件表格编制时应按规定格式填写，招标控制价文件表格包括汇总表、分部分项工程量清单与计价表、工程量清单综合单价分析表、措施项目清单与计价表、其他项目清单与计价汇总表、规费、税金项目清单与计价表、暂列金额明细表、材料暂估单价表、专业工程暂估价表等。

4. 招标控制价的签署页

招标控制价的签署页应按规定格式填写，签署页应按编制人、审核人、审定人、法定代表人或其授权人顺序签署。所有文件经签署并加盖工程造价咨询单位资质专用章和造价工程师或造价员执业或从业印章后才能生效。

（二）招标控制价的费用组成

建设工程的招标控制价应由组成建设工程项目的各单项工程费用组成。各单项工程费用应由组成单项工程的各单位工程费用组成。各单位工程费用应由分部分项工程费、措施项目费、其他项目费、规费和税金组成。其中其他项目费包括暂列金额、暂估价、计日工、总承包服务费等。招标控制价的费用组成见图5-2。

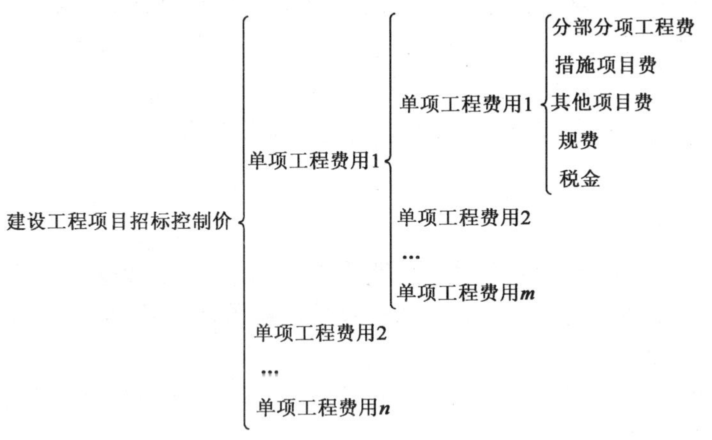

图5-2 建设工程项目招标控制价费用组成

（三）招标控制价的编制方法

招标控制价中各项费用可采用不同的计价方法，主要有以下方法：

1.综合单价法计价

编制招标控制价时，对于分部分项工程费用计价应采用综合单价法。对于可计量的措施项目也采用综合单价法。

综合单价的内容应包括人工费、材料费、机械费、管理费和利润以及一定范围的风险费用。

综合单价应按照招标人发布的分部分项工程量清单的项目名称、工程量、项目特征描述，依据工程所在地区颁发的计价定额和人工、材料、机械台班价格信息等进行组价确定。综合单价法的组价步骤如下：

(1)依据提供的工程量清单和施工图纸，按照工程所在地或行业颁发的计价定额规定，确定所组价的定额项目名称，并计算出相应的工程量。

(2)依据工程造价政策规定或工程造价信息确定其人工、材料、机械台班单价。

(3)依据计价定额，并在考虑风险因素确定管理费率和利润率的基础上，按式(5-1)计算组价定额项目的合价。

$$\begin{aligned}\text{定额项目合价} = \text{定额项目工程量} \times [& \sum(\text{定额人工消耗量} \times \text{人工单价}) + \\ & \sum(\text{定额材料消耗量} \times \text{材料单价}) + \\ & \sum(\text{定额机械台班消耗量} \times \text{机械台班单价}) + \\ & \text{价差(基价或人工、材料、机械费用)} + \text{管理费和利润}]\end{aligned} \tag{5-1}$$

(4)将若干项组价的定额项目合价相加再除以工程量清单项目工程量，便得到工程量清单项目综合单价，见式(5-2)，对于未计价材料费(包括暂估单价的材料费)也应计入综合单价。

$$\text{工程量清单综合单价} = \frac{\sum(\text{定额项目合价} + \text{未计价材料费})}{\text{工程量清单项目工程量}} \tag{5-2}$$

在确定综合单价时,应考虑一定范围内的风险因素。在招标文件中应通过预留一定的风险费用,或明确说明风险所包括的范围及超出该范围的价格调整方法。对于招标文件中未做要求的可按以下原则确定:

①对于技术难度较大和管理复杂的项目,可考虑一定的风险费用,并纳入到综合单价中。

②对于设备、材料价格的市场风险,应依据招标文件的规定、工程所在地或行业工程造价管理机构的有关规定以及市场价格趋势,考虑一定率值的风险费用,纳入到综合单价中。

③税金、规费等法律、法规、规章和政策变化的风险和人工单价等风险费用不应纳入综合单价。

2. 费率法计价

招标控制价中对于措施项目费用、规费、税金等费用采用费率法计价。对于措施项目费用,当措施项目可计量时,措施项目费用的计算采用单价法计价;对于不能精确计量的措施项目,可采用费率法计价。

采用费率法时应先确定某项费用的计费基数,再测定其费率,然后将计费基数与费率相乘得到费用。费率法计价的基本公式见式(5-3)。

$$\text{某项费用} = \text{该项费用计费基数} \times \text{费率} \tag{5-3}$$

采用费率法计价的措施项目应依据招标人提供的工程量清单项目,按照国家或省级、行业建设主管部门的规定,充分考虑施工管理水平和拟建采用的施工方案,合理确定计费基数和费率。其中安全文明施工费应按国家或省级、行业建设主管部门的规定计价,不得作为竞争性费用。措施项目费用采用费率法计价时其计算公式见式(5-4)。

$$\text{某项措施项目清单费} = \text{措施项目计费基数} \times \text{费率} \tag{5-4}$$

规费应按照国家或省级、行业建设主管部门的规定确定计费基数和费率计算,不得作为竞争性费用。

税金应按照国家或省级、行业建设主管部门的规定,结合工程所在地情况确定综合税率并参照式(5-5)计算,不得作为竞争性费用。

$$\begin{aligned}\text{税金} = &(\text{分部分项工程量清单费} + \text{措施项目清单费} + \text{其他项目清单费} + \text{规费})\\ &\times \text{综合税率}\end{aligned} \tag{5-5}$$

3. 其他方法计价

(1)暂列金额

为保证工程施工建设的顺利实施,在编制招标控制价时应对施工过程中可能出现的各种不确定因素对工程造价的影响进行估算,列出一笔暂列金额。暂列金额可根据工程的复杂程度、设计深度、工程环境条件(包括地质、水文、气候条件等)进行估算。

(2)暂估价

暂估价包括材料暂估价和专业工程暂估价。暂估价中的材料单价应按照工程造价管理机构发布的工程造价信息中的材料单价计算,工程造价信息未发布的材料单价,其单价参考市场价格估算;暂估价中的专业工程暂估价应分不同专业,按有关计价规定估算。

(3)计日工

计日工包括计日人工、材料和施工机械。在编制招标控制价时,对计日工中的人工单价和施工机械台班单价应按地方行业建设主管部门或其授权的工程造价管理机构公布的单价计算;材料应按工程造价管理机构发布的工程造价信息计算,工程造价信息未发布材料单价的材料,其价格应按市场调查确定的单价计算。

(4)总承包服务费

编制招标控制价时,总承包服务费应按照省级或行业建设主管部门的规定,并根据招标文件中列出的内容和向总承包人提出的要求计算总承包费。

七、招标控制价的审查

招标控制价的审查应根据招标控制价的编制依据,建设工程项目的规模、特征、性质及委托方的要求以及招标人发布的招标控制价进行审查。其审查方法包括重点审查法、全面审查法。重点审查法适用于投标人对个别项目进行投诉的情况,全面审查法适用于各类项目的审查。

招标控制价应重点审查的内容有:

(1)招标控制价的项目编码、项目名称、工程数量、计量单位等是否与发布的招标工程量清单项目一致。

(2)招标控制价的总价是否全面,汇总是否正确。

(3)分部分项工程综合单价的组成是否符合现行国家标准如清单计价规范和其他工程造价计价依据的要求。

(4)措施项目施工方案是否正确、可行,费用的计取是否符合现行清单计价规范和其他工程造价计价依据的要求。安全文明施工费是否执行了国家或省级、行业建设主管部门的规定。

(5)管理费、利润、风险费以及主要材料及设备的价格是否正确、得当。

(6)规费、税金是否符合现行国家标准要求,是否执行了国家或省级、行业建设主管部门的规定。

八、招标控制价编制示例

某公路改扩建工程的 CG5 合同段路线长度 40.000km。其主要工程量如下:路基土石方工程 4 173 019m^3、防护排水工程 176 452.23m^3、路面工程 873 469m^2;桥涵工程中,大桥 835.2m/2座、中桥 375.0m/5 座、小桥 28.04m/1 座、涵洞 47 道;路线交叉工程中,互通式立交 1 处、分离式立交 5 处、通道 35 道。

为有效控制投资,发包人确定了该合同段的招标控制价,凡是高于招标控制价的投标文件按废标处理。

1. 主要编制依据

(1)该项目的招标文件、工程量清单及有关要求。

(2)该公路改扩建工程 CG5 合同段设计图纸。

(3)《标准施工招标文件》(2007 版)及《公路工程标准施工招标文件》(交公发[2009]221 号)。

(4)《公路工程预算定额》(JTG/T B06-02—2007)。

(5)《公路工程基本建设项目概算预算编制办法》(JTG B06—2007)。

(6)《公路工程机械台班费用定额》(JTG/T B06-03—2007)。

(7)××交通委员会关于执行交通运输部《公路工程基本建设项目概算预算编制办法》

(JTG B06—2007)的通知。

(8)类似项目的调查资料。

(9)2013 年第 7 期《××地区工程造价信息》。

(10)该工程的施工组织设计。

2. 编制说明

(1)本招标控制价是依据招标文件并结合现场实际情况确定的工作量编制。

(2)人工单价和机械工单价依据××市交委"关于执行交通运输部《公路工程基本建设项目概算预算编制办法》(JTG B06—2007)的通知",人工按一类地区 50.39 元,该人工费单价仅作为编制预算的依据,不作为施工企业实发工资的依据。

(3)材料价格:参照 2013 年《××地区工程造价信息》第 7 期建材信息价和现场调查价格计算。

(4)机械台班单价:按《公路工程基本建设项目概算预算编制办法》(JTG B06—2007)的规定,台班单价按《公路工程机械台班费用定额》(JTG/T B06-03—2007)分析计算。

(5)其他工程费:其中冬季施工增加费、特殊地区施工增加费不计列,只计取下列费用。

①雨季施工增加费:以各类工程的直接工程费之和为基数,按Ⅱ类雨量区、雨季期为 4 个月对应的费率计算。

②夜间施工增加费:以夜间施工的工程项目的直接工程费之和为基数,乘以费率计算(费率表略)。

③行车干扰工程施工增加费:以受行车影响部分的工程的人工费和机械费之和为基数,乘以费率计算(费率表略)。

④施工标准化与安全措施费:以各类工程的直接工程费之和为基数,乘以费率(费率表略)。

⑤临时设施费:以各类工程的直接工程费之和为基数,乘以费率计算(费率表略)。

⑥施工辅助费:以各类工程的直接工程费之和为基数,乘以费率计算(费率表略)。

⑦工地转移费:以各类工程的直接工程费之和为基数,按转移距离 200km 计算的费率计算(费率表略)。

(6)间接费:

①规费:规费费率标准为 40.2%,其中养老保险费 20%,失业保险费 2%,医疗保险费 9.7%,住房公积金 7%,工伤保险费 1.5%。规费费率仅作为编制概、预算的依据,不作为施工企业实际交纳费用的依据。

②企业管理费:由主副食运费补贴、职工探亲路费、职工取暖补贴和财务费用五部分组成。

a. 基本费用:以各类工程的直接工程费之和为基数,乘以费率计算(费率表略)。

b. 主副食运费补贴:以各类工程的直接工程费之和为基数,主副食综合里程按 10km 的费率计算。

c. 职工探亲路费:以各类工程的直接工程费之和为基数,乘以费率计算(费率表略)。

d. 职工取暖补贴费:本项费用不计。

e. 财务费用:以各类工程的直接工程费之和为基数,乘以费率计算(费率表略)。

(7)利润:本项费用以直接费与间接费之和扣除规费的 7% 计算。

(8)税金:税率为 3.48%。

3. 编制成果

本工程招标控制价包括第 100 章 ~ 700 章清单合计、暂估价及暂列金额,总计为 690 362 644.00元。

本工程招标控制价费用组成见表 5-12 和表 5-13。

招标控制价汇总表 表 5-12

标段:CG-5 标

货币单位:人民币(元)

序号	章次	科目名称	金额
1	100	总则	23 474 057.00
2	200	路基	254 908 877.00
3	300	路面	184 409 518.00
4	400	桥梁、涵洞	149 392 146.00
5	600	安全设施及预埋管线	69 896.00
6	700	绿化及环境保护设施	10 802 455.00
7	第 100 章 ~ 700 章清单合计		623 056 949.00
8	暂估价		5 000 000.00
9	按上项(7)金额的 10% 作为不可预见因素的暂列金额		62 305 695.00
10	招标控制价(7 + 8 + 9 = 10)		690 362 644.00

工程量清单招标控制价 表 5-13

标段:CG-5 标

货币单位:人民币(元)

清单 100 章 总则					
子目号	子目名称	单位	数量	单价	合价
101-1	保险费				
-a	按合同条款规定,提供建筑工程一切险	总额	1		1 863 570.00
-b	按合同条款规定,提供第三者责任险	总额	1		3 500.00
102-1	竣工文件编制费	总额	1	300 000.00	300 000.00
102-2	施工环保费	总额	1	200 000.00	200 000.00
102-3	安全生产费(发包人控制价的 1.5%)	总额	1		10 826 987.00
102-4	工程管理软件(暂估价)	总额	1	600 000.00	600 000.00
103-1	临时道路(施工便道)修建、养护与拆除				
-a	临时道路修建	总额	1	800 000.00	800 000.00
-b	临时道路养护	总额	1	300 000.00	300 000.00
-c	临时道路拆除	总额	1	20 000.00	20 000.00
103-2	临时占地	m^2	200 000	8.00	1 600 000.00
103-3	临时供电设施				
-a	设施架设、拆除	总额	1	1 000 000.00	1 000 000.00
-b	设施维修	月	36	10 000.00	360 000.00

续上表

清单100章　总则					
子　目　号	子 目 名 称	单位	数量	单价	合价
103-4	电信设施的提供、维修与拆除	总额	1	300 000.00	300 000.00
103-5	供水与排污设施	总额	1	300 000.00	300 000.00
104-1	承包人驻地建设	总额	1	5 000 000.00	5 000 000.00
100 章合计					23 474 057.00
清单200章　路基工程					
202-1	清理与掘除				
-c	挖除灌木	m^2	684.00	4.39	3 003.00
202-2	挖除旧路面				
-a	挖除油皮	m^2	316.00	20.71	6 544.00
202-3	拆除结构物				
-b	钢筋混凝土结构	m^3	46.00	451.00	20 746.00
-c	砖、石及其他砌体结构	m^3	1 177.00	115.02	135 379.00
203-1	路基挖方				
-a	挖土方	m^3	1 782 345.60	9.12	16 254 992.00
-b	挖石方	m^3	78 459.00	13.65	1 070 965.00
-e	弃土方	m^3	1 684 005.60	4.88	8 217 947.00
-f	弃石方	m^3	39 229.00	6.68	262 050.00
203-2	改河、改渠、改路				
-b	现浇混凝土水渠	m^3	3.00	684.00	2 052.00
-e	M10 浆砌片石	m^3	151.00	280.56	42 365.00
-f	挖土方	m^3	6 252.00	9.12	57 018.00
204-1	路基填筑(包括填前压实)				
-a	本桩利用土方	m^3	19 045.00	13.52	257 488.00
-c	远运利用土方	m^3	68 006.00	18.58	1 263 551.00
-d	远运利用石方	m^3	42 641.00	21.13	901 004.00
-g	借土填方	m^3	2 638 487.00	17.95	47 360 842.00
-h	结构物台背回填(级配砂砾)	m^3	72 289.00	87.73	6 341 914.00
-i	路基填筑洒水	t	108 005.00	12.12	1 309 021.00
-k	耕地填前夯(压)实			0.00	
-k-1	清表土方	m^3	203 127.00	4.22	857 196.00
-k-2	借土回填	m^3	275 472.70	17.96	4 947 490.00
-k-3	换填粗粒土		14 857.20	45.00	668 574.00
205-5	湿陷性黄土处理				
-a	湿陷性黄土处理			0.00	
-a-1	超挖土方	m^3	6 144.00	10.72	687 624.00
-a-2	冲击碾压	m^2	352 552.00	24.44	8 616 371.00
-a-3	换填三七灰土	m^3	64 144.00	51.21	3 284 814.00

续上表

清单200章　路基工程					
子　目　号	子 目 名 称	单位	数量	单价	合价
-a-4	回填碎石土	m^3	52 883.00	61.29	3 241 199.00
-b	湿陷性黄土处理(Ⅲ、Ⅳ级自重式)			0.00	
-b-1	基地处理面积	m^2	77 165.00	19.60	1 512 434.00
-b-2	回填土方	m^3	100 314.00	8.61	863 704.00
205-7	风积砂处理				
-a	挖土方	m^3	196 988.00	8.96	1 765 012.00
-b	回填碎石土	m^3	240 530.00	61.29	14 742 084.00
-c	片石方格网	m^2	353 650.00	13.52	4 781 348.00
205-9	低填浅挖路基处理				
-a	清表土方	m^3	225 371.60	4.22	951 068.00
-b	借土回填	m^3	301 352.50	17.88	5 388 183.00
-c	超挖土方	m^3	196 337.30	10.72	2 104 736.00
-d	回填粗粒土	m^3	90 858.50	17.99	1 634 544.00
-e	换填粗粒土	m^3	105 478.80	23.11	2 437 615.00
205-10	陡坡路堤及填挖交界处理				
-a	土工格栅	m^2	153 797.00	15.04	2 313 107.00
-c	回填土方	m^3	11 590.00	8.61	99 790.00
207-1	边沟				
-a	60cm×60cm Ⅰ型边沟	m	19 306.00	544.65	10 515 013.00
-b	Ⅲ型边沟	m	580.00	232.34	134 757.00
207-2	排水沟				
-a	Ⅰ型排水沟	m	23 231.00	544.65	12 652 764.00
-b	Ⅲ型排水沟	m	4 588.00	232.34	1 065 976.00
-d	Ⅴ型排水沟	m	256.00	544.64	139 428.00
-e	Ⅵ型排水沟	m	1 955.00	48.12	94 075.00
207-4	急流槽				
-a	现浇混凝土(C25 带拦水带)	m^3	895.50	777.61	696 350.00
-b	现浇混凝土(C25)	m^3	257.60	777.61	200 312.00
207-10	挡水埝				
-a	Ⅰ型土质挡水埝	m	621.00	51.22	31 808.00
-c	Ⅱ型浆砌挡水埝	m	2 583.00	177.87	459 438.00
207-11	超高段排水口				
-a	现浇 C25 混凝土	m^3	28.20	747.80	21 088.00
-b	培砂砾	m^3	377.50	65.26	24 636.00
-c	C25 混凝土路缘石	m^3	32.20	747.83	24 080.00
208-1	植物护坡				
-a	路堤边坡植草			0.00	

续上表

清单 200 章　路基工程					
子　目　号	子 目 名 称	单位	数量	单价	合价
-a-1	植草面积(含种植土)	m^2	125 103.00	30.50	3 815 642.00
-b	路堑边坡植草			0.00	
-b-1	喷播植草	m^2	52 686.90	39.08	2 059 004.00
-b-2	三维植被网护坡	m^2	62 769.90	34.35	2 156 146.00
208-3	浆砌片石护坡				
-a	浆砌片石护坡			0.00	
-a-1	M10 浆砌片石	m^3	7 187.30	281.46	2 022 937.00
-c	菱形骨架护坡			0.00	
-c-1	M10 浆砌片石护坡	m^3	24 633.90	297.45	7 327 354.00
-c-2	预制 C25 混凝土块	m^3	916.70	628.59	576 228.00
-c-4	喷播植草(含绿化培土)	m^2	44 952.50	39.08	1 756 744.00
-c-5	干砌片石	m^3	3 892.90	189.35	737 121.00
-d	拱形骨架护坡			0.00	
-d-1	M10 浆砌片石护坡	m^3	10 336.80	297.45	3 074 681.00
-d-2	预制 C25 混凝土块	m^3	1 013.40	643.43	652 052.00
-d-3	现浇 C25 混凝土	m^3	268.00	728.19	195 155.00
-d-4	喷播植草(含绿化培土)	m^2	40 189.00	39.08	1 570 586.00
208-5	护面墙				
-b	窗孔式护面墙			0.00	
-b-1	M10 浆砌片石	m^3	11 751.80	281.46	3 307 662.00
-b-2	预制 C25 混凝土块	m^3	967.50	643.43	622 519.00
-b-3	现浇混凝土(C25)	m^3	438.70	749.80	328 937.00
-b-4	喷播植草(含绿化培土)	m^2	24 151.40	39.08	943 837.00
c	干砌护面墙			0.00	
-c-1	干砌片石	m^3	5 803.20	189.35	1 098 836.00
-d	深挖路基护面墙			0.00	
-d-1	M10 浆砌片石	m^3	5 728.30	281.46	1 612 287.00
-d-2	预制 C25 混凝土块	m^3	492.10	643.43	316 632.00
-d-3	现浇 C25 混凝土	m^3	206.30	950.95	196 181.00
-d-4	干砌片石	m^3	10 734.00	189.35	2 032 483.00
209-1	砌体挡土墙				
-a	路肩式护岸墙				
-a-1	C25 片石混凝土	m^3	57 419.20	719.22	41 297 037.00
-a-2	M10 浆砌片石	m^3	244.60	281.46	68 845.00
-b	路堑式挡土墙				
-b-1	M10 浆砌片石	m^3	9 186.00	281.46	2 585 492.00

续上表

清单 200 章　路基工程					
子　目　号	子 目 名 称	单位	数量	单价	合价
-e	护脚墙				
-e-1	M10 浆砌片石	m^3	4 279.30	281.46	1 204 452.00
-f	截水墙				
-f-1	M10 浆砌片石	m^3	512.50	281.46	144 248.00
209-3	混凝土挡土墙				
-a	沿河护岸墙				
-a-1	C25 片石混凝土	m^3	2 946.90	723.56	2 132 259.00
216-1	水环境处理				
-a	ϕ300mmPVC 管（含三通、90°弯头、外箍等）	m	3 378.00	81.17	274 192.00
-b	排水沟				
-b-1	C20 混凝土	m^3	64.80	728.19	47 187.00
-b-2	防水土工布	m^2	871.20	19.11	16 649.00
-c	蒸发池				
-c-1	C20 混凝土	m^3	129.40	728.20	94 229.00
-c-2	挖基	m^3	2 568.00	48.07	123 444.00
-c-3	周围焊接网（含立柱等）	m^2	976.80	55.61	54 320.00
200 章合计					254 908 877.00
清单 300 章　路面工程					
302-2	级配砂砾垫层				
-a	厚 350mm	m^2	31 288.00	22.90	716 495.00
-b	厚 250mm	m^2	773 073.00	16.71	12 918 050.00
-c	厚 200mm	m^2	278 246.00	13.61	3 786 928.00
304-1	水泥稳定碎砾石底基层（180mm、掺 25% ~35% 碎石）	m^2	1 005 878.00	24.32	24 462 953.00
304-3	水泥稳定碎砾石基层				
-a	厚 200mm、（掺 30% ~35% 碎石）	m^2	28 766.00	26.64	766 326.00
-b	厚 170mm、（掺 35% ~40% 碎石）	m^2	965 713.00	23.10	22 307 970.00
308-1	透层	m^2	99 447.00	8.41	836 349.00
308-2	黏层	m^2	904 659.00	3.21	2 903 955.00
309-1	细料式沥青混凝土				
-a	厚 40mm（AC-13）	m^2	904 659.00	48.13	43 541 238.00
309-2	中料式沥青混凝土				
-a	厚 60mm（AC-16）	m^2	26 690.00	68.22	1 820 792.00
-b	厚 50mm（AC-16）	m^2	904 659.00	56.86	51 438 911.00
310-2	封层（1cm 沥青同步碎石）	m^2	994 479.00	9.70	9 646 446.00
313-1	培砂砾路肩	m^3	18 591.00	78.98	1 468 317.00
313-3	现浇混凝土镶边带				

续上表

清单 300 章　路面工程					
子　目　号	子 目 名 称	单位	数量	单价	合价
-a	C20 小石子混凝土	m^3	2 374.20	382.37	907 823.00
-b	3 ~ 6cm 卵砾石	m^3	1 484.30	99.30	147 391.00
314-4	C25 混凝土预制块护肩带、镶边石（含运输、安装等一切费用）	m^3	106.80	643.44	68 719.00
314-7	拦水带				
-a	沥青混凝土拦水带	m	5 284.00	325.19	1 718 304.00
315-1	中央分隔带				
-a	C25 混凝土预制块路缘石（含运输、安装等一切费用）	m^3	2 730.00	977.72	2 669 176.00
-b	防渗土工布	m^2	95 132.60	19.12	1 818 935.00
-c	回填种植土	m^3	34 150.00	13.60	464 440.00
300 章合计					184 409 518.00
清单　400 章　桥梁、涵洞工程					
K2445 + 170 冯家嘴 1 号大桥(5-20 后张箱梁)					
403-1	基础钢筋(包括灌注桩、支撑梁、承台、系梁等)				
-a	光圆钢筋(HPB235)	kg	17 839.20	5.90	105 251.00
-b	带肋钢筋(HRB335)	kg	72 878.10	6.02	438 726.00
403-2	下部结构钢筋				
-a	光圆钢筋(HPB235)	kg	1 850.70	6.05	11 197.00
-b	带肋钢筋(HRB335)	kg	84 264.10	6.17	519 909.00
403-3	上部结构钢筋				
-a	光圆钢筋(HPB235)	kg	6 330.00	6.24	39 499.00
-b	带肋钢筋(HRB335)	kg	21 186.00	6.36	134 743.00
403-4	附属结构钢筋(含桥头搭板、抗震挡块、波形护栏、支座垫石、墙式护栏等)				
-a	光圆钢筋(HPB235)	kg	2 485.20	6.21	15 433.00
-b	带肋钢筋(HRB335)	kg	42 133.00	6.33	266 702.00
403-5	D8 冷轧带肋钢筋网	kg	19 950.00	8.24	164 388.00
404-1	干处挖土方	m^3	346.60	48.13	16 682.00
405-1	钻孔灌注桩				
-b	ϕ1.5m	m	612.00	2 401.52	1 469 730.00
410-2	混凝土下部构造				
-a	C30	m^3	410.30	701.04	287 637.00
410-5	上部构造现浇整体化混凝土				
-a	C50	m^3	360.80	1 153.53	416 194.00

续上表

清单 400章 桥梁、涵洞工程					
子 目 号	子 目 名 称	单位	数量	单价	合价
410-6	现浇混凝土附属结构(含缘石、人行道、墙式护栏、栏杆、桥头搭板、防震挡块、支座垫石等)				
-a	C40	m^3	6.70	651.49	4 365.00
-b	C30	m^3	248.20	606.02	150 414.00
411-3	ϕ^s15.2 钢绞线	kg	8 048.00	15.21	122 410.00
413-4	浆砌预制 C30 混凝土块	m^3	89.70	660.00	59 202.00
413-5	锥坡 C30 现浇混凝土	m^3	165.00	640.58	105 696.00
415-1	沥青混凝土桥面铺装(厚 90mm)	m^2	2 328.89	120.43	280 468.00
415-3	AMP 二阶反应型防水层	m^2	2 326.00	41.74	97 087.00
416-7	高阻尼隔震橡胶支座				
-a	HDR-D250-H/8	个	32.00	3 749.53	119 985.00
-b	HDR(Ⅱ)-D350-G8/8	个	64.00	5 290.34	338 582.00
417-2	数模式伸缩装置				
-b	D80 型	m	58.40	2 058.68	120 227.00
418-2	减震橡胶缓冲块				
-b	200mm×200mm×20mm	块	88.00	563.80	49 614.00
418-3	桥面排水				
-a	铸铁泄水管	kg	2 028.00	8.03	16 285.00
422-1	桥头锥坡、导流坝、防护				
-a	锥心填土	m^3	904.50	63.12	57 092.00
424-1	梁板运输及安装	m^3	795.40	689.40	548 349.00
K2448+400 冯家嘴 2 号大桥(24-30 后张预应力箱形连续梁桥)					
403-1	基础钢筋(包括灌注桩、支撑梁、承台、系梁等)				
…	…	…	…	…	…
K2440+947.5 河中桥(3-20 后张预应力小箱梁)					
…	…	…	…	…	…
K2441+310 提篮 1 号中桥(3-20 后张箱梁)					
403-1	基础钢筋(包括灌注桩、支撑梁、承台、系梁等)				
K2446+180 提篮 2 号中桥(4-20 后张箱梁)					
…					
400 章合计					149 392 146.0
清单 600 章 安全设施及预埋管线					
604-9	公路界碑(15 cm×15 cm×120 cm)	个	840.00	83.21	69 896.00
600 章合计					69 896.00
清单 700 章 绿化及环境保护设施					
703-1	取弃土场、施工临时用地种草	m^2	712 563.00	15.16	10 802 455.00
700 章合计					10 802 455.00

第三节　报价的编制

一、报价编制的依据

（一）招标文件

公路工程招标文件包括：投标邀请书、投标须知、合同条款、技术规范、工程量清单、投标书及投标担保格式、图纸、勘察资料等。另外，招标人在开标前规定日期内颁发的合同、规范、图纸的修改书和变更通知（以书面为准），与招标文件有同等的效力。

招标文件是编制投标报价的重要资料，应认真仔细地研究，以全面了解承包人在合同中的权利和义务，同时应深入分析施工承包中所面临的和需要承担的风险，详细研究招标文件中的漏洞和疏忽，为制订投标策略寻找依据，创造条件。实践证明，吃透招标文件，可为投标成功打下良好的基础，否则，易给自己带来投标失误甚至造成无法弥补的损失。

（二）现场考察收集的资料

现场考察是投标人投标时全面了解现场施工环境及施工风险的重要途径，是投标人搞好投标报价的先决条件。在招标过程中，招标人通常会组织正式的现场考察。当考察时间不够时，投标人可再抽时间到现场收集编标用的资料，或进行重点补充考察。投标人提出的报价应当是在现场考察的基础上编制出来的，而且应包括施工中可能遇见的各种风险和费用。在投标有效期内及工程施工过程中，投标人无权以现场考察不周、情况不了解为由而提出修改标书或调整标价给予补偿的要求。因此，投标人在报价以前必须认真地进行现场考察，全面、细致地了解工地及其周围的政治、经济、地理、法律等情况，收集与报价有关的各种风险与数据资料。现场考察的主要内容如下：

1. 政治方面（指国外承包工程）

（1）项目所在国政局是否稳定，有无发生政变的可能。

（2）项目所在国与邻国的关系如何，有无发生边境冲突的可能。

（3）项目所在国与我国的双边关系如何。

2. 地理、地貌、气象方面

（1）项目所在地及附近地形地貌与设计图纸是否相符。

（2）项目所在地的河流水深、地下水情况、水质等。

（3）项目所在地近20年的气象资料，如最高最低气温、雨量、雨季期、冰冻深度、降雪量、冬季时间、风向、风速、台风等情况。

（4）当地特大风、雨、雪、灾害情况。

（5）地震灾害情况。

（6）自然地理：修筑便道位置、高度、宽度标准，运输条件及水、陆运输情况。

3. 法律、法规方面

（1）与承包合同有关的经济合同法、外汇管理法、税收法、劳动法、环境保护法、建筑市场管理法、涉外经济合同法等法律及相应的法规。

(2)国外承包工程除上述有关法律法规外,尚应了解项目所在地的民法,对本项目施工有关的具体规定,如劳动力的雇佣、设备材料的进出口及运输施工机械使用等规定。

4. 工程施工条件

(1)工程所需当地建筑材料的料源及分布地。

(2)场内外交通运输条件,现场周围道路桥梁通行能力,便道便桥修建位置、长度数量。

(3)施工供电、供水条件,外电架设的可能性(包括数量、架支线长度、费用等)。

(4)新盖生产生活房屋的场地及可能租赁民房情况、单价。

(5)当地劳动力来源、技术水平及工资标准情况。

(6)当地施工机械租赁、修理能力。

5. 经济方面

(1)工程所需各种材料,当地市场供应数量、质量、规格、性能能否满足工程要求及其价格情况。

(2)当地买土地点、数量、单价、运距。

(3)国外承包工程还要了解当地工人工作时间,年法定假日天数,工人假日,冬、雨、夜施工及病假的补贴,工人所交所得税及社会保险金是多少。

(4)监理工程师工资标准。

(5)当地各种运输、装卸及汽柴油价格。

(6)当地主副食供应情况和近 3 ~5 年物价上涨率。

(7)保险费情况。

(8)当地工程机械出租的可能性、品种、数量、单价。

(9)当地近几年同类性质已完工程的造价分析资料。

6. 当地的建设市场情况

(1)该项目中标后,有没有后续工程的可能性。

(2)有哪些竞争对手参加本次投标,各有多大实力,竞争对手信誉如何。

7. 工程所在地有关健康、安全、环保和治安情况

如医疗设施、救护工作、环保要求、废料处理、保安措施等。

8. 其他方面

现场考察需带有招标人提供的以 1/2 000 比例为宜的平面图,详细标绘施工便道、便桥的布置、数量和其他临时生产生活设施的布置。调查路基范围内拆迁情况,需填筑水塘面积大小、抽水数量、淤泥深度和数量以及了解开山的岩石等级、打洞放炮设计施工方法、调查桥梁位置、水深水位、便桥架设、钻孔(打桩)工作平台架设、深水基础、承台、下部构造如何施工、上部构造如何预制、预制场设在哪里及怎样布置、安装等有关具体问题,以便为施工组织设计做好准备。

投标人完成标前调查和现场考察工作后,可根据调查结果,确定材料和机械台班单价,同时为施工组织设计提供大量的第一手资料,为制订出合理的报价打下基础。

(三)施工组织设计

施工组织设计的优劣不仅影响施工能否顺利进行,而且影响造价的高低。不同的施工方

案、不同的施工顺序、不同的平面布置所需的工程费用是不一样的，有时会相差很大，因此，在进行投标时，应编制出技术上可行、经济上合理的施工组织设计，并以此作为编制投标报价的依据。

（四）本企业的资料

(1)本企业历年来(至少五年)已完工程的成本分析资料。

(2)本企业为本项目提供新添施工设备经费的可能性。

(3)本企业的施工定额。

（五）其他资料

(1)招标文件所规定的各种国家标准、部颁标准、技术规范等。

(2)部颁《公路工程预算定额》(JTG/T B06-02—2007)和《公路工程基本建设项目概算预算编制办法》(JTG B06—2007)及地方政府颁发的有关收费标准和定额。

二、报价编制的步骤

报价编制的步骤如图 5-3 所示。

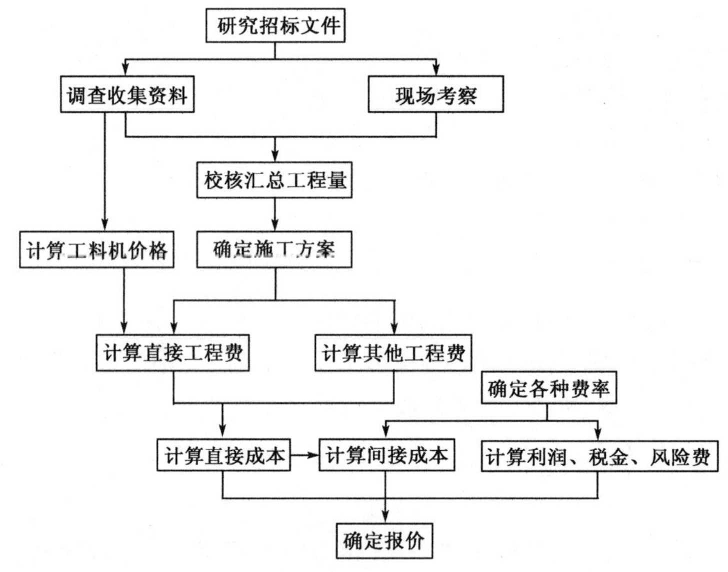

图 5-3　报价编制的步骤

在完成以上的这些工作时，应注意以下问题：

（一）应仔细核实工程量

工程量是整个算标工作的基础，人工、材料、机械消耗量及辅助设施等，都是根据工程量的多少来确定的。招标项目的工程量在招标文件的工程量清单中有详细说明，但由于种种原因，工程量清单中的工程数量有时会和图纸中的数量存在不一致的现象。因此，有必要进行复核，核实工程量的主要作用如下：

(1)全面掌握本项目需发生的各分项工程的数量，便于投标中进行准确的报价。

(2)及时发现工程量清单中关于工程量的错误和漏洞,为制订投标策略提供依据。

(3)有利于促使投标人对技术规范中的计量支付规定做进一步的研究,便于精确地编写各工程细目的单价。

核实工程量可从两方面入手:一是认真研究招标文件,吃透技术规范,二是通过切实的考察取得第一手资料。具体做好如下几项工作:

(1)全面核实设计图纸中各分项工程的工程量。

(2)计算受施工方案影响而需额外发生的工程量。

(3)根据技术规范中计量与支付的规定,对以上数量进行折算,在折算过程中有时需要对设计图纸中的工程量进行分解或合并。

(二)重视施工组织设计的编制

高效率和低消耗是编制施工组织设计的总原则,编制施工组织设计时应遵循连续性、均衡性、协调性和经济性原则,其中,经济性原则是施工组织设计的核心和落脚点,因此,在编制施工组织设计时,应注意如下事项:

(1)充分满足技术上的先进性和可靠性,最大限度地提高劳动生产率,降低施工成本。

(2)充分利用现有的施工机械设备,提高施工机械的使用率以降低机械施工成本。

(3)采用先进的管理手段,优化施工进度计划,选择最优施工排序,均衡安排施工,尽量避免施工高峰的赶工现象和施工低谷中的窝工现象,机动安排非关键线路上的剩余资源,从非关键线路上要效益。

(4)适当聘用当地员工或临时工,降低施工队伍调遣费,减少窝工现象。

投标竞争是比技术、比管理的竞争,技术和管理的先进性应充分体现在编制的施工组织设计中,以达到降低成本、缩短工期的目的。

(三)明确报价的组成部分及内容

一个项目的投标报价由以下三部分组成:

(1)施工成本。包括直接成本、间接成本。确定施工成本,应进行施工成本分析和成本预测。成本分析应建立在以往施工项目成本分析和成本核算工作的基础之上,所以施工企业加强成本核算和统计管理工作是搞好投标报价工作的基础。成本预测应使用企业定额,因此,施工企业建立自己的企业定额也是编制施工预算进而搞好投标报价工作的前提。

(2)利润和税金。税金是由国家统一征收的费用,利润是根据本项目的具体情况、公司的利润目标、市场行情等制定的。

(3)风险费用。即在各种风险发生后需由承包人承担的风险损失。风险是一种可能发生可能不发生的概率事件,但一旦发生会给承包人带来损失,甚至使承包人有倒闭破产的危险。因此对风险应有足够的认识,投标报价中要考虑的风险种类和风险费用,应依据合同条款的规定和当时当地的情况来确定。例如,报价中是否要考虑物价上涨费的问题,如果合同条款中规定物价上涨后即调整价差和有关费用,则报价中无须考虑物价上涨费;如果合同条款中规定此项风险由承包人承担,则应在报价中考虑物价上涨费用,物价上涨费用应根据当时的物价上涨情况,在预测物价上涨率的基础上确定。当然这种预测结果与实际情况会有偏差,但这是难免的。又如报价中是否要考虑法律法规变更后增加的费用,是否应考虑不可抗力风险发生后给承包人带来的风险损失以及地质情况复杂而需增加的风险费用等，都要依据合同条款的规定来决定，如果合同条款规定由承包人承担，则应在报价中作出充分考虑，而这些费用的多少更无规律可循，主要应依据投标人的经验及对风险的辨别能力和洞察能力来确定。

总之，在投标报价中，应科学地编制以上几项费用，使总报价既有竞争力，又有利可图。

（四）掌握市场情报和信息，确定投标策略

报价策略是投标人在激烈竞争的环境下为了企业的生存与发展而可能使用的对策，报价策略运用是否得当，对投标人能否中标并获得利润影响很大，常用的投标策略大致有如下几种：

1. 盈利较大的策略

即在报价中以较大的利润为投标目标的策略。这种投标策略通常在建筑市场任务多，投标人对该项目拥有技术上的垄断优势，竞争对手少或近期施工任务比较饱和时才予采用。

2. 微利保本策略

即在施工成本、利税及风险费几项费用中，降低利润目标，甚至不考虑利润。这种投标策略通常在企业工程任务不饱满、建筑市场供不应求、竞争对手强以及招标人按最低标定标时可采用。

要确定一个低而适度的报价，首先要编制出先进合理的施工方案，在此基础上计算出能够确保合同工期要求和质量标准的最低预算成本。降低公路工程预算成本要从发挥企业优势，降低直接费和间接费等方面着手。

3. 低价亏损策略

即在报价中不仅不考虑企业利润，相反考虑一定的亏损后提出的报价策略。这种报价策略通常主要在以下几种情况采用：市场竞争激烈，竞争对手很强；投标人急于打入该建筑市场或保住施工地盘；施工企业面临生存危机，急于解决企业职工的窝工。使用该种投标策略时应注意：第一，招标人肯定是按最低价确定中标单位；第二，这种报价方法属于正当的商业竞争行为。

4. 冒险投标策略

即在报价中不考虑风险费用，这是一种冒险行为，如果风险不发生，即意味着投标人的报价成功；如果风险发生，则意味着投标人要承担极大的风险损失。这种报价策略同样只在市场竞争激烈，投标人急于寻找施工任务或着眼于打入该建筑市场甚至独占该建筑市场时才予采用。

5. 其他策略

以上是投标报价的四种常见策略，投标报价过程中，可以在以上四种策略的基础上采用优化设计、缩短工期、附带优惠、低价索赔等附带策略。

（五）报价决策

1. 报价决策

在报价分析工作的基础上，根据自己所确定的投标策略，即可进行投标决策，确定投标报

价,在总报价确定后,可根据单价分析表中的数据综合考虑其他因素后确定工程量清单中各工程细目的单价。在确定工程细目的单价时,有平衡报价法和不平衡报价法两种方法:平衡报价法将间接费和利润等费用平均分摊到各工程细目的单价中,即按某固定的比例分摊。不平衡报价法与此相反。就时间而言,有早期摊入法、递减摊入法、递增摊入法和平均摊入法四种方法。

(1)早期摊入法。即将投标期间和开工初期需发生的费用全部摊入早期完工的分项工程中。这些费用有投标期间的各种开支、投标保函手续费、工程保险费、部分临时设施费、由投标人承担的监理设施费、施工队伍调遣费、临时工程及其他开支费用。采用不平衡报价法时,可以将工程量清单中的这些费用支付项目适当提高报价,由于这些费用支付时间较早,通常在开工初期支付,这样报价便于承包人尽早收回成本或减少周转资金。

(2)递减摊入法。即将施工前期发生较多而后逐步减少的一些费用,按随时间发生逐步减少分摊比例的方法摊到各分项工程中。这些费用有履约保函手续费、贷款利息、部分临时设施费、业务费、管理费。

(3)递增摊入法。其方法与递减摊入法相反。这些费用有物价上涨费等费用。当投标人预测物价上涨率在施工后期较高甚至超过银行利率时,可以采用递增摊入法来报价。

(4)平均摊入法。即将费用平均分摊到各分项工程的单价中。这些费用有意外费用、利润、税金等费用。

2. 投标决策中的报价手法

投标决策中的报价手法通常有如下几种:

(1)不平衡报价法。具体表现形式如下:

①先期开工的项目(如开工费、土方、基础等)的单价报价高,后期开工的项目如高速公路的路面、交通设施、绿化等附属设施的单价报价低。

②估计以后将可能增加工程量的项目的单价报价高,工程量将可能减少的项目的单价报价低。

对单价合同来说,在进行结算支付时,其结算价等于实际完成工程量乘以合同的单价,即合同单价不能变更,因此用这种技巧使承包人获得更多的收益。

③图纸不明确或有错误的,估计今后会修改的项目的单价报价高,估计今后会取消的项目的单价报价低。

④没有工程量,只填单价的项目如土方超运其单价报价高,这样既不影响投标总价,又有利于多获利润。

⑤对暂列金额项目,分析让承包人做的可能性大时,其单价报价高,反之,报价低。

⑥对于允许价格调整的工程,当利率低于物价上涨时,则后期施工的工程细目的单价报价高,反之,报价低。

(2)扩大标价法。即除了按正常的已知条件编制价格外,对工程中变化较大或没有把握的工作,采用扩大单价、增加“不可预见费”的方法来减少风险。

(3)多方案报价法。这是利用工程说明书或合同条款不够明确之处,以争取达到修改工程说明书和合同为目的的一种报价方法。其方法是,按原工程说明书和合同条款报一个价格,并加以注释:“如工程说明书和合同条款可作某些改变时,可降低多少多少费用”,使报价成为最低的,以吸引招标人修改说明书和合同条款,但使用该方法时注意不要违反招标文件中规定的投标一致性,否则会作为废标处理。

(4)开口升级报价法。这种方法将报价看成是协商的开始,报价时利用招标文件中规定的不明确的有利条件，将造价很高的一些单项工程的报价抛开作为活口，将标价降低至无法与之竞争的数额。利用这种“最低标价”来吸引招标人，从而取得与招标人商谈的机会，利用活口进行升级加价，以达到最后盈利的目的。

(5)突然降价法。这是一种迷惑对手或保密的竞争手段。在整个报价过程中，仍按一般情况报价，甚至有意无意地将报价泄露，或者表示对工程兴趣不大，当临近投标截止期时突然降价，使竞争对手措手不及，从而解决标价保密问题，提高竞争能力和中标机会。

3. 报价决策中的注意事项

(1)施工企业在投标中应从自身条件、兴趣、能力和近远期经营战略目标出发来进行报价决策。一个企业，首先要具有战略眼光，投标时既要看到近期利益，更要看到长远目标，承揽当前工程要为今后的工程创造机会和条件。在投标中，企业要注意扬长避短，注重信誉，报价中要量力而行，对不顾实际情况、盲目压低标价的行为应予抵制。

(2)报价决策中应重视对招标人的条件和心理方面的分析。施工条件是否具备是投标中应予重视的问题，它与承包人的利益密切相关，条件不成熟的项目对招标人是一种风险，应在报价决策中作出相应的考虑。其次应对招标人的心理进行分析，若招标人资金短缺，则一般考虑最低标价中标；若招标人急需工程开工和完工则通常要求工期尽量提前，因此，加强对招标人的心理分析和情报收集对搞好报价决策是很重要的。

(3)做好报价的宏观审核。标价编好后，是否合理、有无可能中标，可以采用工程报价宏观审核指标的方法进行分析判断。例如，可采用单位工程造价、全员劳动生产率、个体分析整体综合控制、各分项工程价值比例、各类费用的正常比例、单位工程用工用料等正常指标进行审核。

三、报价编制示例

例 5-1：某省拟修建连接某高速公路和某世界文化遗产旅游区间的一条一级公路，路线全长 30.859km，设计车速 100km/h，路基宽度 16m，路面宽度 15m。底基层采用多渣基层，厚度为 22cm，基层采用石灰粉煤灰碎石(5∶15∶80)，厚度 20cm，面层采用沥青混凝土，厚度为 10cm，其中上面层采用中粒式沥青混凝土，厚度 4cm，下面层采用粗粒式沥青混凝土，厚度 6cm。其路面工程量清单如表 5-14 所示，试确定路面各子目的投标报价。

路面工程量清单 表 5-14

清单 第300章 路面				
子 目 号	子 目 名 称	单 位	数 量	单价(元)
305-4	多渣底基层	m^2	483 720	
305-5	石灰粉煤灰碎石基层	m^2	467 720	
309-2	中粒式沥青混凝土			
-a	厚 40mm	m^2	460 020	
309-3	粗粒式沥青混凝土			
-a	厚 60mm	m^2	460 020	

解：(1)各子目的工程数量及采用的定额。

根据招标文件技术规范中计量与支付的规定，确定完成工程量清单中各项目的定额号见表 5-15。

工程量清单中各项目的定额号

表 5-15

序号	工 程 细 目	单 位	数 量	定 额 代 号
1	多渣底基层	1 000m²	483.72	
(1)	基层稳定土厂拌设备安装、拆除(200t/h 以内)	座	1	[2-1-10-3]
(2)	推土机平整场地	1 000m²	2.0	[4-11-1-3]
(3)	人工铺碎石垫层厚 15cm	1 000m²	2.0	[2-1-1-5]
(4)	汽车便道平微区路基宽 7m	km	1.5	[7-1-1-1]
(5)	汽车便道砂砾路面宽 6m	km	1.5	[7-1-1-5]
(6)	厚 22cm 石灰煤渣碎石(8: 30: 62)混和料拌和	1 000m²	483.72	[2-1-7-41] + [2-1-7-42] ×7
(7)	底基层混和料运输(15t 以内,平均运距 11km)	1 000m³	106.42	[2-1-8-21] + [2-1-8-24] ×20
(8)	120kW 以内平地机铺筑底基层稳定土混合料	1 000m²	483.72	[2-1-9-4]
2	石灰粉煤灰碎石基层	1 000m²	467.72	
(1)	基层稳定土厂拌设备安装、拆除(200t/h 以内)	座	1	[2-1-10-3]
(2)	推土机平整场地	1 000m²	2.0	[4-11-1-3]
(3)	人工铺碎石垫层厚 15cm	1 000m²	2.0	[2-1-1-5]
(4)	汽车便道平微区路基宽 7m	km	1.5	[7-1-1-1]
(5)	汽车便道砂砾路面宽 6m	km	1.5	[7-1-1-5]
(6)	厚 20cm 石灰粉煤灰碎石(5: 15: 80)混和料拌和	1 000m²	467.72	[2-1-7-31] + [2-1-7-32] ×5
(7)	基层混和料运输(15t 以内,平均运距 11km)	1 000m³	93.55	[2-1-8-21] + [2-1-8-24] ×20
(8)	120kW 以内平地机铺筑基层稳定土混合料	1 000m²	467.72	[2-1-9-3]
3	厚 40mm 中粒式沥青混凝土	1 000m²	460.02	
(1)	沥青混合料拌和设备安装、拆除(160t/h 以内)	座	1	[2-2-15-4] ×0.4
(2)	推土机平整场地	1 000m²	3.0	[4-11-1-3] ×0.4
(3)	人工铺碎石垫层厚 15cm	1 000m²	3.0	[2-1-1-5] ×0.4
(4)	汽车便道平微区路基宽 7m	km	1.5	[7-1-1-1] ×0.4
(5)	汽车便道砂砾路面宽 6m	km	1.5	[7-1-1-5] ×0.4
(6)	拌和沥青混凝土中粒式(160t/h 以内)	1 000m³	18.40	[2-2-11-10]
(7)	沥青混合料运输 14.5km(15t 以内)	1 000m³	18.40	[2-2-13-21] + [2-2-13-24] ×27
(8)	机械摊铺中粒式(160t/h 以内)	1 000m³	18.40	[2-2-14-43]
(9)	黏层沥青	1 000m²	460.02	[2-2-16-5]
4	厚 60mm 粗粒式沥青混凝土	1 000m²	460.02	
(1)	沥青混合料拌和设备安装、拆除(160t/h 以内)	座	1	[2-2-15-4] ×0.6
(2)	推土机平整场地	1 000m²	3.0	[4-11-1-3] ×0.6

续上表

序号	工程细目	单位	数量	定额代号
(3)	人工铺碎石垫层厚15cm	1 000m^2	3.0	[2-1-1-5]×0.6
(4)	汽车便道平微区路基宽7m	km	1.5	[7-1-1-1]×0.6
(5)	汽车便道砂砾路面宽6m	km	1.5	[7-1-1-5]×0.6
(6)	拌和沥青混凝土粗粒式(160t/h以内)	1 000m^3	27.60	[2-2-11-4]
(7)	沥青混合料运输14.5km(15t以内)	1 000m^3	27.60	[2-2-13-21]+[2-2-13-24]×27
(8)	机械摊铺粗粒式(160t/h以内)	1 000m^3	27.60	[2-2-14-42]
(9)	透层沥青	1 000m^2	460.02	[2-2-16-3]

(2)其他工程费、间接费费率。

其他工程费、间接费综合费率按照《概算预算编制办法》进行计算，汇总如表5-16所示。

其他工程费、间接费综合费率(单位:%) 表5-16

工程类别	其他工程费费率	间接费费率
高级路面(面层)	3.910	0.410
其他路面(基层和底基层)	3.810	0.460

(3)进行工料机分析，本合同段施工所需要的各种材料、机械的品种及数量如表5-17所示。

工、料、机汇总表 表5-17

序号	规格名称	单位	代号	总数量	序号	规格名称	单位	代号	总数量
1	人工	工日	1	16 642	16	砂	m^3	897	15 360
2	机械工	工日	2	11 650	17	中(粗)砂	m^3	899	946
3	锯材	m^3	102	0.026	18	天然级配	m^3	908	5 370
4	型钢	t	182	0.107	19	片石	m^3	931	1 080
5	组合钢模板	t	272	0.229	20	煤渣	m^3	937	73 990
6	铁件	kg	651	223	21	粉煤灰	m^3	945	39 873
7	32.5级水泥	t	832	273	22	矿粉	t	949	4 819
8	石油沥青	t	851	5 578	23	碎石(4cm)	m^3	952	214
9	重油	kg	861	582 679	24	碎石	m^3	958	185 602
10	汽油	kg	862	6 567	25	石屑	m^3	961	10 086
11	柴油	kg	863	537 264	26	路面用碎石(1.5cm)	m^3	965	13 332
12	煤	t	864	112	27	路面用碎石(2.5cm)	m^3	966	18 002
13	电	kW·h	865	508 099	28	路面用碎石(3.5cm)	m^3	967	12 952
14	水	m^3	866	43 716	29	块石	m^3	981	1 264
15	生石灰	t	891	25 912	30	其他材料费	元	996	28 311

续上表

序号	规格名称	单位	代号	总数量	序号	规格名称	单位	代号	总数量
31	设备摊销费	元	997	161 506	45	9.0m 以内带自动找平沥青混合料摊铺机	台班	1213	131.5
32	75kW 以内履带式推土机	台班	1003	4.7	46	16 ~ 20t 以内轮胎式压路机	台班	1224	50.6
33	105kW 以内履带式推土机	台班	1005	4.5	47	20 ~ 25t 以内轮胎式压路机	台班	1225	75.8
34	0.6m^3 履带式单斗挖掘机	台班	1027	23.8	48	250L 以内强制式混凝土搅拌机	台班	1272	10.9
35	2.0m^3 轮胎式装载机	台班	1050	285.3	49	5t 以内自卸汽车	台班	1383	119.96
36	3.0m^3 轮胎式装载机	台班	1051	556.7	50	15t 以内自卸汽车	台班	1388	4 557.1
37	120kW 以内平地机	台班	1057	352.0	51	20t 平板拖车组	台班	1393	21.6
38	6 ~ 8t 光轮压路机	台班	1075	453.2	52	6 000L 以内洒水汽车	台班	1405	295.0
39	8 ~ 10t 光轮压路机	台班	1076	12.2	53	12t 以内汽车式起重机	台班	1451	5.0
40	12 ~ 15t 光轮压路机	台班	1078	1 411.8	54	20t 以内汽车式起重机	台班	1453	18.0
41	0.6t 手扶式振动碾	台班	1083	25.4	55	40t 以内汽车式起重机	台班	1456	20.3
42	300t/h 以内稳定土厂拌设备	台班	1160	252.1	56	75t 以内汽车式起重机	台班	1458	38.4
43	4 000L 以内沥青洒布车	台班	1193	46.0	57	小型机具使用费	元	1998	3 228
44	160t/h 以内沥青拌和设备	台班	1205	121.7					

(4)确定工、料、机的单价。

经过市场调查和分析计算,确定该合同段的工、料、机单价见表 5-18。

工、料、机单价表　　表 5-18

序号	名称	单位	代号	预算单价（元）	序号	名称	单位	代号	预算单价（元）
1	人工	工日	1	49.20	30	其他材料费	元	996	1.00
2	机械工	工日	2	49.20	31	设备摊销费	元	997	1.00
3	锯材	m^3	102	1 350.00	32	75kW 以内履带式推土机	台班	1003	612.89
4	型钢	t	182	3 700.00	33	105kW 以内履带式推土机	台班	1005	803.76
5	组合钢模板	t	272	5 710.00	34	0.6m^3 履带式单斗挖掘机	台班	1027	499.98
6	铁件	kg	651	4.40	35	2.0m^3 轮胎式装载机	台班	1050	707.85
7	32.5 级水泥	t	832	400.00	36	3.0m^3 轮胎式装载机	台班	1051	908.13
8	石油沥青	t	851	4 500.00	37	120kW 以内平地机	台班	1057	912.98
9	重油	kg	861	2.80	38	6～8t 光轮压路机	台班	1075	251.49
10	汽油	kg	862	6.20	39	8～10t 光轮压路机	台班	1076	280.38
11	柴油	kg	863	5.90	40	12～15t 光轮压路机	台班	1078	411.77
12	煤	t	864	310.00	41	0.6t 手扶式振动碾	台班	1083	104.76
13	电	kW·h	865	1.55	42	300t/h 以内稳定土厂拌设备	台班	1160	949.20
14	水	m^3	866	3.00	43	4 000L 以内沥青洒布车	台班	1193	433.80
15	生石灰	t	891	105.00	44	160t/h 以内沥青拌和设备	台班	1205	19 612.31
16	砂	m^3	897	50.00	45	9.0m 以内带自动找平沥青混合料摊铺机	台班	1213	2 213.58
17	中(粗)砂	m^3	899	68.00	46	16～20t 以内轮胎式压路机	台班	1224	616.66
18	天然级配	m^3	908	40.00	47	20～25t 以内轮胎式压路机	台班	1225	760.27
19	片石	m^3	931	45.00	48	250L 以内强制式混凝土搅拌机	台班	1272	96.79
20	煤渣	m^3	937	16.00	49	5t 以内自卸汽车	台班	1383	416.26
21	粉煤灰	m^3	945	23.00	50	15t 以内自卸汽车	台班	1388	825.75
22	矿粉	t	949	125.00	51	20t 平板拖车组	台班	1393	960.37
23	碎石(4cm)	m^3	952	62.00	52	6 000L 以内洒水汽车	台班	1405	545.58
24	碎石	m^3	958	45.50	53	12t 以内汽车式起重机	台班	1 451	787.37
25	石屑	m^3	961	65.00	54	20t 以内汽车式起重机	台班	1 453	1 168.18
26	路面用碎石(1.5cm)	m^3	965	65.00	55	40t 以内汽车式起重机	台班	1456	2 212.32
27	路面用碎石(2.5cm)	m^3	966	60.00	56	75t 以内汽车式起重机	台班	1458	3 369.91
28	路面用碎石(3.5cm)	m^3	967	58.00	57	小型机具使用费	元	1998	1.00
29	块石	m^3	981	85.00					

(5)分项计算,汇总得到建筑安装工程费计算表,如表 5-19 所示。

建筑安装工程费计算表

表 5-19

序号	工程名称	单位	工程量	直接费(元)						间接费(元)	利润(元)(费率7.00%)	税金(元)(综合税率3.41%)	建筑安装工程费	
				直接工程费				其他工程费	合计				合计(元)	单价(元)
				人工费	材料费	机械使用费	合计							
1	2	3	4	5	6	7	8	9	10	11	12	13	14	15
1	多渣底基层	m^2	483 720	240 240	6 746 325	2 444 118	9 430 683	295 551	9 726 234	37 986	683 430	356 265	10 806 305	22.34
2	石灰粉煤灰碎石基层	m^2	467 720	248 065	6 899 970	2 268 870	9 416 905	301 950	9 718 855	38 824	682 970	356 026	10 794 978	23.08
3	中粒式沥青混凝土(厚40mm)	m^2	460 020	129 195	12 337 491	1 705 277	14 171 963	531 504	14 703 467	53 888	1 033 337	538 634	16 335 310	35.51
4	粗粒式沥青混凝土(厚60mm)	m^2	460 020	201 305	18 005 902	2 580 561	20 787 768	778 337	21 566 105	85 637	1 515 651	790 044	23 957 842	52.08
5	各项费用合计	元		818 805	43 989 688	8 998 826	53 807 319	1 907 342	55 714 661	222 335	3 915 388	2 040 969	61 894 435	

（6）确定工程量清单中的单价，如表5-20所示。

工程量清单中的单价　　表5-20

清单　第300章　路面				
子　目　号	子 目 名 称	单　　位	数　　量	单价(元)
305-4	多渣底基层	m^2	483 720	22.34
305-5	石灰粉煤灰碎石基层	m^2	467 720	23.08
309-2	中粒式沥青混凝土			
-a	厚40mm	m^2	460 020	35.51
309-3	粗粒式沥青混凝土			
-a	厚60mm	m^2	460 020	52.08

注：1. 作为示例，本例以《预算定额》来编制报价。但在实际工作中，应以反映施工企业实际技术水平、管理水平的企业定额来编制。

2. 本表利润率取7%，但在实际工作中，应以市场行情及企业的策略等确定。

第四节　国际工程投标

一、国际工程投标报价的组成

国际工程投标报价的组成部分包括直接成本和加价两部分，即

标价 = 直接成本估算价 + 加价

1. 直接成本估算价

直接成本估算估算价包括劳动力、施工设备和材料的费用以及直接参与施工的分包人费用。这些直接费中还应加上现场杂费，如现场管理人员费、安全、保卫和福利等服务费用以及办公室、食堂和各项工程直接使用的一切其他设施费用等。

2. 加价

加价包括公司管理费或总部管理费、利润和风险补偿费。这些费用是不包括在工程承包人的直接成本中的。

在标价组成部分中，最主要的是劳动力、设备、材料和分包人的直接成本。因此，必须采取各种方法准确地计算，以便把直接成本估算的误差减至最小。利润及风险因素虽然也是影响报价的重要的因素，但是，同直接成本相比，却是次要得多。

二、施工成本的估算

（一）估算材料费、劳工费、设备费及调遣费和返遣费

1. 材料费

对工程所需的所有主要材料报价是一项必不可少的工作。为此，需要编制一份详细的材料清单，并且根据合同文件计算其总量。在确定所需的材料之后，应向合适的供应商征询材料

的报价。材料费的估算依据是材料供应商的报价和材料储存、装运和损耗的附加费。询价单应包括:材料的规格、材料的数量、大概的交货计划(包括供货所需的时间)、现场或保税仓库的地点以及材料的出口港、包装方式、接受及确认报价的期限、提交报价单的截止日期、通用贸易合同条件等。

项目所用材料的价格通常用表格列出,可将材料分为在工程所在国采购的材料和在承包人所在国采购并运到工程所在国的材料。

(1)在工程所在国采购的材料

在工程所在国采购的材料主要包括砂、石、水泥等,这些材料的价格包括了运到现场的所有运输费以及当地税和关税等。

(2)在承包人所在国采购并运到工程所在国的材料

在承包人所在国采购并运到工程所在国的材料,一般所列的价格为 FOB 价即离岸价,FOB 价指供应商所报的,包括货物到达启运港、穿过装运船船舷为止的所有费用在内(即出厂价加上所有的运输费、港口费和装货费等)的价格。

在确定了材料的 FOB 价之后,估价师应决定如何把这些材料运到工程所在国现场所发生的费用加到估价中。这些费包括:海运费、陆运费、保险费、进口税、当地代理佣金、清关费、港口装卸费、运输到现场的费用。

这些附加的费用的计算可用以下三种方法:

①计算每一种材料的上述费用,这些费用包括在每种材料的单价中。

②计算一部分材料的上述费用,得到一个高于 FOB 价的百分比,用此百分比计算工程所需的所有材料至现场的价格。

③计算所有来自在承包人所在国的材料的运输费,并把它作为现场调遣费中一个单独项目。

选择何种方法不仅取决于时间和估价师能得到的资料,而且还涉及风险因素。如果这些费用包括在相应工程量表的单价中,当该项目的工作数量增加时,材料的这些附加费还是能有保证得到支付的。但是,如果运输费包括在调遣费中,调遣项目的工作数量减少时,则能得到高于实际费用的附加收入。

2. 设备费

设备费有三种情况,一是承包人为此工程采购新的施工设备,并将其出口到工程所在国;二是承包人在本国租用设备并运至工程所在国;三是在承包人工程所在国租用一些设备。将这三类施工设备的费用分别列表,标明施工机械和设备的名称、规格、单价、单位。与工程所需的材料一样,这些进口到工程所在国的设备项目的运输费可计入单价,也可包括在调遣费中。

3. 劳工费

工程可雇佣本国和工程所在国的工人。根据公司在工程所在国的代理提供的当地劳务费的有关资料进行估算,在现场考察时承包人也应对当地劳工的来源情况进行调查。当地劳工的劳务费包括项目施工期间的所有津贴、保险、交通费以及现场住宿费。通常用当地的货币支付当地劳工的费用。对于外国劳工,其费用一般包括:基本工资、加班费、个人保险、生病时的支付、带工资的休假津贴、完工奖金等。

4. 调遣费和返遣费

(1)调遣费

调遣费包括工程所需的主要机械、设备和材料运到现场的费用。因此，调遣费中必须考虑下列因素：到启运港的运费（由供应商支付）、在保税仓库的仓储费、清关费、装船费、海运费、卸船费、清关费和至现场的运输费。

调遣费一般分为下列的三类：至港口的运输费和海运费、关税、陆地运输费。

①至港口的运输费和海运费。供应商以离岸价格 FOB 价对材料和设备报价，其价格包括货物到达启运港为止包括装船费在内的所有费用。海运费根据确定的海运单价计算，包括单证费和换算货币的费用。另外还必须加上保险费。

②关税。对于材料和施工设备的进口，一般要支付关税。如对于某港口工程，工程所在国政府要求支付下面的三种税费：进口税、销售税和附加税。它们以发票价值的一定百分比或材料数量的一定比率来计算。关税计算公式如下：

$$C = A \times (I + T + S) \tag{5-6}$$

式中：C——进口关税；

I——进口税；

T——销售税；

S——附加税；

A——包括海运保险在内和海运费的总价。

通常不同材料税率不同。有些国家对所缴纳的关税实行退税制度，因此，应根据工程所在国的法律计算关税。如某涉外承包工程，根据工程所在国的规定，对所缴纳的关税实行退税制度，退还给承包人的金额取决于临时材料和施工机械用于工程的时间。

③陆地运输费。陆地运输费包括将货物运输到现场的所有必需的费用，即结关费、港口装卸费、当地代理费、运输到现场的费用。

按以上方法便可以计算出工程所需施工设备和材料的调遣费。

例 5-2：承包人在本国采购的新设备，并运到工程所在国。其调遣费计算如下：

在计算运至现场的设备总价时，估价师应把海运费、保险费以及到现场的陆路运输费都包括在内。海运费将根据“海运吨”计算，“海运吨”等于材料实际质量（按“t”计）或材料体积（按“m^3”计）两者中的大者。该工程运输的海运吨为 1 620，设备供应商报的 FOB 价为 931 000 欧元，该价包括了至设备穿过启运港船舷止的所有费用。

①与设备运输到现场有关的附加费计算如下：

设备的 FOB 价	931 000 欧元
运输的总“海运吨”	1 620
海运单价	95.00 欧元/海运吨
海运费	95 × 1 620 = 153 900 欧元
用油附加费	0
货运代理费	0.75% × 153 900 = 1 154 欧元
运输次数	1
单证费	1 × 380 = 380 欧元

当地港口费已经包括在 FOB 价中。

总的运输费 = 153 900 + 0 + 1 154 + 380 = 155 434 欧元

包括货物的海运费和陆运费在内的总价格 = 931 000 + 155 434 = 1 086 434 欧元

保险费 = 0.5% × 包括货物的海运和陆运费在内的总价格

= 0.5% × 1 086 434

= 5 432 欧元

包括海运费、保险费和陆运费在内的到岸价 CIF

= 1 086 434 + 5 432

= 1 091 866 欧元

②进口税。在工程所在国对施工设备进口税计算如下：

$$C = A \times (I + T + S)$$

对于设备： $I = 20\%$ $T = 12.5\%$ $S = 20\%$

因此 进口关税 = 1 091 866 × (0.20 + 0.125 + 0.2)

= 573 229 欧元

因为施工机械只在该国临时使用，使用时间不超过 36 个月，因此将退还 40% 的关税。

则 设备应付的关税 = 573 229 × 0.60 = 343 937 欧元

因 50 欧元/每批货，2.5 欧元/"海运吨"，故：

结关费 = (1 620 × 2.5) + 50 = 4 100 欧元

因 3.125 欧元/"海运吨"，故：

F 国港口装卸费 = 3.125 × 1 620 = 5 062 欧元

因 3.438 欧元/"海运吨"，故：

到现场的运输费 = 1 620 × 3.438 = 5 570 欧元

因 2.5 欧元/"海运吨"，故：

当地代理佣金 = 1 620 × 2.50 = 4 050 欧元

当地总费 = 343 937 + 4 100 + 5 062 + 5 570 + 4 050 = 362 719 欧元

设备运到现场的总价，包括海运费、保险费和陆路运费在内，即

总价 = 1 091 866 + 362 719 + 343 937

= 1 798 522 欧元

因此 设备的调遣费 = 1 798 522 − 设备的 FOB 价

= 1 798 522 − 931 000

= 867 522 欧元

(2)返遣费

估价师不但需要计算运输所有设备和材料运到现场的费用，而且还要计算把这些材料和设备运回本国的费用。此类费用的计算与调遣费相似。

(二)工程直接成本的估算

施工成本就是工程的实测工程量的直接成本加上全部现场管理费和间接费用。这些增加的费用只有在工程所需全部资源已经确定下来时才能完全估算出来。所以，在很短的投标准备时间内尽快地把工程的直接成本计算出来是非常必要的。

为了计算工程的直接成本，需要确定劳动力、施工设备、材料和分包人等各项资源的价格；确定施工方法和施工程序大纲；考察施工现场，并核查对施工的自然限制条件和获取各类资源的可能性。

估价人员需要把工程量表中每个分项工程的直接成本价格制定出来。直接成本价格就是承包人承建该项工程的费用。该费用包括用于各个分项工程的劳动力、施工设备、材料和分包人的全部费用。估价人员要把实施具体工程项目所需要的劳动力、施工设备和材料的配置确定下来。各种资源选定之后，就需要按照劳动力与设备的工时和材料数量把这些用于该工程的资源总数量估算出来。确定了各种资源及其使用的时间和数量之后，其余的工作就是把这些数据同收集到的或计算出来的各种费用组合起来，作出直接成本价格。

估价人员主要采用两种基本估算方法，即单价估算法和作业估算法。这两种方法的区别在于如何计算各种价格。

1. 单价估算法

单价估算是通过对各类资源（劳动力、施工设备和材料）的选择和对这些资源的生产率和使用率的选择来实现的。因此，对各类资源的计算结果就是含有单价的生产率或使用率。生产率是每小时完成的工程量，使用率是完成一定工程量所需要的时间或资源数量。用这种计算方法算出的价格就是可以填入工程量表中的各项价格。

例 5-3：用单价估算法确定供应和绑扎直径 20mm 钢筋的价格。

已知：供应和绑扎直径 20mm 钢筋的价格应该包括：材料费用、运输费用、钢筋弯切和绑扎费用、材料损耗量、辅助材料的全部费用。

解：对于 20mm 直径的钢筋，

运到施工现场的材料费用	600 美元/t
损耗量	6%
辅助材料费用（绑线和垫片等）	钢筋价格的 3%
切割和弯切钢筋的工时	12.5h/t
钢筋绑扎速度	22.5h/t
钢筋弯切机	包括在现场杂费中
钢筋现场运输	包括在现场杂费中
钢筋工的劳务价格	13 美元/h

则：

$$材料费 = 1.0 \times 600 \times 1.06 + 0.03 \times 1.0 \times 600 \times 1.06 = 636 + 19.08 = 655.08 \text{ 美元/t}$$

$$劳务费 = (12.5 + 22.5) \times 13 = 455.00 \text{ 美元/t}$$

故直径 20mm 钢筋的供货和绑扎总单价 = 655.08 + 455.00 = 1 110.08 美元/t。

2. 作业估算法

作业估算法是以作业的总工程量和完成该项作业所需的时间为依据，把在上述时间内完成工程所需要的各类资源确定下来，并计算出其费用。这种同编制施工计划密切相关的估算方法，能够把取决于作业时间和闲置时间的施工设备生产量更加准确地计算出来。大多数土木工程承包人都结合使用作业估算和单价估算两种方法来估算价格。例如，供应混凝土用单价估算法计价，而浇灌混凝土（包括劳动力和施工设备）则用作业估算法计价。

例 5-4：用作业估算法对一座新建堤坝 280 根预制混凝土桩的运输和打桩作业费用进行估算。已知这些混凝土桩将用船只运到施工现场，并由承包人自己的施工队和海上打桩设备进行施工。所需要的劳动力和设备资源及其每个月的费用（美元）均列于表 5-21 中。

打桩工程需要的资源 表 5-21

需要的资源	数　量	费用(美元/月)	需要的资源	数　量	费用(美元/月)
施工设备			汽锤	1	1 000
打桩船	1	60 000	发电机	1	1 000
船式起重机	1	10 000	劳动力		
500t 浮船	3	3 000	海上设备操作人员	8	2 000
拖船	2	12 000	一般工人	8	500
锚船	1	5 000	设备经理	1	4 000
交通用船	2	1 000			

解:估价人员和计划人员分析确定,组织施工设备进场、试桩、打桩和打桩设备退场所需要的总工期为 5 个月。

该项作业的总费用计算如下:

(1)劳务费。

设备经理:1 ×4 000 ×5 =20 000 美元;

海上施工队:8 ×2 000 ×5 =80 000 美元;

一般工人:8 ×500 ×5 =20 000 美元;

小计:120 000 美元。

(2)设备费。

打桩船:1 ×60 000 ×5 =300 000 美元;

船式起重机:1 ×10 000 ×5 =50 000 美元;

浮船:3 ×3 000 ×5 =45 000 美元;

拖船:2 ×12 000 ×5 =120 000 美元;

锚船:1 ×5 000 ×5 =25 000 美元;

交通用船:2 ×1 000 ×5 =10 000 美元;

汽锤:1 ×1 000 ×5 =5 000 美元;

发电机:1 ×1 000 ×5 =5 000 美元;

小计:560 000 美元。

经与设备经理商定之后,估价人员取施工设备总费用的 5% 作为燃料费和维修费,即

$$560\ 000 \times 5\% = 28\ 000 \text{ 美元}$$

进场和退场的总费用按 125 000 美元计算。

所以,打桩工程的总费用为:

$$120\ 000 + 560\ 000 + 28\ 000 + 125\ 000 = 833\ 000 \text{ 美元}$$

在工程量表中,总数 280 根桩被分为 6 个作业项目。因此,应当把打桩工程的总费用按照每个作业项目中桩的根数所占的比例分摊给每个作业项目。

(三)现场管理费和间接费用的计算

计算施工总成本时,必须把所有与工程有关的间接费用加到直接成本中去。这些间接费

用包括施工现场的组建与维修以及撤离现场等全部现场管理费。

这些费用可按下述名目进行分类：主要施工设备、一般施工机具、现场行政管理费、职工费用、进场与退场费用、食宿与医疗费用、当地联络费用等。

1. 主要施工设备

主要施工设备的费用中，应该包括安装、维修和拆卸的全部费用。不管工程量表中实际工程量多少，其主要施工设备（如起重机等），在整个施工期间都要留在施工现场。所以，一般应当把这些施工设备的费用包括在现场管理费之中。

2. 一般施工机具

一般施工机具的确切种类，随工程类型及其所在地区的不同而不同。估价人员既没有必要也不宜于花费很多时间把这些费用首先计算出来然后再分摊到工程量表的每个项目中去，只需把这些费用的总额计算出来，并加到工程量表的前言中去即可。

3. 现场行政管理费

现场行政管理费包括现场办公室、办公设施、现场服务、现场运输和各项杂费等的全部费用。这些费用在承包人本国内通常可由其他方面开支，但是对于国外工程，一般必须从现场行政管理费中开支。

4. 职工费用

住在国外的职工需要有较高水准的食宿条件和个人消费，以便最大限度地提高他们施工的生产率。为了给他们提供所需标准的食宿条件，通常需要专门为他们建造住房。可以采用当地材料建造住房，也可以为该项目专门进口一些装配式住房。对于其他工人，也同样需要提供食宿条件和娱乐设施。

5. 进场和退场费用

在国外组建施工现场，由于缺乏基础设施和对当地情况不熟悉，因此通常要比在承包人本国困难得多，开支也比较大。除了一般的现场组建费用以外，还必须把如下的各项费用包括到施工成本中去：到施工现场的通路，法律手续，医疗设施和培训设施，银行手续，接收施工设备的准备条件（道路等），无线和有线电话装置，生活食宿设施，福利设施，劳动力召募办公室，工人培训中心，施工设备维修场地，施工现场安全保卫设施，仓库/材料装卸设施。同样地，在工程完工以后，还需要一笔数目很大的退场费用。

6. 食宿条件与医疗费用

需要为参与施工的职员和全体雇用工人提供食宿条件。大批施工人员通常需要有大量的辅助设施。在距离当地城镇较远时，还必须提供足够的医疗设施。

7. 当地联络办事处

在施工现场远离工程所在国的机场或港口时，应当建立一个当地联络办事处，以便协调各项服务工作。建立当地联络办事处的费用，应当全部或部分地摊入施工成本中去。当地联络办事处的服务工作一般包括：法律代表，审计人员，医疗服务，港口和机场清关代理，内陆运输，无线和有线电话服务，银行业务和货币兑换控制，申办移民手续和工作许可证，劳动法规，当地保险和索赔，车辆执照和其他执照，计算机服务，船运安排，航空旅行服务。

(四)估价的分析

估价人员把工程量表中各项价格计算出来并全部汇总得出工程的直接成本之后，应对直接成本进行分析，以便确定下述各个项目：

(1)把工程量表中各项价格划分为劳动力、施工设备、材料和分包人的价格。如表5-22所示，分析每个项目，不仅表示出其总价格，还表示出组成总价格的各个分项价格。这样，就可以清楚地了解每个项目的成本是如何划分的。

工程量各项价格分析 表5-22

序号	项目说明	单位	数量	单价组成				单价	总价
				劳动力	施工设备	材料	分包人		英镑
	土方工程								
2311	基础挖方：表土最大深度0.25m	m^3	19				2.00	2.00	38
E321	人行道挖方：除表土以外的土方、石头或人造坚硬质物料，从表土下面开始最大深度0.25m	m^3	10				2.13	2.13	22
E325	地下室挖方：同上，最大深度2～5m	m^3	7.8				2.60	2.60	20
E326	储罐挖方：同上，最大深度5～10m	m^3	102				3.00	3.00	307
E522	辅助挖方：清理已挖方的表面，挖出底土	m^2	70	0.39	0.71			1.1	77
	…								
本页总计									

(2)工程量表中“当地”费用和海外费用的划分。表5-23把一项国际承包工程的工程量表中各个项目按照不同的货币划分为当地费用(即以当地货币支付的费用)和海外费用。这种划分可使估价人员能够发现承包人在当地货币付款方面面临的风险。

某国际承包工程各项目当地费用和海外费用 表5-23

项目	说明	总额	当地费用	海外费用
3.1.1	清淤	1 305 000	60 000	1 245 000
3.1.2	回声探测	20 000	—	20 000
3.2.1	水力充填	21 420	1 000	20 420
3.2.2	干法充填	293 760	293 760	—
3.2.3	平整和修筑顶面	66 937	66 937	—
3.3.1	防护石	1 091 300	89 701	1 001 599
3.3.2	过滤网装配	140 700	7 200	133 500
	总计	2 939 117	518 598	2 420 519

(3)在填写工程量表和制订施工程序表时，应提出劳动力和施工设备的需要时间和数量，对劳动力和施工设备进行协调。

三、标价的制定

(一)施工成本估价的调整

由于利润、风险和公司管理费分摊额虽不是全部但也部分地取决于施工成本，因此，估价人员对施工成本不断地进行检查和调整是绝对必要的。即便是估价人员为标价审定会议作出了施工总成本和综合报表，也不可避免地要在会议上对施工成本进行调整。

在标价审定会议上，一般要研究下述有关问题：施工设备和劳动力的需求，施工设备和工人的生产量，现场管理费的需求。

为了配合某些资源的调整，可能需要调整施工成本。当采用改变各项直接成本价格的方法把这些变更转换到估算标价中去，可能会没有足够的时间，可采用把直接成本总额或者管理费总额加上或减去一笔总数的方法来调整施工成本。

(二)公司管理费、利润和风险的增加额

1.公司管理费

公司管理费(即公司总部的管理费)是承包人用来维持公司营业和总部为全部合同提供服务的一项费用。这项费用包括估价部门的业务费用在内。

(1)公司管理费分类

通常公司管理费的分类包括：办公室的租金，总部人员的工资，行政管理费用，邮政、电话、电传与传真的费用，动力费用(电费、暖气费)，修理费、维护费和折旧费，车辆使用费，一般办公用品费，财务费用(包括贷款利息)，科研费和捐赠款，公司税款预备金(如公司税和增值税)，其他经费等。

(2)公司管理费的预测方法

按照公司的财务记录和现行的费用指数来制订公司管理费预测报表。可以采用的预测方法如下：

①简单的年度预测法。简单的年度预测法是对公司上一年度的实际经费进行分析之后，再以这些历史数字的修正值为依据作出本财政年度的费用预测。

②“高”“低”点法。“高”“低”点法是对上一年度的经费按月进行分析，把公司的固定费用和可变费用一并确定下来。然后，再结合下一年度的预期营业额，就可以作出总经费额的预测。

③确定“最佳平均趋势线”的布点图法。布点图法是一种把每月的经费对每月的营业额绘成曲线的图解法。通过目测，可以绘出一条最佳平均趋势线。最佳平均趋势线与纵坐标的交点表示固定费用，该线的斜率则表示可变费用。利用这些数据，结合预期营业额，就可以预测出公司管理费。

④采用最小二乘线性回归法确定最佳平均趋势线。线性回归法的原理同“最佳平均趋势线法”相似。不过，它是采用数学方法来计算营业额和经费额的关系的。

在分析上一年度的数据时，找出不正常的开支并进行适当调整，以便理顺这些费用。在预测下一年度管理费时，其增加额和减少额都必须把通货膨胀和预期营业额的增减估计进去。

(3)影响公司管理费的因素

预测下一财政年度的公司管理费时，必须仔细考虑下述这些因素：

①预期营业额。预测公司管理费不单纯是一种算术运算，而是根据预期本公司在整个建筑市场上的营业活动所作的估算。增加工程量就意味着增加公司管理费。但如果根据工程量估计下一年度的预期营业额，必须对下年的工程类型进行分析，如其中有些工程的类型不同于以往做过的工程时，就不能直接使用这些管理费数据进行估算。例如，承建工程的设计与制造的工作量较大时，就必须另行计算出由此而增大的公司管理费。

②市场条件。整个市场条件和经济状况对计算结果是有影响的。经济下降趋势将使可变费用减少，经济上升趋势将使可变费用增加。

③利率的变化。公司管理费必须包括贷款的补偿费用。补偿费用额取决于银行的基本利率水平。银行利率的预期变化对下一年度的公司管理费有着显著的影响。

④办公设施的需求。对于办公设施应作仔细考虑，想要增加办公设施或维修工作，就意味着要花费一大笔开支。如果有空闲的场所，则可以把它租赁出去，以便冲减日常开支。

⑤职工工资。公司总部人员的工资，通常是仅次于办公设施的一项最大的公司管理费。必须对增加新职工和提高现有职工工资的要求进行慎重地分析。

2. 利润

为了持续生存与发展，公司必须获得利润。在每个财政年度的开始，董事们必须确定公司需要获得的最低利润额。利润水平主要是根据对所获利润的各种需要来规定的。这些需要可以概括如下：

(1)支付给股东们自有资金的股息。

(2)再投资需要的资金(留存资金)。

(3)应付的贷款利息。

(4)预计的公司税。

根据对这些因素的考虑，可以确定出最低利润额对资本的比率。再根据资本对营业额的比率，就可以计算出最低利润额对营业额的比率。

例 5-5：某承包公司自有资本为 10 000 000 美元，公司借贷资本为 5 000 000 美元，贷款利率为 12.5%，预计股东股息为 10%，预计留存利润为 30%，公司税为 35%，营业额与资本比率的目标值为 8，试计算其所需的最低利润。

解：有了上述数据，则所需最低利润额 P 为：

$$P = \text{贷款利息} + \text{留存利润} + \text{按扣除利息后的利润应缴纳的公司税} + \text{股东的股息}$$
$$= 0.125 \times 5\,000\,000 + 0.3P + 0.35(P - 0.125 \times 5\,000\,000) + 0.1 \times 10\,000\,000$$
$$= 625\,000 + 0.3P + 0.35P - 218\,750 + 1\,000\,000$$

即
$$P = 4\,017\,857 \text{ 美元}$$

校核：公司税 $= 0.35(4\,017\,857 - 0.125 \times 5\,000\,000) = 1\,406\,250 - 218\,750 = 1\,187\,500$ 美元

留存利润 $= 0.30 \times 4\,017\,857 = 1\,205\,357$ 美元

贷款利息 $= 0.125 \times 5\,000\,000 = 625\,000$ 美元

股息 $= 0.1 \times 1\,000\,000 = 1\,000\,000$ 美元

因此　总利润额＝1 187 500＋1 205 357＋625 000＋1 000 000＝4 017 857 美元

如果要达到取值为 8 的营业额/资本比率，则：

$$营业额 = 8 \times 15\,000\,000 = 120\,000\,000 \text{ 美元}$$

$$所需最低利润率 = 4\,017\,857 \div 120\,000\,000 = 3.35\%$$

3. 风险

在标价审定会议上，标价审定小组必须对工程的内在风险进行评估，并把最后报价中应该增加的风险补偿费确定下来。在标价审定会议前，估价人员必须找出施工中各种有形的不确定因素。对于各种可供选用的施工方法或者施工中各种问题可能带来的影响，均应把有关的费用估算出来。然后，高级管理人员就能够对这些不确定因素在商务方面的重要性作出评估。

承包人把风险划分为两类：可定量的风险和不可定量的风险。

可定量风险，如对现有建筑物的损坏和临时工程的设计，在这种情况下，估价人员可以进行一系列的计算，以得出在施工过程中出现这类问题时可能发生的费用。然后，高级管理人员可以审查用来保证避免发生这类问题所需要的各项费用，并在标价中加上一笔适当的补偿费用。

对于不可定量的风险，承包人有几种风险控制措施。一种是把这项作业分包出去，从而使风险分散。另一种是风险转移最典型的方式，即保险，并把保险费包括到报价中去。承包人还可以对投标加以限制，或者物色那些合同条件的麻烦较少的工程项目。作为最后的一个手段，承包人还可以采取风险回避的方法，即退出这个项目。

应注意的是，不要认为只有有形的风险才是需要考虑的风险因素。对于商务方面的风险因素，例如支付条款、合同条件、通货膨胀、币值波动以及银行基本利率变化等，也必须给予同样的重视。

风险是一切工程施工所固有的。承担国外的工程，还有另外一些风险。表 5-24 把这些风险逐类逐项作了区分。标价审定小组必须对每一类风险中的各项风险因素进行研究。

风险类别和风险因素　　表 5-24

风险因素	风险种类			
	合同风险	招标人风险	施工风险	经济风险
气候因素				
可获得的劳动力				
劳动力的素质				
对已完工程的付款				
分包出去的工程				
材料供货商				
可获得的材料				
币值波动				

由于时间和可利用数据的限制，以事件发生概率为基础的风险评估方法在工程中用得较少。通常的做法是按商定下来的一个直接成本的百分数，计算出一笔总金额作为风险补偿费用，然后把这笔补偿费用增加到利润中去。这样，风险就有了风险保证金。如果发生意外事件，就可以动用这笔风险保证金，而计划利润可以不受损失。如果施工中不发生任何问题，就可以获得较多的利益。

(三)通货膨胀的补偿费用和价格调配

根据不同招标人的情况和当前通货膨胀水平,合同中可能列出了一些调价的条款。根据这些条款,可以保护承包人免遭材料、人工和施工设备的涨价所造成的利润损失。如果没有这种合同条款,则承包人必须把各项投标价格加上安全系数,以使其利益得到保护。通货膨胀的补偿费用常用下述方法来实现:

(1)在预计采购时的价格水平上,提高各项资源的价格及其在工程中的含量。

(2)增大总部管理费、利润和风险费的含量。

(3)调配工程量表中各个报价项目的价格。

以上这些方法可以单独使用,也可以结合起来使用。

价格调配就是把工程量表中的某些项目的价格调高,同时把其他项目的价格调低,使总标价仍然保持不变。如把工程开始阶段需要完成的项目的价格调高,承包人可以保证在工程开始阶段就收到较多的工程款。这样,可把工程占用的资金减至最少,并有助于为后期工程提供资金。这种价格调配即国内投标中的不平衡报价法。

(四)制订最终标价

在标价审定会议确定了管理费、利润、风险及其他补偿费用后,就可以商定出一个最终报价总额。然后,估价人员就需要对工程量表中的各项价格进行调整,以便把最终标价确定下来。这项工作可用下述方法来完成:

(1)把工程量表中所有项目的价格都增加一个百分数。

(2)增加一笔总金额作为标价调整。

(3)或者把上述两种方法结合起来使用。

另外一种可以选用的方法就是前面谈过的“价格调配”法。

四、报价编制过程概述

编制报价和提交报价可看作是从决定参加投标开始直到招标人代表正式认可或拒绝该报价为止的一个过程。这个过程可看作是依次连接的几个阶段。这些阶段是:预选阶段,决定参加投标,建立估价基础,编制施工成本估算,报价的编制及提交。

(一)预选阶段

在承包人公司内部,预选过程包括下列工作:

(1)对是否需要增加工程的评估。

(2)鉴别市场机会。

(3)预选评估。

承包人应当不断地评估是否还需要增加工程项目。这并不表示只是等待投标邀请,而是要调动市场调研人员在公司有意向的工程市场中寻找业务机会。要求市场人员和未来的招标人进行接触,并做到一旦招标人决定对新工程进行招标时,本公司的名字能被列入邀请投标的名单。

未来的招标人往往要求对承包人进行预选。市场人员应提供一切必要的资料来帮助他们，以确保本公司能被认为是适合承担未来工程项目的公司。

除了与未来的招标人进行商谈之外，同时应协助估价部门搜集编制估价所需要的有关数据。

（二）承包人对参加投标的决定

决定参加海外工程投标，对承包人来说，无疑是一项重大的决策。作出这种决定的难度要比承包人考虑是否参加本国工程投标时的难度大得多。这往往是由于承包人对于该项工程的招标人缺少直接体验，而且工程所在的地区可能是承包人缺少经验或者没有经验的地区。

初步评估的问题主要有：拟建工程的真正可能性如何，何时兴建，工程建在何处，本公司对该项目的施工是否熟悉，谁为该项目提供资金，有多少竞争者参加，这些竞争者都是谁，本公司对招标人是否有良好的体验，工期有多长，在这个新的地区用于工程开工的财务开支是否合算，该工程所含风险能否得到充分补偿等。

随着工程项目逐步进展，可以得到更多的资料信息，大致包括：筹建人和专业顾问的姓名，承担监理任务的咨询工程师的姓名，施工现场的位置，工程的总体说明，项目成本的大致范围，被指定承担主要分项工程的分包人的详细情况，拟采用的合同格式，拟采用的审查和修正计价工程量表的程序，预计进驻现场的日期，工程的完工期限，发放招标文件的大致日期，投标期限，投标截止的期限，预计违约罚款金额（如有的话），对保函的详细要求（如有的话），与合同有关的任何特殊条款。

关于是否参加投标的初步决定应以下列评估为依据：本公司的现有工程量、营业额以及管理费回收额，本公司的资金来源，承担该工程所需资源的可供程度，工程类型，合同执行地点，筹建人和支持机构的身份等。应该把这些因素同本公司掌握的下述行业信息和市场信息结合起来进行评估：

（1）营业额指标：应把营业额分解开来以便表明在哪几个市场上、各按多大的比例才能实现总营业额。

（2）管理费预算。

（3）毛利润和净利润的指标。

（4）预计实现营业额所需要的询价数量。

这些考虑因素可分为四个范畴：

（1）判定本公司是否有足够的资源和经验来应付该项工程。

（2）判定招标人的严肃性和工程资金的可靠性。

（3）判定合同风险和按合同条款规定可能要求承包人承担的风险。

（4）判定该工程是否和本公司的营业计划、在手工程量和营业额相适应。

如果所有这些因素大体上都是有利的，则承包人可以开始准备报价。

关于是否参加投标，应由公司董事在高级职员们审查工程项目的会议上作出最后决定。通常参加会议的职员包括总经理、总估价师、财务经理以及估价部门和计划部门的高级成员。如果决定不参加投标，则应将合同文件退还给招标人代表。如果决定编制报价，则必须迅速建立估价基础并商定出一份编制估价的工作计划。

（三）建立估价基础

决定参加投标后，就要着手开展一系列协调一致的工作，把估价基础尽快地建立起来。这些工作可以归纳如下：

(1)应对所收到的合同文件进行检查并全面查阅这些文件。任何异常或可疑之处均应列出清单，以便向招标人代表提交一份正式疑问清单并要求予以解答。

(2)应根据估价人员和计划人员的讨论结果制订出施工方法纲要和合同施工程序表。

(3)对拟分包出去的分项工程必须尽早作出决定。必须把这些分包项目列出清单，把未来的分包人确定下来，并把需要交给分包人的文件资料复制出来。

(4)必须查阅合同文件，作出工程所需全部材料的清单。该清单将被用于各种材料的询价。

(5)有些分项工程可能会被招标人代表规定为“暂定费用”。必须把这些分项工程划分出来，并把它们同主要分项工程分开来考虑。

(6)在有些招标文件中会要求承包人按照替代设计方案作出报价。由于设计方案的变更将对制订报价产生重大影响，因此，在决定参加投标以后，必须尽快地把设计变更方案确定下来。

(7)如果招标人代表已经编制了工程量表，则合同中就会有一份主要工程量的摘要。如果招标人没有编制工程量表，则必须从合同图纸上把主要的工程量测算出来。

(四)编制施工成本估算

建立了估价基础之后，就可进行详细的施工成本估算工作。估算和编制报价阶段的工作包括直接建立估价基础阶段的工作结果为依据的各项工作和估价基础确定之后即需着手进行的其他工作。

1. 直接以估价基础为依据的各项工作

(1)如对合同文件发生疑问，必须予以澄清。承包人的代表应直接与招标人代表取得联系，以获取所需资料信息。

(2)设计部门应根据已商定的施工方法编制详细的施工程序表，并应编制一份详细的施工方法说明书。计划人员还应编制一份整个施工期间需要的施工设备和劳动力清单。并与估价人员所估算的总数进行比较。

(3)应向那些应邀的分包公司提供相应的文件，包括：工程量、技术规范、有关的合同条款、相应的图纸复制件以及要求分包人何时进行施工的指示。

(4)应寻找工程施工所需材料的报价。正常做法是，每一种主要材料均应找几家供货商报价，以便获得可能最低的报价。承包人必须决定哪些材料可以采用工程所在国的材料(即当地材料)，哪些材料需要进口。

(5)如需提出替代设计方案，则估价部门必须与公司内部设计部门进行密切联系，落实设计变更方案的成本，并把原设计修改之后新的工程量确定下来。

(6)如果招标人未能提供工程量表，则应由承包人的工程测量员或请外单位编制出一份工程量表。

2. 编制成本估算的其他工作

除以上直接以估价基础为依据的各项工作外，编制成本估算时还需要进行的其他工作如下：

(1)现场考察:承包人应安排工程现场考察,以便评估现场的自然条件,并与为了完成施工任务而将共同工作的当地公司或机构建立联系。这些当地公司或机构一般包括材料供货商、当地劳务机构、进口商、运输公司和施工设备租赁公司等。承包人必须确认被选择提供物资或服务的公司确有能力履行其职责。

现场考察的主要内容有:

①气候与地理条件。工程所在地的气候类型,全年和每天的温度变化和降雨量,风暴、地震等。

②政治、经济和社会因素。政府的稳定性,政府类型,目前政治趋势,宗教因素,当地风俗,税收结构,税收内容,对贸易和贸易伙伴的限制条件,经济结构形式,物资进口可能出现的困难,受限制或禁止的物资,社会结构,种族分布,部落分布,人口分布,货币种类,汇率限制,现有一般消费品,易于获得的食物品种和价格,医疗设施。

③通信、交通及服务设施。水、电、汽油的供应及通信设施等;现有公路、铁路网及其可靠性,现有机场和港口的能力劳动力、施工设备和材料资源。

④劳动力、施工设备和材料资源。可雇用的普通工人和技术工人以及他们的技术水平、培训和安全记录等;可立即租用的施工设备,修理及维修设施;对调动设备的限制;可用的当地建筑材料、数量及质量,交货连续性;技术保障条件。

⑤现场条件。土壤性质,雨水影响,毗连的物业,离最近城镇的距离,进入现场的通道,穿越现场的道路,现有服务设施,地面自然坡度,最高地面和“借土区”的面积,裸露岩石特征,可供建造现场办公室及营地的土地等。

(2)劳动力价格及设备费用的计算。

在计算工程的直接成本之前,必须对主要的劳动力和施工设备的综合价格进行计算。可以根据工程的类别和工期按小时、周或月来确定这些费用。

劳动力价格一般是计算主要工种的价格,即普通工人、技术工人、设备操作人员以及其他重要的专业人员的价格。如果从几个不同的国家雇用工人,则必须按照雇用条件,对来自不同国家的劳动力价格进行计算。因此,合同的人工总成本往往随之发生变化。

用于工程项目的施工设备包括:

①在工程所在国当地租用的设备。

②承包人专门为该工程采购并运至施工现场的设备。

③承包人已经拥有的并运至现场用于该工程的设备。

劳动力价格及设备费用的计算前面已作介绍。

(3)工程直接成本的计算。

估价人员按照合同文件中划分的细目计算工程的直接成本。计算的依据是估价人员根据已经获得的资料和报价所计算出来的劳动力价格、设备费、材料费及分包人费用。

图5-4说明应如何计算工程的直接成本。对于每个分项工程,估价人员应选定所需资源的数量,并计算其相应的费用。各项资源费用之和就是该分项工程的总费用。工程的直接成本就是所有分项工程费用的总和。

合同文件一般都规定了报价必须使用的货币种类。为了便于分析,各种资源费用应分成“当地费用”(即必须以当地货币支付的费用)和“国外费用”(即必须以其他货币支付的费用)。

(4)现场管理费的计算。施工成本是工程的直接成本和承包人的现场管理费的总和。现场管理费包括食宿设施、服务设施、临时工程和现场管理与监督等费用。必须对所有这些在整个施工期间内发生的费用进行分析,并把这些费用加到估价中去。

(5)施工成本的分析。除了计算总施工成本之外,估价人员还必须对这些成本进行分析,以便充分了解该工程成本的重要组成部分之所在。

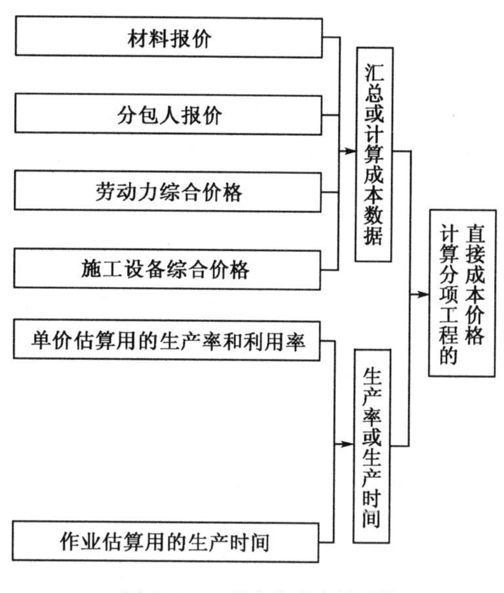

图 5-4　工程直接成本的计算

(五)报价的编制与提交

报价的编制与提交包括下列工作:

(1)估价的分析与随后的调整。

(2)增加补偿费用,用作总部管理费。

(3)评估该工程的内在有形风险和商务风险。

(4)编制提交给招标人的报价文件。

以上这些工作均已作了详细的说明。准备提交给招标人的文件通常包括投标表格和已填好价格的工程量表。如果招标人代表有规定,则还必须提交投标的担保人正式出具的投标保函。

五、影响报价成功的因素

在竞争性投标中,所有参与竞争的投标人都是经过审定合格的投标人,但工程只能授予报价最低的投标人。因此,投标成功就表明报价具有竞争力,并足以包含合同成本、服务费、适当比例的公司管理费以及所需要的利润。影响报价成功的因素一般有:

1. 标价估算的准确性

在估算标价时,需要估价人员作出许多定量和定性的评估。这些评估可以依据已有数据、经验、主要的市场条件和其他因素。很明显,不同的估价人员对这些因素的权衡也各不相同。因此,对于特定的一项工程往往会有许多种估价。劳动力综合价格、施工设备综合价格、材料费用、分包人费用、劳动生产率、设备生产率、现场管理费是影响成本估算的重要因素。

2. 加价的水平和差异

报价数字是由直接成本和加价组合而成的。如前所述,加价是在估算成本中加上一笔用于公司管理费、风险费和利润的金额。产生加价差异的原因之一,是由于各个公司对于各项费用的估价和计算方法互不相同。另一个加价差异的原因是由于事实上加价是以估算的工程成本为依据的。这样一来,估算成本中的任何差异或误差就会在加价额度中反映出来。所以,许多公司都经常采用绝对数而不采用百分比来估算加价。

在国际市场上,由于风险和市场条件的影响以及投标人本国市场不同,加价的水平和幅度通常差异较大。

3. 市场条件

从宏观(行业)范围看,市场条件包括下列因素:所有工程的订单总数,每个产业部门的工程订单总数,预期将来的订单数,现行的及预期的政府政策与法规,施工(投入)的价格水平及资金费用。从微观(公司)范围看,则还要包括下列评估:当地的、全国的乃至国际的投标机会,竞争者的活动能力,在建工程的工程量,工程订单。

4. 竞争程度

竞争的程度作为决定性因素,对一个投标人的投标成功与否显然是一个极为关键的因素。当建筑需求下降时,由于市场中潜在的投标人的数量很多,因而竞争程度就会加剧,通过战胜众多投标人而获得的合同是不大可能有盈利的。

5. 公司的实力与规模

由于建筑公司的性质及其前期历史等原因,每一家公司在同类型的工程和公司实力方面都具有自己独特的竞争能力。不同的竞争程度,造成了一些公司对某些产业部门的工程或者某些类型的工程各有专长或偏爱,从以前实施过的工程中得到的具体验使得这些公司在参加类似工程投标时处于有利地位。另外,这些公司可能有该工程需要的各种专用施工设备,也使该公司处于有利地位。

公司的组织结构和管理风格也会影响公司的实力。具有高度现代化的总部管理程序并采用系统化和有条不亲的现场监督和控制技术的公司,就能够在降低管理费的基础上进行经营,因而也就减少了分摊给每项工程的管理费。

上述这些因素对于任何一家施工企业在其本国市场上能否报价成功都是很重要的。

【复习思考题】

1. 分析招标文件与造价的关系。
2. 编制招标控制价有何作用?
3. 公路工程招标控制价有什么编制要求?
4. 公路工程招标控制价的编制依据有哪些?
5. 公路工程招标控制价编制遵循怎样的程序?
6. 公路工程招标控制价由哪些文件组成?
7. 公路工程招标控制价由哪些费用组成?
8. 如果采用综合单价法计价应怎样编制招标控制价?
9. 如果采用费率法计价应怎样编制招标控制价?
10. 公路工程投标报价的编制依据主要有哪些?
11. 公路工程投标报价遵循怎样的编制步骤?
12. 简述公路工程投标报价编制方法。

第六章

公路工程施工阶段的造价编制

【学习目的与要求】

通过本章的学习,理解公路工程施工结算的作用;熟悉公路工程施工结算的编制依据;掌握公路工程施工结算的编制方法。掌握施工过程中的结算编制;熟悉公路工程竣(交)工结算的编制。

我国现行工程项目建设管理的“项目法人责任制”、“招标投标制”、“合同制”、“施工监理制”、“施工企业项目经理制”等管理制度的实施,改变了传统性的施工阶段造价编制方式。按照现行的公路工程建设管理方式,施工阶段的造价编制主要涉及两部分工作,一部分是在施工期间要做的工作,即发包人(又称业主、建设单位或项目法人,下同)与承包人(又称施工单位,下同)在施工期间或工程交工以后所进行的工程费用结算(即工程进度付款与交工结算,或称中期支付和最后支付,下同)工作,该项工作既涉及发包人,也与承包人、监理人的工作有关;另一部分则是在工程竣工以后仅由发包人所进行的造价编制工作,即按国家有关规定编制工程竣工决算。

第一节　公路工程施工结算的编制

一、公路工程施工合同文件

公路工程施工期中造价编制的主要依据之一是公路工程施工合同文件。要做好施工结算的编制工作，首先应熟悉施工合同文件。

通常，组成合同的各个文件应该认为是一个整体，彼此相互解释、相互补充；按“公路工程专用合同条款”的规定，除项目专用合同条款另有约定外，解释合同文件的优先次序如下。

(1)合同协议书及各种合同附件（含评标期间和合同谈判过程中的澄清文件和补充资料）。

(2)中标通知书。

(3)投标函及投标函附录。

(4)项目专用合同条款。

(5)公路工程专用合同条款。

(6)通用合同条款。

(7)技术规范。

(8)图纸。

(9)已标价工程量清单。

(10)承包人有关人员、设备投入的承诺及投标文件中的施工组织设计。

(11)其他合同文件。

(一)通用合同条款

国内招标项目应采用中华人民共和国交通运输部《公路工程标准施工招标文件》(2009年版)中的“通用合同条款”，该“通用合同条款”完全采用中华人民共和国《标准施工招标文件》(2007年版)中的“通用合同条款”。

国际性招标项目，除可采用前述《公路工程标准施工招标文件》(2009年版)中的“通用合同条款”外，考虑到应遵循国际惯例，宜采用国际咨询工程师联合会(FIDIC)的《施工合同条件》(1999版)(以下简称FIDIC合同条款)中的“通用合同条款”。

1.《公路工程标准施工招标文件》中采用的“通用合同条款”

为了规范施工招标资格预审文件、招标文件编制活动，促进招标投标活动的公开、公平和公正，国家发展和改革委员会、财政部、住房和城乡建设部、原铁道部、交通运输部、信息产业部、水利部、民用航空总局、广播电影电视总局联合制定了中华人民共和国《标准施工招标资格预审文件》和《标准施工招标文件》(2007年版)及相关附件，自2008年5月1日起施行。在《标准施工招标文件》中列有通用合同条款24条，概要如表6-1所示。

通用合同条款概要表 表6-1

条	名　称	款与子款
1	一般约定	1.1词语定义，有6项42目；1.2语言文字；1.3法律；1.4合同文件的优先顺序；1.5合同协议书；1.6图纸和承包人文件，有6项；1.7联络，有2项；1.8转让；1.9严禁贿赂；1.10化石、文物，有2项；1.11专利技术，有3项；1.12图纸和文件的保密，有2项
2	发包人义务	2.1遵守法律；2.2发出开工通知；2.3提供施工场地；2.4协助承包人办理证件和批件；2.5组织设计交底；2.6支付合同价款；2.7组织竣工验收；2.8其他义务
3	监理人	3.1监理人的职责和权利，有3项；3.2总监理工程师；3.3监理人员，有4项；3.4监理人的指示，有5项；3.5商定或确定，有2项

续上表

条	名　称	款与子款
4	承包人	4.1 承包人的一般义务,有10项;4.2 履约担保;4.3 分包,有5项;4.4 联合体,有3项;4.5 承包人项目经理,有4项;4.6 承包人人员的管理,有4项;4.7 撤换承包人项目经理和其他人员;4.8 保障承包人人员的合法权益,有6项;4.9 工程价款应专款专用;4.10 承包人现场查勘,有2项;4.11 不利物质条件,有2项
5	材料和工程设备	5.1 承包人提供的材料和工程设备,有3项;5.2 发包人提供的材料和工程设备,有6项;5.3 材料和工程设备专用于合同工程,有2项;5.4 禁止使用不合格的材料和工程设备,有3项
6	施工设备和临时设施	6.1 承包人提供的施工设备和临时设施,有2项;6.2 发包人提供的施工设备和临时设施;6.3 要求承包人增加或更换施工设备;6.4 施工设备和临时设施专用于合同工程,有2项
7	交通运输	7.1 道路通行权和场外设施;7.2 场内施工道路,有2项;7.3 场外交通,有2项;7.4 超大件和超重件的运输;7.5 道路和桥梁的损坏责任;7.6 水路和航空运输
8	测量放线	8.1 施工控制网,有2项;8.2 施工测量,有2项;8.3 基准资料错误的责任;8.4 监理人使用施工控制网
9	施工安全、治安保卫和环境保护	9.1 发包人的施工安全责任,有3项;9.2 承包人的施工安全责任,有7项;9.3 治安保卫,有3项;9.4 环境保护,有6项;9.5 事故处理
10	进度计划	10.1 合同进度计划;10.2 合同进度计划的修订
11	开工和竣工	11.1 开工,有2项;11.2 竣工;11.3 发包人的工期延误;11.4 异常恶劣的气候条件;11.5 承包人的工期延误;11.6 工期提前
12	暂停施工	12.1 承包人暂停施工的责任;12.2 发包人暂停施工的责任;12.3 监理人暂停施工指示,有2项;12.4 暂停施工后的复工,有2项;12.5 暂停施工持续56d以上,有2项
13	工程质量	13.1 工程质量要求;13.2 承包人的质量管理,有2项;13.3 承包人的质量检查;13.4 监理人的质量检查;13.5 工程隐蔽部位覆盖前的检查,有4项;13.6 清除不合格工程,有2项
14	试验和材料	14.1 材料、工程设备和工程的试验和检验,有3项;14.2 现场材料试验,有2项;14.3 现场工艺试验
15	变更	15.1 变更的范围和内容;15.2 变更权;15.3 变更程序,有3项;15.4 变更的估价原则,有3项;15.5 承包人的合理化建议,有2项;15.6 暂列金额;15.7 计日工,有3项;15.8 暂估价,有3项
16	价格调整	16.1 物价波动引起的价格调整,有2项4目;16.2 法律变化引起的价格调整
17	计量与支付	17.1 计量,有5项;17.2 预付款,有3项;17.3 工程进度付款,有4项;17.4 质量保证金,有3项;17.5 竣工结算,有2项;17.6 最终结算,有2项
18	竣工验收	18.1 竣工验收的含义,有3项;18.2 竣工验收申请报告;18.3 验收,有6项;18.4 单位工程验收,有2项;18.5 施工期运行,有2项;18.6 试运行,有2项;18.7 竣工清场,有2项;18.8 施工队伍的撤离
19	缺陷责任与保修责任	19.1 缺陷责任期的起算时间;19.2 缺陷责任,有4项;19.3 缺陷责任期的延长;19.4 进一步试验和试运行;19.5 承包人的进入权;19.6 缺陷责任期终止证书;19.7 保修责任
20	保险	20.1 工程保险;20.2 人员工伤事故的保险,有2项;20.3 人身意外伤害险,有2项;20.4 第三者责任险,有2项;20.5 其他保险;20.6 对各项保险的一般要求,有6项

续上表

条	名　称	款与子款
21	不可抗力	21.1 不可抗力的确认,有 2 项;21.2 不可抗力的通知,有 2 项;21.3 不可抗力后果及其处理,有 4 项
22	违约	22.1 承包人违约,有 6 项;22.2 发包人违约,有 5 项;22.3 第三人造成的违约
23	索赔	23.1 承包人索赔的提出;23.2 承包人索赔处理程序;23.3 承包人提出索赔的期限;23.4 发包人的索赔,有 2 项
24	争议的解决	24.1 争议的解决方式;24.2 友好解决;24.3 争议评审,有 7 项

在通用合同条款中,直接涉及施工期中费用结算的条款是第 16 条,与施工期中费用结算有关的条款涉及诸如第 4.11.2、5.1.3、5.2.5、5.2.6、5.4.1、5.4.3、6.1.2、6.3、7.1、7.2.1、7.2.2、7.3.1、7.4、7.5、8.1.2、8.2.2、8.3、8.4、9.1.2、9.1.3、9.2.5、9.2.6、9.2.7、11.3、11.5、11.6、12.2、12.4.2、13.1.2、13.1.3、13.5.3、13.5.4、13.6、14.1.3、15、17.2、17.3、17.4、17.5、17.6、18.4.2、18.6.1、18.6.2、18.7.1、18.7.2、19.2.3、19.2.4、19.4、19.6、20.1、20.3.2、20.4.2、20.5、20.6.5、21.3、22.1、22.2、22.3、23 等条目。

2. FIDIC 合同条款

FIDIC 合同条款是国际咨询工程师联合会(FIDIC)编制的《施工合同条件》,专门用于国际工程项目的管理。《土木工程施工合同条件》第一版于 1957 年出版,后于 1963 年、1977 年、1987 年分别修订、出版了第二版、第三版、第四版。1999 年,对《施工合同条件》进行了重新编写,进行了重大调整,在结构、布局和措辞等方面作了重大修改:统一了条款、定义和措辞;条款数由原 72 条主要条款,5 条补充条款统一为 20 条。在 FIDIC 合同条款中,使用了基于合同标准格式的详尽的合同条款,它合理地平衡了有关各方之间要求的利益,尤其能公平地在合同各方之间分配风险和责任,明确规定了合同各方的义务,这在很大程度上避免了履约不佳、成本增加以及由于施工合同各方彼此之间缺乏所需要的信任而引起的争端;它有利于合同工程的顺利实施并有可能导致较低的标价。

FIDIC 合同条件共有 20 条 163 款。包括:

(1)一般规定(14 款)。

(2)雇主(5 款)。

(3)工程师(5 款)。

(4)承包人(24 款)。

(5)指定的分包人(4 款)。

(6)员工(11 款)。

(7)生产设备、材料和工艺(8 款)。

(8)开工、延误和暂停(12 款)。

(9)竣工试验(4 款)。

(10)雇主的接收(4 款)。

(11)缺陷责任(11 款)。

(12)测量和估价(4 款)。

(13)变更和调整(8 款)。

(14)合同价格和付款(15款)。

(15)由雇主终止(5款)。

(16)由承包人暂停和终止(4款)。

(17)风险与职责(6款)。

(18)保险(4款)。

(19)不可抗力(7款)。

(20)索赔、争端和仲裁(8款)。从工程费用支付(施工结算)来看,第14条中的有关条款直接规定了支付时间、支付报表、支付证书、支付的内容和项目、支付程序、支付种类等方面问题。此外,涉及费用支付的条款尚在第1条、2条、4条、5条、7条、8条、9条、10条、11条、12条、13条、15条、16条、17条、18条、19条和第20条中的有关条款中可见。

由以上"通用合同条款"可见,无论采用哪种通用合同条款,涉及费用支付的条款数目、内容均较多。因此,要能正确进行施工结算(费用支付),首要的一点是要熟悉合同条款,并能结合工程实际正确运用条款。中国加入世界贸易组织后,中国的承包人要参与国际建筑市场竞争,中国的国际性工程要进行国际性招标、投标,并按国际惯例进行工程管理及费用的结算,因此只要是准备进入国际建筑市场的发包人或承包人、监理人,都需要熟悉有关支付方面的合同条款。

(二)公路工程专用合同条款

考虑到公路工程的招标特点和管理的需要,在公路工程标准施工招标文件中发布有"公路工程专用合同条款",并规定招标人在根据《公路工程标准施工招标文件》编制项目招标文件中的"项目专用合同条款"时,可根据招标项目的具体特点和实际需要,对"通用合同条款"及"公路工程专用合同条款"进行补充、细化,除"通用合同条款"明确"专用合同条款"可作出不同约定外,补充和细化的内容不得与"通用合同条款"及"公路工程专用合同条款"强制性规定相抵触;同时,补充、细化或约定的不同内容,不得违反法律、行政法规的强制性规定和平等、自愿、公平和诚实信用原则。

《公路工程专用合同条款》仍为24条,其条、款、项、目编号、名称与"通用合同条款"相同,只是对一些相关内容根据公路工程招标及管理的具体情况作了细化和补充。

(三)项目专用合同条款

根据本项目的具体情况,对"通用合同条款"、"公路工程专用合同条款"进一步补充或细化,作为本项目的专用合同条款。合同条款在合同文件中的优先顺序为"项目专用合同条款"、"公路工程专用合同条款"、"通用合同条款"。

二、公路工程施工结算的作用

公路工程施工结算,就是发包人将承包人在一定时期内(施工期中一般按月)已经完成并符合质量要求的工程的价值进行计价并将其支付给承包人。在工程施工管理中,施工结算又可称为费用支付(含前期支付、中期支付和最终支付),它的主要作用如下:

(一)公路工程施工结算是确保工程施工正常进行的需要

发包人(业主)将工程发包给承包人,承包人要根据设计图纸和施工合同的要求组织施工。由于公路工程具有工程规模大、建设时间长、施工环节多、工序复杂、风险较大、费用巨大等特点，以及应保证工程施工的连续性和均衡性的要求，承包人在工程施工中必定会投入大量的人力、物力、财力，垫付大量的资金，而承包人的筹资能力又是有限的，如果在一定时期内发包人不按合同规定将承包人垫付资金已转化为合格工程的价值部分支付给承包人，势必会造成承包人的资金短缺而影响工程施工的正常进行。为了确保工程施工的正常进行、使承包人能在合同工期内完成工程施工，因此在施工期间应进行施工结算。

（二）公路工程施工结算是确保工程质量的需要

在施工期间进行施工结算的一项基本工作就是进行工程计量，而工程计量的依据之一是质量必须合格（即要符合合同文件规定的质量要求）。如果质量不合格，则不得进行工程计量，因此发包人也就谈不上要向承包人进行工程费用的结算，这就会促使承包人在施工中注重工程质量、在出现质量问题或质量缺陷后能及时对质量问题或质量缺陷进行整改，使工程符合质量要求。

（三）公路工程施工结算是合同双方履行施工承包合同的保证

在施工期中进不进行施工结算、如何进行施工结算，这是在施工承包合同文件中已约定了的，承发包双方都应当遵守合同文件中的约定，认真履行自己的职责、行使自己的权利、获得自己的利益。如果某一方不履行自己的职责，则要承担相应的责任。

（四）公路工程施工结算是提高经济效益的重要措施

实行施工结算，是促进缩短建设周期、加速资金周转、提高投资效益的一项重要措施。从发包人的角度来看，他可以根据承包人的施工进度计划和费用支付计划来按计划筹集建设资金，这样可以降低资金成本，提高投资效益；从承包人的角度来看，可以促使承包人加速资金周转，提高资金的周转率，减少流动资金贷款利息、甚至可以促使缩短建设工期。

三、公路工程施工结算的编制依据

公路工程施工结算编制的主要依据有国家和地方交通主管部门颁发的有关工程造价编制方面的文件、工程承包合同、项目专用合同条款、公路工程专用合同条款、通用合同条件、技术规范、工程量清单、设计图纸、计量的工程量、日常施工记录等。

（一）国家和地方交通主管部门颁发的有关工程造价编制方面的文件规定

国家和地方交通主管部门颁发的现行有关工程造价编制方面的文件规定主要有《公路工程概算定额》（JTG/T B06-01—2007）、《公路工程预算定额》（JTG/T B06-02—2007）、《公路工程基本建设项目概算预算编制办法》（JTG/T B06—2007）、《公路工程估算指标》（JTG/T M21—2011）、《公路工程基本建设项目投资估算编制办法》（JTG M20—2011）、《公路工程施工定额》（2009 版）等文件以及地方交通主管部门颁发的一些补充规定，它们既是设计阶段、招投标阶段工程造价编制的依据，也是在一定条件下的工程施工费用结算编制的依据。

(二)工程承包合同

工程承包合同(协议书)中明确约定了合同双方应承担的责任、可以行使的权利、应获得的利益,也明确载明了该工程的合同总价、合同清单单价等。在施工结算编制中,应受合同(协议书)文件有关条款的约束。

(三)专用合同条款、通用合同条款

通用合同条款以及发包人根据本地区和项目实际情况编制的专用合同条款,涉及施工结算中的一些特定支付项目,如开工预付款、材料预付款、质量保证金、变更费用、价格调整费用、索赔费用、逾期竣工违约金、工期提前奖金、逾期付款违约金等的具体处理方式。因此,通用合同条款、专用合同条款是施工结算的编制依据。

(四)技术规范

《公路工程标准施工招标文件》(2009 版)中第七章技术规范,或发包人根据本地区和项目实际情况编制的补充技术规定,其中除详细列有对工程的技术要求外,还列有直接用于施工结算的计量和支付规定(细则)。因此,技术规范是施工结算的编制依据。

(五)工程量清单

作为合同文件重要组成部分的工程量清单,其中列有支付细目编号、项目名称、计量单位、数量、单价、合价或金额。在施工结算中,细目编号、项目名称、计量单位、单价是施工结算编制的重要依据,且不得随意更改。

(六)计量的工程量

根据《公路工程标准施工招标文件》"通用合同条款"17.1.4 款的规定,已标价工程量清单中的单价子目工程量为估算工程量。结算工程量是承包人实际完成的,并按合同约定的计量方法进行计量的工程量。除合同另有规定外,监理人应根据《公路工程施工监理规范》(JTG G10—2006)对承包人提出的已完工程量通过计量来核实工程量和确定其价值。计量的工程量是确定承包人已完成工程价值的基础,是施工结算编制的基本依据。

(七)日常施工记录

对于一些特定的费用支付项目,如索赔费用、工程变更费用等的核定,常常要根据承包人的现场施工记录、监理人的监理日志等来确认对承包人造成的实际影响程度和责任的分担,据此核定应向承包人支付的费用。因此,日常施工记录是施工结算的编制依据。

(八)国家有关主管部门颁发的文件

如 2004 年 10 月 20 日财政部、原建设部《建设工程价款结算暂行办法》(财建[2004]369 号),审计署、国家发展和改革委员会、中国人民建设银行《基本建设项目竣工决算审计试行办法》(审基发[1991]430 号),国家审计实施办法等。

四、公路工程施工结算的编制方法

（一）施工结算的方式

《国务院关于改革建筑业和基本建设管理体制若干问题的暂行规定》(国发[84]123号文)中明确指出:“改变现行的工程款的结算办法,由建筑安装企业向银行贷款,项目竣工后,一次结算。分期竣工的项目,分期结算。由于工程提前而少付的利息,应作为工程承包单位的收入。由于延误工期而多付的利息,由工程承包单位承担。”建设银行于1990年实行的《建设工程款结算办法》中的第五条规定了工程费用结算的四种方式:按月结算、竣工后一次结算、分段结算和其他结算方式。

1. 按月结算

按月结算,即实行月末或月中预支,月终结算,竣工后清算的办法。跨年度施工的工程,在年终进行工程盘点,办理年度结算。

2. 竣工后一次结算

建设项目或单项工程全部建筑安装工程建设期在12个月以内,或者工程承包合同价值在100万元以下的,可以实行工程价款每月月中预支,竣工后一次结算。

3. 分段结算

分段结算,即当年开工,当年不能竣工的单项工程或单位工程按照工程形象进度,划分不同阶段进行结算。分段结算可以按月预支工程款。分段的划分标准,由各部门或省、自治区、直辖市、计划单列市规定。

实行竣工后一次结算和分段结算的工程,当年结算的工程款应与分年度的工作量一致,年终不另行清算。

4. 其他结算方式

其他结算方式是指不同于以上的结算方式,而是根据工程承包合同中约定的结算方式进行的施工结算。

现时,工程项目建设管理一般都采用招标投标制、合同制、施工监理制和施工企业项目经理制;当然,也有采用其他承发包方式的,如直接按施工图预算加系数包干、按概算包干、按建筑平方米造价包干等。因此,具体工程项目在施工结算的方式上有一定差异。在进行施工结算时,应当严格遵守承发包双方签订的工程承包合同中约定的结算方式,在等价有偿、平等互利的基础上,实事求是地进行施工结算。

财政部、建设部《建设工程价款结算暂行办法》(财建[2004]369号)中规定结算方式为:

(1)按月结算与支付,即实行按月支付进度款,竣工后清算的办法;合同工期在两个年度以上的工程,在年终进行工程盘点,办理年度结算。

(2)分段结算与支付,即当年开工、当年不能竣工的工程,按照工程形象进度,划分不同阶段支付工程进度款。

（二）施工结算的费用项目

施工结算的费用项目在施工结算的不同时期有所差异。按照《公路工程标准施工招标文件》、FIDIC合同条款中的有关规定和已经完成或正在实施的高等级公路项目的实际施工结算情况，施工结算的费用项目可以划分为两类：一类是工程量清单内的费用项目，它包括清单内各章、各节、各细目应支付的费用项目及工程量清单汇总表中包含的计日工、暂列金额费用项目等；另一类是清单以外、合同以内的费用项目，它包括开工预付款、材料预付款、质量保证金、变更费用、价格调整费用、索赔费用、逾期竣工违约金、工期提前奖金、逾期付款违约金等费用项目，施工结算费用项目构成如图6-1所示。

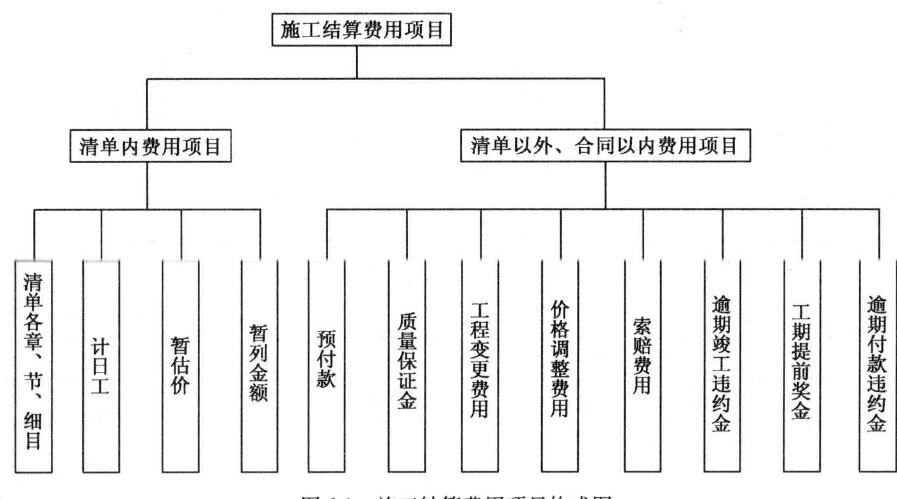

图6-1 施工结算费用项目构成图

1. 清单内费用项目

工程量清单内的费用项目，是将整个工程项目按照一定的划分原则和工程量计算规则，将整个工程项目进行分解并计算出工程量而构成的工程细目表。按照《公路工程标准施工招标文件》(2009年版)中的工程量清单样表，内容包括工程量清单说明、投标报价说明、计日工说明、其他说明、工程量清单。工程量清单包括：工程量清单表、计日工表、暂估价表、投标报价汇总表、工程量清单单价分析表。工程量清单说明又称清单序言，它对工程项目的工作范围和内容，计量方式或方法，费用的组成、计算依据和范围，需要特别说明的问题等予以规定，它是承包人投标报价的依据，也是工程施工中费用结算的依据。

(1)第100章总则

按《公路工程标准施工招标文件》，工程量清单第100章总则包括：保险费，竣工文件，施工环保费，安全生产费，工程管理软件(暂估价)，临时道路修建、养护与拆除(包括原道路的养护费)，临时占地、临时供电设施，电信设施的提供、维修与拆除，供水与排污设施，承包人驻地建设等子目。这些费用项目，承包人在投标时应按招标文件要求逐一报价，施工期中按合同文件规定进行支付(结算)。第100章样表如表6-2所示。

(2)第200章~700章

第200章~700章分别是路基，路面，桥梁、涵洞，隧道，安全设施及预埋管线，绿化及环境保护设施，它是将整个工程按一定的划分原则进行分解后列出的子目；按技术规范中确定的工程量计算规则(计量细则)列出各工程细目的工程量。这些费用项目，承包人在投标时应按招标文件要求报价(报单价、合价)；施工期中，按承包人实际完成的合格工程、并经按计量细则计量的工程数量和该工程细目的合同清单单价计算应支付的款额。例如，第400章桥梁、涵洞的样表如表6-3所示。

投标人投标报价时,应仔细阅读工程量清单说明和投标报价说明,以指导正确计算报价值。

第100章　总　则(样表)　　表6-2

××项目06标段　　货币单位:人民币(元)

细目编号	项 目 名 称	单位	数量	单价	合价
101-1	保险费	总额			800 000
-a	按合同条款规定,提供建筑工程一切险	总额			600 000
-b	按合同条款规定,提供第三方责任险	总额			200 000
102-1	竣工文件	总额			85 000
…	…	…	…	…	…
小计					1 255 000

第400章　桥　梁(样表)　　表6-3

××项目06标段　　货币单位:人民币(元)

细目编号	项 目 名 称	单位	数量	单价	合价
401－1	桥梁荷载试验(暂估价)	总额			100 000
…	…	…	…	…	…
403－3	上部结构钢筋				4 500 150
－a	光圆钢筋(HPB235、HPB300)	kg	125 000	4.65	581250
－b	带肋钢筋(HRB335、HRB400)	kg	1 135 000	5.15	5 845 250
…	…	…	…	…	…
405－3	破坏荷载试验用桩(ϕ…m)(暂定工程量)	m	100	2 400	240 000
…	…	…	…	…	…
小计					91 576 590

(3)计日工表

在《公路工程标准施工招标文件》的工程量清单中列有计日工表,在计日工表中分别按劳务(样表见表6-4)、材料(样表见表6-5)、施工机械(样表见表6-6)分别列出,并列出计日工汇总表(样表见表6-7)。计日工表是承包人对计日工进行报价的依据,其计日工的合价是承包人报价及合同价的组成部分,也是在工程施工过程中进行费用结算(支付)的依据。

劳　务(样表)　　表6-4

××项目06标段　　货币单位:人民币(元)

项目号	子目名称	单位	暂定数量	单价	合价
101	焊工	h	300	16	4 800
102	起重工	h	250	15	3 750
103	混凝土工	h	300	15	4 500
…	…		…	…	…
劳务小计金额:48 000 (计入“计日工汇总表”)					

材　　料(样表)　　　　表 6-5

××项目06标段　　　　货币单位:人民币(元)

项目号	子目名称	单位	暂定数量	单价	合价
201	钢筋(HPB235、HPB300)	t	10	5 600	56 000
202	钢筋(HRB335、HRB400)	t	5	5 900	29 500
203	钢板(Q345D)	t	1	6 200	5 200
…	…	…	…	…	…
材料小计金额:255 000 (计入"计日工汇总表")					

施 工 机 械(样表)　　　　表 6-6

××项目06标段　　　　货币单位:人民币(元)

项目号	子目名称	单位	暂定数量	单价	合价
301-3	装载机(2.5m^3 以上)	h	25	150	3 750
302-2	推土机(90~180kW)	h	35	180	6 300
304-2	起重机(25t 以内)	h	15	400	6 000
…	…	…	…	…	…
施工机械小计金额:163 780 (计入"计日工汇总表")					

计日工汇总表(样表)　　　　表 6-7

××项目06标段　　　　货币单位:人民币(元)

名　称	金　额(元)	备　注
劳务	48 000	
材料	255 000	
施工机械	163 780	
计日工总计:466 780 (计入"投标报价汇总表")		

按"通用合同条款",有关计日工支付有如下规定:

①由监理人通知承包人以计日工方式实施变更的零星工作,其价款按列入已标价工程量清单中的计日工计价子目及其单价进行计算。

②采用计日工计价的任何一项变更工作,应从暂列金额中支付,承包人应在该项变更的实施过程中,每天提交以下报表和有关凭证报送监理人审批:a. 工作名称、内容和数量;b. 投入该工作所有人员的姓名、工种、级别和耗用工时;c. 投入该工作的施工设备型号、台数和耗用台时;d. 监理人要求提交的其他资料和凭证。

③计日工由承包人汇总后,按合同约定列入进度付款申请单,由监理人复核并经发包人同意后列入进度付款。

承包人投标报价时,应仔细阅读计日工说明,以免漏计费用,或重复计算费用,或费用项目组成混乱。

在 FIDIC 合同条款(13.6 款)中该费用项目是用于一些小的或附带性的工作,工程师可指示按计日工作实施变更并按计日工支付。

(4)暂估价表

暂估价表包括材料暂估价表(样表见表6-8)、工程设备暂估价表(样表见表6-9)、专业工程暂估价表(样表见表6-10)。

材料暂估价表(样表) 表6-8

××项目06标段 货币单位:人民币(元)

项目号	子目名称	单 位	暂定数量	单价	合价
1	钢板(50mm)	t	4	5 200	28 000
2	钢板(40mm)	t	3	5 800	17 400
3	钢板(16mm)	t	4	6 000	24 000
合计					69 400

工程设备暂估价表(样表) 表6-9

××项目06标段 货币单位:人民币(元)

序号	名称	单位	数量	单价	合价	备注
1	沥青混凝土拌和站	座	1	25 000 000	15 000 000	工程完工后,设备产权属于发包人,承包人应完好移交
2	沥青混凝土摊铺机	台	1	2 800 000	2 800 000	
3	缆索吊	套	1	3 500 000	3 500 000	
…	…	…	…	…	…	
合计				34 300 000	31 300 000	

专业工程暂估价表(样表) 表6-10

××项目06标段 货币单位:人民币(元)

序号	名称	单位	数量	单价	合价	备注
1	主墩围堰	座	2	3 200 000	3 200 000	含拆除
2	主孔吊装	孔	1	800 000	800 000	不含缆索吊设备
合计				4 000 000	4 000 000	

(5)投标报价汇总表

投标报价汇总表是清单各章、计日工、材料、工程设备、专业工程暂估价、暂列金额等的汇总。投标报价汇总表样表如表6-11所示。

投标报价汇总表(样表) 表6-11

××项目06标段 单位:人民币(元)

序 号	章 次	科 目 名 称	金 额
1	100	总则	1 255 000
2	200	路基	34 597 580
3	300	路面	29 753 760
4	400	桥梁、涵洞	91 576 590
5	500	隧道	39 874 250
6	600	安全设施及预埋管线	3 536 250
7	700	绿化及环境保护实施	1 879 540
8	第100章~700章清单合计		202 472 970

续上表

序号	章次	科目名称	金额
9	已包含在清单合计中的材料、工程设备、专业工程暂估价合计		35 369 400
10	清单合计减去材料、工程设备、专业工程暂估价合计(即 8 − 9 = 10)		167 103 570
11	计日工合计		466 780
12	暂列金额(不含计日工总额)		16 710 357
13	投标报价(8 + 11 + 12) = 13		219 650 107

注:材料、工程设备、专业工程暂估价已包括在清单合计中,不应重复计入投标报价。

(6)暂列金额

投标报价汇总表中的暂列金额是在已标价工程量清单中所列的暂列金额,用于本工程在签订合同协议书时尚未确定或不可预见变更的施工及其所需材料、工程设备、服务等的金额,包括以计日工方式支付的金额。按《公路工程标准施工招标文件》“通用合同条款”第 15.6 款规定:暂列金额只能按照监理人的指示使用,并对合同价格进行相应调整。按公路工程专用合同条款第 15.6 款规定:

①暂列金额应由监理人报发包人批准后指令全部或部分地使用,或者根本不予动用。

②对于经发包人批准的每一笔暂列金额,监理人有权向承包人发出实施工程或者提供材料、工程设备或服务的指令。这些指令应由承包人完成,监理人应根据第 15.4 款(变更的估价原则)约定的变更估价原则和第 15.7 款(计日工)的规定,对合同价格进行相应调整。

③当监理人提出要求时,承包人应提供有关暂列金额支出的所有报价单、发票、凭证和账单或收据,除非该工作是根据已标价工程量清单列明的单价或总额价进行的估价。

2. 清单以外、合同以内的费用项目

清单以外、合同以内费用项目是指那些没有包括在工程量清单以内、但根据合同条款规定可以成立的费用项目。按《公路工程标准施工招标文件》“通用合同条款”有:

1)预付款(第 17.2 款)

预付款用于承包人为合同工程施工购买材料、工程设备、施工设备、修建临时设施以及组织施工队伍进场等。预付款的额度和预付办法在专用合同条款中约定。预付款必须专用于合同工程。

在《公路工程专用合同条款》中,对预付款作了如下规定:

第 17.2.1 项预付款:包括开工预付款和材料、设备预付款,具体额度和预付办法如下。

(1)开工预付款的金额在项目专用合同条款数据表中约定,在承包人签订了合同协议书并提交了开工预付款保函后,监理人应在当期进度付款证书中向承包人支付开工预付款的 70% 的价款,在承包人承诺的主要设备进场后,再支付预付款的 30%。

承包人不得将该预付款用于与本工程无关的支出,监理人有权监督承包人对该项费用的使用,如经查实承包人滥用开工预付款,发包人有权立即通过向银行发出通知收回开工预付款保函的方式,将该款收回。

(2)材料、设备预付款按项目专用合同条款数据表中所列主要材料、设备单据费用(进口的材料、设备为到岸价,国内采购的为出厂价或销售价,地方材料为堆场价)的百分比支付,其预付条件为:

①材料、设备符合规范要求并经监理人认可。

②承包人已出具材料、设备费用凭证或支付单据。

③材料、设备已在现场交货，且存储良好，监理人认为材料、设备的存储方法符合要求。

则监理人应将此项金额作为材料、设备预付款计入下一次的进度付款证书中，在预计交工前3个月，将不再支付材料、设备预付款。

第17.2.2项预付款保函：除“项目专用合同条款”另有约定外，承包人应在收到开工预付款前向发包人提交开工预付款保函，开工预付款保函的担保金额应与开工预付款金额相同。出具保函的银行须与第4.2款（履约担保）的要求相同，所需费用由承包人承担。银行保函的正本由发包人保存，该保函在发包人将开工预付款全部扣回之前一直有效，担保金额可根据开工预付款扣回的金额相应递减。

第17.2.3项预付款的扣回与还清：

(1)开工预付款在进度付款证书的累计金额未达到签约合同价的30%之前不予扣回，在达到签约合同价30%之后，开始按工程进度以固定比例（即完成签约合同价的1%，扣回开工预付款的2%）分期从各月的进度付款证书中扣回，全部金额在进度付款证书的累计金额达到签约合同价的80%时扣完。

(2)当材料、设备已用于或安装在永久工程之中时，材料、设备预付款应从进度付款证书中扣回，扣回期不超过3个月。已经支付材料、设备预付款的材料、设备的所有权应属于发包人。

按FIDIC合同条款（第14.2款），预付款总额、分期预付的次数和时间安排（如次数多于一次）及适用的货币和比例，应按投标书附录中的规定执行。

除非投标书附录中另有规定其他百分比外，其扣回应从确认的期中付款累计额（不包括预付款、扣减额和保留金）超过中标合同金额减去暂列金额后余额的百分之十（10%）时的付款证书开始，扣减应按付款证书中金额（不包括预付款、扣减额和包留金的偿还）的四分之一(25%)的偿还比率，并按预付款的货币和比率计算，直到预付款还清为止。

按FIDIC合同条款（第14.5款），拟用于工程的生产设备和材料，若投标书附录中规定应予预付，按投标书附录规定的比例预付，用于永久工程后予以扣回。

2)质量保证金（第17.4款）

质量保证金是在进度付款证书中将承包人已完工程应得的款额扣留一部分，用以促使承包人履行合同中规定的质量责任。质量保证金的扣留和退还应严格按该工程合同文件的规定办理。《公路工程标准施工招标文件》“通用合同条款”及“公路工程专用合同条款”第17.4款的规定如下：

(1)质量保证金的扣留（第17.4.1项）

公路工程专用合同条款第17.4.1项规定：监理人应从第一个付款周期开始，在发包人的进度付款中，按“项目专用合同条款数据表”规定的百分比扣留质量保证金，直至扣留的质量保证金总额达到“项目专用合同条款数据表”规定的限额为止。质量保证金的计算额度不包括预付款的支付以及扣回的金额。

“通用合同条款”第17.4.1项规定：监理人应从第一个付款周期开始，在发包人的进度付款中，按专用合同条款的约定扣留质量保证金，直至扣留的质量保证金总额达到专用合同条款约定的金额或比例为止。质量保证金的计算额度不包括预付款的支付、扣回以及价格调整的金额。

(2)质量保证金的退还(第 17.4.2 项)

"通用合同条款"第 17.4.2 项规定:在第 1.1.4.5 目(缺陷责任期)约定的缺陷责任期满时,承包人向发包人申请到期应返还承包人剩余的质量保证金金额,发包人应在 14 天内会同承包人按照合同的约定的内容核实承包人是否已完成缺陷责任,如无异议,发包人应当在核实后将剩余保证金返还承包人。

质量保证金的返还次数、比例由"项目专用合同条款"规定。

按 FIDIC 合同条款(第 14.9 款),保留金要分两次归还:当已颁发工程接收证书时,归还承包人全部保留金的一半(50%);部分工程颁发了接收证书,保留金应按一定比例予以确认和支付。此比例应是该分项工程或部分工程估算的合同价值,除以估算的最终合同价格所得比例的五分之二(40%)。在监理工程师签发缺陷责任终止证书后,归还全部保留金的另一半(50%)。

3)工程变更费用(第 15 条)

(1)变更的范围和内容(第 15.1 款)

除"专用合同条款"另有约定外,在履行合同中发生以下情形之一,应按本条规定进行变更。

①"公路工程专用合同条款"细化为:取消合同中任何一项工作但被取消的工作不能转由发包人或其他人实施;由于承包人造成的违约除外。

②改变合同中任何一项工作的质量或其他特性。

③改变合同工程的基线、高程、位置或尺寸。

④改变合同中任何一项工作的施工时间或改变已批准的施工工艺或顺序。

⑤为完成工程需要增加的额外工作。

(2)变更权(第 15.2 款)

在履行合同过程中,经发包人同意,监理人可按第 15.3 款(变更程序)约定的变更程序向承包人作出变更指示,承包人应遵照执行。没有监理人的变更指示,承包人不得擅自变更。

(3)变更程序(第 15.3 款)

第 15.3.1 项变更的提出:

①在合同履行过程中,可能发生第 15.1 款(变更的范围和内容)约定情形的,监理人可向承包人发出变更意向书,变更意向书应说明变更的具体内容和发包人对变更的时间要求,并附必要的图纸和相关资料。变更意向书应要求承包人提交包括拟实施变更工作的计划、措施和竣工时间等内容的实施方案。发包人同意承包人根据变更意向书要求提交的变更实施方案的,由监理人按第 15.3.3 项约定发出变更指示。

②在合同履行过程中,发生第 15.1 款(变更的范围和内容)约定情形的,监理人应按照第 15.3.3项的约定向承包人发出变更指示。

③承包人收到监理人按合同约定发出的图纸和文件,经检查认为其中存在第 15.1 款约定情形的,可向监理人提出书面变更建议。变更建议应阐明要求变更的依据,并附必要的图纸和说明。监理人收到承包人书面建议后,应与发包人共同研究,确认存在变更的,应在收到承包人书面建议后的 14 天内作出变更指示。经研究后不同意作为变更的,应由监理人书面答复承包人。

④若承包人收到监理人的变更意向书后认为难以实施此项变更，应立即通知监理人，说明原因并附详细依据。监理人与承包人和发包人协商后确定撤消、改变或不改变意向书。

(4)变更估价(第15.3.2项)

①除专用合同条款对期限另有约定外，承包人应在收到变更指示或变更意向书后的14天内，向监理人提交变更报价书，报价内容应根据第15.4款(变更的估价原则)约定的估价原则，详细开列变更工作的价格组成及其依据，并附必要的施工方法说明和有关图纸。

②变更工作影响工期的，承包人应提出调整工期的具体细节。监理人认为有必要时，可要求承包人提交要求提前或延长工期的施工进度计划及相应施工措施等详细资料。

③除专用合同条款对期限另有约定外，监理人收到承包人变更报价书后的14天内，根据第15.4款(变更的估价原则)约定的估价原则，按照第3.5款(商定或确定)商定或确定变更价格。

(5)变更指示(第15.3.3项)

①变更指示只能由监理人发出。

②变更指示应说明变更的目的、范围、变更内容以及变更的工程量及其进度和技术要求，并附有关图纸和文件。承包人收到变更指示后，应按变更指示进行变更工作。

(6)公路工程专用合同条款补充(第15.3.4项)

设计变更程序应执行《公路工程设计变更管理办法》的相关规定。

(7)变更的估价原则

《公路工程专用合同条款》细化为：

除项目专用合同条款另有约定外，因变更引起的价格调整按照本款约定处理。

①如果取消某项工作，则该项工作的总额价不予支付。

②已标价工程量清单中有适用于变更工作的子目的，采用该子目的单价。

③已标价工程量清单中无适用于变更工作子目，但有类似子目的，可在合理范围内参照类似子目的单价，由监理人按第3.5款(商定或确定)商定或确定变更工作的单价。

④已标价工程量清单中无适用或类似子目的单价，可在综合考虑承包人在投标时所提供的单价分析表的基础上，由监理人按第3.5款(商定或确定)商定或确定变更工作的单价。

⑤如果本工程的变更指示是因承包人过错、承包人违反合同或承包人责任造成的，则这种违约引起的任何额外费用应由承包人承担。

FIDIC条款第12.3款(估价)、12.4款(删减)、13条(变更和调整)，都涉及变更费用的支付。

用于支付的变更工程通知单样表如表6-12所示。

变更工程通知单(样表)　　表6-12

××项目06标段　　货币单位：人民币(元)

变更令编号		2001－06		变更工程名称		钻孔桩：直径1.0m变更为1.2m			
清单编号	项目名称	单位	原合同单价	原合同数量	重新核定的单价	单价(＋/－)	变更后的数量	数量(＋/－)	估计变更金额(＋/－)
405－1	钻孔灌注桩直径1.0m	m	655	278	825	＋170	268	－10	＋39 010

监理工程师(签发人)：　　年　月　日

4）价格调整费用（第16条）

价格调整费用包括由于物价波动引起的价格调整和由于法律变化引起的价格调整两部分。

（1）物价波动引起的价格调整

物价波动引起的价格调整，有采用价格指数调整价格差额（第16.1.1项）和采用造价信息调整价格差额（第16.1.2项）两种方式。

在处理物价波动引起的价格调整时，“公路工程施工专用合同条款”中规定为：除“项目专用合同条款”另有约定外，因物价波动引起的价格调整应按“项目专用合同条款数据表”的规定，按照第16.1.1项或第16.1.2项约定的原则处理；或者在合同执行期间（包括工期拖延期间），由于人工、材料和设备价格的上涨而引起工程施工成本增加的风险由承包人自行承担，合同价格不会因此而调整。

①价格调整公式（“通用合同条款”16.1.1.1目）：因人工、材料和设备价格波动影响合同价格时，根据投标函附录中的价格指数和权重表约定的数据，按式（6-1）计算差额并调整合同价格。

$$\Delta p = p_0\left[A + \left(B_1 \times \frac{F_{t1}}{F_{01}} + B_2 \times \frac{F_{t2}}{F_{02}} + B_3 \times \frac{F_{t3}}{F_{03}} + \cdots + B_n \times \frac{F_{tn}}{F_{0n}}\right) - 1\right] \tag{6-1}$$

式中：Δp——需调整的价格差额；

p_0——第17.3.3项（进度付款证书和支付时间）、第17.3.4项（工程进度付款的修正）和第17.6.2项（最终结清证书和支付时间）约定的付款证书中承包人应得到的已完成工程量的金额，此项金额应不包括价格调整、不计质量保证金的扣留和支付、预付款的支付和扣回，第15条（变更）约定的变更及其他金额已按现行价格计价的，也不计在内；

A——定值权重（即不调部分的权重）；

B_1、B_2、B_3、…、B_n——各可调因子的变值权重（即可调部分的权重）为各可调因子在投标函投标总报价中所占的比重；

F_{t1}、F_{t2}、F_{t3}、…、F_{tn}——各可调因子的现行价格指数，指第17.3.3项（进度付款证书和支付时间）、第17.5.2项（竣工付款证书及支付时间）和第17.6.2项（最终结清证书和支付时间）约定的付款证书相关周期最后一天的前42天的各可调因子的价格指数；

F_{01}、F_{02}、F_{03}、…、F_{0n}——各可调因子的基本价格指数，指基准日期的各可调因子的价格指数。

以上价格调整公式中的各可调因子、定值和变值权重，以及基本价格指数及其来源在投标书附录价格指数和权重表中约定。价格指数应首先采用有关部门提供的价格指数，缺乏上述价格指数时，可采用有关部门提供的价格代替。

公路工程施工专用合同条款对调价公式（6-1）增加了如下备注，并对最后一段文字进行了细化，式中：

$$A = 1 - (B_1 + B_2 + B_3 + \cdots + B_n) \tag{6-2}$$

在采用价格调整公式进行调价时，应遵守以下规定：

以上价格调整公式中的各可调因子、定值权重以及基本价格指数及其来源，由发包人在投标函附录价格指数和权重表中约定。价格指数应首先采用国家或省、自治区、直辖市价格部门或统计部门提供的价格指数，缺乏上述价格指数时，可采用上述部门提供的价格代替。

价格调整公式中的变值权重，由发包人根据项目实际情况测算确定范围，并在投标函附录价格指数和权重表中约定范围；承包人在投标时在此范围内填写各可调因子的权重，合同实施期间将按此权重进行调价。

②通用合同条款尚有如下规定：

第16.1.1.2目暂时确定调整差额：在计算调整差额时得不到现行价格指数的，可暂用上一次价格指数计算，并在以后的付款中再按实际价格指数进行调整。

第16.1.1.3目权重的调整：按第15.1款（变更的范围和内容）约定的变更导致原定合同中的权重不合理时，由监理人与承包人和发包人协商后进行调整。

第16.1.1.4目承包人工期延误后的价格调整：由于承包人原因未在约定的工期内竣工的，则对原约定竣工日期后继续施工的工程，在使用第16.1.1.1目（价格调整公式）价格调整公式时，应采用原约定竣工日期与实际竣工日期的两个价格指数中较低的一个作为现行价格指数。

③采用造价信息调整价格差额：施工期内，因人工、材料、设备和机械台班价格波动影响合同价格时，人工、机械使用费按照国家或省、自治区、直辖市建设行政主管部门、行业建设管理部门或其授权的工程造价管理机构发布的人工成本信息、机械台班单价、或机械使用费系数进行调整；需要进行价格调整的材料，其单价和采购数应由监理人复核，监理人确认需要调整的材料单价及数量，作为调整工程合同价格差额的依据。

（2）法律变化引起的价格调整（第16.2款）

在基准日后，因法律变化导致承包人在合同履行中所需要的工程费用发生除第16.1款（物价波动引起的价格调整）约定以外的增减时，监理人应根据法律、国家或省、自治区、直辖市有关部门的规定，按第3.5款（商定或确定）商定或确定需调整的合同价款。

FIDIC条款第13.8款规定了因成本改变而进行的调整，第13.7款规定了因法律改变的调整。

5）索赔费用

索赔（Claim），即权利的索取，是指在施工中由于发包人或其他非承包人的原因，使承包人在施工中付出了额外的费用，承包人根据合同文件的规定和正常、合法的途径，要求发包人赔偿施工中损失的权利的一种行为。按索赔目的来分，有索赔费用和索赔工期两类，通常以索赔费用为主，这里所指的费用是为履行合同所发生的或将要发生的所有合理开支，包括管理费和应分摊的其他费用，但不包括利润。

按照索赔的依据来分，索赔费用可分为合同内索赔，其索赔的依据为按合同文件规定能成立的索赔；合同外索赔，其索赔依据在合同文件中无法找到，但在国家的法律、法规中能找到依据的索赔；道义索赔，又称优惠补偿，是指在合同文件内及国家的法律、法规中无法找到依据，发包人也没有违约或违反法律、法规的规定，但承包人的确已尽了最大努力后仍亏了许多钱，甚至导致工程无法继续施工下去，这时承包人通常会寻求道义索赔。例如承包人在施工中发现原投标时对施工的难度估计不足，报价实在太低，虽然尽了最大努力、已亏了许多钱仍然不能完成工程施工，这时通常可寻求道义索赔，谋求通情达理的发包人为使工程项目顺利建成而能给予一定的补偿。我们这里所涉及的索赔以合同内索赔为主。

在施工结算（工程进度款支付）中处理索赔费用项目时，要严格遵守索赔程序、分清索赔事件的责任、注重索赔依据、注意索赔时效，对索赔项目进行全面审查，客观、公正地确定索赔费用。

(1)索赔产生的原因

在土木工程索赔实践中，产生索赔的原因很多，较常见的原因有地质条件的变化，施工中非承包人的人为障碍，工程变更，合同文件的遗漏、错误或矛盾，不利的施工条件，意外的风险和人力不可抗因素，暂时停工，额外的试验和检验，图纸错误，监理工程师指令错误，社会环境因素的干扰，发包人违约导致的合同终止等。按《公路工程标准施工招标文件》"通用合同条款"，承包人可引用的索赔条款如表6-13所示，发包人可引用的索赔条款如表6-14所示；按FIDIC合同条款，承包人可引用的索赔条款如表6-15所示、发包人可以引用的索赔条款如表6-16所示。承包人可索赔费用的组成通常包括直接工程费（人工费、材料费、施工机械使用费、其他工程费）、间接费（规费、企业管理费）、分包费等，有时甚至会包括利润、税金。具体索赔项目的费用组成不能一概而论，应根据索赔事件的具体情况确定。

《公路工程标准施工招标文件》(2009版)"通用合同条款"中承包人索赔可引用的合同条款 表6-13

序 号	条 目 号	条款主题内容	可调整的项目
1	1.10款	化石、文物	工期+费用
2	3.4条	监理人的指示中3.4.5项	工期+费用+利润
3	4.1.8项	为他人提供方便	费用+利润
4	4.11款	不利物质条件	费用+工期
5	5.2款	发包人提供的材料和工程设备中第5.2.4项	费用
6	5.2款	发包人提供的材料和工程设备中第5.2.6项	工期+费用+利润
7	5.4款	禁止使用不合格的材料和工程设备中第5.4.3项	工期+费用
8	6.1款	承包人提供的施工设备和临时设施中第6.1.2项	费用
9	7.1款	道路通行权和场外设施	费用
10	8.3款	基准资料错误的责任	工期+费用+利润
11	9.1款	发包人的施工安全责任中第9.1.3项	人身伤亡和财产损失
12	9.2款	承包人的施工安全责任中第9.2.5项	费用
13	9.2款	承包人的施工安全责任中第9.2.6项	工伤事故损失
14	11.3款	发包人的工期延误	工期+费用+利润
15	11.4款	异常恶劣的气候条件	工期
16	11.6款	工期提前	费用
17	12.2款	发包人暂停施工的责任	工期+费用+利润
18	12.4款	暂停施工后的复工中第12.4.2项	工期+费用+利润
19	12.5款	暂停施工持续56天以上中第12.5.1项	工期+费用+利润
20	13.1款	工程质量要求中第13.1.3项	工期+费用+利润
21	13.5.3项	监理人重新检查	工期+费用+利润
22	13.6.2项	清除不合格工程中第13.6.2项	工期+费用+利润
23	14.1款	材料、工程设备和工程的试验和检验中第14.1.3项	工期+费用+利润
24	18.4款	单位工程验收中第18.4.2项	工期+费用+利润

续上表

序　　号	条　目　号	条款主题内容	可调整的项目
25	18.6 款	试运行中第 18.6.2 项	费用 + 利润
26	19.2 款	缺陷责任中第 19.2.3 项	费用 + 利润
27	21.3.1 项	不可抗力造成损害的责任	工期 + 费用
28	21.3.4 项	因不可抗力解除合同	费用
29	22.2 款	发包人违约	工期 + 费用 + 利润

《公路工程标准施工招标文件》(2009 版)“通用合同条款”中发包人索赔可引用的合同条款　　表 6-14

序　　号	条　目　号	条款主题内容	可调整的项目
1	4.1.1 项	遵守法律	任何责任
2	4.1.7 项	避免施工对公众与他人的利益造成损害	相应责任
3	5.2 款	发包人提供的材料和工程设备中第 5.2.5 项	工期延误 + 费用
4	5.4 款	禁止使用不合格的材料和工程设备中第 5.4.1 项	工期延误 + 费用
5	6.3 款	要求承包人增加或更换施工设备	工期延误 + 费用
6	7.2 款	场内施工道路中第 7.2.1 项	费用
7	11.5 款	承包人的工期延误	逾期竣工违约金
8	12.1 款	承包人暂停施工的责任	工期延误 + 费用
9	12.5 款	暂停施工持续 56 天以上中 12.5.2 项	工期延误 + 费用
10	13.1 款	工程质量要求中第 13.1.2 项	工期延误 + 费用
11	13.5.3 项	监理人重新检查	工期延误 + 费用
12	13.6 款	清除不合格工程中第 13.6.1 项	工期延误 + 费用
13	14.1 款	材料、工程设备和工程的试验和检验中第 14.1.3 项	工期延误 + 费用
14	18.7	竣工清场中第 18.7.2 项	费用
15	19.2 款	缺陷责任第 19.2.2 项	负责修复
16	19.2	缺陷责任第 19.2.4 项	费用 + 利润
17	19.3	缺陷责任期的延长	延长缺陷责任期
18	22.1.2 项	对承包人违约的处理	工期延误 + 费用
19	22.1.3 项	承包人违约解除合同	工期延误 + 费用
20	22.1.6 项	紧急情况下无能力或不愿进行抢救	工期延误 + 费用

FIDIC《合同条件》(1999 版)中承包人索赔可引用的合同条款　　表 6-15

序　　号	条　目　号	条款主题内容	可调整的项目
1	1.9	延误的图纸或指示	工期 + 费用 + 利润
2	2.1	现场进入权	工期 + 费用 + 利润
3	4.7	放线	工期 + 费用 + 利润
4	4.12	不可预见的物质条件	工期 + 费用
5	4.24	化石	工期 + 费用
6	7.4	试验	工期 + 费用 + 利润

续上表

序　号	条　目　号	条款主题内容	可调整的项目
7	8.4	竣工时间的延长	工期
8	8.5	当局造成的延误	工期
9	8.8、8.9	暂时停工、暂停的后果	工期＋费用
10	10.2	部分工程的接收	成本＋利润
11	10.3	对竣工试验的干扰	工期＋费用＋利润
12	11.8	承包人调查	费用＋利润
13	13.7	因法律改变的调整	费用＋成本
14	16.1	承包人暂停工作的权利	工期＋费用＋利润
15	17.3、17.4	雇主的风险、雇主风险的后果	工期＋费用(或)＋利润
16	18.1	有关保险的一般要求	费用
17	19.4	不可抗力的后果	工期(或)＋费用
18	20.1	承包人的索赔	

FIDIC《合同条件》(1999 版)中发包人可引用的索赔条款　　表 6-16

序　号	条　目　号	条款主题内容	可调整的事项
1	2.5	雇主的索赔	
2	4.2	履约担保	有关费用
3	4.19	电、水和燃气	有关费用
4	4.20	雇主设备和免费供应的材料	有关费用
5	7.5	拒收	有关费用
6	7.6	修补工作	有关费用
7	8.6	工程进度	有关费用
8	8.7	误期损害赔偿费用	有关费用
9	9.4	未能通过竣工试验	有关费用
10	11.3	缺陷通知期限的延长	缺陷期延长
11	11.4	未能修补缺陷	有关费用
12	15.2、15.4	由雇主终止、终止后的付款	有关费用
13	18.1	有关保险的一般要求	有关费用
14	18.2	工程和承包人设备的保险	有关费用

(2)承包人的索赔

《公路工程标准施工招标文件》通用合同条款第 23 条对承包人的索赔作了如下规定。

①索赔的提出(第 23.1 款)。

根据合同约定,承包人认为有权得到追加付款和(或)延长工期的,应按以下程序向发包人提出索赔:

a. 承包人应在知道或应当知道索赔事件发生后 28 天内向监理人递交索赔意向通知书,并说明发生索赔事件的事由。承包人未在前述 28 天内发出索赔意向通知书的,丧失要求追加付款和(或)延长工期的权利。

b. 承包人应在发出索赔意向通知书后 28 天内,向监理人正式递交索赔通知书。索赔通知书应详细说明索赔理由以及要求追加的付款金额和(或)延长的工期,并附必要的记录和证明材料。

c. 索赔事件具有连续影响的,承包人应按合理时间间隔继续递交延续索赔通知,说明连续影响的实际情况和记录,列出累计的追加付款金额和(或)工期延长天数。

d. 在索赔事件影响结束后的28天内,承包人应向监理人递交最终索赔通知书,说明最终要求索赔的追加付款金额和延长的工期,并附必要的记录和证明材料。

在《公路工程专用合同条款》中,将d细化为:在索赔事件影响结束后的28天内,承包人应向监理人递交最终索赔通知书,说明最终要求索赔的追加付款金额和(或)延长的工期,并附必要的证明材料。

②承包人索赔处理程序(第23.2款)。

a. 监理人收到承包人提交的索赔通知书后,应及时审查索赔通知书的内容,查验承包人的记录和证明材料,必要时监理人可要求承包人提交全部原始记录副本。

b. 监理人应按第3.5款(商定或确定)商定或确定追加的付款和(或)延长的工期,并在收到上述索赔通知书或有关索赔的进一步证明材料的42天内,将索赔处理结果答复承包人。

在《公路工程专用合同条款》中,将b细化为:监理人应按第3.5款(商定或确定)商定或确定追加的付款和(或)延长的工期,并在收到上述索赔通知书或有关索赔的进一步证明材料的42天内,将索赔处理结果报发包人批准后答复承包人。如果承包人提出的索赔要求未能遵守第23.1款(2)~(4)项(即前述b~d项)的规定,则承包人只限于索赔由监理人按当时记录予以核实的那部分款额和(或)工期延长天数。

c. 承包人接受索赔处理结果的,发包人应在作出索赔处理结果答复后的28天内完成赔付。承包人不接受索赔处理结果的,按第24条(争议的解决)的约定办理。

③承包人提出索赔的期限(第23.3款)。

a. 承包人按第17.5款(竣工结算)的约定接受了竣工付款证书后,应被认为已无权再提出在合同工程接受证书颁发前所发生的任何索赔(第23.3.1项)。

b. 承包人按第17.6款(最终结清)的约定提交的最终结清申请单中,只限于提出工程接受证书颁发后发生的索赔。提出索赔的期限自接受最终结清证书时终止。

(3)发包人的索赔(第23.4款)

①发生索赔事件后,监理人应及时书面通知承包人,详细说明发包人有权得到的索赔金额和(或)延长缺陷责任期的细节和依据。发包人提出索赔的期限和要求与第23.3款(承包人提出索赔的期限)的约定相同,延长缺陷责任期的通知应在缺陷责任期届满前发出(第23.4.2项)。

②监理人按第3.5款(商定或确定)商定或确定发包人从承包人处得到赔付的金额和(或)缺陷责任期的延长期。承包人应付给发包人的金额可从拟支付给承包人的合同价款中扣除,或由承包人以其他方式支付给发包人。

按FIDIC条款第20.1款,监理工程师在收到索赔报告或对过去的索赔的任何进一步证明资料后42天内,或在监理工程师可能建议并经承包人认可的此类其他期限内做出回应,表示批准或不批准并附具体意见。

(4)处理索赔的阶段

处理索赔通常会经过五个阶段:

①承包人提出索赔。承包人提出索赔，首先要在规定的时间内提出索赔意向；其次要保持现场同期记录并应向监理工程师提出中间索赔报告；然后在索赔事件结束后的规定时间内向监理工程师提出最终索赔报告，报告中应包括事件发生原因、索赔事件对其权益的影响及其证据资料、索赔的依据及索赔费用的具体计算等。

②监理工程师对索赔报告的审查。首先，监理工程师在接到承包人的索赔意向书后，无需认可是否是发包人责任，先应审查这些当时记录，并可指示承包人进一步作好当时记录、报送中间报告；其次应建立承包人的索赔档案并保持监理对索赔事件的同期记录；第三是审查承包人的最终索赔报告，审查时要研究证据、分清责任并审查承包人是否按规定时间、程序提出索赔意向和索赔报告；最后是对索赔费用项目和数额进行逐一审查。

③监理工程师与承包人协商补偿额。通常，索赔项目、款额在监理工程师审查后要与承包人进行协商，然后确定。

④发包人审批。发包人审查后确定是否批准监理工程师的意见；索赔报告经发包人审批后由监理工程师签发。

⑤承包人是否接受最终索赔处理。根据《公路工程标准施工招标文件》“通用合同条款”23.2款（承包人索赔处理程序）的规定，如果承包人不接受索赔处理结果的，应按24条（争议的解决）进行处理。

FIDIC条款第20.2款中规定用组成“争端裁决委员会”（简称DAB）的形式来进行公正裁决。

（5）发包人的索赔

当发包人（业主）由于承包人的责任（原因）而遭受损失时，也有权利要求承包人予以赔偿（发包人向承包人索赔）。《公路工程标准施工招标文件》“通用合同条款”第23.4款对发包人的索赔作了如下规定：

第23.4.1项：发生索赔事件后，监理人应及时书面通知承包人，详细说明发包人有权得到的索赔金额和（或）延长缺陷责任期的细节和依据。发包人提出索赔的期限和要求与第23.3款的约定相同，延长缺陷责任期的通知应在缺陷责任期届满前发出。

第23.4.2项：监理人按第3.5款（商定或确定）商定或确定发包人从承包人处得到赔付的金额和（或）缺陷责任期的延长期。承包人应付给发包人的金额可从拟支付给承包人的合同价款中扣除，或由承包人以其他方式支付给发包人。

6）逾期竣工违约金

逾期竣工违约金是指承包人未能按合同工期完成工程施工或在监理人批准的延期内完成工程的施工而给予发包人的补偿。《公路工程标准施工招标文件》“通用合同条款”第11.5款（承包人的工期延误）对此作了如下规定：

由于承包人原因造成工期延误，承包人应支付逾期竣工违约金。逾期竣工违约金的计算方法在专用合同条款中约定。承包人支付逾期竣工违约金，不免除承包人完成工程及修补缺陷的义务。

“公路工程专用合同条款”对“通用合同条款”中的逾期竣工违约金细化如下：

（1）由于承包人原因造成工期延误，承包人应支付逾期交工违约金。逾期交工违约金的计算方法在“项目专用合同条款数据表”中约定，时间自预定的交工日期起到交工验收证书中写明的实际交工日期止（扣除已批准的延长工期），按天计算。逾期交工违约金累计金额最高不超过“项目专用合同条款数据表”中写明的限额。发包人可以从应付或到期应付给承包人的任何款项中或采用其他方法扣除此违约金。

(2)如果在合同工程完工之前,已对合同工程内按时完工的单位工程签发了交工验收证书,则合同工程的逾期交工违约金,应按已签发交工验收证书的单位工程的价值占合同工程价值的比例减少,但本规定不影响逾期交工违约金的规定限额。

逾期交工违约金可按下式计算:

$$逾期交工违约金 = [实际交工日期 - (合同规定的交工日期 + 监理工程师批准的延期)](日) \times 拖期工程价值 \times 合同规定的百分数 \tag{6-3}$$

FIDIC 条款第 8.7 款规定了误期损害赔偿费:以接收证书的日期超过合同规定的竣工时间,按天计,按投标书附录中所列每天应付的金额计算;但不得超过投标书附录中规定的误期损害赔偿费的最高限额(如果有)。

7)逾期付款违约金

发包人有按合同文件的规定时间准时付款给承包人的责任和义务,监理人应督促发包人按合同约定办理。如果发包人不按合同约定的时间付款,则应支付承包人逾期付款违约金。《公路工程标准施工招标文件》“通用合同条款”第 17.3.3 项(进度付款证书和支付时间)、第 17.5.2项(竣工付款证书及支付时间)、第 17.6.2 项(最终结清证书和支付时间),均规定:发包人不按期支付的(发包人应在收到监理人进度付款申请单后的 28 天内,将进度付款支付给承包人),按专用合同条款的约定支付逾期付款违约金。

《公路工程专用合同条款》将第 17.3.3 项(2)目细化为:发包人不按期支付的,按“项目专用合同条款数据表”中约定的利率向承包人支付逾期付款违约金。违约金的计算基数为发包人的全部未付款额,时间从应付而未付该款额之日算起(不计复利)。

利息可按下式计算:

$$I = P \times i \times n \tag{6-4}$$

式中:I——逾期付款违约金;

P——迟付款的金额;

i——迟付款的日利率;

n——超过合同规定付款时间(迟付款)的天数。

按 FIDIC 合同条款第 14.8 款规定,该项费用则要按月计算复利,收取延误期的融资费用。计算公式如下:

$$I = P[(1 + i)^n - 1] \tag{6-5}$$

式中:I——迟付款利息;

P——迟付款金额;

i——迟付款的月利率(世行推荐值为 0.033% ~0.04%,国内项目取值一般低于世行推荐值);

n——超过合同规定付款时间(迟付款)的月数。

8)工期提前奖金

根据通用合同条款第 11.6 款,发包人要求承包人提前竣工,或承包人提出提前竣工的建议能够给发包人带来效益的,应由监理人与承包人共同协商采取加快工程进度的措施和修订合同进度计划。发包人应承担承包人由此增加的费用,并向承包人支付专用合同条款约定的相应奖金。

《公路工程专用合同条款》对此进行了补充:

(1)发包人不得随意要求承包人提前交工,承包人也不得随意提出提前交工的建议。如遇特殊情况,确需将工期提前的,发包人和承包人必须采取有效措施,确保工程质量。

(2)如果承包人提前交工,发包人支付奖金的计算方法在项目专用合同条款数据表中约定,时间自交工验收证书中写明的实际交工日期起至约定的交工日期止,按天计算。但奖金最高限额不超过项目专用合同条款数据表中写明的限额。

3.解除合同后的支付

解除合同后的支付是指由于某种情况的发生导致合同无法履行而解除合同后的支付。通常,合同解除可能产生于承包人违约、发包人违约和特殊风险的发生。

(1)承包人违约解除合同后的支付

按照《公路工程标准施工招标文件》"通用合同条款"第22.1.3项、22.1.4项的规定,承包人违约导致解除合同后,监理工程师应通过协商和调查询问之后,尽快确定:

①合同解除后,监理人按第3.5款(商定或确定)商定或确定承包人实际完成工作的价值以及承包人已提供的材料、施工设备、工程设备和临时工程等的价值。

②合同解除后,发包人应暂停对承包人的一切付款,查清各项付款和已扣款金额,包括承包人应支付的违约金。

③合同解除后,发包人应按第23.4款(发包人的索赔)的约定向承包人索赔由于解除合同给发包人造成的损失。

④合同双方确认上述往来款项后,出具最终结清付款证书,结清全部合同款项。

⑤发包人和承包人未能就解除合同后的结清达成一致而形成争议的,按第24条(争议的解决)的约定办理。

FIDIC条款第15.3款、15.4款对承包人违约导致合同终止后,终止日期时的估价、终止后的付款进行了规定。

(2)因不可抗力解除合同后的支付

按《公路工程标准施工招标文件》"通用合同条款"第21.3.4项(因不可抗力解除合同)的规定,合同一方当事人因不可抗力不能履行合同的,应当及时通知对方解除合同。合同解除后,承包人应按照第22.2.5项(解除合同后的承包人撤离)约定撤离施工场地。已经订货的材料、设备由订货方负责退货或解除订货合同,不能退还的货款和因退货、解除订货合同发生的费用,由发包人承担,因未及时退货造成的损失由责任方承担。合同解除后的付款,参照第22.2.4项(解除合同后的付款)的约定,由监理人按第3.5款(商定或确定)商定或确定。

由于不可抗力的发生而致终止合同后,发包人应向承包人支付终止之日前已完成的全部工程费用,其范围限于在已给承包人的暂付款中尚未包括的款额与款项,其单价和总额价应按合同的约定。另外还应支付下述费用:

①合同终止之日前,承包人已按合同规定完成的第100章工作或服务的相应比例费用。

②承包人为本工程合理订购的材料、设备、或货物的费用,此费用由发包人支付后,其财产应归发包人所有。

③承包人已合理开支的、确实是为了完成本合同工程而预期开支的任何款额,而该开支没有包括在其他支付项目内。

④由于特殊风险而产生的附加费用。

⑤承包人装备的撤离费。

⑥承包人雇员的合理遣返费。

除发包人应向承包人支付上述费用外，对承包人应归还发包人的各项预付款余额及发包人应收回的任何其他款项，应根据合同文件的规定，在应支付的款额中扣除。

在FIDIC条款中，归结为不可抗力（第19条）。由于不可抗力的发生，按19.6款（自主选择终止、付款和解除），在此类终止的情况下，监理工程师应确定已完成工作的价值，并发出包括以下各项的付款证书：

①已完成的、合同中有价格规定的任何工作的应付金额。

②为工程订购的，已交付给承包人或承包人有责任接受交付的生产设备和材料的费用，当雇主支付上述费用后，则此项生产设备和材料应成为雇主的财产（风险也由其承担），承包人应将其交由雇主处置。

③在承包人原预期要完成工程的情况下，合理导致的任何其他费用或债务。

④将临时工程和承包人设备撤离现场，并运回承包人本国工作地点的费用（或运往其他任何目的地，但其费用不得超过前者）。

⑤将终止日期时的完全为工程雇用的承包人的员工遣返回国的费用。

（3）发包人违约解除合同后的支付

按《公路工程标准施工招标文件》“通用合同条款”第22.2.3项的规定，发包人违约解除合同后，发包人应在解除合同后28天内向承包人支付下列金额，承包人应在此期限内及时向发包人提交要求支付下列金额的有关资料和凭证：

①合同解除日以前所完成工作的价款。

②承包人为该工程施工订购并已付款的材料、工程设备和其他物品的金额。发包人付款后，该材料、工程设备和其他物品归发包人所有。

③承包人为完成工程所发生的，而发包人未支付的金额。

④承包人撤离施工场地以及遣散承包人人员的金额。

⑤由于解除合同应赔偿的承包人损失。

⑥按合同约定在合同解除日前应支付给承包人的其他金额。

发包人应按本项约定支付上述金额并退还质量保证金和履约担保，但有权要求承包人支付应偿还给发包人的各项金额。

（三）施工结算的编制方法

按照现时公路工程项目建设管理的通常方式，公路工程施工结算一般采用开工前预付（开工预付款）、施工期中按进度付款（又称期中支付或工程进度款）、交工以后一定时间（缺陷责任期）后结清（最终支付）的支付方式。施工结算中涉及的一些基本数据，通常在招标文件中就以“项目专用条款数据表”的形式给出，如表6-17所示。

1. 开工前预付

开工前预付，即开工预付款的支付。在承包人已履行合同文件中的约定（例如《公路工程标准施工招标文件》“通用合同条款”第17.2款规定）后，由监理工程师在规定的时间内签发开工预付款支付证书、报发包人审批后，由发包人向承包人付款。该预付的款额在工程进度付款中要予以扣回。

项目专用合同条款数据表(例表) 表 6-17

序 号	条 目 号	信息或数据
1	1.1.2.2	发包人: 地 址: 邮政编码:
2	1.1.2.6	监理人: 地 址: 邮政编码:
3	1.1.4.5	缺陷责任期:自实际交工日期起计算2 年
4	1.6.3	图纸需要修改和补充的,应由监理人取得发包人同意后,在该工程或工程相应部位施工前7 天签发图纸修改图给承包人
5	3.1.1	监理人在行使下列权利前需要经发包人事前批准: (6)根据 15.3 款发出的变更指示,其单项工程变更涉及的金额超过了该单项工程签约时合同价的3%或累计变更超过了签约合同价的10%
6	5.2.1	发包人是否提供材料或工程设备:否 如发包人负责提供部分材料或工程设备,相关规定如下:本工程不提供
7	6.2	发包人是否提供施工设备和临时设施:否
8	8.1.1	发包人提供测量基准点、基准线和水准点及其书面资料的期限:签约后14 天内承包人将施工控制网资料报送监理人审批的期限:发包人提供资料后 21 天内
9	11.5	逾期交工违约金:20 000 元/天
10	11.5	逾期交工违约金限额:10%签约合同价
11	11.6	提前交工的奖金:10 000 元/天
12	11.6	提前交工的奖金限额:3%签约合同价
13	15.5.2	承包人提出的合理化建议降低了合同价格或者提高了工程经济效益的,发包人按所节约成本的40%或增加收益的30%给予奖励
14	16.1	因为物价波动引起的价格调整按照第 16.1.1 或第 16.1.2 项约定的原则处理 若按第 16.1.1 项的约定采用价格调整公式进行调价,每半年按价格调整公式进行一次调整
15	17.2.1	开工预付款金额:10%签约合同价
16	17.2.1	材料、设备预付款比例:钢材、木材、水泥、沥青等主要材料、设备单据所列费用的 75%
17	17.3.2	承包人在每个付款周末向监理人提交进度付款申请单的份数:6 份
18	17.3.3(1)	进度付款证书最低限额:4%签约合同价或500 万元
19	17.3.3(2)	逾期付款违约金的利率:3‰/天
20	17.4.1	质量保证金百分比:月支付额的10%
21	17.4.1	质量保证金限额:5%合同价格,若交工验收时承包人具备被招标项目所在地省级交通主管部门评定的最高信用等级,发包人给予1%合同价格质量保证金的优惠,并在交工验收时向承包人返还质量保证金优惠的金额

续上表

序　　号	条 目 号	信息或数据
22	17.5.1	承包人向监理人提交交工付款申请单(包括相关证明材料)的份数6 份
23	17.6.1	承包人向监理人提交最终结清申请单(包括相关证明材料)的份数6 份
24	18.2	竣工资料的份数:6 份
25	18.5.1	单位工程或工程设备是否需要投入施工期运行:否
26	18.6.1	本工程及工程设备是否进行试运行:否
27	19.7	保修期:自实际交工日期起算5 年
28	20.1	建筑工程一切险的保险费率4‰
29	20.4.2	第三者责任限的最低投保金额:300 万元,事故次数不限(不计免赔),保险费率:5‰
30	24.1	争议的最终解决方式:仲裁 仲裁委员会名称:××省仲裁委员会

2. 工程进度付款

工程进度付款即施工期中按照工程完成进度(一般按月)进行的付款,它要将承包人在本计量支付期(本月)内完成的合格工程价值,发包人应当扣回的款额、应当保留的款额以及按照合同文件的规定成立的各费用项目,经计算得出应支付给承包人的款额后,由监理工程师开具进度付款证书(相当于结算书),再由发包人付款,开具进度付款证书应满足项目专用合同条款第17.3.3(1)目中的要求。进度付款的性质是属于一种临时性的付款(结算),发包人付款的依据就是监理工程师开出的进度付款证书。发包人付款时间,按通用条款规定,发包人在监理人收到进度付款申请单后的28天内,将进度款支付给承包人。

3. 竣(交)工结算

"通用合同条款"第17.5款规定,承包人应提交竣(交)工付款申请单,监理人进行核查,发包人审核后付款。

(1)竣(交)工付款申请单

①工程接收证书颁发后,承包人应按专用合同条款约定的份数和期限向监理人提交竣(交)工付款申请单,并提供相关证明材料。除专用合同条款另有约定外,竣(交)工付款申请单应包括下列内容:竣(交)工结算合同总价、发包人已支付承包人的工程价款、应扣留的质量保证金、应支付的竣(交)工付款金额。

②监理人对竣(交)工付款申请单有异议的,有权要求承包人进行修正和提供补充资料。经监理人和承包人协商后,由承包人向监理人提交修正后的竣(交)工付款申请单。

(2)竣(交)工付款证书及支付时间

①监理人在收到承包人提交的竣(交)工付款申请单后的14天完成核查,提出发包人到期应支付给承包人的价款送发包人审核并抄送承包人。发包人应在收到后14天内审核完毕,由监理人向承包人出具经发包人签认的竣(交)工付款证书。监理人未在约定时间内核查,又不提出具体意见的,视为承包人提交的竣(交)工付款申请单已经监理人核查同意;发包人未在约定时间内审核又未提出具体意见的,监理提出发包人到期应支付给承包人的价款视为已经发包人同意。

②发包人应在监理人出具竣(交)工付款证书后的14天内,将应支付款支付给承包人。发包人不按期支付的,按第17.3.3(2)目的约定,将逾期违约金支付给承包人。

③承包人对发包人签认的竣(交)工付款证书有异议的,发包人可出具竣(交)工付款申请单中承包人已同意部分的临时付款证书。存在异议的部分,按第24条(争议的解决)的约定办理。

④竣(交)工付款涉及政府投资资金的,按照国库集中支付等国家相关规定和专用合同条款的约定办理。

4. 最终结清

"通用合同条款"第17.6款规定,承包人应提交最终结清申请单,监理人进行核查,送发包人审核后付款。

(1)最终结清申请单

①缺陷责任期终止证书签发后,承包人应按专用合同条款约定的份数和期限向监理人提交最终结清申请单,并提供相关证明材料。

②发包人对最终结清申请单内容有异议的,有权要求承包人进行修正和提供补充资料。由承包人向监理人提交修正后的最终结清申请单。

(2)最终结清证书和支付时间

①监理人在收到承包人提交的最终结清申请单后的14天内,提出发包人应支付给承包人的价款送发包人审核并抄送承包人。发包人应在收到后14天内审核完毕,由监理人向承包人出具经发包人签认的最终结清证书。监理人未在约定时间内核查,又不提出具体意见的,视为承包人提交的最终结清申请已经监理人核查同意;发包人未在约定时间内审核又未提出具体意见的,监理人提出应支付给承包人的价款视为已经发包人同意。

②发包人应在监理人出具最终结清证书后的14天内,将应支付款支付给承包人。发包人不按期支付的,按第17.3.3(2)目的约定,将逾期违约金支付给承包人。

③承包人对发包人签认的竣工付款证书有异议的,按第24条(争议的解决)的约定办理。

④竣工付款涉及政府投资资金的,按照国库集中支付等国家相关规定和专用合同条款的约定办理。

对于政府投资建设的项目的投资额,通常要进行(国家)审计。发包人为避免施工结算中存在审计时不合规的费用项目,在合同文件中常常约定,最后结算金额以审计为准。对于承包人来说这是一种合同约束,这就意味着即使在进度付款中承包人已经支付的费用,如果不符合合同文件、法律法规的规定(侧重合法性),或与工程实施中的客观事实存在差异,则该项费用在审计中将可能被审减,最终结算时该项费用承包人仍将得不到支付。因此,施工结算的编制应严格按照施工合同文件、有关法律法规的规定进行,并应遵从管理程序、留存充分证据、符合工程实际。

五、施工过程中的结算编制

(一)工程进度付款(施工结算)中的工程计量

工程进度付款,又称施工过程中的结算。要进行施工过程中的结算,首先应对承包人已经完成的合格工程进行工程计量。在工程计量中,应注意计量的条件、计量的依据、计量的程序、计量的方法等方面的问题。

1. 工程计量的条件

工程计量的条件是计量的项目应符合合同文件要求、质量应达到合同文件规定的质量标准、管理程序符合约定、验收手续完备。

2. 工程计量的依据

工程计量的依据是证实工程质量合格的各项资料、工程量清单及说明、设计图纸、工程变更令及修订的工程量清单、合同条件、技术规范、有关计量的补充协议、索赔审批书和施工记录等。

3. 工程计量的程序

工程计量的程序为：

(1)承包人提出计量申请并附各种证实质量合格的资料。

(2)监理人审查计量申请，认为需要计量，则通知承包人。

(3)承包人作计量准备工作。

(4)承包人与监理人双方委派合格人员参加计量，填写《中间计量单》并签认。

(5)监理人审核、确认。经监理人审核确认的工程量，是计算支付费用额的依据。

4. 工程计量的方式

工程计量的方式有：现场量测、按图纸计算、图纸结合施工记录计量。工程计量、计算的规则和方法要严格按照所在工程合同文件中的工程量清单前言、技术规范中的计量细则进行。

工程计量的权利在监理人。在计量时，要按规定的程序进行工程计量，按规定的方法进行工程计量、按规定的项目进行工程计量并应准确测定已完合格工程的数量。经监理人确认的工程细目中间计量单或完工计量证书（样表见表6-18）中的工程数量，是计算支付金额的依据。

工程细目完工计量证书（样表） 表6-18

合同段编号:06

清单编号	工程细目名称	单 位	合同工程量	计量的工程量	工程量增减（+/-）	备 注
203-1-1	路基挖方土方	m^3	1 240 000	1 243 740	+3 740	路基已验收
203-1-2	路基挖方石方	m^3	455 000	453 450	-1 550	路基已验收
…	…	…	…	…	…	…

监理人（签发人）： 年 月 日

5. “通用合同条款”对计量的规定

在《公路工程标准施工招标文件》“通用合同条款”17.1款，对工程计量有如下规定：

(1)计量单位、计量方法、计量周期

①计量单位：计量采用国家法定的计量单位。

②计量方法：工程量清单中的工程量计算规则应按有关国家标准、行业标准的规定，并在合同中约定执行。

“公路工程专用合同条款”对计量方法约定为：工程的计量应以净值为准，除非“项目专用合同条款”另有约定。工程量清单中各个子目的具体计量方法按本合同文件技术规范中的规定执行。

③计量周期:除专用合同条款另有约定外,单价子目已完成工程量按月计量,总价子目的计量周期按批准的支付分解报告确定。

(2)单价子目的计量

《公路工程标准施工招标文件》“通用合同条款”第17.1.4项规定:

①已标价工程量清单中的单价子目工程量为估算工程量。结算工程量是承包人实际完成的,并按合同约定的计量方法进行计量的工程量。

②承包人对已完成的工程进行计量,向监理人提交进度付款申请单、已完成工程量报表和有关计量资料。

③监理人对承包人提交的工程量报表进行复核,以确定实际完成的工程量。对数量有异议的,可要求承包人按第8.2款(施工测量)约定进行共同复核和抽样复测。承包人应协助监理人进行复核并按监理人要求提供补充计量资料。承包人未按监理人要求参加复核,监理人复核或修正的工程量视为承包人实际完成的工程量。

④监理人认为有必要时,可通知承包人共同进行联合测量、计量,承包人应遵照执行。

⑤承包人完成工程量清单中每个子目的工程量后,监理人应要求承包人派员共同对每个子目的历次计量报表进行汇总,以核实最终结算工程量。监理人可要求承包人提供补充计量资料,以确定最后一次进度付款的准确工程量。承包人未按监理人要求派员参加的,监理人最终核实的工程量视为承包人完成该子目的准确工程量。

⑥监理人应在收到承包人提交的工程量报表后的7天内进行复核,监理人未在约定时间内复核的,承包人提交的工程量报表中的工程量视为承包人实际完成的工程量,据此计算工程价款。

⑦“公路工程专用合同条款”补充:承包人未在已标价工程量清单中填入单价或总额价的工程子目,将被认为其已包含在本合同的其他子目的单价或总额价中,发包人将不另行支付。

(3)总价子目的计量

《公路工程标准施工招标文件》“通用合同条款”第17.1.5项有如下规定:

除专用合同条款另有约定外,总价子目的分解和计量按照下述约定进行。

①总价子目的计量和支付应以总价为基础,不因第16.1款(物价波动引起的价格调整)中的因素而进行调整。承包人实际完成的工程量,是进行工程目标管理和控制进度支付的依据。

②承包人在合同约定的每个计量周期内,对已完成的工程进行计量,并向监理人提交进度付款申请单,专用合同条款约定的合同总价支付分解表所表示的阶段性或分项计量的支付性资料,以及所达到工程形象目标或分阶段需完成的工程量和有关计量资料。

③监理人对承包人提交的上述资料进行复核,以确定分阶段实际完成的工程量和工程形象目标。对其有异议的,可要求承包人按第8.2款(施工测量)约定进行共同复核和抽样复测。

④除按照第15条(变更)约定的变更外,总价子目的工程量是承包人用于结算的最终工程量。

（二）施工过程中工程进度付款的编制程序

施工过程中工程进度付款的编制程序为：

1. 承包人提出进度付款申请

承包人提出工程进度付款申请单，并附各类结账单（支付报表）。

按照“通用合同条款”第 17.3.2 项，进度付款申请单应包括下列内容：

(1)截止本次付款周期末已实施工程的价款。

(2)按照第 15 条（变更）应增加和扣减的变更金额。

(3)根据第 23 条（索赔）应增加和扣减的索赔金额。

(4)根据第 17.2 款（预付款）的约定应支付的预付款和扣减的返还预付款。

(5)根据第 17.4.1 项的约定应扣减的质量保证金。

(6)根据合同应增加和扣减的其他金额。

2. 监理人核查进度付款申请单

按通用合同条款第 17.3.3(1)目的规定，监理人应在收到承包人进度付款申请单后 14 天内完成进度付款申请单核查工作。

对进度付款申请的核查，主要核查支付申请的格式和内容是否满足要求，各项资料、证明文件手续是否齐全，各款项计算与汇总是否正确；除了特殊费用项（如计日工、暂列金额、索赔费用等）外，其余费用项目的金额应基本正确。核查确认后报送发包人（业主）审查确认；发包人审查确认后，由监理人签发进度付款证书。

监理人可通过以后任何一期进度付款证书对已支付的工程款中发现的问题或已颁发的进度付款证书的错误进行更正。

监理人在核查时，要与合同文件中规定的支付最低限额进行比较。有的合同文件对进度付款规定了最低限额，承包人的当期支付净额未达此限额时，监理工程师则不向发包人（业主）报送进度付款申请。

（三）施工过程中工程进度款的月结账单

承包人应在每一计量支付周期向监理人提交由其项目经理签署的、按监理人批准格式填写的月结账单（即计量支付申请）一式六份，该结账单应包括以下栏目，承包人应逐项填写清楚：

(1)自开工到本月末止已完成的工程价款。

(2)自开工到上月末止已完成的（已实际结算的）工程价款。

(3)本月完成的（应结算的）工程价款，即 1（项）-2（项）。

(4)本月应支付的暂列金额。

(5)本月应支付的已进场将用于或安装在永久工程中的材料、设备预付款。

(6)根据合同规定，本月应结算的其他款项（如工程变更费用、价格调整费用、索赔费用）。

(7)本月应扣留的质量保证金和扣回的材料、设备预付款及开工预付款。

(8)根据合同规定，本月应扣除的其他款项。

(四)支付表格

进度付款的月结账单系由一系列支付表格及其附件组成。通常,将发包人编制的表格称为甲种表格,监理人编制的表格称为乙种表格,承包人编制的表格称为丙种表格。表格的种类及各种表格的格式由各工程项目根据工程实际及合同文件对支付的要求具体确定。下面给出通常情况下承包人、监理人、发包人使用的支付表格种类。

1. 承包人编制的表格

在中期支付中,承包人应编制的表格一般有:

(1)进度付款申请单(丙-01 表)。

(2)进度完成情况汇总表(丙-02 表)。

(3)进度完成情况明细表(丙-03 表)。

(4)中间计量单(丙-04 表)。

(5)计日工支付申报表(丙-05 表)。

(6)材料到达现场报表(丙-06 表)。

(7)材料供应情况报表(丙-07 表)。

(8)材料预付款申报表(丙-08 表)。

(9)承包人的人员设备报表(丙-09 表)。

(10)外汇价格调整表(丙-10 表)。

(11)人民币价格调整表(丙-11 表)。

(12)价格调整汇总表(丙-12 表)。

(13)索赔申请书(丙-13 表)。

(14)变更一览表(丙-14 表)。

这些表格中除丙-07 表、丙-09 表外,其余表格均与中期支付有关。各支付表格的关系如图 6-2 所示;进度付款申请单(丙-01 表)样表如表 6-19 所示。

No.____期进度付款申请单(丙-01 表)(样表)　　表 6-19

合同编号:06　道路起讫点:____合同段路线长____km

货币单位:人民币(元)　____年____月____日

序号	章次	章名称	合同价			到本期末完成			到上期末完成			本期完成		
			金额	其中		金额	其中		金额	其中		金额	其中	
				人民币	外币		人民币	外币		人民币	外币		人民币	外币
1	100	总则												
2	200	路基												
3	300	路面												
4	400	桥梁、涵洞												
5	500	隧道												
6	600	安全设施及预埋管线												
7	700	绿化及环境保护设施												
8	计日工													
9	暂列金额													
10	合计													
11	开工预付款													

续上表

序号	章次	章名称	合同价			到本期末完成			到上期末完成			本期完成		
			金额	其中		金额	其中		金额	其中		金额	其中	
				人民币	外币		人民币	外币		人民币	外币		人民币	外币
12	材料预付款													
13	逾期付款违约金													
14	扣留质量保证金													
15	扣回开工预付款													
16	扣回材料预付款													
17	变更费用													
18	索赔费用													
19	价格调整费用													
20	实际支付													
	其中	人民币												
		外币(按人民币计)												
21	(外币)美元支付比例:________;1 美元 = ________元(人民币)													

承包人：　　　　　　　　监理人：　　　　　　　　发包人：

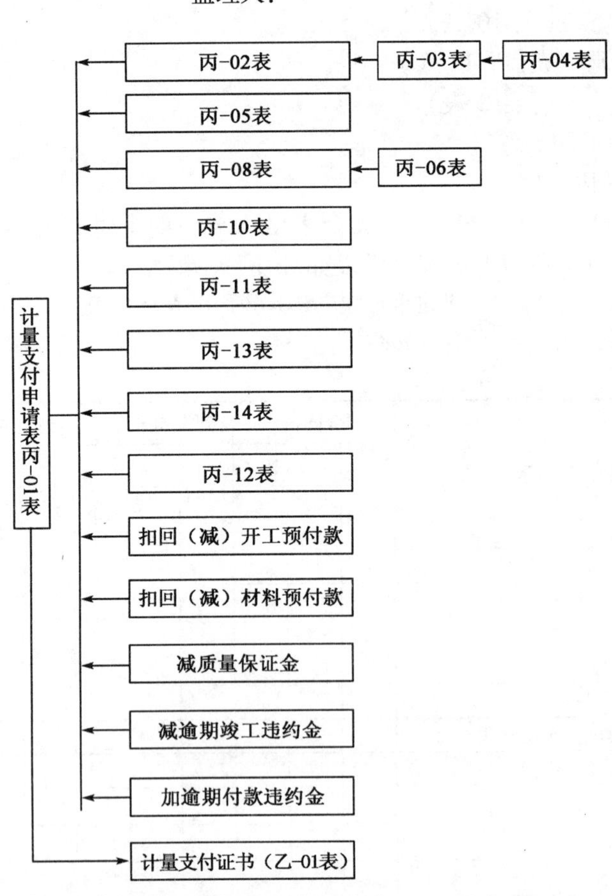

图6-2　支付表格关系图

2. 监理人编制的表格

监理人要根据承包人编制的报表编制：

(1)进度付款证书(乙-01 表)，样表如表 6-20 所示。

No. ________进度付款证书(样表)　　　　表 6-20

项目名称：　　　　承包人：　　　　合同号:06

截止日期：　　　　监理人：　　　　编号：　　　　货币单位:人民币(元)

清单章号	项目内容	合同价及变更金额			到本期末完成			到上期末完成			本期完成		
		原有总金额	变更总金额	变更后总金额	金额	人民币部分	外汇部分	金额	人民币部分	外汇部分	金额	人民币部分	外汇部分
100	总则												
200	路基												
300	路面												
400	桥梁、涵洞												
500	隧道												
600	安全设施及预埋管线												
700	绿化及环境保护设施												
计日工													
暂列金额													
小计													
价格调整													
索赔金额													
逾期竣工违约金													
逾期付款违约金													
开工预付款													
扣回开工预付款													
材料、设备预付款													
扣回材料、设备预付款													
质量保证金													
支付													
说明:1. 表列各值均以人民币计，单位为元;2. 支付的外汇比例为___%，外汇汇率为 1 美元 = ___元(人民币);3. 支付的外汇折合为_____美元													

承包人：　　　　监理人：　　　　发包人：

(2)工程计划进度与实际完成情况表(乙-02 表)。

(3)工程投资支付月报(乙-03 表)。

(4)工程质量监理月报(乙-04 表)。

这些表格中，除乙-04 表外，其余表格均与中期支付有关。

3. 发包人编制的表格

发包人要根据监理人编制的表格和其他费用支出情况编制：

(1)支付月报(甲-01 表)。

(2)土木工程以外费用支付报表(甲-2 表)。发包人除要编制上述两种表格外，按《财政基本建设支出预算管理办法》(财政部财基字[1999]30 号)中的要求，每年尚应编制财政基本建设支出预算汇总表上报。

(五)支付表格中各项费用的计算

1. 工程量清单内各费用项目的计算

(1)第 100 章各费用项目支付额的计算。第 100 章支付额应严格按照合同文件《技术规范》中的计量、支付细则进行计算。通常，保险费、关税是按缴纳费用的收据(发票)进行计算并在合同清单该支付项金额内予以支付；其余费用项目是在满足合同文件要求后，按合同文件规定的百分比进行计算并支付。

(2)清单中其余各章各费用项目支付额的计算。其余各章各费用项目支付额按合同内该费用项目(工程细目)清单单价(合同单价)乘以计量的工程量计算；暂列金额、计日工支付项目应支付费用的计算按工程量清单、合同条款中的规定进行计算。

2. 清单以外、合同以内支付项目应支付费用的计算

清单以外、合同以内支付项目应支付费用应严格按照合同条款(项目专用合同条款、公路工程专用合同条款、通用条款、项目专用合同条款数据表)的规定进行计算，特别要注意工程变更、价格调整、索赔等支付项目应支付费用的计算和确定；监理人应正确行使权利，站在公正立场上，以维护发包人、承包人双方的合法权益。各项费用的计算、款额的预付或扣回应严格按合同文件的约定进行，并在规定的计量支付表格中示明。

六、竣(交)工结算的编制

(一)竣(交)工结算

1. 工程竣(交)工

合同范围内的全部工程已基本完成，监理工程师收到承包人的竣(交)工申请报告，并经过对工程的全面检查、验收，认为符合合同文件要求时，将工程移交发包人。由监理人向承包人签发工程交工验收证书；若不符合合同文件要求，监理工程师应书面指出承包人尚应完善哪些工作，在具备条件后再进行交工验收。

2. 竣(交)工付款申请单

按《公路工程专用合同条款》17. 5. 1 项的约定，在交工验收证书签发后 42 天内，承包人应以监理人批准的格式、项目专用合同条款数据表中约定的份数向监理人提交交工付款申请单，并附上用详细资料说明的证实文件，表明：

(1)合同规定，直到交工验收证书中写明的交工日期为止按合同完成的全部工程的最终价值。

(2)承包人认为应付给他的其他款项。

(3)承包人认为本合同项下(整个合同期)到期应付给他的各项款额的估算值。

第(3)项款额应在交工验收申请单内单独填报。监理人应按照进度付款申请单核查的有关要求,核证并报发包人审批,签发交工结算支付证书。如果发生工程逾期,应按合同文件规定计算逾期交工违约金并在承包人的支付中予以扣除。竣(交)工结算明细表(清单部分)样表如表 6-21 所示。

竣(交)工结算明细表(清单部分)(样表) 表 6-21

合同段编号:06 货币单位:人民币(元)

细目编号	项目名称	计量单位	签约合同价			计量支付(不含变更)			变更(+/-)			实际支付		备注
			工程量	单价	金额	工程量	单价	金额	工程量	单价	金额	工程量	金额	
101-1	保险费	…	…	…	…	…	…	…	…	…	…	…	…	…
…	…													
…	…													
	计日工													
	暂列金额													
	合计	…	…	…	…	…	…	…	…	…	…	…	…	…

承包人: 监理人: 发包人:

3. 竣(交)工结算

竣(交)工结算仍然可用期中支付表格(结账单)进行。只是有些费用支付项目,如开工预付款的预付与扣回、材料预付款的预付与扣回等支付项目均已结清。具体进行竣(交)工结算时,应按该工程项目规定的支付表格(结账单)和合同文件约定的费用项目的具体计算方法进行计算。对于有的费用项目,如索赔费用、工程变更费用等费用项目,若金额、单价或合价未能协商一致时,该类项目的支付可留待最后(终)结清支付时,经协商一致后再行支付。交工结算明细表样表如表 6-22 所示,竣工结算汇总表样表如表 6-23 所示。

交工结算汇总表(样表) 表 6-22

合同段编号:06 货币单位:人民币(元)

序号	章	费用项目名称	合同价	计量支付(不含变更)	工程变更(+/-)	计日工	暂定金额	实际支付	备注
1	100	总则	3 255 000	…	…	…	…	…	…
2	200	路基	14 597 580						
3	300	路面	9 753 760						
4	400	桥梁、涵洞	21 576 590						
5	500	隧道	19 874 250						
6	600	安全设施及预埋管线	2 536 250						
7	700	绿化及环境保护设施	879 540						
8		清单支付小计	81 615 260	…	…	…	…	…	…
9		变更							

续上表

序号	章	费用项目名称	合同价	计量支付（不含变更）	工程变更（+/-）	计日工	暂定金额	实际支付	备注
10		价格调整							
11		索赔							
12		逾期付款违约金							
13		工期提前奖金							
14		扣(-)质量保证金							
15		扣(-)逾期交工违约金							
16		清单以外、合同以内支付小计	…	…	…	…	…	…	…
17		交工结算支付合计(8+16)	…	…	…	…	…	…	…

承包人：　　　　　　　　监理人：　　　　　　　　发包人：

竣工结算汇总表(样表)　　　　表 6-23

工程名称：　　　　　　　　货币单位：人民币(元)

序号	费用项目	概预算值	合同价	计量支付值（不含变更）	工程变更（+/-）	价格调整	索赔	其他	实际支付	备注
1	总计(工程总造价)	…	…	…	…	…	…	…	…	…
2	可行性研究费用									
3	勘察设计费									
4	设计文件审查费									
5	征地、拆迁、安置补偿费									
6	建设单位管理费									
7	工程监理费									
8	质量监督费									
9	定额编制管理费									
10	研究试验费									
11	固定资产投资方向调节税									
12	建设期贷款利息									
13	01 合同段工作量(支付)									
14	02 合同段工作量(支付)									
…	…									
…	设备购置费									
…	工具、器具购置费									
…	…	…	…	…	…	…	…	…	…	…
…	…									

编制单位：　　　　　　　　年　　月　　日

(二)最终结清

最终结清，即最后一次支付。它是在承包人的缺陷责任期满，缺陷责任终止证书签发后才进行的支付，是发包人与承包人经济关系的结清；最终结清申请单中的总金额应认为是代表了根据合同规定应付给承包人的全部款项的最后结算。

按《公路工程专用合同条件》第17.6.1(1)目的约定,承包人向监理人提交最终结清申请单(包括证明材料)的期限为缺陷责任终止证书签发后28天内。

1. 最终结清的程序

(1)承包人提出最终结清申请单(结账单)草案,并附详细证实文件。

(2)监理人核查、协商,达成一致意见,报送发包人审核确认。

(3)承包人编制最终结清申请单(结账单)。

(4)监理人签发最终结清证书。

(5)发包人在规定的时间内付款。

2. 最终结清申请单

《公路工程标准施工招标文件》"通用合同条款"17.6款、"公路工程专用合同条款"17.6.1(目)对最终结清申请单有如下规定:在监理人签发缺陷责任终止证书后28天(FIDIC合同条款14.11款规定为56天)内,承包人应按约定的格式和份数向监理人提交最终结清申请单(最终报表)草案,并要附上详细的证实文件,供监理人审查、协商。

(1)承包人提交的最后结账单草案应表明:①根据合同规定已经完成的全部工程的价值;②根据合同规定承包人认为应该付给他的任何其他的款项。

(2)监理人核查、协商,达成一致意见。监理人在核查中,如果不同意或者不核证最终结清申请单(结账单草案)的任一部分,承包人应按监理人的合理要求,提交进一步的资料,并对最终结清申请单(草案)作出他们之间协商同意的修改;然后由承包人按协商一致的意见编制最终结清申请单。

(3)若最终结清申请单(结账单草案)中有的支付项目承包人、监理人或发包人之间存在分歧而不能达成一致意见,监理工程师应对最终结清申请单(结账单草案)中不存在分歧的部分(如果有)核证并用签发进度付款证书的方式对其进行支付;有分歧部分则按合同争议予以解决,即按采用的合同条款,如《公路工程标准施工招标文件》"通用合同条款"第24条或FIDIC条款第20条规定的程序和方式进行处理。

3. 清账书

承包人在提交最终结清申请单的同时,宜提交发包人一份书面清账书,并抄送监理工程师,确认最终结清申请单中的总金额代表了根据合同规定应付给承包人的全部款项的最后结清。该清账书只有在监理工程师签发的最终结清支付证书中的支付款额已经被发包人支付,且原发包人扣留的质量保证金已归还承包人后才生效。

4. 最终结清证书

在最终结清申请单和清账书收到14天内,监理人应提出发包人应支付给承包人的价款送发包人审核并抄送承包人。发包人应在收到后14天内审核完毕,由监理人向承包人出具经发包人签认的最终结清证书。

最终结清证书中应表明:

(1)监理人认为根据合同规定最后应付给承包人的款额。

(2)在对发包人以前所付的全部款额和发包人根据合同规定应得的全部款项予以确认后,证实发包人欠承包人或承包人欠发包人的差额(如有)。最终结清证书仍由一整套支付表格构成，其表格与进度付款证书、交工结算证书的表格基本相同。

5. 支付时间

按《公路工程标准施工招标文件》“通用合同条款”、“公路工程专用合同条款”中的规定，发包人应在监理人签发进度付款证书后 14 天（FIDIC 合同条款 14.6 款、14.7 款规定为 28 天）、签发交工结算证书后 14 天（FIDIC 合同条款为 56 天）、签发最终结清证书后 14 天内付款给承包人；具体支付时间应按该项目专用合同条件的约定执行。

（三）建设项目竣工结算

建设项目竣工结算要将实现建设项目所花费的全部费用，包括各合同段支付的费用以及在工程建设不同时期花费的费用，如征地拆迁、勘测设计、建设管理、可行性研究等所支出的全部费用进行计算、汇总并分析其经济效果，以考核项目建设管理成效，并作为编制项目竣工财务决算的基础。竣工结算内容通常要包括：

1. 工程及建设概况

工程概况包括工程名称、公路的起讫地点、里程、道路等级、技术标准等；独立大桥的桥型、荷载、跨径、桥宽、桥长、基础等；独立隧道的长度、宽度、衬砌、隧道内设施等；水文、气象、地形、地质情况等内容。建设概况包括建设过程，建设的组织管理；合同段的划分，施工条件，设计、施工、监理单位情况等；工程的质量、进度情况等。

2. 完成的主要工程量

完成的主要工程量包括路基土方、石方、特殊路基处理等，桥梁涵洞混凝土、钢筋、圬工、基础处理等，路面混凝土、沥青混凝土等，隧道开挖、衬砌等，防护工程、安全设施及预埋管线、绿化及环境保护等的主要工程量。

3. 主要技术经济指标

可根据工程建设实际花费的资金与工程产品进行比较而求其技术经济指标，例如工程实际造价 × × 万元/km，桥梁 × 万元/m，路面 × × 元/m^2 等。

竣工结算的编制基础是承包人的交工结算和最终支付证书等，应先按合同段编制，再行汇总；竣工结算表格可根据本工程支付和管理情况予以设计。表 6-23 给出的是竣工结算汇总表的样表。

工程竣工结算，发包人也可委托造价咨询单位进行编制或审查。

七、中国建设工程造价管理协会标准——《建设项目工程结算编审规程》（CECA/GC 3—2010）

为规范建设项目工程结算文件的编制和审查，提高建设项目工程结算编制和审查成果的质量，特制定本规程。本规程适用于新建、扩建、改建等建设项目的工程结算的编制和审查。从事建设项目工程结算活动的工程造价咨询单位应具备相应的工程造价咨询单位资质，工程造价咨询单位必须配备相应的工程造价专业人员，工程结算编制和审查实行造价员和注册造价工程师签署负责制。

承担工程结算编制或审查的工程造价咨询单位必须与委托人签订书面咨询合同。合同中应明确委托标的、时限、双方的权利义务、责任等条款。工程造价咨询单位和专业人员不得接受同一项目工程结算编制与结算审查的委托。工程结算的编制或审查应以工程发承包合同为依据，并遵循合法、独立、公平、公正和诚实信用的原则。

工程结算的编制或审查活动应当符合国家法律、行政法规及有关强制性规范的要求。

（一）结算编制

1.编制依据

（1）国家有关法律、法规、规章制度和相关的司法解释。

（2）国务院建设行政主管部门以及各省、自治区、直辖市和有关部门发布的工程造价计价标准、计价办法、有关规定及相关解释。

（3）施工发承包合同、专业分包合同及补充合同，有关材料、设备采购合同。

（4）招投标文件，包括招标答疑文件、投标承诺、中标报价书及其组成内容。

（5）工程竣工图或施工图、施工图会审记录，经批准的施工组织设计以及设计变更、工程洽商和相关会议纪要。

（6）经批准的开、竣工报告或停工、复工报告。

（7）建设工程工程清单计价规范或工程预算定额、费用定额及价格信息、调价规定等。

（8）工程预算书。

（9）影响工程造价的相关资料。

（10）结算编制委托合同。

2.编制要求

（1）工程结算一般经过发包人或有关单位验收合格且点交后方可进行。

（2）工程结算应以施工承发包合同为基础，按合同约定的工程价款调整方式对原合同价款进行调整。

（3）工程结算应核查设计变更、工程洽商等工程资料的合法性、有效性、真实性和完整性。对有疑义的工程实体项目，应视现场条件和实际需要核查隐蔽工程。

（4）建设项目由多个单项工程或单位工程构成的，应按建设项目划分标准的规定，将各单项工程或单位工程竣工结算汇总，编制相应的工程结算书，并撰写编制说明。

（5）实行分阶段结算的工程，应将各阶段工程结算汇总，编制工程结算书，并撰写编制说明。

（6）实行专业分包结算的工程，应将各专业分包结算汇总在相应的单项工程或单位工程结算内，并撰写编制说明。

（7）工程结算编制应采用书面形式，由电子文本要求的应一并报送与书面形式内容一致的电子版本。

（8）工程结算应严格按工程结算编制程序进行编制，做到程序化、规范化、结算资料必须完整。

3.编制程序

（1）工程结算应按准备、编制和定稿三个工作阶段进行，并实行编制人、校对人和审核人分别署名盖章确认的内部审核制度。

（2）结算编制准备阶段。

①收集与工程结算编制相关的原始资料。

②熟悉工程结算资料内容,进行分类、归纳、整理。

③召集相关单位或部门的有关人员参加工程结算预备会议,对结算内容和结算资料进行核对与充实完善。

④收集建设期内影响合同价格的法律和政策性文件。

(3)结算编制阶段。

①根据竣工图及施工图以及施工组织设计进行现场踏勘,对需要调整的工程项目进行观察、对照、必要的现场实测和计算,做好书面或影像记录。

②按既定的工程量计算规则计算需调整的分部分项、施工措施或其他项目工程量。

③按招标文件、施工发承包合同规定的计价原则和计价办法对分部分项、施工措施或其他项目进行计价。

④对于工程量清单或定额缺项以及采用新材料、新设备、新工艺的,应根据施工过程中的合理消耗和市场价格,编制综合单价或单位估价分析表。

⑤工程索赔应按合同约定的索赔处理原则、程序和计算方法,提出索赔费用,经发包人确认后作为结算依据。

⑥汇总计算工程费用,包括编制分部分项费、施工措施项目费、其他项目费、零星工作项目费或直接费、间接费、利润和税金等表格,初步确定工程结算价格。

⑦编写编制说明。

⑧计算主要技术经济指标。

⑨提交结算编制的初步成果文件待校对、审核。

(4)结算编制定稿阶段。

①由结算编制受托人单位的部门负责人对初步成果文件进行检查、校对。

②由结算编制受托人单位的主管负责人审核批准。

③在合同约定的期限内,向委托人提交经编制人、校对人、审核人和受托人单位盖章确认的正式结算编制文件。

4. 编制方法

(1)工程结算的编制应区分施工发承包合同类型,采用相应的编制方法。

①采用总价合同的,应在合同价基础上对设计变更、工程洽商以及工程索赔等合同约定可以调整的内容进行调整。

②采用单价合同的,应计算或核定竣工图或施工图以内的各个分部分项工程量,依据合同约定的方式确定分部分项工程项目价格,并对设计变更、工程洽商、施工措施以及工程索赔等内容进行调整。

③采用成本加酬金合同的,应依据合同约定的方法计算各个分部分项工程以及设计变更、工程洽商、施工措施等内容的工程成本,并计算酬金及有关税费。

(2)工程结算中涉及工程单价调整时,应当遵循以下原则:

①合同中已有适用于变更工程、新增工程单价的,按已有的单价结算。

②合同中有类似变更工程、新增工程单价的,可以参照类似单价作为结算依据。

③合同中没有适用或类似变更工程、新增工程单价的,结算编制受委托人可商洽承包人或发包人提出适当的价格,经对方确认后作为结算依据。

(3)工程结算编制中涉及的工程单价应按合同要求分别采用综合单价或工料单价。工程量清单计价的工程项目应采用综合单价;定额计价的工程项目可采用工料单价。

①综合单价。把分部分项工程单价综合成全费用单价,其内容包括直接费(直接工程费和措施费)、间接费、利润和税金,经综合计算后生成。各分项工程量乘以综合单价的合价汇总后,生成工程结算价。

②工料单价。把分部分项工程量乘以单价形成直接工程费,加上按规定标准计算的措施费,构成直接费。直接工程费由人工、材料、机械的消耗量及其相应价格确定。直接费汇总后另计算间接费、利润、税金,生成工程结算价。

5.编制内容

(1)工程结算采用工程量清单计价的应包括:

①工程项目的所有分部分项工程量,以及实施工程项目采用的措施项目工程量;为完成所有工程量并按规定计算的人工费、材料费和设备费、机械费、间接费、利润和税金。

②分部分项和措施项目以外的其他项目所需计算的各项费用。

(2)工程结算采用定额计价的应包括:套用定额的分部分项工程量、措施项目工程量和其他项目,以及为完成所有工程量和其他项目并按规定计算的人工费、材料费和设备费、机械费间接费、利润和税金。

(3)采用工程量清单或定额计价的工程结算还应包括:

①设计变更和工程变更费用。

②索赔费用。

③合同约定的其他费用。

6.编制时效

(1)结算编制受委托人应与委托人在咨询服务委托合同内约定结算编制工作的所需时间,并在约定的期限内完成工程结算编制工作。

(2)合同未作约定或约定不明的,结算编制受托人应参照本规程5.6.2条结算审查时效的有关规定,在规定时限内完成工程结算编制工作。

(3)结算编制受托人未在合同约定或规定期限内完成,且无正当理由延期的,应当承担违约责任。

7.编制的成果文件形式

(1)工程结算成果文件的形式

①工程结算书封面,包括工程名称、编制单位和印章、日期等。

②签署页,包括工程名称、编制人、审核人、审定人姓名和执业(从业)印章、单位负责人印章(或签字)等。

③目录。

④工程结算编制说明。

⑤工程结算相关表式。

⑥必要的附件。

(2)工程结算相关表式

①工程结算汇总表。

②单项工程结算汇总表。

③单位工程结算汇总表。

④分部分项(措施、其他、零星)结算汇总表。

⑤必要的相关表格。

结算编制受委托人应向结算编制委托人及时递交完整的工程结算成果文件。

(二)结算审查

1. 审查依据

(1)工程结算审查委托合同和完整、有效的工程结算文件。

(2)国家有关法律、法规、规章制度和相关的司法解释。

(3)国务院建设行政主管部门以及各省、自治区、直辖市和有关部门发布的工程造价计价标准、计价办法、有关规定及相关解释。

(4)施工发承包合同、专业分包合同及补充合同,有关材料、设备采购合同;招投标文件,包括招标答疑文件、投标承诺、中标报价书及其组成内容。

(5)工程竣工图或施工图、施工图会审记录,经批准的施工组织设计,以及设计变更、工程洽商和相关会议纪要。

(6)经批准的开、竣工报告或停、复工报告。

(7)建设工程工程清单计价规范或工程预算定额、费用定额及价格信息、调价规定等。

(8)工程结算审查的其他专项规定。

(9)影响工程造价的其他相关资料。

2. 审查要求

(1)严禁采用抽样审查、重点审查、分析对比审查和经验审查的方法,避免审查疏漏现象发生。

(2)应审查结算文件和与结算有关的资料完整性和符合性。

(3)按施工发承包合同约定的计价标准或计价方法进行审查。

(4)对合同未作约定或约定不明的,可参照签订合同时当地建设行政主管部门发布的计价标准进行审查。

(5)对工程结算内多计、重列的项目应予以扣减,对少计、漏项的项目应予以调增。

(6)对工程结算与设计图纸或事实不符的内容,应在掌握工程事实和真实情况的基础上进行调整。工程造价咨询单位在工程结算审查时发现的工程结算与设计图纸或事实不符的内容应约请各方履行完善的确认手续。

(7)对由总承包人分包的工程结算,其内容与总承包合同主要条款不相符的,应按总承包合同约定的原则进行审查。

(8)工程结算审查文件应采用书面形式,有电子文本要求的应采用与书面形式内容一致的电子版本。

(9)结算审查的编制人、校对人和审核人不得由同一人担任。

(10)结算审查受托人与被审查项目的发承包双方有利害关系,可能影响公正的,应予以回避。

3. 审查程序

工程结算审查应按准备、审查和审定三个工作阶段进行,并实行编制人、校对人和审核人

分别署名盖章确认的内部

(1)结算审查准备阶段

①审查工程结算手续的完备性、资料内容的完整性,对不符合要求的应退回限时补正。

②审查计价依据及资料与工程结算的相关性、有效性。

③熟悉招投标文件、工程发承包合同、主要材料设备采购合同及相关文件。

④熟悉竣工图纸或施工图纸、施工组织设计、工程概况以及设计变更、工程洽商和工程索赔情况等。

(2)结算审查阶段

①审查结算项目范围、内容与合同约定的项目范围、内容的一致性。

②审查工程量计算的准确性、工程量计算规则与计价规范或定额保持一致性。

③审查结算单价时应严格执行合同约定或现行的的计价原则、方法。对于清单或定额缺项以及采用新材料、新工艺的,应根据施工过程中的合理消耗和市场价格审核结算单价。

④审查变更签证凭据的真实性、合法性、有效性,核准变更工程费用。

⑤审查索赔是否依据合同约定的索赔处理原则、程序和计算方法以及索赔费用的真实性、合法性、准确性。

⑥审查取费标准时,应严格执行合同约定的费用定额标准及有关规定,并审查取费依据的时效性、相符性。

⑦编制与结算相对应的结算审查对比表。

(3)结算审定阶段

①工程结算审查初稿编制完成后,应召开由结算编制人、结算审查委托人及结算审查受托人共同参加的会议,听取意见,并进行合理的调整。

②由结算审查受托人单位的部门负责人对结算审查的初步成果文件进行检查、校对。

③由结算审查受托人单位的主管负责人审核批准。

④发承包双方代表人和审查人应分别在"结算审定签署表"上签认并加盖公章。

⑤对结算审查结论有分歧的,应在出具结算审查报告前,至少组织两次协调会;凡不能共同签认的,审查受托人可适时结束审查工作,并做出必要说明。

⑥在合同约定的期限内,向委托人提交经结算审查编制人、校对人、审核人和受托人单位盖章确认的正式的结算审查报告。

4. 审查方法

(1)工程结算的审查应依据施工发承包合同约定的结算方法进行,根据施工发承包合同类型,采用不同的审查方法。

①采用总价合同的,应在合同价的基础上对设计变更、工程洽商以及工程索赔等合同约定可以调整的内容进行审查。

②采用单价合同的,应审查施工图以内的各个分部分项工程量,依据合同约定的方式审查分部分项工程价格,并对设计变更、工程洽商、工程索赔等调整内容进行审查。

③采用成本加酬金合同的,应依据合同约定的方法审查各个分部分项工程以及设计变更、工程洽商等内容的工程成本,并审查酬金及有关税费的取定。

(2)结算审查中涉及工程单价调整时,参照本规程 4.4.2 条结算编制单价调整的办法实行。

(3)除非已有约定,对已被列入审查范围的内容,结算应采用全面审查的方法。

(4)对法院、仲裁或承发包双方合意共同委托的未确定计价方法的工程结算和审查或鉴定,结算审查受托人可根据事实和国家法律、法规和建设行政主管部门的有关规定,独立选择鉴定或审查适用的计价办法。

5. 审查内容

(1)审查结算的递交程序和资料的完备性

①审查结算资料的递交手续、程序的合法性以及结算资料具有的法律效力。

②审查结算资料的完整性、真实性和相符性。

(2)审查与结算有关的各项内容

①建设工程发承包合同及其补充合同的合法性和有效性。

②施工发承包合同范围以外调整的工程价款。

③分部分项、措施项目、其他项目工程量及单价。

④发包人单独分包工程项目的界面划分和总包人的配合费用。

⑤工程变更、索赔、奖励及违约费用。

⑥取费、税金、政策性调整以及材料差价计算。

⑦实际施工工期与合同工期发生差异的原因和责任,以及对工程造价的影响程度。

⑧其他涉及工程造价的内容。

6. 审查时效

(1)结算审查委托人应与委托人在咨询服务委托合同内约定结算审查期限。

(2)合同未作约定或约定不明的,结算审查受托人应按财政部、建设部联合颁发的《建设工程价款结算暂行办法》(财建[2004]389号)第十四条第(三)款要求的时限完成征得建设单位确认的初稿。

(3)结算审查受托人应在咨询服务委托合同约定或规定的期限内完成工程结算审查工作;结算审查受托人未在合同约定或规定期限内完成结算审查,且无正当理由延期的,应当承担违约责任。

7. 审查的成果文件形式

(1)工程结算审查成果文件的形成

①审查报告封面,包括工程名称、审查单位名称、审查单位工程造价咨询单位执业章、日期等。

②签署页,包括工程名称、审查编制人、审定人姓名和执业(从业)印章、单位负责人印章(或签字)等。

③结算审查报告书。

④结算审查相关表式。

⑤有关的附件。

(2)工程结算审查相关表式

①结算审定签署表。

②工程结算审查汇总对比表。

③单项工程结算审查汇总对比表。

④单位工程结算审查汇总对比表。

⑤分部分项(措施、其他、零星)工程结算审查对比表。

⑥其他相关表格。

结算审查受托人应向结算委托人及时递交完整的工程结算审查成果文件。

第二节　公路工程竣工决算的编制

所有竣工验收的项目,在办理验收手续之前,必须对所有财产和物资进行清理,编制好竣工决算报告。竣工决算报告是反映建设项目实际造价和投资效果的文件,是工程项目竣工验收系列文件的重要组成部分;竣工决算是考核交通基本建设项目投资效益、全面反映建设成果和投资者权益的文件。建设单位要从项目筹建开始,做好有关资料的收集、整理、积累、分析工作;项目完建时,应组织工程技术、计划、财务、物资、统计等有关人员共同完成工程竣工决算的编制工作,正确核定新增资产价值;建设单位要认真做好各项财务、物资、财产、债权债务、投资资金到位情况和报废工程的清理工作,做到工完账清。各种材料、物资、设备、施工机具等要逐项清点核实,妥善保管,按照国家规定处理,不得任意侵占。在没有编制出竣工决算报告、项目未清理完毕以前,机构不得撤消、有关人员不得调离。

竣工决算可分为竣工工程决算和财务竣工决算,竣工工程决算是财务竣工决算的编制基础。竣工决算由发包人负责编制。

一、公路工程竣工决算的作用

公路工程竣工决算是考核工程项目建设成果的主要依据,主要有以下几方面作用。

(1)竣工决算是检查基本建设投资计划、设计概算执行情况和考核投资效果的依据。

公路建设项目的建设通常都是在国家基本建设计划安排下进行的,其投资额要以批准的可行性研究投资估算、设计概算、施工图预算文件为依据;实施要符合批准的建设计划和设计文件要求;工程项目的建设方案、技术标准不得随意变更;建设规模不得随意扩大或缩小;投资额应控制在批准的概算或预算值以内。竣工决算就应围绕检查基本建设投资计划的执行情况和概、预算的执行情况而进行。

通过项目的竣工决算,可以考核项目建设的投资效果。投资效果主要体现在投资资金转化为新增资产价值上及项目的使用价值上。

(2)竣工决算是核定新增资产价值、办理交付使用财产的依据。

工程项目建设好后,要核定新增资产价值,并办理交付使用财产的移交手续。通常,新增资产包括新增固定资产、流动资产、无形资产、递延资产、其他资产等。要根据竣工决算报告的编制要求编制交付使用财产总表和交付使用财产明细表,详细计算全部交付使用财产的价值。要向管理或使用单位提交交付使用财产的具体名称、规格型号、数量、价值等的明细表,作为办理交付使用资产交接手续的依据。

(3)竣工决算是建设项目财务状况、财务管理水平的综合反映。

竣工决算表明了建设项目开始建设以来各项资金的来源和支出以及取得的财务成果,它是建设项目财务状况的综合反映,也体现了项目建设中的财务管理水平。通过竣工决算,可以检查建设单位(业主)是否遵守国家的财经纪律和投资计划的执行情况,并为基建主管部门、财务部门总结经验,改进管理提供信息。

(4)竣工决算为建立交通基本建设工程技术经济档案、工程定额修订提供资料和依据。

竣工决算反映了主要工程的全部数量和实际成本、工程造价以及从开始筹建至竣工为止全部资金的运用情况和工程建成后新增资产价值。大中型项目的竣工决算报告要报交通运输部,它是国家基本建设的技术经济档案,并为以后基本建设规划和项目投资安排提供参考。

通过对竣工决算中的人工、材料、机械台班消耗及其他费用的分析,可以反映出在一定时期内各种资源消耗水平、各项费率的取值水平,这些参数可以作为工程定额修订和各项取费标准修订的参考。有些工程项目改进了施工方法,采用了新技术、新工艺、新材料、新结构,降低了材料消耗,提高了劳动生产率,降低了成本,通过竣工决算资料的积累和分析,可以为以后编制新定额或补充定额提供必要的数据、资料。

(5)竣工决算资料是工程造价管理中应积累的基础资料之一,它对提高工程造价的编制水平和管理水平具有积极作用。

二、工程竣工决算的编制

1992 年,原交通部以第 42 号令发布了《交通基本建设项目竣工决算报告编制办法》,2000 年,以交财发[2000]207 号对《交通基本建设项目竣工决算报告编制办法》进行了修改;对于公路建设项目的竣工决算,2004 年发布了《公路建设项目工程决算编制办法》(交公路发[2004]507 号)。下面分别对其进行阐述。

(一)交通基本建设项目竣工决算报告的编制

为严格执行基本建设项目竣工验收制度,正确核定新增资产价值,全面反映投资者的权益,根据国家有关规定,结合交通部门的实际情况,制定了《交通基本建设项目竣工决算报告编制办法》。

交通基本建设项目是指列入国家和地方交通基本建设投资计划的公路、水运及其他基本建设项目。竣工决算报告是考核交通基本建设项目投资效益、反映建设成果的文件,是确定交付使用财产价值、办理交付使用手续的依据。建设单位要有专人负责有关资料的收集、整理、分析、保管工作。项目完建后,要组织工程技术、计划、财务、物资、统计等有关部门的人员共同编制项目竣工决算报告。设计、施工、监理等单位应积极配合建设单位做好竣工决算报告的编制工作。交通基本建设项目竣工后,应按照国家有关规定及本办法编制竣工决算报告。没有编制竣工决算报告的项目不得进行竣工验收。

1. 竣工决算报告的编制依据

竣工决算报告应当依据以下文件、资料编制:

(1)经批准的可行性研究报告、初步设计、概算或调整概算、变更设计以及开工报告等文件。

(2)历年的年度基本建设投资计划。

(3)经审核批复的历年年度基本建设财务决算。

(4)编制的施工图预算,承包合同、工程结算等有关资料。

(5)历年有关财产物资、统计、财务会计核算、劳动工资、审计及环境保护等有关资料。

(6)工程质量鉴定、检验等有关文件,工程监理有关资料。

(7)施工企业交工报告等有关技术经济资料。

(8)有关建设项目附产品、简易投产、试运营(生产)、重载负荷试车等产生基本建设收入的财务资料。

(9)有关征地拆迁资料(协议)和土地使用权确权证明。

(10)其他有关的重要文件。

2. 竣工决算报告的组成

竣工决算报告由以下四部分组成:

(1)竣工决算报告的封面、目录。

(2)竣工工程平面示意图。

(3)竣工决算报告说明书。

(4)竣工决算表格。

竣工决算报告说明书是竣工决算报告的重要组成部分,主要内容包括:工程项目概况及组织管理情况,工程建设过程和工程管理工作中的重大事件、经验教训,工程投资支出和财务管理工作的基本情况(包括主要会计事项处理原则,财产物资清理及债权债务清偿情况;基建结余资金、基建收入等的上交分配情况;主要技术经济指标的分析、计算情况等),工程遗留问题等。

3. 编制要求

(1)竣工决算报告按照建设项目类型分公路建设项目、桥梁隧道建设项目、内河航运建设项目、港口(码头)建设项目和不能归入上述四类的其他建设项目等分别编报。编制竣工决算报告时,必须填制本类项目工程概况专用表和全套财务通用表。

(2)建设项目完建时的收尾工程,建设单位可根据概算所列的投资额或收尾工程的实际情况测算投资支出列入竣工决算报告。但收尾工程投资额不得超过工程总投资的5%。

(3)对列入竣工决算报告的基本建设收入、基建结余资金等财务问题,建设单位应按国家规定进行相应处理。

(4)建设项目完建时,建设单位要认真做好各项账务、物资、财产、债权债务、投资资金到位情况和报废工程的清理工作,做到工完料清,账实相符。各种材料、物资、设备、施工机具等要逐项清点核实,妥善保管,按照国家规定处理,不准任意侵占。

(5)建设单位编制的竣工决算报告在审计部门提出审计意见后,方可组织竣工验收。未经竣工验收委员会认定的竣工决算报告不得上报。

(6)中央级大中型基本建设项目,其项目竣工决算报告经省级交通主管部门或部属一级单位签署意见后报部备案(一式四份)。

竣工决算报告在竣工验收委员会审查同意后3个月内报出。

(7)竣工验收合格的基本建设项目其正式交付使用时间由竣工验收委员会确定。

(8)对编报竣工决算报告工作认真负责,上报及时的,上级交通主管部门可以给予表彰。对不按本办法编制和报送竣工决算报告的,上级交通主管部门可以通报批评;情节严重的,可暂停拨付建设资金、停批新建项目,并按有关规定对单位负责人及直接责任人给予行政处分和行政处罚。

4. 竣工决算报告表格

竣工决算报告表式分为决算审批表、工程概况专用表和财务通用表三类。

(1)竣工决算审批表(交建竣1表),如表6-24所示。

(2)工程概况专用表,主要包括:

①公路建设项目工程概况表(交建竣2-1表),如表6-25所示。

②桥梁隧道建设项目工程概况表(交建竣2-2表),如表6-26所示。

③内河航运建设项目工程概况表(交建竣2-3表)(略)。

④港口(码头)建设项目工程概况表(交建竣2-4表)(略)。

⑤其他建设项目工程概况表(交建竣2-5表),如表6-27所示。

(3)财务通用表,主要包括:

①建设项目竣工财务决算总表(交建竣3-1表),如表6-28所示。

②资金来源情况表(交建竣3-2表),如表6-29所示。

③待核销基建支出及转出投资明细表(交建竣3-3表),如表6-30所示。

④工程造价和概算执行情况表(交建竣4表),如表6-31所示。

⑤外资使用情况表(交建竣5表),如表6-32所示。

⑥基本建设项目交付使用资产总表(交建竣6-1表),如表6-33所示。

⑦基本建设项目交付使用资产明细表(交建竣6-2表),如表6-34所示。

交通基本建设项目竣工决算审批表(交建竣1表)　　表6-24

<table>
<tr><td>建设项目法人(建设单位)</td><td></td><td>建设性质</td><td></td></tr>
<tr><td>建设项目名称</td><td></td><td>主管部门</td><td></td></tr>
<tr><td colspan="4">主管部门(单位)意见:

盖　章
年　月　日</td></tr>
<tr><td colspan="4">省级交通主管部门或部属一级单位意见:

盖　章
年　月　日</td></tr>
<tr><td colspan="4">交通运输部审批意见:

盖　章
年　月　日</td></tr>
</table>

公路建设项目工程概况表(交建竣 2-1 表)　　　　表 6-25

建设项目或单项工程名称			主要工程特征、完成的主要工程量及主要技术经济指标	设计	实际
建设地址或地理位置			1. 公路等级		
建设时间	计划	从　年　月　日开工至 年　月　日竣工	2. 计算行车速度(km/h)		
	实际	从　年　月　日开工至 年　月　日竣工	3. 路线总长(km)		
初步设计和概算批准机关、日期、文号			4. 路基宽度(m)		
			5. 路基土石方(万 m^3)		
调整概算批准机关、日期、文号			6. 路面结构		
			7. 路面铺筑(万 m^2/km)		
开工报告批准时间			8. 桥梁总长(m/座)		
主要设计单位			9. 隧道总长(m/座)		
主要施工单位			10. 涵洞通道(m/道)		
主要监理单位			11. 互通式立交(处)		
工程质量监督部门			12. 分离式立交及平交(处)		
总投资(万元)	批准	竣工决算	13. 防护工程(万 m^3)		
			14. 连接线长度(km)		
主要材料	设计	实际	15. 管理及养护用房(m^2)		
钢材(t)			16. 服务区(处)		
木材(m^3)			17. 停车区(处)		
水泥(t)			18. 养护工区(处)		
沥青(t)			19. 封闭工程(km)		
			20.		
			21.		
基建支出合计(万元)			22.		
建筑安装工程			23.		
设备工具器具			24.		
待摊投资			25.		
其中:建设单位管理费			26. 平均每公里造价(万元)		
其他投资			27. 拆迁房屋(m^2)		
待核销基建支出			28. 拆迁人口(人)		
非经营项目转出投资			29. 占地面积(亩)		
			30.		
			31.		
	主要收尾工程		32.		
工程内容或名称	投资额(万元)	预计完成时间	33.		
			34.		
			工程质量评定:优良　　项;合格　　项;不合格　　项;总评:		

桥梁隧道项目工程概况表(交建竣2-2表) 表6-26

建设项目或单项工程名称			主要工程特征、完成的主要工程量及主要技术经济指标	设计	实际
建设地址或地理位置			1. 桥梁、隧道全长(m)		
建设时间	计划	从 年 月 日开工至 年 月 日竣工	2. 主桥、隧道长度(m)		
	实际	从 年 月 日开工至 年 月 日竣工	3. 引桥、引道长度(m)		
初步设计和概算批准机关、日期、文号			4. 最大跨径、隧道净宽(m)		
			5. 通航净空、隧道净高(m)		
调整概算批准机关、日期、文号			6. 桥梁墩台(个)		
			7. 桥梁荷载(t)		
开工报告批准时间			8. 断面形式		
主要设计单位			9.		
主要施工单位			10.		
主要监理单位			11. 接线公路等级		
工程质量监督部门			12. 连接线长度(km)		
总投资(万元)	批准	竣工决算	13.		
			14.		
主要材料	设计	实际	15.		
钢材(t)			16.		
木材(m^3)			17.		
水泥(t)			18.		
沥青(t)			19.		
			20.		
			21.		
基建支出合计(万元)			22.		
建筑安装工程			23.		
设备工具器具			24.		
待摊投资			25.		
其中:建设单位管理费			26. 平均每延米造价(万元)		
其他投资			27. 拆迁房屋(m^2)		
待核销基建支出			28. 拆迁人口(人)		
非经营项目转出投资			29. 占地面积(亩)		
			30.		
			31.		
	主要收尾工程		32.		
工程内容或名称	投资额(万元)	预计完成时间	33.		
			34.		
			工程质量评定:优良 项;合格 项;不合格 项;总评:		

其他建设项目工程概况表（交建竣 2-5 表）　　表 6-27

建设项目或单项工程名称			主要工程特征、完成的主要工程量及主要技术经济指标	设计	实际
建设地址或地理位置			1.		
建设时间	计划	从　年　月　日开工至 年　月　日竣工	2.		
	实际	从　年　月　日开工至 年　月　日竣工	3.		
初步设计和概算批准机关、日期、文号			4.		
			5.		
调整概算批准机关、日期、文号			6.		
			7.		
开工报告批准时间			8.		
主要设计单位			9.		
主要施工单位			10.		
主要监理单位			11.		
工程质量监督部门			12.		
总投资（万元）	批准	竣工决算	13.		
			14.		
主要材料	设计	实际	15.		
钢材（t）			16.		
木材（m^3）			17.		
水泥（t）			18.		
沥青（t）			19.		
			20.		
			21.		
基建支出合计（万元）			22.		
建筑安装工程			23.		
设备工具器具			24.		
待摊投资			25.		
其中：建设单位管理费			26. 平均每延米造价（万元）		
其他投资			27. 拆迁房屋（m^2）		
待核销基建支出			28. 拆迁人口（人）		
非经营项目转出投资			29. 占地面积（亩）		
			30.		
			31.		
	主要收尾工程		32.		
工程内容或名称	投资额（万元）	预计完成时间	33.		
			34.		
			工程质量评定：优良　项；合格　项；不合格　项；总评：		

建设项目竣工财务决算总表(交建竣 3-1 表)　　表 6-28

资金来源	金额(元)	资金占用	金额(元)
一、基建拨款		一、基本建设支出	
1. 预算拨款		1. 交付使用资产	
2. 基建基金拨款		2. 在建工程	
3. 进口设备转账拨款		3. 待核销基建支出	
4. 器材转账拨款		4. 非经营项目转出投资	
5. 煤代油专用基金拨款		二、应收生产单位投资借款	
6. 自筹资金拨款		三、拨付所属投资借款	
7. 其他拨款		四、器材	
二、项目资金		其中:待处理器材损失	
1. 国家资本		五、货币资金	
2. 法人资本		六、预付及应收款	
3. 个人资本		七、有价证券	
三、项目资本公积		八、固定资产	
四、基建借款		固定资产原价	
五、上级拨入投资借款		减:累计折旧	
六、企业债券资金		固定资产净值	
七、待冲基建支出		固定资产清理	
八、应付款		待处理固定资产损失	
九、未交款			
1. 未交税金			
2. 未交基建收入			
3. 未交基建包干节余			
4. 其他未交款			
十、上级拨入资金			
十一、留成收入			
合计		合计	

补充资料:基建投资借款期末余额:

应收生产单位投资借款期末数:

基建结余资金:

资金来源情况表(交建竣 3-2 表)(单位:元)　　表 6-29

资金来源	年　度		年　度		年　度		年　度		年　度		年　度		年　度	
	计划数	实际数	计划数	实际数	计划数	实际数	计划数	实际数	计划数	实际数	计划数	实际数	计划数	实际数
一、基建拨款														
1.														
2.														
3.														
4.														
5.														
…														
二、项目资本														
1.														
2.														
3.														
4.														
5.														
…														
三、项目资本公积														
四、基建投资借款														
1.														
2.														
3.														
4.														
5.														
…														
五、上级拨入投资借款														
六、企业证券资金														
七、														
合计														

表 6-30

待核销基建支出及转出投资明细表(交建竣 3-3 表)(单位:元)

项目	金额	内容	批准单位	文号	备注
一、待核销基建支出合计					
1.					
2.					
3.					
4.					
5.					
…					
二、非经营项目转出投资合计					转入单位
1.					
2.					
3.					
4.					
5.					
…					

表 6-31

工程造价和概算执行情况表(交建竣 4 表)(单位:元)

项目	工程总概算			概算包干数	工程造价			其中:						概算投资节余			概算投资包干节余	备注
	合计	人民币	外币		合计	人民币	外币	建安投资	设备投资	其他投资	待摊投资	待核销基建支出	转出投资	合计	人民币	外币		
1	2 =3 +4	3	4	5	6 =7 +3 或 =9 +10 +11 +12 +13	7	8	9	10	11	12	13	14	15 =2 −6	16 =3 −7	17 =4 −8	18 =2 −5	19
…																		

注:按概算项目或单项工程及费用项目填列。

外资使用情况表(交建竣5表)[单位:外币种类( )] 表6-32

项目	计量单位	工程量或数量	外币概算金额(币)	外币实际支出金额	外币实际支出较概算增减	备注

注:按费用项目填列。

基本建设项目交付使用资产总表(交建竣6-1表)(单位:元) 表6-33

单项工程项目名称(1栏)	总计(2栏)	固定资产				流动资产(7栏)	无形资产(8栏)	递延资产(9栏)
		建安工程(3栏)	设备(4栏)	其他(5栏)	合计(6栏)			

交付单位: 接受单位:

盖章 年 月 日 盖章 年 月 日

基本建设项目交付使用资产明细表(交建竣6-2表) 表6-34

单项工程名称	建筑工程			设备、工具、器具、家具						流动资产		无形资产		递延资产	
	结构	面积(m^2)	价值(元)	名称	规格型号	单位	数量	价值(元)	设备安装费(元)	名称	价值(元)	名称	价值(元)	名称	价值(元)

交付单位: 接收单位:

盖章 年 月 日 盖章 年 月 日

5.竣工决算编制与表格的填列

竣工决算编制要根据经审定的期中支付证书、最后(终)支付证书及其支付表格(结账单),对原概预算进行调整,重新核定各单项工程、单位工程造价。原概(预)算中的费用项目,建筑安装工程费归属于“建筑安装工程投资”;设备、工具、器具购置费归属于“设备投资”,办公和生活用家具购置费归属于“其他投资”;工程建设其他费用一般归属于“待摊投资”;预留费用部分在施工期中已转化为建筑安装工程费,因此应归属于“建筑安装工程投资”。通过实际对属于增加固定资产价值的其他投资或待摊投资,如建设单位管理费、研究试验费、土地征用及拆迁补偿费等,应分摊于受益工程,随同受益工程交付使用的同时,一并计入新增固定资产价值。

竣工决算图表的编制方法,不像编制概预算那样,要进行各种资料的分析计算,主要是对建设工程的各种原始资料进行全面的审查与统计汇总,然后按照竣工决算表格的要求,将各种数据资料摘录填入;同时做好决算与概预算的对比分析,编制技术经济指标比较表。

(1)交通基本建设项目竣工决算报告封面。

①“主管部门”指建设单位的主管部门。

②“建设项目名称”填写批准的项目初步设计文件中注明的项目名称。

③“建设项目类别”是指“大中型”或“小型”。

④“建设性质”是指建设项目属于续建、新建、改建、迁建和恢复建设等内容。

⑤“级别”是指中央级或地方级的建设项目。

(2)竣工决算审批表(交建竣1表)。

中央级大中型基本建设项目,其项目竣工决算报告经省级交通主管部门或部属一级单位签署意见后报部备案(一式四份)。

(3)建设项目概况表(交建竣2-1表、2-2表、2-3表、2-4表、2-5表)。

①建设时间开工和竣工日期按照实际开工和办理竣工验收的日期填列。如实际开工日期与批准的开工日期不符应作出说明。

②表中初步设计、调整概算的批准机关、日期、文号应按历次审批文件填列。

③表中有关项目的设计、概算、决算等指标,根据批准的设计文件和概算、决算等确定的数字填写。

④表中“总投资”按批准的概算和调整概算数及累计实际投资数填列。

⑤表中“基建支出合计”是指建设项目从开工起至竣工止发生的全部基本建设支出,根据财政部门或主管部门历年批准的“基建投资表”中有关数字填列。

⑥表中所列工程主要特征、完成主要工程量、主要材料消耗量、主要技术经济指标等,根据主管部门批准的概算、建设单位统计资料和施工企业提供的有关成本核算资料等分别填列。

⑦“主要收尾工程”填写工程内容和名称、预计投资额及完成时间等。如果收尾工程内容较多,可增设“收尾工程项目明细表”。这部分工程的实际成本,可根据具体情况进行估算,并作说明,完工以后不再调整竣工决算,但应将收尾工程执行结果按规定程序补报有关资料。

⑧“工程质量评定”填列经工程质量监督部门检测评定的单项工程质量评定及工程综合评价结果。

(4)财务决算总表、资金来源情况表、待核销基建支出及转出投资明细表,反映竣工工程从工开始建设起至竣工时为止全部资金来源和运用情况。

①基本建设项目竣工财务决算总表(交建竣 3-1 表)。

a. 表中有关“交付使用资产”、“基建拨款”、“项目资本”、“基建借款”等项目,填列自开工建设至竣工止的累计数,上述指标根据历年批复的年度基本建设财务决算和竣工年度的基本建设财务决算中资金平衡表相应项目的数字进行汇总填列(包括收尾工程的估列数)。

b. 表中其余各项目反映办理竣工验收时的结余数,根据竣工年度财务决算中资金平衡表的有关项目期末数填表。

c. 资金占用总额应等于资金来源总额。

d. 补充资料的“基建投资借款期末余额”反映竣工时尚未偿还的基建投资借款数,应根据竣工年度资金平衡表内的“基建投资借款”项目期末数填列;“应收生产单位投资借款期末数”应根据竣工年度资金平衡表内的“应收生产单位投资借款”项目的期末数填列;“基建结余资金”反映竣工时的结余资金,应根据竣工财务决算总表中有关项目计算填列。

e. 基建结余资金的计算。基建结余资金 = 基建拨款 + 项目资本 + 项目资本公积 + 基建投资借款 + 企业债券资金 + 待冲基建支出 - 基本建设支出 - 应收生产单位投资借款。

②资金来源情况表(交建竣 3-2 表)。

本表反映建设项目分年度的投资计划与资金拨付到位情况,表中有关基建拨款、项目资本、基建投资借款等资金来源内容,根据历年批复的年度基本建设财务决算和竣工年度的基本建设财务决算中资金平衡表相应项目的数字填列(包括收尾工程的估列数)。

③待核销基建支出及转出投资明细表(交建竣 3-3 表)。

a.“待核销基建支出”反映非经营性项目发生的江河清障、航道清淤、补助群众造林、水土保持、取消项目的可行性研究费以及项目报废等不能形成资产部分的投资支出。

b.“转出投资”反映非经营性项目为项目配套而建成的、产权不归属本单位的专用设施的实际成本,按照规定的内容分项逐笔填列。

(5)工程造价和概算执行情况表(交建竣 4 表)。

①本表反映工程实际建设成本和总造价,以及概算投资节余和概算投资包干部分节余的情况,应按照概算项目或单项工程(费用项目)填列。

②待摊投资按照某一单项工程投资额占全部投资的比例分摊到单项工程上。不计入固定资产价值的支出不分摊待摊投资。

(6)外资使用情况表(交建竣 5 表)。

本表反映建设项目外资使用情况,按照使用外资支出费用项目填列。应说明批准初步设计时的汇率、记账汇率、竣工时的汇率以及外资贷款的转贷金额和转贷单位等情况。各有关表格中,外币折合人民币时,应以项目竣工时的汇率为准。

(7)交付使用资产总表和交付使用资产明细表。

①交付使用资产总表中各栏数字应根据交付使用资产明细表中相应项目的数字汇总填列。交付使用资产明细表作为建设单位管理项目资产使用,可不纳入上报的竣工决算报告,其具体格式各单位可根据情况进行修改。

②交付使用资产总表中固定资产、流动资产、无形资产和递延资产各栏的合计数,应分别与竣工财务决算表交付使用资产的相应数字相符。

6. 新增固定资产价值的确定

(1)新增固定资产的含义

新增固定资产又称交付使用的固定资产，它是投资项目竣工投产后所增加的固定资产价值，它是以价值形态表示的固定资产投资最终成果的综合性指标。新增固定资产价值包括：

①已经投入生产或交付使用的建筑安装工程价值。

②达到固定资产标准的设备工器具的购置价值。

③增加固定资产价值的其他费用，如建设单位管理费、施工机构转移费、项目可行性研究费、勘察设计费、土地征用及拆迁补偿费、联合试运转费等。

(2)新增固定资产价值的计算

新增固定资产的价值计算是以独立发挥生产或服务能力的单项工程为对象的，当单项工程建成经有关部门验收、鉴定合格，正式移交生产或使用，即应计算新增固定资产价值；一次交付生产或使用的工程，一次计算新增固定资产价值；分期分批交付生产或使用的工程，应分期分批计算新增固定资产价值。

①固定资产价值计算中应注意的几个问题：

a. 为了提高服务质量、改善劳动条件、保护环境等而建设的附属、辅助工程，只要全部建成，正式验收或交付使用就要计入新增固定资产价值。

b. 单项工程中不构成生产或服务系统，但能独立发挥效益的非生产或服务性工程，如住宅、食堂、医务室、托儿所、生活服务网点等，在建成并交付使用后，要计入新增固定资产价值。

c. 凡购置达到固定资产价值标准而不需要安装的设备、工器具，应在交付使用后，计入新增固定资产价值。

d. 属于新增固定资产价值的其他投资，应随同受益工程交付使用的同时一并计入新增固定资产价值。

②交付使用财产的成本费用应按下列内容计算：

a. 线路、桥梁、房屋、管线、建筑物、构筑物、沿线设施等固定资产的成本费用包括建筑安装工程成本和应分摊的待摊投资。

b. 动力设备、通风设备、监控设备、收费系统等固定资产的成本，包括需要安装设备的采购成本、设备的安装成本、设备基础、支柱等的建筑工程成本和应分摊的待摊投资。

c. 运输设备及其他不需要安装的设备、工具、器具、家具等固定资产和流动资产的成本，一般仅计算采购成本，不分摊待摊投资。

③共同费用(待摊投资)的分摊方法。增加固定资产价值的共同费用(待摊投资)，如果能够确定应由某项交付使用财产负担的，应直接计入该项交付使用资产成本中；如果是属于整个建设项目或两个以上的单项工程的，在计算新增固定资产价值时，应在各单项工程中按比例分摊。分摊时，哪些费用应由哪些工程负担，又要符合具体规定，一般情况下，建设单位管理费应按建筑工程、安装工程、需要安装设备价值的总额作等比例分摊；而土地征用费、迁移补偿、勘察设计费等费用则只按有关构筑物、建筑物的建筑工程价值分摊。

例 6-1：某公路建设项目建筑安装工程投资中，桥梁工程投资 4 258 万元，路线及其防护、排水工程等投资为 19 288 万元；需要安装设备价值为 1 565 万元，待摊投资为征地、迁移补偿等费用为 3 250 万元，建设单位管理费 895 万元，试计算路线工程、桥梁工程、需要安装设备各自应分摊的待摊投资。

解：(1)计算分摊率

对建设单位管理费分摊的分摊率 $=[895/(4\ 258+19\ 288+1\ 565)]\times100\%=3.564\ 2\%$

对征地、迁移补偿等费用分摊的分摊率 = [3 250/(4 258 + 19 288)] × 100% = 13.802 8%

(2)分摊额的计算

桥梁工程分摊额 = 4 258 × (3.564 2% + 13.802 8%) = 739.48 万元

路线工程分摊额 = 19 288 × (3.564 2% + 13.802 8%) = 3 349.74 万元

需要安装设备分摊额 = 1 565 × 3.564 2% = 55.78 万元

7. 新增流动资产价值的确定

新增流动资产是指新增加的在一年内或者超过一年的一个营业周期内变现或者运用的资产,包括现金及各种存款、存货、应收及预付款等。在确定流动资产价值时,按以下原则处理:

(1)货币性资金,即现金、银行存款及其他货币资金,根据实际入账价值核定。

(2)应收及预付款项包括应收票据,应收账款、其他应收款、预付款和待摊费用。一般情况下,应收及预付款项按企业销售商品、产品或提供服务、提供劳务时的实际成交金额入账核算。

(3)各种存货应当按照取得时的实际成本计价。存货的形成,主要有外购和自制两种途径。外购的,按照购买价加运输费、装卸费、保险费、途中合理损耗、入库前加工、整理及挑选费用以及缴纳的税金等计价;自制的,按照制造过程中的各项实际支出计价。

8. 新增无形资产价值的确定

新增无形资产是指新增加的、可供今后企业长期使用但是没有实物形态的资产,包括专利权、商标权、著作权、土地使用权、非专利技术、商誉等。无形资产的计价,原则上应按取得时的实际成本费用计价;企业取得无形资产的途径不同,所发生的支出也不一样,无形资产的计价也不相同。按现行财务制度,无形资产价值的计价原则和计价方式如下:

(1)无形资产的计价原则

①投资者将无形资产作为资本金或者合作条件投入的,按照评估确认或合同协议约定的金额计价。

②购入的无形资产,按照实际支付的价款计价。

③企业自创并依法申请取得的,按开发过程中的实际支出计价。

④企业接受捐赠的无形资产,按照发票账单所持金额或者同类无形资产市价作价。

(2)无形资产的计价

①专利权的计价。专利权可分为自创和外购两类。自创专利权的计价,其价值为开发过程中的实际支出,主要包括专利的研究开发费、专利申请费、专利登记费、专利年付费、法律诉讼费等;专利转让(包括购入或卖出)的计价,其价值主要包括转让价格和手续费。由于专利是具有专有性并能带来超额利润的生产要素,因而其转让价格不能按其成本估价,而是要依据其所能带来的超额收益来估价。

②非专利技术的计价。自创的非专利技术,一般不得作为无形资产入账,自创过程中发生的费用,现行财务制度允许作当期费用处理,这是因为非专利技术自创时难以确定是否成功,这样处理符合财务会计的稳健性原则;购入非专利技术时,应由具有资格的评估机构确认后再进一步估价,往往是通过其产生的收益来进行估价的,其基本思路同专利权的计价方法。

③商标权的计价。自创的商标,自创时发生的各项费用,如商标设计、制作、注册和保护、宣传广告等费用,一般不作为无形资产入账,而是直接作为销售费用计入当期损益;当企业购

入或转让商标时，才需要对商标权计价。商标权的计价一般根据被许可方新增收益来确定。

④土地使用权的计价。建设单位(业主)向土地管理部门申请土地使用权，并为其支付了一笔出让金的，这时应作为无形资产进行作价；土地是通过行政划拨的，不能作为无形资产计价；只有在将土地使用权有偿转让、出租、抵押、作价入股和投资，按规定补交土地出让金后，才作为无形资产计价。

9. 递延资产及其他资产价值的确定

递延资产是指不能全部计入当年损益，应当在以后年度内分期摊销的各项费用，包括开办费、租入固定资产的改良支出等。

(1)开办费的计价。开办费是指在筹建期间发生的费用，包括筹建期间人员的工资、办公费、培训费、差旅费、印刷费、注册登记费以及不计入固定资产和无形资产购建成本的汇兑损益和利息支出等。根据现行财务制度的规定，除了筹建期间不计入资产价值的汇兑净损失外，开办费从企业开始生产经营月份的次月起，按照不短于5年的期限平均摊入管理费用。

(2)以经营租赁方式租入的固定资产改良工程支出的计价，应在租赁有效期限内分期摊入制造费用或管理费用。

(3)其他资产，包括特准储备物资等，主要以实际入账价值核算。

例6-2：某投资公司承担的某高速公路工程项目，竣工时反映的财务核算资料如下：

(1)经验收合格，交付使用的资产有：

①线路、桥梁、隧道等建筑安装工程资产价值218 560万元；设备、收费、通信系统价值54 775万元。

②为运营准备使用期在一年以内的工器具、物品等125万元；使用期在一年以上，单件价值在2 000元以上的工、器具40万元。

③建设期间购买非专利技术75万元，摊销期5年。

④筹建期间的开办费136万元。

(2)收尾零星工程支出的项目有：

①建筑安装工程支出185万元。

②设备、工器具投资45万元。

③建设单位管理费、勘察设计费等待摊投资25万元。

④其他支出35万元。

(3)非经营性项目发生待核销基建支出60万元。

(4)购置需安装设备65万元，其中待处理设备损失8万元。

(5)货币资金1 560万元。

(6)应收有偿调出材料款45万元。

(7)建设单位自有固定资产原值8 750万元，累计折旧2 140万元。

反映在《资金平衡表》上的各类资金来源的资金余额是：

(1)预算拨款72 350万元。

(2)自筹资金拨款62 639万元。

(3)商业银行借款145 962万元。

(4)交付使用资产价值中，有120万元属利用投资借款形成的待冲基建支出。

(5)应付设备商设备款965万元，应付承包人工程款(原扣留的保留金未归还部分)8 123

万元尚未支付。

(6)未交税金158万元;未交基建收入24万元。

试编制建设项目竣工财务决算表。

解:建设项目竣工财务决算表如表6-35所示。

某项目竣工财务决算表[货币单位:人民币(万元)] 表6-35

资金来源	金额	资金占用	金额
一、基建拨款	134 989	一、基本建设支出	274 061
1. 预算拨款	72 350	1. 交付使用资产	273 711
2. 基建基金拨款		2. 在建工程	290
3. 进口设备转账拨款		3. 待核销基建支出	60
4. 器材转账拨款		4. 非经营性项目转出投资	
5. 煤代油转用基金拨款		二、应收借款	
6. 自筹资金拨款	62 639	三、应收生产单位投资借款	
7. 其他拨款		四、器材	65
二、项目资本		其中:待处理器材损失	8
1. 国家资本		五、货币资金	9 560
2. 法人资本		六、预付及应收款	45
3. 个人资本		七、有价证券	
三、项目资本公积		八、固定资产	6 610
四、基建借款	145 962	1. 固定资产原值	8 750
五、上级拨入投资借款		2. 减:累计折旧	2 140
六、企业债券资金		3. 固定资产净值	6 610
七、待冲基建支出	120	4. 固定资产清理	
八、应付款	9 088	5. 待处理固定资产损失	
九、未交款	182		
1. 未交税金	158		
2. 未交基建收入	24		
3. 未交基建包干结余			
4. 其他未交款			
十、上级拨入资金			
十一、留成收入			
合计	290 341	合计	290 341

（二）公路建设项目工程决算的编制

公路建设项目工程决算是建设项目竣工验收工作的重要组成部分，为加强对公路建设项目工程决算编制工作的指导，加强公路建设项目投资管理，严格控制建设成本，提高投资效益，原交通部发布了《公路建设项目工程决算编制办法》（交公路发[2004]507号），对公路建设项目工程决算的编制工作进行规范。

《公路建设项目工程决算编制办法》适用于由政府或国有经济组织投资的公路工程新建和改建项目（以下简称建设项目），其他公路建设项目可参照执行。

公路建设项目工程决算（以下简称工程决算）是指项目实际完成的工程量、采用的单价和费用支出，以及与批准的概（预）算对比情况。

工程决算是建设项目竣工验收工作的重要组成部分；未编制工程决算的建设项目，不得组织竣工验收。

建设项目法人应加强建设项目投资管理工作，配备具有相应资格的公路工程造价人员，做好工程决算资料的收集、整理和分析工作，工程决算文件的编制应真实、准确和完整。

工程决算表应按照规定的填表说明编制，基础数据应在工程实施的过程中随时填写，使工程决算与工程管理紧密结合，保证基础资料的完整性，提高管理工作的规范性。

工程决算文件的组成包括工程决算编制说明和工程决算表。

1. 编制依据

（1）经交通主管部门批准的设计文件，以及批准的概（预）算或调整概（预）算文件。

（2）招标文件、招标控制价/标底（如果有）及与各有关单位签订的合同文件。

（3）建设过程中的文件及有关支付凭证。

（4）竣工图纸。

（5）其他有关文件、资料、凭证等。

2. 基本要求

（1）工程决算总费用由建设安装工程费，设备、工具及器具购置费，工程建设其他费用三部分构成。对于概（预）算编制办法规定的项目及批准概（预）算文件中未列明且不能列入第一、二部分的费用列入第三部分。

（2）工程决算通过工程决算表进行计算，各表格的相互关系见图6-3。

（3）工程决算文件由项目法人在交工验收后负责组织编制，竣工验收前编制完成，并将工程决算文件及工程决算数据软盘各1份上报交通主管部门，同时抄送工程造价管理部门。

（4）工程决算文件应简明扼要、字迹清晰、数据真实、计算正确、符合规定。

3. 工程决算编制说明

工程决算编制说明应包括以下内容：

（1）工程决算概况。

（2）工程概（预）算执行情况说明，其应说明招标方式、结果及重大设计变更情况。

（3）设备、工具、器具购置情况的说明。

（4）工程建设其他费用使用情况的说明（包括征地拆迁费、建设单位管理费、监理费等）。

(5)预留费用使用情况的说明。

(6)工程决算编制中有关问题处理的说明。

(7)造价控制的经验与教训总结。

(8)工程遗留问题。

(9)其他需要说明的事项。

4. 工程决算表(《公路建设项目工程决算编制办法》中的附件一)

工程决算表包括以下表格:

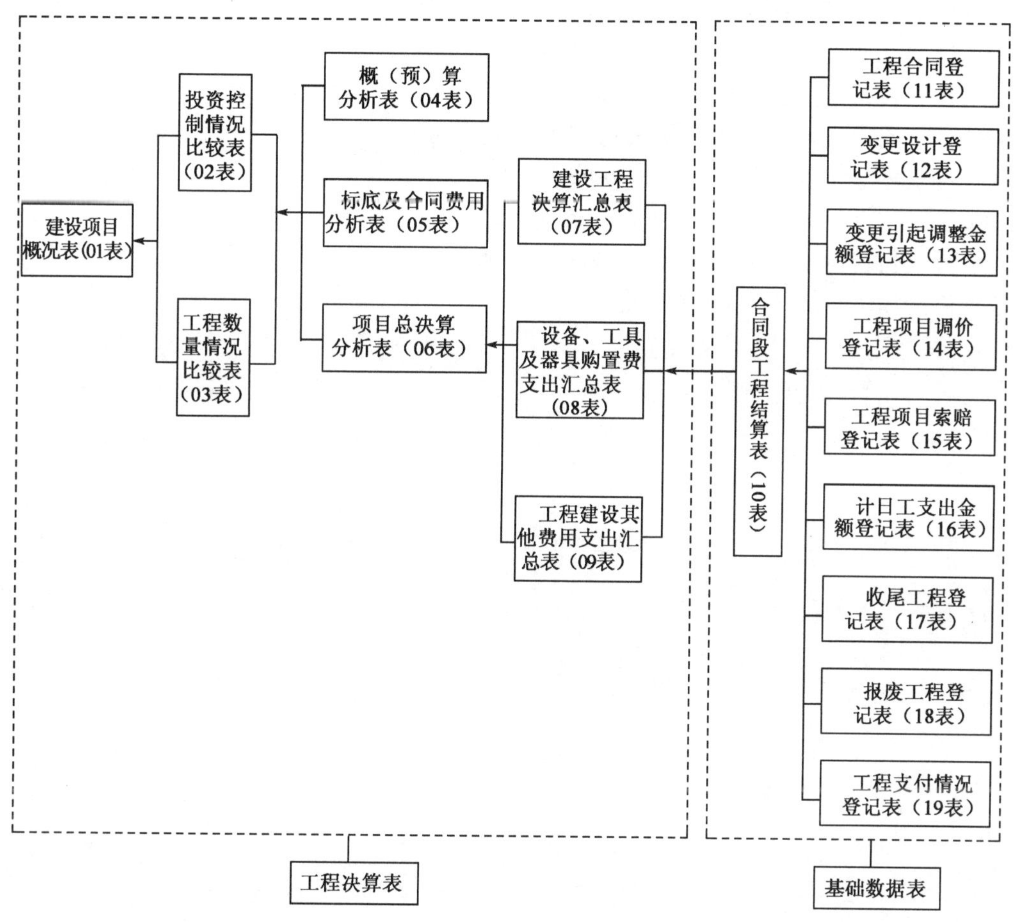

图 6-3 工程决算表格关系图

(1)建设项目概况表(01 表),如表 6-36 所示。

(2)投资控制情况比较表(02 表),如表 6-37 所示。

(3)工程数量情况比较表(03 表),如表 6-38 所示。

(4)概(预)算分析表(04 表),如表 6-39 所示。

(5)招标控制价/标底及合同费用分析表(05 表),如表 6-40 所示。

(6)项目总决算(分析)表(06 表),如表 6-41 所示。

(7)建安工程决算汇总表(07 表),如表 6-42 所示。

(8)设备、工具及器具购置费用支出汇总表(08 表),如表 6-43 所示。

(9)工程建设其他费用支出汇总表(09 表),如表 6-44 所示。

(10)基础数据表。

基础数据表包括以下表格:

①合同段工程决算表(10 表),如表 6-45 所示。

②工程合同登记表(11 表),如表 6-46 所示。

③变更设计登记表(12 表),如表 6-47 所示。

④变更引起调整金额登记表(13 表),如表 6-48 所示。

⑤工程项目调价登记表(14 表),如表 6-49 所示。

⑥工程项目索赔登记表(15 表),如表 6-50 所示。

⑦计日工支出金额登记表(16 表),如表 6-51 所示。

⑧收尾工程登记表(17 表),如表 6-52 所示。

⑨报废工程登记表(18 表),如表 6-53 所示。

⑩工程支付情况登记表(19 表),如表 6-54 所示。

各表格的填列详见各表格中的说明。

表 6-36a)

建设项目概况表

路线工程　　　　第　　页　共　　页　　01 表

<table>
<tr><td colspan="2" rowspan="2">建设项目名称</td><td colspan="4" rowspan="2"></td><td rowspan="10">主要技术指标</td><td colspan="2">公路等级</td><td></td></tr>
<tr><td colspan="2">路线全长(km)</td><td></td></tr>
<tr><td colspan="2" rowspan="2">建设起止时间</td><td>计划</td><td colspan="3"></td><td colspan="2">路基宽度(m)</td><td></td></tr>
<tr><td>实际</td><td colspan="3"></td><td rowspan="3">路面</td><td>宽度(m)</td><td></td></tr>
<tr><td colspan="6">初步设计审批</td><td>厚度(cm)</td><td></td></tr>
<tr><td>机关</td><td></td><td>日期</td><td></td><td>文号</td><td></td><td>结构类型</td><td></td></tr>
<tr><td colspan="6">调整概算审批</td><td colspan="2">桥梁宽度(m)</td><td></td></tr>
<tr><td>机关</td><td></td><td>日期</td><td></td><td>文号</td><td></td><td colspan="2">隧道宽度(m)</td><td></td></tr>
<tr><td colspan="2">项目法人</td><td colspan="4"></td><td colspan="2">设计车速(km/h)</td><td></td></tr>
<tr><td colspan="2">主要设计单位</td><td colspan="4"></td><td colspan="2">设计荷载</td><td></td></tr>
</table>

<table>
<tr><td colspan="5">主要工程量</td><td colspan="4">费月情况(万元)</td></tr>
<tr><td colspan="2">分部工程名称</td><td>单位</td><td>设计</td><td>完成</td><td>费用名称</td><td>批准概预算</td><td>工程决算</td><td>净增减</td></tr>
<tr><td colspan="2">路基土石方</td><td>m^3</td><td></td><td></td><td>第一部分　建筑安装工程费用</td><td></td><td></td><td></td></tr>
<tr><td colspan="2">路基排水工程</td><td>m^3</td><td></td><td></td><td>路基工程</td><td></td><td></td><td></td></tr>
<tr><td colspan="2">路基防护工程</td><td>m^3</td><td></td><td></td><td>路面工程</td><td></td><td></td><td></td></tr>
<tr><td colspan="2">路面工程</td><td>m^2</td><td></td><td></td><td>桥梁涵洞工程</td><td></td><td></td><td></td></tr>
<tr><td rowspan="4">桥涵工程</td><td>特大桥</td><td>m/座</td><td></td><td></td><td>隧道工程</td><td></td><td></td><td></td></tr>
<tr><td>大桥</td><td>m/座</td><td></td><td></td><td>其他工程及沿线设施</td><td></td><td></td><td></td></tr>
<tr><td>中、小桥</td><td>m/座</td><td></td><td></td><td>临时工程</td><td></td><td colspan="2" rowspan="11">填表说明：
1. 本表反映建设项目的总体概况，设计、竣工的主要工程量及其费用情况。
2. 本表按路线工程、独立桥梁工程、独立隧道工程分别设计了三种表式，填表时应注意采用相应表式。
3. 主要技术指标、主要工程量、费用情况等数据来源于招标时设计文件及投资控制情况比较表(02 表)、工程数量情况比较表(03 表)。
4. 分部工程栏可根据工程实际情况，对项目进行适当增减</td></tr>
<tr><td>涵洞</td><td>道</td><td></td><td></td><td>管理养护及服务房屋</td><td></td></tr>
<tr><td colspan="2">隧道工程</td><td>m/座</td><td></td><td></td><td>建安费预留费用(其他支付)</td><td></td></tr>
<tr><td rowspan="5">交叉</td><td>互通式立体交叉</td><td>处</td><td></td><td></td><td>第二部分　设备、工具及器具购置费</td><td></td></tr>
<tr><td>分离式立体交叉</td><td>处</td><td></td><td></td><td>第三部分　工程建设其他费用</td><td></td></tr>
<tr><td>平面交叉道</td><td>处</td><td></td><td></td><td>土地、青苗等补偿费及安置补助费</td><td></td></tr>
<tr><td>通道</td><td>处</td><td></td><td></td><td>建设单位管理费</td><td></td></tr>
<tr><td>人行天桥</td><td>处</td><td></td><td></td><td>研究试验费</td><td></td></tr>
<tr><td colspan="2">环境保护工程</td><td>km</td><td></td><td></td><td>勘察设计费</td><td></td></tr>
<tr><td colspan="2">征地</td><td>亩</td><td></td><td></td><td>建设期贷款利息</td><td></td></tr>
<tr><td colspan="2">拆除建筑物</td><td>m^2</td><td></td><td></td><td>其他费用预留费用</td><td></td></tr>
<tr><td colspan="2"></td><td></td><td></td><td></td><td>总金额</td><td></td><td></td><td></td></tr>
</table>

编制：　　　　　　　　复核：　　　　　　　　审核：

表 6-36b)

建设项目概况表

独立桥梁工程　　　　第　页　共　页　　01 表

<table>
<tr><td colspan="2" rowspan="2">建设项目名称</td><td colspan="4" rowspan="2"></td><td rowspan="10">主要技术指标</td><td colspan="2">公路等级</td><td></td></tr>
<tr><td colspan="2">桥梁全长(m)</td><td></td></tr>
<tr><td colspan="2" rowspan="2">建设起止时间</td><td>计划</td><td colspan="3"></td><td colspan="2">引道长度(m)</td><td></td></tr>
<tr><td>实际</td><td colspan="3"></td><td colspan="2">桥梁宽度(m)</td><td></td></tr>
<tr><td colspan="6">初步设计审批</td><td colspan="2">上部结构形式</td><td></td></tr>
<tr><td>机关</td><td></td><td>日期</td><td></td><td>文号</td><td></td><td rowspan="2">下部结构形式</td><td>桥墩</td><td></td></tr>
<tr><td colspan="6">调整概算审批</td><td>桥台</td><td></td></tr>
<tr><td>机关</td><td></td><td>日期</td><td></td><td>文号</td><td></td><td colspan="2">基础</td><td></td></tr>
<tr><td colspan="2">项目法人</td><td colspan="4"></td><td colspan="2">桥梁跨径(m)</td><td></td></tr>
<tr><td colspan="2">主要设计单位</td><td colspan="4"></td><td colspan="2">桥梁设计荷载</td><td></td></tr>
<tr><td colspan="5">主要工程量</td><td colspan="5">费用情况(万元)</td></tr>
<tr><td colspan="2">分部工程名称</td><td>单位</td><td>设计</td><td>完成</td><td>费用名称</td><td>批准概预算</td><td colspan="2">工程决算</td><td>净增减</td></tr>
<tr><td rowspan="3">引道工程</td><td></td><td></td><td></td><td></td><td>第一部分　建筑安装工程费用</td><td></td><td colspan="2"></td><td></td></tr>
<tr><td></td><td></td><td></td><td></td><td>引道工程</td><td></td><td colspan="2"></td><td></td></tr>
<tr><td></td><td></td><td></td><td></td><td>基础工程</td><td></td><td colspan="2"></td><td></td></tr>
<tr><td rowspan="3">基础工程</td><td></td><td></td><td></td><td></td><td>下部构造</td><td></td><td colspan="2"></td><td></td></tr>
<tr><td></td><td></td><td></td><td></td><td>上部构造</td><td></td><td colspan="2"></td><td></td></tr>
<tr><td></td><td></td><td></td><td></td><td>沿线设施</td><td></td><td colspan="2"></td><td></td></tr>
<tr><td rowspan="4">下部工程</td><td></td><td></td><td></td><td></td><td>调治及其他工程</td><td></td><td colspan="3" rowspan="11">填表说明：
1. 本表反映建设项目的总体概况，设计、竣工的主要工程量及其费用情况。
2. 本表按路线工程、独立桥梁工程、独立隧道工程分别设计了三种表式，填表时应注意采用相应表式。
3. 主要技术指标、主要工程量、费用情况等数据来源于招标时设计文件及投资控制情况比较表(02 表)、工程数量情况比较表(03 表)。
4. 分部工程栏可根据工程实际情况分项填写</td></tr>
<tr><td></td><td></td><td></td><td></td><td>临时工程</td><td></td></tr>
<tr><td></td><td></td><td></td><td></td><td>建安费预留费用(其他支付)</td><td></td></tr>
<tr><td></td><td></td><td></td><td></td><td>第二部分　设备、工具及器具购置费</td><td></td></tr>
<tr><td rowspan="4">上部工程</td><td></td><td></td><td></td><td></td><td>第三部分　工程建设其他费用</td><td></td></tr>
<tr><td></td><td></td><td></td><td></td><td>土地、青苗等补偿费及安置补助费</td><td></td></tr>
<tr><td></td><td></td><td></td><td></td><td>建设单位管理费</td><td></td></tr>
<tr><td></td><td></td><td></td><td></td><td>研究试验费</td><td></td></tr>
<tr><td rowspan="4">调治工程</td><td></td><td></td><td></td><td></td><td>勘察设计费</td><td></td></tr>
<tr><td></td><td></td><td></td><td></td><td>建设期贷款利息</td><td></td></tr>
<tr><td></td><td></td><td></td><td></td><td>其他费用预留费用</td><td></td></tr>
<tr><td></td><td></td><td></td><td></td><td>总金额</td><td></td><td colspan="2"></td><td></td></tr>
</table>

编制：　　　　　　复核：　　　　　　审核：

建 设 项 目 概 况 表

表 6-36c)

独立隧道工程　　　　第　页　共　页　　01 表

建设项目名称					主要技术指标	公路等级	
建设起止时间	计划					隧道全长(m)	
	实际					引道长度(m)	
初步设计审批						隧道宽度(m)	
机关		日期		文号		围岩类别	
调整概算审批						开挖面积	
机关		日期		文号		衬砌形式	
项目法人						通风方式	
主要设计单位						洞门形式	
						洞内路面类型及厚度	

主要工程量					费月情况(万元)			
分部工程名称		单位	设计	完成	费用名称	批准概预算	工程决算	净增减
引道工程					第一部分　建筑安装工程费用			
					引道工程			
					洞门工程			
洞门工程					明洞工程		填表说明: 1. 本表反映建设项目的总体概况,设计、竣工的主要工程量及其费用情况。 2. 本表按路线工程、独立桥梁工程、独立隧道工程分别设计了三种表式,填表时应注意采用相应表式。 3. 主要技术指标、主要工程量、费用情况等数据来源于招标时设计文件及投资控制情况比较表(02 表)、工程数量情况比较表(03 表)。 4. 分部工程栏可根据工程实际情况分项填写	
					洞身工程			
					沿线设施			
明洞工程					临时工程			
					建安费预留费用(其他支付)			
					第二部分　设备、工具及器具购置费			
洞身工程					第三部分　工程建设其他费用			
					土地、青苗等补偿费及安置补助费			
					建设单位管理费			
					研究试验费			
其他工程					勘察设计费			
					建设期贷款利息			
					其他费用预留费用			
					总金额			

编制:　　　　复核:　　　　审核:

表 6-37a)

投资控制情况比较表(单位:元)

路线工程　　　　第　　页　共　　页　　02 表

项	目	工程或费用名称	批准的概(预)算	标底	工程合同	项目决算	工程合同与批准的概(预)算比较	工程合同与标底比较	项目决算与批准的概(预)算比较	项目决算与工程合同比较
			1	2	3	4	5	6	7	8
		第一部分　建筑安装工程费								
一		路基工程								
	1	计价土方								
	2	计价石方								
	3	排水工程								
	4	防护工程								
	5	特殊路基处理								
二		路面工程								
	1	面层								
	2	基层								
	3	底基层								
	4	垫层								
	5	路缘石								
三		桥梁、涵洞工程								
	1	涵洞								
	2	桥梁								
五		隧道工程								
	1	洞门								
	2	明洞								
	3	洞身								
六		其他工程及沿线设施								
	1	清除场地								
	2	拆除建筑物、构筑物								
	3	管理与养护设施								
	4	安全设施								
	5	服务设施								

填表说明：

1. 本表按路线工程、独立桥梁工程、独立隧道工程分别设计了三种表式，填表时应注意采用相应表式。

2. 本表各栏数据之间关系：1 栏、2 栏、3 栏、4 栏数据分别来源于 04 表、05 表、06 表的有关内容；5 = (3 − 1)/1；6 = (3 − 2)/2；7 = (4 − 1)/1；8 = (4 − 3)/3，以百分比表示。

3. 预留费用、暂定金额、其他支付，分别对应于批准概预算、标底及合同、项目决算

续上表

路线工程　　　　第　　页　共　　页　　　　02表

项	目	工程或费用名称		批准的概（预）算	标底	工程合同	项目决算	工程合同与批准的概（预）算比较	工程合同与标底比较	项目决算与批准的概（预）算比较	项目决算与工程合同比较
				1	2	3	4	5	6	7	8
	6	环境保护工程									
七		临时工程									
八		管理、养护及服务房屋									
	1	管理房屋									
	2	养护房屋									
	3	服务房屋									
十二		建安费部分	预留费用		—	—	—	—	—	—	—
			暂定金额	—			—	—	—	—	—
			其他支付	—	—	—		—	—	—	—
		第二部分　设备、工具及器具购置费									
一		设备购置费									
二		工具、器具购置费									
三		办公及生活用家具购置费									
四		购置费部分	预留费用		—	—	—	—	—	—	—
			暂定金额	—			—	—	—	—	—
		第三部分　工程建设其他费用									
一		土地、青苗补偿及安置补助费									
二		建设单位管理费									
三		研究试验费									
四		勘察设计费									
九		建设期贷款利息									
十		其他费用部分	预留费用		—	—	—	—	—	—	—
			暂定金额	—			—	—	—	—	—
		总金额									

编制：　　　　复核：　　　　审核：

投资控制情况比较表（单位:元）

表 6-37b）

独立桥梁工程　　　　第　页　共　页　　02 表

项	目	工程或费用名称		批准的概（预）算	标底	工程合同	项目决算	工程合同与批准的概（预）算比较	工程合同与标底比较	项目决算与批准的概（预）算比较	项目决算与工程合同比较
				1	2	3	4	5	6	7	8
		第一部分　建筑安装工程费									
一		引道工程									
	1	路基工程	计价土方								
			计价石方								
			排水工程								
			防护工程								
			特殊路基处理								
	2	路面工程	面层								
			基层								
			底基层								
			垫层								
			路缘石								
	3	涵洞									
	4	桥梁									
	5	安全设施									
	6	环境保护工程									
	7	其他工程									
二		基础									
三		下部构造									
四		上部构造									
五		沿线设施									
	1	安全设施									
	2	管理与养护设施									
	3	管理、养护及服务房屋									
六		调治及其他工程									
七		临时工程									

填表说明：

1. 本表按路线工程、独立桥梁工程、独立隧道工程分别设计了三种表式，填表时应注意采用相应表式。

2. 本表各栏数据之间关系：1 栏、2 栏、3 栏、4 栏数据分别来源于 04 表、05 表、06 表的有关内容；5 = (3 − 1)/1；6 = (3 − 2)/2；7 = (4 − 1)/1；8 = (4 − 3)/3，以百分比表示。

3. 预留费用、暂定金额、其他支付，分别对应于批准概预算、标底及合同、项目决算

续上表

独立桥梁工程　　　　第　页　共　页　　02 表

项	目	工程或费用名称		批准的概（预）算	标底	工程合同	项目决算	工程合同与批准的概（预）算比较	工程合同与标底比较	项目决算与批准的概（预）算比较	项目决算与工程合同比较
				1	2	3	4	5	6	7	8
十一		建安费部分	预留费用		—	—	—	—	—	—	—
			暂定金额	—			—	—	—	—	—
			其他支付	—	—	—		—	—	—	—
		第二部分　设备、工具及器具购置费									
一		设备购置费									
二		工具、器具购置费									
三		办公及生活用家具购置费									
四		购置费部分	预留费用		—	—	—	—	—	—	—
			暂定金额	—			—	—	—	—	—
		第三部分　工程建设其他费用									
一		土地、青苗补偿及安置补助费									
二		建设单位管理费									
三		研究试验费									
四		勘察设计费									
九		建设期贷款利息									
十		其他费用部分	预留费用		—	—	—	—	—	—	—
			暂定金额	—			—	—	—	—	—
		总金额									

编制：　　　　复核：　　　　审核：

投资控制情况比较表（单位：元）

表 6-37c)

独立隧道工程　　　　第　页　共　页　　02 表

项	目	工程或费用名称		批准的概（预）算	标底	工程合同	项目决算	工程合同与批准的概（预）算比较	工程合同与标底比较	项目决算与批准的概（预）算比较	项目决算与工程合同比较
				1	2	3	4	5	6	7	8
		第一部分　建筑安装工程费									
一		引道工程									
	1	路基工程	计价土方								
			计价石方								
			排水工程								
			防护工程								
			特殊路基处理								
	2	路面工程	面层								
			基层								
			底基层								
			垫层								
			路缘石								
	3	涵洞									
	4	桥梁									
	5	安全设施									
	6	环境保护工程									
	7	其他工程									
二		洞门工程									
三		明洞工程									
四	1	洞身工程	洞身开挖								
	2		初期支护								
	3		防水、排水								
	4		二次衬砌								
	5		隧道路面								
	6		通风照明监控等								

填表说明：

1. 本表按路线工程、独立桥梁工程、独立隧道工程分别设计了三种表式，填表时应注意采用相应表式。
2. 本表各栏数据之间关系：1 栏、2 栏、3 栏、4 栏数据分别来源于 04 表、05 表、06 表的有关内容；5 = (3 − 1)/1；6 = (3 − 2)/2；7 = (4 − 1)/1；8 = (4 − 3)/3，以百分比表示。
3. 预留费用、暂定金额、其他支付，分别对应于批准概预算、标底及合同、项目决算

续上表

独立隧道工程　　　　第　页　共　页　　02 表

项	目	工程或费用名称		批准的概(预)算	标底	工程合同	项目决算	工程合同与批准的概(预)算比较	工程合同与标底比较	项目决算与批准的概(预)算比较	项目决算与工程合同比较
				1	2	3	4	5	6	7	8
五		沿线设施									
	1	安全设施									
	2	管理与养护设施									
	3	管理、养护及服务房屋									
六		临时工程									
十		建安费部分	预留费用		—	—	—	—	—	—	—
			暂定金额	—			—	—	—	—	—
			其他支付	—	—	—		—	—	—	—
		第二部分　设备、工具及器具购置费									
一		设备购置费									
二		工具、器具购置费									
三		办公及生活用家具购置费									
四		购置费部分	预留费用		—	—	—	—	—	—	—
			暂定金额	—			—	—	—	—	—
		第三部分　工程建设其他费用									
一		土地、青苗补偿及安置补助费									
二		建设单位管理费									
三		研究试验费									
四		勘察设计费									
九		建设期贷款利息									
十		其他费用部分	预留费用		—	—	—	—	—	—	—
			暂定金额	—			—	—	—	—	—
		总金额									

编制：　　　　复核：　　　　审核：

表 6-38a）

工程数量情况比较表（单位：元）

路线工程

第　页　共　页　　03 表

项	目	工程或费用名称	单　位	批准的概（预）算	工程合同	项目决算	工程合同与批准的概（预）算比较	项目决算与批准的概（预）算比较	项目决算与工程合同比较
				1	2	3	4	5	6
		第一部分　建筑安装工程费	公路公里						
一		路基工程	公路公里						
	1	计价土方	m^3						
	2	计价石方	m^3						
	3	排水工程	m^3						
	4	防护工程	m^3						
	5	特殊路基处理	km						
二		路面工程	公路公里						
	1	面层	m^2						
	2	基层	m^2						
	3	底基层	m^2						
	4	垫层	m^2						
	5	路缘石	m^3						
三		桥梁、涵洞工程	公路公里						
	1	涵洞	m/道						
	2	桥梁	m/座						
五		隧道工程	公路公里						
	1	洞门	座						
	2	明洞	m						
	3	洞身	m						
六		其他工程及沿线设施	公路公里						
	1	清除场地	公路公里						
	2	拆除建筑物、构筑物	公路公里						
	3	管理与养护设施	公路公里						
	4	安全设施	公路公里						
	5	服务设施	公路公里						

填表说明：

1. 本表按路线工程、独立桥梁工程、独立隧道工程分别设计了三种表式，填表时应注意采用相应表式。

2. 本表各栏数据之间关系：1 栏，2 栏，3 栏数据分别来源于 04 表、05 表、06 表的有关内容，4 = (2 − 1)/1；5 = (3 − 1)/1；6 = (3 − 2)/2，以百分比表示

续上表

路线工程　　　　第　　页　共　　页　　03 表

项	目	工程或费用名称	单　位	批准的概(预)算	工程合同	项目决算	工程合同与批准的概(预)算比较	项目决算与批准的概(预)算比较	项目决算与工程合同比较
				1	2	3	4	5	6
	6	环境保护工程	处						
七		临时工程	公路公里						
八		管理、养护及服务房屋	公路公里						
	1	管理房屋	m^2						
	2	养护房屋	m^2						
	3	服务房屋	m^2						

编制：　　　　　　　　复核：　　　　　　　　审核：

表 6-38b）

工程数量情况比较表（单位：元）

独立桥梁工程

第　　页　共　　页　　03 表

项	目	工程或费用名称		单　位	批准的概（预）算	工程合同	项目决算	工程合同与批准的概（预）算比较	项目决算与批准的概（预）算比较	项目决算与工程合同比较
					1	2	3	4	5	6
		第一部分　建筑安装工程费		桥长米						
一		引道工程		桥长米						
	1	路基工程	计价土方	m^3						
			计价石方	m^3						
			排水工程	m^3						
			防护工程	m^3						
			特殊路基处理	km						
	2	路面工程	面层	m^2						
			基层	m^2						
			底基层	m^2						
			垫层	m^2						
			路缘石	m^3						
	3	涵洞		m/道						
	4	桥梁		m/座						
	5	安全设施		km						
	6	环境保护工程		处						
	7	其他工程		桥长米						
二		基础		桥长米						
三		下部构造		桥长米						
四		上部构造		桥长米						
五		沿线设施		桥长米						
	1	安全设施		桥长米						
	2	管理与养护设施		桥长米						
	3	管理、养护及服务房屋		m^2						
六		调治及其他工程		桥长米						
七		临时工程		桥长米						

填表说明：

1. 本表按路线工程、独立桥梁工程、独立隧道工程分别设计了三种表式，填表时应注意采用相应表式。

2. 本表各栏数据之间关系：1 栏，2 栏，3 栏数据分别来源于 04 表、05 表、06 表的有关内容，4 =（2 − 1）/1；5 =（3 − 1）/1；6 =（3 − 2）/2，以百分比表示

编制：　　　　复核：　　　　审核：

工程数量情况比较表(单位:元)

表 6-38c)

独立隧道工程

第　　页　共　　页　03 表

项	目	工程或费用名称		单位	批准的概(预)算	工程合同	项目决算	工程合同与批准的概(预)算比较	项目决算与批准的概(预)算比较	项目决算与工程合同比较
					1	2	3	4	5	6
		第一部分　建筑安装工程费		隧长米						
一		引道工程		隧长米						
	1	路基工程	计价土方	m^3						
			计价石方	m^3						
			排水工程	m^3						
			防护工程	m^3						
			特殊路基处理	km						
	2	路面工程	面层	m^2						
			基层	m^2						
			底基层	m^2						
			垫层	m^2						
			路缘石	m^3						
	3	涵洞		m/道						
	4	桥梁		m/座						
	5	安全设施		km						
	6	环境保护工程		处						
	7	其他工程		隧长米						
二		洞门工程		座						
三		明洞工程		m						
四	1	洞身工程	洞身开挖	m^3/m						
	2		初期支护	m						
	3		防水、排水	m						
	4		二次衬砌	m^3/m						
	5		隧道路面	m^2/m						
	6		通风照明监控等	m						

填表说明:

1. 本表按路线工程、独立桥梁工程、独立隧道工程分别设计了三种表式,填表时应注意采用相应表式。

2. 本表各栏数据之间关系:1 栏,2 栏,3 栏数据分别来源于 04 表、05 表、06 表的有关内容,4 = (2 − 1)/1;5 = (3 − 1)/1;6 = (3 − 2)/2,以百分比表示

续上表

独立隧道工程　　　　第　　页　共　　页　　03 表

项	目	工程或费用名称	单　位	批准的概（预）算	工程合同	项目决算	工程合同与批准的概（预）算比较	项目决算与批准的概（预）算比较	项目决算与工程合同比较
				1	2	3	4	5	6
五		沿线设施	隧长米						
	1	安全设施	隧长米						
	2	管理与养护设施	隧长米						
	3	管理、养护及服务房屋	m^2						
六		临时工程	隧长米						

编制：　　　　复核：　　　　审核：

概(预)算分析表

表 6-39a)

路线工程

第　页　共　页　04 表

项	目	工程或费用名称	单 位	工程数量	概(预)算金额(元)	涉及项目节编号
		第一部分　建筑安装工程费	公路公里			
一		路基工程	公路公里			
	1	计价土方	m^3			
	2	计价石方	m^3			
	3	排水工程	m^3			
	4	防护工程	m^3			
	5	特殊路基处理	km			
二		路面工程	公路公里			
	1	面层	m^2			
	2	基层	m^2			
	3	底基层	m^2			
	4	垫层	m^2			
	5	路缘石	m^3			
三		桥梁、涵洞工程	公路公里			填表说明： 本表根据批准的概(预)算及规定的项目名称,在概(预)算批准后进行填写,其中批准的概(预)算是指项目法人的投资控制目标
	1	涵洞	m/道			
	2	桥梁	m/座			
五		隧道工程	公路公里			
	1	洞门	座			
	2	明洞	m			
	3	洞身	m			
六		其他工程及沿线设施	公路公里			
	1	清除场地	公路公里			
	2	拆除建筑物、构筑物	公路公里			

续上表

路线工程　　　　第　　页　共　　页　　04 表

项	目	工程或费用名称	单 位	工程数量	概(预)算金额(元)	涉及项目节编号
	3	管理与养护设施	公路公里			
	4	安全设施	公路公里			
	5	服务设施	公路公里			
	6	环境保护工程	处			
七		临时工程	公路公里			
八		管理、养护及服务房屋	公路公里			
	1	管理房屋	m^2			
	2	养护房屋	m^2			
	3	服务房屋	m^2			
十二		建安费预留费用	公路公里			
		第二部分　设备、工具器具及家具购助费	公路公里			
一		设备购置费	公路公里			
二		工具、器具购置费	公路公里			
三		办公及生活用家具购置费	公路公里			
四		购置费预留费用	公路公里			
		第三部分　工程建设其他费用	公路公里			
一		土地、青苗补偿及安置补置费	公路公里			
二		建设单位管理费	公路公里			
三		研究试验费	公路公里			
四		勘察设计费	公路公里			
九		建设期贷款利息	公路公里			
十		其他费用预留费用	公路公里			
		概(预)算总金额	公路公里			

编制：　　　　复核：　　　　审核：

表 6-39b)

概(预)算分析表

独立桥梁工程

第　页　共　页　04 表

项	目	工程或费用名称		单 位	工程数量	概(预)算金额(元)	涉及项目节编号
		第一部分　建筑安装工程费		桥长米			
一		引道工程		桥长米			
	1	路基工程	计价土方	m^3			
			计价石方	m^3			
			排水工程	m^3			
			防护工程	m^3			
			特殊路基处理	km			
	2	路面工程	面层	m^2			
			基层	m^2			
			底基层	m^2			
			垫层	m^2			
			路缘石	m^3			
	3	涵洞		m/道			填表说明： 本表根据批准的概(预)算及规定的项目名称，在概(预)算批准后进行填写，其中批准的概(预)算是指项目法人的投资控制目标
	4	桥梁		m/座			
	5	安全设施		km			
	6	环境保护工程		处			
	7	其他工程		桥长米			
二		基础		桥长米			
三		下部构造		桥长米			
四		上部构造		桥长米			

续上表

独立桥梁工程　　　　第　页　共　页　　　　04 表

项	目	工程或费用名称	单 位	工程数量	概(预)算金额(元)	涉及项目节编号
五		沿线设施	桥长米			
	1	安全设施	桥长米			
	2	管理与养护设施	桥长米			
	3	管理、养护及服务房屋	m^2			
六		调治及其他工程	桥长米			
七		临时工程	桥长米			
十一		建安费预留费用	桥长米			
		第二部分　设备、工具及器具购置费	桥长米			
一		设备购置费	桥长米			
二		工具、器具购置费	桥长米			
三		办公及生活用家具购置费	桥长米			
四		购置费预留费用	桥长米			
		第三部分　工程建设其他费用	桥长米			
一		土地、青苗补偿及安置补助费	桥长米			
二		建设单位管理费	桥长米			
三		研究试验费	桥长米			
四		勘察设计费	桥长米			
九		建设期贷款利息	桥长米			
十		其他费用预留费用	桥长米			
		概(预)算总金额	桥长米			

编制：　　　　复核：　　　　审核：

概(预)算分析表

表 6-39c)

独立隧道工程

第　页　共　页　04 表

<table>
<tr><th>项</th><th>目</th><th colspan="2">工程或费用名称</th><th>单 位</th><th>工程数量</th><th>概(预)算
金额(元)</th><th>涉及项目节编号</th></tr>
<tr><td></td><td></td><td colspan="2">第一部分　建筑安装工程费</td><td>隧长米</td><td></td><td></td><td></td></tr>
<tr><td rowspan="17">一</td><td></td><td colspan="2">引道工程</td><td>隧长米</td><td></td><td></td><td></td></tr>
<tr><td rowspan="5">1</td><td rowspan="5">路基工程</td><td>计价土方</td><td>m^3</td><td></td><td></td><td></td></tr>
<tr><td>计价石方</td><td>m^3</td><td></td><td></td><td></td></tr>
<tr><td>排水工程</td><td>m^3</td><td></td><td></td><td></td></tr>
<tr><td>防护工程</td><td>m^3</td><td></td><td></td><td></td></tr>
<tr><td>特殊路基处理</td><td>km</td><td></td><td></td><td></td></tr>
<tr><td rowspan="5">2</td><td rowspan="5">路面工程</td><td>面层</td><td>m^2</td><td></td><td></td><td></td></tr>
<tr><td>基层</td><td>m^2</td><td></td><td></td><td></td></tr>
<tr><td>底基层</td><td>m^2</td><td></td><td></td><td></td></tr>
<tr><td>垫层</td><td>m^2</td><td></td><td></td><td></td></tr>
<tr><td>路缘石</td><td>m^3</td><td></td><td></td><td></td></tr>
<tr><td>3</td><td colspan="2">涵洞</td><td>m/道</td><td></td><td></td><td rowspan="4">填表说明:
1. 本表根据批准的概(预)算及规定的项目名称,在概(预)算批准后,进行填写,其中批准的概(预)算是指项目法人的投资控制目标。
2. 洞门工程包括洞口、明洞的开挖、洞口明洞的排水防护工程以及洞门建筑;明洞工程包括明洞衬砌及洞顶回填等;洞身工程中初期支护指二次衬砌前的支护,防水排水等不单独计算时可列入二次衬砌中,如果有装饰工程列入二次衬砌中</td></tr>
<tr><td>4</td><td colspan="2">桥梁</td><td>m/座</td><td></td><td></td></tr>
<tr><td>5</td><td colspan="2">安全设施</td><td>km</td><td></td><td></td></tr>
<tr><td>6</td><td colspan="2">环境保护工程</td><td>处</td><td></td><td></td></tr>
<tr><td>7</td><td colspan="2">其他工程</td><td>隧长米</td><td></td><td></td><td></td></tr>
<tr><td>二</td><td></td><td colspan="2">洞门工程</td><td>座</td><td></td><td></td><td></td></tr>
<tr><td>三</td><td></td><td colspan="2">明洞工程</td><td>m</td><td></td><td></td><td></td></tr>
<tr><td rowspan="3">四</td><td>1</td><td rowspan="3">洞身工程</td><td>洞身开挖</td><td>m^3/m</td><td></td><td></td><td></td></tr>
<tr><td>2</td><td>初期支护</td><td>m</td><td></td><td></td><td></td></tr>
<tr><td>3</td><td>防水、排水</td><td>m</td><td></td><td></td><td></td></tr>
</table>

续上表

独立隧道工程　　　　第　页　共　页　　04 表

项	目	工程或费用名称		单 位	工程数量	概(预)算金额(元)	涉及项目节编号
四	4	洞身工程	二次衬砌	m^3/m			
	5		隧道路面	m^2/m			
	6		通风照明监控等	m			
五		沿线设施		隧长米			
	1	安全设施		隧长米			
	2	管理与养护设施		隧长米			
	3	管理、养护及服务房屋		m^2			
六		临时工程		隧长米			
十		建安费预留费用		隧长米			
		第二部分　设备、工具及器具购置费		隧长米			
一		设备购置费		隧长米			
二		工具、器具购置费		隧长米			
三		办公及生活用家具购置费		隧长米			
四		购置费预留费用		隧长米			
		第三部分　工程建设其他费用		隧长米			
一		土地、青苗补偿及安置补助费		隧长米			
二		建设单位管理费		隧长米			
三		研究试验费		隧长米			
四		勘察设计费		隧长米			
九		建设期贷款利息		隧长米			
十		其他费用预留费用		隧长米			
		概(预)算总金额		隧长米			

编制：　　　　复核：　　　　审核：

标底及合同费用分析表

表 6-40a)

路线工程　　　　第　页　共　页　　05 表

项	目	工程或费用名称	单　位	工程数量	标底金额（元）	合同金额（元）	涉及细目号
		第一部分　建筑安装工程费	公路公里				
一		路基工程	公路公里				
	1	计价土方	m^3				
	2	计价石方	m^3				
	3	排水工程	m^3				
	4	防护工程	m^3				
	5	特殊路基处理	km				
二		路面工程	公路公里				
	1	面层	m^2				
	2	基层	m^2				
	3	底基层	m^2				
	4	垫层	m^2				
	5	路缘石	m^3				
三		桥梁、涵洞工程	公路公里				填表说明： 1. 根据编制的标底工程量清单、签订的合同工程量清单及规定的项目名称，在合同签订后对本表进行填写；按路线工程、独立桥梁工程、独立隧道工程，分别设计了三种表式，填表时应注意采用相应表式。 2. 工程数量指工程或费用名称各栏主要工程数量。 3. 各细项金额栏数据是指该细项所涉及的各个细目号的对应金额之和。 4. 涉及细目号栏只在工程或费用名称细项下填列，将合同中应归入该细项下的细目号依次罗列，列至按细目号层次能划分清费用的层次即可
	1	涵洞	m/道				
	2	桥梁	m/座				
五		隧道工程	公路公里				
	1	洞门	座				
	2	洞身	m				
	3	明洞	m				
六		其他工程及沿线设施	公路公里				
	1	清除场地	公路公里				
	2	拆除建筑物、构筑物	公路公里				

续上表

路线工程　　第　页　共　页　05 表

项	目	工程或费用名称	单　位	工程数量	标底金额（元）	合同金额（元）	涉及细目号
	3	管理与养护设施	公路公里				
	4	安全设施	公路公里				
	5	服务设施	公路公里				
	6	环境保护工程	处				
七		临时工程	公路公里				
八		管理、养护及服务房屋	公路公里				
	1	管理房屋	m^2				
	2	养护房屋	m^2				
	3	服务房屋	m^2				
十二		建安费暂定金额	公路公里				
		第二部分　设备、工具及器具购置费	公路公里				
一		设备购置费	公路公里				
二		工具、器具购置费	公路公里				
三		办公及生活用家具购置费	公路公里				
四		购置费暂定金额	公路公里				
		第三部分　工程建设其他费用	公路公里				
一		土地、青苗补偿及安置补助费	公路公里				
二		建设单位管理费	公路公里				
三		研究试验费	公路公里				
四		勘察设计费	公路公里				
九		建设期贷款利息	公路公里				
十		其他费用暂定金额	公路公里				
		总金额	公路公里				

编制：　　复核：　　审核：

标底及合同费用分析表

表 6-40b）

独立桥梁工程　　　　第　页　共　页　05 表

项	目	工程或费用名称		单　位	工程数量	标底金额（元）	合同金额（元）	涉及细目号
		第一部分　建筑安装工程费		桥长米				
一		引道工程		桥长米				
	1	路基工程	计价土方	m^3				
			计价石方	m^3				
			排水工程	m^3				
			防护工程	m^3				
			特殊路基处理	km				
	2	路面工程	面层	m^2				
			基层	m^2				
			底基层	m^2				
			垫层	m^2				
			路缘石	m^3				
	3	涵洞		m/道				填表说明： 1. 根据编制的标底工程量清单、签订的合同工程量清单及规定的项目名称，在合同签订后对本表进行填写；按路线工程、独立桥梁工程、独立隧道工程分别设计了三种表式，填表时应注意采用相应表式。 2. 工程数量指工程或费用名称各栏主要工程数量。 3. 各细项金额栏数据是指该细项所涉及的各个细目号的对应金额之和。 4. 涉及细目号栏只在工程或费用名称细项下填列，将合同中应归入该细项下的细目号依次罗列，列至按细目号层次能划分清费用的层次即可
	4	桥梁		m/座				
	5	安全设施		km				
	6	环境保护工程		处				
	7	其他工程		桥长米				
二		基础		桥长米				
三		下部构造		桥长米				
四		上部构造		桥长米				

续上表

独立桥梁工程　　第　页　共　页　05 表

项	目	工程或费用名称	单　位	工程数量	标底金额（元）	合同金额（元）	涉及细目号
五		沿线设施	桥长米				
	1	安全设施	桥长米				
	2	管理与养护设施	桥长米				
	3	管理、养护及服务房屋	m^2				
六		调治及其他工程	桥长米				
七		临时工程	桥长米				
十一		建安费暂定金额	桥长米				
		第二部分　设备、工具及器具购置费	桥长米				
一		设备购置费	桥长米				
二		工具、器具购置费	桥长米				
三		办公及生活用家具购置费	桥长米				
四		购置费暂定金额	桥长米				
		第三部分　工程建设其他费用	桥长米				
一		土地、青苗补偿及安置补助费	桥长米				
二		建设单位管理费	桥长米				
三		研究试验费	桥长米				
四		勘察设计费	桥长米				
九		建设期贷款利息	桥长米				
十		其他费用暂定金额	桥长米				
		总金额	桥长米				

编制：　　　　复核：　　　　审核：

标底及合同费用分析表

表 6-40c)

独立隧道工程　　　　第　页　共　页　　05 表

项	目	工程或费用名称		单　位	工程数量	标底金额（元）	合同金额（元）	涉 及 细 目 号
		第一部分　建筑安装工程费		隧长米				
一		引道工程		隧长米				
	1	路基工程	计价土方	m^3				
			计价石方	m^3				
			排水工程	m^3				
			防护工程	m^3				
			特殊路基处理	km				
	2	路面工程	面层	m^2				
			基层	m^2				
			底基层	m^2				
			垫层	m^2				
			路缘石	m^3				
	3	涵洞		m/道				
	4	桥梁		m/座				
	5	安全设施		km				
	6	环境保护工程		处				
	7	其他工程		隧长米				
二		洞门工程		座				
三		明洞工程		m				
四	1	洞身工程	洞身开挖	m^3/m				
	2		初期支护	m				
	3		防水、排水	m				

填表说明：

1. 根据编制的标底工程量清单、签订的合同工程量清单及规定的项目名称，在合同签订后对本表进行填写；按路线工程、独立桥梁工程、独立隧道工程分别设计了三种表式，填表时应注意采用相应表式。
2. 工程数量指工程或费用名称各栏主要工程数量。
3. 各细项金额栏数据是指该细项所涉及的各个细目号的对应金额之和。
4. 涉及细目号栏只在工程或费用名称细项下填列，将合同中应归入该细项下的细目号依次罗列，列至按细目号层次能划分清费用的层次即可。
5. 洞门工程包括洞口、明洞的开挖、洞口明洞的排水防护工程以及洞门建筑；明洞工程包括明洞衬砌及洞顶回填等；洞身工程中初期支护指二次衬砌前的支护，防水排水等不单独计算时可列入二次衬砌中，如果有装饰工程列入二次衬砌中

续上表

独立隧道工程　　第　页　共　页　05 表

项	目	工程或费用名称		单　位	工程数量	标底金额（元）	合同金额（元）	涉及细目号
	4	洞身工程	二次衬砌	m^3/m				
	5		隧道路面	m^2/m				
	6		通风照明监控等	m				
五		沿线设施		隧长米				
	1	安全设施		隧长米				
	2	管理与养护设施		隧长米				
	3	管理、养护及服务房屋		m^2				
六		临时工程		隧长米				
十		建安费暂定金额		隧长米				
		第二部分　设备、工具及器具购置费		隧长米				
一		设备购置费		隧长米				
二		工具、器具购置费		隧长米				
三		办公及生活用家具购置费		隧长米				
四		购置费暂定金额		隧长米				
		第三部分　工程建设其他费用		隧长米				
一		土地、青苗补偿及安置补助费		隧长米				
二		建设单位管理费		隧长米				
三		研究试验费		隧长米				
四		勘察设计费		隧长米				
九		建设期贷款利息		隧长米				
十		其他费用暂定金额		隧长米				
		总金额		隧长米				

编制：　　复核：　　审核：

项目总决算(分析)表

表 6-41a)

路线工程 第 页 共 页 06 表

项	目	工程或费用名称	单 位	工程数量	决算金额(元)	涉及细目号
		第一部分 建筑安装工程费	公路公里			
一		路基工程	公路公里			
	1	计价土方	m^3			
	2	计价石方	m^3			
	3	排水工程	m^3			
	4	防护工程	m^3			
	5	特殊路基处理	km			
二		路面工程	公路公里			
	1	面层	m^2			
	2	基层	m^2			
	3	底基层	m^2	表 6-38a)		
	4	垫层	m^2			
	5	路缘石	m^3			
三		桥梁、涵洞工程	公路公里			
	1	涵洞	m/道			
	2	桥梁	m/座			
五		隧道工程	公路公里			
	1	洞门	座			
	2	明洞	m			
	3	洞身	m			
六		其他工程及沿线设施	公路公里			
	1	清除场地	公路公里			
	2	拆除建筑物、构筑物	公路公里			
	3	管理与养护设施	公路公里			
	4	安全设施	公路公里			
	5	服务设施	公路公里			
	6	环境保护工程	处			

填表说明:

1. 该表按路线工程、独立桥梁工程、独立隧道工程分别设计了三种表式,填表时应注意采用相应表式。
2. 工程数量指工程或费用名称各栏主要工程数量。
3. 第一部分费用:

(1)各细项金额栏数据来源于建安工程决算汇总表(07 表)中该细项所涉及的各个细目号的对应金额之和。

(2)涉及细目号栏只在工程或费用名称细项下填列,将建安工程决算汇总表(07 表)中应归入该细项下的细目号依次罗列,列至按细目号层次能划分清费用的层次即可。

(3)线外工程可根据项目情况在其他工程及沿线设施中增列。

4. 第二、三部分数据分别来源于设备、工具及器具购置费用支出汇总表(08 表)、工程建设其他费用支出汇总表(09 表)。
5. 其他支付来源于建安工程决算汇总表(07 表)中变更引起调整、工程项目调价、工程项目索赔及计日工支出四项金额合计

续上表

路线工程　　第　页　共　页　06 表

项	目	工程或费用名称	单 位	工程数量	决算金额（元）	涉及细目号
七		临时工程	公路公里			
八		管理、养护及服务房屋	公路公里			
	1	管理房屋	m^2			
	2	养护房屋	m^2			
	3	服务房屋	m^2			
十二		其他支付	公路公里			
		第二部分　设备、工具及器具购置费	公路公里			
一		设备购置费	公路公里			
二		工具、器具购置费	公路公里			
三		办公及生活用家具购置费	公路公里			
		第三部分　工程建设其他费用	公路公里			
一		土地、青苗补偿及安置补助费	公路公里			
二		建设单位管理费	公路公里			
三		研究试验费	公路公里			
四		勘察设计费	公路公里			
九		建设期贷款利息	公路公里			
		决算总金额	公路公里			

编制：　　复核：　　审核：

项目总决算(分析)表

表 6-41b)

独立桥梁工程

第　　页　共　　页　06 表

项	目	工程或费用名称		单位	工程数量	决算金额（元）	涉及细目号
		第一部分　建筑安装工程费		桥长米			
一		引道工程		桥长米			
	1	路基工程	计价土方	m^3			
			计价石方	m^3			
			排水工程	m^3			
			防护工程	m^3			
			特殊路基处理	km			
	2	路面工程	面层	m^2			
			基层	m^2			
			底基层	m^2			
			垫层	m^2			
			路缘石	m^3			
	3	涵洞		m/道			
	4	桥梁		m/座			
	5	安全设施		km			
	6	环境保护工程		处			
	7	其他工程		桥长米			
二		基础		桥长米			
三		下部构造		桥长米			
四		上部构造		桥长米			
五		沿线设施		桥长米			
	1	安全设施		桥长米			

填表说明：

1. 该表按路线工程、独立桥梁工程、独立隧道工程分别设计了三种表式，填表时应注意采用相应表式。

2. 工程数量指工程或费用名称各栏主要工程数量。

3. 第一部分费用：

(1)各细项金额栏数据来源于建安工程决算汇总表(07 表)中该细项所涉及的各个细目号的对应金额之和。

(2)涉及细目号栏只在工程或费用名称细项下填列，将建安工程决算汇总表(07 表)中应归入该细项下的细目号依次罗列，列至按细目号层次能划分清费用的层次即可。

(3)线外工程可根据项目情况在其他工程及沿线设施中增列。

4. 第二、三部分数据分别来源于设备、工具及器具购置费用支出汇总表(08 表)、工程建设其他费用支出汇总表(09 表)。

5. 其他支付来源于建安工程决算汇总表(07 表)中变更引起调整、工程项目调价、工程项目索赔及计日工支出四项金额合计

续上表

独立桥梁工程　　　　第　　页　共　　页　06表

项	目	工程或费用名称	单位	工程数量	决算金额（元）	涉及细目号
	2	管理与养护设施	桥长米			
	3	管理、养护及服务房屋	m^2			
六		调治及其他工程	桥长米			
七		临时工程	桥长米			
十一		其他支付	桥长米			
		第二部分　设备、工具及器具购置费	桥长米			
一		设备购置费	桥长米			
二		工具、器具购置费	桥长米			
三		办公及生活用家具购置费	桥长米			
		第三部分　工程建设其他费用	桥长米			
一		土地、青苗补偿及安置补助费	桥长米			
二		建设单位管理费	桥长米			
三		研究试验费	桥长米			
四		勘察设计费	桥长米			
九		建设期贷款利息	桥长米			
		决算总金额	桥长米			

编制：　　　　复核：　　　　审核：

项目总决算(分析)表

表 6-41c)

独立隧道工程

第　页　共　页　06 表

项	目	工程或费用名称		单位	工程数量	决算金额（元）	涉及细目号
		第一部分　建筑安装工程费		隧长米			
一		引道工程		隧长米			
	1	路基工程	计价土方	m^3			
			计价石方	m^3			
			排水工程	m^3			
			防护工程	m^3			
			特殊路基处理	km			
	2	路面工程	面层	m^2			
			基层	m^2			
			底基层	m^2			
			垫层	m^2			
			路缘石	m^3			
	3	涵洞		m/道			
	4	桥梁		m/座			
	5	安全设施		km			
	6	环境保护工程		处			
	7	其他工程		隧长米			
二		洞门工程		座			
三		明洞工程		m			
四	1	洞身工程	洞身开挖	m^3/m			
	2		初期支护	m			
	3		防水、排水	m			
	4		二次衬砌	m^3/m			
	5		隧道路面	m^2/m			
	6		通风、照明、监控等	m			

填表说明：

1. 该表按路线工程、独立桥梁工程、独立隧道工程分别设计了三种表式，填表时应注意采用相应表式。

2. 工程数量指工程或费用名称各栏主要工程数量。

3. 第一部分费用：

(1)各细项金额栏数据来源于建安工程决算汇总表(07 表)中该细项所涉及的各个细目号的对应金额之和。

(2)涉及细目号栏只在工程或费用名称细项下填列，将建安工程决算汇总表(07 表)中应归入该细项下的细目号依次罗列，列至按细目号层次能划分清费用的层次即可。

(3)线外工程在其他工程及沿线设施中增列。

(4)洞门工程包括洞口、明洞的开挖、洞口明洞的排水防护工程以及洞门建筑；明洞工程包括明洞衬砌及洞顶回填等；洞身工程中初期支护指二次衬砌前的支护，防水排水等不单独计算时可列入二次衬砌中，如果有装饰工程列入二次衬砌中。

4. 第二、三部分数据分别来源于设备、工具及器具购置费用支出汇总表(08 表)、工程建设其他费用支出汇总表(09 表)。

5. 其他支付来源于建安工程决算汇总表(07 表)中变更引起调整、工程项目调价、工程项目索赔及计日工支出四项金额合计

续上表

独立隧道工程　　　　第　页　共　页　06 表

项	目	工程或费用名称	单位	工程数量	决算金额（元）	涉及细目号
五		沿线设施	隧长米			
	1	安全设施	隧长米			
	2	管理与养护设施	隧长米			
	3	管理、养护及服务房屋	m^2			
六		临时工程	隧长米			
十		其他支付	隧长米			
		第二部分　设备、工具及器具购置费	隧长米			
一		设备购置费	隧长米			
二		工具、器具购置费	隧长米			
三		办公及生活用家具购置费	隧长米			
		第三部分　工程建设其他费用	隧长米			
一		土地、青苗补偿及安置补置费	隧长米			
二		建设单位管理费	隧长米			
三		研究试验费	隧长米			
四		勘察设计费	隧长米			
九		建设期贷款利息	隧长米			
		决算总金额	隧长米			

编制：　　　　复核：　　　　审核：

建安工程决算汇总表(单位:元)

表 6-42

建设项目名称：　　　　　　　　　　第　页　共　页　07 表

细目号	项目名称	单位	A 合同段			B 合同段			…			项目合计		
			工程量	单价	金额	工程量	单价	金额	工程量	单价	金额	工程量	金额	平均单价
小计														
变更引起调整合计														
工程项目调价合计														
工程项目索赔合计														
计日工支出合计														
金额合计														
其中:建安决算总金额														
设备费														

填表说明：

1. 细目号和项目名称包含所有合同段细目号和项目名称,并按细目号顺序依次排列。
2. 各个合同段数据均来源于对应合同段工程决算表(10 表)的 4、5、7 栏。
3. 项目合计栏平均单价为每一细目号的各标段金额合计后除以工程量合计所得。
4. 项目名称栏金额合计指小计、变更引起调整金额合计、工程项目调价合计、工程项目索赔合计、计日工支出合计五项之和

编制：　　　　　　　　复核：　　　　　　　　审核：

表 6-43

设备、工具及器具购置费用支出汇总表

建设项目名称：　　　　第　　页　共　　页　08 表

序号	工程或费用名称	合同编号	单位	数量	单价(元)	金额(元)		差额说明
						合同金额	支出金额	
一	设备购置							
1	收费系统							
2	监控系统							
3	通信系统							
4	供配电系统							
5	通风系统							
6	照明系统							
7	养护及管理设备							
	…							
二	工具、器具购置							
三	办公及生活用家具购置							
金额合计								

填表说明：

1. 设备购置：单独购置的设备以购置合同采购清单对表格进行填制；安装工程合同所涉及的设备由工程合同登记表(11-2 表)转来。

2. 工具、器具和办公及生活用品购置：依据采购清单或购置凭证列入费用总额

编制：　　　　复核：　　　　审核：

工程建设其他费用支出汇总表

表 6-44

建设项目名称：　　　　　　　　　　　　　　　　第　　页　共　　页　09 表

序号	工程或费用名称		合同编号	合同名称	数量	金额(元)			差额说明
						合同金额	支出金额	小计	
1	土地、青苗补偿费及安置补助费								
2	建设单位管理费	建设单位管理费							
		工程质量监督费							
		工程监理费							
		定额编制管理费							
		设计文件审查费							
3	研究试验费								
4	勘察设计费								
5	建设期贷款利息								
	…								
金额合计									

填表说明：

1. 土地、青苗等补偿费及安置补助费等项目，以项目法人与各方签订的合同为准进行填写。
2. 建设期贷款利息：依据贷款合同在建设期产生的利息。
3. 工程监理费、研究试验费、勘察设计费可按签订的单项合同分行填写。
4. 编制办法规定的项目及批准的概预算文件中未列明且不能进入第一、二部分的费用，可根据项目的实际情况逐项增列

编制：　　　　　　　　　　复核：　　　　　　　　　　审核：

表 6-45

合同段工程决算表

合同段：　　　　　　　　　　　　　　　　　　　　　　　　　　第　　页　共　　页　10 表

细目号	项目名称	单位	工程数量				单价（元）	金额（元）		差量	差量原因
			合同工程量	变更工程量	核算工程量	支付工程量		合同	支付		
			1	2	3	4	5	6	7	8	9
小计											
变更引起调整合计											
工程项目调价合计											
工程项目索赔合计											
计日工合计											
不可预见费（暂定金额）											
金额合计											
其中：建安 决算总金额											
设备费											

填表说明：

1. 细目号和项目名称仅为该合同段工程量清单中细目号和新增编号。
2. 本表中合同工程量、变更工程量、支付工程量等数据来源于工程合同登记表（11 表）、变更设计登记表（12 表）、收尾工程登记表（17 表）、工程支付情况登记表（19 表）。
3. 其他各栏数据关系：3 = 1 + 2，6 = 1 × 5，7 = 4 × 5，8 = 4 − 3，第 4 栏支付工程量指实际支付工程量与收尾工程量之和。
4. 变更引起调整合计、工程项目调价合计、工程项目索赔合计分别来源于 13 表、14 表、15 表，在第 7 栏填写。
5. 计日工合同金额合计来源于 11-1 表，在第 6 栏填写，计日工支出金额合计来源于 16 表，在第 7 栏填写，不可预见费（暂定金额）为原合同中的不可预见费（暂定金额），并在第 6 栏填写

编制：　　　　　　　　　　　　复核：　　　　　　　　　　　　审核：

工程合同登记表(土建)

表 6-46a)

建设项目名称：　　　　　　　　　　　　　　第　　页　共　　页　11-1 表

细目号	工程或费用名称	单位	合同段							合计	
			A 合同段			B 合同段			…		
			数量	单价(元)	金额(元)	数量	单价(元)	金额(元)	…	数量	金额(元)
			1	2	3	4	5	6	…	…	…
						填表说明： 本表以签定的合同工程量清单的汇总细目号为序进行填写					
第 100 章 ~700 章清单合计											
计日工合计											
不可预见费(暂定金额)											
金额合计											

编制：　　　　　　　　　　复核：　　　　　　　　　　审核：

表 6-46b）

工程合同登记表（安装）

建设项目名称：　　　　　　　　　　　　第　页　共　页　11-2 表

细目号	工程或费用名称	单位	合同段						合计	
			A 合同段		B 合同段		…			
			数量	金额（元）	数量	金额（元）	…		数量	金额（元）
			1	2	3	4	…		…	…
	100 章　总则									
106	实验检测费	元								
	…									
801	主要设备费									
801-1	收费系统	套								
801-2	监控系统	套								
801-3	通信系统	套								
801-4	供配电系统	套								
801-5	通风系统	套								
801-6	照明系统	套								
	…									
802	安装工程费									
802-1	收费系统	套	填表说明：（见表下）							
802-2	监控系统	套								
802-3	通信系统	套								
802-4	供配电系统	套								
802-5	通风系统	套								
802-6	照明系统	套								
	…									
第 100 章、800 章清单合计		元								
不可预见费（暂定金额）		元								
金额合计		元								
其中：设备费		元								

填表说明：

1. 由于目前尚无统一的安装工程合同范本，为了规范文件格式，要求按规定的项目对表格进行填写，涉及安装的养护设备等续列其后。

2. 主要设备费中包括需要安装的设备、不需要安装的设备及软件费，并在报送软盘中附设备清单；安装工程费中包括安装所需要的人工及材料费用。

3. 100 章总则部分的填写可根据项目的实际情况进行增列

编制：　　　　　　　　复核：　　　　　　　　审核：

工程合同登记表(计日工)

表 6-46c)

建设项目名称：　　　　　　　　　　　　　　　　　　　　　　第　页　共　页　11-3 表

细目号		名称	单位	A 合同段			B 合同段			…		
				估计数量	单价(元)	金额(元)	估计数量	单价(元)	金额(元)	估计数量	单价(元)	金额(元)
劳务												
材料												
机械										填表说明：本表根据合同中计日工劳务单价表、计日工材料单价表、计日工施工机械单价表进行填写		
金额		合计										
		总计										

编制：　　　　　　　　　　　　　　复核：　　　　　　　　　　　　　　审核：

表 6-47

变更设计登记表

建设项目名称：　　　　　　　　　　　　　　　　　　　　　　第　　页　共　　页　12 表

变更编号	工程名称	批准单位及文号	设计单位意见	变更原因	涉及细目号	单位	合同段							合计	
							A 合同段			B 合同段			…	数量	金额（元）
							数量	单价（元）	金额（元）	数量	单价（元）	金额（元）	…		
							1	2	3	4	5	6	…	…	…
					小计										
					小计		填表说明（见表下）								
					小计										
…	…	…	…	…	…		…	…	…	…	…	…	…	…	…

填表说明：

1. 变更设计，指在合同基础上的工程数量变更；变更原因用关键词予以简述。
2. 本表要求在项目管理过程中对所有变更设计进行统一编号，并对每一个变更所涉及细目号的工程数量增加或减少进行核算。
3. 本表填制以变更编号为序，数量栏填写净增、减数量

注：若有新增细目号时，应在新增细目号前加 *

编制：　　　　　　　　　　　　复核：　　　　　　　　　　　　审核：

变更引起调整金额登记表

表 6-48

建设项目名称：　　　　第　页　共　页　13 表

细目号	单位	合同段											调整金额合计(元)(+、-)	调整原因
		A 合同段					B 合同段					…		
		单价			调整单价支付数量	调整金额(+、-)	单价(元)			调整单价支付数量	调整金额(元)(+、-)	…		
		合同工程单价	调整单价	单价差值			合同工程单价	调整单价	单价差值			…		
		1	2	3	4	5	6	7	8	9	10	…	…	
…	…	…	…	…	…	…	…	…	…	…	…	…	…	…
调整金额合计												…		

填表说明：

1. 该表只涉及根据招标文件范本第 52.2 和 52.3 条进行的单价或价格调整，应根据建设项目的工程合同规定及实际发生与确认情况填写。

2. 涉及单价的调整按细目号对表格进行填写；涉及合同价格的调整只填调整金额及调整金额合计。

3. 本表各栏数据之间关系：3 = 2 - 1，5 = 4 × 3，8 = 7 - 6，10 = 9 × 8

编制：　　　　复核：　　　　审核：

表 6-49a）

工程项目调价登记表

建设项目名称：　　　　　　　　　　　　　　　　　　　　　第　　页　共　　页　14-1 表

序号	调整时间	A 合同段			B 合同段			…			合计
		综合调价系数	累计支付额（元）	调价金额（元）	综合调价系数	累计支付额（元）	调价金额（元）	综合调价系数	累计支付额（元）	调价金额（元）	调价金额（元）
合计											

填表说明：
1. 综合调价系数指招标文件范本 70.1 条所定义的“ZH”。
2. 根据建设项目的实际情况，在建设管理过程中对有关内容进行填写

编制：　　　　　　　　　　　　　　复核：　　　　　　　　　　　　　　审核：

表 6-49b）

工程项目调价登记表

建设项目名称：　　　　　　　　　　　　第　页　共　页　14-2 表

序号	调整内容	A 合同段			B 合同段			…			合计
		材料价差（元）	材料数量	调价金额（元）	材料价差（元）	材料数量	调价金额（元）	材料价差（元）	材料数量	调价金额（元）	调价金额（元）
合计											

填表说明：
1. 该表反映的是变通方式下的单项调价。
2. 根据建设项目的实际情况，在建设管理过程中对有关内容进行填写

编制：　　　　　　　　复核：　　　　　　　　审核：

表 6-50

工程项目索赔登记表

建设项目名称：　　　　　　　　　　　　　　　　　第　　页　共　　页　15 表

项目名称 / 合同段	索赔项目	索赔金额（元）	索赔原因	赔偿金额（元）	批准文号
A 合同段					
	…	…	…	…	…
小计					
B 合同段					
	…	…	…	…	…
小计					
…			填表说明： 本表应根据建设项目的实际情况，在建设管理过程中按有关规定进行填写		
小计					
金额合计					

编制：　　　　　　　　　　复核：　　　　　　　　　　审核：

计日工支出金额登记表

表 6-51

建设项目名称：　　　　　　　　　　第　页　共　页　16 表

细目号		名称	单位	A 合同段			B 合同段			…		
				数量	单价(元)	金额(元)	数量	单价(元)	金额(元)	数量	单价(元)	金额(元)
劳务												
材料												
机械												
金额	合计											
	总计											

填表说明：

本表应根据建设项目的实际情况，在建设管理过程中按有关规定进行填写

编制：　　　　　　复核：　　　　　　审核：

表 6-52

收尾工程登记表

建设项目名称：　　　　　　　　　　　　　　　　　　　第　页　共　页　17 表

工 程 名 称	涉及细目号	单　位	工 程 量	单　价	金　额
…	…	…	…	…	…

填表说明：
收尾工程指交工验收时尚未完成，竣工验收必须完成的工程

编制：　　　　　　　　　　复核：　　　　　　　　　　审核：

报废工程登记表

表 6-53

建设项目名称：

第　　页　　共　　页　18 表

序　　号	工程内容或名称	工 程 数 量	支出金额(元)	原　　因
		填表说明： 报废工程指部分或全部实施，而实际又不再使用的分部或分项工程，该表中数量和支出金额为报废工程已完成的内容；由于质量原因出现的报废工程不在本表登记		

编制：　　　　复核：　　　　审核：

表 6-54

工程支付情况登记表

建设项目名称：　　　　　　　　　　　　　　　　　　　　　　第　页　共　页　19 表

细目号	工程或费用名称	单位	合同段							合计	
			A 合同段			B 合同段			…		
			数量	单价(元)	金额(元)	数量	单价(元)	金额(元)	…	数量	金额(元)
			1	2	3	4	5	6	…	…	…
							填表说明：本表应根据建设项目的实际情况，以交工验收前最后一次支付为准进行填写				
合计											

编制：　　　　　　　　　　　　复核：　　　　　　　　　　　　审核：

【复习思考题】

1. 公路工程施工结算的作用是什么?
2. 公路工程施工结算的编制依据有哪些?
3. 公路工程施工结算的方式有哪些?
4. 公路工程施工结算由哪些费用项目构成?
5. 公路工程施工结算怎样编制?
6. 简述在施工过程中工程进度付款的编制程序。
7. 公路工程的工程量清单中第100章各费用项目支付额应怎样计算和支付?
8. 公路工程的工程量清单中第200章至第700章的费用项目支付额应怎样计算和支付?
9. 公路工程中工程变更支付费用应怎样确定?
10. 公路工程中价格调整涉及的支付费用应怎样确定?
11. 公路工程中索赔涉及的支付费用应怎样确定?

第七章

公路工程养护阶段的造价编制

【学习目的与要求】

通过本章的学习，掌握公路养护工程造价的特点；理解公路养护工程预算的作用，掌握公路养护工程预算编制的要求和公路养护工程预算文件的组成；熟悉公路养护工程预算项目；掌握公路养护工程预算费用组成及费用计算；理解公路养护工程量清单的作用，掌握公路养护工程量清单编制要求。

第一节　公路养护工程造价概述

一、公路养护工程的种类

公路养护按其工程性质不同、规模大小、技术繁简划分为小修保养、中修、大修和改善工程四类。

1. 小修保养工程

对公路及其一切工程设施进行预防保养和修补其轻微损坏部分，使之经常保持完好状态。

2. 中修工程

对公路工程设施的一般性磨损和局部损坏进行定期的修理加固，以恢复原状的小型工程项目。

3. 大修工程

对公路设施的较大损坏进行周期性的综合修理，以全面恢复到原设计标准，或在原技术等级范围内进行局部改善和个别增建以逐步提高公路通行能力的工程项目。

4. 改善工程

对公路及其工程设施因不适应交通量和载重需要而分期逐段提高技术等级，或通过改善显著提高通行能力的较大工程项目。

二、公路养护工程造价的特点

（一）公路养护工程特点

公路养护工程除具有以上公路的属性以外，还具有不同于公路新建工程的一些特点。

1. 养护项目的规模普遍较小

养护项目的规模普遍较小，特别是小修保养，其单个工程量小，项目数量多，可谓面广量大、琐碎、繁杂、动态，项目化特征不突出，而且难以计量。而大中修项目与新建项目具有一定的相似性，即具有一定规模，项目化特征比较明显，工程量可以计量。

2. 养护工期的紧迫性

养护工程项目实施时，为不中断交通，影响通行，要求在最短时间完成，对工期要求高。

3. 养护施工环境和条件复杂性

养护施工是在不同的地区、或同一地区的不同现场、或同一现场的不同位置上进行的，因此，施工具有流动性，且行车干扰大。

（二）公路养护工程造价的特点

可以看出，养护施工生产与新建项目的施工生产相比，呈现出施工难度大、一次性作业工程量小、流水施工组织困难、作业连续性差、工地转移次数多、施工工作面小、作业安全系数低、作业对象结构形式复杂、施工工艺复杂等特点，这些特点导致养护工程成本高，造价控制困难。

三、公路养护工程造价的全过程控制

为有效控制养护费用，必须实行公路养护工程造价的全过程控制。

1. 养护经费计划的编制和控制

养护经费计划是控制公路养护投资的基础，是控制养护投资的指导性文件，养护经费计划随同养护工程计划一并下达。养护经费计划的编制按照工作量、养护工程经费定额编制。养护工作量的确定比较复杂，准确、合理地确定养护工作量，是进行造价控制的基础。

2. 养护工程设计阶段的造价控制

养护工程由于实施周期短，同时不易形成大的工作面，因此单位造价比较高。设计阶段应合理确定，有效控制养护工程造价。因此，应加强方案设计和技术经济比较，优化设计，以提高设计的合理性和经济性。设计单位应根据养护计划实施限额设计。在外业详尽调查的基础上，认真做好施工组织设计，合理套用养护预算定额，编制养护工程预算。对影响造价的材料价格详细询价，分析询价数据，对影响价格涨跌的因素尽量考虑全面。

3. 养护工程施工阶段的造价控制

《公路养护工程施工招标投标管理暂行规定》指出实行招投标的范围：公路小修保养最小标段的为连续20km以上或者小于20km的整条路段，最短养护合同期限为一年；大中修公路养护工程投资100万元以上的项目。实施招标的养护工程项目，项目管理方应认真编制招标文件和工程量清单，避免合同条款风险带来的进度、造价损失。

由于养护工程施工周期短，在项目实施过程中，项目管理方应加强合同管理和现场管理。合同管理人员或公路造价工程师，应熟悉养护工程施工清单，充分理解清单单价中包含的工程细目，及时确定工程计量，避免重复或遗漏工程量等问题。对养护工程施工中的变更工程项目，应及时确定工程量、合理确定单价，并纳入计量程序。

第二节　公路养护工程预算编制

2002年交通运输部发布了《公路养护工程预算编制导则》（JTG H40—2002）。为适应各地公路养护工程发展的需要，加强公路工程养护费用管理，统一公路养护工程预算的编制方法及取费标准，合理确定和有效控制公路工程的养护工程投资，根据《中华人民共和国公路法》、《公路养护工程管理办法》、《公路养护技术规范》（JTG H10—2009）、《公路养护工程预算编制导则》（JTG H40—2002）以及《公路工程基本建设项目概算预算编制办法》（JTC B06—2007）等规定，结合各地公路工程养护的特点，很多地方均制定了地方性的养护工程预算定额和公路养护工程预算编制办法。除改建工程外，小修保养、中修、大修均按《养护工程预算定额》和《养护工程预算编制办法》编制养护工程预算。

各地养护预算编制不完全相同，其费用项目划分、预算项目划分以及计算方法均视根据各地公路工程养护的特点和各地公路工程养护中的常规、正常养护作业情况制订。但大多数地方的相关规定差异不大。下面以某些地方的养护预算计价依据为例介绍养护工程预算的编制。

一、公路养护工程预算的作用

（1）公路养护工程预算是小修保养、中修、大修工程设计文件的重要组成部分。

（2）经审定后的养护工程预算是确定公路养护工程造价、签订工程承包合同、办理工程结算、测算公路养护工程成本的依据。

（3）公路养护工程预算是分析测算养护施工企业投标报价合理性的参考。

二、公路养护工程预算编制的要求

（1）公路养护工程预算编制必须严格执行国家的方针、政策和有关制度，符合公路养护、施工技术规范。

（2）公路养护工程预算文件，应符合相关规定、结合实际、经济合理、提交及时、不重不漏、计算正确、表格规范、字迹打印清晰、装订整齐完整。

（3）公路养护工程预算，应由具备相应资质的公路养护、设计、造价咨询单位负责编制，编制及审核人员须具备公路注册造价员执业资格，并对其编制质量负责。

三、公路养护工程预算文件的组成

公路养护工程预算文件由封面、目录、预算编制说明及全部预算计算表格组成。

1. 封面及目录

预算文件的封面应按《公路工程基本建设项目设计文件编制办法》中的规定制作，扉页的次页应有建设项目名称，编制单位，编制、复核人员姓名并加盖资格印章，编制日期及第几册共几册等内容。

目录应按预算表的表号顺序编排。

2. 编制说明

预算编制完成后，应写出编制说明，文字力求简明扼要。应叙述的内容一般有：

(1)养护工程概况：养护工程所在地区，项目名称、项目批准计划、文号、管理单位、技术等级、路面类型及结构形式、公路里程、交通量、路基宽度、主要构造物、沿线设施和绿化的布设情况，最近一次大中修时间或建成通车时间等。

(2)预算编制依据，包括与预算有关的委托书、协议书、会议纪要（或将复印件附后）、设计图纸等。

(3)采用的定额、费用标准，人工、材料、机械台班单价的依据或来源，补充定额及编制依据等的详细说明。

(4)总预算金额及主要材料用量。

(5)编制中存在的问题及其他与预算有关但不能在表格中反映的事项。

3. 预算表格

公路养护工程预算应按统一的表格计算。各地现行的养护工程预算表格的种类和式样几乎与公路工程基本建设项目概算预算表格相同。

4. 预算文件

预算文件是设计文件的组成部分，应按规定的份数，随设计文件一并报送。

预算文件组成如下：

(1)编制说明。

(2)总预算表(01 表)。

(3)人工、主要材料、机械台班数量汇总表(02 表)。

(4)养护工程费计算表(03 表)。

(5)其他工程费及间接费综合费率计算表(04 表)。

(6)设备购置费计算表(05 表)。

(7)养护工程其他费用计算表(06 表)；

(8)人工、材料、机械台班单价汇总表(07 表)。

(9)养护工程费用计算数据表(08-1 表)。

(10)分项工程计算表(08-2 表)。

(11)材料预算单价计算表(09 表)。

(12)机械台班单价计算表(10 表)。

各种表格的计算顺序和相互关系见图7-1。

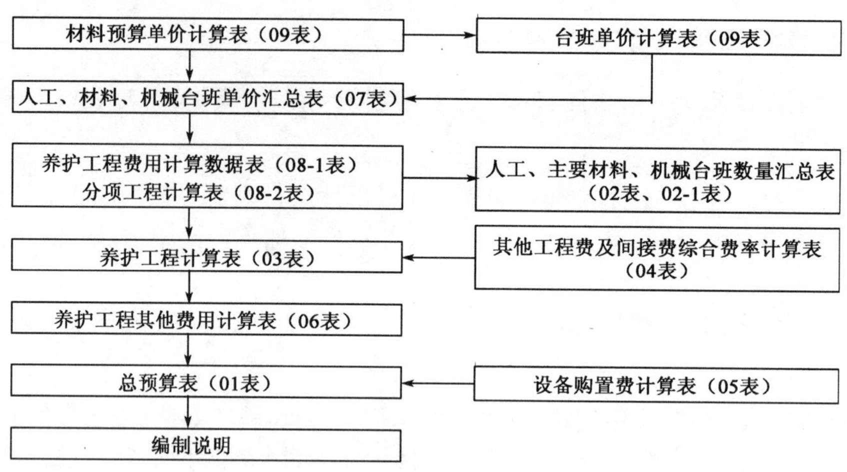

图7-1　公路养护工程预算各种表格的计算顺序和相互关系

四、公路养护工程预算项目

公路养护工程预算项目应按养护工程费、设备购置费用、养护工程其他费用、预留费用四个部分进行编制，即预算项目主要包括以下内容：

第一部分　养护工程费

（一）日常保养

（二）路基工程

（三）路面工程

（四）桥涵工程

（五）隧道工程

（六）沿线设施

（七）绿化工程

（八）养护管理设施

第二部分　设备购置费用

第三部分　养护工程其他费用

第四部分　预留费用

养护工程预算项目通常分为小修保养工程预算项目和大、中修工程预算项目。小修保养工程预算项目示例见表7-1，大、中修工程预算项目示例见表7-2。

公路小修保养工程预算项目表　　表7-1

项	目	节	工程或费用名称	单　位
			第一部分　公路养护工程费	公路公里
一			日常养护	公路公里
	10		公路保洁	
	20		收费广场保洁	

续上表

项	目	节	工程或费用名称	单　位
	30		管理站房保洁	
	40		沿线设施保洁	
	50		排水系统疏通	
	60		绿化植物日常管养	
	70		公路交通安全维护	公路公里
	…		…	
二			路基工程	公路公里
	10		路面清扫	m^2
	20		清理、疏通排水设施	m
	30		路肩、边坡养护	
	…		…	
三			路面工程	公路公里
	10		路面日常清扫	
	20		路基养护	
	30		沥青路面养护	
	40		水泥混凝土路面养护	
	…		…	
四			桥涵工程	m
	10		桥梁保洁	
	20		涵洞清理	
	30		桥梁排水设施疏通	
	40		伸缩缝清理	
	…		…	
五			隧道工程	m
	10		隧道日常养护	
	20		隧道路面养护	
	30		隧道结构物小修保养	
	…		…	
六			交通安全设施	公路公里
	10		沿线设施日常清洗	
	20		交通标志扶正、保养	
	30		沿线界碑、标志清洗	
	…		…	
七			绿化工程	公路公里
	10		日常浇水	
	20		日常修剪	

续上表

项	目	节	工程或费用名称	单　位
	30		补栽苗木	
	40		杀虫养护	
	…		…	
八			管理设施维护	
	10		管理设施日常养护	
	20		管理设施小修保养	
	…		…	
			第二部分　设备购置费用	
			第三部分　公路养护工程其他费用	
一			土地费用	无
二			养护工程管理费	
三			研究试验费	
四			养护工程前期费	
五			公路技术状况评定专项费	
六			工程保险费	
			第一、二、三部分费用合计	
			预留费用	
			基本预备费	2%
			预算总金额	

公路大、中修工程预算项目表

表 7-2

项	目	节	工程或费用名称	单　位
			第一部分　公路养护工程费	公路公里
一			路基工程	公路公里
	10		路基土石方	
	20		危石处理	
	30		滑坡清理	
	40		路基处理	
	50		路肩整修	
	60		排水设施修补	
	70		防护结构物维修	
	80		高边坡维护	
	…		…	
二			路面工程	公路公里
	10		道路基层拆除	
	20		高级路面拆除	
	30		路面基层维修	m^2
	40		普通路面维修	

续上表

项	目	节	工程或费用名称	单　位
	50		沥青路面维修	
	60		混凝土路面维修	
	…		…	
三			桥涵工程	m
	10		结构物拆除	m^3
	20		结构物维修	m^3
	30		墩台维修加固	
	40		桥梁支座维护	
	50		桥梁伸缩缝维护	
	60		结构物维修	
	70		桥梁排水系统维修	
	…		…	
四			隧道工程	
	10		隧道排水系统清理	
	20		隧道结构物维修	
	30		设备更换	
	…		…	
五			沿线设施	公路公里
	10		里程碑、界碑清洗、更换	
	20		栏杆设施维修、更换	
	30		沿线设施维修、更换	
	40		标志牌的拆除与更换	
	50		轮廓标的拆除与更换	
	60		反光膜更换	
	70		隔离墩维修	
	80		沿线设施维修、更换	
	90		路面标线补画	
	…		…	
六			绿化工程	公路公里
	10		起挖苗木	
	20		补栽苗木	
	30		乔木栽植	
	40		灌木栽植	
	50		竹类栽植	
	60		绿篱栽植	
	70		攀缘植物栽植	

续上表

项	目	节	工程或费用名称	单　位
	…		…	
七			管理养护设施	
	10		拆除门窗	
	20		拆除楼地面层	
	30		拆除天棚	
	40		拆除砖石结构物	
	50		拆除混凝土结构物	
	60		地面维修	
	70		墙面维修	
	80		天棚维修	
	90		结构物维修费	
	100		门窗维修	
	110		油漆维修	
	…		…	
			第二部分　设备购置费用	
			第三部分　公路养护工程其他费用	
一			土地费用	
二			养护工程管理费	
	1		建设单位(业主)管理费	
	2		工程监理费	
	3		设计文件审查费	
	4		竣(交)工验收试验检查费	
三			研究试验费	
	1		桥梁动(静)载荷载实验费	
	2		桥梁特殊检查费	
四			养护工程前期费	
	1		勘察设计费	
	2		招标费用	
五			公路技术状况评定专项费	
六			工程保险费	
			第一、二、三部分费用合计	
七			预留费用	
			基本预备费	3%
八			预算总金额	

公路养护预算表中四个部分费用的序列号应按规定保留，例如第二部分设备购置费用在某项工程中不发生时，第三部分养护工程其他费用仍为第三部分。其中第一部分养护工程费

按养护性质分为小修保养工程、中修工程、大修工程三类。预算项目按照各类工程项目表所列项目内容依次编制,并按项目表保留"项"的序号,"目"、"节"序号则可随需要增减。

五、公路养护工程预算费用组成及费用计算

1. 公路养护工程预算费用组成

公路养护工程预算费用的组成与公路工程基本建设项目概算预算费用的组成基本相同。由于公路养护受到养护工程所在地的自然环境等因素的较大影响,因此各地的养护工程预算费用的组成也存在一定的差异。在编制公路养护工程预算时,应按照养护工程所在地的公路养护工程预算编制办法的费用组成和要求进行编制。以下是某地区的公路养护工程预算费用组成。公路工程养护预算总金额组成见图 7-2;养护工程费用组成见图 7-3;公路养护工程其他费用组成见图 7-4;预留费用仅包括基本预备费。

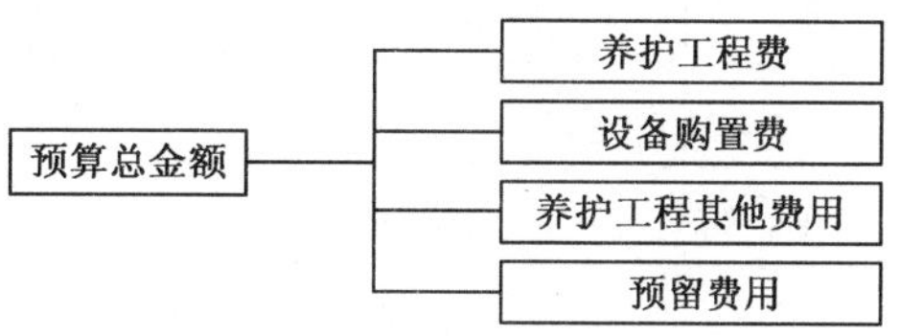

图 7-2 公路工程养护预算总金额组成

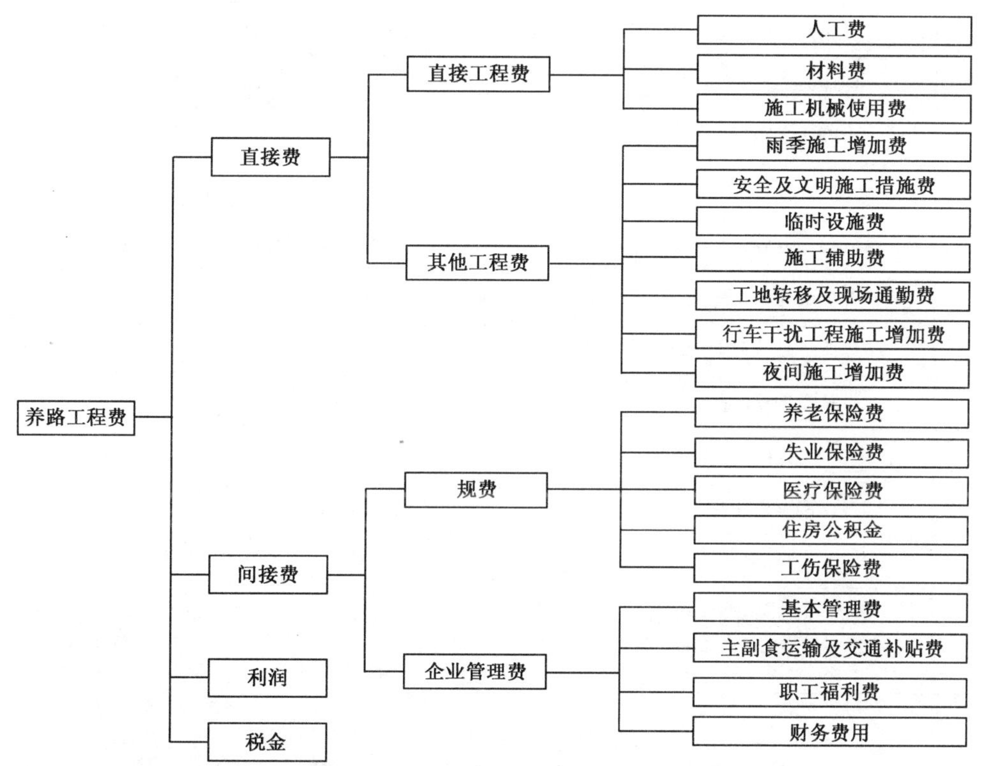

图 7-3 养护工程费用组成

2. 公路养护工程预算费用计算

公路养护工程预算费用的计算原理和方法与现行公路工程概算预算费用的计算原理和方法相同。某地区的公路养护工程各项费用的计算程序及计算方式,见表 7-3。

公路养护预算各项费用的计算程序及计算方式　　表7-3

代号	项　　目	说明及计算式
一	直接工程费(工、料、机费用)	按编制年工程所在地的预算价格计算
二	其他工程费	(一)×其他工程费综合费率
三	直接费	(一)+(二)
四	间接费	各类工程人工费× 规费综合费率+(三)×企业管理费综合费率
五	利润	[(三)+(四)-规费]×利润率
六	税金	[(三)+ (四)+(五)]×综合税率
七	公路养护工程费	(三)+ (四)+(五)+(六)
八	设备购置费用	按需要购置的数量和相应的单价计算
九	公路养护工程其他费用	
(一)	土地征用及拆迁补偿费	按有关规定汁算
(二)	养护工程管理费	1~4 合计
1	建设单位(业主)管理费	(七)×费率
2	设计文件审查费	(七)×费率
3	工程监理费	按合同费用或规定标准计算
4	竣(交)工验收试验检测费	按合同或规定标准计算
(三)	研究试验费	
1	桥梁动(静)载荷载试验费	按合同费用或规定标准计算
2	桥梁特殊检查费	按合同费用计列
(四)	养护工程前期工作费	
1	勘察设计费	按合同费用或国家文件标准计算
2	招标费用	按合同费用或国家文件标准计算
(五)	公路技术状况评定专项费	按合同费用或规定标准计算
(六)	工程保险费	按养护工程的3.5%计列
十	预留费用	
(一)	基本预备费	费率2%或3%
十一	公路养护工程总费用	(七)+(八)+(九)+(十)

六、公路养护工程预算编制示例

某高速公路K1 950+860处危岩崩塌处治工程，边坡相对高程达上百米，项目所在地属Ⅱ

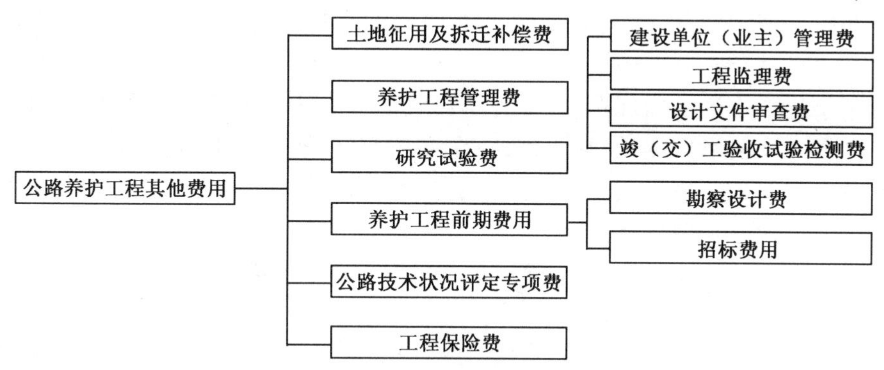

图7-4 公路养护工程其他费用组成

类地区。危岩崩塌处治工程的主要工程量：

高边坡清方652.5m^3，路肩、边坡整修1 069.2m^2；

挂钢筋网0.889t，喷射混凝土74.06m^3，预应力锚杆0.557t，锚孔注浆21.2m^3，现浇锚块36.81m^3；

浆砌片石40.7m^3，渗沟及排水管75m，挡土墙、护面墙、护岸维修76m^3；

扣件257个，钢管2.592t，竹跳64块，沙袋200个，橡胶减速带7m；

防撞筒6个，临时标志11块。

1.编制依据

(1)《××市公路养护工程预算定额》。

(2)《××市公路养护工程预算编制办法》。

(3)《公路工程机械台班费用定额》(JTG/T B06-03—2007)。

(4)××交通委员会关于执行交通运输部《公路工程基本建设项目概算预算编制办法》(JTG B06—2007)的通知(以下简称《通知》)。

(5)2012年第5期《××地区工程造价信息》。

(6)现场调查资料。

2.各项费用的取定说明

1)人工费单价

根据《通知》规定，本工程地处AA高速公路，属于一类地区，人工工资单价为50.39元/工日。该人工费单价仅作为编制预算的依据，不作为施工企业实发工资的依据。

2)材料价格

按“××市《建设工程造价信息》2012年第五期建材信息价”和现场调查价格计算。

3)机械台班单价

台班单价按《公路工程机械台班费用定额》分析计算。

4)其他工程费

其中冬季施工增加费、特殊地区施工增加费不计列，只计取下列费用：

(1)雨季施工增加费：以各类工程的直接工程费之和为基数，按Ⅱ类雨量区、雨季期为4个月对应的费率计算。

(2)夜间施工增加费：以夜间施工的工程项目的直接工程费之和为基数，费率按0.42%计算。

(3)行车干扰工程施工增加费：以受行车影响部分的工程的直接工程费之和为基数，乘以费率计算(费用计算表略)，本项目按昼夜行车次数5001辆车以上考虑。

(4)安全及文明施工措施费：以各类工程的直接工程费之和为基数，乘以费率计算(费用计算表略)，本项目费用单列，不另计。

(5)临时设施费：以各类工程的直接工程费之和为基数，乘以费率计算(费用计算表略)。

(6)施工辅助费：以各类工程的直接工程费之和为基数，乘以费率计算(费用计算表略)。

(7)工地转移费：以各类工程的直接工程费之和为基数，按转移距离300km的费率计算。

5)间接费

(1)规费：根据《通知》规定，间接费中的规费费率标准为40.2%，其中：养老保险费20%，失业保险费2%，医疗保险费9.7%，住房公积金7%，工伤保险费1.5%。规费费率仅作为编制概、预算的依据，不作为施工企业实际交纳费用的依据。

(2)企业管理费：由主副食运费补贴、职工探亲路费、职工取暖补贴和财务费用五部分组成。

①基本费用：以各类工程的直接工程费之和为基数，乘以费率计算(费用计算表略)。

②主副食运费补贴：以各类工程的直接工程费之和为基数，主副食综合里程按10km的费率计算。

③职工福利费：以各类工程的直接工程费之和为基数，乘以费率计算(费用计算表略)。

④职工取暖补贴费：本项费用不计。

⑤财务费用：以各类工程的直接工程费之和为基数，乘以费率计算(费用计算表略)。

⑥利润：本项费用以直接费与间接费之和扣除规费的7%计算。

⑦税金：本项目按纳税地点在城区的企业计算，综合税率为3.48%。

3. 预算编制补充说明

(1)工地用电按自发电考虑。

(2)关于材料的垂直运输，均按每升高1m，水平距离增加20m考虑，由于坡度极陡，每升高1m的功效按20m考虑。

(3)预应力锚索6ϕ15.24，其单位重量为6.6kg/m。

(4)沥青混合料的运输从Q上道，N下道，全程424.97km(未考虑下道后到工地的22km)，沥青运输费按0.9元/t·km计(本预算未计算路面处治费用)。

4. 本路段养护预算成果

本危岩崩塌处治工程总造价为2 474 007元。总预算表见表7-4，分项工程预算表见表7-5～表7-8，其他表略。

表 7-4

总 预 算 表

养护工程名称：某高速公路 K1950 + 860 处危岩崩塌处治工程

项	目	节	工程或费用名称	单位	数 量	预算金额(元)	技术经济指标	各项费用比例(%)	备注
			第一部分 公路养护工程费	公路公里					
一			路基工程			2 401 949			
	10		边坡崩塌应急处治工程			194 429			
			人工清理孤石	m^3	652.500	132 059	202.39		
			人工清理松散岩土体	m^3	54.000	10 866	201.22		
			垮塌物搬运	m^3	652.500	33 963	52.05		
			清除表面植被及松散土石	m^2	1 069.200	9 676	9.05		
			坡面脚手架	m^2	270.000	7 865	29.13		
	20		边坡崩塌加固处治工程			1 701 647			
			挂网喷浆			353 948			
			1ϕ18 锚钉	m	279.000	31 795	113.96		
			普通 1ϕ25 锚杆	m	504.000	118 213	234.55		
			HPB235 钢筋框条	kg	362.910	4 188	11.54		
			铁丝网	kg	888.770	11 696	13.16		
			C30 喷射混凝土(10cm)	m^3	74.060	188 056	2 539.24		
			预应力锚索			976 559			
			6ϕj15.24 锚索	m	1 200.000	922 860	769.05		
			锚墩	个	60.000	53 699	894.98		
			框格梁			133 710			

编制：　　　　　　　　　　　　　　　　　　　　　　复核：

表 7-5

分 项 工 程 预 算 表

养护工程名称:某高速公路 K1950 + 860 处危岩崩塌处治工程

编号	工程项目			高边坡清方									合计	
	工程细目			高边坡清方										
	定额单位			m^3										
	工程数量			652.500										
	定额表号			补 1-6-1 改										
	工料机名称	单位	单价(元)	定额	数量	金额(元)	定额	数量	金额(元)	定额	数量	金额(元)	数量	金额(元)
1	人工	工日	43.15	2.250	1 468.13	63 350							1 468.13	63 350
2	安全绳	m	6.00	1.226	799.97	4 800							799.97	4 800
3	其他材料费	元	1.00	20.000	13 050.00	13 050							13 050.00	13 050
4	基价	元	1.00	124.000	80 910.00	80 910							80 910.00	80 910
	直接工程费	元				81 200								81 200
	其他工程费	元		3.710%		7 073								7 073
	间接费(规费)	元		48.350%		32 661								32 661
	直接费与间接费	元				120 934								120 934
	本分项费用			人工费:63 350 元			材料费:17 850 元			机械使用费:0 元			直接费:88 273 元	

编制: 复核:

分项工程预算表

表 7-6

养护工程名称:某高速公路 K1950+860 处危岩崩塌处治工程

编号	工程项目			工作面外脚手架			高边坡清方						合计	
	工程细目			工作面外脚手架			高边坡清方							
	定额单位			m^2			m^3							
	工程数量			16.000			54.000							
	定额表号						补 1-6-1 改							
	工料机名称	单位	单价(元)	定额	数量	金额(元)	定额	数量	金额(元)	定额	数量	金额(元)	数量	金额(元)
1	人工	工日	43.15				2.149	116.05	5 007				116.05	5 007
2	安全绳	m	6.00				1.171	63.23	379				63.23	379
3	其他材料费	元	1.00				19.100	1 031.40	1 031				1 031.40	1 031
4	基价	元	1.00	26.760	428.16	428	119.000	6 426.00	6 426				6 854.16	6 854
	直接工程费	元				428			6 418					6 846
	其他工程费	元					3.710%		559					559
	间接费(规费)	元					48.350%		2 582					2 582
	直接费与间接费	元				428			9 559					9 987
	本分项费用			人工费:5 007 元			材料费:1 839 元			机械使用费:0 元			直接费:7 405 元	

编制: 复核:

表 7-7

分 项 工 程 预 算 表

养护工程名称：某高速公路 K1950 + 860 处危岩崩塌处治工程

编号	工程项目			装载机装土石方			挖淤泥、湿土、流沙			自卸汽车配合运输土石方			合计	
	工程细目			软石斗容 $2m^3$ 以内			挖掘机挖装、淤泥、流沙			土方 10t 汽车第一个 22km				
	定额单位			1 000m^3			1 000m^3			1 000m^3				
	工程数量			0.326			0.326			0.653				
	定额表号			2-3-2			预 1-1-2-5			2-4-5 改				
	工料机名称	单位	单价(元)	定额	数量	金额(元)	定额	数量	金额(元)	定额	数量	金额(元)	数量	金额(元)
1	人工	工日	43.15				10.000	3.26	141				3.26	141
2	75kW 以内履带式推土机	台班	809.35				2.080	0.68	549				0.68	549
3	0.6m^3 履带式单斗挖掘机	台班	628.60				6.420	2.09	1 316				2.09	1 316
4	2.0m^3 轮胎式装载机	台班	1 050.95	2.260	0.74	774							0.74	774
5	10t 以内自卸汽车	台班	761.91							48.532	31.69	24 146	31.69	24 146
6	基价	元	1.00	2 027.000	660.80	661	4 916.000	1 602.62	1 603	32 522.000	21 236.87	21 237	23 500.28	23 500
	直接工程费	元				774			2 005			24 146		26 925
	其他工程费	元		4.260%		76	4.260%		197	2.870%		2 115		2 388
	间接费(规费)	元		47.980%		66	47.980%		228	44.270%		1 069		1 363
	直接费与间接费	元				916			2 430			27 330		30 676
	本分项费用			人工费:141 元			材料费:0 元			机械使用费:26 784 元			直接费:29 313 元	

编制：　　　　　　　　　　　　　　　　复核：

分项工程预算表

表 7-8

养护工程名称:某高速公路 K1950 + 860 处危岩崩塌处治工程

编号	工程项目			路肩、边坡整修									合计	
	工程细目			整修土质边坡										
	定额单位			$100m^2$										
	工程数量			10.692										
	定额表号			2-18-1 改										
	工料机名称	单位	单价(元)	定额	数量	金额(元)	定额	数量	金额(元)	定额	数量	金额(元)	数量	金额(元)
1	人工	工日	43.15	12.250	130.98	5 652							130.98	5 652
2	小型机具使用费	元	1.00	3.000	32.08	32							32.08	32
3	基价	元	1.00	532.000	5 688.14	5 688							5 688.14	5 688
	直接工程费	元				5 684								5 684
	其他工程费	元		4.800%		535								535
	间接费(规费)	元		46.620%		2 671								2 671
	直接费与间接费	元				8 890								8 890
	本分项费用			人工费:5 652 元			材料费:0 元			机械使用费:32 元			直接费:6 219 元	

编制: 复核:

第三节　公路养护工程清单编制

一、公路养护工程量清单的作用

公路养护工程量清单，是养护工程实行计量支付的基础，也是实行养护工程招投标、推进养护市场化的报价模式。公路养护工程量清单计的价模式有两个基本特征：一是在计价依据上实行"量价分离"的原则；二是在管理方式上，实行"统一量、指导价、竞争费"的模式，即统一工程量计算规则，政府间接调控，市场形成价格。从实质上，工程量清单计价是一种与市场经济相适应的、允许承包人自主报价的、通过市场竞争确定价格的、与国际惯例接轨的计价模式，它更加接近市场确定价格，比定额计价更进一步接近市场。

实行工程量清单计价在养护工程招标管理中有如下作用：

(1)满足价格竞争的需要，提供了一个平等的竞争平台。

(2)增加透明度，使公平、公正、公开性得到更充分体现。

(3)采用工程量清单招投标、有利于实现风险的合理分担，促进各方管理水平的提高。

(4)有利于工程款拨付和工程造价的最终确定。

(5)有利于招标控制价/标底的管理和控制。

(6)有利于提高施工企业的技术和管理水平。

(7)有利于工程索赔的控制与合同价的管理。

(8)有利于建设单位合理控制投资，提高资金使用效益。

二、公路养护工程清单清单编制要求

公路养护工程量清单的编制，主要包括划分工程项目及确定工程数量，将合同规定要实施的全部项目和内容按工程部位、性质等列在设置的清单表内。每个表中既有工程需实施的各个项目名称，又有每个项目的工程量和计价要求(单价或总价)，以及每个项目报价和每个表的总计等内容。

工程量清单计价的工程项目划分，较之定额项目的划分有较大的综合性，它考虑工程部位、材料、工艺特征，但不考虑具体的施工方法或措施，如人工或机械、机械的不同型号等，同时对于同一项目不再按阶段或过程分为几项，而是综合到一起，如混凝土，可以将同一项目的搅拌(制作)、运输、安装、接头灌缝等综合为一项，这样能够减少原来定额对于施工企业工艺方法选择的限制，使施工企业报价时有更多的自主性。

工程量清单中的量，应该是综合的工程量，而不是按定额计算的"预算工程量"。综合的量有利于企业自主选择施工方法并以之为基础竞价，也能使企业摆脱对定额的依赖，建立起企业内部报价及管理的定额和价格体系。

公路养护工程采用工程量清单招投标方式是我国公路养护市场发展的必然趋势。养护工程量清单的项目划分应满足如下基本要求：

(1)与养护技术规范保持一致。

(2)简化计量工作，减少计量难度。

(3)便于处理工程变更。

三、公路养护工程清单清单编制示例

目前,已有一些省市的公路管理单位结合公路养护技术规范和各类养护工程的施工作业内容、合同、计价和支付特点,编制了公路养护工程量清单。没有颁布公路养护工程量清单编制相关规定的地方,要么参照其他地方的公路养护工程量清单,要么参照公路基本建设项目的工程量清单,并结合工程所在地的具体情况编制。下面以某地的一个桥梁的养护为例介绍公路养护工程清单清单编制。

某高速公路九龙大桥维修,主要内容包括:裂缝处理、混凝土脱落露筋等修补、渗水处理、横隔板粘贴钢板修补、墩柱表面修补等。按照当地的公路养护工程预算定额和公路养护工程预算编制办法的规定、工程所在地工料机价格信息及该桥梁养护施工方案,并参照该地的公路养护工程清单,完成了该大桥维修的清单编制,总价为 441 518 元,各分项的单价见表 7-9,单价分析表见表 7-10 ~ 表 7-18。

工 程 量 清 单 表 7-9

合同段:某高速公路九龙大桥 货币单位:人民币(元)

清单 第 400 章 桥梁、涵洞					
子目号	子 目 名 称	单位	数量	单价	合价
400-1	混凝土裂缝处理	m			
-1	裂缝封闭胶	m	23.500	60.21	1 415
-2	裂缝灌注胶	m	39.100	204.76	8 006
400-2	混凝土脱落露筋等修补				
-1	环氧砂浆修补	m^3	0.200	15 590.00	3 118
-2	聚合物砂浆修补	m^3	0.500	13 148.00	6 574
-3	阻锈剂	m^2	14.000	119.29	1 670
400-3	渗水泛碱处理				
-1	阻锈剂	m^2	871.500	119.28	103 953
-2	防腐涂料	m^2	871.500	13.89	12 105
400-4	横隔板粘贴钢板修补	m^2	7.680	1 297.01	9 961
400-5	墩柱表面聚合物砂浆修补				
-1	聚合物砂浆	m^3	11.430	13 147.94	150 281
-2	阻锈剂	m^2	450.000	119.28	53 676
-3	支座脱空处理	处	51.000	210.96	10 759
400-6	施工措施费(暂定金额)	项	1.000	80 000.00	80 000
	清单 第 400 章合计		441 518		

单价分析表

表 7-10

编制范围：九龙大桥

工程名称：封缝处理

序号	工程项目			压缩空气吹(洗)净			表面封闭法									合计	
	工程细目			压缩空气吹(洗)净			表面封闭法										
	定额单位			$100m^2$			100m										
	工程数量			0.012			0.235										
	定额表号			YN-1-1-1-1			YN-1-2-1-1										
	工料机名称	单位	单价（元）	定额	数量	金额（元）	定额	数量	金额（元）	定额	数量	金额（元）	定额	数量	金额（元）	数量	金额（元）
1	人工	工日	43.15	5.200	0.061	3	22.700	5.334	230							5.396	233
2	其他材料费	元	1.00				8.000	1.880	2							1.880	2
3	封缝胶	kg	41.00				22.300	5.241	215							5.241	215
4	$0.3m^3/min$ 以内电动空气压缩机	台班	66.13	2.100	0.025	2	3.600	0.846	56							0.871	58
5	小型机具使用费	元	1.00	45.000	0.531	1	19.000	4.465	4							4.996	5
6	定额基价	元	1.00	445.000	5.000	5	2 283.000	537.000	537							542.000	542
	直接工程费	元				5			507								512
	其他工程费 Ⅰ	元		5.532		0	5.532		28								28
	其他工程费 Ⅱ	元		3.710		0	3.710		11								11
	间接费 规费	元		40.200		1	40.200		93								94
	间接费 企业管理费	元		6.470		0	6.470		35								36
	利润及税金	元		7.000/3.410		1	7.000/3.410		65								66
	建筑安装工程费	元				7			739								746

编制：　　　　　　　　复核：

单价分析表

表 7-11

编制范围:九龙大桥

工程名称:灌缝处理

序号	工程项目			压缩空气吹(洗)净			压力灌胶法									合计	
	工程细目			压缩空气吹(洗)净			压力灌胶法										
	定额单位			$100m^2$			100m										
	工程数量			0.020			0.391										
	定额表号			YN-1-1-1-1			YN-1-2-1-3										
	工料机名称	单位	单价(元)	定额	数量	金额(元)	定额	数量	金额(元)	定额	数量	金额(元)	定额	数量	金额(元)	数量	金额(元)
1	人工	工日	43.15	5.200	0.102	4	57.200	22.365	965							22.467	969
2	其他材料费	元	1.00				23.000	8.993	9							8.993	9
3	封缝胶	kg	41.00				19.300	7.546	309							7.546	309
4	灌缝胶	kg	61.50				27.600	10.792	664							10.792	664
5	灌胶座	个	11.00				456.000	178.296	1 961							178.296	1 961
6	$0.3m^3$/min 以内电动空气压缩机	台班	66.13	2.100	0.041	3	3.400	1.329	88							1.371	91
7	$3m^3$/min 以内机动空气压缩机	台班	341.58				7.000	2.737	935							2.737	935
8	小型机具使用费	元	1.00	45.000	0.882	1	23.000	8.993	9							9.875	10
9	定额基价	元	1.00	445.000	9.000	9	11 878.000	4 644.000	4 644							4 653.000	4 653
	直接工程费	元				8			4 940								4 948
	其他工程费 Ⅰ	元		5.532		0	5.532		273								274
	其他工程费 Ⅱ	元		3.710		0	3.710		74								74
	间接费 规费	元		40.200		2	40.200		388								390
	间接费 企业管理费	元		6.470		1	6.470		342								343
	利润及税金	元		7.000/3.410		1	7.000/3.410		613								614
	建筑安装工程费	元				12			6 630								6 642

编制: 复核:

单 价 分 析 表

表 7-12

编制范围:九龙大桥

工程名称:混凝土破损修补处理

序号	工程项目			人工凿除 1cm 以内			人工凿除每增加 0.5cm			压缩空气吹(洗)净			环氧砂浆 2cm			环氧砂浆每增加 1cm		
	工程细目			人工凿除 1cm 以内			人工凿除每增加 0.5cm			压缩空气吹(洗)净			环氧砂浆 2cm			环氧砂浆每增加 1cm		
	定额单位			$100m^2$			$100m^2$			$100m^2$			$100m^2$			$100m^2$		
	工程数量			0.040			0.040			0.040			0.040			0.040		
	定额表号			YN-1-1-1-7			YN-1-1-1-8,定额×8.000			YN-1-1-1-1			YN-1-1-2-5			YN-1-1-2-6,定额×3.000		
	工料机名称	单位	单价（元）	定额	数量	金额（元）	定额	数量	金额（元）	定额	数量	金额（元）	定额	数量	金额（元）	定额	数量	金额（元）
1	人工	工日	43.15	75.500	3.020	130	192.000	7.680	331	5.200	0.208	9	42.100	1.684	73	68.100	2.724	118
2	其他材料费	元	1.00	188.700	7.548	8							159.000	6.360	6	252.000	10.080	10
3	环氧砂浆	m^3	18 483.62										2.800	0.112	2 070	4.200	0.168	3 105
4	$0.3m^3/min$ 以内电动空气压缩机	台班	66.13	6.000	0.240	16	16.000	0.640	42	2.100	0.084	6						
5	小型机具使用费	元	1.00	279.700	11.188	11	636.000	25.440	25	45.000	1.800	2	576.000	23.040	23	444.000	17.760	18
6	定额基价	元	1.00	4 594.000	184.000	184	11 179.000	447.000	447	445.000	18	18	53 206.000	2 128.000	2 128	79 647	3 186	3 186
	直接工程费	元				165			399			16			2 172			3 251
	其他工程费 Ⅰ	元		5.532		9	5.532		22	5.532		1	5.532		120	5.532		180
	其他工程费 Ⅱ	元		3.710		6	3.710		15	3.710		1	3.710		4	3.710		5
	间接费 规费	元		40.200		52	40.200		133	40.200		4	40.200		29	40.200		47
	间接费 企业管理费	元		6.470		12	6.470		28	6.470		1	6.470		149	6.470		222
	利润及税金	元		7.000/3.410		22	7.000/3.410		54	7.000/3.410		2	7.000/3.410		261	7.000/3.410		391
	建筑安装工程费	元				266			651			25			2 735			4 096

编制： 复核：

续上表

序号	工程项目				钢筋阻锈剂									合计	
	工程细目				钢筋阻锈剂										
	定额单位				$100m^2$										
	工程数量				0.040										
	定额表号				YN-1-1-3-1										
	工料机名称		单位	单价(元)	定额	数量	金额(元)	定额	数量	金额(元)	定额	数量	金额(元)	数量	金额(元)
1	人工		工日	43.15	4.900	0.196	8							15.512	669
2	其他材料费		元	1.00	155.000	6.200	6							30.188	30
3	环氧砂浆		m^3	18 483.62										0.280	5 175
4	钢筋阻锈剂		kg	205.00	31.100	1.244	255							1.244	255
5	$0.3m^3$/min 以内电动空气压缩机		台班	66.13										0.964	64
6	小型机具使用费		元	1.00										79.228	79
7	定额基价		元	1.00	6 616.000	265.000	265							6 228.000	6 227
	直接工程费		元				270								6 173
	其他工程费	Ⅰ	元		5.532		15								347
		Ⅱ	元		3.710		0								30
	间接费	规费	元		40.200		3								269
		企业管理费	元		6.470		18								430
	利润及税金		元		7.000/3.410		32								763
	建筑安装工程费		元				339								8 113

编制： 复核：

单 价 分 析 表

表 7-13

编制范围:九龙大桥

工程名称:防撞墙破损修补处理

序号	工程项目			人工凿除 1cm 以内			人工凿除每增加 0.5cm			压缩空气吹(洗)净			聚合物砂浆 2cm			聚合物砂浆每增加 1cm		
	工程细目			人工凿除 1cm 以内			人工凿除每增加 0.5cm			压缩空气吹(洗)净			聚合物砂浆 2cm			聚合物砂浆每增加 1cm		
	定额单位			$100m^2$			$100m^2$			$100m^2$			$100m^2$			$100m^2$		
	工程数量			0.100			0.100			0.100			0.100			0.100		
	定额表号			YN-1-1-1-7			YN-1-1-1-8,定额 ×8.000			YN-1-1-1-1			YN-1-1-2-1			YN-1-1-2-2,定额 ×3.000		
	工料机名称	单位	单价(元)	定额	数量	金额(元)	定额	数量	金额(元)	定额	数量	金额(元)	定额	数量	金额(元)	定额	数量	金额(元)
1	人工	工日	43.15	75.500	7.550	326	192.000	19.200	828	5.200	0.520	22	34.100	3.410	147	55.200	5.520	238
2	其他材料费	元	1.00	188.700	18.870	19							155.000	15	16	258.000	25.8	26
3	聚合物砂浆	m^3	4 133.62										2.800	0.280	1 157	4.200	0.42	1 736
4	$0.3m^3/min$ 以内电动空气压缩机	台班	66.13	6.000	0.600	40	16.000	1.600	106	2.100	0.210	14						
5	小型机具使用费	元	1.00	279.700	27.970	28	636.000	63.600	64	45.000	4.500	5	345.000	34	35	315.000	31.5	32
6	定额基价	元	1.00	4 594.000	459.000	459	11 179.000	1 118.000	1 118	445.000	45.000	45	13 378	1 338	1 338	20 089	2 009	2 009
	直接工程费	元				412			998			41			1 355			2 032
	其他工程费 Ⅰ	元		5.532		23	5.532		55	5.532		2	5.532		75	5.532		112
	其他工程费 Ⅱ	元		3.710		15	3.710		37	3.710		2	3.710		7	3.710		10
	间接费 规费	元		40.200		131	40.200		333	40.200		9	40.200		59	40.200		96
	间接费 企业管理费	元		6.470		29	6.470		71	6.470		3	6.470		93	6.470		139
	利润及税金	元		7.000/3.410		55	7.000/3.410		135	7.000/3.410		5	7.000/3.410		165	7.000/3.410		247
	建筑安装工程费	元				665			1 629			62			1 753			2 637

编制:　　　　　　　　　　　　　　　　　　　　复核:

续上表

序号	工程项目			钢筋阻锈剂									合计	
	工程细目			钢筋阻锈剂										
	定额单位			$100m^2$										
	工程数量			0.040										
	定额表号			YN-1-1-3-1										
	工料机名称	单位	单价(元)	定额	数量	金额(元)	定额	数量	金额(元)	定额	数量	金额(元)	数量	金额(元)
1	人工	工日	43.15	4.900	0.490	21							36.690	1 583
2	其他材料费	元	1.00	155.000	15.500	16							75.670	76
3	聚合物砂浆	m^3	4 133.62										0.700	2 894
4	钢筋阻锈剂	kg	205.00	31.100	3.110	638							3.110	638
5	$0.3m^3$/min 以内电动空气压缩机	台班	66.13										2.410	159
6	小型机具使用费	元	1.00										162.070	162
7	定额基价	元	1.00	6 616.000	662.000	662							5 631.000	5 630
	直接工程费	元				674								5 511
	其他工程费 Ⅰ	元		5.532		37								305
	其他工程费 Ⅱ	元		3.710		1								71
	间接费 规费	元		40.200		9								636
	间接费 企业管理费	元		6.470		46								381
	利润及税金	元		7.000/3.410		81								689
	建筑安装工程费	元				848								7 593

编制： 复核：

单价分析表

表 7-14

编制范围：九龙大桥

工程名称：渗水处理

序号	工程项目			人工磨平			压缩空气吹(洗)净			钢筋阻锈剂			混凝土保护涂料			合计	
	工程细目			人工磨平			压缩空气吹(洗)净			钢筋阻锈剂			混凝土保护涂料				
	定额单位			$100m^2$			$100m^2$			$100m^2$			$100m^2$				
	工程数量			8.715			8.715			8.715			8.715				
	定额表号			YN-1-1-1-3			YN-1-1-1-1			YN-1-1-3-1			YN-1-1-3-4				
	工料机名称	单位	单价(元)	定额	数量	金额(元)	定额	数量	金额(元)	定额	数量	金额(元)	定额	数量	金额(元)	数量	金额(元)
1	人工	工日	43.15	19.500	169.943	7 333	5.200	45.318	1 955	4.900	42.704	1 843	6.000	52.290	2 256	310.254	13 387
2	其他材料费	元	1.00	158.000	1 376.970	1 377				155.000	1 350.825	1 351	140.000	1 220.100	1 220	3 947.895	3 948
3	钢筋阻锈剂	kg	205.00							31.100	271.037	55 562				271.037	55 562
4	混凝土保护涂料	kg	102.50										33.600	292.824	30 014	292.824	30 014
5	$0.3m^3$/min 以内电动空气压缩机	台班	66.13	3.000	26.145	1 729	2.100	18.302	1 210							44.447	2 939
6	小型机具使用费	元	1.00	110.000	958.650	959	45.000	392.175	392							1 350.825	1 351
7	定额基价	元	1.00	1 433.000	12 489.000	12 489	445.000	3 878	3 878	6 616.000	57 658.000	57 658	3 795.000	33 073	33 073	107 098	107 099
	直接工程费	元				11 398			3 558			58 756			33 491		107 202
	其他工程费 I	元		5.532		631	5.532		197	5.532		3 250	5.532		1 853		5 930
	其他工程费 Ⅱ	元		3.710		372	3.710		132	3.710		68	3.710		84		656
	间接费 规费	元		40.200		2 948	40.200		786	40.200		741	40.200		907		5 382
	间接费 企业管理费	元		6.470		802	6.470		251	6.470		4 016	6.470		2 292		7 362
	利润及税金	元		7.000/3.410		1 506	7.000/3.410		467	7.000/3.410		7 063	7.000/3.410		4 048		13 084
	建筑安装工程费	元				17 656			5 392			73 895			42 674		139 617

编制：　　　　　　　　　　　　　　　　　　复核：

单价分析表

表 7-15

编制范围:九龙大桥

工程名称:横隔板粘贴钢板处理

序号	工程项目			人工凿毛			压缩空气吹(洗)净			灌胶粘贴钢板			φ12 钢筋(螺栓)钻孔深度 12cm			φ12 钢筋(螺栓)钻孔深度每增减			合计	
	工程细目			人工凿毛			压缩空气吹(洗)净			灌胶粘贴钢板			φ12 钢筋(螺栓)钻孔深度 12cm			φ12 钢筋(螺栓)钻孔深度每增减				
	定额单位			$100m^2$			$100m^2$			m^2			100 根			100 根				
	工程数量			0.077			0.077			7.680			1.200			1.200				
	定额表号			YN-1-1-1-5			YN-1-1-1-1			YN-1-2-4-2			YN-1-2-3-1			YN-1-2-3-2,定额×3.000				
	工料机名称	单位	单价(元)	定额	数量	金额(元)	定额	数量	金额(元)	定额	数量	金额(元)	定额	数量	金额(元)	定额	数量	金额(元)	数量	金额(元)
1	人工	工日	43.15	49.30	3.786	163	5.20	0.399	17	0.820	6.298	272	2.100	2.520	109	0.300	0.36	16	13.363	577
2	带肋钢筋直径 15~24mm, 25mm 以上	t	5 521.16										0.020	0.024	133	0.003	0.004	20	0.028	152
3	钢板	t	5 551.91							0.086	0.660	3 667								
4	其他材料费	元	1.00	188.0	14.438	14				61.800	474.624	475	66.000	79.200	79	34.800	41.76	42	610.022	610
5	植筋胶	kg	182.45										2.480	2.976	543	0.570	0.684	125	3.660	668
6	灌入式粘钢胶	kg	61.50							6.000	46.080	2 834							46.080	2 834
7	$0.3m^3$/min 以内电动空气压缩机	台班	66.13	4.000	0.307	20	2.10	0.161	11				0.340	0.408	27				0.876	58
8	小型机具使用费	元	1.00	550.2	42.255	42	45.00	3.456	3	80.000	614.400	614	99.300	119.160	119	19.500	23.400	23	802.671	803
9	100L 以内低速搅拌器	台班	63.51							0.020	0.154	10							0.154	10

续上表

序号	工程项目			人工凿毛			压缩空气吹(洗)净			灌胶粘贴钢板			ϕ12 钢筋(螺栓)钻孔深度 12cm			ϕ12 钢筋(螺栓)钻孔深度每增减			合计	
	工程细目			人工凿毛			压缩空气吹(洗)净			灌胶粘贴钢板			ϕ12 钢筋(螺栓)钻孔深度 12cm			ϕ12 钢筋(螺栓)钻孔深度每增减				
	定额单位			$100m^2$			$100m^2$			m^2			100 根			100 根				
	工程数量			0.077			0.077			7.680			1.200			1.200				
	定额表号			YN-1-1-1-5			YN-1-1-1-1			YN-1-2-4-2			YN-1-2-3-1			YN-1-2-3-2，定额×3.000				
	工料机名称	单位	单价（元）	定额	数量	金额（元）	定额	数量	金额（元）	定额	数量	金额（元）	定额	数量	金额（元）	定额	数量	金额（元）	数量	金额（元）
10	3kW 以内手持电动冲击钻	台班	66.58										1.640	1.968	131	0.390	0.468	31	2.436	162
11	3kW 以内电动混凝土打磨机	台班	54.56							0.140	1.075	59							1.075	59
12	25mm 以内台式钻床	台班	46.81							0.050	0.384	18							0.384	18
13	定额基价	元	1.00	3 438	264.00	264	445.0	34.000	34	937.000	7 196.000	7 196	913.000	1 096	1 096	207	248	248	8 838.00	8 838
	直接工程费	元				240			31			7 948			1 141			257		9 617
	其他工程费 Ⅰ	元		5.532		13	5.532		2	5.532		440	5.532		63	5.532		14		532
	其他工程费 Ⅱ	元		3.710		8	3.710		1	3.710		36	3.710		14	3.710		3		63
	间接费 规费	元		40.200		66	40.200		7	40.200		109	40.200		44	40.200		6		232
	间接费 企业管理费	元		6.470		17	6.470		2	6.470		545	6.470		79	6.470		18		661
	利润及税金	元		7.000/3.410		32	7.000/3.410		4	7.000/3.410		959	7.000/3.410		140	7.000/3.410		31		1 166
	建筑安装工程费	元				377			48			10 037			1 480			328		12 270

编制： 复核：

单价分析表

表 7-16

编制范围:九龙大桥

工程名称:墩柱表面聚合物砂浆修补处理

序号	工程项目			人工磨平			压缩空气吹(洗)净			聚合物砂浆 2cm			聚合物砂浆每增加 1cm			钢筋阻锈剂		
	工程细目			人工磨平			压缩空气吹(洗)净			聚合物砂浆 2cm			聚合物砂浆每增加 1cm			钢筋阻锈剂		
	定额单位			$100m^2$			$100m^2$			$100m^2$			$100m^2$			$100m^2$		
	工程数量			4.500			4.500			4.500			4.500			4.500		
	定额表号			YN-1-1-1-3			YN-1-1-1-1			YN-1-1-2-1			YN-1-1-2-2,定额×0.500			YN-1-1-3-1		
	工料机名称	单位	单价(元)	定额	数量	金额(元)	定额	数量	金额(元)	定额	数量	金额(元)	定额	数量	金额(元)	定额	数量	金额(元)
1	人工	工日	43.15	19.500	87.750	3786	5.200	23.400	1010	34.100	153.45	6621	9.200	41.400	1786	4.900	22.05	951
2	其他材料费	元	1.00	158.000	711.000	711				155.000	697.500	698	43.000	193.500	194	155.0	697.5	698
3	聚合物砂浆	m^3	4 133.62							2.800	12.600	52 084	0.700	3.150	13 201			
4	钢筋阻锈剂	kg	205.00													31.10	139.95	28 690
5	$0.3m^3/min$ 以内电动空气压缩机	台班	66.13	3.000	13.500	893	2.100	9.450	625									
6	小型机具使用费	元	1.00	110.00	495.000	495	45.000	202.500	203	345.000	1552.500	1553	52.500	236.250	236			
7	定额基价	元	1.00	1 433.0	6 449.000	6 449	445.000	2 003.00	2 003	13 378	60 201	60 201	3 348.000	15 066	15 066	6 616	29 772	29 772
	直接工程费	元				5 885			1 837			60 955			15 237			30 339
	其他工程费 I	元		5.532		326	5.532		102	5.532		3 372	5.532		843	5.532		1 678
	其他工程费 II	元		3.710		192	3.710		68	3.710		303	3.710		75	3.710		35
	间接费 规费	元		40.200		1 522	40.20		406	40.200		2 662	40.200		718	40.20		382
	间接费 企业管理费	元		6.470		414	6.470		130	6.470		4 182	6.470		1 045	6.470		2 074
	利润及税金	元		7.000/3.410		778	7.000/3.410		241	7.000/3.410		7418	7.000/3.410		1856	7.000/3.410		3 647
	建筑安装工程费	元				9 117			2 784			78 892			19 774			38 156

编制: 复核:

续上表

序号	工程项目															合计	
	工程细目																
	定额单位																
	工程数量																
	定额表号																
	工料机名称	单位	单价（元）	定额	数量	金额（元）	定额	数量	金额（元）	定额	数量	金额（元）	定额	数量	金额（元）	数量	金额（元）
1	人工	工日	43.15													328.050	14 155
2	其他材料费	元	1.00													2 299.500	2 300
3	聚合物砂浆	m^3	4 133.62													15.750	65 105
4	钢筋阻锈剂	kg	205.00													139.950	28 690
5	$0.3m^3/min$以内电动空气压缩机	台班	66.13													22.950	1 518
6	小型机具使用费	元	1.00													2 486.250	2 486
7	定额基价	元	1.00													113 491.00	113 490
	直接工程费	元															114 253
	其他工程费 Ⅰ	元															6 320
	其他工程费 Ⅱ	元															674
	间接费 规费	元															5 690
	间接费 企业管理费	元															7 845
	利润及税金	元															13 941
	建筑安装工程费	元															148 723

编制：　　　　复核：

单价分析表

表 7-17

编制范围:九龙大桥

工程名称:支座脱空处理

序号	工程项目			支座塞钢板												合计	
	工程细目			支座塞钢板													
	定额单位			处													
	工程数量			51.000													
	定额表号			QY-001													
	工料机名称	单位	单价（元）	定额	数量	金额（元）	定额	数量	金额（元）	定额	数量	金额（元）	定额	数量	金额（元）	数量	金额（元）
1	人工	工日	43.15	2.500	127.500	5 502										127.500	5 502
2	钢板	t	5 551.91	0.001	0.051	283										0.051	283
3	其他材料费	元	1.00	20.000	1 020.000	1 020										1 020.000	1 020
4	小型机具使用费	元	1.00	2.430	123.930	124										123.930	124
5	定额基价	元	1.00	150.000	7 650.000	7 650										7 650.000	7 650
	直接工程费	元				6 929											6 929
	其他工程费 I	元		5.532		383											383
	其他工程费 Ⅱ	元		3.710		209											209
	间接费 规费	元		40.200		2 212											2 212
	间接费 企业管理费	元		6.470		487											487
	利润及税金	元		7.000/3.410		928											928
	建筑安装工程费	元				11 147											11 147

编制：　　　　　　　　　　复核：

单价分析表

表 7-18

编制范围:九龙大桥

工程名称:施工措施费

序号	工程项目			锥形桶			太阳能黄慢闪灯			施工标志牌			大回转灯			交通人员防护费		
	工程细目			锥形桶			太阳能黄慢闪灯			施工标志牌			大回转灯			交通人员防护费		
	定额单位			个			个			个			个			套		
	工程数量			1 000.000			1.000			1.000			3.000			2.000		
	定额表号			1			2			3			4			5		
	工料机名称	单位	单价（元）	定额	数量	金额（元）	定额	数量	金额（元）	定额	数量	金额（元）	定额	数量	金额（元）	定额	数量	金额（元）
1	定额基价	元	1.00	10.000	10 000	10 000	1 300	1 300.00	1 300	250.00	250	250	1 100	3 300	3 300	60.00	120	120
	直接工程费	元				10 000			1 300			250			3 300			120
	其他工程费 I	元																
	其他工程费 Ⅱ	元																
	间接费 规费	元																
	间接费 企业管理费	元																
	利润及税金	元																
	建筑安装工程费	元				10 000			1 300			250			3 300			120

编制：　　　　　　　　　　复核：

续上表

序号	工程项目			设施安装人工费			交通指挥人员			桥检车租赁费			钢管脚手架及井子架工料消耗			合计	
	工程细目			设施安装人工费			交通指挥人员			桥检车租赁费			井子架高18m内				
	定额单位			工日			工日			台班			1处				
	工程数量			1.000			5.000			20.000			6.000				
	定额表号			6			7			8			41 403 009,定额×3.000				
	工料机名称	单位	单价（元）	定额	数量	金额（元）	定额	数量	金额（元）	定额	数量	金额（元）	定额	数量	金额（元）	数量	金额（元）
1	人工	工日	43.15										51.150	306	13 243	306.900	13 243
2	锯材木中板 § =19～35	m^3	1 300.00										0.036	0.216	281	0.216	281
3	型钢	t	5 398.16										0.012	0.072	389	0.072	389
	钢管	t	6 525.66										0.111	0.666	4 346	0.666	4 346
	钢丝绳	t	8 575.66										0.006	0.036	309	0.036	309
4	其他材料费	元	1.00										35.400	212.4	212	212.400	212
5	定额基价	元	1.00	75.000	75.000	75	150	750.000	750	8 000	160 000	160 000	3 303	19 818	19 818	195 613.00	195 613
	直接工程费	元				75			750			160 000			18 779		194 574
	其他工程费 Ⅰ	元											5.532		1 039		1 039
	其他工程费 Ⅱ	元											3.710		491		491
	间接费 规费	元											40.200		5 324		5 324
	间接费 企业管理费	元											6.470		1 314		1 314
	利润及税金	元											7.000/3.410		2 484		2 484
	建筑安装工程费	元				75			750			160 000			29 431		205 226

编制：　　　　　　　　　　复核：

【复习思考题】

1. 公路养护工程造价有什么特点？
2. 公路养护工程预算的作用是什么？
3. 公路养护工程预算编制有哪些要求？
4. 公路养护工程预算由哪些文件组成？
5. 公路养护工程预算由哪些费用组成？
6. 分析公路养护工程预算各种表格的计算顺序和相互关系。
7. 公路养护工程量清单有什么作用？
8. 公路养护工程量清单有哪些编制要求？

第八章

工程造价管理

【学习目的与要求】

通过本章的学习，了解工程造价管理的发展概况；了解我国工程造价管理体制发展沿革；了解我国的造价工程师执业资格制度和工程造价咨询制度；了解工程造价管理工作要素；熟悉工程造价资料的分析方法；熟悉工程造价管理的基本内容。

工程造价管理，就是为了实现工程造价管理目标而对工程造价工作过程进行的计划与预测、组织与指挥、监督与控制、教育和激励、挖潜与创新的综合性活动的总称。通过工程造价管理来合理地确定工程造价、有效地控制工程造价。工程造价管理的内容包括建立、完善工程造价管理体制，做好工程造价管理的基础工作，科学地确定工程造价各项费用的构成及水平，在工程项目建设各阶段正确地确定工程造价，有效地控制工程造价。

第一节　工程造价管理体制

一、工程造价管理的发展概况

工程造价的管理水平是与工程建设的技术水平和管理水平相适应的。在中国古代，通过长期而又众多的土木工程建筑和历代工匠们的经验积累，逐渐形成了一套“工料限额管理制度”、即现代人们所说的“人工和材料消耗定额”，比如北宋李诫所著的《营造法式》（公元1103年）、明代工部编著的《工程做法》就是其杰出代表作。鸦片战争以后，上海等地的建筑施工仍处于“点工”或“包工不包料”的落后方式；随着现代大机器工业、造船工业的发展，建筑市场亦有了相应发展，逐渐发展为既“包工”又“包料”的建造方式，也产生了工程计价办法，并开始沿用西方国家的招标承包制；但当时对工料并无统一的限额。因此可以说，那时的工程造价管理仍处于低级阶段。英国是老牌资本主义国家，其工业化发展速度较快、水平较高、技术较发达、管理技术和管理水平相对较高；英国的工程造价管理通过近400多年的不断发展和完善，逐渐形成了系统的、完善的管理机制和管理方法。其发展过程可以划分为三个阶段：

16世纪前的英国，随着设计和施工相分离，各自形成了一支独立的专业队伍后，施工工匠需要有人帮助他们对已完成的工程量进行测量和估价，以确定他们应得的报酬，这些为施工者服务的人，被称之为“测量员”，即现时英国预算师（Quantity Surveyors）的前身。当时的测量员是在完成工程设计和完工之后才受雇去测量工程量和估算工程造价，并以“工匠小组”的名义与工程委托人（业主）及建筑师进行洽商，这一做法一直延续到18世纪，这是工程造价管理发展的第一阶段。

从18世纪后半期到19世纪，随着英国产业革命的深入，建筑业开始繁荣起来，工程造价管理工作也随之得到发展。英国政府实行总承包制后，进一步促进了造价管理的发展。招标承包制度的实行，意味着在施工以前要进行投标价格竞争，必然要求“测量员”在工程设计以后和开工以前就要进行测量和估价，按照设计图纸计算出工程量并汇编成工程量清单，为招标者确定招标控制价/标底或为投标者报价提供合理的依据。由此，工程造价逐渐发展形成为一个独立的专业。1881年英国皇家测量师学会成立，至今已有100多年的历史。这个时期是工程造价管理发展的第二个阶段。这一阶段实现了工程造价管理的第一次飞跃，即从工程完工后对工程量进行测量和计价，跃升到工程开工之前进行测量和计价。

实行招投标制以后，工程委托人（业主）能够做到在工程开工之前，预先知道需要支付的投资额，但是他还不能做到在设计阶段对工程项目所需要的投资额进行准确的预计，并对设计进行有效的监督控制；待到招标时，设计已基本完成，业主才发现由于工程费用过高，筹资不足，不得不被迫停工或修改设计，从而使他们蒙受很大的损失。因此业主期望在设计初期就能开始进行投资估算，并对设计进行控制。于是一个“投资计划和控制制度”随之产生。“投资计划”相当于我国现行的初步设计概算，“投资计划和控制制度”就相当于建立了一个“编制初步设计概算和按照概算控制设计的制度”。从而使得工程造价管理得到了进一步发展。另一方面，由于工程造价分析方法的应用，这一制度在1950年以后得到进一步完善。预算师不仅在设计过程中要能相当准确地为业主做出概算和进行投资控制，而且已经做到在设计工作开始之前进行可行性研究并做出投资估算，且可根据业主的要求使工程造价控制在限额以内，这是工程造价管理发展的第三阶段，被称之为工程造价管理的第二次飞跃。由工程造价管理的发展阶段可见其具有以下特点：

（1）从造价的事后算账发展到事前算账。也就是从最初只是消极地反映已完工程的价格逐步发展到在工程开工前进行工程量计算和计价，进而发展到在初步设计时提出概算，在工程可行性研究时提出投资估算，为业主进行投资决策提供重要科学依据。

（2）从被动地反映设计和施工发展到主动地影响设计和施工，即从最初只负责工程建设某个阶段工程造价的确定和计算,逐步发展到在投资决策阶段、设计阶段对工程造价作出预测和估算,在设计和施工阶段中对工程造价进行计算、监督和控制,实现了对工程建设全过程的造价管理;预算师则自始至终要对工程造价管理负责。

(3)从原依附于施工者或建筑师而逐渐发展成为一个独立、公正的专业,并拥有自己的专业(工程造价管理)学会。

(4)从预算师各行其事逐步发展到全国制定统一的规则或办法来进行管理,如制定全国统一的工程量计算办法(规则)、成本分析法、预算人员教育考核办法和职业守则等来进行管理。

二、我国工程造价管理体制发展沿革

我国的工程造价管理是在特殊的历史条件下逐渐发展起来的,工程造价管理体制也在逐渐变革和完善。工程造价管理体制是对工程造价实施管理所采取的组织体系和管理方法,其核心是在有利于工程建设管理发展的前提下,正确处理中央和地方、国家与部门、参与建设的各方之间的管理权限、经济责任和经济利益。工程造价管理体制是国家经济体制和工程建设管理体制在工程造价管理领域的具体体现,在总体上要受国家经济体制和国家工程建设管理体制的制约,又反作用于经济基础。建立与我国工程建设发展相适应的工程造价管理体制,对工程建设和管理的发展将起极大的促进和推动作用。

新中国成立以来,我国工程造价的管理体制发展沿革大约可以分为六个阶段。

(一)实现国家计划下的工程预算管理制度阶段(1949 ~ 1952 年)

建国初期,为适应大规模经济恢复、重建工作的需要,在工程建设方面实行了“工程预算制度”。各部门根据国家的建设计划,凭借以往同类工程建设的经验,编制工程预算作为计划拨款的依据。各部门、各地区相继成立了工程局来实施国家建设计划,承担工程设计、施工任务。在工程实施期间,以各工程局编制的工时定额手册和普工、技工两个工资等级确定的工资单价,作为计件工资的依据,以此支付民工的劳动报酬。工程竣工后,以实际的全部支出向国家报销。在这一时期,国家没有实行统一的定额标准。

这一时期的公路建设,实行的是民工建勤制,由省级劳动主管部门将用工计划指标分派到各地(洲)、县;各地(洲)、县配备管理干部,成建制地组织民工担负公路施工任务。当时的建设单位,也参照以往的施工经验,编制了工时定额手册,并以壮工和技工两个工资等级确定工资单价,作为计件工资的依据,以此支付民工的劳动报酬。在这个时期,基本建设是属于“事后算账”,实行“实报实销”的工程造价管理方式。但在“实报实销”(竣工结算)中,则要求十分严格,凡据以作为计算支付民工劳动报酬的各工程细目的工程数量,都必须与各种竣工图表所计算的数量一致,而竣工图表的编制与要求,比现行的办法还要烦琐。

(二)建立与计划经济相适应的概预算管理制度阶段(1953 ~ 1957 年)

在第一个五年计划开始时,我国在工程造价管理上,主要采用前苏联的高度集中的基本建设工程造价管理模式。各专业部(委)编制了本专业通用或专用的预算定额,作为编制工程预算的依据。国务院颁布了《基本建设工程设计和预算文件审核批准暂行办法》、原国家建设委员会颁布了《工业与民用建设设计及预算编制暂行办法》,各专业部(委)也相继颁布了各专业工程的预算编制办法。随后,各部委又颁布了工程概算指标和概算编制办法。这些文件的颁布,建立了全国统一的以各专业概预算定额、指标为计价依据的,以相应的概预算编制办法作为确定工程造价构成和造价计算方法的我国建设工程概预算管理制度和体系。同时,国务院和各部委还规定了建设项目必须进行经济调查和效益分析,以免造成浪费;国家制定了基本建设程序、建设项目和概预算审批权限等一系列规章制度,这些形成了我国在计划经济体制下建设工程造价管理制度的基础。

在"一五"时期,公路基本建设工程大都实行了"承发包"制,原交通部颁发了第一部部颁《公路工程预算定额》和《公路基本建设工程预算编制办法》。当时的公路建设工程大都能做到设计有概算、施工有预算、竣工有决算,并且在施工中十分重视经济活动(效果)分析。

在预算编制方法上,最初公路工程与民用建筑工程一样,是采用的"单位估价法"来进行编制的。由于公路建设项目的特殊性和"单位估价法"的烦琐性,后来在编制方法上作了改变,改为了用"工、料分析法(又称实物量法)"来编制和确定公路工程造价,该法一直沿用至今。

(三)概预算管理制度被削弱阶段(1958 ~ 1965 年)

在这一时期,由于受"左"倾指导思想的影响,过分强调地方和企业的作用,在中央简政放权的大背景下,许多部门的概预算与定额管理权限下放;1958 年 6 月,工业与民用建筑行业将该行业的基本建设预算编制办法、建筑安装工程预算定额和间接费用定额交由各省(自治区、直辖市)负责进行管理,造成该行业的工程量计量规则和定额项目在全国的不统一;直到 1995 年,虽然原建设部发布了《全国统一建筑工程基础定额》和《全国统一建筑工程预算工程量计算规则》(土建工程部分)(建标[1995]736 号),但在实际应用上仍然各地不同(用自己的地方定额)。公路工程定额和概预算管理权限虽然没有下放,但专门的概预算管理机构被撤消,设计单位概预算人员被减少。在这一阶段,"只算政治账、不算经济账"的严重后果是导致投资严重失控。尽管在此期间也采取过诸如实行"投资包干制"、"施工单位全面负责制"、"联合指挥部负责制"等组织管理措施,也取得了一定成效,但总趋势未能改变,概预算制度被削弱。

(四)概预算管理制度受到严重破坏阶段(1966 ~ 1976 年)

从 1966 年开始的"文化大革命",在极"左"思潮统治下,原建立的造价管理制度被全盘否定,定额被作为"管、卡、压"的工具受到批判、预算人员改行、大量基础资料被毁。其结果是设计无概(预)算、施工无预算、竣工无决算、投资大敞口,致使许多工程项目不计经济效果、"吃大锅饭"、工期拖长、质量下降、造价增加。虽然国家的"没有概(预)算不得列入年度计划"的规定没有废除,但已"名存实亡",只是将其作为"争项目、争投资"的手段,一旦项目列入投资计划,概(预)算就算"完成了使命"。

在此期间,公路工程定额与概预算管理工作也受到严重破坏,原交通部从 1964 年起耗费了三年时间组织各省力量修订完成的《公路工程预算定额》,被认为是"修正主义"的产物,不予批准执行。公路施工企业实行"经常费制度",即企业的管理费用按企业规模核定经常费标准,工程费用按完工的实际支出核销。其实质是整个工程费用"实报实销"。1972 年,为了恢复承发包制,原交通部重新修订了《公路工程预算定额》,编制了《公路工程概算定额》和《公路基本建设工程概预算编制办法》,并于 1973 年颁布执行。公路工程定额和概预算的管理工作逐渐开始走上正轨。

（五）概预算管理制度恢复、重建阶段（1976～1989年）

1977年以后，国家加快了经济建设步伐，加强基本建设中的造价管理工作已刻不容缓，定额和概预算的管理工作得以加强。1983年，国家发展和改革委员会（原国家计划经济委员会）成立了基本建设标准定额局（1988年划归原建设部，成立标准定额司）来负责对造价的管理工作；随后组织制定工程建设概预算定额、费用定额等定额标准，使工程造价管理工作逐步进入规范化、标准化建设管理阶段。

为了使投资决策科学、合理，在基本建设程序中增加了项目建议书和可行性研究两个阶段；为了论证项目在技术上的可行性、经济上的合理性，规定了必须进行项目经济评价。要进行经济评价，就需要对投资额进行估算；于是标准定额局于1985年制定了《投资估算指标编制的原则和规定》、国家发展和改革委员会1987年颁发了《建设项目经济评价方法与参数》等文件，规范和推动了各部门对投资估算指标的研究和编制工作。1985年，中国建设工程造价管理协会成立，开始了工程造价管理由单纯政府统管向社会团体参与管理的新格局。

公路工程定额和概预算管理工作也得到加强并进一步有所发展，原交通部1982年重新修订和颁布了《公路工程预算定额》、《公路工程概算定额》、《公路工程概预算编制办法》。1984年编制颁布了《建设项目投资估算指标》；同年成立了交通部公路工程定额站，负责组织编制全国公路工程定额，检查、监督定额的执行情况，并对定额和概预算管理工作的改革进行研究。1988年原交通部要求各省（自治区、直辖市）建立公路工程定额站，以对公路工程定额和概预算工作实行统一领导、分级管理。

（六）工程造价管理体制改革发展阶段（1990年至今）

在深入进行改革开放、工程建设加速发展的大好形势下，工程造价管理体制也在不断改革、发展、完善。主要体现在：

1. 思想观念有了根本转变

在对工程造价管理的认识上，人们的思想观念有了根本转变。要合理确定、有效控制工程造价，必须进行全过程的、全面的管理和控制的观点已得到普遍认同。合理确定工程造价，就是要求工程造价的确定要具有科学性、先进性、合理性；有效控制工程造价，就是要建立并实行工程造价控制的责任制；要重视和加强项目决策阶段的投资估算工作，努力提高可行性研究阶段投资估算的准确程度，使其真正能起到控制建设项目总投资的作用；在工程造价控制中，要有系统控制、动态控制的观点，应建立和完善工程项目造价控制系统，切实发挥造价管理人员的造价控制作用等已成为共识。

鉴于中国已经加入WTO，我国的建设工程造价要与国际市场建设工程管理接轨，这就需要转变观念，消除我国目前工程计价仍然带有的一定计划价格和行政干预的色彩，改变现行计价方法。要达此目的，在造价管理方面应当积极组织人员开展国家市场调研，搜集、整理、分析国际工程价格资料并与我国的工程造价进行对比分析，包括外国建设工程标准定额的调研并与我国工程标准定额对比，分析出国内外工效比；搜集国外机电设备、建筑材料、建筑构配件等的国际市场价格及人工费、运费等资料，分析计算其价格指数；要认真研究国际建设工程常见的国际惯例或做法，如通常的国际工程建设程序、国际工程设计常用的技术标准和规范、国际工程招投标的惯例或规则、国际工程常见的合同条款、国际工程合同常用的计价方法、关贸总协定中对价格问题的规定、国际工程常用的支付方法、国际工程常见的保险种类和内容、国际工程常见的税收制度、国际工程常见的索赔项目和对索赔的处理等；要树立“全面造价管理”的观念，将造价管理看作战略资产管理；努力与国际性造价管理模式接轨，完善造价管理的理论、工程造价计价程序和方法；要利用先进的计算技术和计算工具，建立多渠道的信息发布体系和网络；应采用国际通用的合同文本，参照国际惯例和规则来计算工程造价；应建立行之有效的政府间接调控功能和规范化的计价依据，推行造价工程师执业资格制度，提高工程估价水平；这些问题的研究和解决将有助于我国的设计单位、施工单位、监理单位走出国门，参与国际市场竞争；也有助于我国建筑工程领域的对外开放。

2. 造价编制中，考虑了动态影响因素

在编制投资估算、设计概算时，考虑了影响造价的动态因素，如原材料价格的变化、贷款利息的变化等，增列了价差预备费；在总费用中增列了建设期贷款利息。

3. 进一步完善了工程造价管理机构

进一步完善了工程造价管理机构，各地区、各部门的建筑工程定额站许多已改名为建设工程造价管理（总）站，以加强对本专业工程造价的管理、监督，包括制定、发布工程造价管理办法，制定、发布定额标准等。

4. 按照现行财务制度，调整了费用项目组成

将凡属于生产工人开支范围的费用统归入人工费内、现场发生的管理费和临时设施费作为现场经费归入直接工程费；减少了间接费在建筑安装工程费中的比重。

5. 开始施行造价工程师执业资格制度和工程造价咨询单位资质管理办法

这些制度的施行对于提高建设工程造价管理社会化程度，提高工程造价专业人员的素质，确保建设工程造价工作质量起了积极作用。

6. 公路工程造价管理工作取得了显著进展

公路工程造价管理工作改革发展的进展主要体现在以下几方面：

（1）根据工程建设的客观要求，适时修订了概（预）算定额和概（预）算编制办法

1992 年，原交通部对 1982 年颁布的《公路工程概算定额》、《公路工程预算定额》、《公路工程基本建设项目概预算编制办法》（以下简称《概算预算编制办法》）进行了修订，颁布了新的《公路工程概算定额》（以下简称《概算定额》）《公路工程预算定额》（以下简称《预算定额》）、《概算预算编制办法》、《交通基本建设项目竣工决算编制办法》，1996 年又颁布了新的《公路工程概预算编制办法》，并对概预算定额中的“基价”进行了修订；1984 年发布了《建设项目投资估算指标》，1993 年修订、颁布了《公路工程估算指标》（以下简称《估算指标》）和《公路工程投资估算编制办法》，1996 年再次进行了修订，颁布了新的《公路工程估算指标》和《公路工程投资估算编制办法》；2007 年、2011 年，相继对原定额、编制办法进行了修订，发布了新的《公路工程概算定额》（JTG/T B06-01—2007）、《公路工程预算定额》（JTG/T B06-02—2007）、《公路工程概预算编制办法》（JTG/T B06—2007）、《公路工程估算指标》（JTG/T M21—2011）、《公路工程基本建设项目投资估算编制办法》（JTG M20—2011）；2009 年，《公路工程预算定额》的基础依据新版《公路工程施工》定额（2009 版）发布。这些文件规定在造价

编制中采用市场价，施工企业投标报价可以不受《概算预算编制办法》的约束。在现行《概算预算编制办法》（JTG B60—2007）中，其他工程费的计算基数为直接工程费；造价按“定额量、市场价、控制费”的原则进行编制；在总造价中列入预备费（含基本预备费和价差预备费）作为造价的动态费用考虑。工程招投标时，招标控制价/标底应控制在批准的总造价的相应范围内，但施工企业的报价不受《概算预算编制办法》（JTG B60—2007）约束。《估算指标》采用市场价计价、总估算中要列入动态费用预备费（基本预备费和价差预备费），这进一步提高了投资决策阶段投资估算的准确度。

（2）加强了对造价从业人员的管理

1995 年，原交通部颁布了《公路工程造价人员资格认证管理办法》，对从事造价工作的人员资质进行了规定。它对加强造价管理工作，提高造价编制质量和造价人员素质起了积极作用。

第二节 注册造价工程师和工程造价咨询制度

一、注册造价工程师

（一）注册造价工程师

1996 年，原人事部、原建设部联合颁布了《造价工程师执业资格制度暂行规定》（以下简称《暂行规定》），对工程造价从业人员的报考条件、考试内容、注册等方面问题作了规定；1999 年，原建设部发布《造价工程师注册管理办法》（以下简称《注册管理办法》），对造价工程师的注册、执业、权利和义务、法律责任等方面问题作了规定。

1. 注册造价工程师的概念

注册造价工程师，是指经全国造价工程师执业资格统一考试合格，并注册取得《造价工程师注册证》，从事建设工程造价活动的人员。

2. 造价工程师报考条件

《暂行规定》对造价工程师执业资格考试报考条件作了如下规定。

凡中华人民共和国公民，遵纪守法并具备以下条件之一者，均可申请参加考试：

（1）工程造价专业大专毕业，从事工程造价业务工作满五年，工程或经济类大专毕业，从事工程造价业务工作满六年。

（2）工程造价专业本科毕业，从事工程造价业务工作满四年，工程或工程经济类本科毕业后，从事工程造价业务工作满五年。

（3）获得上述专业第二学士学位或研究生毕业或获硕士学位后，从事工程造价业务工作满三年。

（4）获上述专业博士学位后，从事工程造价业务工作满二年。

3. 注册造价工程师考试课程

注册造价工程师现行考试课程有《工程造价管理相关知识》、《工程造价的确定与控制》、

《建设工程技术与工程计量》、《案例分析》四门课程。

（二）造价工程师的注册

造价工程师的注册分为初始注册、续期注册以及变更注册。

1. 初始注册

经全国造价工程师执业资格统一考试合格的人员，应当在取得造价工程师执业资格考试合格证书后三个月内，到省级注册机构或者部门注册机构申请初始注册。申请注册时，应提供造价工程师注册申请表、造价工程师执业资格考试合格证书、工作业绩证明。超过规定期限申请初始注册的，除提交上述材料外，还应当提交国务院建设行政主管部门认可的造价工程师继续教育证明。造价工程师初始注册的有效期为两年，自核准注册之日起计算。

2. 续期注册

注册有效期满要求继续执业的，造价工程师应当在注册有效期满前两个月向省级注册机构或者部门注册机构申请续期注册。续期注册时应提交从事工程造价活动的业绩证明和工作总结，国务院建设行政主管部门认可的工程造价继续教育证明。续期注册的有效期限为两年，自准予续期注册之日起计算。

3. 变更注册

造价工程师变更工作单位的，应当在变更工作单位后两个月内到省级注册机构或者部门注册机构办理变更注册。造价工程师办理变更注册后一年内再次申请变更的，不予办理。

（三）执业

造价工程师只能在一个单位执业。执业范围包括：

(1)建设项目投资估算的编制、审核及项目经济评价。

(2)工程概算、工程预算、工程结算、竣工决算、工程招标控制价/标底、投标报价的编制、审核。

(3)工程变更及合同价款的调整和索赔费用的计算。

(4)建设项目各阶段的工程造价控制。

(5)工程造价纠纷的鉴定。

(6)工程造价计价依据的编制、审核。

(7)与工程造价业务有关的其他事项。

（四）造价工程师的权利和义务

1. 造价工程师的权利

造价工程师有以下权利：

(1)使用造价工程师名称。

(2)依法独立执行业务。

(3)签署工程造价文件，加盖执业专用章。

(4)申请设立工程造价咨询单位。

(5)对违反国家法律、法规的不正当计价行为，有权向有关部门举报。

2. 造价工程师的义务

造价工程师有以下义务：

(1)遵守法律、法规，恪守职业道德。

(2)接受继续教育，提高业务技术水平。

(3)在执业中保守技术和经济秘密。

(4)不得允许他人以本人名义执业。

(5)按照有关规定提供工程造价资料。

(五)法律责任

造价工程师在申请注册中弄虚作假的、同时在两个单位执业的、允许他人以本人名义执业的，注销《造价工程师注册证》，收回执业专用章；未经注册以造价工程师名义从事工程造价活动的，由省级注册机构责令其停止违法活动，并可以处 5 000 元以上、3 万元以下的罚款；造成损失的，应当承担赔偿责任。

(六)造价工程师应具备的素质

造价工程师除应对本专业知识有全面、深刻的掌握外，还应熟悉国家有关基本建设的技术经济政策；熟悉设计、施工技术、工程项目管理、计算机运用等多学科知识，成为复合型人才。造价工程师应具有的能力和素质要求如下：

(1)能熟悉相关工程设计、施工工艺过程、施工技术；了解指定的材料、设备性能。

(2)能根据设计图纸和工程现场实际，结合合同文件要求计算工程量。

(3)具有编制投资估算、概算、预算、决算、招标控制价/标底、报价等的能力；具有结合合同文件正确进行结算(支付、中期最终支付)的能力，处理工程变更费用、价格调整费用、索赔费用的能力等。

(4)在费用结算(支付)中与承包人、业主存在争议时，有谈判技巧和处理争议的能力。

(5)熟悉计价依据，包括国家的法律法规，部门(行业)、地区的计价规定，具体工程项目合同文件的计价规定等。

(6)熟悉我国投资管理体制、建设管理体制、项目建设程序、造价管理体制，掌握造价管理的发展趋势。

(7)遵纪守法，在造价工作中行为公正。

二、工程造价咨询制度

工程造价咨询是指面向社会接受委托，承担建设项目的可行性研究投资估算、项目经济评价、工程概算、预算、工程结算、竣工决算、工程招标控制价/标底、投标报价的编制和审核，对工程造价进行监控以及提供有关工程造价信息资料等业务工作。我国实行工程造价咨询制度，有利于将工程造价管理由政府直接管理的模式转变为政府指导、社会监督、工程建设参与单位自己管理和控制的模式，它对转变政府职能、提高造价专业化管理水平、“入世”后与国际惯例接轨具有重要作用。

（一）工程造价咨询单位

工程造价咨询单位是指接受委托，对建设项目工程造价的确定与控制提供专业服务，出具工程造价成果文件的中介组织或咨询服务机构。工程造价咨询单位应当取得《工程造价咨询单位资质证书》，并在资质证书核定的范围内从事工程造价咨询业务。

从事工程造价咨询活动，应当遵循公开、公正、平等竞争的原则。任何单位和个人不得分割、封锁、垄断工程造价咨询市场。

工程造价咨询单位的资质等级分为甲、乙两个等级，要分别符合规定的资质要求，并应向造价资质管理部门申请设立，经审查批准后，由资质管理部门颁发相应的《工程造价咨询单位资质证书》；资质管理部门要对工程造价咨询单位实行资质年检。

（二）工程造价咨询单位的业务范围

工程造价咨询单位应当在资质证书核定的范围内承接工程造价咨询业务，禁止超越资质等级和资质证书核定的范围承接工程造价咨询业务。

(1)甲级工程造价咨询单位在全国范围内承接各类建设项目的工程造价咨询业务。

(2)乙级工程造价咨询单位在本省、自治区、直辖市范围内承接中、小型建设项目的工程造价咨询业务。

(3)甲级单位跨省、自治区、直辖市承接咨询业务时，应当在工程所在省、自治区、直辖市人民政府建设行政主管部门备案。

(4)政府投资、国有单位投资以及政府、国有企事业单位投资控股的建设工程，应当委托具有相应资质的国内工程造价咨询单位进行工程造价咨询。

(5)中外合资以及利用国外金融机构贷款的建设工程，原则上由国内甲级工程造价咨询单位承接工程造价咨询业务；确需国外工程造价咨询单位参加时，应当以中方为主，采取中外合作的方式。

(6)承接工程造价业务时，应当与委托单位签订工程造价咨询合同；工程造价咨询单位应当在工程造价成果文件上注明资质证书的等级和编号，加盖单位公章及造价工程师执业专用章。

造价咨询单位在造价咨询业务活动中，要为自己的行为承担相应的法律责任。

第三节　工程造价管理工作要素

工程造价管理工作要素，是指工程造价管理工作的基本要素和基本资料。工程造价管理工作的基本要素包括工程造价的管理主体、管理客体、管理目的、管理职能和管理方法；工程造价管理的基本资料即工程造价资料。

一、工程造价管理工作的基本要素

（一）管理主体

工程造价的管理主体，即进行工程造价管理工作的人员和部门。由现时我国工程造价的管理来看,宏观工程造价管理主体有国家建设行政主管部门、各省(自治区、直辖市)建设行政主管部门、各部(委)工程造价管理机构、各省(自治区、直辖市)工程造价管理机构;微观工程造价管理主体有建设单位(业主)、设计单位、施工单位、监理单位、工程造价咨询单位及其从事工程造价工作的人员。

宏观工程造价管理主体主要从宏观方面对工程造价进行管理,包括制订有关工程造价管理的方针、政策;发布有关工程造价的定额、标准、编制办法;设置有关工程造价的管理机构、管理模式;确定工程造价管理改革的发展方向等。

微观造价管理主体主要对具体工程项目的造价工作进行管理,包括进行工程项目的投资估算、概算、预算、结算、决算、编制招标控制价/标底和投标报价等。

(二)管理客体

管理客体、即管理的对象。工程造价的宏观管理对象是整个建筑业的价格及全国(地区、行业)工程建设过程中各种资源的有效配置和合理流通。

工程造价的微观管理对象是具体工程项目的造价要素及其价值,即工程项目建设中所消耗的人、财、物、时间、空间、信息(人工、材料、机械设备、各种自然资源和社会资源)的数量和价值。

(三)管理目的

工程造价的宏观管理目的是通过建设工程的合理价格水平来促进建筑业健康发展;通过对工程造价的宏观管理来控制投资规模、提高投资效益、维护建设市场秩序、促使工程造价咨询和管理工作健康发展。工程造价微观管理的目的是要在具体工程项目建设的各个阶段正确确定工程造价、有效控制工程造价;在工程施工阶段,按照合同文件要求公正、合理地处理建设单位(业主)和施工单位(承包人)的经济利益,正确进行工程结算(中期支付和最终支付)。

(四)管理职能

管理职能,即管理功能。工程造价的管理职能包括对造价工作的计划与预测、组织和指挥、监督和控制、教育和激励、挖潜与创新。

(五)管理方法

工程造价的管理方法有:

1. 法律的方法

法律的方法,即通过国家的法律或部门的法规对工程造价进行管理。如通过《中华人民共和国合同法》、《中华人民共和国招标投标法》、《中华人民共和国价格法》等对工程造价进行管理;通过交通运输部的《概算定额》、《预算定额》、《编制办法》,住房和城乡建设部的《建设工程施工发包与承包价格管理暂行规定》、《工程造价咨询单位管理办法》、《造价工程师注册管理办法》等对工程造价工作进行管理。

2. 行政领导的方法

行政领导的方法是指利用一套严格的组织机构,通过行政命令直接对管理对象发生影响。

这种行政命令对执行者具有强制力。管理的主动方与被动方是上下级关系，下级服从上级是行政领导方法的基本原则。例如在工程造价管理中，地方建设行政主管部门要服从中央建设行政主管部门的领导和管理，就属于行政领导的方法。

3. 经济的方法

经济的方法，即利用经济杠杆来调节工程建设利益主体各方的经济利益，从而达到管理目的。例如在造价编制与管理中，实行造价工作人员经济责任制就是属于造价管理的经济方法。

4. 咨询顾问的方法

咨询顾问的方法，即由工程造价咨询机构和咨询人员对工程造价进行专业性管理。例如，现行的《工程造价咨询单位管理办法》、《造价工程师注册管理办法》就是咨询顾问方法的社会化、具体化。

5. 宣传教育的方法

宣传教育的方法就是通过宣传教育来提高工程造价人员、工程建设参与人员进行投资控制的自觉性、主动性，以达到正确确定工程造价、有效控制工程造价的目的。

二、工程造价资料

工程造价资料，就是工程造价管理的基础资料，它包括历史工程造价资料和现行工程造价资料。历史工程造价资料是过去工程建设在工程造价方面的经验总结和教训吸取，它是编制估算指标、概(预)算定额、各种取费标准、有关技术经济指标和进行工程造价宏观管理的基础资料；现行工程造价资料是编制工程造价的依据，主要包括现行的《估算指标》、《概算定额》、《预算定额》、《概算预算编制办法》、《交通基本建设工程竣工决算编制办法》等。工程造价资料要在工程建设过程中不断积累和完善。

(一)工程造价资料分类

1. 建设项目造价资料

建设项目造价资料是指具体项目(一条公路或一座独立的大、中桥梁)的造价资料，它包括：

(1)项目的建设标准，如公路等级、路基路面宽度等；建设地点、标段的划分等；承担设计、施工、监理的单位等；建设工期等。

(2)主要工程数量，如路基土石方、路面、桥涵等的工程量；材料的消耗数量，如水泥、钢材、木材、沥青、劳动力、机械设备等的消耗量；并应将实际数与预算数进行对比，掌握变化情况、分析差异。

(3)项目的投资估算、概算、预算、工程结算、竣工决算、造价指数；项目总造价及其建筑安装工程费、设备和工器具购置费、工程建设其他费用各自所占比例等造价资料。

(4)主要原材料的供应方式、运输方式、平均运距、运价等造价资料。

(5)主要原材料价格、施工机械台班单价及人工工资标准等资料。

(6)工程建设过程中有关设计和施工的重大经验、教训；工程变更、价格调整、索赔等的数额及对工程造价产生的影响等资料。

2. 分类造价资料

分类造价资料的分类应与概(预)算定额子目划分的口径、深度相一致。一般可分为路基土石方工程、路面工程、隧道工程、桥涵工程、防护工程、其他工程及沿线设施等的造价资料;对工程实施中使用新材料、新技术、新工艺、新结构、新设备的项目,应包括人工工日、主要材料消耗量、施工机械台班使用量、劳动组织与劳动生产率等造价资料;这些资料是编制、修订概、预算定额的重要基础资料。

3. 按费用项目划分的造价资料

按费用项目划分的造价资料可分为:

(1)人工费、材料费、施工机械使用费、其他直接费、现场经费、间接费、定额直接费等造价资料。

(2)与现场有关的造价资料,如现场管理机构的组织和人员配备情况,临时房屋建筑面积及价格等资料。

(3)各项费用及主要材料的比重,以及相应的人工、材料、施工机械台班的价格指数等资料。

(4)与概预算比较,施工实际成本节约或超支情况的资料等。这些资料是编制、修订现场经费和间接费标准的重要基础资料。

(二)造价资料的积累

造价资料要通过不断的搜集、整理、存储来进行积累。要保证搜集的造价资料的质量,使其具有合理性、可靠性、实用性。造价资料积累的方法有:

1. 采取必要的行政措施来确保造价资料的积累

采取必要的行政措施来确保造价资料的积累,比如规定建设单位、设计单位、施工单位、监理单位等要将其编制的投资估算、设计概算、施工图预算、招标控制价/标底、投标报价、工程结算、竣工决算等资料和施工单位的工程实际成本等造价资料,报送一份到工程所在省(自治区、直辖市)的公路(交通)工程定额(造价)管理机构(站),报送的资料还应包括工、料、机分析资料和设计、施工总结等。

2. 公路造价资料应具有可使用性和重复使用价值

造价资料的积累应符合近期和远期公路交通行业发展方向的需要,使资料具有可使用性和重复使用价值。

3. 积累的造价资料应当有“量”、有“价”

积累的造价资料应当有“数量”和“价格”,量、价的取定应符合有关工程造价管理的规定,其基础资料应能满足工程造价动态管理和修订、补充有关投资估算指标、概(预)算定额、费率标准等的需要。

4. 搜集的造价资料应完整

应搜集每个项目建设全过程的造价资料,即从投资估算到竣工决算以及施工单位的工程成本等全面的、完整的造价资料,以便了解、掌握造价全过程的变化情况和最终结果,有利于总结经验、改进工作。

5. 造价资料的分类整理应符合有关规定

造价资料的分类整理、工程量计算规则、表现形式、设备材料目录及代码等，应该以概预算中的规定为准；若合同价或竣工决算等与其存在差异，应进行调整以取得一致。这样，可提高造价资料相互间的可比性。

6. 搜集的造价资料应真实、可靠

搜集的造价资料应真实、可靠，对其中不实或计算错误的数据资料，应进行必要的调整或修正。

7. 建立规范化、标准化的造价资料积累工作制度

应建立规范化、标准化的造价资料积累工作制度，以完整地、全面地、有效地搜集、积累工程造价资料。

8. 运用现代化的技术手段进行造价资料的积累

在造价资料的搜集、整理、存储中，应运用计算机和计算机技术作为搜集、整理、分析、存储造价资料的手段；开发工程造价数据库系统软件，以提高工作效率和造价资料数据的准确性。

（三）工程造价资料分析

工程造价资料分析，是指根据构成造价的要素，对其进行系统的分解，为不同工程项目之间进行造价详细比较创造条件；进而通过分析找出造价的差异和产生差异的原因。工程造价分析的主要困难在于正确界定所分析工程项目的造价资料的内容和范围，建立完善的工程造价资料分析体系，采用正确的工程造价资料分析方法，得出较为客观、真实、准确的分析结论。

工程造价资料分析的范围和内容应以现行的概、预算制度所确定的工程细目和费用项目为依据来确定；工程造价资料分析体系应以所确定的造价资料分析范围和内容、造价资料分析的目的、采用的分析方法等来建立；造价资料的分析方法应根据分析目的来具体选用。工程造价资料的分析内容和方法主要有以下几种，其分析成果一般以取两位小数为宜。

1. 工程建设成本分析

工程建设成本分析，是指通过对工程项目的成本计算、分析、比较，来判断项目建设是否达到预期经济效果。工程建设成本分析采用的经济指标是工程建设成本降低或超支率，其计算公式可以表达为：

$$R = [(P_0 - P_1)/P_0] \times 100\% \tag{8-1}$$

式中：R——工程建设成本降低或超支率（%）；

P_0——批准概算的现值，折算的基准期为项目建成年；

P_1——工程建设实际成本的现值，折算的基准期为项目的建成年。

折现率可取社会折现率。

2. 固定资产形成率分析

这是对工程项目建设成果（固定资产价值）的相对比较。固定资产形成率是指工程项目建设形成的固定资产价值与投资额之比；计算固定资产价值采用的价格应与计算投资额采用的价格相一致。固定资产形成率的计算公式可表达为：

$$GR = (F/U) \times 100\% \tag{8-2}$$

式中：GR——固定资产形成率(%)；

F——固定资产价值，按现行的基本建设核算制度规定，拨付给外单位的基建投资、报废工程损失等，不应包括在新增固定资产价值中；

U——实际投资额。

3. 建设工期分析

建设总工期，是指包括设计、施工的整个时间在内的期限；施工工期则是从正式开工到竣工验收交付使用时为止的时间长度。建设工期的计算公式可表达为：

$$T = (\sum t_i)/L \tag{8-3}$$

式中：T——设计或施工平均工期(月/km)；

$\sum t_i$——实际设计工期或各标段实际施工工期之和(月)；

L——修建的公路里程长度(km)。

建设工期虽然只是一个时间参数，但它既影响工程造价，还直接影响工程的投入使用时间；而合理工期则是既要使工程费用最低，又要能使工程顺利建成的时间。因此，通过大量建设实践而总结的建设工期信息资料，是同类工程标段的划分和确定合理施工工期的参考依据。

4. 分类造价资料分析

公路工程造价的构成，虽然复杂而烦琐，但基本上都是由路基、路面、桥涵、隧道等各项工程内容所花费的费用所构成。因此应建立分类工程造价资料分析的标准格式、工作方法及相应的资料数据库，以提高造价信息资料的可靠性和使用价值。

例如，路基土石方(开挖)的价格，如果把土石方(汽车)运输的费用划分出来，对其价格产生影响的只是土石方成分这一因素。故当土石方成分发生变化时，我们就可以根据土石方成分的比例和各种土石方之间比价的相应关系，建立修正土石方综合价格的计算公式，经修正后的造价资料就能作为造价信息供使用。修正综合价格计算公式可以表达为：

$$P_x = [(\sum a_i f'_i)/(\sum a_i f_i)] \times P \tag{8-4}$$

式中：P_x——修正后的土石方综合价格；

a_i——各类土石方的比价(%)；

f_i——原土石方成分比例(%)；

f'_i——修正的土石方成分比例(%)；

P——原土石方价格。

例 8-1：原有已建成公路工程建设项目造价资料中的土方开挖，土的成分为：松土占 15%、普通土占 60%、硬土占 25%；其土方的综合单价为 4.5 元/m³；同时，经分析测定普通土同松土的比价为 125%，硬土同松土的比价为 160%；现拟建设的某公路建设项目的土方比例为松土占 10%、普通土占 40%、硬土占 50%，试计算拟建项目土方的综合价格。

解：由题意知，松土的比价为 100%，于是按式(8-4)有：

$$P_x = [(1.00 \times 0.1 + 1.25 \times 0.4 + 1.6 \times 0.5) \div (1.0 \times 0.15 + 1.25 \times 0.6 + 1.6 \times 0.25)] \times 4.5 = 4.85 \text{ 元/m}^3$$

不同工程内容之间的比价，可以直接采用《概(预)算定额》中的定额基价进行确定，也可以根据过去的工程造价资料确定；其比价应基本反映各工程内容消耗的社会必要劳动量，即价值量之间的比例关系。

采用权重和比价资料也可以对类似上述工程内容的综合扩大价格进行修正；这应在实践中不断积累经验，建立相应的计算模型。

在路基土石方工程中影响造价的另一个因素是土石方的运输距离，由于事先计划不周或现场情况的变化，以致取土和弃土地点会发生变化，这是常有的事；加之每个工程项目土石方的运输情况也不尽相同，因此当运输距离产生差异，需要调整时，可按下式进行修正：

$$P_x = P \times \left\{ \frac{[1 + a \times (s' - 1) \times 2]}{[1 + a \times (s - 1) \times 2]} \right\} \tag{8-5}$$

式中：P_x——修正后的土石方运输综合价格（元/m³）；

P——原土石方运输综合价格（元/m³）；

a——第一个1km同每增加0.5km的比价（%）；

s——原土石方的平均运距（km）；

s'——修正的土石方平均运距（km）。

例8-2：某公路工程的土石方平均运距原为2km，每m³价格为8元，因为现场情况的变化，运距增至4km；经测定，第一个1km（含装卸工作）同每增加0.5km的比价为12%，试计算运距变更后的价格。

解：由式（8-5）可知：

$$P_x = \left\{ \frac{[1 + 0.12 \times (4 - 1) \times 2]}{[1 + 0.12 \times (2 - 1) \times 2]} \right\} \times 8 = 11.1\ 元/m^3$$

对运输距离和土（石）方成分修正后的综合价格即可作为拟建项目的路基土（石）方价格。前述分析、修正未考虑物价变动的影响；若工资、原材料价格同时也发生了变化，还应进行价格修正计算；价格修正计算可以在前述修正计算之前或之后进行。要随时搜集和积累设备、材料、施工机械台班等的价格指数和各类工程内容的价格指数及其在工程造价构成中的权重数据资料，以便进行“动态”造价分析和管理。

5.造价构成要素权重分析

造价构成要素权重，是指构成一个工程建设项目的各类工程内容的造价在总造价中各自所占的比例，它是一种用货币计量的加权系数。该加权系数可以按工程内容，如路基、路面、桥涵等进行分类计算；也可以按费用项目，如人工费、材料费、施工机械使用费等进行分类计算。工程造价构成要素权重是编制工程价格指数的基础和基本依据。

（1）按工程内容分类、对建筑安装工程费构成进行权重分析

按工程内容分类，建筑安装工程费构成有两种分类形式，一是按现行概预算制度的规定，将整个项目分解为八大项，如路基工程，路面工程，隧道工程，桥涵工程，交叉工程，其他工程及沿线设施，服务设施和临时工程、管理、养护等；二是对大项再行细分，如对路基工程中的土石方，可按施工工艺、施工方法、工作难易程度等方式分类。这些分类细目任何一项发生变化，均会影响工程造价。在建筑安装工程费（造价）权重分析中，应广泛搜集、分析和积累以下各种权重数据资料。

①以建筑安装工程的造价为100%，按大项分别计算前述八大项造价各自所占比例，利润和税金则包含在其中。对包含较多分部（分项）工程的大项，如路基工程，其造价还可分别列出土石方工程、排水工程、防护工程、特殊路基处理等造价各自所占比例。通过这类分析，能够充分了解其造价的详细构成。

②以路基土石方造价为100%,计算土石方开挖、运输、压实和其他工作四项造价各自所占的比例。其他工作包括填前挖松压实、台阶开挖、挖方路段路基压实和路基修整等;当然,这些工作也可分别综合在开挖、压实项内。在搜集上述资料的同时,对以下资料也应搜集:a. 土石方成分及比例;b. 填方压实的土石比例、压实度和压实系数等;c. 土石方的运输方式及综合平均运输距离等;d. 土石方开挖的机械化程度等。

③以路面工程造价为100%,计算行车道、硬路肩和路缘石三项造价各自所占比例以及按挖路槽、垫层、基层、面层分类造价各自所占比例。同时还应搜集:a. 分层次、结构的平均厚度;b. 各种混合料的平均运距;c. 路槽废方远运处理情况等资料。

④以桥涵工程造价为100%,计算大桥、中桥、小桥、涵洞造价各自所占比例,同时应尽可能再按桥涵结构形式及桥涵基础、下部结构、上部结构造价分别列其比例。

⑤以交叉工程造价为100%,计算分离式立交、互通式立交、平面交叉、通道、人行天桥造价各自所占比例。如果互通式和分离式立交工程中包含有路基土石方、路面工程等的造价时,应分别列出其比例;同时还应搜集匝道的宽度、长度等资料。

⑥以隧道工程造价为100%,计算隧道开挖、喷锚、衬砌、照明、通风等造价各自所占的比例,以及废渣的平均运距等。

⑦其他工程及沿线设施,临时工程、管理和养护等,可按概预算项目的“目”和“节”分别列其比例。

(2)按费用项目分类,对建筑安装工程费进行权重分析

按费用项目分类,建筑安装工程费可分为人工费、材料费、施工机械使用费、其他直接费、现场经费(以上各项统称直接工程费)、间接费、利润、税金等八项(施工技术装备费在概预算中应列出,在施工结算中通常不再单独列出)。这些费用项目,都要通过一定的计算方式来进行计算。由于工程项目之间的差异、各种资源价格上的差异、地区间自然、地理、气候等条件的差异,各项费用所占比例相互之间差异较大。为适应工程造价“动态”管理的需要,在分析中应包括建筑安装工程费用总额及分项的权重系数。应以总额为100%,分别计算出人工费、材料费、施工机械使用费等八项费用各自所占比例;其中的材料费,由于材料品种、规格多,价格变动有大有小,因此可按钢材、木材、水泥、沥青、炸药、中(粗)砂、块(片)石、碎(砾)石等主要材料分别列出其费用占材料费的比例。

(四)工程价格指数和物价指数的分析、计算

要分析、计算工程价格指数,首先要分析、计算各种资源的物价指数。

1. 物价指数的编制

物价指数,通常是相对于某一基期而言的。将前一期作为基期,后一期相对于前一期的变动指数通常称为环比指数;将某一规定时间作为基期,以后的各期相对于基期的变动指数通常称为定基指数。在公路工程造价分析中,通常是以批准的概预算及采用的人工、材料等的预算价格等作为基期及基期价格;在工程施工结算中,通常采用投标截止日期前28天(或一个月)作为基期,这时的人工、材料等的价格作为基期价格。

(1)工资。工资的分配要遵循按劳分配的原则,在经济发展的基础上逐步得到提高;在现阶段,我国的工资基本上是由国家来决定其变化或调整的,所以在一定时间范围内,工资基本上是一个不变数,其指数为100%。但工资是与物价联系在一起的,若考虑物价变动对工资的

影响，工资应随物价指数而浮动，实行工资指数化。

（2）材料价格。由于建筑材料的品种、规格多，凡是在费用权重系数中单独列出来的材料名称，均应一一编制其物价指数。例如，某公路建设项目在建设中耗用强度等级为32.5级的水泥5 200t、42.5级的水泥16 500t、52.5级的水泥1 250t，其工地价分别为285元/t、320元/t、355元/t；原预算价格分别为275元/t、305元/t、340元/t。于是，水泥的物价指数为：

$$I_{sl}=\left[\frac{(285\times 5\,200+320\times 16\,500+355\times 1\,250)}{(275\times 5\,200+305\times 16\,500+340\times 1\,250)}\times 100\%=104.6\%\right.$$

物价指数应按加权值计算，并应以概预算资料为准。

（3）施工机械台班单价。按现行公路工程造价管理制度，将施工机械台班单价分为不变费用和可变费用两部分。机械设备的基本折旧费和大修理费等费用由国家统一制定标准，通常是固定的、不可进行调整的；燃料、油料费和驾驶人员的工资等费用是可变的、可以调整的。因此，可以根据概预算文件列入施工机械使用费中的各种机械台班需要量与编制的工资和燃、油料的物价指数资料，按加权方法计算出施工机械使用费的物价指数。

需要注意的是，当运输材料的车辆因燃、油料价格变化需要调整时，应计入所运输的材料价格中，不能将其综合在机械台班费用中。

（4）其他直接费、现场经费、间接费、利润、税金等费用项目。根据现行公路工程概预算编制的规定，这些费用中，除税金外，都是按费率并以定额基价为基数来计算的，这意味着在概预算中，这些费用是不可调的，其价格指数为100%；但在承包人投标中，这些费用应根据工程实际和承包人生产经营情况而具体确定。

2. 工程造价指数的编制

工程造价指数，应根据工程造价管理的需要进行编制。可以按一个建设项目编制，或按标段、按分部工程等进行编制。在编制工程造价指数时，首先应作好权重指数和物价指数方面的分析计算工作。根据我国现行税法的规定，纳税人的营业额为向对方收取的全部价款和价外费用，所以因调价而增加的费用，亦应相应增计其税金，于是有工程造价指数的计算公式：

$$CI=[\sum K_i\times f_i\times(1+R)-R]\times 100\% \tag{8-6}$$

式中：CI——工程造价指数(%)；

K_i——工资、水泥、钢材等的物价指数(%)；

f_i——工资、水泥、钢材等的权重系数(%)；

R——综合税率(%)。

若设备、工器具购置费、工程建设其他费用因市场影响，其价格指数也发生了变化、需要调整时，可以参照上述方法分别编制其造价指数；如果还需要编制建设项目的总造价指数时，则应先分析计算建筑安装工程费，设备、工具、器具购置费，工程建设其他费用三项各自所占的权重系数，然后再编制总造价指数。

工程造价指数既能反映各个不同时期工程造价的变动情况，也是进行工程造价宏观动态管理和基本建设投资统计分析的重要依据。在进行宏观统计分析时，要以某一基期的造价资料作为计算基数。例如，假设某省1997年完成基本建设投资额756亿元，1999年完成基本建设投资额1 025亿元，根据该三年的造价资料分析有投资价格指数为106.5%，则投资总额指数为：

投资总额指数 = 报告期投资总额 ÷ 基期投资总额 ÷ 投资价格指数

$$=1025\div756\div106.5\%=127.3\%$$

该计算结果表明，扣除物价上涨因素的影响后，该省报告期（1999 年）实际完成的投资总额比基期（1997 年）增加了 27.3%。

第四节　工程造价管理

工程造价管理就是要合理确定工程造价、有效控制工程造价。为此，应进行工程建设的全过程造价管理，全面的造价管理，专业化、制度化、规范化的造价管理；加强宏观监督、指导，微观管理、控制及社会造价咨询工作。

一、工程建设前期的造价管理

工程建设前期，是指工程项目建设进入设计阶段工作以前的时期，按照 1982 年原国家计委《关于编制建设前期工作计划的通知》中的有关规定，工程建设前期的工作内容主要包括勘测、科研、试验和可行性研究，设计任务书及初步设计三个阶段的工作内容。在这一时期的造价管理，主要涉及宏观管理和微观管理两个层次。

（一）国家对工程建设前期的造价管理

国家对工程建设前期的造价管理属于宏观管理范畴，国家作为工程造价的宏观管理主体，主要进行宏观指导、监督、控制。

1. 规范建设市场、完善市场体系、“强化”预算约束

国家要有效地进行造价管理，首先应该规范建设市场、完善市场体系、建立有效的市场机制、充分利用价格杠杆、利益机制来调节工程建设各利益主体的行为，抑制投资主体的投资冲动，使工程项目的立项符合国家在一定时期经济建设的发展方向和发展规划；“强化”预算约束，控制好投资规模。

2. 用法律手段进行管理

国家可以通过立法和司法来建立和规范工程造价管理领域的秩序，使工程造价管理规范化、法制化。比如，国家通过《中华人民共和国经济法》、《中华人民共和国合同法》、《中华人民共和国价格法》、《中华人民共和国建筑法》、《中华人民共和国招标投标法》等法律来规范工程建设造价管理领域的秩序，使工程造价管理能有一个良好的法制环境。

3. 利用行政手段进行管理

利用行政手段进行工程造价管理，是指国家通过政府职能、利用行政法规、行政指令等行政手段所进行的管理。国家对造价的宏观管理，应由原来的直接管理和控制转变为间接管理和调控。

（1）引导。国家可以用产业政策来引导投资，通过一定时期的权威性的投资分析和预测，明确告诉投资者在一定时期内、投资领域里国家鼓励什么、限制什么、禁止什么以及为此而采取的行政性、经济性措施，以此来引导资源的合理配置，达到合理确定造价，有效控制造价的目的。

(2)监督。国家可以利用行政职能部门的功能对造价管理活动进行监督，主要的监督方式有银行监督、审计监督、统计监督等。

(3)控制。国家通过行政法规、行政指令等方式，对工程造价管理活动进行控制。控制的方式主要有：

①实行“项目法人责任制”，使项目“法人”（业主）能对项目建设从筹划、筹资（建设前期工作）到设计、施工、项目使用、贷款偿还等全过程的造价管理承担责任。

②计划控制。工程造价管理中，仍然离不开计划控制，比如国家需要通过国民经济建设计划来控制信贷规模、控制建设项目投资总规模、控制年度投资规模等，以避免投资规模膨胀、投资失控而导致造价管理失控。

③通过部门或行业的行政性法规进行控制。对于工程造价的管理，各行业或部门通常通过行政性法规来进行。例如，对于估算、概（预）的编制，通过交通运输部颁布的《估算指标》、《概算定额》、《预算定额》、《概算预算编制办法》等行政性法规来控制各项费用、统一定额标准、规范编制程序。

④审批控制。

a. 国家通过基本建设程序和项目审批制度对项目的立项进行控制，未经审查批准的项目，不得进行建设。根据国家发展和改革委员会《关于建设项目进行可行性研究的试行管理办法的有关规定》，为确保可行性研究报告的客观性、公正性，应对可行性研究报告进行审查和评估。审查评估的内容包括项目建设的必要性与市场预测结论、项目的建设条件、项目采用的技术、项目的投资及财务、项目的国民经济效益、企业的经济效益、不确定性与风险性及可行性研究报告总评估。通过初审、复审，得出评估结论，该结论是项目立项审批的依据。根据有关规定，大中型项目的可行性研究报告，由主管部、各省（市、自治区）或全国性专业公司负责预审，报国家发展和改革委员会审批或国家发展和改革委员会委托有关单位审批；重大项目和特殊项目的可行性研究报告，由国家发展和改革委员会会同有关部门预审，报国务院审批；小型项目的可行性研究报告，按隶属关系由各主管部，各省（市、自治区）或各全国性专业公司审批。

b. 对设计任务书的审批。设计任务书是以批准的可行性研究报告为依据编制的，按照分级管理的原则，要对设计任务书进行审查。应重点审查建设规模、技术标准、使用功能、配套项目、主要资源消耗、投资总额等技术经济指标；要特别注意配套项目和附属项目是否有遗漏或不全，建设规模是否与可行性研究报告相一致，投资总额是否控制在原批准值的范围内等方面问题，因为这些问题对今后造价管理工作成败影响很大。根据有关规定，大中型项目的设计任务书由国家发展和改革委员会审批，其中重大项目由国家发展和改革委员会提出审查意见后、报国务院审批；小型项目按隶属关系分别由主管部或者省（市、自治区）计委审批。

c. 对初步设计的评审、审批。初步设计是设计任务书的具体化，设计任务书中的设计意图和目标在初步设计中要得以实现，特别是概算值不应突破设计任务书中确定的投资限额，项目的使用功能不得随意降低。要对初步设计文件分别从初步设计图纸和设计概算两方面进行评审、审查，以确保初步设计文件质量。根据有关规定，设计评审工作由设计文件的审批单位主持，聘请有资格的咨询单位或设计单位的技术人员对设计文件进行全面评审，作出公正评价，提出评价报告，作为审批设计文件的依据；大中型项目的初步设计由国家发展和改革委员会审批，其中重大项目由国家发展和改革委员会提出审查意见后，报国务院审批；小型项目按隶属关系分别由主管部或省（市、自治区）计委审批；经批准的该项目设计概算值，是国家对该工程项目建设实施阶段造价管理和考核的依据。应当注意的是，项目的审批权限在一定时期有所变动，应按现行的规定执行。

工程建设前期的各项工作成果，经有权机关审批后，不得随意更改、变更，如确实需要修改、调整时，要报原审批机关同意。

(4)对项目前期的审查。

根据财政部颁发的《财政性基本建设资金投资项目工程预、决算审查操作规程》(以下简称《操作规程》)的规定，项目前期审查内容包括：

①参与项目前期论证，重点了解项目建议书、可行性研究报告、初步设计等资料，对项目可行性提出意见。

②根据项目初步设计或扩大初步设计图纸，概算定额和概算指标，各项费用定额、取费标准、建设地区自然、技术经济条件和设备预算价格等资料，审查项目设计概算；审查项目设计概算是否经国家有权部门批准。

③审查项目是否超规模、超标准或缺项漏项；审查项目有关手续是否完备。

④审查项目资金来源及落实情况。

⑤审查项目前期费用开支是否符合国家有关规定。

对中央级部分基本建设项目，由财政部委托"财政部投资评审中心"或有能力和资格的社会中介机构进行审查；地方项目，由地方财政部门委托工程预、决算审查机构或有能力和资格的社会中介机构进行审查。

4. 用经济手段进行管理

国家可以利用经济政策、经济杠杆、经济方法进行工程造价管理。例如，可以通过信贷政策(信贷规模、信贷方向、贷款利率等)、税收政策(税种、税目、税率等)、财政政策、金融政策等来调控造价管理；通过实行经济责任制、制定完善的经济法规来加强工程造价工作人员的责任心、约束工程造价工作人员的行为。

(二)业主(建设单位)对工程建设前期的造价管理

业主(建设单位)对工程建设前期的造价管理属于微观管理范畴。业主是工程造价的微观管理主体，他作为投资主体和工程建设的直接投资者，要承担工程建设的全部责任，包括经济责任。因此，项目建设前期造价管理工作的好坏，将直接影响业主的投资决策和项目实施的技术经济效果。业主可以通过以下方式对工程造价进行管理：

(1)通过招标择优选择设计、咨询单位进行工程建设前期的可行性研究。

(2)实行合同制。业主(委托方)应按有关规定与承担任务方签定委托合同，合同中除应明确双方的责权利外，对可行性研究报告的质量，特别是对工程造价管理的质量，即对投资额的估算精度要予以明确规定。

(3)严格检查验收。对可行性研究承担单位提交的可行性研究报告，应委托有资格的其他咨询单位进行认真审查和评估，要从技术、财务、经济、组织等各个方面审查项目可行性研究报告中所反映的各项内容和指标是否符合实际，是否客观公正；特别是对投资额、效益值、经济评价结论、财务评价结论等更要认真分析、审查、评估。审查、评估确认符合质量要求后，方为验收合格；否则应交由可行性研究承担单位再进行补充研究并再组织复审。

(4)严格按基本建设程序和项目审批权限，将项目可行性研究报告上报审批。

(5)委托有资格的勘察设计单位进行资源勘探,工程地质、水文地质勘察,地形测量,科学研究,工艺技术试验及进行地震、气象、环境保护等方面的资料搜集工作;并对工作成果进行严格审查、鉴定、验收。

(6)编制(建设单位自编或委托编制)设计任务书,在设计任务书中要具体体现已审批的可行性研究报告的投资控制目标、资源消耗控制目标、建设规模控制目标、使用功能控制目标等;并按规定程序和审批权限对设计任务书报批。

(7)择优选择设计单位进行初步设计,在初步设计过程中加强对设计质量的检查、监督和控制(可委托监理单位进行监督管理),认真进行勘测、设计外业、内业成果的验收;初步设计完成后,认真组织对初步设计文件的评审并按规定程序和审批权限报批。经批准的该项目设计概算值是今后造价管理控制的目标和依据。

(三)设计、咨询单位对工程建设前期的造价管理

承担可行性研究的设计、咨询单位是工程建设前期造价的直接管理者,他要通过大量的调查研究工作来估算项目的投资额和收益额并进行项目的经济评价和财务评价,以确定项目在技术上是否可行、经济上是否合理。这时主要通过以下方式进行管理:

(1)认真组织项目可行性研究的工作队伍,参加研究的人员应专业配套,并应成立相应的专业工作组,实行项目可行性研究技术经济责任制。

(2)要对项目可行性研究工作实行目标控制和过程控制。项目可行性研究中,要将研究精度(特别是对投资额的估算精度)、完成时间、研究费用、研究工作质量、研究成果质量等作为控制目标;要对研究工作的全过程进行控制,建立确保研究工作质量和研究成果质量的保证体系、拟定确保质量的具体措施,以确保研究目标的实现。

(3)加强对项目可行性研究工作的监督、检查、考核,对可行性研究报告要认真校核(复核)、审核,确认无误后方能将可行性研究报告提交给委托单位。

(4)对可行性研究报告审查、评估中提出的问题和需要补充研究或修改的部分,及时组织人员认真进行补充研究或修改,然后提交复审。

(5)项目可行性研究人员应充分认识到项目投资估算在项目建设造价管理中的重要性,提高做好造价管理工作的主动性、自觉性。在工程项目造价管理中,项目的投资估算是项目造价管理的起点,经批准的投资估算额是设计任务书中的投资限额。

(6)受建设单位(业主)委托,组织技术过硬的设计队伍认真编制设计任务书或初步设计文件;实行技术经济责任制,建立、健全设计质量管理制度;做好设计中的“事前指导、中间检查、成品校审、质量评定”等环节的工作,做到设计的基础资料齐全、准确,各专业采用的技术条件一致,采用的新技术行之有效,选用的设备性能优良,计算依据齐全可靠,计算结果准确无误,正确执行现行标准、规范,设计文件的内容、深度符合国家(或部门)有关规定,设计方案合理、可行。设计单位要组织对勘察设计工作的外业和内业成果认真进行审核验收;对设计文件认真进行复核校验、审核工作,确保初步设计文件质量;积极推行限额设计,既要使设计概算值控制在设计任务书确定的投资限额以内,又要确保工程项目的建设规模和使用功能符合要求。

二、设计阶段的造价管理

设计阶段的造价管理涉及国家的宏观造价管理和对具体项目(微观)的造价管理。

（一）国家对设计阶段的造价管理

国家对设计阶段的造价管理主要通过基本建设程序、基本建设计划，对设计文件的审查、审批等方式来进行。初步设计经过审批，列入国家基本建设计划，即可进入项目的技术设计或施工图设计阶段。对技术设计或施工图设计文件，特别是概（预）算文件，要在设计评审的基础上，由国家有关机构进行审批。根据有关规定，大中型项目的概预算文件，分别由国家发展和改革委员会和改革委员会组织审批；一般建设项目的概预算由建设项目的主管部门审批。

根据《操作规程》的规定，对工程预算进行审查的内容包括建设项目工程预算是否控制在概算允许范围以内，工程量计算、定额套用与换算、费用和费率计取是否合理、准确，审定项目工程预算造价。审查步骤为收集建设单位提供的相关资料，根据项目技术特点和具体情况制订审查方案，组织初审，根据审查重点深入现场实地调查，复审并出具审查结论。审查的依据有：工程施工图，国家和地方统一制定的工程预算定额、费用定额、人工和材料价格、价格调整指数等相关取费规定，行业主管部门制定的相关专业定额等。

（二）建设单位（业主）对设计阶段的造价管理

（1）进行设计招标，择优选择设计单位；实行合同制，严格规定合同双方的责任、权利、义务；实行设计监理制，对设计过程和设计质量进行社会监理。

（2）认真组织对设计图纸和概（预）算文件的审查、验收。建设单位（业主）应认真组织对设计图纸和概（预）算文件的审查、验收，以确保设计图纸的质量和概（预）算编制质量。要审查设计图纸的完整性、正确性，技术上的先进性、可行性，经济上的合理性。对概（预）算，要审查编制依据是否正确，各项定额、取费标准、有关规定是否得到遵守；要审查工程量计算是否正确、有无重算、漏算和错算；要审查各项资源单价取值的合理性；要全面衡量直接费的计算结果与同类工程相比的合理性，如果相差太大，明显不合理，应重新审查；要审查间接费和工程建设其他费用计算选用的费率是否符合规定，是否有高套或错套等问题；要审查计算程序和计算结果的正确性等。在工程造价全过程管理和控制中，施工图预算值应控制在批准的概算（或修正概算）值的一定范围内，概算值应控制在批准的可行性研究报告投资估算值的一定范围内。要审查预算值是否超概算值、概算值是否超估算值。在概预算审查中，从组织形式上来看，可采用单审、会审等的方式进行；在审查方法上，可采用重点审查、全面审查、对比审查等方法进行。

（3）要遵守基本建设程序，按规定程序和审批权限对各设计阶段的设计文件上报审批。

（三）设计单位对设计阶段的造价管理

（1）承接设计任务后，应组织技术过硬、专业配套的技术队伍参加勘测设计工作并实行岗位技术经济责任制和持证上岗制度，进行工程造价编制和管理的人员应具有造价工程师资格，以确保工程造价编制质量。

（2）正确执行国家主管部门（交通运输部）颁布的技术标准、设计规范、设计规程，注重对设计方案的优化选择，确保设计方案先进、合理、可行、经济；结合设计图纸正确选用定额标准、资源价格、各项取费及各种参数，按《概算预算编制办法》合理确定工程造价。

（3）积极推行限额设计，通过限额设计的目标制定、目标展开、目标推进、目标成果评价的全过程目标管理，来达到既使设计先进、合理，又使造价能控制在要求的控制值范围内。

(4)与建设单位(业主或监理单位)协调配合，加强设计过程的中间监督、检查，使设计“工作有秩序、进度有控制、质量有保证”；要充分重视、认真处理好每个设计环节和每项专业设计，做到技术和经济的统一；通过设计过程来控制造价而不是在编制概预算时才来控制造价。

(5)进行工序控制，严把工序质量关，将工序控制贯穿到设计的前期准备阶段、方案设计阶段、初步设计阶段、施工图设计阶段和配合施工验收总结阶段的设计全过程；突出体现“事先指导、中间检查和成品检验”的三环节控制原则，按照工程设计程序和专业设计程序中的关键环节做好重点控制。

(6)对设计图纸和概(预)算文件加强复核、审查，把好设计文件“出厂检验”关。

(四)监理单位对设计阶段的造价管理

若监理单位在设计阶段接受业主委托而进行设计监理，则监理单位应对设计工作的质量、设计文件的质量、设计进度、工程造价编制负有检查、监督的责任。

(1)监理单位应选派技术水平高，熟悉业务，懂建筑、结构、经济、造价等的人员组成监理机构；对监理人员实行岗位技术经济责任制。

(2)对设计的全过程进行跟踪监理，加强工序控制，用工序质量、工作质量来确保设计质量。

(3)加强设计过程的中间审查、监督。监理机构应对总体设计、设计方案等组织审查和评价；对勘测、设计的外业、内业工作组织验收；在设计任务量完成到30%、60%和90%时应分别进行审查，以分别确定设计意图是否满足设计任务书和建设单位的要求、设计思想是否能实现设计意图、设计是否基本实现了设计意图；一般来讲，设计经常在完成到60%～90%的审查中进行修改。设计工作完成后，监理人员应对设计图纸和概预算文件进行全面审查，确保提交给业主(建设单位)的设计图纸和概(预)算文件质量符合要求。

(4)对工程造价编制进行监督、对编制结果进行审查，确保编制依据正确、定额运用适当、费率取值合适、资源价格合理、工程量计算无误，编制程序符合规定、编制结果合理并能控制在要求的范围内。

(五)造价咨询单位对设计阶段的造价管理

在设计阶段，造价咨询单位接受业主或项目主管部门的委托，对基本建设工程预算进行审查，以确保预算的真实性、合法性、完整性。在预算审核时，应重点审查以下事项：

(1)单项工程预算编制是否真实，主要包括：

①工程量计算是否符合规定的计算规则、计算方法，计算结果是否准确。

②分项工程预算定额选、套是否符合规定，选用是否恰当。

③工程取费是否执行了相应计算基数和费率标准。

④设备、材料用量是否与定额含量或设计含量一致。

⑤设备、材料是否按国家定价或市场价计价。

⑥利润和税金的计算基数、利润率、税率是否符合规定。

(2)预算项目是否与图纸相符。

(3)多个单项工程构成一个工程项目时，要审查工程项目是否包含各个单项工程，费用内容是否正确、项目是否齐全等。

(4)预算是否控制在概算允许范围内。

三、施工阶段的造价管理

施工阶段的造价管理既涉及国家的宏观管理,又涉及业主(建设单位)、设计单位、施工单位、监理单位、造价咨询单位等的微观管理。

(一)国家对施工阶段的造价管理

1. 国家或主管部门通过法律、法规进行管理

在工程项目施工阶段,国家对工程造价的管理通常采用法律、法规的形式来进行宏观调控。比如采用基本建设程序、基本建设计划来调控投资总规模和年度投资规模;通过用《中华人民共和国合同法》、《中华人民共和国建筑法》、《中华人民共和国反不正当竞争法》、《中华人民共和国招标投标法》等法律来明确规定工程建设各方在工程建设过程中应担负的职责、具有的权利、可以获得的利益及应承担的法律责任;通过部门法规,比如交通运输部颁发的《公路工程施工招标投标管理办法》、《公路工程施工监理办法》、《公路工程竣工验收办法》、《交通基本建设项目竣工决算编制办法》等来统一和规范公路行业在施工阶段的造价管理工作。

2. 统计与审计监督

通过全国工程项目施工阶段投资完成情况的统计信息,为国家制定宏观投资政策提供基本资料;通过工程开工前审计,工程价款结算审计、竣工决算审计来保证国家在工程建设上的各项技术经济政策能得到遵守。

审计工作可由各级审计机关进行或委托社会咨询机构进行。

(二)建设单位(业主)对施工阶段的造价管理

(1)编制完善的、符合实际的施工、监理招标文件,确定合理的招标控制价/标底并按规定报批;通过招标方式,择优选择施工单位(承包人)、监理单位。

(2)选择适合工程特点、业主管理水平等的工程承包合同形式;制定完善的合同文件(包括工程量清单、合同条件等)。

(3)认真做好施工条件准备,为工程开工提供必要条件,这些条件包括土地征用,各种障碍物的拆除,人员的拆迁安置,水、电、临时道路等的完善,项目开工应办理的各种手续等。

(4)按时筹集工程建设需要的资金,按照合同文件规定和监理工程师签发的中期支付证书、最终支付证书中的款额向承包人进行费用支付。

(5)严格控制工程变更,特别是涉及项目建设规模、重大设计方案、重要结构形式等的更改或变动,要通过对技术、经济两方面的反复论证、比较后确定。

(6)严格履行合同文件中规定的业主方的职责,为工程施工的顺利进行提供条件;正确认识和处理由于业主方的责任而给承包人造成的损失,实事求是地、合理地给予补偿(处理索赔)。

(7)在施工过程中,经常巡查工地,掌握工程施工的全面情况,特别是工程质量情况、工程

进度情况、承包人的履约情况等。

(8)参加工程中间交工验收和竣工验收，在工程竣工验收符合合同要求后，及时办理费用结算；在缺陷责任期满后，及时办理最终支付。

(9)工程竣工后，按照有关规定及时编制竣工决算上报。

(三)施工单位(承包人)对施工阶段的造价管理

(1)全面熟悉、深刻理解招标文件，特别是与工程费用支付有关的内容，比如专用合同条款、通用合同条款、工程量清单、技术规范、设计图纸等，并在现场调查的基础上，合理确定投标价。

(2)积极做好进场准备(包括人员、设备、材料、资金等方面的准备)，认真编制实施性施工组织设计，制订切合实际的、可行的施工计划，确保工程开工后施工的连续性、均衡性。

(3)建立完善的质量保证体系、采取切实可行的质量保证措施来确保工程质量，努力避免由于质量缺陷、质量事故而造成经济损失。

(4)做好成本分析和成本控制工作，积极采用新技术、新方法、新工艺施工，努力降低成本，提高效率。

(5)认真做好施工记录，做好与工程费用支付有关的资料收集、整理、积累工作，特别是工程量计量资料，清单以外、合同以内支付项目如工程变更、索赔、价格调整等的资料，以便进行费用结算。

(6)按照合同文件的规定，认真做好工程计量和工程费用支付报表(结账单)的编制工作，及时向业主进行工程费用结算。

(四)设计单位对施工阶段的造价管理

施工阶段，设计单位与造价管理有关的工作有：

(1)做好设计交底，以便承包人(施工单位)能掌握设计意图、工程特点、技术关键、施工重点，采用适合的施工技术、施工方法，进行合理的施工组织，在确保工程质量、工程进度的同时，降低工程成本。

(2)进行施工现场服务，对施工过程中出现的、与设计有关的问题要及时配合监理工程师、业主予以解决，以避免由于设计单位延误处理而导致承包人向业主索赔。

(3)遵循设计变更的原则及时处理设计变更，在进行设计变更时，要综合考虑变更后对工程质量、工程进度、项目使用功能等的影响，特别应考虑变更对工程费用的影响。

(4)参加工程中间交工验收和竣工验收，对工程正确使用和维护提供指导性意见，以降低业主的使用、维护费。

(五)监理单位对施工阶段的造价管理

监理单位受业主委托进行施工监理，主要任务是进行“三控制”(质量控制、进度控制、费用控制)、“两管理”(合同管理、信息管理)、“一协调”(施工环境的协调)，而其中的费用控制就是监理单位对施工阶段的造价管理。在造价管理中，主要应做好以下工作：

(1)组织专业配套、人员配备完善的监理机构，配置专门从事工程费用监理的监理工程师从事费用监理(造价管理)工作。

（2）根据合同文件的要求，按规定的计量程序、规定的计量方法、规定的工程细目准确测定已完合格工程的数量；按规定的支付程序、规定的支付内容和项目、规定的时间正确计算和核定支付款额，核签中期支付证书和最终支付证书。

（3）根据工程实际，正确确定工程变更价格或费率、处理索赔、进行价格调整；按合同条款规定处理工程量清单以外、合同以内支付项目的支付；站在公正立场上处理业主和承包人的经济利益和他们之间在经济方面的纠纷。

（六）造价咨询机构对施工阶段的造价管理

造价咨询机构受国家有关主管部门或业主委托进行工程造价管理，主要是利用社会中介机构的公正性、独立性、客观性执业准则，对施工阶段工程造价进行客观、公正、独立的审查或审计。在施工过程中，主要进行：

1. 招标标底或招标控制价的编制或审查

在招标人（发包人、业主）没有力量或能力进行招标表底编制或审查时，造价咨询单位可以为招标人（发包人、业主）进行标底或招标控制价的编制或审查。

招标标底或招标控制价的编制，主要依据招标文件、现行法律法规、现场实际进行。

招标标底审查，主要审查招标标底是否控制在概算或预算的相应费用范围内，工程量计算、定额套用与换算、费用和费率计取是否准确、合理；费用项目是否与招标文件的规定相一致；有关费用的计算是否与招标文件规定的原则或方法相符等。

目前的工程项目招标，通常不再编制标底，而是要编制“招标控制价”，它是招标人根据国家或省级、行业建设行政主管部门颁发的有关计价依据和颁发以及招标人发布的工程量清单，对招标工程限定的最高价格。工程造价咨询企业和造价专业人员可以进行招标控制价的编制或审查。具体进行招标控制价编制和审查时，可根据中国建设工程造价管理协会标准《建设工程招标控制价编审规程》（CECA/GC 6—2011）中的要求进行。

2. 工程价款结算编制与审查

在发包人（业主）没有力量或能力进行工程价款结算的编制或审查时，造价咨询单位可以为业主进行工程结算的编制或审查。工程价款结算的编制已如前面章节所述，工程价款结算审查主要审查中期支付及其结账单（支付报表及其附件）、最终支付及其结账单（支付报表及其附件）。在具体审查前，应当获取如下的资料：

（1）工程项目批准建设文件，监理、质量验收等有关文件。

（2）概预算资料及招投标文件。

（3）合同或协议书。

（4）施工图或竣工图。

（5）工程量计算书。

（6）材料费用资料。

（7）取费资料。

（8）付款资料。

（9）有关证照。

（10）施工组织设计。

(11)工程变更签证资料。

(12)隐蔽工程资料。

(13)工程结算(或决算)的财务资料。

(14)其他影响工程造价的有关资料。

工程价款的审查重点,应在预算审查相同事项基础上,还要重点审查工程实施过程中发生的设计变更和现场签证;工程材料和设备价格的变化情况;工程实施过程中的建筑经济政策变化情况;补充合同或协议的内容。此外,还应审查计量、支付程序是否符合合同要求,手续是否完善;工程量计量是否与工程进度相符,是否符合工程实际;采用单价或总额价是否与合同清单单价或总额价相一致;工程变更手续是否完善、变更单价是否合理并符合合同文件规定;索赔依据是否成立,是否遵守索赔程序、索赔时效,审批的索赔金额是否合理;价格调整有无合同文件依据,各项参数取值是否合理并符合合同文件规定;是否存在乱收乱支行为等。

工程结算的编制与审查,可根据中国建设工程造价管理协会标准《建设项目工程结算编审规程》(CECA/GC 3—2010)中的要求进行。

3.竣工决算编制与审查

在发包人(业主)没有力量或能力进行竣工竣工决算编制或审查时,造价咨询单位可以为业主进行竣工决算的编制或审查。竣工决算的编制已如前面章节所述,竣工决算的审查主要审查竣工决算资料是否齐全,编制依据是否符合国家规定等;项目是否按批准概算执行,有无提高建设标准和扩大规模等;主要材料取价、设备购置价格是否合理;费用计算是否符合规定;重大设计变更是否合理,审批手续是否完备等;审核交付使用资产是否符合条件等;核实项目结余资金,属于应上交财政部分应及时督促上交;清算基建收入和投资包干结余,属于应上交财政部分应及时督促上交;审核项目竣工财务决算报表的真实性、完整性等;审核项目从筹建到竣工、交付使用的全部费用,审定项目结算造价等。要重点审查工程项目概算执行情况;工程项目资金的来源、支出及结余等财务情况;工程项目合同工期执行情况和合同工程质量等级控制情况;交付使用资产情况。此外,还应审查各项费用支出是否合法、有无混淆生产成本和建设成本的情况;报废工程是否经主管部门审批;有无隐匿、截留或拖延不交应交财政部门的包干结余、竣工记余及各项收入;尾工工程的预留工程款及建设情况等。

在工程结算和竣工决算审查过程中,必要时,咨询单位应会同建设单位、施工单位、监理单位对以下项目进行现场查勘:

(1)分部或分项工程。

(2)实际施工用料偏离结算的工程项目。

(3)变更设计的工程项目。

(4)必须丈量的工程项目。

(5)交付使用的资产。

(6)预留的尾工工程。

(7)需要查勘的其他事项。

对涉及工程结算和决算的重要资料还要审查是否经过批准或是否有相应的签证。

竣工决算的编制与审查可以参照中国建设工程造价管理协会标准《建设项目工程结算编审规程》(CECA/GC 3—2010)中的要求进行。

4. 建设工程造价鉴定

工程建设中，发包人、承包人之间难免会发生合同纠纷，为工程费用对簿公堂（产生诉讼），这就可能需要进行造价鉴定，包括造价司法鉴定。

我国《民事诉讼法》第72条规定："人民法院对专门性问题认为需要鉴定的，应当交由法定鉴定部门鉴定；没有法定鉴定部门的，由人民法院指定的鉴定部门鉴定"，该条所涉及的即为司法鉴定。最高人民法院《关于民事诉讼证据的若干规定》对司法鉴定作了进一步的操作规定。建设工程司法鉴定涉及质量、造价和工期鉴定，尤其是造价的司法鉴定情况比较复杂，针对相关的法律问题，最高人民法院《关于审理建设工程施工合同纠纷案件适用法律问题的解释》对建设工程案件的司法鉴定，做出了一系列特别规定。为规范建设工程造价的司法鉴定在实践中存在的操作问题，严格鉴定程序，提高工程造价鉴定成果质量，作为建设工程造价司法鉴定的行业主管，中国建设工程造价管理协会（以下简称《中价协》）为此制定了行业标准《建设工程造价鉴定规程》（CECA/GC 8—2012）（以下简称《鉴定规程》），并从2012年12月1日起施行，这是目前国内首个有关建设工程案件司法鉴定的行业标准。

造价咨询单位和造价从业人员，在取得司法鉴定资格后，可以从事造价的司法鉴定；也可以接受委托人（国家、政府等有权机关或机构）的委托，对纠纷项目的工程造价以及由此延伸而引起的经济问题进行鉴别和判断并提供鉴定意见。

在造价鉴定过程中，要依法、重事实、讲证据、按程序，遵循有关法律法规及行业规范，独立、客观、公正地出具鉴定意见书。

5. 工程造价审计

造价咨询部门可以接受业主委托企业内部的工程造价审计，也可以受政府审计部门委托进行工程造价审计。

经过审查或审计后，造价咨询单位要出具相应的审查（计）报告，并与委托人、建设单位、施工单位会审，根据会审情况形成最后审查结论。经会审后，如果委托人、建设单位、施工单位对审核结论无异议，审核人员应提请其在"基本建设工程预算审核定案表"、"基本建设工程结算审核定案表"上签章确认。

6. 全过程造价咨询

造价咨询单位可以受委托人的委托，在工程建设期中进行全过程造价咨询，包括投资估算的编制和审查、预算的编制和审查、标底或招标控制价的编制与审查、工程费用结算、跟踪审计、决算审计等咨询服务。全过程造价咨询活动可遵循中国建设工程造价管理协会标准《建设项目全过程造价咨询规程》（CECA/GC 4—2009）中的有关要求进行。

7. 工程造价咨询报告

造价咨询单位在进行造价咨询服务中，均应出具工程造价咨询报告（或审查报告、审查意见书、鉴定意见书等），通常这类审查（核）报告应包括以下基本内容：

（1）标题。标题规范为"基本建设工程预算审核报告"、"基本建设工程结算审核报告"、"基本建设工程决算审核报告"。

（2）收件人 。收件人为审核（查）业务的委托人，审核报告应当载明收件人的全称。

（3）范围段。范围段应当说明审核的工程范围、被审核单位责任、审核单位责任、审核依据和已实施的审核程序。

(4)意见段。意见段应当明确说明审核意见。

(5)签章和咨询单位地址。审核报告应当由审核人员签名、盖执业专用章，并加盖造价中介机构公章。

(6)报告日期。审核报告日期是指审核人员完成外勤审核工作的日期，审核报告日期不应早于被审核单位确认和签署基本建设工程预算、结算及决算的日期。

(7)附件。例如基本建设工程预算审核报告附件包括“基本建设工程预算审核定案表”，基本建设结算审核报告附件包括“基本建设工程结算审核定案表”，基本建设工程决算审核报告附件包括“基本建设工程决算审核定案表”。

工程结算审核定案表的样表如表8-1所示，预算、决算审核定案表的表式与其基本相同。

________工程结算审核定案表　　表8-1

编制单位：　　货币单位：

工程项目名称	送审范围	送审金额	审增金额	审减金额	定案金额
建设单位(业主)意见：			施工单位(承包人)意见：		
备注：					

制表：　　复核：　　日期：

【复习思考题】

1. 工程造价管理的发展大致经历了哪几个阶段？

2. 我国工程造价的管理体制发展沿革大约可以分为哪几个阶段？

3. 什么是注册造价工程师？造价工程师有哪些报考条件？注册造价工程师现行考试科目有哪些？

4. 造价工程师的执业范围包括哪些方面？

5. 造价工程师有哪些权利、义务和法律责任？

6. 造价工程师应具备怎样的素质？

7. 什么是工程造价咨询？

8. 工程造价咨询单位的业务范围包括哪些方面？

9. 工程造价管理工作的基本要素包括哪些？

10. 工程造价资料分类通常可按照哪些分类标准进行划分？

11. 工程造价资料积累的方法有哪些？

12. 工程造价资料的分析内容和方法主要有哪几种?
13. 如何进行工程建设成本分析?
14. 如何进行固定资产形成率分析?
15. 如何进行建设工期分析?
16. 如何进行分类造价资料分析?
17. 如何进行造价构成要素权重分析?
18. 如何进行工程价格指数和物价指数的分析、计算?
19. 什么是工程造价管理?
20. 工程建设前期的造价管理包括哪些工作?
21. 设计阶段的造价管理包括哪些工作?
22. 施工阶段的造价管理包括哪些工作?

参考文献

[1] 中华人民共和国行业标准. JTG B06—2007 公路工程基本建设项目概算预算编制办法[S]. 北京:人民交通出版社,2007.

[2] 关于公布公路工程基本建设项目概算预算编制办法局部修订的公告(中华人民共和国交通运输部2011年第83号).

[3] 中华人民共和国行业标准. JTG/T B06-01—2007 公路工程概算定额[S]. 北京:人民交通出版社,2007.

[4] 中华人民共和国行业标准. JTG/T B06-02—2007 公路工程预算定额[S]. 北京:人民交通出版社,2007.

[5] 中华人民共和国行业标准. JTG/T B06-03—2007 公路工程机械台班费用定额[S]. 北京:人民交通出版社,2007.

[6] 中华人民共和国行业标准. JTG M20—2011 公路工程基本建设项目投资估算编制办法[S]. 北京:人民交通出版社,2011.

[7] 中华人民共和国行业标准. JTG/T M21—2011 公路工程估算指标[S]. 北京:人民交通出版社,2011.

[8]《标准文件》编制组. 标准施工招标文件(2007年版)[M]. 北京:中国计划出版社,2007.

[9] 中华人民共和国交通运输部. 公路工程标准施工招标文件(2009年版)[M]. 北京:人民交通出版社,2009.

[10] 中华人民共和国行业标准. CECA/GC 3—2010 建设项目工程结算编审规程[S]. 北京:中国计划出版社,2010.

[11] 中华人民共和国行业标准. CECA/GC 6—2011 建设工程招标控制价编审规程[S]. 北京:中国计划出版社,2011.

[12] 中华人民共和国行业标准. GB 50500—2013 建设工程工程量清单计价规范[S]. 北京:中国计划出版社,2013.

[13] 基本建设财务管理规定(财建字[2002]394号文).

[14] 关于加强建设项目工程预(结)算竣工决算审查管理工作的通知(财基字[1998]766号文).

[15] 财政性基本建设资金投资项目工程预、决算审查操作规程(财基字[1999]37号文).
[16] 财政性投资基本建设项目工程概、预、决算审查若干规定(财建字[2000]43号文).
[17] 会计师事务所从事基本建设工程预算、结算、决算审核暂行办法(财协字[1999]103号文).
[18] 注册造价工程师管理办法. 中华人民共和国建设部令第150号.
[19] 工程造价咨询单位管理办法(1999年12月3日建设部第18次部常务会议通过).
[20] 国际咨询工程师联合会,中国工程咨询协会编译. FIDIC施工合同条件(1999年版)[M]. 北京:机械工业出版社,2002.
[21] 赵晞伟. 公路工程定额应用释义[M]. 北京:人民交通出版社,2007.
[22] 交通运输部职业资格中心. 公路工程造价基础理论及相关法规[M]. 北京:人民交通出版社,2011.
[23] 交通运输部职业资格中心. 公路工程造价的计价与控制[M]. 北京:人民交通出版社,2011.
[24] 交通运输部职业资格中心. 公路工程技术与计量[M]. 北京:人民交通出版社,2011.
[25] 交通运输部职业资格中心. 公路工程造价案例分析[M]. 北京:人民交通出版社,2011.
[26] 邢凤岐,徐连铭. 公路工程定额应用与概、预算编制示例[M]. 北京:人民交通出版社,2008.
[27] 张文祺. 国际工程编标报价[M]. 邹建平,译. 北京:水利电力出版社,1994.
[28] 蔡传炳. 公路工程审计[M]. 北京:中国审计出版社,2001.

人民交通出版社 公路出版中心
工程管理类教材

1. 工程经济学(李雪淋) …… 22元
2. 木工程造价控制(石勇民) …… 30元
3. 公路工程造价(第二版)(周世生) …… 48元
4. 公路工程定额原理与估价(第二版)(石勇民) …… 39.5元
5. ◆工程质量控制与管理(第二版)(邬晓光) …… 30元
6. 公路工程造价编制与管理(第三版)(刘 燕) …… 52元
7. 管理信息系统(李友根) …… 31元
8. 道路管理与系统分析方法(黄晓明) …… 28元
9. 工程风险管理(邓铁军) …… 21元
10. 工程项目招标与投标(周 直) …… 30元
11. 高速公路管理(第二版)(王选仓) …… 38元
12. 公路经济学教程(袁剑波) …… 23元
13. ◆工程项目融资(第二版)(赵 华) …… 29元
14. 工程财务管理(杨成炎) …… 37元
15. 工程项目投融资决策案例分析(王 治) …… 35元
16. 工程项目成本管理学(贺云龙) …… 42元
17. 工程项目审计学(张鼎祖) …… 32元

注:◆教育部普通高等教育“十一五”、“十二五”国家级规划教材